生物化学

杨荣武　主编

科学出版社
北京

内 容 简 介

本书是结合南京大学等高校多年来在生物化学课程的教学改革和教材建设实践经验的基础上，吸收国内外多本优秀生物化学或相关学科教材的优点编写而成，具有简洁、易懂、有趣、新颖、概念性强、脉络清晰等特点。

全书共分18章。每章包括引言、推荐网址，并引入了许多小框。小框中有生化动态、生化探究、生化趣事、生化传奇和生化与健康等。在主要章节后面，还附有具启发性的重大科学发现故事，既能激发学生的学习兴趣，又能培养他们的实验设计和科学思维推理能力。

本书的使用对象主要是师范院校的生命科学相关专业的本科生，也可供综合性院校、医学院、农林院校相关专业的师生和科技工作者使用。

图书在版编目(CIP)数据

生物化学/杨荣武主编. —北京：科学出版社，2013(2025.7重印)

ISBN 978-7-03-037429-5

Ⅰ. ①生… Ⅱ. ①杨… Ⅲ. ①生物化学–高等学校–教材 Ⅳ. ①Q5

中国版本图书馆CIP数据核字(2013)第093662号

责任编辑：朱 灵 / 封面设计：殷 靓
责任印制：谭宏宇

科学出版社 出版
北京东黄城根北街16号
邮政编码：100717
http://www.sciencep.com
南京展望文化发展有限公司排版
广东虎彩云印刷有限公司印刷
科学出版社出版 各地新华书店经销

*

2013年6月第 一 版 开本：A4(890×1240)
2025年7月第十六次印刷 印张：21 1/2
字数：697 000

定价：75.00元

（如有印装质量问题，我社负责调换）

前　　言

生物化学是当今生命科学领域中发展最迅速、涉及面最广的基础学科之一，其着眼点在于使用化学、物理学和生物学等方法去研究各类生物分子的结构与功能，在分子水平上阐明生命的本质、原理和规律。如今，生物化学的理论和实验技术已渗透到生命科学的方方面面，它的发展一次又一次地带动了整个生命科学的发展。

为了能够充分反映这一门学科的核心内容和最新进展，急需一本既与时俱进又通俗易懂的新教材。虽然目前市场上有各种生物化学教材，但完全适合师范院校生物专业师生需要的生化教材并不多见。2010 年 11 月，在科学出版社上海分社陈露编辑的组织下，来自南京大学、山东师范大学、辽宁师范大学、江西师范大学、上海师范大学、浙江师范大学、淮海工学院和江苏师范大学连云港分校等院校的多位长期奋战在生物化学教学第一线或者从事这方面研究的老师聚集在上海，就编写一本全新的特别适合师范院校生物专业的生物化学教材达成了共识，并希望这本新教材具有简洁、易懂、有趣、新颖、概念性强、脉络清晰等特点。现在这本教材终于完稿了，仔细瞧瞧，我们觉得当初设计的要求和目标基本上达到了。

从“简洁性”来看，本书以生物化学的核心内容为出发点，弃繁就简，详略得当，舍弃了一些陈旧的纯属描述性的内容；从“易懂性”来看，在编写过程中，我们邀请了部分优秀学生参与，他们的主要任务是“试读教材”，以保障教材的通俗易懂性，同时我们在写作的时候，避免使用很长的句子。而且，在版面上，用双色代替传统的黑白版；从“有趣性”来看，我们在很多章节中插入了小框，内有生化动态、生化新突破、生化探究、生化传奇和生化与健康等，此外，在多数章节后面还有科学故事。小框和科学故事中丰富多彩的内容可充分激发学生学习生化的兴趣；而从“新颖”这一点来看，我们引用的文献截止到 2013 年 1 月，如在核酸的结构与功能这一章，增加了多种新发现的 RNA（如 lincRNA 或 saRNA 等），在蛋白质结构与功能这一章，增加了吡咯赖氨酸和天然无结构蛋白质，在分子生物学技术这一章，增加了染色质免疫沉淀等；至于书的“概念性”和“脉络”，我们特别突出属于生化核心内容的基本概念，并注意概念之间的联系。在编排体系上，全书基本上按照结构生物化学、代谢生物化学和分子生物学这样的顺序来组织内容，并力求做到各章节之间连续，避免不必要的重复。

除了上述特点以外，我们还加强了网络的作用，在新浪上建有博客（http://blog.sina.com.cn/njuyangsir），此外还有南京大学生物化学国家双语示范课程网站（http://js.nclass.org/vc/802276），内有许多辅助教学和学习的资料可供下载，而且书中还提供了许多有用的网络链接。

本书是集体智慧的结晶，编者有来自南京大学生命科学学院及金陵学院的杨荣武，南京大学生命科学学院的丁智、朱煜、卢彦和焦瑞清，山东师范大学杜希华，辽宁师范大学的王继红和赵春晖，江西师范大学的彭仁，上海师范大学的许燕，浙江师范大学的徐丽珊，淮海工学院的吴建新，江苏师范大学连云港分校的郑典元。他们长期工作在教学和科研的第一线，有多年的教学和科研经验，深受学生们的喜爱，愿意将多年的教学成果整理成书，奉献给所有对本学科有兴趣的莘莘学子。

各章节的具体分工如下：

第一章　卢　彦　郑典元　杨荣武

第二章　杨荣武

第三章　王继红

第四章　丁　智
第五章　王继红
第六章　彭　仁
第七章　吴建新　焦瑞清　杨荣武
第八章　杜希华　杨荣武
第九章　杜希华　杨荣武
第十章　朱　煜　杨荣武
第十一章　徐丽珊
第十二章　赵春晖
第十三章　赵春晖
第十四章　许　燕
第十五章　杨荣武
第十六章　杨荣武
第十七章　赵春晖
第十八章　杨荣武

全书由杨荣武统改全文并定稿。

南京大学生命科学学院2010级的殷幸煜同学为本书提供了封面设计，南京大学生命科学学院2011级的徐召、朱昱敏和闵梦月同学为本书提供的三个小框故事，以及南京大学匡亚明学院2011级的陈潇琳同学为记忆亲水和疏水氨基酸为本书创作的词。

在编写的过程中，对我们支持最多的就是我们的家人，在此，我代表全体编者想要对他们大声地说一声，谢谢他们的支持，谢谢他们对我们默默的付出。同时也要感谢我们所在院校的各位领导、老师和学生，感谢他们对这本书的编写和出版提供的各种支持。

Robert Young
杨荣武

2013年1月于南京

目　录

第1章

绪 论

生物化学(biochemistry)即生命的化学。它是生命科学中最重要的一门基础学科，主要在分子水平上研究生命的现象和探索生命的本质，重点研究各种生物分子(biomolecule)的化学组成、结构、性质、功能及其在生物体内所经历的各种代谢变化。根据研究的内容，生物化学一般可分为结构生物化学(structural biochemistry)、代谢生物化学(metabolic biochemistry)和分子生物学(molecular biology)。可以说，生物化学的诞生和发展对整个生命科学的发展产生了非常重要的影响。

本章将主要介绍生物化学的发展简史、主要内容及其应用，并就生物化学的学习方法做简单介绍。

第一节　生物化学发展简史

生物化学的发展大体可分为三个阶段：

第一阶段从19世纪末到20世纪30年代，主要停留在静态的描述性阶段，偏重对生物体各种组分进行分离、纯化、结构测定、合成及理化性质的研究。例如：1926年，美国人Sumner制得了脲酶结晶，并证明它是蛋白质；1931年，中国生化学家吴宪提出蛋白质变性的概念。

第二阶段在20世纪30～50年代，主要特点是研究生物体内各种生物分子的变化，即代谢途径，所以被称为动态生化阶段。其间突出成就是确定了糖酵解、三羧酸循环、磷酸戊糖途径、卡尔文循环、尿素循环以及脂肪酸β-氧化等多种重要的代谢途径。

第三阶段是从20世纪50年代开始，主要特点是研究生物大分子的结构与功能。分子生物学就是在此阶段诞生的，例如，在蛋白质研究方面，Pauling发现了α螺旋和β折叠，Watson和Crick提出了DNA双螺旋结构模型，Sanger确定了牛胰岛素的一级结构，我国科学家(如王应睐和王德宝)人工合成了牛胰岛素和酵母丙氨酰tRNA。

在生物化学发展的每一个阶段，都有许多科学家因在相关领域突出的贡献而荣获诺贝尔化学奖或诺贝尔生理学或医学奖。例如，2012年，英国的John B. Gurdon(约翰·戈登)和日本的Shinya Yamanaka(山中伸弥)因为在诱导多功能干细胞领域的贡献而获得诺贝尔生理学或医学奖(详见本章后“科学故事”)。

第二节　生物化学的主要内容及其应用

生物化学的主要内容可分为三个部分：

结构生物化学是生物化学最基础的部分，有人把这一部分的内容说成是“静态生化”。其主要内容是各种生物分子(氨基酸、核苷酸、蛋白质、核酸、酶、糖类、脂类和激素等)的结构、性质与功能，特别是三类生物大分子——蛋白质、核酸和酶的结构、性质与功能。

代谢生物化学是传统生物化学的核心内容，主要介绍糖代谢、脂代谢、氨基酸代谢、核苷酸代谢以及各种物质代谢的联系和调节规律，涉及各种物质代谢的基本途径，特别是糖酵解、三羧酸循环、糖异生和脂肪酸β-氧化等代谢途径。

分子生物学主要以DNA、RNA和蛋白质的结构及其在遗传信息传递中的作用为研究对象，核心内容是核酸在生命过程中的作用，包括DNA复制、转录、翻译以及基因表达调控，因此称之为核酸生物化学也许更确切。

生物化学的应用主要包括：生物化学知识的应用、生物化学技术的应用以及生物化学产品的应用。

生物化学知识的应用主要反映在它对其他各门生物学科甚至一些非生物学科的影响，特别是与其关系比较密切的细胞生物学、遗传学、微生物学、生理学等。例如，通过对生物大分子结构与功能进行的深入研究，揭示了生物体内的物质代谢、能量转换、遗传信息传递、光合作用、神经传导、肌肉收缩、激素作用、免疫和细胞通信等许多奥秘，使人们对生命本质的认识上升到一个崭新的阶段。

生物化学技术的应用反映在其对医学、农业和工业等领域的影响。例如：在医学上，对一些常见病和严重危害人类健康的疾病的预防、诊断和治疗；在农业上，对各种植物病原体的鉴定和对农作物良种的筛选和培育；在工业上，固定化酶和固定化细胞技术对酶工业和发酵工业发展的促进。

生物化学产品的应用则影响了人类生活的方方面面，例如，利用基因工程技术生产的各种贵重药物，包括胰岛素、干扰素、促红细胞生成素和乙型肝炎病毒疫苗等。

第三节　生物化学学习方法

生物化学这门学科的特点就是发展快、信息量丰富，新名词和新概念不断涌现，大量内容需要记忆，学好生物化学不是一件容易的事情。但在这里，有几点建议，应该对学好生化会有帮助。

1. 要有学好这一门课的强烈欲望

主动培养自己对生化学习的兴趣，并尝试用学过的知识解释身边的现象。

2. 选择好教材和参考书

目前市场上有各种各样的生物化学教材和参考书，如何选择适合自己的教材和参考书对于培养学习兴趣、学好本课程十分重要。最好能准备三本教材和一本学习指南与习题集：一本是简单的版本，如这本生物化学，阅读这类生物化学的好处是便于理解和自学；一本是高级的版本，如杨荣武教授编写的《生物化学原理(第二版)》，阅读此类教科书便于全面和深入地掌握各个章节的内容；第三本应该是一本英文的原版教材，如 David L. Nelson 等编著的 *Lehninger Principles of Biochemistry* 和 *Christophe K. Mathews* 编写的 *Biochemistry*。英文版教材的特点是新、印刷精美，图表多为彩图，通常还有配套的多媒体光盘，便于自学。阅读一本好的英文生化教材，不仅有助于提高专业英语水平，还能加深对各章节内容的理解；对于学习指南与习题集，与杨荣武教授编写的《生物化学原理》配套的《生物化学学习指南与习题解析》就是一个不错的选择。

3. 课前预习，课后复习，由表及里，循序渐进

在学习结构生物化学的时候，重点需要掌握生物分子具有哪些基本的结构、哪些重要的理化性质以及结构与功能有什么关系等问题，同时要随时将它们进行比较。这样既便于理解，也有利于记忆。在学习代谢生物化学的时候，应着重学习各种物质代谢的基本途径，特别是糖酵解、三羧酸循环、糖异生和脂肪酸β-氧化等代谢途径，各代谢途径的关键酶及生理意义，各代谢途径的主要调节环节及相互联系，代谢异常与临床疾病的关系等问题。在学习分子生物学的时候，应重点学习 DNA 复制、转录和翻译的基本过程，并从必要条件、所需酶及蛋白质和特点等方面对三个过程进行比较，在理顺它们的基本框架后，才能全面、系统、准确地掌握教材的基本内容，并且找出共性，抓住规律。

4. 学会做笔记

首先有一点必须强调，上课时同学们的主要任务是听老师讲课而不是做笔记，因此在课堂上要集中精力听讲，一些不清楚的内容和重要的内容可以笔录下来，以便课后复习和向老师求教。当然，条件好的同学可以买来录音设备，将老师的上课内容录下来，以供课后消化。另外，老师的讲稿大都做成了幻灯片，同学们可从老师那里得到拷贝。如果事先将老师的课件打印出来，然后在打印稿上做笔记，效果会更好。

5. 懂得助记法

学习生物化学时，学生反映最多的问题是记不住学过的内容。对于此问题的建议是：首先分清楚哪些需要记，哪些根本就不需要记，尽可能减少必须记的内容。如氨基酸的三字母和单字母缩写是需要记的，而许多生物分子的结构式并不需要记；其次，明白理解是记忆之母，因此对各章内容，必须先对有关原理理解

透彻，然后再去记忆；第三，记忆要讲究技巧，多想想方法，为此可以自创一些口诀、图表和卡片等。如关于 8 种必需氨基酸和 2 种半必需氨基酸的记忆，可以将它们的首写字母拼写成一句话——"Tip MTV hall"（需付小费的 MTV 厅），或者根据中文谐音组成一段话——"有一组（组氨酸）笨（苯丙氨酸）蛋（蛋氨酸）精（精氨酸）来（赖氨酸）宿（苏氨酸）舍（色氨酸）亮（亮氨酸）凉（异亮氨酸）鞋（缬氨酸）"。再如，记住两首词可记住亲水氨基酸与疏水氨基酸（以下词由南京大学 2011 级匡亚明学院陈潇琳同学创作）。

词一：

西湖景，紫竹为骨水潺潺

横笛相伴，闲听天籁静思禅

流苏落，心比双丝郁中缠

亲水氨基酸：西-硒代半胱氨酸；景-精氨酸；竹-组氨酸；骨-谷氨酸、谷氨酰胺；伴-半胱氨酸；天-天冬氨酸天冬酰胺；籁-赖氨酸；苏-苏氨酸；落-酪氨酸；比-吡咯赖氨酸；丝-丝氨酸

词二：

孤雁本色，一行斜去浮生转

两鬓白，异家龙井难为甘

疏水氨基酸：本-苯丙氨酸；色-色氨酸；斜-缬氨酸；浮-脯氨酸；两-亮氨酸；鬓-丙氨酸；异-异亮氨酸；家-甲硫氨酸；甘-甘氨酸

6. 勤于动手，联系实际，多做题目，多问老师

这是由"学懂"通向"会做"的桥梁，也是提高同学们在考试中实践能力的重要保证。平时多做习题，多做实验，是掌握本学科的重要知识点、取得比较理想的考试成绩的一个很重要的途径。

7. 安排好时间

按照重要性的次序，合理分配学习的时间，容易遗忘的内容多投入一些时间，及时巩固。

8. 充分利用网络资源

网上有各种免费的教学资源，有条件的同学可经常去浏览，以跟踪和了解最新的进展。也可以去一些 BBS 站点，与网友一起交流学习的体会和对一些热点问题进行讨论。在本书每一章的后面都有一些网络链接，全书的最后，还重点推荐了 20 个网站，建议同学们有时间就去看看。

科学故事——2012年诺贝尔生理学或医学奖得主的科学突破

2012年诺贝尔生理学或医学奖已经揭晓：获奖者为英国的John B. Gurdon和日本的Shinya Yamanaka。

Gurdon的工作是1962年在牛津大学做的。他将蝌蚪的小肠细胞的细胞核移植到去核的蛙卵细胞中，形成的“重组卵细胞”最终可发育成成熟的蛙，从而证明了二栖类动物已分化的细胞核(因蝌蚪已能进食，因此假定其已分化)仍然具有分化上的全能性。Gurdon的结果曾受到科学界的广泛争议和强烈质疑。直到1996年，英国苏格兰Roslin研究所的Ian Wilmut成功克隆出哺乳动物多莉羊(The Dolly Sheep)，这个认识才被打破，这也是多莉羊事件轰动全世界的原因之一，它同时也证实了Gurdon工作的正确性，使他成为“发现成熟细胞可被重编程变为多能性(for the discovery that mature cells can be reprogrammed to become pluripotent)”的先驱而获得了2012年诺贝尔生理学或医学奖。

John B. Gurdon

与Gurdon相比，Yamanaka的故事可能更富有戏剧性。他因诱导性多能干细胞(induced pluripotent stem cell, iPSC)的研究工作获奖。iPSC是一种有希望作为替代胚胎干细胞从而治疗损伤、疾病和慢性病的干细胞。同时，利用iPSC的一个好处是能够避免围绕着胚胎干细胞研究方面的道德伦理之争。

最初，Yamanaka只是大阪的一位骨外科医生。1993年，他在美国加州大学旧金山分校(UCSF)的格拉德斯通心血管疾病研究所(Gladstone Institute of Cardiovascular Disease)做博士后，研究癌症相关基因的重编码。做完博士后研究回到日本时，Yamanaka面对日本医学界的僵硬教条体制曾经灰心丧气，而且当时他的研究资金甚缺，Yamanaka还得亲手喂养一千多只实验用的小鼠。

Yamanaka几近绝望而放弃研究重回手术室。幸好一封邀请函不期而至：日本奈良科技研究所请他去担任一个实验室的负责人。同期，美国威斯康星大学麦迪逊分校的James Thomson(另一个制造iPS细胞的研究组的负责人)成功分离出了第一代人类胚胎干细胞。

Thomson分离出胚胎干细胞后，业界的思路都集中在如何将胚胎干细胞发展成各种有医学价值的器官。Yamanaka却想反其道而行之：他想到的不是让胚胎干细胞变成什么，而是让别的细胞变成胚胎干细胞。

Yamanaka的想法源自于在他朋友的生殖学实验室做客的一天。他在朋友的显微镜下看到了早期胚胎，为了获取胚胎干细胞，脆弱的幼小生命以科学的名义而被肢解。Yamanaka为之而动情，显然显微镜下为科学而牺牲了的小小生命深深地打动了他。从此，他有了让别的细胞变成干细胞的念头。不过，Yamanaka也强调他并不反对利用胚胎干细胞拯救患者。

经过4年的试验，Shinya Yamanaka发现了将4种蛋白质因子——Oct3/4、Sox2、c-Myc和Klf4混合导入普通小鼠的成纤维细胞，并经过合适的培养后，就可以生成与干细胞相同的多能细胞。2006年，他在美国*Cell*杂志上发表了一篇题为"*Induction of pluripotent stem cells from mouse embryonic and adult fibroblast cultures by defined factors*"的里程碑式的论文，介绍了上述4种因子，而引起了科学界的轰动。

Shinya Yamanaka

第 2 章

蛋白质的结构与功能

蛋白质是由多个氨基酸通过肽键连接而成的多聚物。其结构具有一定的层次，一般包括一级结构、二级结构、三级结构和四级结构，其中二级结构、三级结构和四级结构统称为高级结构。蛋白质的结构决定了蛋白质的性质和功能。其中一级结构决定高级结构，而高级结构决定生物学功能。

本章将主要介绍氨基酸的结构与性质、蛋白质的结构和功能以及蛋白质的性质与研究方法。

第一节 氨基酸的结构与性质

氨基酸是一类同时含有氨基和羧基的有机小分子物质（图 2－1），其中的 R 表示侧链基团（side chain group），氨基和羧基都与 α－碳原子相连。不同的氨基酸具有不同的 R 基团，这是区分或分类氨基酸的依据。

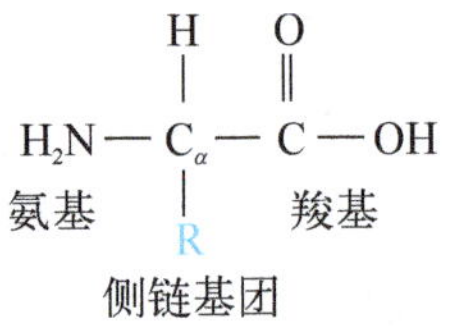

图 2－1 α－氨基酸的结构通式

一、氨基酸的分类

氨基酸的分类方法多种，其中有一种是根据氨基酸能否在蛋白质合成的时候直接参入蛋白质之中，而将它们分为蛋白质氨基酸（proteinogenic amino acid）和非蛋白质氨基酸。

1. 蛋白质氨基酸

在蛋白质生物合成的时候能直接参入多肽链之中的氨基酸称为蛋白质氨基酸，又名标准氨基酸（standard amino acid）。蛋白质氨基酸由遗传密码直接决定，目前已发现有 22 种，其中最早发现的 20 种最为常见，另外 2 种不常见。

20 种常见的蛋白质氨基酸的名称与结构式见图 2－2～图 2－5。图 2－6 为两种不常见的蛋白质氨基

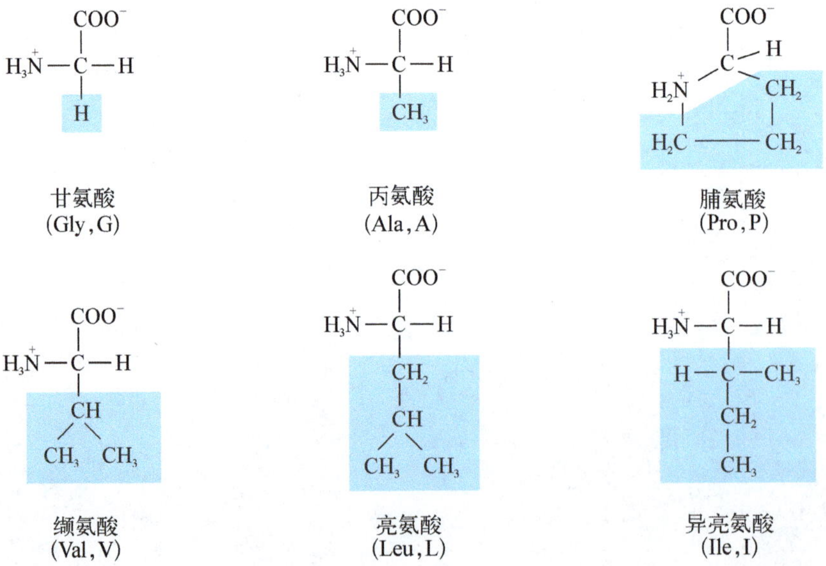

图 2－2 非极性脂肪族氨基酸的名称及结构

酸，其中硒代半胱氨酸(selenocysteine)为第21种蛋白质氨基酸，只存在于含硒蛋白中，如谷胱甘肽过氧化物酶(glutathione peroxidase)。吡咯赖氨酸(pyrrolysine)为第22种蛋白质氨基酸，仅存在于一些能够产生甲烷的古菌中。

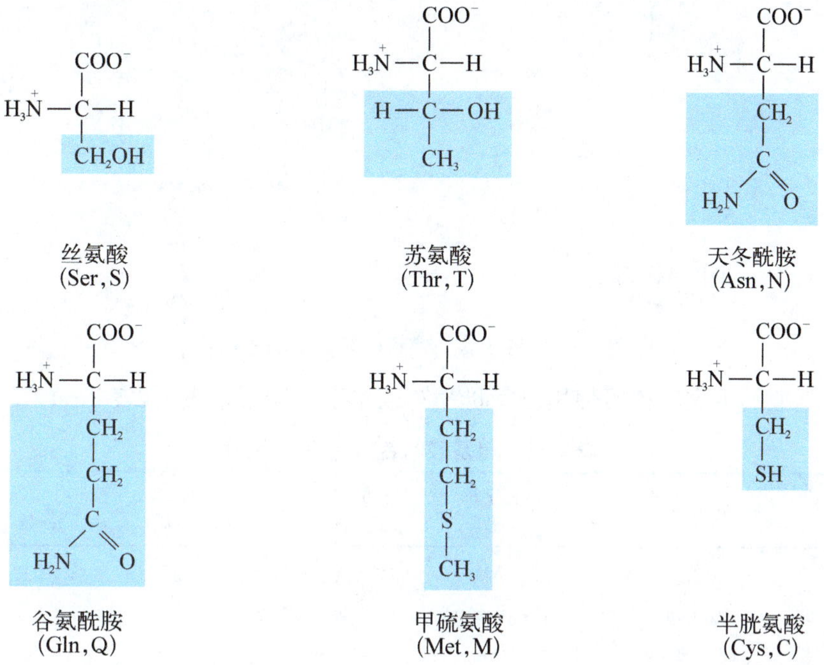

图2-3 不带电荷的极性氨基酸的名称及结构

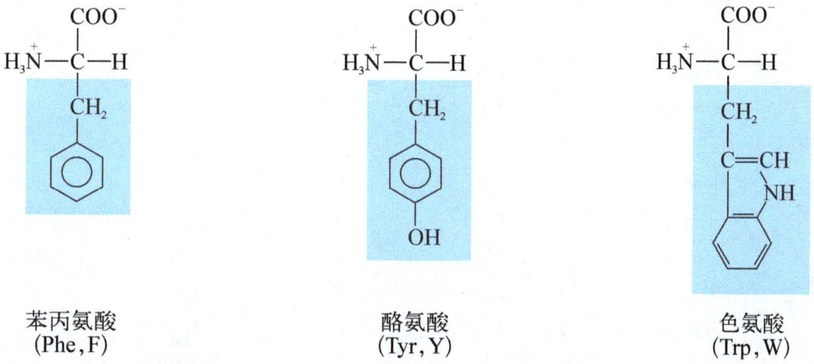

图2-4 芳香族氨基酸的名称及结构

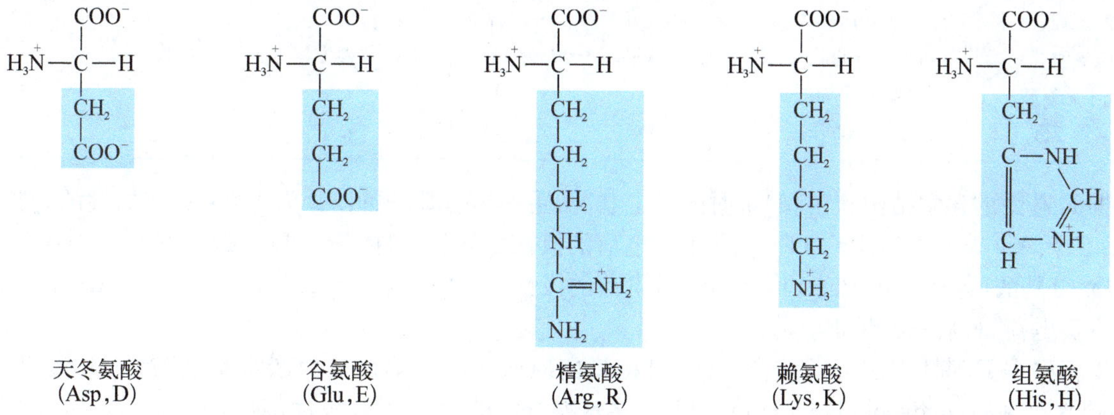

图2-5 带电荷的极性氨基酸的名称及结构

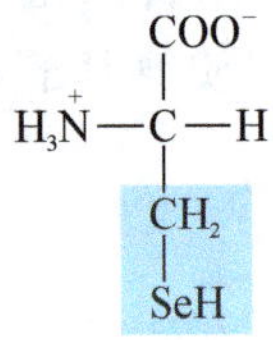

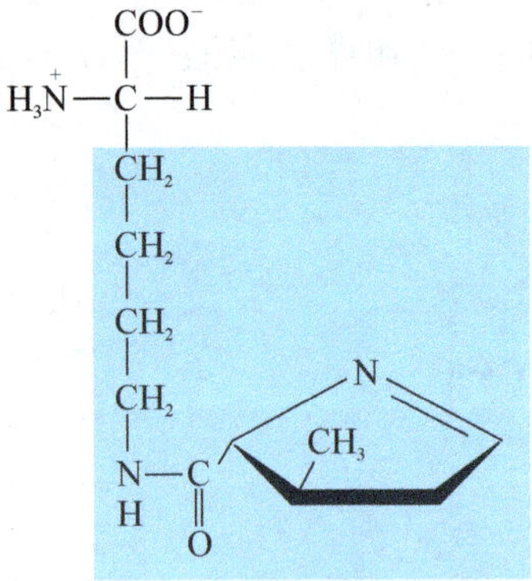

图 2-6 第 21、22 种蛋白质氨基酸的结构

22 种蛋白质氨基酸的英文名称可使用三字母缩写或单字母缩写来表示(表 2-1)。

表 2-1 氨基酸的名称、缩写和性质

中文名称	英文全名	三字母缩写	单字母缩写	p*K*a(α-羧基)	p*K*a(α-氨基)	p*K*a(R 基团)
丙氨酸	alanine	Ala	A	2.3	9.7	
精氨酸	arginine	Arg	R	2.2	9.0	12.5
天冬酰胺	asparagine	Asn	N	2.2	8.8	
天冬氨酸	aspartic acid	Asp	D	1.9	9.6	3.9
半胱氨酸	cysteine	Cys	C	2.0	10.3	8.4
谷氨酰胺	glutamine	Gln	Q	2.2	9.1	
谷氨酸	glutamic acid	Glu	E	2.2	9.7	4.1
甘氨酸	glycine	Gly	G	2.4	9.8	
组氨酸	histidine	His	H	1.8	9.3	6.0
异亮氨酸	isoleucine	Ile	I	2.4	9.7	
亮氨酸	leucine	Leu	L	2.4	9.6	
赖氨酸	lysine	Lys	K	2.2	9.0	10.5
甲硫氨酸(蛋氨酸)	methionine	Met	M	2.3	9.2	
苯丙氨酸	phenylalanine	Phe	F	1.8	9.1	
脯氨酸	proline	Pro	P	2.0	11.0	
丝氨酸	serine	Ser	S	2.2	9.2	13.6
苏氨酸	threonine	Thr	T	2.1	9.6	13.6
色氨酸	tryptophan	Trp	W	2.4	9.4	
酪氨酸	tyrosine	Tyr	Y	2.2	9.1	10.5
缬氨酸	valine	Val	V	2.3	9.6	
硒代半胱氨酸	selenocysteine	Sec	U	1.9	10.0	5.7
吡咯赖氨酸	pyrrolysine	Pyl	O	未知	未知	

根据 R 基团的化学结构和在 pH 7 时的带电状况，蛋白质氨基酸可以分为 4 类：① 非极性的脂肪族氨基酸，包括 Gly、Ala、Val、Leu、Ile 和 Pro；② 不带电荷的极性氨基酸，包括 Ser、Thr、Cys、Met、Pyl、Asn 和 Gln；③ 芳香族氨基酸，包括 Tyr、Phe 和 Trp；④ 带电荷的极性氨基酸，包括 Sec、Asp、Glu、Lys、Arg 和 His，其中前三种带负电荷，最后三种带正电荷。

如果仅根据 R 基团对水分子的亲和性，可将蛋白质氨基酸简单地分为亲水氨基酸(hydrophilic amino acid)和疏水氨基酸(hydrophobic amino acid)。亲水氨基酸的 R 基团有极性，对水分子具有一定的亲和性，一般能与水分子形成氢键。属于亲水氨基酸的有 Ser、Thr、Tyr、Cys、Sec、Asn、Gln、Asp、Glu、Pyl、Arg、Lys、His。疏水氨基酸的 R 基团呈非极性，对水分子的亲和性不高或者很低，但对脂溶性物质的亲和性较高。属于疏水氨基酸的有 Gly、Ala、Val、Leu、Ile、Pro、Met、Phe 和 Trp。

要特别注意的是，所有的氨基酸都溶于水，原因是它们都含有亲水的氨基和羧基，只是水溶性有所差别。

2. 非蛋白质氨基酸

非蛋白质氨基酸也称为非标准氨基酸，在蛋白质生物合成的时候，它们不能直接参入肽链之中，要么是蛋白质氨基酸的翻译后修饰产物，如 4-羟脯氨酸(4-hydroxyproline)、5-羟赖氨酸(5-hydroxylysine)和甲酰甲硫氨酸等，要么在体内以游离的形式存在，但从来不会参入蛋白质分子中。这些非蛋白质氨基酸可能具有特殊的生理功能或者作为代谢的中间物和合成某些物质的前体，如在动物体内参与尿素循环的鸟氨酸(ornithine)和瓜氨酸(citrulline)以及作为辅酶 A 组分的 β-丙氨酸。

二、氨基酸的性质

氨基酸的性质是由其结构决定的，22 种蛋白质氨基酸除了 Pro 为亚氨基以外，其余都含有 α-氨基和α-羧基，因此有许多共同的性质，而 R 基团的不同则导致个别氨基酸还有某些特殊的性质。

1. 氨基酸的共同性质

(1) 缩合反应

在一定的条件下，一个氨基酸的氨基可以和另外一个氨基酸的羧基发生缩合反应，以酰胺键或肽键相连形成肽(图 2-7)。此反应是肽的人工合成或生物合成的分子基础。

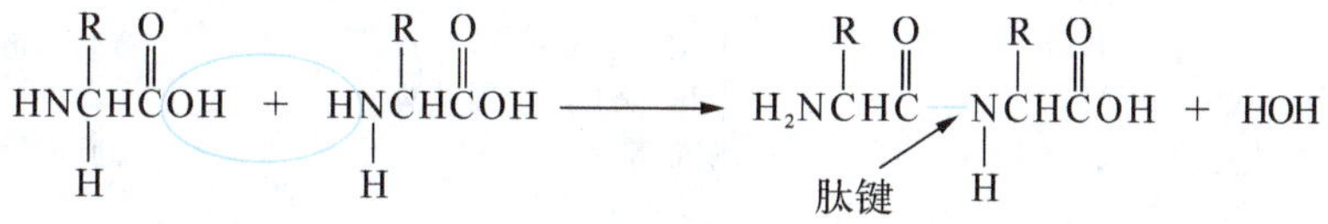

图 2-7 氨基酸的缩合反应——肽键的形成

(2) 手性

除了 Gly，其余氨基酸均至少含有一个不对称碳原子，因此都具有手性(chirality)。如果以 L 型甘油醛和 D 型甘油醛为参照物，具有不对称碳原子的氨基酸就有 D 型和 L 型两种对映异构体(enantiomer)或镜像异构体(图 2-8)。实验证明，蛋白质分子中的不对称氨基酸都是 L 型。然而，氨基酸的 D 型和 L 型与旋光方向没有必然的联系。一种氨基酸的旋光方向需要使用专门的仪器(旋光仪)来测定。

图 2-8 L 型氨基酸的 Fischer 投射式结构

(3) 特殊的酸碱解离性质与等电点

氨基酸由于同时含有碱性的氨基和酸性的羧基，因此具有特殊的解离性质。一个氨基酸分子内部的酸碱反应使氨基酸能同时带有正负两种电荷，以这种形式存在的离子称为两性离子(zwitterions)或兼性离子。实际上，游离的氨基酸在生理 pH 下，主要以两性离子的形式存在。与单纯的胺或单纯的羧酸相比，氨基酸具有更高的熔点(超过 200 ℃)和更强的水溶性，这是氨基酸主要以两性离子存在的证据。

在溶液中，一个氨基酸主要以何种形式存在则取决于溶液的 pH。如果不考虑 R 基团可能具有的解离性质，则以两性离子形式存在的氨基酸在强酸溶液中，其羧基接受质子而不带电荷；相反，在强碱性溶液中，其氨基则失去质子而不带电荷(图 2-9)。

如果考虑 R 基团，则有 10 种蛋白质氨基酸的 R 基团也有解离的性质，这些 R 基团是否解离可直接影响到这 10 种氨基酸的带电状态。然而，对于任何一种氨基酸来说，总存在一定的 pH，使其净电荷为零，这时的 pH 称为等电点(isoelectric point，pI)。

一种氨基酸在 pH 等于其 pI 的溶液中的水溶性最低，因此有些疏水氨基酸在 pH 等于其 pI 的溶液中会发生沉淀。

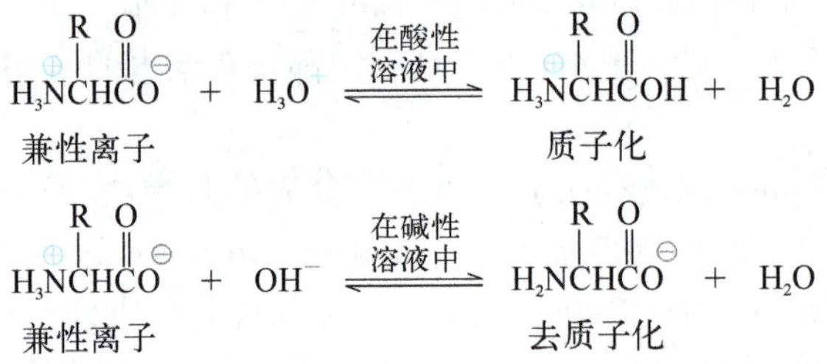

图 2-9 氨基酸的解离性质以及两性离子的结构

(4) 氨基酸氨基和羧基参与的化学反应

氨基和羧基都是比较活泼的官能团，它们在特定的条件下，能与多种化学试剂起反应(表 2-2)。

表 2-2 与氨基酸的 α-氨基和 α-羧基有关的主要反应及其用途

反应类型	反应试剂	主要反应产物	用途
α-氨基参与的反应	HNO_2	羟酸，N_2	Van Slyke 定氮
	甲醛	二羟甲基氨基酸	氨基酸滴定
	酰化试剂：苄氧酰氯、叔丁氧酰氯、对甲苯磺酰氯、丹磺酰氯等	酰化氨基酸	肽的人工合成氨基的保护；丹磺酰氯可用于 N-端氨基酸的标记和微量氨基酸的定量
	2,4-二硝基氟苯(DNFB)	DNP-氨基酸	多肽和蛋白质 N-端氨基酸的鉴定
	苯异硫氰酸酯(PITC)	PTC 或 PTH-氨基酸	
	氨基酸氧化酶、转氨酶等	酮酸等	细胞内氨基酸的代谢
α-羧基参与的反应	碱	氨基酸盐	
	醇	氨基酸酯	氨基酸羧基的保护和活化
	tRNA、氨酰-tRNA 合成酶、ATP 等	氨酰-tRNA	蛋白质的生物合成
	脱羧酶	胺	氨基酸的代谢
α-氨基和 α-羧基同时参与的反应	茚三酮	紫色物质 Pro 为黄色物质	氨基酸的定性和定量
	肽酰转移酶等	肽	多肽和蛋白质的生物合成

2. 个别氨基酸的性质

(1) Trp、Phe 和 Tyr 的紫外吸收性质

Trp、Phe 和 Tyr 的侧链基团含有苯环，使得它们对近紫外波长(230～300 nm)范围内的光具有强吸收。其中，Trp 和 Tyr 的吸收峰靠近 280 nm，与核苷酸或核酸的吸收峰不同(核苷酸的吸收峰在 260 nm)。上述性质可用来定性、定量测定蛋白质。

(2) 氨基酸 R 基团参与的主要化学反应

多数氨基酸的侧链可以发生特殊的反应，这些反应对于未知氨基酸的鉴定很有帮助(表 2-3)。

表 2-3 氨基酸侧链基团的反应性质及其用途

侧链基团	反应试剂	产物	用途
Arg 的胍基	α-萘酚、次溴酸钠——坂口试剂	桃红色物质	鉴定 Arg
Met 的-S-CH_3	H_2O_2	过氧化物	抑制某些蛋白质的活性
Cys 的-SH	碘代乙酸、过甲酸	硫基乙酸、磺基乙酸	肽链拆分
His 的咪唑基	重氮苯磺酸——Pauly 试剂	樱红色物质	鉴定 His
Tyr 的酚基	重氮苯磺酸——Pauly 试剂	橘黄色物质	鉴定 Tyr
Tyr 的酚基	磷钼酸、磷钨酸——Folin 试剂	蓝色物质	定量测定蛋白质、Tyr
Trp 的吲哚基	对二甲基氨基苯甲醛	蓝色物质	鉴定 Trp
Ser、Thr 和 Tyr 的羟基	激酶、ATP/镁离子	磷酸化的氨基酸	调节酶的活性

三、氨基酸的功能

氨基酸的主要功能包括：① 作为各种肽的组成单位；② 作为多种生物活性物质的前体。例如，NO 的前体是 Arg，组胺的前体是 His；③ 作为神经递质。例如，Glu 在脑组织中可作为一种兴奋性神经递质，而它的脱羧基产物是一种抑制性神经递质——GABA；④ 其碳骨架可氧化分解产生 ATP；⑤ 作为糖异生或酮体合成的前体。

第二节　蛋白质的结构

蛋白质的结构最多具有四个层次，即一级结构、二级结构、三级结构和四级结构（图 2－10），但并非所有的蛋白质都具有三级结构或四级结构。

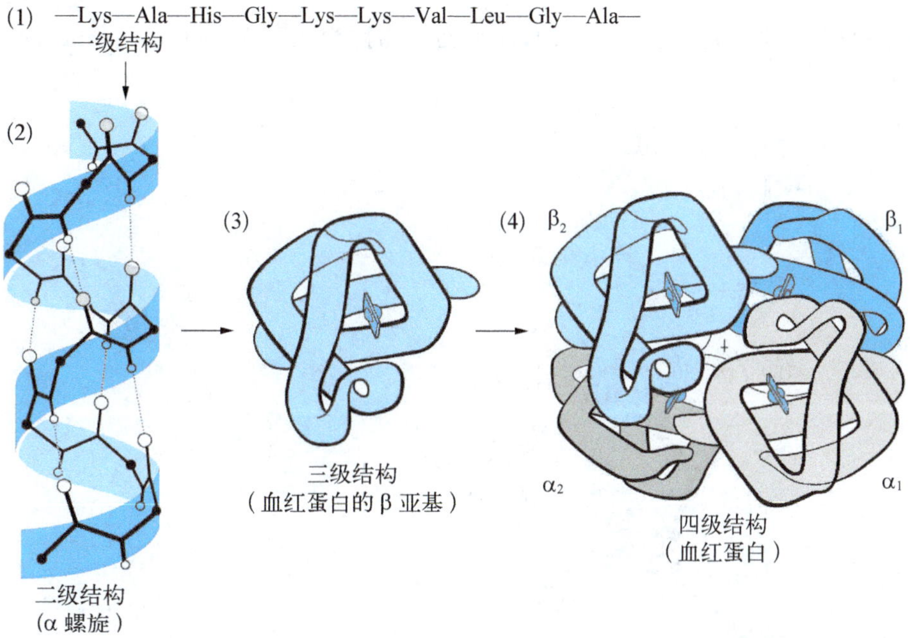

图 2－10　蛋白质的四种结构层次

一、蛋白质的一级结构

蛋白质的一级结构（primary structure）也叫蛋白质的共价结构，是指氨基酸在多肽链上的排列顺序。如果一种蛋白质含有二硫键，那么其一级结构还包括二硫键的数目和位置。

在蛋白质分子上，氨基酸之间通过 α－氨基和 α－羧基缩合以酰胺键（amido bond）或肽键（peptide bond）相连。构成蛋白质的每一个氨基酸单位称为氨基酸残基（residue）。各氨基酸残基以肽键相连形成的链状结构称为肽链（peptide chain）。

肽键实际上是一种酰胺键，一般用羰基 C 和酰胺 N 之间的单键表示。肽链中的每一个酰胺基称为肽基（peptide group）或肽单位（peptide unit）。研究表明肽键具有以下性质：

1）具有部分双键的性质（40%），其键长为 0.133 nm，短于一个典型的单键，长于一个典型的双键。肽键所具有的双键性质源自酰胺 N 上的孤对电子与相邻羰基之间发生的共振作用（图 2－11）。

图 2－11　肽键的双键性质

2）多为反式（*trans*），也有顺式（*cis*）。在反式构型中，邻近的非成键原子的空间位阻更小，因而比顺式稳定（相差 100 倍）。如果肽键是由一种氨基酸的羧基与 Pro 的亚氨基形成的（X－Pro），那么仍然是反式的稳定，但 Pro 残基的四氢吡咯环造成的空间位阻会部分抵消反式构型原有的在空间位阻上的优势，这使得顺式与反式在稳定性上的差距有所降低（仅相差 4 倍），因此，这时候的肽键有可能以顺式形式存在（图 2－12）。然而，多肽或者蛋白质在核糖体上合成的时候，最初形成的肽键均为反式，只是后来某些部位的肽键在肽基脯氨酰顺反异构酶（peptidyl prolyl *cis-trans* isomerase，PPI）的催化下变成了顺式。

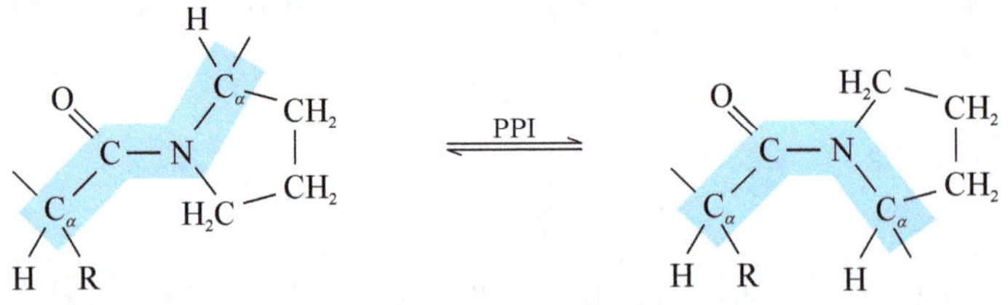

图 2－12　X－Pro 之间的反式肽键和顺式肽键

3）与肽键相关的 6 个原子共处于一个平面，此平面结构称为肽平面（peptide plane）或酰胺平面（amide plane）（图 2－13）。

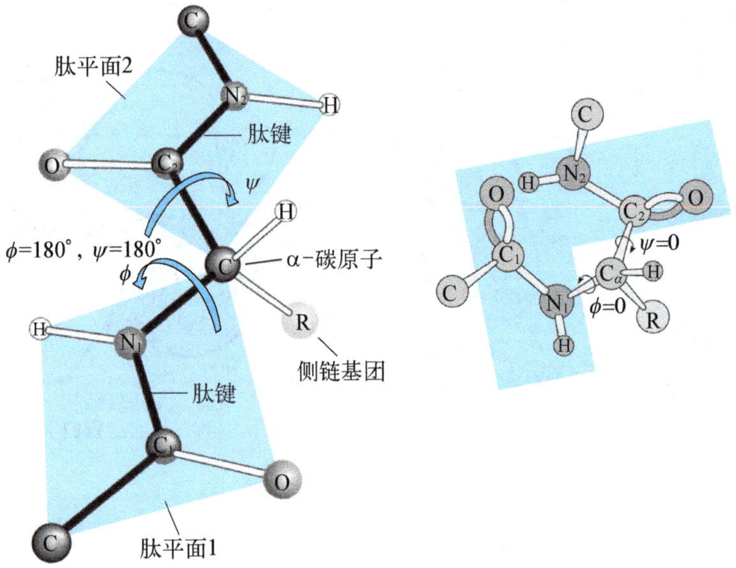

图 2－13　蛋白质分子上的肽平面和二面角（ϕ，ψ）

肽平面结构的形成是由于肽键具有双键的性质。在一个肽平面上，有两个与 C_α 有关的单键，这两个单键是可以自由旋转的。正因为如此，每一个肽平面有两个可以旋转的角度：由 C_α－N 单键旋转的角度称为 ϕ(phi)，C_α－C 单键旋转的角度称为 ψ(psi)，与同一个 C_α 有关的一对 ϕ 和 ψ 称为蛋白质的二面角（dihedral angle）。当一条肽链上所有的二面角都被确定以后，该肽链的三维结构也就基本确定了。

根据惯例：如果肽链处于完全伸展状态，即所有的肽键位于同一个平面上，ϕ 和 ψ 定为＋180°；如果 ϕ 的旋转单键 C_α－N_1 两侧的 N1－C_1 和 C_α－C_2 呈顺式时，则规定 ϕ＝0°；如果 ψ 的旋转键 C_α－C_2 两侧的 C_α－N_1 和 C_2－N_2 呈顺式时，则规定 ψ＝0°；从 C_α 向 N_1 观察，顺时针旋转 C_α－N_1 键得到的 ϕ 角为正值，反之为负值；从 C_α 向 C_2 观察，顺时针旋转 C_α－C_2 键得到的 ψ 角为正值，反之为负值。

理论上 ϕ 和 ψ 可以是＋180°～－180°之间的任意值，但由于主链上的原子和侧链基团之间存在空间位阻（steric hindrance），因而有些角度是不允许的，如 ϕ 和 ψ 不能为 0°。

4）酰胺 N 带部分正电荷，羰基 O 带部分负电荷，这也是酰胺 N 上的孤对电子与相邻羰基之间发生共振作用而造成的。

除了少数环状肽链以外（如 α－鹅膏蕈碱），其他肽链都含有不对称的两端：其中含有游离的 α－氨基的一端称为氨基端（amino terminal）或 N－端，含有游离的 α－羧基的一端称为羧基端（carboxyl-terminal）或 C－端。

按照惯例，书写一条肽链的序列总是从N-端到C-端，即N-端放在最左边，C-端放在最右边。各氨基酸残基可用三字母或单字母缩写表示。

确定蛋白质的一级结构有助于理解其高级结构和功能，因为一种蛋白质的一级结构包含了决定其高级结构的所有信息，而高级结构又与蛋白质的功能直接相关。来源于不同种类生物的同源蛋白具有相似的氨基酸序列（如细胞色素c)，而具有相似序列的不同肽链往往意味着它们具有相似的二级结构和三级结构。

许多遗传性疾病实际上是机体内某种蛋白质的一级结构发生差错而引起的“分子病”(molecular disease)。例如，β珠蛋白基因的突变导致血红蛋白β亚基的Glu6被Val代替，带有这种突变的人有可能表现为镰状红细胞贫血，这是一种最常见的血红蛋白分子病。

测定蛋白质的一级结构，还可以帮助科学家在分子水平上研究生物的进化。例如，将不同生物来源的细胞色素c的一级结构进行比对，有助于了解物种间的进化关系，因为物种间的亲缘关系越接近，细胞色素c的一级结构就越相似。

二、蛋白质的二级结构

蛋白质的二级结构(secondary structure)是指多肽链的主链(backbone)部分（不包括R基团)在局部形成的一种有规律的折叠和盘绕，其稳定性主要由主链上的氢键决定。

表2-4 几种二级结构的二面角

结构	ϕ	ψ	结构	ϕ	ψ
完全伸展	−180°	+180°	左手α螺旋	+60°	−60°
反平行β折叠	−139°	+135°	3_{10}螺旋	−49°	−26°
平行β折叠	−119°	+113°	π螺旋	−57°	−40°
右手α螺旋	−57°	−47°	三股螺旋	−51°	+153°

常见的二级结构有α螺旋(alpha-helix)、三股螺旋(triple helix)、β折叠(beta-sheet)、β转角(beta-turn)、β凸起(beta-bulge)、环和无规则卷曲(random coil)。其中有规律的二级结构所涉及的肽段上的每一对二面角都差不多（表2-4)。从结构的稳定性上看，右手α螺旋>β折叠>β转角>无规卷曲和环，但从功能上看正好相反，酶与蛋白质的活性中心通常由无规卷曲和环充当，右手α螺旋和β折叠一般只起支持作用。

1. α螺旋

α螺旋是一种最常见的二级结构（图2-14)，最先由Pauling于1951年提出。主要内容包括：

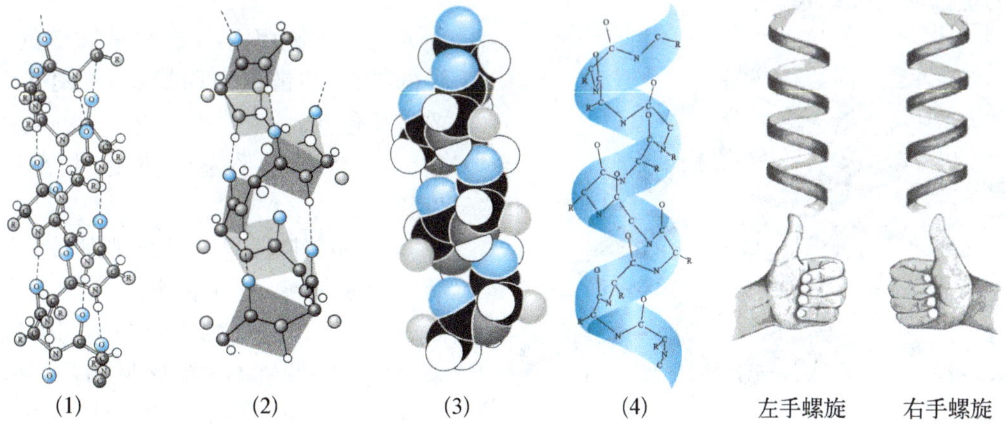

图2-14 4种不同方式显示出的α螺旋结构以及判断螺旋方向的方法

1）肽链主链围绕一个虚拟的轴以螺旋的方式伸展。

2）螺旋的形成是自发的，主要由主链上的氢键稳定。氢键在n位氨基酸残基上的C=O与$n+4$位残基上的N-H之间形成（图2-15)。被氢键封闭的环共含有13个原子，因此α螺旋也称为3.6_{13}螺旋。螺旋的前、后4个氨基酸残基通常不能形成全套螺旋内氢键，这些残基需要与水分子或蛋白质内部的其他基团形成氢键后才能稳定下来。

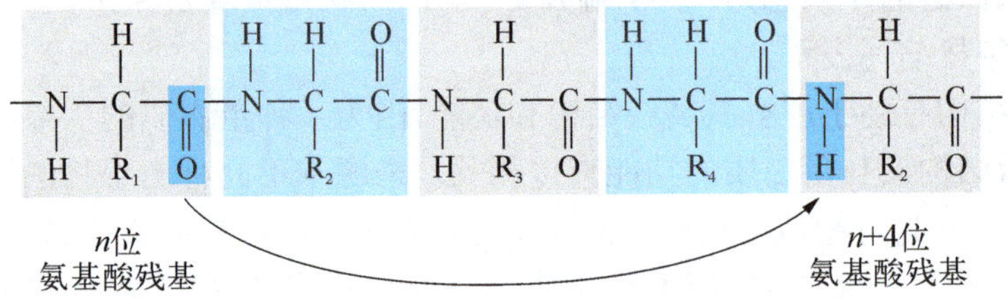

图 2-15 维系 α-螺旋的氢键供体和受体

3) 每隔 3.6 个残基，螺旋上升一圈。每一个氨基酸残基环绕螺旋轴 100°，螺距为 0.54 nm，即每个氨基酸残基沿轴上升 0.15 nm。螺旋的半径为 0.23 nm，二面角(ϕ,ψ)约为(−57°，−47°)。

4) α 螺旋有左手和右手之分，但在蛋白质分子中发现的 α 螺旋主要是右手螺旋，左手螺旋很少见。

5) 氨基酸残基的 R 基团伸展在螺旋的表面，虽不参与螺旋的形成，但其大小、形状和带电状态却能影响螺旋的形成和稳定性。

一般而言，判断一个氨基酸残基是否有利于形成 α 螺旋，要看它的侧链能否遮盖和保护螺旋在主链上的氢键。在 20 种常见的蛋白质氨基酸中，经常在 α 螺旋中出现的有：Ala、Cys、Leu、Met、Glu、Gln、His 和 Lys，特别是其中的 Lys、Met、Ala、Leu 和 Glu；最常见的两种不利于形成 α 螺旋的氨基酸是 Gly 和 Pro；具有较大 R 基团或者 β 碳原子上有分支的氨基酸，如 Ile、Val、Thr、Phe 和 Trp，因为容易产生空间位阻，所以不利于 α 螺旋的形成；Ser、Asp 和 Asn 在侧链上靠近主链的位置含有氢键供体或受体，容易与主链上的 NH 或 C=O 竞争形成氢键，故也不利于形成 α 螺旋；肽链上带有电荷的氨基酸，如 Glu、Asp、Lys 和 Arg，如果带同种电荷的连续排列，也不利于 α 螺旋的形成。

对于一个稳定的 α 螺旋而言，主链上的原子埋在螺旋的内部，彼此之间通过范德华力结合，里面几乎已无任何空隙，而所有的 R 基团都呈辐射状离开螺旋的核心，充分展示在螺旋的表面。螺旋的这种性质，方便了它们与其他部位的氨基酸残基的侧链或者与其他生物分子(如 DNA)之间的相互作用。

如果螺旋上的亲水氨基酸较多，则螺旋可视为极性的；如果全部是疏水氨基酸，螺旋则是疏水的。疏水 α 螺旋经常出现在膜内在蛋白的跨膜区；如果亲水残基和疏水残基含量差不多，并且亲水的分布在螺旋一侧，形成亲水的一面，疏水的集中在另一侧，组成疏水的一面，那么这样的螺旋称为两亲螺旋(amphipathic helix)。两亲螺旋的疏水面通常与蛋白质内部的疏水区结合，而亲水面与水相相互作用。

2. β 折叠

β 折叠(β-sheet)又称为 β 折叠片层(β-pleated sheet)，这是 Pauling 继发现 α 螺旋结构后，同年发现的又一种重要的蛋白质二级结构。

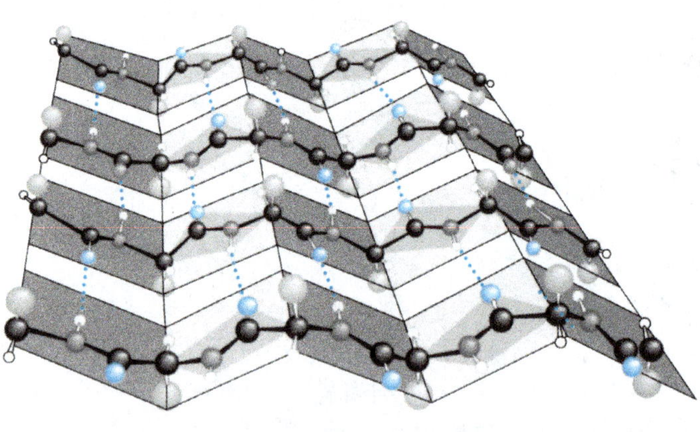

图 2-16 β 折叠的片层结构和 β 股之间的氢键

与 α 螺旋相比，β 折叠是肽链的一种更加伸展的结构，主链呈扇面状展开(图 2-16)。其主要特征包括：

1) 肽段几乎完全伸展，肽平面之间成锯齿状。

2) 相邻肽段呈现平行排列，相邻肽段之间的肽键形成氢键，其中的每一股肽段称为 β 股(β strand)。β 股可来源于两条不同的肽链，也可以来自同一条肽链不同的区域，有时甚至可来源于不同的蛋白质。最后一种情形可导致蛋白质之间形成二聚体。

3) R 基团垂直于相邻两个肽平面的交线，并交替分布在折叠片层的两侧。

4) 肽段的走向有正平行和反平行两种。正平行经常简称为平行，指相邻的 β 股的 N-端位于同侧，反平行正好相反。在反平行折叠中，氢键的三个原子(N-H-O)几乎位于同一直线上，因此反平行折叠更加稳定(图 2-17)，其存在的机会就更大。

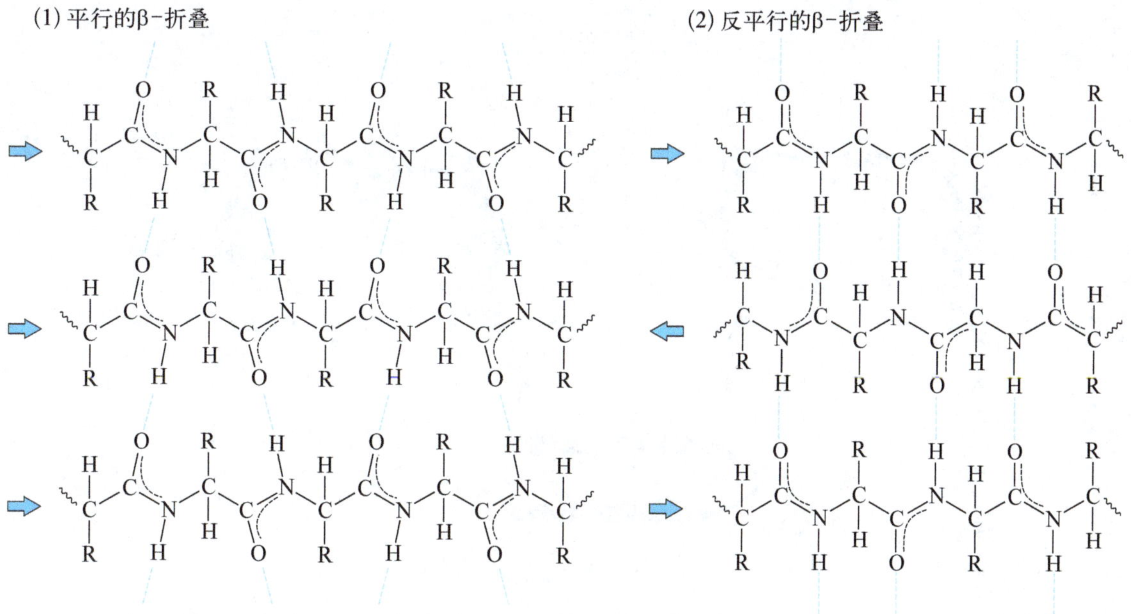

图2-17 平行β折叠和反平行β折叠的结构比较

5) 反平行β折叠的每个氨基酸残基上升0.347 nm，二面角(ϕ,ψ)约为(−135°, +140°)，平行β折叠的每个氨基酸残基上升0.325 nm，二面角(ϕ,ψ)约为(−120°, +105°)。

因为平行β折叠的稳定性低于反平行β折叠，所以平行β折叠一般含有较多的β股，很少低于5个，并且，β股总是被包埋在蛋白质的内部，而反平行β折叠含有的β股可以低到2个，其一面经常暴露在水相之中。

相比于α螺旋，参与形成β折叠的β股在空间上处于更加伸张的状态，因而，那些在α螺旋中容易产生空间位阻(在β碳上有分支的)的氨基酸残基能在β折叠中找到属于自己的位置，即侧链基团庞大的氨基酸残基更倾向于形成β折叠。当然，那些在β碳上无分支的氨基酸残基也适合存在于β股上，但大的疏水侧链更容易紧密地结合在一起，故它们出现在β折叠中的频率更高。这些氨基酸残基有：Val、Ile、Phe、Tyr、Trp和Thr。

3. β转角

为了在一条肽链上形成β折叠，或将一条多肽链上的α螺旋和(或)β折叠组合在一起，多肽链通常需要其主链弯曲或回折，而β转角结构就可以达到这样的目的。β转角的主要特征包括：

1) 主链以180°的回折而改变了方向。

2) 由肽链上四个连续的氨基酸残基组成，其中n位氨基酸残基的C=O与$n+3$位氨基酸残基的N-H形成氢键。

3) Gly和Pro经常出现在这种结构之中。这是因为Gly的R基团最小，很容易调整其在β转角中的位置，降低与其他残基(尤其是R基团大的残基)之间可能形成的空间位阻，而Pro则具有相对刚性的环状结构和固定的ϕ，在某种程度上能迫使转角的形成。

4) 有利于反平行β折叠的形成。这是因为β转角改变了肽链的走向，促进相邻的肽段各自作为β股，形成β折叠。

β转角有两种类型(Ⅰ型和Ⅱ型)，这两种类型的差别仅仅在于第2个残基和第3个残基形成的肽平面的朝向(相差180°)(图2-18)。Ⅰ型转角更为常见，它的$n+2$位最适合Pro，而Ⅱ型的$n+1$位最适合Pro，$n+2$位适合Gly和其他小的亲水氨基酸。无论是哪一种类型，$n+3$最适合Gly，而n位置经常是Asn、Asp、Ser和Cys。

由于β转角能够改变肽链的走向，因此它对球状蛋白质的形成十分重要，但对于纤维状蛋白质来说，它的肽链在空间上只有一个取向，故一般没有β转角。

4. β凸起

当构成β折叠的两个β股中的一股多出1个氨基酸残基的时候，原来连续的氢键结构即被打破，这个多

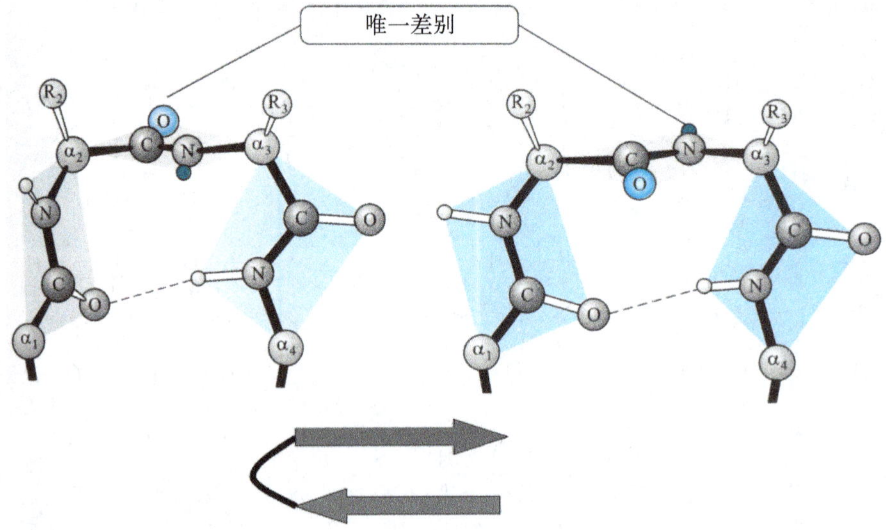

图 2-18 两类β转角的结构

出的氨基酸残基只能突出在外，从而使肽链发生轻微的弯曲，这时便形成了β凸起(图 2-19)。β凸起主要存在于反平行β折叠中，它也能改变多肽链的走向，但没有β转角那样明显。

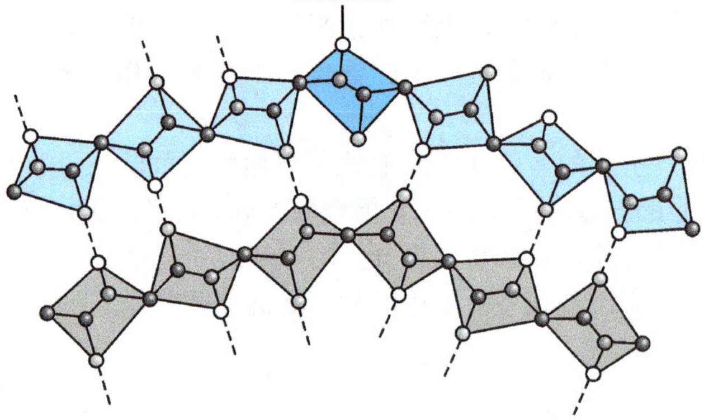

图 2-19 β凸起

5. 无规则卷曲与环

在蛋白质分子中，除了上述四种有规则的二级结构以外，还有一些不规则的二级结构。这类被称为无规则卷曲的结构柔性强，涉及的二面角变化大，但也不是任意变动的。

环在很长一段时间里被视为无规则卷曲的一种，但现在人们越来越倾向于将其视为一种独立的二级结构。环作为蛋白质三维结构中最重要的动态结构元件，一般位于球状蛋白质的表面，在很多地方充当将有规则的二级结构联系在一起的纽带，其侧链和主链部分通常含有各种结合位点和功能位点，并以运动的方式作为控制与蛋白质相互作用的配体进入的“门户”。

三、蛋白质的三级结构

三级结构是指构成蛋白质的多肽链在二级结构的基础上，进一步盘绕、卷曲和折叠，形成的特定空间结构，它包括了肽链上所有原子的空间排布。三级结构通常由模体(motif)和结构域(domain)组成。一种蛋白质的全部三维结构又可以称为它的构象(conformation)。构象与构型(configuration)的含义完全不同：构型是指在立体异构中，一组特定的原子或基团在空间上的几何布局。两种不同构型的转变总是伴随着共价键的断裂和重新形成。然而，一个蛋白质可以存在几种不同的构象，但构象的转变仅仅是单键的自由旋转造成的。构成蛋白质的多肽链上存在多个单键，因此一种蛋白质在理论上可能具有许多不同的构象。但在生理条件下，一种蛋白质只会采取一种或几种在能量上有利的构象。

1. 稳定三级结构的化学键

稳定三级结构主要是次级键，其包括氢键、疏水键（hydrophobic bond）、离子键、范德华力（图 2-20）。有的金属蛋白还借助于金属配位键来稳定它们的三级结构。此外，属于共价键的二硫键也参与稳定许多蛋白质的三维结构。

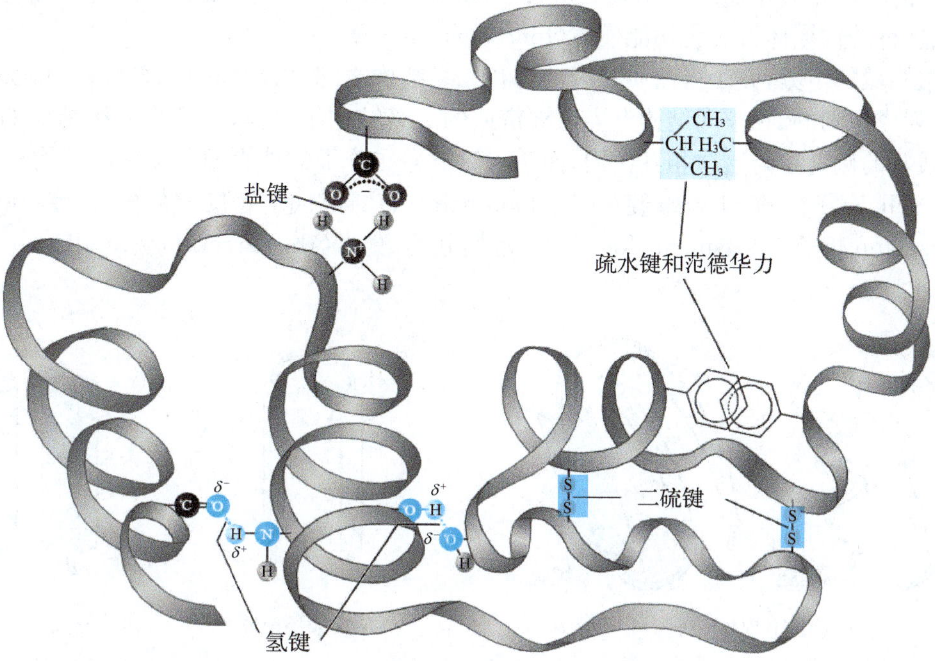

图 2-20　维系三级结构稳定的化学键

构成蛋白质的疏水残基上的各种非极性 R 基团避开水相，互相聚集在一起而形成的作用力称为疏水键，也称疏水作用力。在水溶液中，疏水基团会躲避周围的极性溶剂而自发地聚集在一起，从而在分子内部形成疏水核心。这种疏水相互作用不仅是驱动蛋白质折叠的主要动力，而且在维持蛋白质的三级结构中起着十分重要的作用。

二硫键也称为二硫桥，它是在两个 Cys 残基的 S 原子之间形成的共价交联。含有二硫键的蛋白质一般是分泌蛋白或者细胞膜蛋白（如胰岛素和动物消化道内的各种蛋白酶），而胞内蛋白很少含有二硫键。其中的原因有三个：一是胞外的环境比较恶劣（如胃液的 pH 低于 2），二是蛋白质比较小，故疏水作用力相对要弱，三是胞外环境的氧化性较强。这三种因素使蛋白质必须借助键能最强的二硫键来加固它们的三级结构。

2. 研究三级结构的方法

确定蛋白质三级结构的方法主要有两种，一种是 X 射线晶体衍射（图 2-21），另一种是核磁共振成像（nuclear magnetic resonance imaging, NMR）。这两种方法有时也用来研究蛋白质的二级结构。

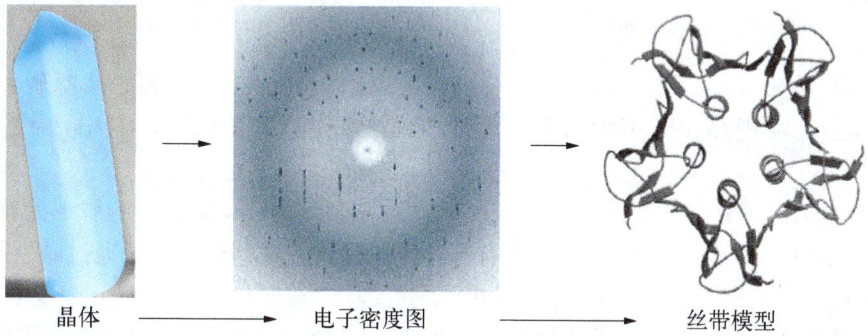

图 2-21　X 射线晶体衍射的电子密度图和被还原出来的三维结构

自 1985 年 NMR 建立以来，已有几百种蛋白质的空间结构通过这种方法得到，约占已知空间结构的蛋白质总数的 20%。其中有些蛋白质也利用 X 射线晶体衍射测定过。比较两种方法得到的结果，可以看出大体上是相同的，但局部的表面区域由于它们所处的环境不一样而呈现出明显的差异。另外，许多蛋白质在晶体状态下仍然具有天然的生物活性。由此可见，两种方法得到的结果都是可靠的。

3. 三级结构的结构部件

（1）模体

三级结构中的模体相当于超二级结构（super-secondary structure）。如果一种模体对应于一种特定的生物功能，那么这种结构模体可称为功能模体（functional motif）。

模体作为结构域的组分，介于蛋白质二级结构和三级结构之间，由相邻的二级结构单元彼此相互作用，组合在一起，排列成规则的、在空间结构上容易被辨认的二级结构组合体，并充当三级结构的构件。多数情况下只有疏水残基的侧链参与这些相互作用，而亲水侧链多在分子的外表面。常见的结构模体包括：① 卷曲螺旋（coiled coil）；② 螺旋-环-螺旋（helix-loop-helix，HLH）；③ 螺旋-转角-螺旋（helix-turn-helix，HTH）；④ Rossmann 折叠（Rossmann fold）；⑤ 希腊钥匙模体（the Greek key motif）；⑥ β 发夹环（β-hairpin）（图 2-22）。

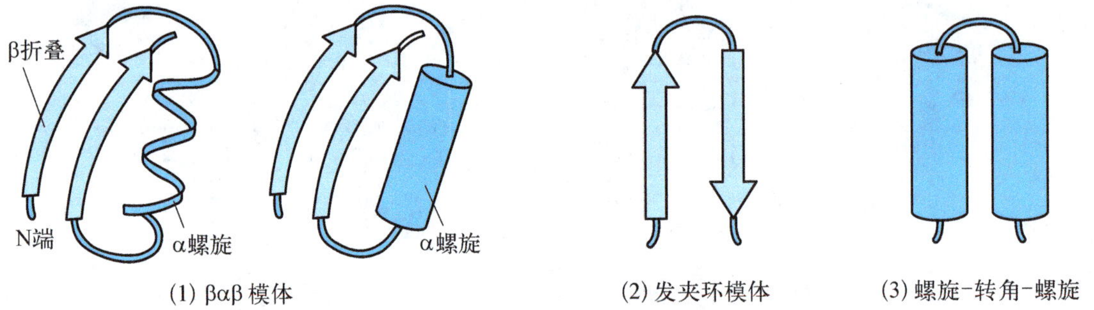

图 2-22 几种结构模体

卷曲螺旋（coiled coil）是一种常见的 α 螺旋聚合体，一般是由两股或三股 α 螺旋组装而成的一种超螺旋结构（图 2-23）。它可在一个蛋白质分子内部形成，也可以在两个或多个不同的蛋白质分子之间形成，后一种情况可导致蛋白质形成二聚体或多聚体。

图 2-23 双股卷曲螺旋

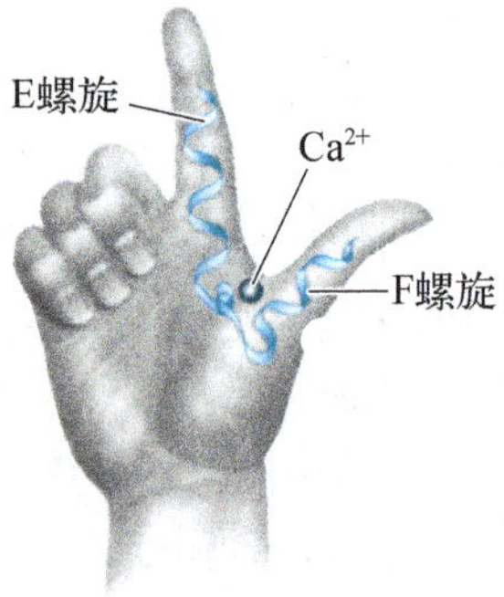

图 2-24 EF 手相结构

HLH 又称为 EF 手相（EF-hand），是一种典型的功能模体。它是由 E 螺旋、F 螺旋和螺旋之间的一个环组成（图 2-24），已被发现存在于多种与 Ca^{2+} 结合的 Ca^{2+} 传感器蛋白上。其中，Ca^{2+} 在环上与蛋白质结合。

HLH 中有一类叫碱性螺旋-环-螺旋（basic-helix-loop-helix，bHLH），其中有一股螺旋富含碱性氨基酸残基。许多参与基因转录的转录因子（如 c-Myc）含有这种模体结构。这些转录因子通过碱性螺旋上的亲水氨基酸残基，识别 DNA 双螺旋大沟内特定的碱基序列，并形成氢键，从而与 DNA 分子上的特定位点结合。

螺旋-转角-螺旋（helix-turn-helix）模体是另外一种重要的功能模体，它也出现在许多与 DNA 特异性结合的蛋白质分子上，其中与 DNA 结合的也是两股 α 螺旋中的一股。两者主要也是通过螺旋表面的亲水氨基酸残基的侧链，与 DNA 分子上的特殊碱基序列形成氢键而结合的。

Rossmann 折叠由两个相连的 βαβ 单位组成，每一个 βαβ 单位由两段平行的 β 股和一段作为连接链的 α 螺旋组成，进而形成 βαβαβ 结构。同时在紧密结合的折叠和螺旋之间经常有一个疏水的核心(图 2-25 左)。这种模体的功能是结合辅酶Ⅰ和辅酶Ⅱ，故许多以 NAD^+ 或 $NADP^+$ 为辅酶的脱氢酶(如乙醇脱氢酶)就含有它。

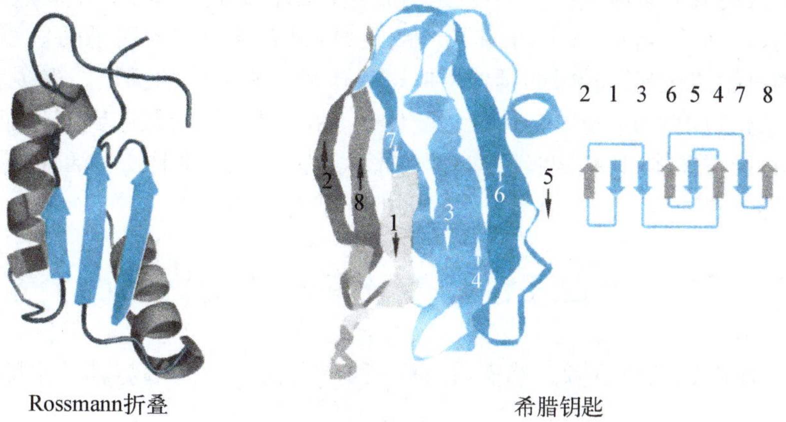

图 2-25 Rossmann 折叠与希腊钥匙(图中的箭头表示 β 股)

希腊钥匙模体是一种全 β 折叠聚合体，存在于许多不同类型的蛋白质中(如质体蓝素)，因在拓扑学上像古代花瓶上的希腊钥匙而得名(图 2-25 右)。

β 发夹环因形似发夹而得名，它由两段反平行的 β 股和一段连接小环组成。β 股之间形成氢键，小环含有 2～5 个氨基酸残基。这种模体结构有时会出现在一些小肽分子上。

(2) 结构域

多数蛋白质会卷曲成致密的球状结构。大小低于 20 kD 的蛋白质通常呈一个简单的球形，而较大的蛋白质一般会折叠成两个或多个相对独立的球状区域。这些相对独立的球状结构称为结构域。每一个结构域通常是独自折叠形成的，内部都有一个疏水的核心，并含有一个或几个模体结构。疏水的核心是结构域稳定存在所必需的。

结构域在结构上是相对独立的，在功能上也是如此。许多蛋白质的结构域在特殊的条件下被分开以后，每一个结构域仍然保留各自原有的功能。

根据占优势的二级结构单元的类型，结构域通常分为四大类：① α 结构域——完全由 α 螺旋组成；② β 结构域——只含有 β 折叠、β 转角和不规则环结构；③ α/β 结构域——由 β 股和起连接作用的 α 螺旋片断组成，其组成单元是 βαβ 模体；④ α+β 结构域——由独立的 α 螺旋区和 β 折叠区组成。构成这四类结构域的二级结构单元可能有不同的组织方式，而每一种组织就是一种结构模体。此外，还有一些结构域缺乏特定的二级结构单元，需要借助二硫键或金属离子来稳定。

四、蛋白质的四级结构

由一条以上肽链组成的蛋白质称为寡聚体(oligomer)蛋白，其中的每一条肽链称为单体(monomer)或亚基(subunit)。含有 2、3、4、5 个或 6 个亚基的蛋白质分别称为二聚体(dimer)、三聚体(trimer)、四聚体(tetramer)、五聚体(pentamer)或六聚体(hexamer)蛋白，含有更多亚基的蛋白质以此类推。最常见的寡聚体蛋白质是二聚体。由同一种肽链组装而成的寡聚体称为同源寡聚体，否则称为异源寡聚体。

构成寡聚体蛋白质的多肽链如果不是以二硫键相连，则认为它们具有四级结构，其中的每一个亚基都有三级结构。

蛋白质的四级结构内容包括亚基的种类、数目、空间排布以及亚基之间的相互作用。稳定四级结构的化学键包括氢键、疏水键、离子键和范德华力。

具有四级结构的蛋白质具有特殊的优势，主要包括：① 通过减少蛋白质表面积和体积的比率而提高蛋白质的稳定性；② 提高遗传学上的经济与效率，如果有大小相同的两种蛋白质，一种只由一条多肽链组成，另一种由两个相同的亚基组成，显然编码后者比前者所需要的碱基序列要少，而且表达的效率更高；③ 有利于某些酶的活性中心的组装，如果蛋白质是酶，形成寡聚体可将催化位点聚集在一起。有时，单个亚基可能建立不了一个完整的活性中心，只有形成寡聚体才能将所有必需的催化基团集中在一起，组成一个有活性的酶。例如，大肠杆菌的谷氨酰胺合成酶(glutamine synthetase)的活性中心是由成对的两个亚基组装而成的，而解离的单个亚基没有活性；④ 能产生协同效应(co-operativity)；⑤ 减少翻译出差错的机会，因为与同样大小的单体蛋白相比，构成寡聚体蛋白质的肽链更短，翻译出错的机会就更小；⑥ 改变一种蛋白质功能的特异性。例如，细菌的RNA聚合酶由σ因子和核心酶组成，只有结合有σ因子的核心酶才能识别启动子，启动基因的转录，否则只能催化基因转录的延伸反应；⑦ 有利于酶活性的调控。许多酶由调节亚基和催化亚基组成(如蛋白质激酶A)，当调节亚基与特殊的配体分子结合以后，会影响到催化亚基的活性，还有些酶具有单体(无四级结构)和寡聚体(具有四级结构)两种形式，但只有一种形式有活性；⑧ 有利于包装成更加庞大的结构，例如，病毒的衣壳蛋白通常由同一个相同的亚基自组装而成。

第三节 蛋白质的功能及其与结构之间的关系

蛋白质是生物体各项功能的执行者。然而，任何一种蛋白质的功能都与其特定的结构密不可分，特别是三维结构。

一、蛋白质的功能

蛋白质的功能主要包括：

1) 充当生物催化剂即酶，催化细胞内的各种生化反应。

2) 调节作用 例如，周期蛋白(cyclin)激活依赖于周期蛋白的蛋白质激酶(cyclin-dependent protein kinase, CDK)的活性，阻遏蛋白(repressor)和激活蛋白(activator)分别抑制和激活特定基因的表达。

3) 运输 例如，血红蛋白运输O_2。

4) 贮存 例如，肌红蛋白为肌肉细胞贮存O_2。

5) 运动 例如，肌动蛋白(actin)和肌球蛋白(myosin)的相互滑动导致肌纤维收缩或松弛。

6) 为细胞和机体提供结构支持 例如，胶原蛋白在动物的结缔组织中就起结构支持的作用。

7) 信号转导 例如，胰岛素及其受体的相互作用导致血糖浓度的下降。

8) 免疫 例如，抗体参与体液免疫。

9) 产生特定的毒性 例如，蓖麻毒素抑制真核细胞的蛋白质合成。

10) 其他功能 例如，来自维多利亚水母体内的绿色荧光蛋白(green fluorescent protein, GFP)受紫外线的激发，可发出绿色的荧光。

然而，并不是一种蛋白质只能行使一种功能，近来发现一些蛋白质虽然只有一种结构，但却能行使多种不同的功能。这些兼有其他功能的蛋白质被称为兼职蛋白(moonlighting proteins)。例如，磷酸己糖异构酶除了在细胞内参与糖酵解以外，还能由T淋巴细胞分泌到胞外充当一种神经白介素(neuroleukin)，促进胚胎内某些脊髓神经元和感觉神经元的存活，以及促进B淋巴细胞的成熟。

二、蛋白质结构与功能之间的关系

蛋白质的结构与功能之间的关系可总结为7点：

1) 大多数蛋白质具有特定的三维结构，也具有特定的功能。一旦三维结构被破坏，蛋白质的功能随之丧失。少数蛋白质处于天然无折叠状态，但仍然具有功能。

2) 蛋白质的三维结构直接决定蛋白质的功能。

3) 蛋白质的一级结构决定其三维结构，因此也最终决定了蛋白质的功能。

4) 结构相似的蛋白质具有相似的功能。反过来，功能相似的蛋白质具有相似的结构，特别是三维结构。

5) 在不同物种体内功能相同的蛋白质具有相同和基本相同的三维结构，但一级结构是否有差异以及差异的程度往往取决于物种之间在进化上的亲缘关系。

以组成有氧生物呼吸链的关键成分——细胞色素c为例，这种蛋白质存在于所有的有氧生物体内，与原核生物的质膜和真核生物的线粒体内膜相联系，其功能是作为一种流动的电子传递体，往返于呼吸链的复合体Ⅲ和Ⅳ，进行电子的传递，但真正传递电子的是与细胞色素c共价结合的血红素辅基上的铁离子。在对多种不同物种来源的细胞色素 c 的晶体结构进行研究后发现，它们在三维结构上都惊人地相似。在对 40 种不同的真核生物的细胞色素 c 的一级结构进行比较分析后还发现，在构成细胞色素 c 的 110 个左右的氨基酸残基中，28 个残基始终不变，这意味着这 28 个氨基酸残基是细胞色素 c 形成稳定的三维结构，或者行使正确的功能所必需的。

框 2-1 生化动态——天然无结构蛋白质的结构与功能

一般而言，自然界的各种蛋白质，无论是纤维状蛋白质，还是球状蛋白质或膜蛋白，由于具有特定的三维结构，才具有特定的生物学功能。一旦失去了特定的结构，成为松散无折叠状态，就立刻丧失功能。然而，自 20 世纪 90 年代初以来，人们开始发现越来越多的蛋白质，在生理条件下，尽管缺乏特定的二级结构和三级结构，处于完全无折叠或部分无折叠状态，但仍然具有功能。这类蛋白质现在统称为天然无折叠蛋白质(natively unstructured protein, NUP)。

迄今为止，已发现的 NUP 约占蛋白质总数的 30%。NUP 一般可分为两类：一类是完全无折叠蛋白质(fully unfolded protein)，约占 10%；另外一类是部分无折叠蛋白质(partially unfolded protein)，一般含有一段由大于 50 个氨基酸残基组成的无折叠区域。完全无折叠蛋白质还可以进一步分为两个亚类：第一亚类无任何二级结构，第二亚类无三级结构，与天然折叠蛋白质在折叠过程中形成的“溶球态”中间体相似。显然，天然无折叠蛋白质的发现是对传统的蛋白质结构与功能关系基本法则的挑战。

在天然无折叠蛋白质中，有些必须处在无折叠状态才具有一定的功能，有些需要跟特定的配体(经常是 DNA)结合，进而发生折叠，再行使功能。例如，淋巴类增强子结合因子 1(lymphoid enhancer-binding factor-1, LEF-1)就属于后一类，它在 B 细胞前体和 T 细胞中表达，定位在细胞核，与 DNA 分子上的 T 细胞受体-α 增强子(T-cell receptor-alpha enhancer)结合以后发生折叠，然后诱导相关基因的表达。

NUP 的主要功能是参与信号转导、细胞周期调控和基因表达调控，此外，它与翻译后加工也有关系，还经常充当 RNA 和蛋白质的分子伴侣。在信号转导过程中，经常涉及可逆的蛋白质磷酸化(reversible protein phosphorylation)修饰，这种磷酸化和脱磷酸化修饰是真核细胞调节蛋白质或酶活性的主要手段之一。人们还发现，磷酸化位点周围的氨基酸残基组成、序列复杂性、疏水性、电荷和其他序列特征与 NUP 十分相似。因此，有人认为蛋白质磷酸化位点主要发生在无折叠区域。

NUP 一级结构的特征是含有较多的 Gln、Ser、Pro、Glu 和 Lys，而侧链较大的疏水氨基酸很少，如 Val、Leu、Ile、Met、Phe、Trp、Tyr，因此，可以利用上述性质来鉴别或预测一种蛋白质是不是无折叠蛋白。NUP 为什么不能折叠或者只能部分折叠？主要原因是疏水氨基酸含量少，而疏水作用力是驱动蛋白质折叠的主要动力。

NUP 虽然处于完全无折叠或部分无折叠状态，但并不比处于折叠状态的蛋白质更容易水解，这主要是因为 NUP 主要分布在细胞核和无蛋白酶的细胞器，远离有蛋白酶的区域，而且多数 NUP 在遇到合适的配体以后会发生折叠。

从生物进化学的角度看，NUP 似乎具有很多好处，可能包括：① 不需要经过折叠就能起作用；② 可以结合几种不同的配体，而表现多种功能；③ 拥有较大的分子之间相互作用的界面，有利于分子识别；④ 有利于细胞信号转导过程中开与关的切换。这些好处对于复杂的生物来说更有用，因此，NUP 的分布与生物复杂性正相关，即生物越复杂，NUP 越多。NUP 在真核生物中比较普遍，在原核生物中则少见。

根据两种有氧生物在细胞色素 c 一级结构上的差异程度，可以判断它们之间的亲缘关系。例如，人与黑猩猩是相同的，而人与绵羊相差 10 个，与鲫鱼相差 18 个，与酵母相差 44 个。这清楚地表明，亲缘关系越近，氨基酸残基的差异就越少。根据不同种属之间氨基酸残基差异和替换速度，可基本了解生物的进化过程，并描绘出系统分子进化树。

6) 一级结构相似的蛋白质往往具有共同的起源。很多人喜欢根据蛋白质一级结构的相似性来研究生物进化。一般说来，如果两种生物的亲缘关系紧密，那么它们的基因和蛋白质一级结构就相似。

7) 许多疾病都是体内重要的蛋白质结构异常引起的。

三、几类重要的蛋白质的结构与功能

按照分子形状、溶解性质以及是否与膜结合，蛋白质可分为球状蛋白质(globular proteins)、纤维状蛋白质(fibrous protein)和膜蛋白(membrane protein)三大类(图 2－26)。这三类蛋白质在结构、性质和功能上具有显著的差别。纤维状蛋白质结构比较简单，一般伸展为纤维状，长/宽＞10，不溶于水或稀盐溶液，机械强度高，在生物体充当结构支持的角色，如角蛋白和胶原蛋白；球状蛋白质结构紧密，呈球状，长/宽≤3～4，溶于水，如血红蛋白；膜蛋白则以一定的方式定位于各种生物膜上。

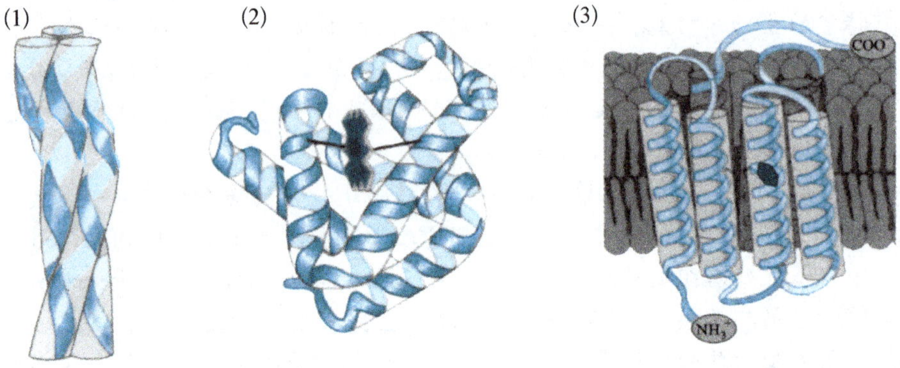

图 2－26　纤维状蛋白、球状蛋白和膜蛋白的结构及其实例

1. 纤维状蛋白质的结构与功能

纤维状蛋白质倾向于形成有规则的纤维状结构，这种结构源于其一级结构的高度规律性——氨基酸残基的种类有限，但序列通常以重复的形式出现。

(1) α 角蛋白与 β 角蛋白

α 角蛋白来源于动物的毛发、角、鸟喙和爪子。其一级结构由 311～314 个氨基酸残基组成。每一个 α 角蛋白分子在肽链的中央形成典型的 α 螺旋，而两端为非螺旋区(图 2－27)。

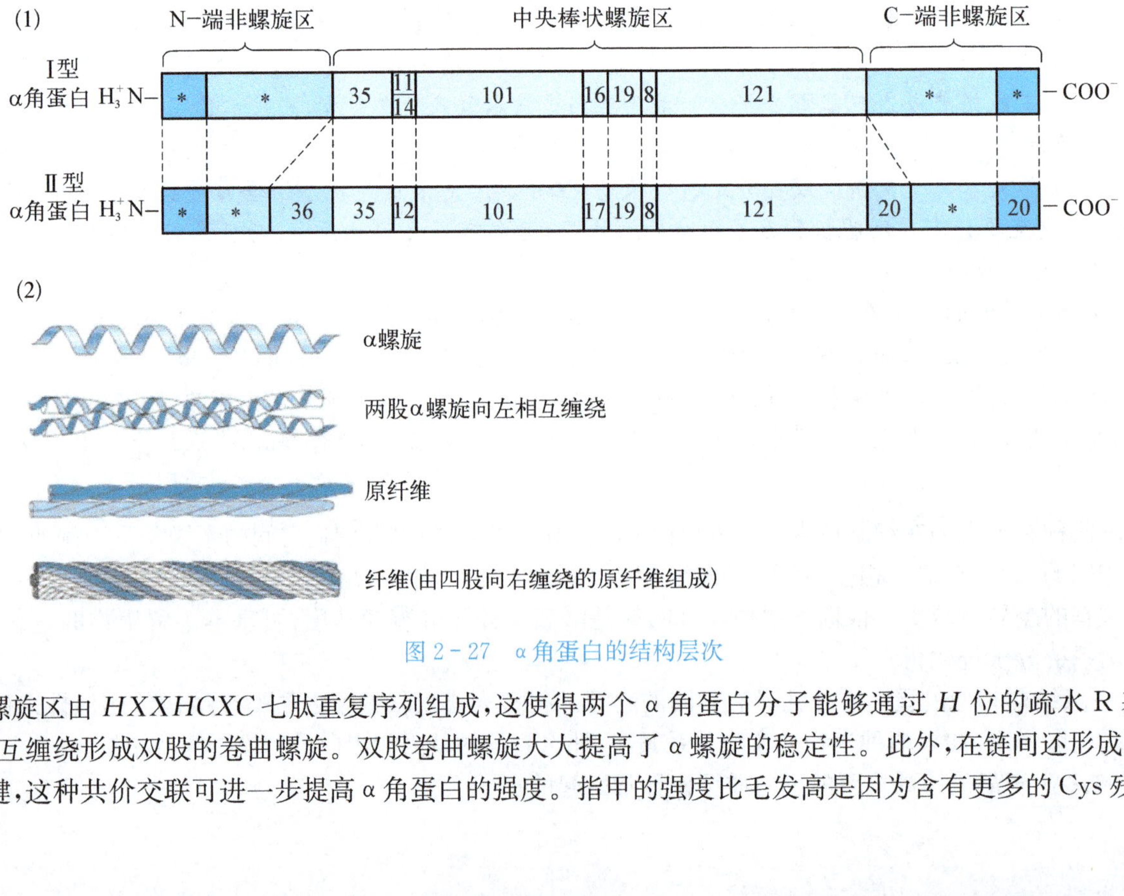

图 2－27　α 角蛋白的结构层次

螺旋区由 *HXXHCXC* 七肽重复序列组成，这使得两个 α 角蛋白分子能够通过 *H* 位的疏水 R 基团结合，相互缠绕形成双股的卷曲螺旋。双股卷曲螺旋大大提高了 α 螺旋的稳定性。此外，在链间还形成了多个二硫键，这种共价交联可进一步提高 α 角蛋白的强度。指甲的强度比毛发高是因为含有更多的 Cys 残基，能

形成更多的二硫键。

α角蛋白分子还可以在双股的卷曲螺旋的基础上，先形成原纤维，然后再由原纤维组装成纤维。

β角蛋白主要来源于蚕丝和蜘蛛丝中的丝心蛋白，其一级结构富含 Ala 和 Gly，具有重复序列 Gly-Ala/Ser-Gly-Ala/Ser；二级结构主要是有序的反平行β折叠，还有一些无序的无规则卷曲和α螺旋环绕在β折叠的周围(图 2-28)。有序的反平行折叠构成丝的微晶区(crystallite)，由于 Gly 和 Ala/Ser 分别分布于折叠片层的两侧，相邻的β股能更加紧密地堆积形成网状结构，从而赋予丝较高的抗张性。而无序的α螺旋和无规则卷曲构成无定形区，又使丝具有一定的弹性。

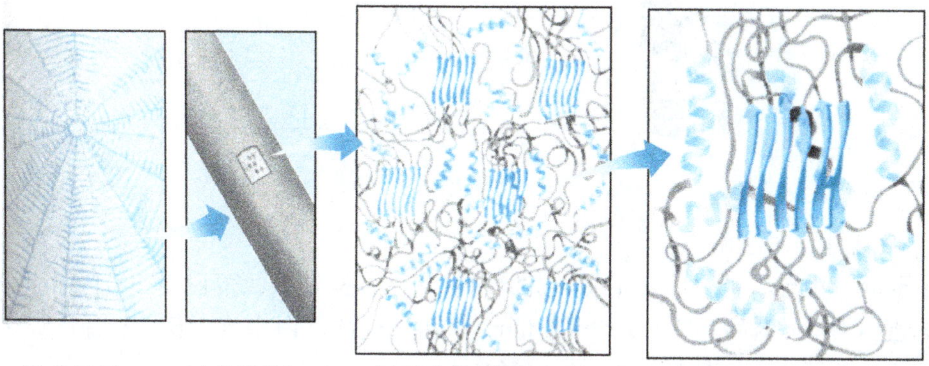

(1) 蜘蛛网　(2) 蜘蛛丝切面　(3) 无序的α螺旋和β转角环绕在有序的β折叠周围　(4) β折叠赋予蛛丝强度，而α螺旋赋予蛛丝柔韧性

图 2-28　蜘蛛丝中的丝心蛋白的结构层次

(2) 胶原蛋白

胶原蛋白作为动物细胞胞外基质内的一种主要结构蛋白，广泛存在于动物的结缔组织和其他纤维样组织中，如肌腱、韧带、骨骼和血管。食品工业上经常使用的明胶(gelatin)就是动物胶原蛋白经酸或碱部分水解的产物。

胶原蛋白的基本组成单位是由 3 条α链组成的原胶原(tropocollagen)。3 条α链可以相同，也可以不同。不同类型的原胶原由于α链的氨基酸组成及含糖量不同，因而性能也不同。四个原胶原分子以平行交错的方式聚合成胶原原纤维，再进一步包装成胶原纤维。原胶原分子内部和原胶原单位之间会逐步形成特殊的共价交联，进一步稳定和加强胶原结构。

原胶原一级结构的主要特征是：约 1/3 是 Gly(～33%)，Pro 含量也很高(～12%)，但 Tyr 含量少，Trp 和 Cys 缺乏；具有两种修饰的氨基酸，即羟脯氨酸(～9%)和羟赖氨酸 Hyp；每一条肽链都具有重复的 Gly-X-Y 三联体序列，重复次数约 200。X 和 Y 通常是 Pro，也可能是 Lys。Y 位置上的 Pro 经常被羟基化为4-羟脯氨酸。Lys 也常被羟基化成 5-羟赖氨酸，并且可能与相邻纤维上的正常 Lys 残基形成不寻常的共价交联。

胶原蛋白富含 Gly 和 Pro 的性质使得它难以形成α螺旋和β折叠，但有规律的三联体重复序列却有利于 3 条α链相互“抱成一团”，形成另外一种螺旋，即三股螺旋(triple helix，图 2-29)。三股螺旋为原胶原特有的二级结构，其二面角(ϕ, ψ)为(-51°，+153°)，由三股以左手螺旋存在的α链组成，这三股α链则以氢键相连，并相互缠绕形成右手超螺旋。在螺旋中，体积最小的 Gly 正好位于螺旋的内部，构成紧密的疏水核心，而 Pro 和 Hyp 的侧链位于三股螺旋的表面，面向外，以尽量减少空间位阻。每一个 Gly 残基的 N-H 基团与 X 残基的 C=O 基团形成氢键，一个三联体序列大约形成一个氢键。三股螺旋比α螺旋更为伸展，每个氨基酸残基上升 0.29 nm，一圈有 3.3 个氨基酸残基。

因为 Pro 残基缺乏氢键供体，所以单凭三条肽链上的 C=O 和 N—H 之间形成的氢键，还不足以稳定三股螺旋结构。这时就需要通过特殊的化学修饰在肽链上引入额外的氢键供体。这种化学修饰就是发生在 Pro 或 Lys 残基上的羟基化反应。其中催化羟化反应的羟化酶(hydroxylase)需要 O_2、Fe^{2+} 和维生素 C。Fe^{2+} 包埋在羟化酶的活性中心，所起的作用是活化充当底物的 O_2，但它很容易被氧化成无活性的 Fe^{3+}。维生素 C 所起的作用是作为抗氧化剂，防止 Fe^{2+} 的氧化。故维生素 C 的缺乏会导致胶原的羟化反应不能充分进行，也就影响到正常胶原原纤维的形成。那些非羟化的前α链在细胞内很容易降解，从而导致牙龈出血、创伤不易愈合等病变。

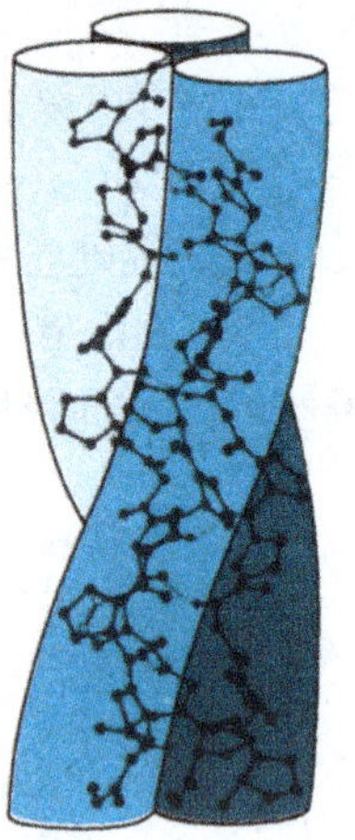

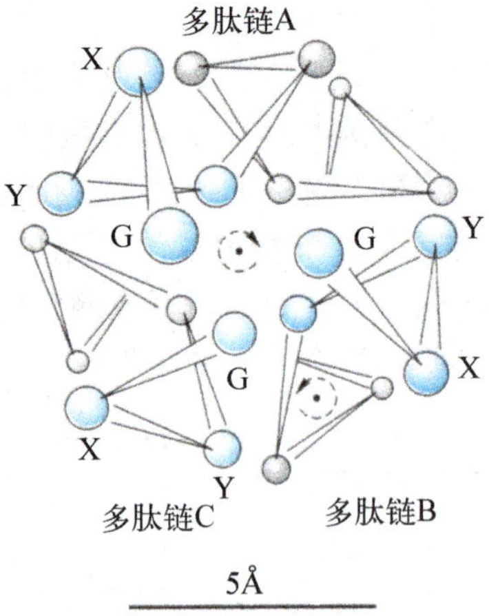

图 2-29 胶原蛋白的三股螺旋

2. 球状蛋白质的结构与功能

生物体的主要功能由球状蛋白质来完成。机体内有各种各样的球状蛋白质，这里只选择两类与人体健康有密切关系的蛋白质——珠蛋白家族(globin family)和免疫球蛋白家族为例，详细分析它们的结构与功能之间的关系。

(1) 珠蛋白家族

这一家族的蛋白质都含有血红素辅基，都能够可逆地结合 O_2，都含有珠蛋白折叠这样的结构模体。属于这一类家族的蛋白质有：肌红蛋白(myoglobin, Mb)、血红蛋白(hemoglobin, Hb)、神经珠蛋白(neuroglobin, Ngb)和细胞珠蛋白(cytoglobin, Cygb)。

1) 肌红蛋白

Mb存在于肌肉中，心肌含量特别丰富。其功能是为动物的肌肉组织贮备 O_2，此外还能解除NO的毒性。水生哺乳动物(如鲸鱼)体内的Mb含量尤其丰富，因此它们可以在水下长时间憋气。

Mb的一级结构特征包括：由一条肽链组成，含有153个氨基酸残基；紧密结合1分子血红素(heme)辅基。血红素由原卟啉(protoporphyrins)和 Fe^{2+} 组成(图 2-30)。

Mb的二级结构特征包括：共有8段α螺旋，它们约占全部序列的75%，按照N-端到C-端的次序，被依次编号为A、B、C、D、E、F、G、H。螺旋之间是短的β转角或小环(CD表示C螺旋和D螺旋之间的环，以此类推)，有4个螺旋终止于Pro残基。

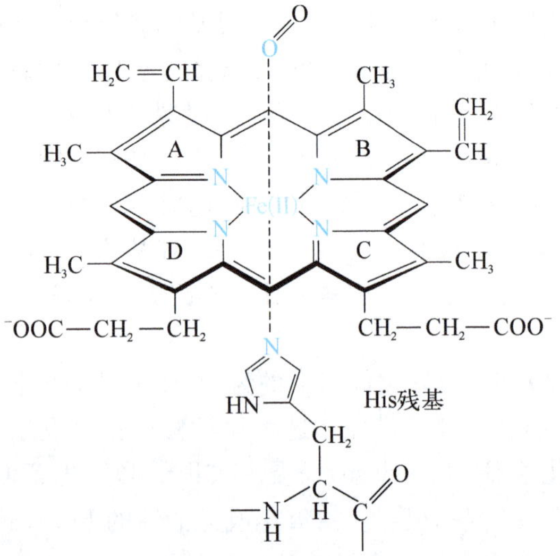

图 2-30 肌红蛋白的血红素辅基

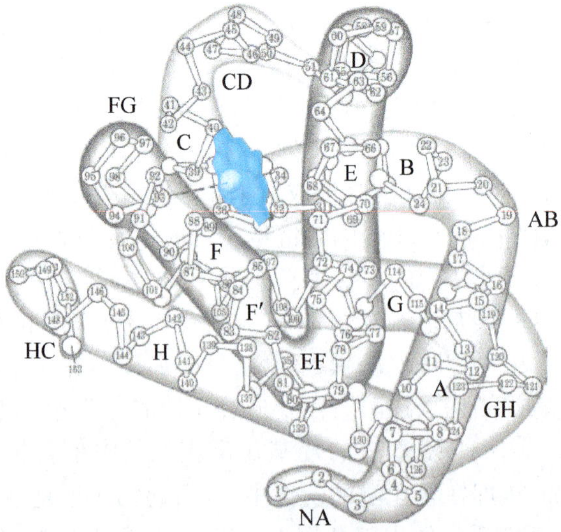

图 2-31 Mb的三维结构

Mb整条肽链与血红蛋白的每一条肽链一样，折叠成紧密的球状结构，疏水侧链大都在分子内部，极性、带电荷的侧链则暴露在分子表面，因此水溶性好。其分子表面有一个深的疏水口袋，口袋的侧面由 E 螺旋和 F 螺旋组成，底部由 G 螺旋和 H 螺旋组成。血红素"藏"在袋中，与周围氨基酸残基形成次级键，而 Fe^{2+} 与 His F8 形成配位键(图 2-31)。该口袋允许 O_2 进入与 Fe^{2+} 结合，又可防止 Fe^{2+} 被氧化成 Fe^{3+}，但阻止 H_2O 的进入。Fe^{2+} 一共可以形成 6 个配位键，在没有结合 O_2 之前，它已形成了 5 个配位键——四个与原卟啉吡咯环上的 N 原子形成，一个与 F 螺旋上的 His 残基(HisF8)的咪唑基形成。HisF8 被称为近端组氨酸(proximal histidine)。显然第 6 个配位键是为 O_2 预备的，O_2 可以通过第 6 个配位键可逆地与 Fe^{2+} 结合。但如果 Fe^{2+} 被氧化成 Fe^{3+}，H_2O 就会立刻占据第 6 个配位键，而导致 O_2 无法结合。CO 与 O_2 差不多大，因此也能与血红素结合。CO 的毒性是因为它与血红素的亲和力更大，从而阻止了 O_2 与血红素的结合。

将血红素放到 Mb 和 Hb 上有一个好处，就是降低血红素与 CO 的亲和力。根据测定，游离的血红素与 CO 的亲和力是与 O_2 亲和力的 25 000 倍，而 Mb 和 Hb 分子上的血红素辅基与 CO 的亲和力仅是与 O_2 亲和力的 200 倍。

Mb 结合 O_2 的特征可以用氧合曲线来描述，为矩形双曲线(图 2-32)。

Mb 的氧合反应可写成：$Mb + O_2 \longleftrightarrow MbO_2$。反应的解离常数 $K_d = \dfrac{[Mb][O_2]}{[MbO_2]}$

假定 Y 为 O_2 的分数饱和度(fractional saturation)，则：

$$Y = \frac{\text{被 } O_2 \text{ 结合的位点}}{\text{总的 } O_2 \text{ 结合位点}} = \frac{[MbO_2]}{[Mb]+[MbO_2]} = \frac{[Mb][O_2]}{K_d[Mb]+[Mb][O_2]} = \frac{O_2}{K_d+[O_2]}$$

由于溶解在液体内的气体浓度与液体上面的气体分压成正比，因此可用氧分压(p_{O_2})代替 O_2 浓度。于是，$Y = \dfrac{p_{O_2}}{K_d + p_{O_2}}$

根据测定，在 $Y=1$ 时，所有的 Mb 上的 O_2 结合位点都被 O_2 占据。如果 $Y=0.5$，则：

$$0.50 = \frac{P_{50}}{K_d + P_{50}}\text{，即 } K_d = P_{50}$$

从图 2-32 中可以看出，Mb 倾向于结合 O_2 而不愿意放出 O_2，因此它的功能是储存 O_2，只有在 p_{O_2} 极低的时候(肌肉因剧烈运动缺氧的时候)，它才释放出 O_2。

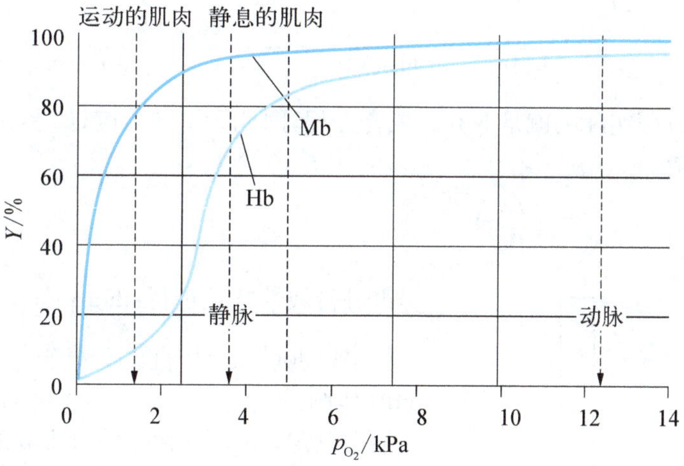

图 2-32　Mb 和 Hb 的氧合曲线

2）血红蛋白

Hb 存在于红细胞，其功能是运输 O_2。

Hb 由 4 个亚基组成，因而有四级结构。每一个亚基称为珠蛋白，单个亚基的一级结构与 Mb 差别较大，只有 27 个位置的氨基酸残基与 Mb 相同，但二级和三级结构却与 Mb 十分相似。

Hb 氧合曲线为 S 形曲线，只有在 p_{O_2} 很高的情况下(在肺部)Hb 才结合 O_2，而 PO_2 一旦降低(在外周血管中)，它就释放 O_2，而此时的 Mb 却没有反应。就结合 O_2 的亲和力而言，4 价的 Hb 还不如 1 价的 Mb。

Hb 的氧合曲线形状与 Mb 不同是因为它与 O_2 的结合具有正协同效应(positive cooperativity)。

Hb 的正协同效应是指 Hb 分子有一个亚基结合 O_2 后,其构象会发生变化,使得其他亚基对 O_2 的亲和力突然增强。协同效应可使用齐变或序变模型来解释。两种模型都假定血红蛋白存在两种构象,即紧张态(tense state, T 态)和松弛态(relaxed state, R 态)。在没有结合 O_2 时,Hb 的四条链之间结合紧密,这种构象称为 T 态,这种紧密结合是由盐键以及结合在 2 条 β 链之间缝隙中的 2,3-二磷酸甘油酸(2,3-bisphosphoglycerate, 2,3-BPG)造成的,它们屏蔽了分子表面疏水的空穴,使得 Hb 分子结合 O_2 的能力降低(游离的 α 链和 β 链结合 O_2 的能力与 Mb 相同)。

在脱氧状态下,Hb 上的 Fe^{2+} 由于邻近 His 残基和吡咯环 N 原子之间的空间位阻,而略偏离血红素平面(0.04 nm)。然而,一旦氧合,Fe^{2+} 就移向卟啉环,以便 O_2 能更紧密地结合。Fe^{2+} 的移位将近端 His 拉向血红素,近端 His 的移动又带动 F 螺旋也随之移动,而 F 螺旋的移动势必影响到它与相邻亚基的 C 螺旋之间的相互作用,最终导致相邻亚基的构象发生改变。于是,相邻肽链之间的盐键遭到破坏,Hb 的四级结构也随之改变。这时,2 个二聚体(αβ)之间发生滑移,移动 15°,将 BPG 挤出。随后,四级结构发生进一步的变化,每条链表面疏水的空穴都暴露在外,这种构象称为 R 态,而这时 Hb 结合 O_2 的能力变强了(图 2-33)。

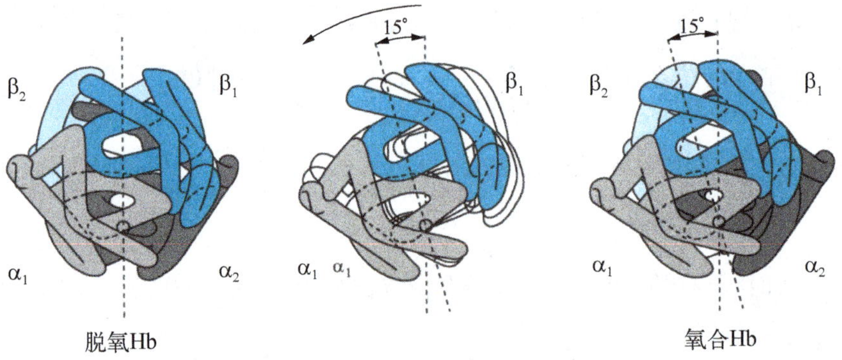

图 2-33 Hb 与 O_2 结合前后的构象变化

为了对 Hb 的正协同效应进行量化评估,需要在 Hb 的 O_2 分数饱和度方程中引入所谓的 Hill 系数(Hill coefficient, h)。于是:

$$Y = \frac{[HbO_2]^h}{[Hb]^h + [HbO_2]^h} = \frac{(p_{O_2})^h}{(P_{50})^h + (p_{O_2})^h}$$

如果 $h = 1$,上面的方程实际上就是 Mb 的氧合方程,因此无协同效应;如果 $h>1$,就有正协同效应;如果 $h < 1$,就有负协同效应。

上面的方程可转换成:$\frac{Y}{1-Y} = \left(\frac{p_{O_2}}{P_{50}}\right)^h$

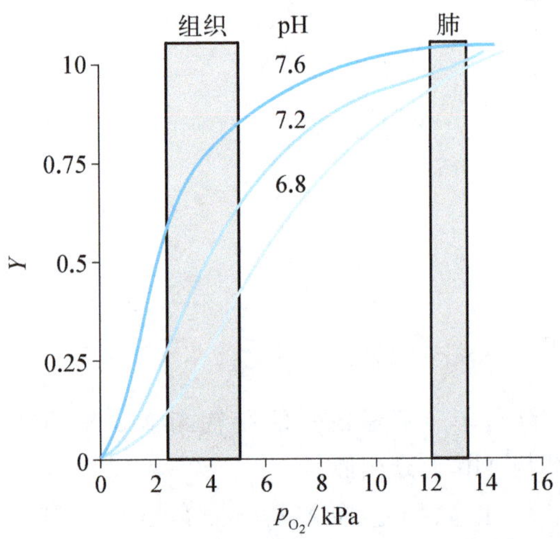

图 2-34 质子浓度对 Hb 与 O_2 亲和力的影响

再进行线性化处理得:$\log \frac{Y}{1-Y} = h\log p_{O_2} - h\log P_{50}$

如果以 log[Y/(1-Y)]为纵坐标,$\log p_{O_2}$ 为横坐标作图,便是 Hill 作图。

根据测定,正协同效应导致 Hb 的最后一个亚基对 O_2 的亲和力是第一个亚基与 O_2 亲和力的 100 倍。

除了正协同效应以外,还有另外两种效应也能影响到 Hb 的氧合能力。这两种效应分别是波尔效应(Bohr effect)和别构效应(allosteric effect)。

波尔效应是指 H^+ 和 CO_2 促进 Hb 释放 O_2 的现象(图 2-34)。波尔效应可解释 Hb 为什么在肺中吸 O_2 排 CO_2,而在肌肉中吸 CO_2 排 O_2。产生波尔效应的原因是 H^+ 和 CO_2 能够与 Hb 特定位点结合,而促进 Hb 从 R 态转变为 T 态。与

H^+引发的波尔效应相关的基团有：α亚基的N-端氨基、α亚基的His122咪唑基以及β亚基的His146咪唑基。这三个基团在Hb处于T态的时候都是高度质子化的，而当O_2与Hb结合以后，质子发生解离。如果溶液中的pH降低，将有利于这三个基团处于质子化状态，从而稳定T态，抑制O_2的结合。用反应式来表示，即为：$Hb + O_2 \Leftrightarrow Hb(O_2)_4 + nH^+$。显然pH下降，即$H^+$浓度升高，会使反应平衡向左移动，这时有利于Hb释放结合的O_2。

在外周组织，CO_2通过两种途径产生波尔效应。这两种途径不仅能够促进O_2的释放，而且也有助于CO_2进入肺部呼出体外。

在肺部，较高的p_{O_2}使得Hb能够有效地结合O_2，而正协同效应使得Hb从T态变成R态，并释放出质子。同时，与Hb氨基端结合的CO_2也被释放出来。释放出的H^+与随血液循环到底肺部的HCO_3^-在碳酸酐酶的催化下，发生逆反应，产生CO_2和H_2O。CO_2随后通过呼气排出体外。

别构效应是指除O_2以外的各种配体在血红素铁以外的位点与Hb结合，导致Hb的构象发生变化，进而影响到Hb氧合能力的现象。能与Hb结合的配体有H^+、CO_2和2,3-BPG，它们统称为别构效应物(allosteric effector)。H^+和CO_2产生的效应就是波尔效应。2,3-BPG产生的效应也是增强Hb在外周组织释放O_2的能力。

2,3-BPG作为糖酵解的副产物广泛存在于红细胞，它只能与脱氧Hb内位于两条β亚基之间的带正电荷的空穴(1.1 nm)结合，稳定T态，显著降低Hb与O_2的亲和力，促进Hb在组织中释放O_2(图2-35和图2-36)。氧合Hb位于两条β亚基之间的空穴已经明显变小，只有0.5 nm，容纳不了0.9 nm大小的BPG。

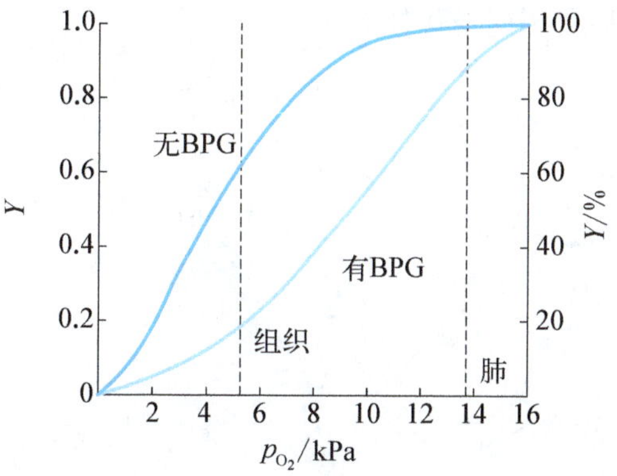

图2-35 2,3-BPG对Hb与O_2亲和力的影响

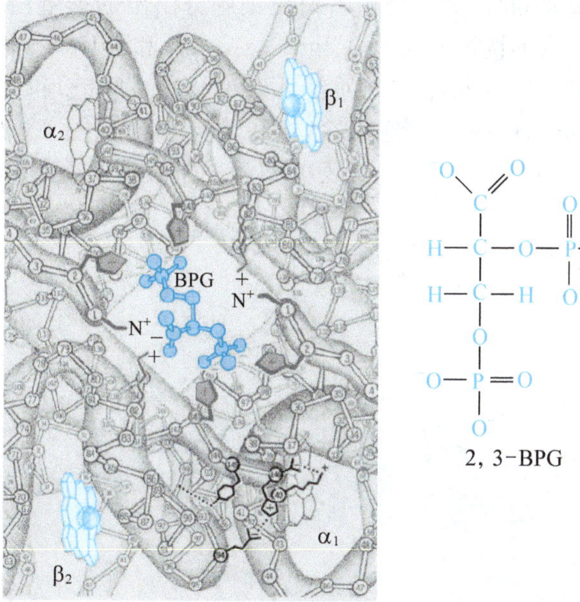

图2-36 BPG的化学结构及其与脱氧Hb的结合

生活在高海拔地区可诱导红细胞内的BPG水平的上升，这显然是生物对缺氧环境的一种适应。在高海拔地区，大气中的O_2较为稀薄，将O_2有效地释放到外周组织变得困难。为了适应这种环境，体内红细胞的数目会增加，同时机体开始加速合成2,3-BPG。大约24 h以后，体内的2,3-BPG水平便开始持续上升。

胎儿血红蛋白HbF($α_2γ_2$)与O_2的亲和力明显高于成人的HbA，这显然有利于它们从母体的胎盘(氧分压大大低于肺)中获取O_2。HbF与O_2亲和力之所以高于HbA，是因为与α亚基结合的γ亚基不能结合BPG。

迄今，已发现多种Hb的突变体。其中有一种突变体的表型为Hb聚合成纤维状，致使红细胞成镰刀形，而直接导致镰状细胞贫血症(sicklemia)。这种贫血患者的Hb简称为HbS。HbS与Hb在结合O_2的能力方面并没有区别，而它们的区别在于HbS能造成红细胞溶血，致使患者体内的红细胞数量减少，通常只有正常人的1/2。溶血后的Hb不能像红细胞中的Hb一样正常运输O_2。患者表现为乏力，剧烈运动可导致死亡。HbS导致溶血的原因在于其β亚基的6号位残基从正常的Glu突变成Val(图2-37)。这种异常的

HbS 在脱氧状态下，相互间很容易通过表面的 Val 突起与疏水凹陷之间形成疏水键而聚集成纤维，导致细胞膜变形直至破裂。

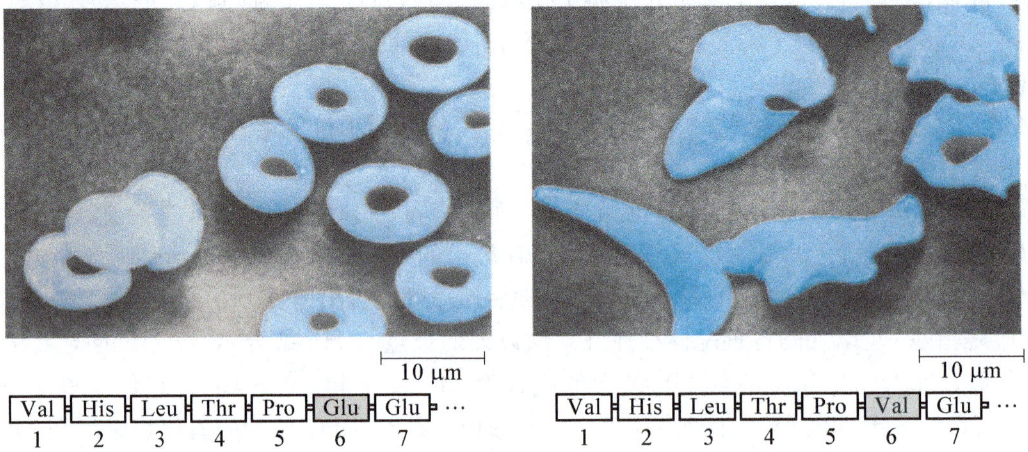

图 2-37 镰刀形细胞和正常红细胞的外形比较以及 HbS 在一级结构上的变化

(2) 免疫球蛋白(immunoglobulin, Ig)家族

Ig 即抗体，是一类由 B 淋巴细胞分泌出的糖蛋白，可以与特异的抗原结合从而激发特定的免疫反应。生物体内的抗体分为 IgG、IgM、IgA、IgD 和 IgE。

以 IgG 为例，由 2 条重链(heavy chain, H 链)和 2 条轻链(light chain, L 链)组成，分子内有大量的二硫键。其中，链内二硫键 12 个，链间二硫键 4 个(图 2-38)。多肽链分为可变区(variable region, V 区)和恒定区(constant region, C 区)。C 区氨基酸序列高度保守，V 区氨基酸序列变化较大。

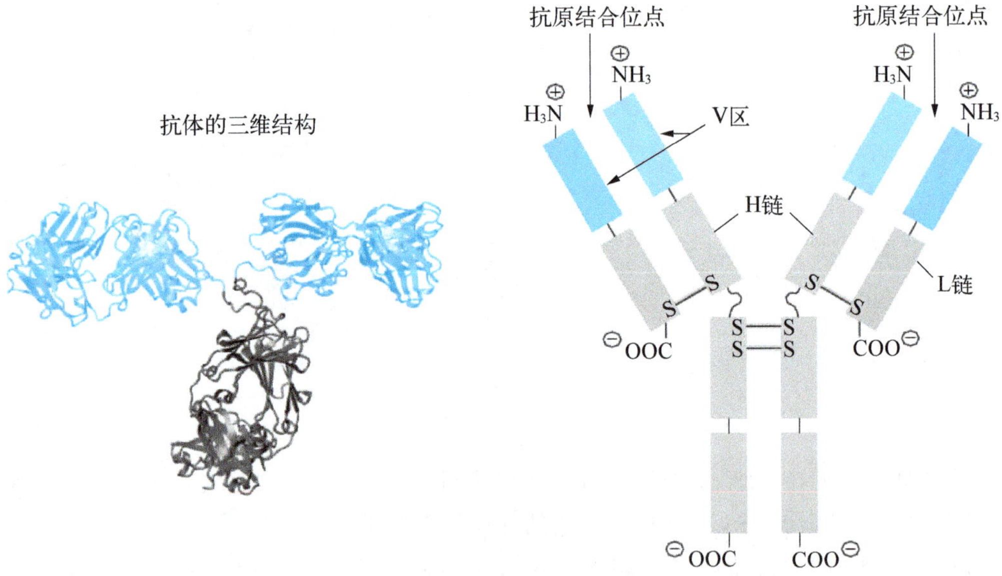

图 2-38 免疫球蛋白的结构

IgG 的二级结构几乎全是 β 折叠，由无规则卷曲连接。三级结构由 12 个球形结构域组成，每个结构域均被二硫键锁住。抗体在结合抗原以后，其构象从 Y 型变成 T 型。

3. 膜蛋白的结构与功能

细胞内有 1/3～1/2 的蛋白质与膜结合或者镶嵌在膜内，生物膜的各种功能主要是由各种结构不同的膜蛋白完成的。根据结构，膜蛋白可分为外周蛋白、内在蛋白和脂锚定蛋白。其中外周蛋白是一种可溶性蛋白，与球状蛋白质非常相似，如细胞色素 c。内在蛋白的结构比较复杂，而脂锚定蛋白通过与其共价连接的疏水基团锚定在膜上。

就氨基酸分布而言，膜内在蛋白暴露在水相中的表面性质实际上与一般的球状蛋白相同，它们的差别主要在于与脂双层作用的氨基酸的性质和分布。如果不考虑与脂双层相互作用的表面，膜内在蛋白的内部与绝大多数球状蛋白差不多，但那些参与信号传导的离子通道或参与物质跨膜运输的孔蛋白除外。

要解决多肽链通过脂双层膜的能量不利的问题，最简单的方法是形成 α 螺旋，因为 α 螺旋满足了主链原子形成氢键的倾向，并使侧链基团面向脂环境。既然 α 螺旋的每一个残基延伸 0.15 nm，那么一个跨膜的 α 螺旋约含 20 个氨基酸残基，这相当于脂双层疏水部分的平均厚度，即 2.5～3 nm（图 2-39）。因此，一段由 20 个疏水氨基酸残基组成的 α 螺旋就足以横跨生物膜，这个数据实际上已成为鉴别一种蛋白质是不是膜内在蛋白的一个重要标志。

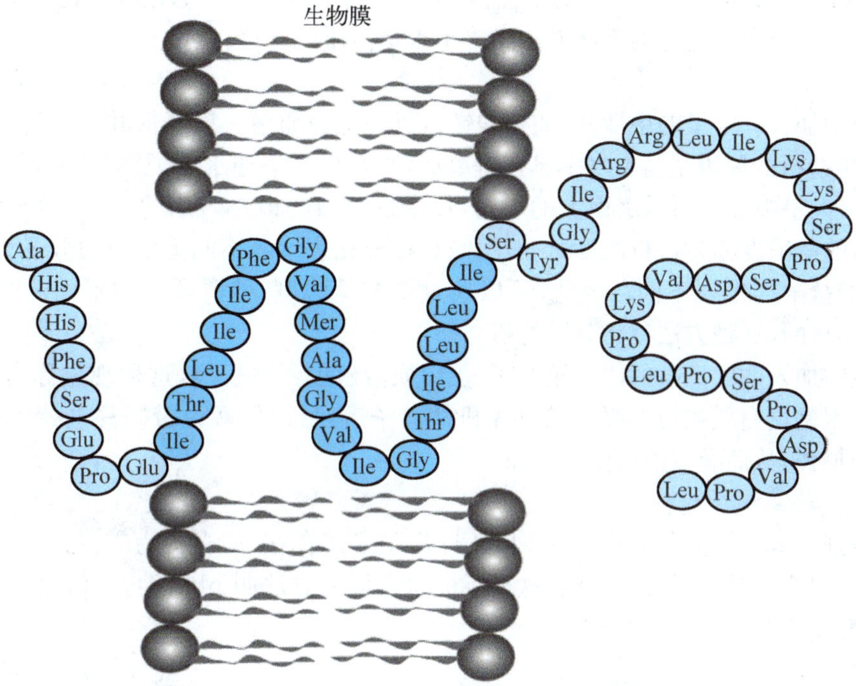

图 2-39　膜蛋白的跨膜 α 螺旋的氨基酸组成

还有一种方法可以解决多肽链通过脂双层膜的能量不利的问题，即形成 β 折叠。然而，膜蛋白上的 β 折叠单凭序列是难以确定它的存在的，原因是一个跨膜的 β 股只需要 8～9 个氨基酸残基就够了，但折叠一般由亲水氨基酸和疏水氨基酸残基交替组成。到目前为止，发现的全 β 折叠膜蛋白具有反平行的 β 折叠桶结构，如孔蛋白。联系相邻 β 股的是短的亲水性转角。

第四节　蛋白质的性质、分类及研究方法

蛋白质是由氨基酸组成的多聚物，因此它所具有的很多性质是由组成它的氨基酸残基带来的，如紫外吸收、两性解离和呈色反应等，但作为生物大分子的蛋白质又有许多特有的性质，如变性、复性和水解等。蛋白质的特有性质和不同蛋白质在某些性质上的差异是建立蛋白质分离和纯化方法的基础。

一、蛋白质的理化性质

蛋白质的理化性质包括紫外吸收、两性解离、胶体性质、沉淀反应、变性、复性、水解和颜色反应等。

1. 紫外吸收

Trp、Tyr 和 Phe 三种芳香族氨基酸的 R 基团在 280 nm 波长附近有最大的紫外吸收峰，绝大多数蛋白质都含有这三种氨基酸，因而也会有紫外吸收现象。

2. 两性解离

蛋白质的两性解离性质是由其表面氨基酸残基可解离的 R 基团以及肽链两端游离的氨基或羧基造成

的。由于一个蛋白质分子含有多个氨基酸残基，其解离情况要比单个氨基酸或一个小肽复杂得多，并且各个可解离基团的 pK_a 究竟是多少很难确定，因此一种蛋白质的 pI 不能直接计算，只能使用等电聚焦或等电点沉淀等方法进行测定。

3. 胶体性质

一种可溶性蛋白质在水溶液中因两性解离而带有一定的电荷，具有电泳、布朗运动、丁达尔现象和不能通过半透膜等典型的胶体性质。

4. 沉淀反应

凡是能破坏水化膜和/或能中和表面电荷的物质均会导致溶液中的蛋白质发生沉淀。导致蛋白质发生沉淀的因素有：既破坏水化膜又中和电荷的中性盐；中和电荷的等电点 pH；破坏水化膜的有机溶剂；中和电荷的生物碱等。不导致蛋白质变性的沉淀方法经常用于蛋白质的分离、纯化。

(1) 盐析

在蛋白质溶液中加入一定量的中性盐（如硫酸铵），可使蛋白质溶解度降低并沉淀析出的现象称为盐析(salting out)。发生盐析的原因是盐在水中迅速解离后，与蛋白质争夺水分子，破坏了蛋白质颗粒表面的水化膜。另外，离子可大量中和蛋白质表面上的电荷，使蛋白质成为既不含水化膜又不带电荷的颗粒而聚集沉淀。盐析时所需的盐浓度称为盐析浓度，一般用饱和百分比表示。不同蛋白质的分子大小及带电状况各不相同，盐析所需的盐浓度也就不同。因此，可以通过调节盐浓度，使混合液中不同的蛋白质分别沉淀析出，从而达到分离的目的，这种方法称为分段盐析。

在蛋白质溶液中加入的中性盐的浓度较低时，蛋白质溶解度不降反增，这种现象称为盐溶(salting in)。产生盐溶现象的原因是蛋白质颗粒上吸附某种无机盐离子后，蛋白质颗粒带同种电荷而相互排斥，同时与水分子的作用得到加强，从而导致溶解度提高。

(2) pI 沉淀

当蛋白质溶液处于 pI 时，蛋白质分子主要以两性离子形式存在，净电荷为零。此时蛋白质分子失去同种电荷的排斥作用，很容易聚集而发生沉淀，这种沉淀蛋白质的方法叫 pI 沉淀。pI 沉淀既可用来分离蛋白质，也可以用来粗略测定某种蛋白质的 pI。

(3) 有机溶剂引起的沉淀

某些与水互溶的有机溶剂（如甲醇、乙醇和丙酮）可使蛋白质产生沉淀，是因为这些有机溶剂和水的亲和力大，能破坏蛋白质表面的水化膜，从而使蛋白质的溶解度降低。此法也可用于蛋白质的分离、纯化。

(4) 重金属盐作用造成的沉淀

当蛋白质溶液的 pH 大于其 pI 时，蛋白质带负电荷，这时如果遇到重金属，会与重金属离子结合形成不溶性的蛋白盐而沉淀。由于重金属的作用通常会蛋白质失活，因此很少用它来纯化蛋白质。

5. 蛋白质变性

蛋白质变性是指蛋白质受到某些理化因素的作用，其高级结构受到破坏（去折叠）、生物活性随之丧失的现象。

蛋白质之所以容易发生变性，是因为维持蛋白质高级结构的作用力主要是次级键。当维系蛋白质高级结构的次级键受到严重破坏时，蛋白质必然发生变性。

蛋白质的变性与水解是不同的。蛋白质变性后一级结构没有发生任何变化，只是高级结构发生了变化，而水解则导致了肽键的断裂。

导致蛋白质变性的物理因素有：加热、冷却、机械作用、流体压力和辐射；化学因素有强酸、强碱、高浓度盐、尿素、重金属盐、疏水分子和有机溶剂（如乙醇和氯仿）。

蛋白质变性是一个复杂的过程，其中可能会出现一些不稳定的中间物。少数蛋白质的变性是可逆的，即在特定的条件下（变性因素解除以后）可以恢复到原来的构象，其生物活性也随之恢复，这就是蛋白质的复性。但大多数蛋白质的变性是不可逆的，例如，冷却一个煮熟的鸡蛋是绝对不会再变生的。

蛋白质变性以后，其理化性质也发生一系列的变化。这些变化可以作为检测蛋白质变性的指标。主要的变化包括：

- 溶解度降低。这是因为变性导致蛋白质内部的疏水基团外露。但变性蛋白质不一定都沉降，而沉降出的蛋白质也不一定变性。

- 黏度增加。这是因为蛋白质变性以后,肽链变得更加伸张,使长宽比提高。
- 生物活性丧失。例如,酶变性后丧失催化功能。这是蛋白质变性最重要的标志。
- 更容易被水解。这是因为多肽链构象变得更为松散和伸展,肽键更容易受到酸、碱或蛋白酶的作用。胃酸除了能让微生物体内的蛋白质变性,从而杀死微生物以外,还能让食物中的蛋白质变性,以利于消化道内各种蛋白酶对蛋白质的消化。
- 结晶行为发生变化,通常使得蛋白质丧失结晶能力。

6. 蛋白质的水解

蛋白质在强酸、强碱或蛋白酶的催化下均能够发生水解。但需要注意的是,酸水解会破坏几种氨基酸,特别是 Trp 几乎全部被破坏,其次是三种羟基氨基酸,另外,Gln 和 Asn 在酸性条件下,容易水解成 Glu 和 Asp;碱水解会导致多数氨基酸遭到不同程度的破坏,且产生消旋现象(racemization),但不会破坏 Trp;酶水解效率高,不产生消旋作用,也不破坏氨基酸,但不同的蛋白酶对肽键特异性不一样,因此,由一种蛋白酶作用获得的通常是蛋白质的部分水解产物。

根据被水解肽键的位置,蛋白酶可以分为只能水解肽链内部肽键的内切蛋白酶和专门水解肽链末端肽键的外切蛋白酶。外切蛋白酶又可以分为专门水解 N-端肽键的氨肽酶(aminopeptidases)和专门水解 C-端肽键的羧肽酶(carboxypeptidases)。

7. 蛋白质的呈色反应

蛋白质分子中的肽键或某些氨基酸的 R 基团,可与某些试剂产生呈色反应,这些呈色反应经常被用来对蛋白质进行定性和(或)定量分析(表 2-5)。

目前常用的蛋白质定量法,如双缩脲法、福林-酚试剂法、考马斯亮蓝法等都是利用了蛋白质的呈色反应。其中,双缩脲法是基于蛋白质分子中的肽键,凡具两个以上肽键的肽均有此反应,该方法受蛋白质特异氨基酸组成的影响较小,适用于毫克级蛋白质的测定;福林-酚试剂法即所谓的 Lowry 法,灵敏度高,但如果样品和标准蛋白质的芳香族氨基酸差异较大,会有较大的系统误差;考马斯亮蓝 G-250 法即 Bradford 法,操作简单,灵敏度高。

表 2-5 蛋白质的各种呈色反应

反应名称	反应试剂	颜色	用处
双缩脲反应	硫酸铜,碱性溶液	紫红色(540 nm)	定量测定蛋白质
黄色反应	硝酸	先产生白色沉淀,加热变黄,再加碱呈橙黄色	鉴定含有芳香族氨基酸残基的蛋白质
米伦氏反应	硝酸、硝酸汞、亚硝酸、亚硝酸汞混合液	先是白色沉淀,加热后变成红色	鉴定含有 Tyr 残基的蛋白质
乙醛酸反应	乙醛酸、浓硫酸	紫色环	鉴定含有 Trp 残基的蛋白质
坂口反应	次氯酸钠、α-萘酚、氢氧化钠	红色	鉴定含有 Arg 的蛋白质
福林反应	磷钼酸、磷钨酸	蓝色	Lowry 法鉴定含有 Tyr 残基的蛋白质
乙酸铅反应	乙酸铅	黑色	含有 Cys 的蛋白质
考马斯亮蓝结合反应	考马斯亮蓝 G-250 酸性溶液	蓝色	Bradford 法定量测定蛋白质

二、蛋白质一级结构的测定

蛋白质一级结构测定是研究蛋白质其他层次的结构和蛋白质功能的基础,测定蛋白质一级结构的方法有直接测定法和间接测定法。

1. 间接测定法

间接测定法是先得到某一种蛋白质基因的核苷酸序列,然后根据通用的遗传密码表间接推导出由其决定的氨基酸序列。

如果是原核生物,可先直接从它的基因组 DNA(genomic DNA)中得到目标蛋白的基因,然后测定基因的碱基序列,找出可读框(open reading frame, ORF),最后根据遗传密码反推出氨基酸序列;如果是真核生物,可以先得到目标蛋白的 cDNA,然后测定 cDNA 的碱基序列,找出 ORF,最后同样根据遗传密码反推出氨基酸序列。真核生物一般不能够直接从基因组DNA得到基因序列来推断其决定的氨基酸序列，是因为真核生物的蛋白质基因内部大多含有不决定任何氨基酸序列的内含子(intron)。

间接测定法的优点是快速，不需要纯化蛋白质，与直接测定多肽链的氨基酸序列相比，测定DNA的碱基序列要容易得多。但其缺点是，无法确定经后加工的蛋白质的最终序列，无法确定修饰的氨基酸，也得不到任何二硫键的信息。

间接测定法对含量低、不容易纯化的蛋白质很有用。许多难以纯化的膜内在蛋白都是用这种方法最先得到它们的一级结构的。另外，对于一些未知的蛋白质，间接测定法也很有用。

2. 直接测定法

直接测定法前后需要9大步，依次是：

(1) 纯化目标蛋白

纯度应在97%以上(蛋白质纯化和纯度鉴定见后)。

(2) 拆分肽链

如果目标蛋白含有2条或2条以上不同的肽链，必须先进行拆分，然后纯化出各条单链，再进入下一步，分别测定各条肽链的序列。

(3) 打破二硫键

有许多方法可用来切开二硫键。Anfinsen曾经使用巯基乙醇将胰核糖核酸酶的链内二硫键还原，使其破坏。这种方法也适用于亚基之间的链间二硫键。另外，也可以用还原型的二硫苏糖醇(dithiothreitol, DTT)代替巯基乙醇来还原二硫键。在利用这两种还原剂来打破二硫键的同时，还需要使用碘代乙酸(iodoacetate)将还原出来的巯基再氧化，以防止它们重新形成二硫键。

另一种切开二硫键的方法是使用过甲酸(performic acid)直接氧化二硫键，将本来通过二硫键相连的Cys残基氧化成磺酸基Cys。带负电荷的磺酸基之间的静电排斥可阻止二硫键重新形成。

(4) 分析各单链的氨基酸组成

测定蛋白质完全水解的产物可得到肽链的氨基酸组成。

氨基酸的组成分析并不能直接给出一个多肽的每一种氨基酸残基的数目，但能给出各种氨基酸残基之间的相对比例。如果蛋白质的大小和样品中蛋白质的精确含量也能够确定，那么，蛋白质分子中氨基酸的摩尔比就可以计算出来，在此基础上，就可以预测出特定蛋白酶的切点或溴化氰(CNBr)切点的数目(参看第6步)。

(5) 末端氨基酸残基的鉴定

先测定蛋白质末端的氨基酸，可以搞清楚目标蛋白有几个末端，进而有可能推断出它有几条肽链。如果一个蛋白质由两条或两条以上的肽链组成，那么测定出的N-端或C-端氨基酸很可能不止一种。但如果用常规的方法测定不出一种蛋白质的N-端或C-端氨基酸，那很可能是因为N-端氨基或C-端羧基被一些特殊的基团封闭住了。这时就需要用一些特定的试剂来解除封闭。

(6) 将肽链切成小的片段，再测定各小片段的氨基酸序列

Edman降解能重复多次，且产率很高，但其应用仍然有限制：通常获得20～30个氨基酸序列没有问题，但要获得50个氨基酸以上的序列就很困难了。由于许多多肽链的长度在50个氨基酸以上，因而在对它们进行Edman降解之前，需要将长的肽链进行特异性地切割，以产生长度低于20～30个氨基酸的肽段。

特异性切割多肽链的方法有酶法和化学法。酶法使用的是具有一定特异性的蛋白酶，这些蛋白酶对形成肽键的氨基酸残基的R基团有不同的要求，例如，胰蛋白酶只水解由Arg或Lys提供羧基的肽键；化学法则使用特异的化学试剂切开肽键，例如，CNBr专门切割Met残基提供羧基的肽键。

无论是酶法还是化学法，切割后的产物都需要进行分离、纯化。分离后得到的每一种肽段还要单独进行氨基酸组成分析、末端氨基酸测定和全序列测定，以积累重建一个蛋白质全序列所必要的信息。

测定肽段序列的方法主要有Edman降解和质谱。

(7) 选择不同的切点，重复步骤6

(8) 根据片段重叠法，推断出肽链的全序列

在得到通过两种或两种以上切割方法产生的所有肽段的氨基酸序列以后，下一步要做的工作就是将各

片段的序列放在一起进行比较，找出部分重叠的序列，在此基础上重建一种蛋白质完整的一级结构。

(9) 二硫键的定位

如果一种蛋白质分子含有二硫键，则还需要对二硫键进行准确定位。对二硫键定位的基本步骤是：保留目标蛋白上的二硫键，直接用一种蛋白酶水解。找出含有二硫键的肽段以后，再用前面叙述的方法将二硫键拆开，分别测定两个肽段的顺序。将它们的顺序与已测出的蛋白质一级结构进行比较，就能确定相应的二硫键位置。因此，"挑出"含有二硫键的肽段成为确定二硫键位置的关键。

寻找含有二硫键肽段的最佳方法是对角线电泳(diagonal electrophoresis)(图2-40)：先将蛋白质部分水解物样品弥散地点在滤纸的一端，并开始进行第一向电泳。电泳结束以后，将样品条剪下，置于装有过甲酸的器皿中，用过甲酸蒸气处理2 h，使二硫键断裂，此时含有二硫键肽段的静电荷发生了改变(负电荷增加)。然后，将纸条附着于另一张新的滤纸上，进行第二向电泳，电泳条件与第一向完全相同，只是与第一次的方向成直角。在第二向电泳中，那些不含有二硫键的肽段电泳情况与第一向相同，电泳后均位于纸的对角线上，而那些含有二硫键的肽段由于电荷发生变化，其电泳速度就与第一向不同，从而导致这些肽斑偏离对角线。肽斑可用茚三酮显示。

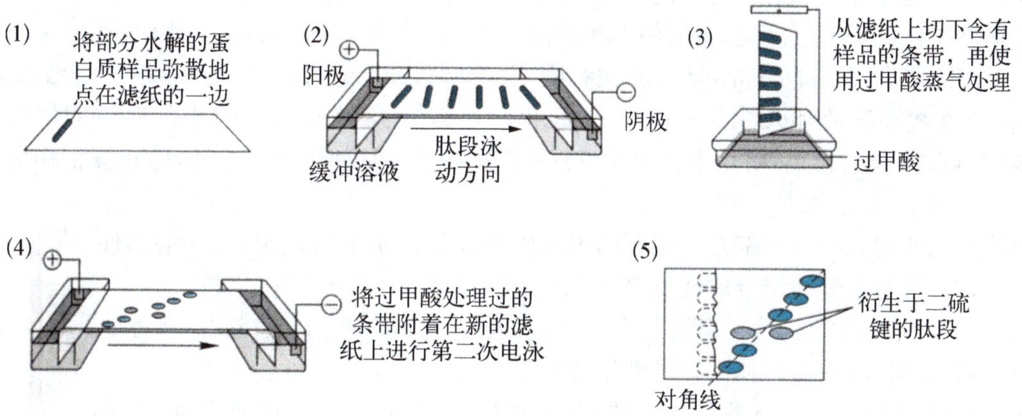

图2-40 对角线电泳确定二硫键的原理

三、蛋白质的分离、纯化和分析

蛋白质的分离和纯化不仅有助于研究蛋白质本身的结构和功能，还有助于研究其基因的结构与功能。同时，具有工业或药用价值的蛋白质也需要得到它们的纯品。

1. 蛋白质纯化的准备工作

在进行蛋白质纯化实验之前首先要解决三个问题：① 纯化蛋白质的目的；② 目标蛋白的测活方法；③ 纯化蛋白质的原料。

(1) 明确纯化蛋白质的目的

不同的研究者纯化蛋白质的目的可能会不一样。有的是为了获得晶体，去进行X射线衍射分析；有的是为了测定一级结构；有的是将其作为药品投入市场。显然，目的不同，需求量就不同：如进行测序或质谱分析，约需要1 pmol(相当于50 ng的大小为50 kD的蛋白质)；如制备抗体，需要200～500 μg；如果做X射线衍射，需要10 mg或者更多；而如果是作为药用和工业之用，则是多多益善。

此外，纯化蛋白质目的不同，对蛋白质纯度的要求也会不同。例如，测序之用的蛋白质纯度至少要在97%以上，而药用的蛋白质(如胰岛素)的纯度要求更高。

(2) 建立蛋白质活性测定的方法

在纯化一种蛋白质之前，首先需要建立一种检测它存在的方法。不同的蛋白质通常具有不同的活性，因此，检测它是否存在以及存在多少可以借助测定其特有的活性以及活性的高低来进行。

蛋白质活性测定的方法通常根据它的生物功能来设计。例如，如果是酶，就测定它的催化活性；如果是刺激细胞分化的蛋白质，就测定它刺激特定细胞分化的能力；如果是细胞凋亡蛋白，则测定它刺激特定细胞死亡的能力。

选择测定方法的时候，要牢记两个标准：① 测定方便、灵敏，如果一种测活方法不敏感，那就意味着需要大量目标蛋白才能显示它是否存在，而做到这一点通常是十分困难的，同样，如果一种测定方法需要花几天的时间才能完成，就会大大影响到实验的进程，并且时间越长，蛋白质越容易发生降解；② 测定的方法高度专一，需要防止功能相近的蛋白质产生干扰。

(3) 选择含有目标蛋白的原材料

对含有特定目标蛋白的起始材料的选择，往往直接关系到纯化的成功与否。选择富含目标蛋白的原材料是一般原则。例如，乙酰胆碱受体(acetylcholine receptor)在肌肉细胞中含量非常少，因此，如果想从肌肉中分离乙酰胆碱受体，可以说成功的可能性十分渺茫，但如果选择电鳐的电板(electroplax)作为原材料，纯化就要容易得多，这是因为电板细胞的一面密集了大量的乙酰胆碱受体。

有时，某些蛋白质的含量本来就很低，难以找到富含它的组织，这时可考虑先得到它的基因，然后利用基因工程进行高表达后再进行分离、纯化。

2. 蛋白质纯化的一般注意事项

在进行任何一种蛋白质纯化的时候，都要时刻注意维护它的稳定，保护它的活性，有一些通用的注意事项：① 操作尽可能置于冰上或者在冷库内进行；② 蛋白浓度最好维持在 1 μg/ml～1 mg/ml；③ 合适的 pH，除非是进行聚焦层析或等电点沉淀，所使用的缓冲溶液的 pH 避免与 pI 相同；④ 使用蛋白酶抑制剂，防止蛋白酶对目标蛋白的降解；⑤ 避免样品反复冻融和剧烈搅动，以防蛋白质的变性；⑥ 缓冲溶液成分尽量模拟细胞内环境；⑦ 在缓冲溶液加入 0.1～1 mmol/L DTT(或β-巯基乙醇)，防止蛋白质的氧化；⑧ 加 1～10 mmol/L EDTA 金属螯合剂，防止重金属对目标蛋白的破坏；⑨ 使用灭菌溶液，防止微生物生长。

3. 蛋白质纯化的常见方法

分离纯化蛋白质的各种方法都是利用不同蛋白质在理化性质上的差别，例如溶解性、质量和形状、表面电荷、表面疏水性、与特定配体结合的性质等。

常用的方法有：沉淀(溶解性)、离子交换(电荷)、聚焦层析(电荷)、凝胶过滤(大小和形状)、疏水作用层析(疏水性)、亲和层析(与特定配体的特异性结合)。

在纯化过程中，有时候样品体积较大，需要进行浓缩以缩小体积。常见的浓缩方法有：沉淀、冻干、反透析、超滤(ultrafiltration)。

这里主要就几种纯化方法的原理作简单介绍，有关详细的操作过程可以参考有关实验手册。

(1) 沉淀与离心

沉淀是根据不同蛋白质在特定条件下溶解性不同，而对它们进行选择性沉降从而达到分离目的的一种粗纯化方法，通常用于将目的蛋白从大体积的粗抽取物中游离出来。这种方法既能除去多种杂质，又有浓缩之效。

实现选择性沉淀的方法包括：改变 pH 或改变离子强度(盐析)。无论是哪一种沉淀方法，产生的沉淀物都需要借助离心的手段才能与上清分开。

离心方法是根据分子的特征密度来分离大分子的。如果一种颗粒的密度大于其介质溶液的密度，那么这种颗粒有可能通过溶液发生沉降。颗粒沉降的速度与颗粒和介质溶液之间的密度之差成正比。任何一种颗粒在离心力作用下通过溶液发生沉降的趋势可用沉降系数(sedimentation coefficient)，即 S 表示：$S=(p-m)V/f$。这里 p 为颗粒或大分子的密度，m 为介质或溶液的密度，V 为颗粒体积，f 为摩擦系数。非球形分子具有更大的摩擦系数，故其沉降系数较小。颗粒越小或形状与球形相差越远，在离心机内就沉降得越慢。

沉降系数对于生物大分子来说，多数在$(1\sim500)\times10^{-13}$ s 之间。为应用方便起见，人为规定 1×10^{-13} 秒为一个 S 单位。一般单纯的蛋白质在 1～20 S 之间，较大核酸分子在 4～100 S 之间，更大的亚细胞结构在 30～500 S 之间。

离心既可以作为分离和纯化大分子或亚细胞组分的制备技术，也可用来分析大分子的流体动力学性质。分析用超速离心机仅能对少量样品(小于 1 ml)进行分析；制备用离心机是专为提取、纯化大分子组分设计的，可对大量的样品(10～2 000 ml)进行分离。

制备用离心机的应用最广，根据其性能可分为低速离心机(最大速度不超过 10 000 r/min)、高速离心机

(最大转速为20 000～25 000 r/min)和超速离心机(最大转速可超过75 000 r/min)。高速离心机都配有冷却装置,用以防止转轴的温度过高而使生物样品失活;此外,所有超速离心机都有真空装置,以减少离心室内转头与空气之间的摩擦作用。

制备用离心机在应用方法方面又有沉降速度离心和梯度离心两种形式:① 沉降速度离心(velocity sedimentation centrifugation)是指在离心管内溶液密度均一的情况下进行的离心,最常见的方法是差速离心(differential centrifugation),差速离心是对含两种以上大小不同的待分离物质的混合液,以不同离心速度分段离心沉淀,使之相互分离的离心方法;② 梯度离心是将待分离的物质在具有密度梯度的介质中进行的离心,又可分为密度梯度离心和平衡密度梯度离心。

1) 密度梯度离心　密度梯度离心(density gradient centrifugation)是在密度梯度介质中进行的一种沉降速度离心,被离心的物质根据其沉降系数不同而进行分离。常用蔗糖或甘油来制备梯度。梯度的作用是稳定离心液以减少扩散,而得到较为锋利的区带。密度梯度离心和差速离心一样是依赖时间的,如果离心时间过长,已经分离的物质都可沉降到离心管的底部或某一密度区域。

2) 平衡密度梯度离心　平衡密度梯度离心(equilibrium density gradient centrifugation)虽然也是在密度梯度介质中进行,但被分离的物质是依靠它们的密度不同而进行分离的,此种离心常用CsCl等无机盐类制备密度梯度。在梯度介质中,当被分离的物质分别达到与其密度相同的介质部位时,就不再移动,从而达到分离的目的。平衡密度梯度离心是不依赖于时间的,只要梯度不破坏,时间延长也不影响分离。

(2) 透析和超滤

透析(dialysis)是利用蛋白质等生物大分子不能透过半透膜(semipermeable membrane),但小分子物质和离子能够通过而进行纯化的一种方法(图2-41)。这种方法经常被用于去除大分子溶液中的小分子物质或改变蛋白质溶液的组成。

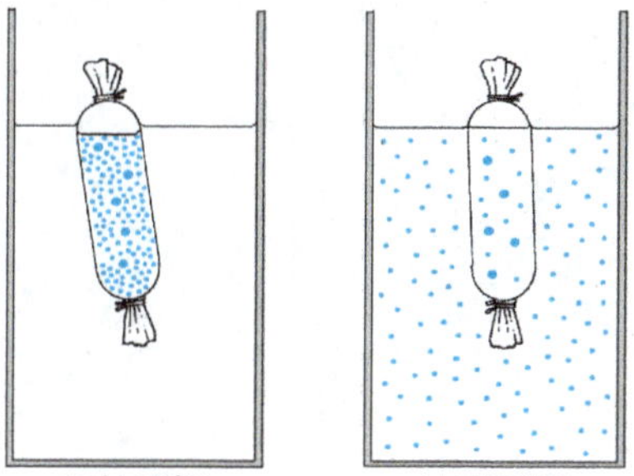

图2-41　透析

如果在装有蛋白质或其他大分子溶液的透析袋外,放入高浓度吸水性强的多聚物(固体聚乙二醇),透析袋内的水便迅速被袋外多聚物所吸收,从而达到了浓缩袋内液体的目的。这种方法称为“反透析”。

超滤(ultrafiltration)对透析原理进行了改进,它利用具有一定大小孔径的微孔滤膜,在常压、加压或减压条件下对生物大分子溶液进行过滤,使大分子保留在超滤膜上面的溶液中,小分子物质及水过滤出去,从而达到脱盐、浓缩或更换缓冲液的目的。

(3) 电泳

电泳(electrophoresis)是指带电的颗粒或生物分子在外加电场作用下,向带相反电荷的电极做定向移动的现象。显然,带电粒子或分子的大小、形状、所带的净电荷多少等都会影响它们的电泳速度。在待分离样品中,各种生物分子的带电性质以及大小、形状等存在的差异使得它们的“泳动”速度不同,因而可以利用电泳技术对它们进行分离、鉴定或纯化。与蛋白质分离纯化有关的电泳技术有:等电聚焦电泳(isoelectric focusing electrophoresis, IFE)、十二烷基硫酸钠聚丙烯酰胺凝胶电泳(sodium dodecyl sulfate polyacrylamide gel electrophoresis, SDS-PAGE)和双向电泳(two-dimensional gel electrophoresis)。

1) IFE　IFE需要在凝胶中加入两性电解质,以便在两极之间建立pH梯度,处在其中的蛋白质分子在电场的作用下发生迁移,最后各自移动到并聚焦于凝胶上某一特定的位置,各个位置的pH与聚焦在此的蛋白质的pI相同。通过IFE,不仅可以实现pI不同的蛋白质之间的分离,还可以直接测定出各种蛋白质的pI。

2) SDS-PAGE　蛋白质在非变性聚丙烯酰胺凝胶(native PAGE)中电泳时,其迁移率取决于分子的大小、形状及其所带净电荷等因素。如果加入一种试剂使电荷因素消除,并使分子形状趋于一致,那电泳迁移率将只取决于分子的大小。在此基础上,还可以测定出蛋白质的相对分子质量。阴离子去污剂SDS具有这种作用。在向蛋白质溶液中加入足够量的SDS以后,SDS即与蛋白质形成复合物。SDS带负电,能使各种蛋白质-SDS复合物都带上相同密度的负电荷,其总量大大超过了蛋白质分子原来的电荷量,因而掩盖了不同种蛋白质间原有的电荷差别。SDS还能打破维持蛋白质三级结构的次级键,使各种蛋白质都呈线状展开

(图 2-42)。这样的蛋白质-SDS 复合物在凝胶电泳中的迁移率不再受蛋白质原来的电荷和形状的影响,仅取决于它们的大小,因而 SDS-PAGE 可以用于测定蛋白质的相对分子质量。

SDS-PAGE 不仅可以用来测定蛋白质的大小,还可以用来鉴定蛋白质的纯度、定量蛋白质和二硫键的确定等。

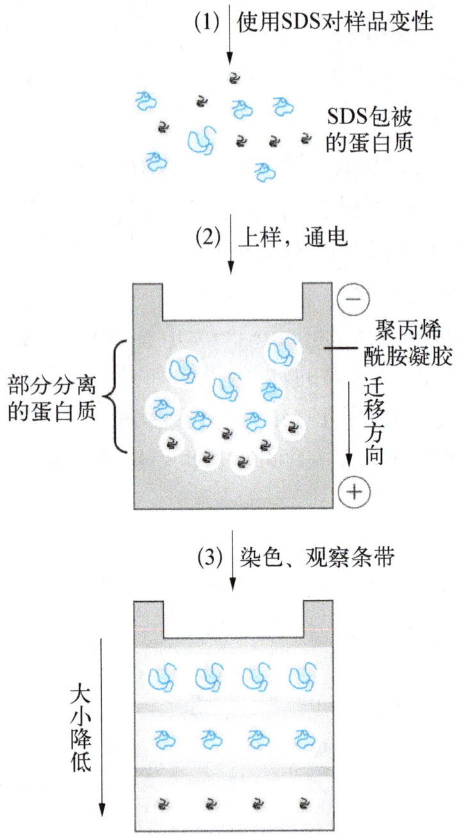

图 2-42 蛋白质的 SDS-聚丙烯酰胺凝胶电泳

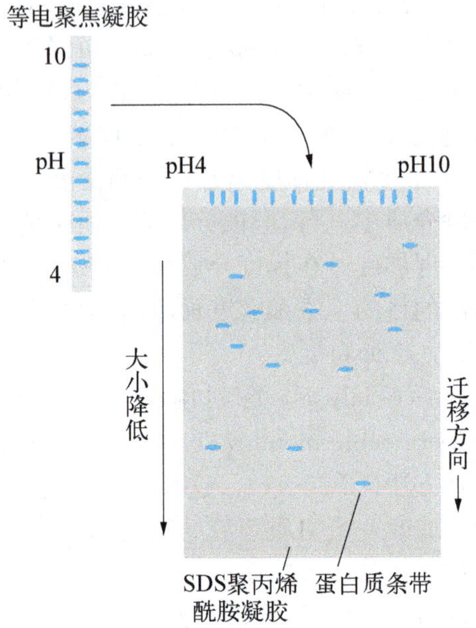

图 2-43 蛋白质的双向电泳

3) 双向电泳 双向电泳也称二维电泳或 2D 电泳,它由第一向等电聚焦电泳和第二向 SDS-聚丙烯酰胺凝胶电泳组成(图 2-43),第一向利用等电聚焦的方法使 pI 不同的蛋白得到分离。将第一向电泳的凝胶转移到 SDS-PAGE 平板的顶部,即进行第二向电泳,这一次是按照分子大小来分离,两向结合便得到高分辨率的蛋白图谱。在对凝胶进行染色以后,可以观察到各个蛋白质的位置。

(4) *层析*

层析(chromatography)在蛋白质分离纯化中是不可替代的一种方法,早在 1903 年,层析法就被俄国植物学家 Mikhail Tswett 用来分离植物色素,因此又称为色谱。所有的层析系统都由两相组成:一个是固定相(stationary phase),它可以是固体物质,也可以是固定在固体物质上的成分;另一个是由可以流动的物质组成的流动相(mobile phase),如水和各种溶剂。当待分离样品随着流动相通过固定相时,各组分在理化性质上的差别使得各自与两相发生相互作用(如吸附、溶解或结合等)的能力不同,最终导致它们在两相中的分配不同,而且随着流动相向前移动,各组分会不断地在两相中进行再分配。与固定相相互作用力越弱的组分,随流动相移动时受到的阻力就越小,向前移动的速度越快;反之,与固定相相互作用越强的组分,向前移动速度越慢。经过分步收集流出液,可得到样品中所含的各单一组分,从而达到分离各组分的目的。

常见的层析方法有:离子交换层析(ion exchange chromatography)、疏水层析(hydrophobic interaction chromatography, HIC)、亲和层析(affinity chromatography)、凝胶过滤层析(gel filtration chromatography)。

1) 离子交换层析 离子交换层析是以含有带电基团的树脂作固定相,利用它与流动相中带相反电荷的离子结合并进行可逆交换的性质来分离目标带电分子的一种方法(图 2-44)。如果进行可逆交换的离子是阳离子,则为阳离子交换层析;反之,则称为阴离子交换层析。在进行离子交换层析时,首先需要用几倍于柱体积的低盐缓冲溶液对树脂进行平衡；然后在低盐条件下，将样品上柱，与树脂带相反电荷的分子会通过静电作用与树脂结合，而不带电荷的或带相同电荷的分子直接流出；最后，用高盐缓冲溶液洗脱，以取代与树脂结合的分子。

2）疏水作用层析　疏水作用层析是利用不同蛋白质在疏水性质上的差别，而对特定蛋白质进行纯化的一项层析技术。其固定相是连接到惰性基质上的疏水基团，如苯环。其原理类似于盐析，即在高离子强度下样品上柱（如 1 mol/L 硫酸铵），以此除去蛋白质的水化层，因而表面上亲水基团最少的蛋白质最容易失去水，也就最容易暴露出它们的疏水基团，并与树脂上的疏水基团结合；反之，表面上亲水基团最多的蛋白质最难失去水化层，也就最难与固定相结合。

疏水层析的洗脱方法有：降低洗脱液的盐浓度、增加洗脱液的去污剂浓度或者改变 pH。

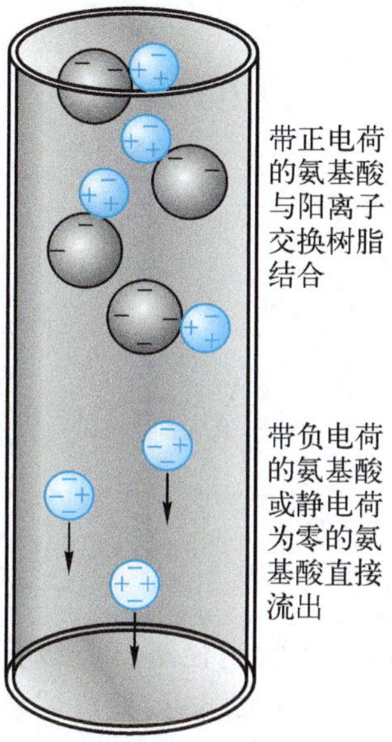

图 2-44　离子交换层析分离氨基酸的原理

图 2-45　亲和层析的原理

3）亲和层析　亲和层析是利用待分离物质和它的特异性配体间具有特异性的亲和力，而实现分离的一类特殊层析技术。其固定相是惰性的带有共价偶联配体的树脂，当含有混合组分的样品通过此固定相时，只有和固定相上的配体具有特异亲和力的物质，才能被固定相吸附结合，其他没有亲和力的无关组分就随流动相流出（图 2-45）。如果改变流动相成分，可将结合的亲和物洗脱下来。洗脱的方法有：增加游离配体的浓度或改变 pH。

可用于亲和层析的具有特异性亲和力的生物分子对（蛋白质-配体）主要有：酶与底物/抑制剂；受体与激素；抗体与抗原；抗体与蛋白质 A；带有 His 标签的融合蛋白与金属镍；带有 GST 标签的融合蛋白与谷胱甘肽；蛋白质与染料；糖蛋白与植物凝集素（lectin）；其他特异性结合蛋白与被结合的物质。

亲和层析纯化过程简单、迅速、高效，有时能够"一柱到位"，对分离含量极少又不稳定的活性物质特别有效。

4）凝胶过滤层析　凝胶过滤层析又称分子筛过滤层析（molecular sieve chromatography）或大小排阻层析（size exclusion chromatography）等，是一种按大小来分离物质（分子形状也起一定作用）的层析方法。其固定相是装在层析柱内细而多孔的凝胶颗粒，如葡聚糖（sephadex），在将样品加到充满着凝胶颗粒的层析柱以后，使用缓冲液洗脱。大分子无法进入凝胶颗粒的内部，只能存在于凝胶颗粒之间的流动相，因而以较短的路径和较快的速度首先流出层析柱，而小分子则能自由出入凝胶颗粒内部，并很快在两相之间形成动态平衡，于是要走更长的路径和花费更长的时间流过柱床，不同大小的分子因此得以分离（图 2-46）。

4. 蛋白质纯化方案的设计

在纯化蛋白质之前，首先需要对各种蛋白质纯化方法的原理，以及纯化过程中的一些注意事项有所了解；然后就是选择好测活的方法和含有目标蛋白的原材料；接着就是设计纯化方案了。

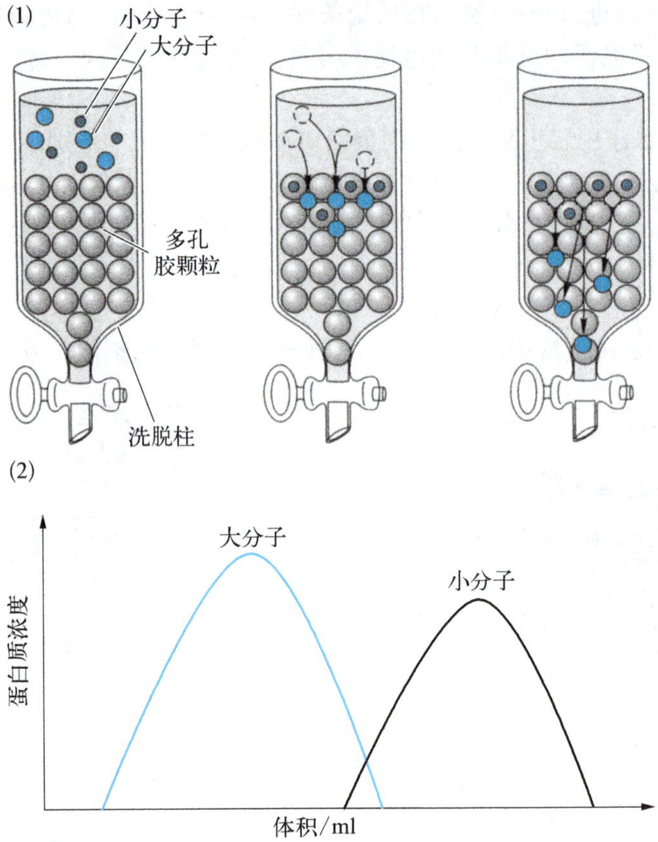

图 2-46 凝胶过滤的原理

为了纯化一种蛋白质，必须从起始物质开始就选择一种物理或化学途径进行分级分离。分级分离的方法有离心、盐析、离子交换层析、速度沉降、平衡密度沉降、亲和层析、疏水层析、聚焦层析和凝胶过滤等。先用哪一种后用哪一种没有固定的套路，一般靠的是经验与摸索。无论哪一种分离方法完成以后，都会发现某些部分有活性，某些部分无活性。这时需要做的就是保留和合并有活性的部分。分级的目的一是除去污染物，二是合并有活性的部分，来富集目标蛋白。被富集的部分再经历另外一轮分级处理，这样的过程还可以继续重复。如果蛋白活性能够被精确地测定，每一次分级后得到的样品总量就可以确定，每一次制备的比活性(specific activity)即每毫克蛋白内的蛋白活性也可以计算出来。

在一个精心设计的纯化程序中，每一级分离都应该能去除杂质，提高比活性。但在实际操作中，在比活性提高的同时，几乎总会有总活性(total activity)的损失。最大地提高比活性同时尽量减少总活性的损失是任何一种纯化程序的目标，而设计一种好的纯化方案通常是考虑到多种因素后的折中。一个纯化流程可以总结在一张纯化表(purification table)上，必须真实地记录各项有效的数据。这样的纯化表不仅是将来论文中有力的论据，也为评估一步纯化步骤是否合理提供了依据。

一个典型的蛋白质纯化方案开始于完整的组织，一般经过 4 个阶段：① 破碎细胞或组织(混合和匀浆)；② 去除残渣(离心)；③ 沉淀/浓缩(硫酸铵或聚乙二醇)；④ 纯化(层析)；⑤ 鉴定，包括纯度、大小或 pI 的测定。

5. 蛋白质纯度的测定

纯净的蛋白质样品应该不含有其他杂蛋白和杂质。一般认为，当一种蛋白质被纯化到恒定的比活性或达到均一性(homogeneity)以后，就可被认为是纯品了。然而，单凭恒定的比活性是不够的，还需要使用其他的方法加以验证。

其他鉴定蛋白质纯度的方法有：① 电泳法，纯净的蛋白质电泳的结果应该是一条带；② 化学法——N-端或 C-端测定，纯品蛋白质应该具有恒定的 N-端或 C-端组成，如果一种蛋白质只有一条链组成，就只会检测到一种 N-端或 C-端氨基酸；③ 仪器法——HPLC 或质谱，如果一种蛋白质样品在 HPLC 上只表现单一的峰，则可视为其为纯品，如果纯化的是一种已知蛋白，经质谱分析测定出来的相对分子质量与实际的值一致，那么也可认为它是纯品。

检测蛋白质的纯度必须综合两种原理不同的分析方法才能作出准确的判断。例如，仅仅用凝胶过滤和 SDS-PAGE 来确定一个蛋白质样品是否纯净是欠妥的，因为这两种方法的原理相同，都是根据大小分离蛋白质。

推荐网址

1. http://themedicalbiochemistrypage.org/amino-acids.html
2. http://en.wikipedia.org/wiki/Protein
3. http://www.web-books.com/MoBio/Free/Chap2.html
4. http://themedicalbiochemistrypage.org/hemoglobin-myoglobin.html
5. http://www.protocol-online.org/prot/Molecular_Biology/Protein/Extraction-Purification/

参考文献

1. Michael R, Joseph A K. Selenocysteine, pyrrolysine, and the unique energy metabolism of *Methanogenic Archaea*. *Archaea* 2010,2010.
2. Pace C N. Polar group burial contributes more to protein stability than nonpolar group burial. *Biochemistry*, 40(2):310-313,2001.
3. Jeffery C J. Moonlighting proteins: old proteins learning new tricks. *Trends Genet*. 19:415-417,2003.
4. Mondal K, et al. Affinity based strategies for protein purification. *Anal. Chem*,78:3499-3504,2006.

思考题

1. 根据表 2-1 给出的 pK_a，试计算 Sec、Tyr 和 Cys 的 pI。
2. 简述正协同效应、别构效应和波尔效应是如何有利于 HbA 行使其生物学功能的？为什么 Mb 没有这三种效应并且也不需要有这三种效应？
3. 多聚 His 在 pH 7.8 的水溶液中是不溶的，但在 pH 5.5 是可溶的，为什么？试预测在 pH10 的时候该多聚物的溶解性质。
4. 鳄鱼能够生活在水下而不呼吸达 1 h 之久，将呼吸空气的猎物溺死，在闲暇的时候就餐。与此生活方式相适应的是，它几乎能够利用血液中 100%的 O_2，而人只能抽取血液中约 65%的 O_2。鳄鱼的 Hb 不结合 2,3-BPG，但其脱氧 Hb 更喜欢结合 HCO_3^-。试解释这为什么有助于鳄鱼获取食物？
5. 与核糖核酸酶不同的是，变性的胰凝乳蛋白酶和枯草杆菌蛋白酶在去除去垢剂以后并不能复性成完全的活性状态，为什么？
6. Gly 是蛋白质进化中高度保守的氨基酸，为什么？
7. 多聚 Leu 在二氧六环(dioxane)中比在水中更容易形成 α 螺旋。
   (1) 为什么二氧六环有利于多聚 Leu 形成螺旋？
   (2) Ile 的侧链与 Leu 含有数目完全相同的 C 原子，然而多聚 Ile 在二氧六环中不能形成稳定的螺旋，为什么？
8. HbF 与 HbA 在结构、功能以及氧合曲线上有何差别？镰状细胞贫血不会影响还没出生的婴儿，为什么？用学过的知识给出一种合理的治疗镰状细胞贫血的方法。

科学故事——没有核酸的朊病毒的发现

1997 年的诺贝尔生理学或医学奖被授予给美国科学家 Stanley B. Prusiner。Prusiner 的成就在于发现了一种具有遗传物质特性的蛋白质——朊病毒，这一发现对分子生物学的“中心法则”提出了挑战。朊病毒的发现，揭开了一类困扰人们多年的神经性退化疾病的谜团。

大约 300 年前，英国农庄的羊群中出现了一种奇怪的疾病。得病的羊浑身奇痒难熬，只有靠在粗糙的岩石或树干上摩擦以求缓解，结果羊身上的毛大片脱落。病羊的另一个症状是站立不稳，运动机能出现障碍。病羊最终结局都是瘫痪和死亡。人们把羊得的这种病称为瘙痒病(scrapie)。解剖羊的尸体发现，所有病羊的脑组织充满了细小的海绵状空洞，因此后来这种病被称为“海绵样脑病”。几百年来，羊瘙痒病一直是一种不治之症，病因不详。

在大洋洲的巴布亚新几内亚的一个岛上，生活着一个叫 Fore 的部落。直到 20 世纪，部落的生活方式还基本处于原始社会的状态。这个部落一直保留着一种令人毛骨悚然的习俗，他们在亲人死后的祭祀活动中，会剖开死者的尸体，一起分食尸肉和脑组织。在 20 世纪上半叶，部落中爆发了一种可怕的瘟疫。得病的人就像得瘙痒病的羊一样，走路摇摇晃晃，并伴随着肢体的震颤，最终发展到失语、瘫痪，直至死亡。这同样是一种不治之症。患者的脑组织和死于瘙痒病的羊一样，充满了令人心悸的细小海绵状空洞。更为可怕的是，这种不知病因的疾病像瘟疫一样在部落中到处蔓延。当地人把这种怪病叫做“库鲁”(Kuru)，也就是“恐惧”或“震颤”的意思。这场由库鲁病造成的浩劫使部落中 80% 的人死于非命。若是没有一位叫 D. Carleton Gajdusek 的美国科学家的研究，整个部落很可能难逃灭绝的厄运。

1954 年，Gajdusek 作为访问学者前往澳大利亚，从而有机会接触了巴布亚新几内亚 Fore 部落。当时震颤病正在那里到处蔓延，Gajdusek 从 Fore 部落带回了一些患者的标本。经过研究，他发现，库鲁病和羊瘙痒病一样，都是由一类相同的病原体感染导致的。这类病原体具有病毒的一般特征，如传染性、滤过性、致病性等；同时又具有一些病毒所没有的特征，如抗紫外辐射、耐高温、耐强酸和福尔马林等化学处理等。因此，Gajdusek 称之为“非常规病毒”。通过在实验动物上研究这类疾病的传染性，他最终得出结论，这种疾病是当地人通过分食患病死者的脑组织而横向传染的。Gajdusek 的研究向世人揭示了震颤病的传播途径。在 WHO 和澳大利亚政府干预下，Fore 部落改变了传统的祭祀方式，放弃了分食亲人尸体的习俗。20 世纪 50 年代以后，库鲁病的传播逐步得到了控制。Gajdusek 的出色工作拯救了 Fore 部落，使他荣获了 1976 年的诺贝尔医学及生理学奖。

Gajdusek　　Prusiner

但是，Gajdusek 的研究并没有查明导致库鲁病的病原体。只是到了 1982 年，Prusiner 在对羊瘙痒病多年研究的基础上提出，这种疾病是由一种称为“蛋白质侵染颗粒”或“朊病毒”的蛋白质造成的。他证明，从病羊身上得到的病理组织经过核酸酶、紫外线等破坏核酸的方式处理后，同样具有传染性。相反，破坏蛋白质的处理可大大降低病变组织的传染性。因此，他认为朊病毒是一种传染性蛋白质颗粒，不含有核酸。Prusiner 第一次成功地从患羊瘙痒病的羊中纯化了朊病毒。研究表明，具有传染性的 PrP^{SC} 可以使 PrP^{C} 由正常构象转变为非正常构象，成为传染性的 PrP^{SC}。这很好地解释了朊病毒的传染规律。

第 3 章

核酸的结构与功能

核酸(nucleic acid)是以核苷酸(nucleotide)为基本组成单位的生物大分子,具有一级结构与高级结构,可分为脱氧核糖核酸(deoxyribonucleic acid, DNA)和核糖核酸(ribonucleic acid, RNA)。DNA 是生物体内的主要遗传物质,RNA 主要参与基因表达及其调控。此外,RNA 也可作为某些病毒的遗传物质(如艾滋病病毒)、作为核酶催化体内的一些重要反应(如翻译过程中肽键的形成)以及参与细胞内其他一些重要过程。

本章将重点介绍核酸的结构、功能和性质,同时还会介绍核酸研究的一些重要方法。

第一节　核苷酸的结构、化学组成及功能

核酸是一种多聚核苷酸(polynucleotide),它的基本组成单位是核苷酸。采用不同的降解方法,可以将核酸降解为核苷酸;而核苷酸可进一步降解为核苷(nucleoside)与磷酸;核苷再进一步分解,会生成碱基(base)和戊糖(pentose)(图 3-1)。由此可见,核苷酸是由核苷与磷酸组成的,而核苷则由碱基与戊糖组成。

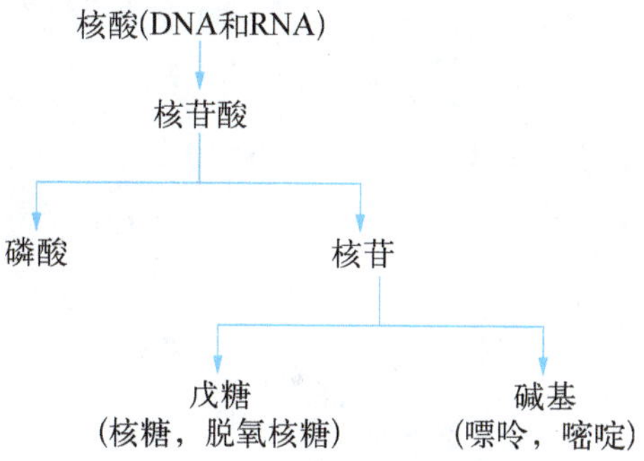

图 3-1　核酸水解示意图

碱基可分为嘌呤碱基与嘧啶碱基,而戊糖可分为 *D*-核糖(*D*-ribose)和 *D*-2′-脱氧核糖(*D*-2′-deoxyribose)。核酸的分类就是依据所含戊糖种类的不同而分为核糖核酸(RNA)和脱氧核糖核酸(DNA)。

一、核苷酸的结构与组成

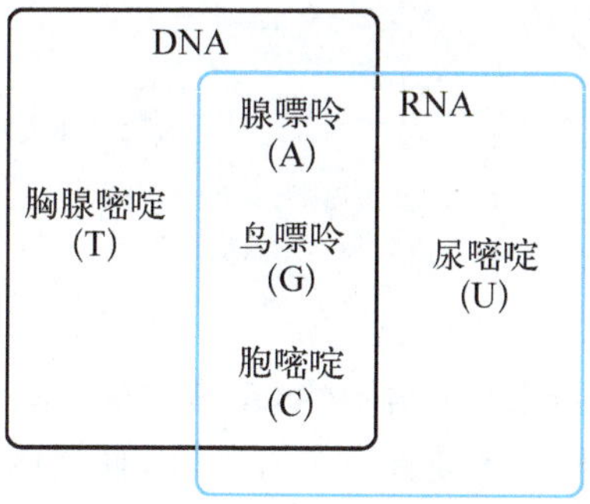

图 3-2　生物体内常见碱基在 DNA 与 RNA 中分布示意图

1. 碱基

碱基是含 N 杂环化合物,为嘌呤(purine)或嘧啶(pyrimidine)的衍生物。

(1) 常见的碱基

生物体内最常见的碱基有腺嘌呤(adenine, A)、鸟嘌呤(guanine, G)、胞嘧啶(cytosine, C)、尿嘧啶(uracil, U)及胸腺嘧啶(thymine, T)。其中腺嘌呤和鸟嘌呤为嘌呤碱基,胞嘧啶、尿嘧啶及胸腺嘧啶为嘧啶碱基,它们统称为标准碱基。DNA 和 RNA 共有的碱基是腺嘌呤、鸟嘌呤和胞嘧啶,而尿嘧啶通常只存在于 RNA 中,胸腺嘧啶只存在于 DNA 中(图 3-2)。

碱基中的各原子分别加以"1、2、3…"标号以便于区分(图 3-3 和图 3-4)。

(2) 稀有碱基

除了上述常见碱基外,核酸中还有一些含量甚少的碱基,称为稀有碱基(图 3-5)。稀有碱基种类极多,由标准碱基衍生而来,大多数是甲基化碱基。tRNA 中含有较高比例的稀有碱基,可高达10%～20%。

2. 戊糖

戊糖是构成核苷酸的另一个基本组分。为了区别于碱基中的原子标号,戊糖环中的碳原子标号在右上角加撇"′"。

图 3-3 嘌呤环及核酸中常见嘌呤碱基的化学结构式与原子标号

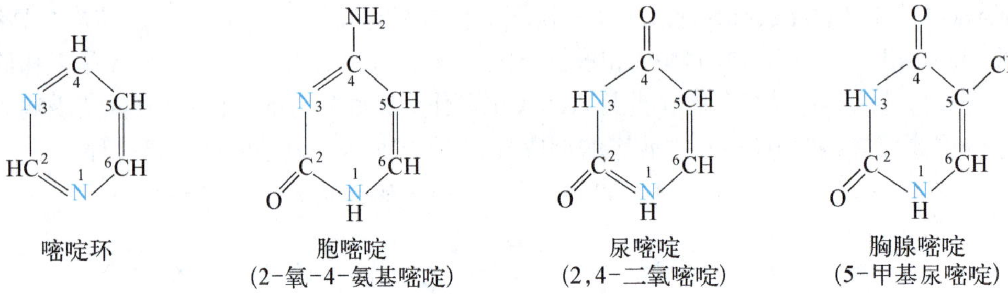

图 3-4 嘧啶环及核酸中常见嘧啶碱基的化学结构式与原子标号

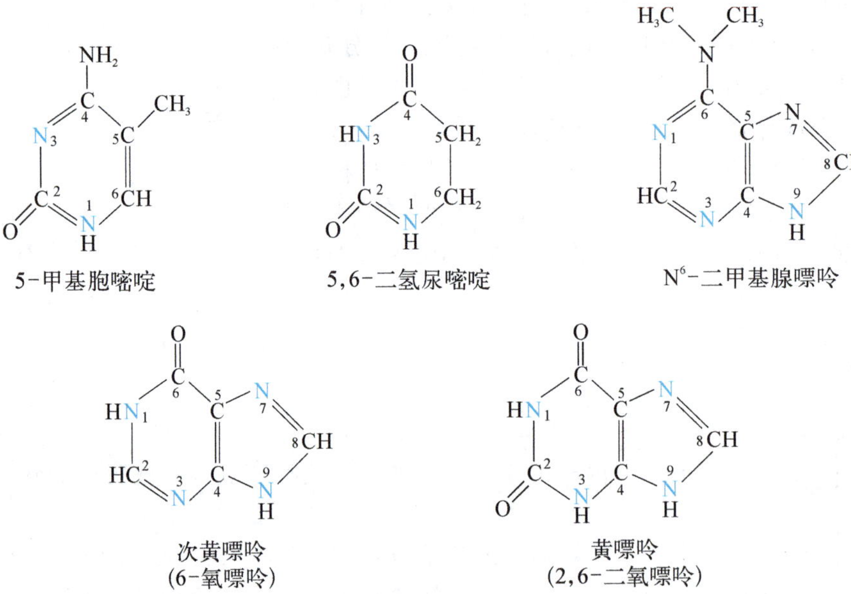

图 3-5 几种稀有碱基的化学结构式

组成核苷酸的戊糖有 β-*D*-核糖及 β-*D*-2′-脱氧核糖。两者均是呋喃型环状结构(参看第四章糖类的结构与功能),其差别仅在于 C-2′原子所连接的基团,在核糖的 C-2′原子上连接有一个羟基,而脱氧核糖的 C-2′上连接的则是氢原子(图 3-6)。

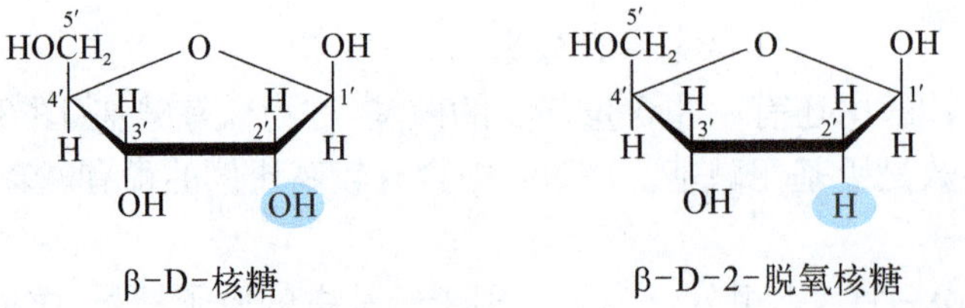

图 3-6 构成核苷酸的核糖与脱氧核糖的化学结构式与原子标号

核糖存在于 RNA 中，而脱氧核糖则存在于 DNA 中。戊糖的结构差异使得 DNA 较 RNA 在化学性质上更为稳定，从而被自然选择为遗传信息的主要载体。

3. 核苷

碱基和核糖或脱氧核糖生成核苷(nucleoside)或脱氧核苷(deoxynucleoside)。

核苷是通过戊糖的 C－1′原子和嘌呤碱基的 N－9 原子或戊糖的 C－1′原子和嘧啶的 N－1 原子连接而成的化合物，碱基与戊糖之间的 N－C 键一般称为 N－糖苷键(N－glycosidic bond)。糖环中的 C－1′原子是不对称碳原子，所以有 α－及 β－两种构型，在核苷分子中的糖苷键均为 β－糖苷键(图 3－7)。

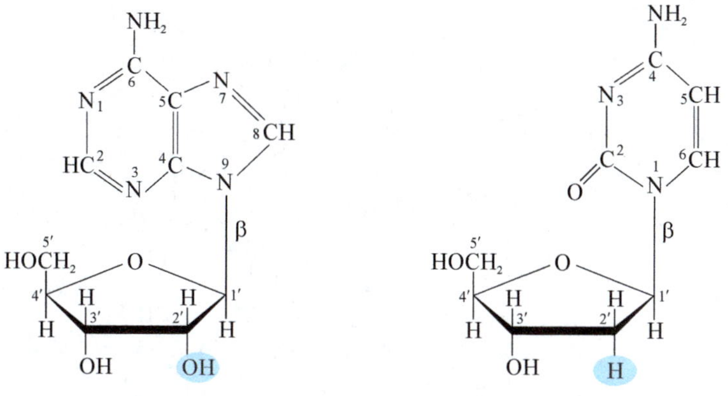

腺苷　　脱氧胞苷

图 3－7　腺苷和脱氧胞苷的化学结构式

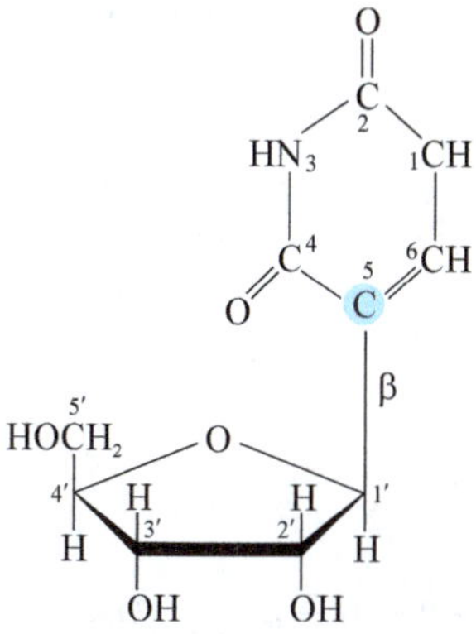

图 3－8　假尿苷的化学结构式

RNA 中含有稀有碱基，并且还存在异构化的核苷。例如存在于 tRNA 和 rRNA 中的假尿苷(pseudouridine，ψ)，其结构中的 C－1′原子不是与尿嘧啶中的 N－1 相连，而是与 C－5 相连(图 3－8)。

核苷中的戊糖与碱基由于空间位阻效应，在天然条件下一般处于反式构象(anti-conformation)。应用 X 射线衍射法已证明，核苷中的碱基与糖环平面相互垂直。

4. 核苷酸

核苷或脱氧核苷中的戊糖上的羟基可以被磷酸基团酯化成核苷酸，核苷(脱氧核苷)与磷酸形成的键是磷酸酯键。

理论上，核苷的 C－2′羟基、核苷与脱氧核苷的 C－3′与 C－5′羟基都可被磷酸酯化而形成相应的核苷酸，但自然界存在的多为 5′－核苷酸，因此如没有特别说明，核苷酸指的就是 5′－核苷酸(图 3－9)。

核糖核苷酸：

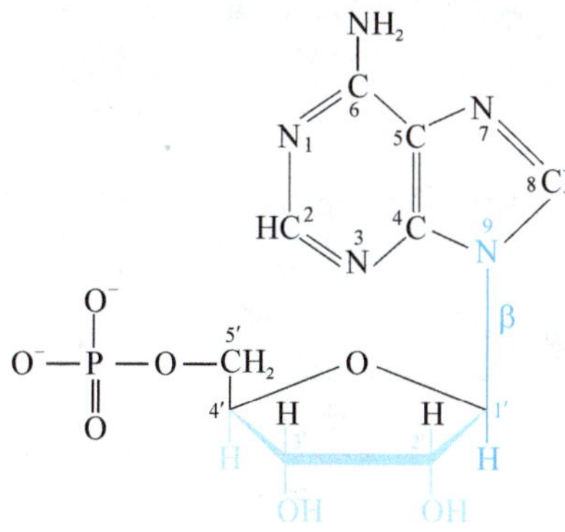

5′腺苷酸
(AMP)

脱氧核糖核苷酸：

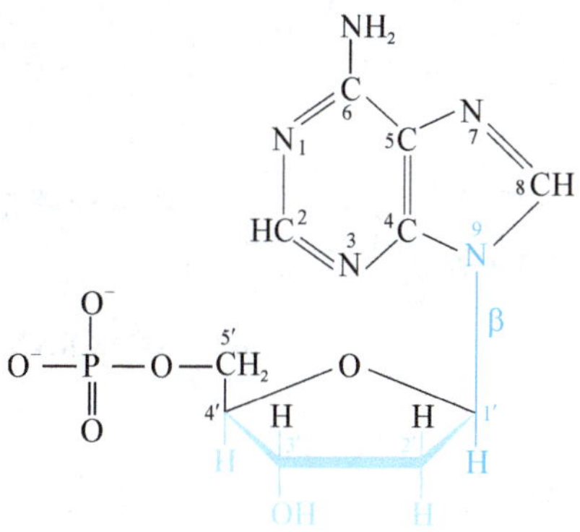

5′－脱氧腺苷酸
(dAMP)

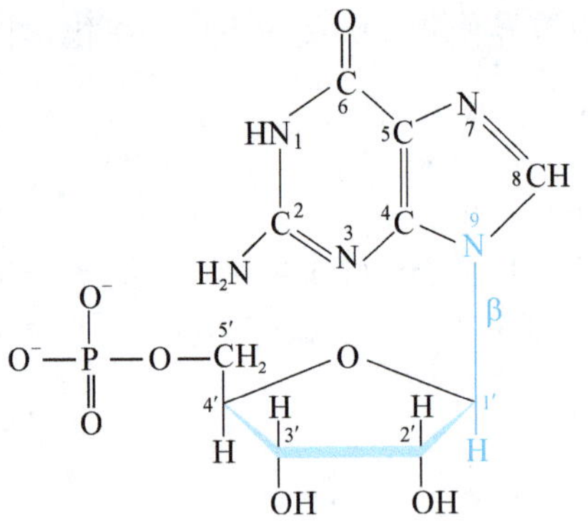

5′-鸟苷酸
(GMP)

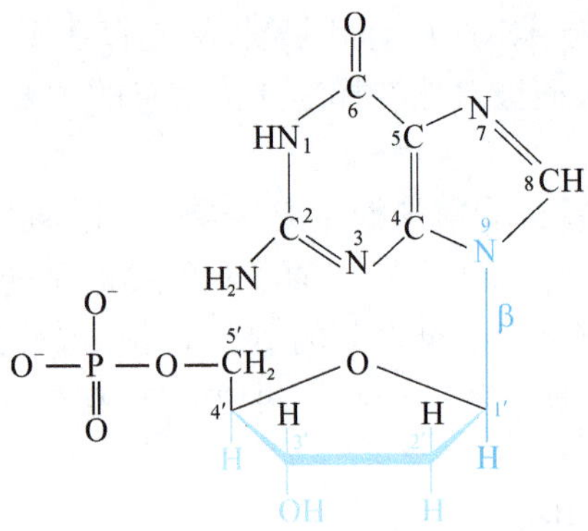

5′-脱氧鸟苷酸
(dGMP)

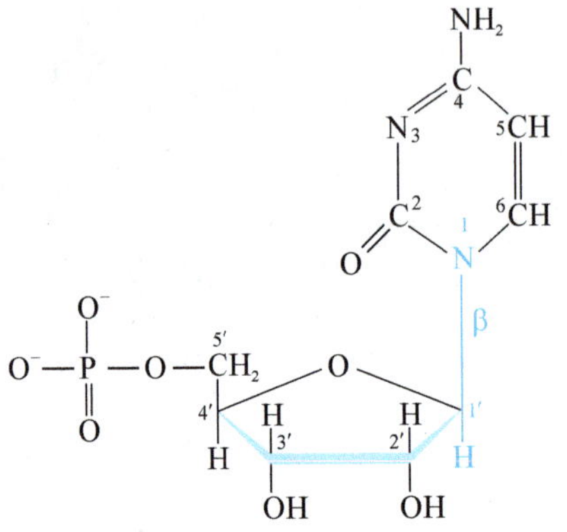

5′-胞苷酸
(CMP)

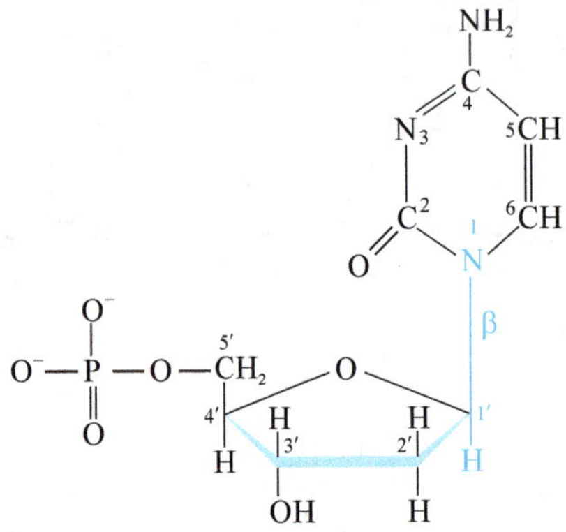

5′-脱氧胞苷酸
(dCMP)

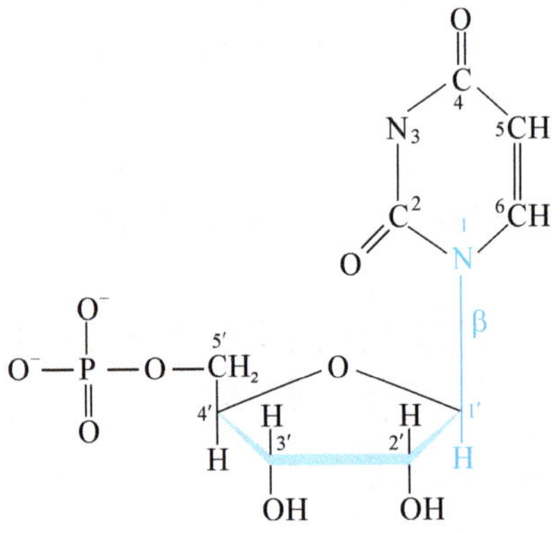

5′-尿苷酸
(UMP)

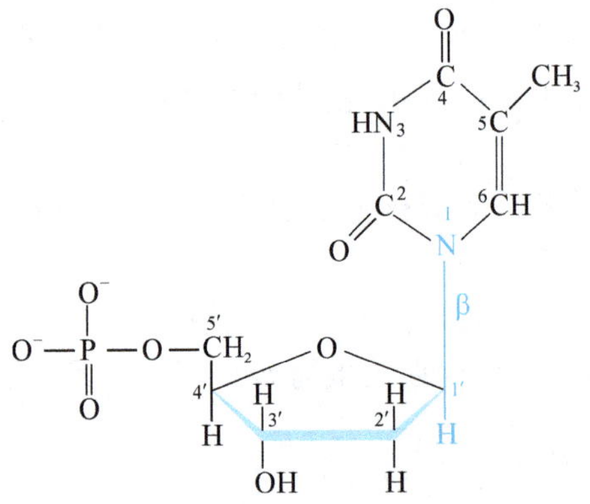

5′-脱氧胸苷酸
(dTMP)

图 3-9　5′-核苷单磷酸的化学结构式

5′-核苷酸是核苷中的戊糖 C-5′羟基被磷酸酯化形成的产物，依其戊糖的不同分为核糖核苷酸与脱氧核糖核苷酸两大类(表 3-1 和表 3-2)。

表 3-1　构成 RNA 的主要碱基、核苷及相应的核苷酸

碱　基	核糖核苷	核糖核苷酸
腺嘌呤(A)	腺苷	腺苷酸(AMP)
鸟嘌呤(G)	鸟苷	鸟苷酸(GMP)
胞嘧啶(C)	胞苷	胞苷酸(CMP)
尿嘧啶(U)	尿苷	尿苷酸(UMP)

表 3-2　构成 DNA 的主要碱基、核苷及相应的核苷酸

碱　基	脱氧核苷	脱氧核苷酸
腺嘌呤(A)	脱氧腺苷	脱氧腺苷酸(dAMP)
鸟嘌呤(G)	脱氧鸟苷	脱氧鸟苷酸(dGMP)
胞嘧啶(C)	脱氧胞苷	脱氧胞苷酸(dCMP)
胸腺嘧啶(T)	脱氧胸苷	脱氧胸苷酸(dTMP)

根据连接的磷酸基团的数目不同，核苷酸可分为核苷一磷酸(nucleoside monophosphate, NMP)、核苷二磷酸(nucleoside diphosphate, NDP)及核苷三磷酸(nucleoside triphosphate, NTP)。各个磷原子分别标以 α、β 及 γ 以示区别(图 3-10)。核苷三磷酸(ATP, CTP, GTP, UTP)是体内 RNA 合成的直接原料。脱氧核苷三磷酸(dATP, dCTP, dGTP, dTTP)是体内 DNA 合成的直接原料。

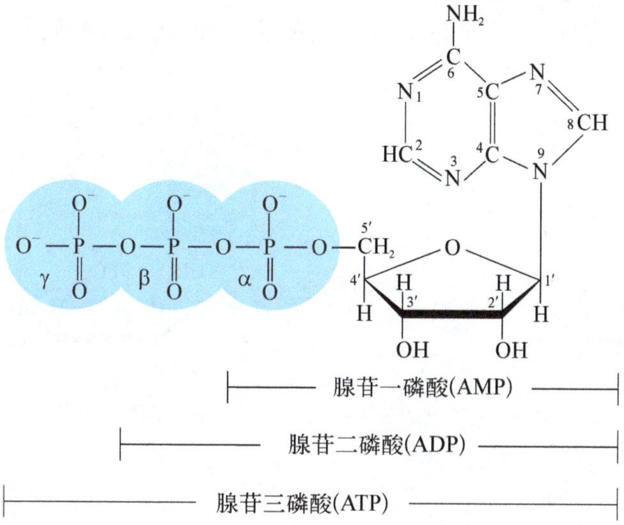

图 3-10　腺苷一磷酸、腺苷二磷酸、腺苷三磷酸的化学结构式

二、核苷酸的功能

在生物体内，核苷酸最重要的功能就是构成核酸大分子。除此之外，核苷酸还会以游离的形式参与物质代谢、能量代谢及其调节，如腺苷三磷酸(ATP)是体内最重要的能量载体，尿苷三磷酸参与糖原的合成，胞苷三磷酸参与磷脂的合成；核苷酸还是生物活性物质的组成成分，如尼克酰胺腺嘌呤二核苷酸(NAD^+)、尼克酰胺腺嘌呤二核苷酸磷酸($NADP^+$)、黄素腺嘌呤二核苷酸(FAD)的组成成分。

生物体内还有一类环化核苷酸，其结构特点是：磷酸基团同时与戊糖分子上的两个羟基(通常是 C-3′羟基及 C-5′羟基)形成磷酸酯键，从而在分子内成环，形成的这种核苷酸叫做环核苷酸(图 3-11)。环核苷

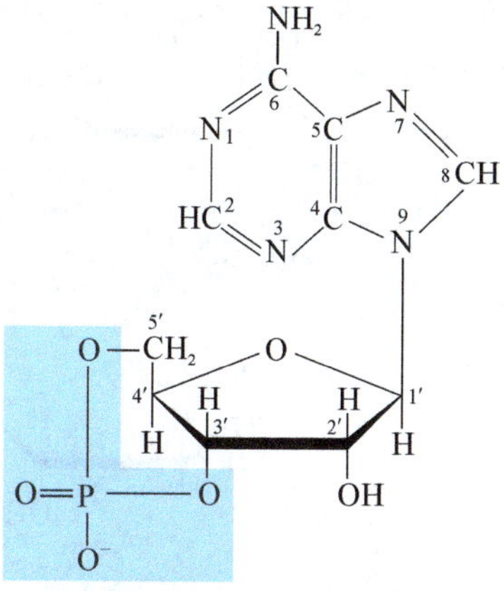

3′,5′-环腺苷酸(cAMP)

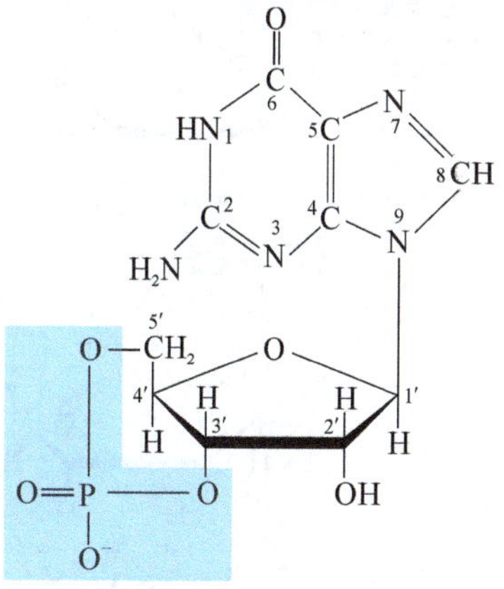

3′,5′-环鸟苷酸(cGMP)

图 3-11　环核苷酸的化学结构

酸中最重要的是环腺苷酸(cyclic AMP, cAMP)和环鸟苷酸(cyclic GMP, cGMP),它们是体内重要的第二信使,在细胞信号转导中起作用。

第二节　核酸的结构与功能

核酸作为生物体内重要的生物大分子,其结构也如蛋白质一样具有一级结构与高级结构。

一、核酸的一级结构

核酸的一级结构(primary structure)是指构成核酸的核苷酸或脱氧核苷酸的排列序列。由于核苷酸间的差异主要在于碱基的不同,所以核酸的一级结构也叫做碱基序列。

无论是DNA还是RNA,核苷酸之间都是通过一个核苷酸戊糖的3′-羟基和与之相邻的核苷酸戊糖的5′-磷酸基团通过缩合反应生成的3′,5′-磷酸二酯键而相连的,因此核苷酸间的连接键是3′,5′-磷酸二酯键(图3-12)。

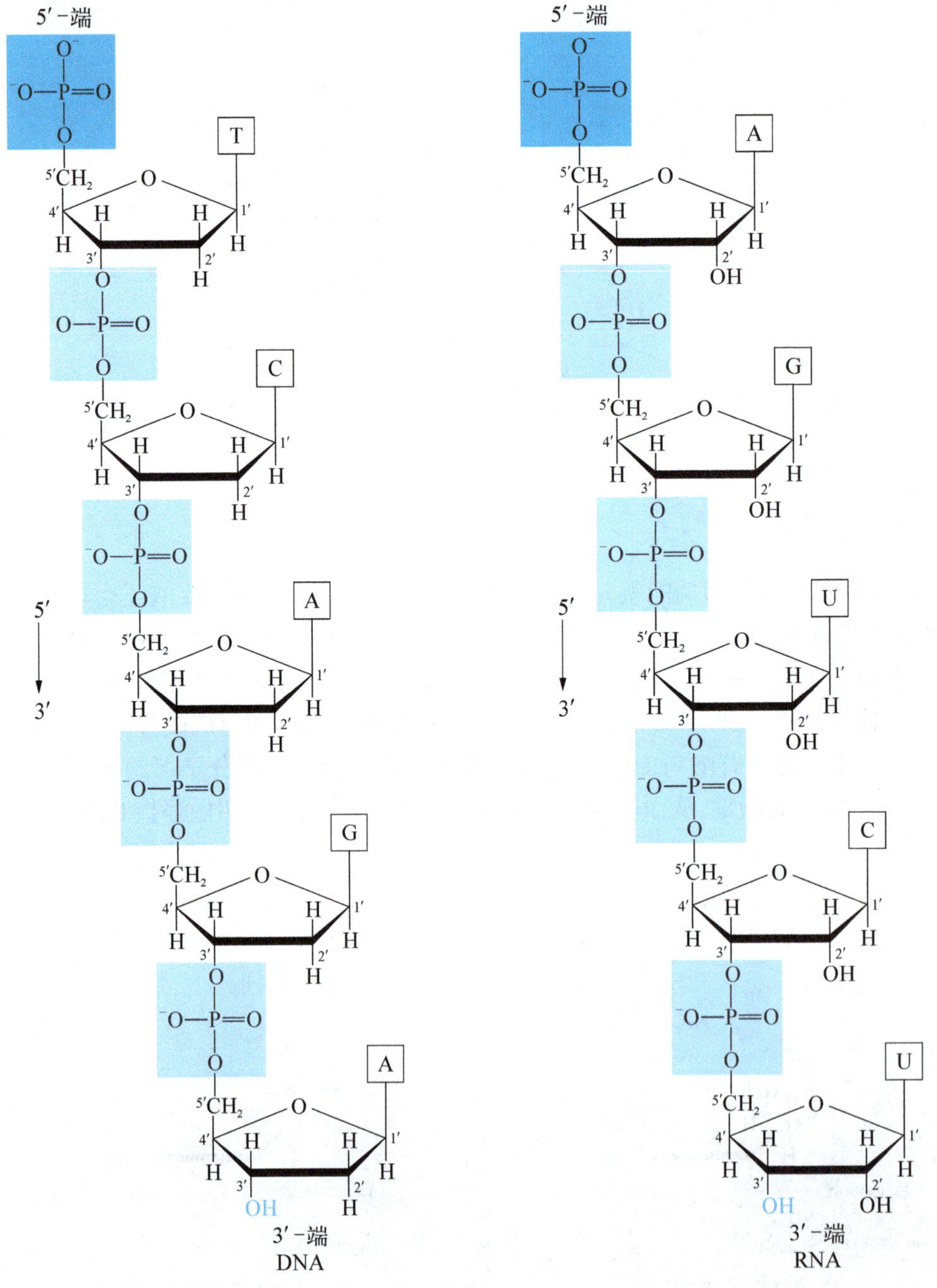

图3-12　核酸分子中的3′,5′-磷酸二酯键

核酸分子具有方向性，国际惯例规定核酸中核苷酸或脱氧核苷酸的书写方向是从左至右以 5′-端到 3′-端书写；若序列中未标明 5′-及 3′-，则默认为从左至右为 5′-端到 3′-端。核酸的一级结构有几种书写方法：竖线式或文字式，其中竖线式的垂直线代表核糖或脱氧核糖，斜线代表 3′,5′-磷酸二酯键(图3-13)。

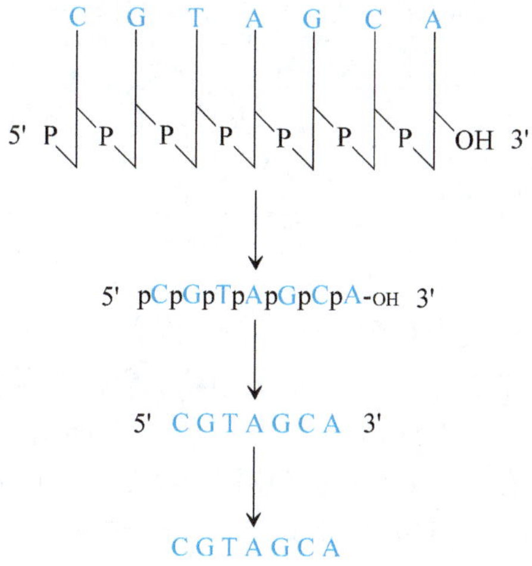

图 3-13　核酸一级结构的几种书写方法

核酸的分子大小常用碱基数目(单链 DNA 或 RNA)或碱基对(bp)数目(双链 DNA)来表示。DNA 的分子非常大，通常一个染色体含有一个 DNA 分子，最大的染色体 DNA 可超过 10^8 bp。

核酸分子的骨架由核糖(脱氧核糖)和磷酸组成，不参与遗传信息的贮存和表达。DNA 和 RNA 对遗传信息的携带和传递是依靠碱基序列的变化来实现的。试想，一个由 n 个脱氧核苷酸组成的 DNA 分子会有多达 4^n 个排列组合，这无疑为生物体提供了巨大的遗传信息编码潜力，是自然界生物多样性的物质基础。

二、DNA 的高级结构与功能

1. DNA 的二级结构

DNA 的二级结构主要是双螺旋结构，但也有诸如十字形或三链螺旋等其他结构类型。

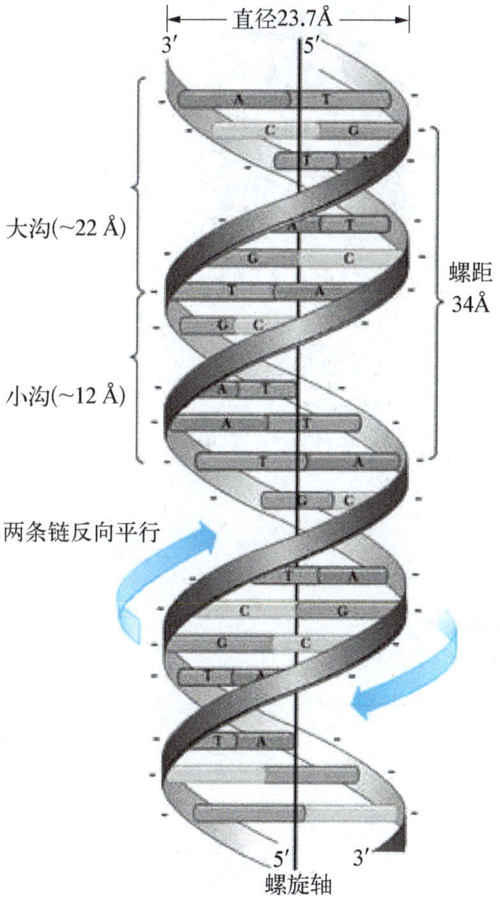

图 3-14　DNA 双螺旋结构(B 型)示意图

(1) DNA 的双螺旋结构

DNA 双螺旋结构模型的主要内容包括(图 3-14)：

1) DNA 分子由两条呈反平行排列的脱氧多核苷酸链组成，一条链的 5′→3′方向是自上而下，而另一条链的 5′→3′方向是自下而上。

2) 两条链均以“-脱氧核糖-磷酸基团-”为骨架，以右手螺旋方式围绕同一公共轴盘旋，螺旋直径为2.37 nm，盘旋过程形成了 DNA 双螺旋表面的大沟(major groove)与小沟(minor groove)。

3) 碱基垂直于双螺旋轴居于双螺旋内侧，一条链上的碱基与另一条链上的碱基以碱基互补配对原则形成氢键配对。碱基互补配对原则：腺嘌呤与胸腺嘧啶配对，形成 2 个氢键；鸟嘌呤与胞嘧啶配对，形成 3 个氢键(图 3-15)。

4) 相邻碱基对平面距离为 0.34 nm，每一完整的螺旋含有 10 个碱基对(细胞内实际值接近 10.5 bp)，螺旋一圈的螺距为 3.4 nm。

5) 氢键维持双螺旋的横向稳定性，而相邻碱基对平面间形成的碱基堆积力则维持双螺旋的纵向稳定性。其中，碱基堆积力更为重要，是碱基对之间在垂直方向上的相互作用所产生的力，包括疏水作用和范德华力。

上述的 DNA 双螺旋结构是由 Watson 和 Crick 提出的典型的 B 型双螺旋结构。科学家在随后的研究中发现，DNA 双螺旋结构具有多样性。目前已发现 DNA 双螺旋有 A、B、C、D、E、T、Z 等 7 种形式，但在正常细胞生理环境下仅存在 B 型、A 型及 Z 型 DNA(图 3-16 和表 3-3)。B 型双螺旋结构模型是在 92%相对湿度下获得的，是 DNA 在水性环境下和生理条件下最稳定的结构。DNA 右手双螺旋模型的提出为 DNA 储存和复制遗传的机制——“半保留复制”提供了最好的解释。

当环境相对湿度降低后，DNA 双螺旋结构会发生变化，改变后的 DNA 双螺旋结构的沟槽、螺距及旋转角度会发生变化，这就是 A 型 DNA。与细而长的 B 型相比，A 型 DNA 更粗、更平、更短：其相邻碱基对距

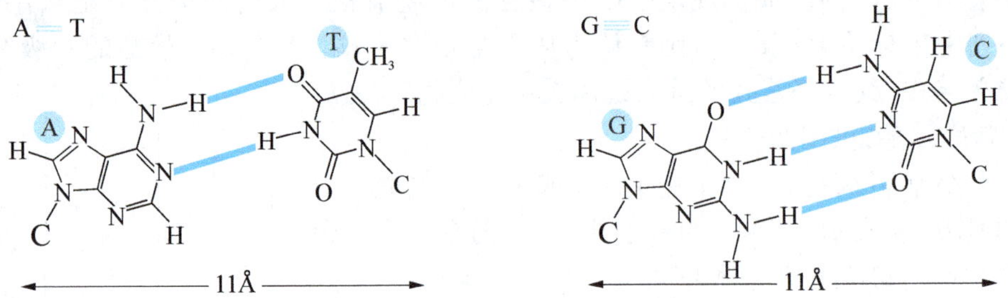

图 3-15　碱基互补配对原则

离变为 0.23 nm，螺旋一圈含 11 对碱基，螺距变为 2.53 nm；螺旋直径变为 2.55 nm，碱基对与螺旋轴不再近乎于垂直关系，而是相对于螺旋轴倾斜了 19°；其大沟窄而深、小沟宽而浅。

Z 型 DNA 是 1979 年 A. Rich 等在研究人工合成的 CGCGCG 晶体结构时发现的。Z 型 DNA 为左手螺旋，在天然 DNA 分子中同样存在。与 B 型 DNA 相比，Z 型 DNA 更加细长，其相邻碱基对距离 0.38 nm，螺旋一圈含 12 对碱基，螺距 4.56 nm；螺旋直径为 1.84 nm，碱基对相对于螺旋轴倾斜了 9°；其大沟平坦，小沟窄而深。

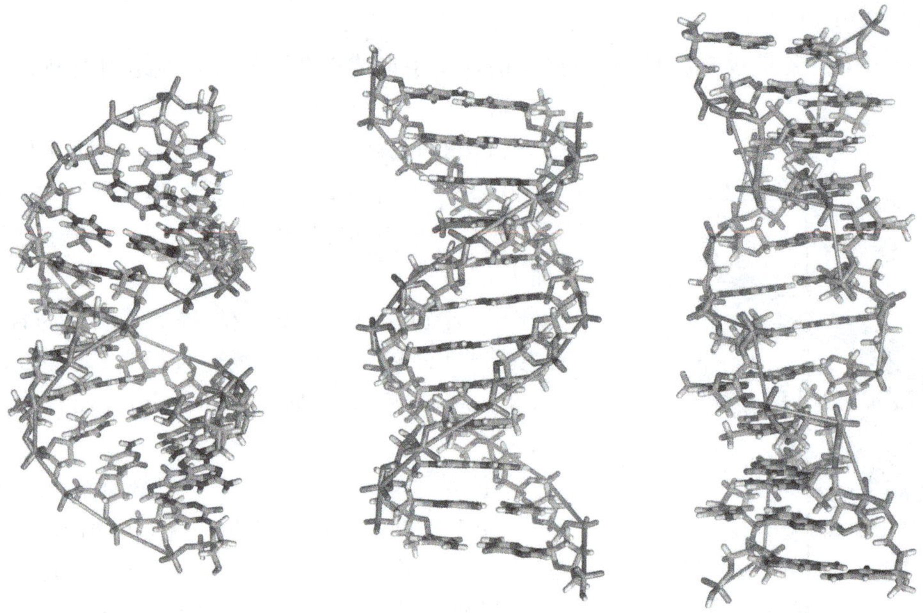

图 3-16　不同的 DNA 双螺旋结构示意图

表 3-3　A 型、B 型及 Z 型 DNA 的结构参数

	A 型 DNA	B 型 DNA	Z 型 DNA
外形	粗短	适中	细长
螺旋旋向	右手	右手	左手
螺旋直径	2.55 nm	2.37 nm	1.84 nm
相邻碱基对间的垂直间距	0.23 nm	0.34 nm	0.38 nm
每一螺旋的碱基对数目	11	10(10.4)	12
螺距	2.53 nm	3.4 nm	4.56 nm
糖苷键构象	反式	反式	嘧啶为反式，嘌呤为顺式，反式和顺式交替
碱基对倾角	+19°	+1°	−9°
大沟	很窄、很深	很宽、较深	平坦
小沟	很宽、浅	窄而深	较窄、很深

除上述 DNA 双螺旋形式外，细胞内的 DNA 还会在特殊条件下形成其他形式的二级结构。

(2) 十字型(cruciform)结构

DNA内部若存在反向重复序列，当反向重复序列区域内的互补双链间的氢键如果发生断裂(DNA变性)，再复性时就有可能通过链内氢键形成突出于双链之外的发夹结构，两个并列的发夹形成十字型结构(图3-17)。与DNA双螺旋结构相比，十字形结构中氢键形成减少，而且失去了双螺旋DNA碱基堆积力的相互作用，因而稳定性不如双螺旋DNA。十字形结构可能在基因表达调控中起作用，但其确切的生物学功能有待研究。

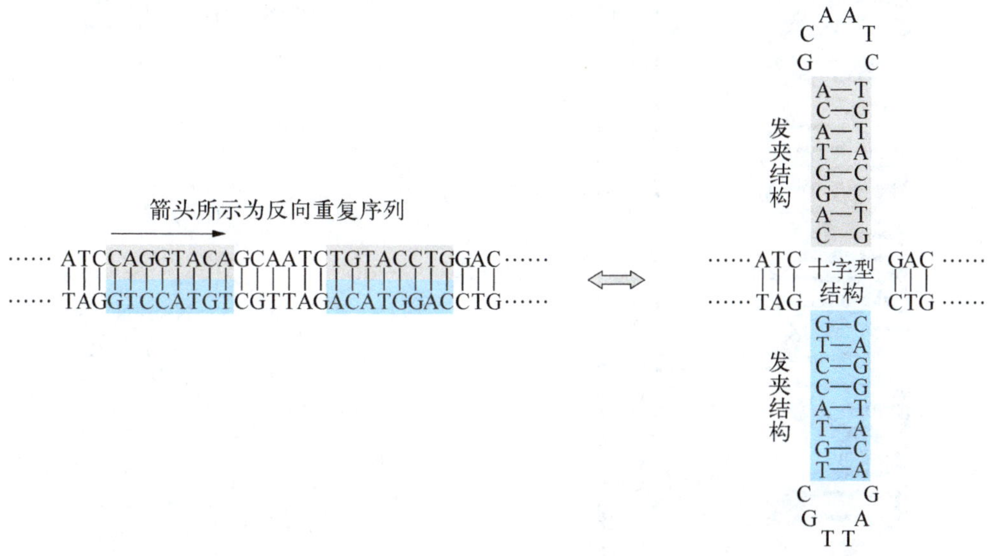

图3-17 DNA十字型结构的形成

(3) 三螺旋结构

三螺旋DNA也称三链DNA(triple strand DNA)，其结构是在DNA双螺旋结构基础上形成的。根据三链的组成和相对位置分为两种基本类型：① 嘌呤-嘌呤-嘧啶型(Pu-Pu-Py型)，在碱性介质中稳定；② 嘧啶-嘌呤-嘧啶型(Py-Pu-Py型)，在偏酸性介质中稳定。

双螺旋通过Watson-Crick氢键稳定，而三螺旋则需通过第三股链的碱基与Watson-Crick碱基对中的嘌呤碱基形成Hoogsteen氢键稳定。三条链中的两条形成正常双螺旋，第三条嘧啶链位于双螺旋的大沟中，并随双螺旋结构一起旋转(图3-18)。

三链中碱基配对符合Hoogsteen模型：第三个碱基以A或T与A=T碱基对中的A配对；G或C与G≡C碱基对中的G配对，但C必须质子化，并且只能形成两个氢键。在Py-Pu-Py型中为：T=A=T、C^+=G≡C；在Pu-Pu-Py型中为：A=A=T、G≡G≡C。

三螺旋中的第三股可以来自分子间，也可以来自分子内。H-DNA即铰链DNA(hinged-DNA)，就是一种分子内折叠形成的三螺旋。当DNA的一段多聚嘧啶核苷酸或多聚嘌呤核苷酸组成镜像重复时，即可回折产生H-DNA。该重复序列又称H回文结构。任一条回文结构都可以形成分子内三螺旋及剩余的半条回文游离单链，形成H-DNA结构(图3-19)。

2. DNA的三级结构

DNA在二级结构基础上进一步扭曲盘旋，形成三级结构。

DNA超螺旋分为正超螺旋和负超螺旋，其中盘旋方向与DNA双螺旋方向相同的超螺旋是正超螺旋；盘旋方向与DNA双螺旋方向相反的超螺旋是负超螺旋(图3-20)。

正超螺旋是由于DNA双螺旋过度缠绕引起的，负超螺旋是由于DNA双螺旋缠绕不足引起的，因此，负超螺旋很容易解链，有利于DNA的复制、重组和转录。

3. DNA与蛋白质形成的复合物

真核生物的基因组DNA比原核生物大得多，通常与蛋白质结合，经过多层次反复折叠，压缩近1万倍后，以非常有序的形式存在于平均直径为5 μm的细胞核中。在细胞周期中，真核生物DNA大部分时间都是以松散的染色质(chromatin)形式存在，只在细胞分裂期形成高度致密的染色体(chromosome)。

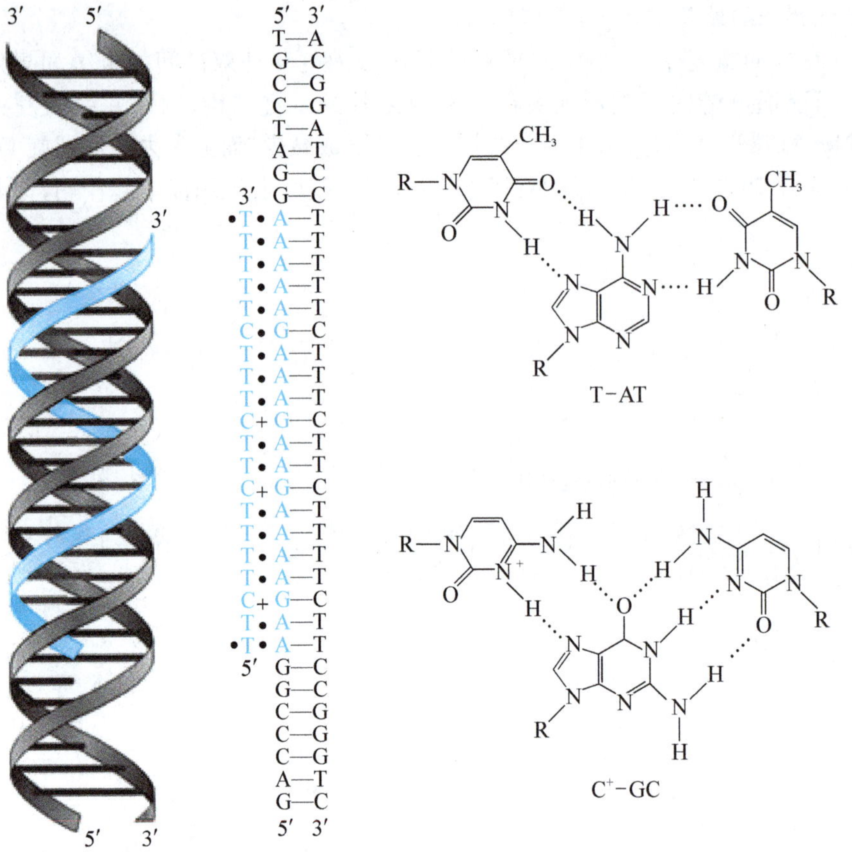

图 3-18 三螺旋及 Hoogsteen 氢键示意图

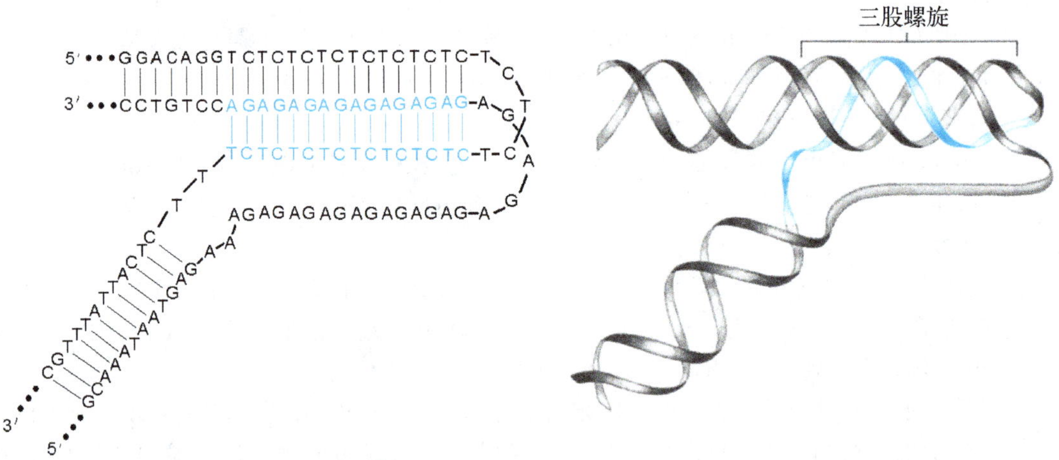

图 3-19 H-DNA 的结构

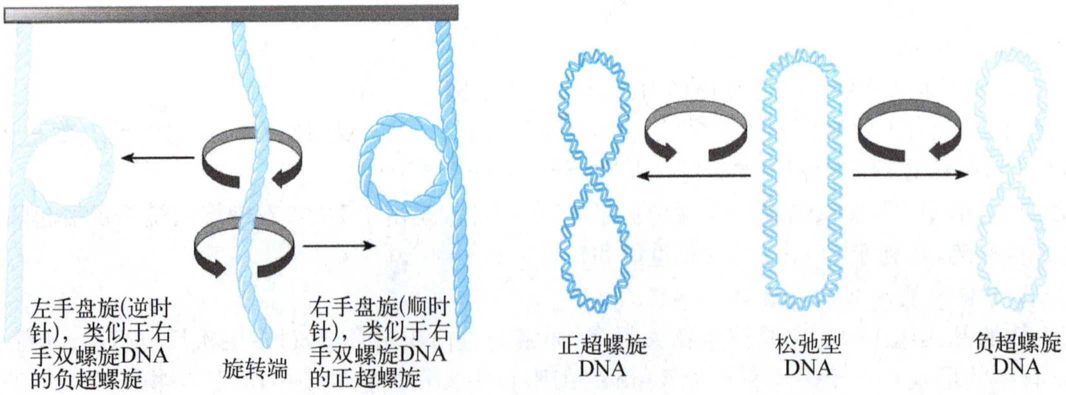

图 3-20 DNA 超螺旋示意图

4. DNA 的功能

DNA 在生物体内只有一项功能，就是充当遗传物质。而 DNA 是以基因为功能单位行使其遗传功能的。基因是指 DNA 中的特定区段，其中的核苷酸排列顺序决定了基因的功能。DNA 是细胞内 DNA 复制和 RNA 合成的模板，DNA 的核苷酸序列以遗传密码的方式决定了蛋白质的氨基酸序列。

三、RNA 的高级结构与功能

大多数天然 RNA 分子是一条单链，其许多区域自身回折，能配对的碱基区域构成双螺旋，不能配对的碱基区域则形成环状突起。这种短的双螺旋区和环形成了发夹结构。因此，RNA 分子的二级结构是含有短的不完全螺旋区的多核苷酸链。RNA 自身回折形成局部双螺旋，进而继续折叠，形成三级结构。除 tRNA 外，细胞中的其他 RNA 几乎都与蛋白质形成核蛋白复合物。

已在细胞内发现各种各样的 RNA，这些 RNA 比 DNA 小得多，从数十个到数千个核苷酸长度不等。RNA 的种类、大小及结构远比 DNA 复杂，这与其功能的多样化密不可分（表 3－4）。

表 3－4　不同类型的 RNA 的功能和分布

名　称	功　能	存　在
信使 RNA(mRNA)	翻译的模板	所有的生物
转移 RNA(tRNA)	携带氨基酸，参与翻译	同上
核糖体 RNA(rRNA)	核糖体组分，参与翻译	同上
核小 RNA(snRNA)	参与真核细胞核 mRNA 前体的剪接	真核生物
核仁小 RNA(snoRNA)	参与真核 rRNA 前体的后加工	真核生物
微 RNA(microRNA，miRNA)	主要在翻译水平上抑制特定基因的表达，也可能是诱导染色质重塑成异染色质或 DNA 的甲基化修饰而阻遏基因的表达	除了真菌、藻类和海洋植物以外几乎所有的真核生物
小干扰 RNA(siRNA)	主要在翻译水平上抑制特定基因的表达	同上
小激活 RNA(saRNA)	“瞄准”特定基因的启动子，激活它们的转录	某些真核生物
piRNA 或 piwi RNA	反转位子的基因沉默，对于胚胎发育和某些动物的精子发生十分重要	脊椎动物或无脊椎动物的生殖细胞
长间插非编码 RNA(lincRNA)	在基因表达的多个环节调节基因的表达	真核生物
7SL RNA	作为信号识别颗粒(SRP)的一部分，参与蛋白质的定向转运和分泌	真核生物
7SK RNA	抑制 RNA 聚合酶Ⅱ催化的转录延伸	脊椎动物
RMRP RNA	参与线粒体 DNA 复制过程中 RNA 引物的加工；参与 rRNA 的后加工；参与切除一种阻滞细胞周期的蛋白质的 mRNA 的 5′-非翻译序列，而促进细胞周期的进程	真核生物
转移信使 RNA(tmRNA)	兼有 mRNA 和 tRNA 的功能，参与原核生物无终止密码子的 mRNA 的抢救翻译	原核生物
向导 RNA(gRNA)	参与锥体虫线粒体 mRNA 的编辑	某些真核生物
病毒 RNA	作为 RNA 病毒的遗传物质	RNA 病毒
类病毒	最小的感染性致病因子	植物
端粒酶 RNA	作为端粒酶的模板，有助于端粒 DNA 的完整	真核生物
核开关或 RNA 开关(riboswitch)	在转录或翻译水平上调节基因的表达	原核生物和少数低等的真核生物
核酶	催化特定的生化反应，如核糖核酸酶 P 和核糖体上的转肽酶	原核或真核生物以及某些 RNA 病毒
Y RNA	与细胞质中的 Ro 蛋白形成核糖核酸蛋白复合物，抑制 Ro 的活性；参与人细胞 DNA 的复制	脊椎动物
Xist RNA	促进哺乳动物一条 X 染色体转变成高度浓缩的巴氏小体(Barr body)	雌性哺乳动物
鞍马状 RNA(vault RNA)	与细胞质某些特殊的蛋白质形成鞍马状复合物，与肿瘤细胞对多种药物的抗性有关，参与胞内某些大分子的组装和运输	大多数真核生物

1. tRNA

tRNA 约占细胞总 RNA 的 15%，在核内生成并迅速加工后进入细胞质。其主要功能是在蛋白质生物合成过程中转运氨基酸并识别密码子，以将氨基酸转运到核糖体，用于蛋白质合成。

tRNA 一级结构特点包括：含 10%～20%稀有碱基，如二氢尿嘧啶(dihydrouracil，DHU)、假尿苷及甲基化的嘌呤等；3′-端为- CCA。

tRNA 二级结构特点包括：呈三叶草形，双螺旋区构成叶柄，突环区形似三叶草的三片小叶。其二级结构具有一臂四环的组成特点，即氨基酸臂(amino acid arm)、二氢尿嘧啶环(dihydrouracil loop)、反密码环(anticodon loop)、附加环(extra loop)及 TψC 环(图 3 - 21)。其中，氨基酸臂由 7 对碱基组成，富含鸟嘌呤，末端的 CCA 是接受活化的氨基酸的位置。二氢尿嘧啶环由 8～12 个核苷酸组成，因含有 2 个二氢尿嘧啶而得名，其通过由 3～4 对碱基组成的二氢尿嘧啶臂与 tRNA 的其他部分相连。反密码环由 7 个核苷酸组成。环中部为反密码子，可通过碱基互补配对原则与 mRNA 上相应的密码子识别结合。次黄苷酸(Ⅰ)常出现于反密码子中。反密码环通过 5 对碱基组成的反密码臂与 tRNA 的其他部分相连。附加环由 3～18 个核苷酸组成，因 tRNA 的不同而大小不同，是 tRNA 分类的重要指标。TψC 环由 7 个核苷酸组成，因环中含 TψC 序列而得名。此环通过 5 对碱基组成的 TψC 臂与 tRNA 的其他部分相连。

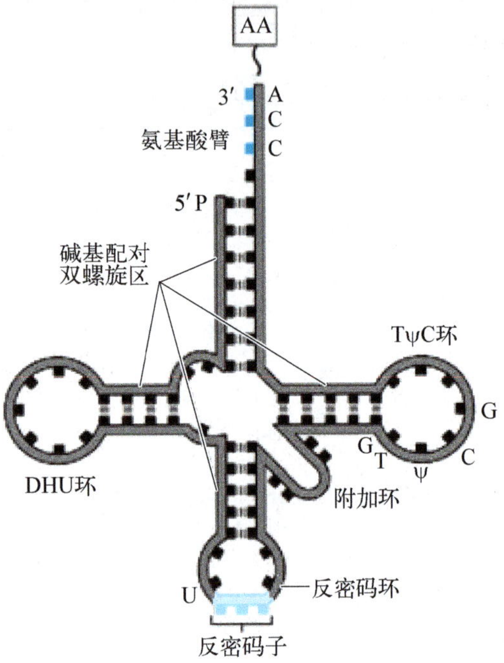

图 3 - 21　tRNA 的三叶草二级结构模型

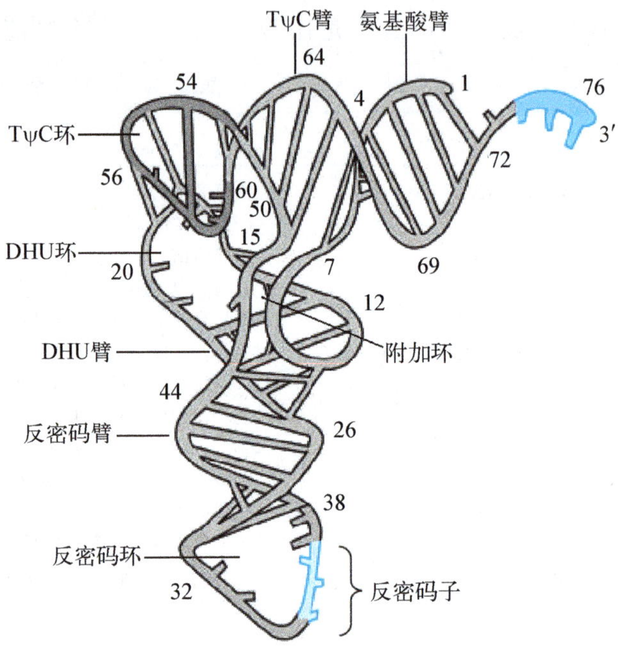

图 3 - 22　tRNA 的倒 L 形三级结构模型

tRNA 三级结构特点包括：呈倒 L 形。在 L 形结构中，氨基酸臂与 TψC 臂形成一个连续的双螺旋区，构成 L 字母下面的一横；二氢尿嘧啶臂与反密码臂及反密码环共同构 L 字母的一竖，反密码臂经附加环与 DHU 臂相连(图 3 - 22)。此外，DHU 环中的某些碱基与 TψC 环及附加环中的某些碱基间可形成额外的碱基对，对维持 tRNA 的三级结构至关重要。

2. mRNA

DNA 决定蛋白质合成的作用是通过一类特殊的 RNA 实现的，这种作用类似于信使，因此这类 RNA 被命名为 mRNA。

原核生物 mRNA 的结构简单，同一 mRNA 分子通常会为多个功能相关的蛋白质编码，称为多顺反子。原核生物 mRNA 半衰期很短，一般为几分钟，最长只有数小时(RNA 噬菌体中的 RNA 除外)。原核生物 mRNA 一般 5′-端有一段非编码区域非翻译区(untranslated region UTR)，称前导顺序，3′-端有一段非翻译区，中间是蛋白质的编码区，一般编码几种蛋白质。原核生物 mRNA 中没有修饰碱基，5′-端没有帽子结构，3′-端没有多聚腺苷酸(polyadenylate, poly A)尾。

真核生物的 mRNA 一般是单顺反子，5′-端有帽子(cap)结构，然后依次是 5′-非编码区、编码区、3′-非编码区、3′-端多聚腺苷酸尾。其分子中有时还有极少量的甲基化碱基。真核生物 mRNA 的半衰期较长，如胚胎细胞中的 mRNA 可达数日。从 DNA 转录产生的原始转录产物可称作原始前体(或 mRNA 前体)。一般认为原始前体要经过核不均一 RNA(heterogeneous nuclear RNA, hnRNA)的阶段，最终才被加工为成熟的 mRNA(参看第十五章 RNA 的生物合成)。

虽然 mRNA 分子很少出现二级结构，但研究表明其分子两端可形成二级结构，此二级结构的功能与基因表达调控有关。出现在 mRNA 分子上最多的二级结构部件也是茎环结构。

3. rRNA

rRNA 是细胞中含量最丰富的一种 RNA，约占 RNA 总量的 80%以上。rRNA 与核糖体蛋白共同构成细胞内的核糖体(ribosome)。

无论是原核生物还是真核生物，核糖体都是由大小不同的两个亚基组成，而大小亚基又分别由几种 rRNA 和几十种蛋白质组成。原核生物和真核生物的 rRNA 和核糖体蛋白组成不同。根据沉降系数的不同，原核生物的 rRNA 有 5S rRNA、16S rRNA 和 23S rRNA；真核生物的 rRNA 有 5S rRNA、5.8S rRNA、18S rRNA 和 28S rRNA。

所有的 rRNA 分子中都有大量的链内互补序列，可形成链内碱基配对，这造成了 rRNA 的高度折叠。rRNA 二级结构中存在大量的茎环结构(图 3-23)，且对同一沉降系数的不同物种来源的 rRNA 来说，虽然它们的一级结构同源性不高，但二级结构却惊人地相似。众多的茎环结构使得 rRNA 的二级结构呈带有枝茎的花状，为核糖体蛋白的结合与组装提供了结构基础。

关于 rRNA 的三级结构，只是在近十多年来才有了许多突破。X 射线衍射分析获得的数据表明，核糖体的整体构象是由 rRNA 决定的，核糖体蛋白质一般正好位于 RNA 螺旋之间，起点缀作用。

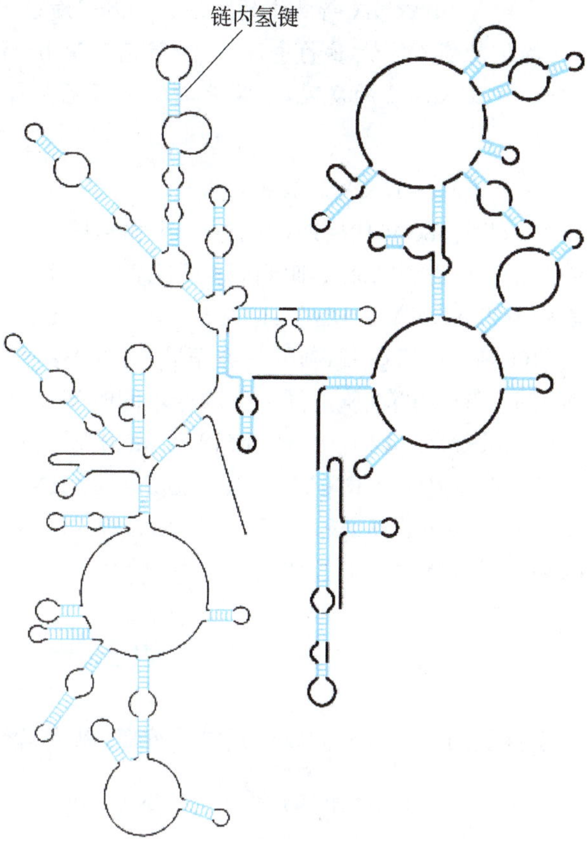

图 3-23 16S rRNA 的二级结构

框 3-1 生化新突破——RNA 给我们带来的又一惊喜

RNA 总在不断地给我们创造一个又一个的惊喜，这次给我们带来惊喜的是长间插非编码 RNA(long intervening noncoding RNA, lincRNA)。

早在十多年前，人们就发现了这类长非编码 RNA(>200 nt)的存在，但只是将其视为由 RNA 聚合酶 Ⅱ 转录产生的副产物，并不认为它们会具有什么生物学功能。但近年来随着人们对其研究的不断深入，发现 lincRNA 并非转录组中的“噪音”，而是在细胞内多个环节参与真核生物基因的表达调控，从而影响到机体内多种重要的过程，如 X 染色体失活(Xist RNA)、基因组印记、核内运输和信号转导。

最近，人们又发现了它们的新功能，就是对胚胎干细胞命运起关键性的调控作用。这一研究成果被在线发表在 2011 年 8 月 28 日的 *Nature* 上。发现这项功能的是来自美国哈佛-麻省理工博德研究所(Broad Institute of MIT & Harvard)的科学家，而领导这一研究的是美国科学院院士 Eric S. Lander。Lander 是博德研究所的创始人之一，也是人类基因组计划的领导者之一。到 2008 年为止，他以 22 篇高水平的论文在以影响因子论文数量为排名的科学家中名列榜首。

胚胎干细胞通常有两种命运：要么分化成特定细胞，如血细胞和神经元；要么保持多潜能性，即维持其多向发育潜能以及在不分化状态下的对称性细胞分裂能力。在 *Nature* 上发表的这篇论文中，研究人员对胚胎干细胞中的 100 多种 lincRNA 进行了系统的研究。当他们在胚胎干细胞中尝试分别敲除每种 lincRNA 时，发现其中一些 lincRNA 参与抑制某些特定细胞中的基因表达，而另一些则与胚胎干细胞多潜能性丧失相关。在进一步的研究中，他们更深入地解析了 lincRNA 发挥功能的相关机制。通过一系列生化实验，发现 lincRNA 与一些影响细胞命运的关键蛋白之间存在着相互作用。这些 lincRNA 似乎在决定干细胞命运的过程中充当了组织者的角色，将各种蛋白质集中起来装配，形成一个个功能单位，就像球队队长将球员们组织到一起来，踢一场好球一样。

对于 lincRNA 新功能的发现，Lander 发表了自己的感言，他说："长期以来科学家们对于 lincRNA 的生物学功能存在大量的争议，而新研究表明 lincRNA 可对胚胎干细胞命运起关键性的调控作用。这是一个非常让人惊喜的发现，因为长期以来研究人员都认为是某些特定的蛋白质对这一过程起主导作用。"

4. 其他小 RNA 及 RNA 组学

20 世纪 80 年代后期，由于分子生物学技术的不断发展，人们对 RNA 的认识越来越深入，发现了 RNA 有许多新的种类和功能。细胞内除了上述三种 RNA 外，在细胞的不同部位还存着许多其他种类的小分子 RNA，通称为非 mRNA 小 RNA(small non-messenger RNA，snmRNA)。随着对 snmRNA 研究的深入，产生了 RNA 组学(RNomics)这一崭新的研究领域。RNA 组学研究的是细胞中 snmRNA 的种类、结构和功能，同一生物体内不同种类的细胞或同一细胞在不同时间、不同状态下 snmRNA 表达谱的变化及其与功能的关系。

snmRNA 包括：核小 RNA（small nuclear RNA，snRNA）、核仁小 RNA（small nucleolar RNA，snoRNA）、胞质小 RNA(small cytoplasmic RNA，scRNA)、催化性小 RNA（small catalytic RNA）、小干扰 RNA(small interfering RNA，siRNA)等。这些小 RNA 参与 hnRNA 和 rRNA 的转录后加工与转运，对基因表达过程也具有调控作用。

第三节 核酸的理化性质

核酸的理化性质主要包括酸碱解离、黏度、紫外吸收、变性和复性、水解等。

一、核酸的酸碱解离与溶解度

核酸分子含有碱性的含氮碱基和酸性的磷酸根，为两性大分子。但由于核酸为多聚核苷酸，其分子中含大量的磷酸根基团，因此它们的等电点较低(DNA 的 pI 为 4～4.5，RNA 的 pI 为 2～2.5)，偏酸性。由于碱基对之间的氢键性质与其解离状态有关，而解离状态又与 pH 有关，所以溶液的 pH 会直接影响核酸双螺旋结构中的碱基对稳定性。对于 DNA 的碱基对而言，溶液的 pH 在 4.0～11.0 之间最为稳定；超过此范围，DNA 将变性。

核酸是极性化合物，都微溶于水，而不溶于乙醇、异丙醇、苯酚、氯仿等有机溶剂。核酸的提取时常用到这些溶剂。

二、核酸的黏度

由于核酸是大分子物质，其溶液黏度很大。而 RNA 分子由于比 DNA 分子短很多，分子形状不像 DNA 分子那样呈纤维状而是呈无定形状，所以 RNA 分子黏度小于 DNA。当 DNA 被加热或在其他因素作用下，其螺旋结构转为无规则线团结构时，其黏度大大降低。所以黏度下降是 DNA 变性的一个指标。

核酸黏度大小规律：DNA>RNA，双链 DNA(dsDNA)>单链 DNA(ssDNA)。

三、核酸的紫外吸收

核酸分子中含有嘌呤、嘧啶碱基，而由于这些碱基的环状结构中具有共轭双键，使碱基、核苷及核酸在 240～290 nm 的紫外波段有强烈的吸收峰，其最大吸收值在 260 nm 附近。不同的核苷酸有不同的吸收特性，因而可以用紫外分光光度计加以定量与定性测定。

利用这一性质，可以鉴别核酸中的蛋白质杂质，也可对核酸进行定量测定。在紫外分光光度仪上选取 260 nm 紫外波长对核酸溶液进行吸光度(A)即光密度值(OD)测定，$OD_{260}=1$ 的核酸溶液相当于：双螺旋 DNA 的浓度是 50 μg/ml；RNA 或单链 DNA 的浓度是 40 μg/ml；寡核苷酸的浓度是 20 μg/ml；在紫外分光光度仪上分别选取 260 nm 和 280 nm 紫外波长对核酸溶液进行吸光度(A)即光密度值(OD)测定，从 OD_{260}/

OD_{280}的值即可判断核酸样品的纯度。纯DNA样品的OD_{260}/OD_{280}值等于1.8，纯RNA样品的OD_{260}/OD_{280}值等于2.0。若核酸样品中含有蛋白质杂质及苯酚，则OD_{260}/OD_{280}值明显降低。

四、核酸的变性、复性及杂交

1. 变性

核酸的变性是指在某些理化因素作用下，核酸双螺旋区的氢键发生断裂，核酸双链解开变成单链的过程。核酸变性的本质是氢键的断裂，并不涉及共价键的断裂。可以引起变性的因素很多，包括：由温度升高引起的热变性、由酸碱度改变引起的酸碱变性、变性试剂（如尿素、甲酰胺）引起的变性、有机溶剂（如乙醇、丙酮）引起的变性。

核酸变性后会引起其他理化性质的改变，例如：紫外吸收和浮力密度增高、黏度降低、生物活性（主要是RNA）降低或丧失、酸碱滴定曲线改变等。其中，DNA在解链过程中由于更多的共轭双键得以暴露，其在紫外区260 nm处的吸光值增加，并与解链程度有一定的比例关系，这种关系称为DNA的增色效应（图3-24）。

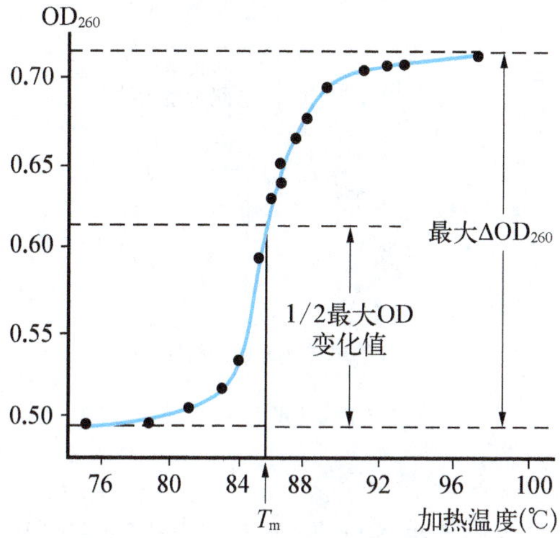

图3-24 DNA的解链曲线示意图

对于热变性而言，若加热DNA的稀盐溶液，达到一定温度后，260 nm的吸光度骤然增加，表明两条链开始分开。吸光度增加约40%后，变化趋于平坦，说明两条链已完全分开。如果在连续加热DNA的过程中以温度对OD_{260}值作图，所得曲线称为解链曲线。DNA的变性是在一个相当窄的温度范围内完成的，在这一范围内，紫外光吸收变化值ΔOD_{260}达到最大变化值一半时的温度称为DNA的解链温度，又称熔解温度（melting temperature, T_m）（图3-24）。T_m实际上表示的是DNA双螺旋有一半发生热变性时的相应温度，DNA的T_m值一般在82～95 ℃之间。

DNA的T_m值大小与下列因素有关：

1）DNA的均一性　DNA的均一性有两种含义，一是指DNA分子中碱基组成的均一性，如人工合成的poly(A-T)，因为只含有一种碱基对，与天然DNA比较，其在变性时氢键的断裂几乎同时发生，故所要求的变性温度趋于一致，其T_m范围就很窄。另一层均一性的含义是指DNA样品是否来自同一物种、个体或组织，即是否含有其他杂DNA的污染。例如，所测样品若只含有一种病毒DNA，则T_m范围就很窄；若混有其他来源的DNA，则T_m范围就变宽。总之，DNA均一性越高，变性时DNA双螺旋间的氢键断裂所需能量就越接近，其T_m范围就越窄。反之亦然。

2）G-C含量　在溶剂条件固定的前提下，DNA的G-C含量越高，T_m值越高。这是因为G-C碱基对之间有3个氢键，而A-T碱基对之间只有2个氢键，显然破坏三个氢键所需能量要高于两个氢键，所以G-C含量高的DNA，其T_m也高。实验证明，DNA的T_m值与其G-C含量正相关。

3）介质中的离子强度　一般情况下，离子强度较低的介质中，DNA的T_m值较低，而且熔解温度范围较宽。而在较高的离子强度时，情况正好与之相反。所以，DNA制品不应保存在极稀的电解质溶液中，而是保存在含盐的缓冲溶液中。

RNA也具有螺旋到线团之间的变性，但由于只含有链内的局部双螺旋区，所以变性指标不如DNA明显。RNA的解链曲线不如DNA陡，T_m值也较低。其中，tRNA具有较多双螺旋区，所以解链曲线陡，T_m值也较高。

2. 复性

在适当条件下，变性DNA的两条互补链可恢复天然的双螺旋构象，这一现象称为核酸的复性（图3-25）。热变性的DNA经缓慢冷却后即可复性，这一过程被称为退火（annealing）；而如果将热变的DNA迅速冷却至4 ℃以下，DNA则不能发生复性，这一特性被用来保持DNA的变性状态。另外，DNA复性时，其片段越大，复性越慢；DNA的浓度越大，复性越快。

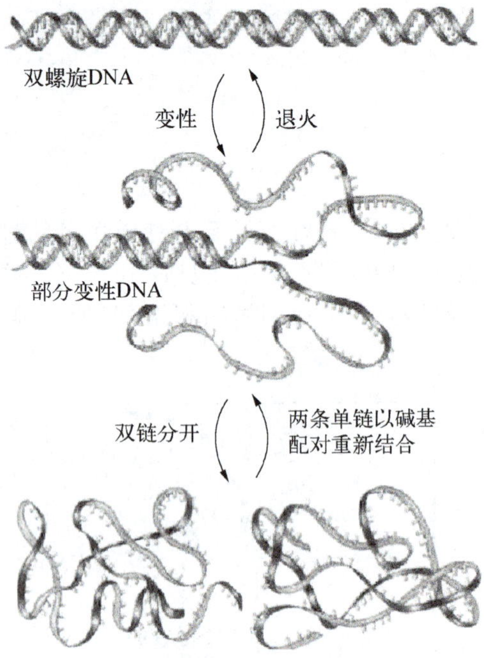

图 3-25 DNA 变性与复性示意图

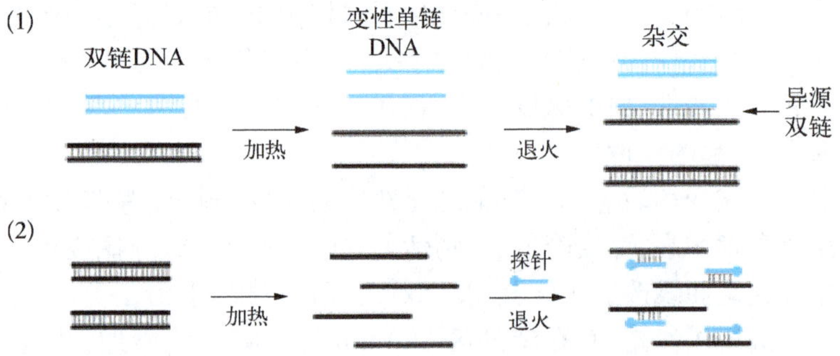

图 3-26 核酸分子杂交原理示意图

3. 核酸杂交

核酸杂交(nucleic acid hybridization)是一种利用核酸分子变性与复性的性质,将来源不同的核酸片段,按照碱基互补配对原则形成异源双链(heteroduplex)的技术(图 3-26)。异源双链可以在 DNA 与 DNA 之间形成,也可以在 DNA 与 RNA 之间形成。

核酸杂交可以在液相或固相上进行。目前实验室中应用最广的就是用硝酸纤维素(nitrocellulose)膜和尼龙膜作支持物的杂交。分子生物学常用的实验手段——Southern 印迹法(Southern blotting)、Northern 印迹法(Northern blotting)及基因芯片技术就是基于核酸杂交这一分子基础。

核酸分子杂交技术应用很广,其可以用来研究 DNA 分子中某一基因的位置、测定两种核酸分子间的序列相似性、检测某一特定序列在待测样品中存在与否等。

五、核酸的水解

酸、碱及酶都能引起核酸的水解。

1. 酸水解

强酸可以使核酸水解,但核酸分子内的糖苷键和磷酸二酯键对酸的敏感性不同:糖苷键>磷酸酯键,而嘌呤糖苷键>嘧啶糖苷键。例如:核酸中多数嘌呤碱基的脱落条件是置于 pH 1.6 溶液中于室温下对水透析(或是在 100 ℃下于 pH 2.8 溶液中存放 1 h);而嘧啶碱基的脱落条件是使用 98%～100%甲酸,于 175 ℃条件下作用 2 h,由此看来,脱嘧啶所要求的条件更为剧烈。

2. 碱水解

RNA 的磷酸二酯键对碱异常敏感,在室温下于 0.3～1 mol/L 的 KOH 溶液中作用 24 h 左右即可将 RNA 完全水解,并得到 2′-或 3′-核苷酸的混合物。

DNA 对碱的作用并不敏感,其抗碱水解的生理意义在于 DNA 对环境的要求更宽松,这保证了 DNA 作为遗传物质的稳定性。而 RNA(主要是 mRNA)是 DNA 的信使,完成任务后应该迅速降解。

3. 酶促水解

核酸酶是指所有可以水解核酸的酶,核酸可受多种核酸酶的作用而发生水解。根据核酸酶作用底物的不同,可以将其分为 DNA 酶(deoxyribonuclease, DNase)和 RNA 酶(ribonuclease, RNase)。DNA 酶可专一性催化脱氧核糖核酸的水解,RNA 酶能专一性催化核糖核酸的水解。

根据核酸酶对底物的作用方式,可将核酸酶分为核酸外切酶(exonuclease)和核酸内切酶(endonuclease)。

核酸外切酶只能作用于核酸分子链末端的磷酸二酯键，根据其作用方向又可分为5′→3′核酸外切酶及3′→5′核酸外切酶。核酸内切酶只可以在DNA或RNA分子内部切断磷酸二酯键，有些内切酶对酶切位点的核酸序列特异性有要求（通常这些特异性的核酸序列具有回文结构，识别长度为4～8 bp），这种酶被称为限制性核酸内切酶（restriction endonuclease）；有些核酸内切酶则对核酸序列没有特异性要求。

细胞内的核酸酶除了参与DNA的合成、修复及RNA合成后的剪接等重要的基因复制和表达过程外，还负责清除多余的、结构和功能异常的核酸，还可以清除侵入细胞的外源性核酸，这对于维持细胞的正常活动具有重要意义。限制性内切酶由于其能识别特异性的酶切位点且种类繁多，已成为分子生物学中的重要工具酶。

第四节 核酸的研究方法

核酸的研究方法有多种，其中大部分都涉及现代分子生物学技术，本节只简单介绍核酸的分离、纯化和序列测定，更多内容参见第十八章。

一、核酸的分离、纯化及鉴定

1. DNA的提取

DNA提取的主要过程是：破碎细胞，去除与核酸结合的蛋白质及其他多糖、脂类等生物大分子。现在DNA提取最常用的方法就是苯酚法。苯酚法的主要步骤是：细胞破碎→样品于DNA提取缓冲液中温育→苯酚/氯仿抽提去除蛋白质等杂质→无水乙醇沉淀DNA→75%乙醇洗涤沉淀DNA→测OD_{260}及OD_{260}/OD_{280}值。在DNA抽取液中经常会加入EDTA、SDS、蛋白酶K和RNA酶。由于DNA酶活性依赖于钙离子，并能被镁离子或二价锰离子激活，所以DNA提取缓冲液中加入了EDTA以螯合样品溶液中的金属离子，以抑制DNA酶对DNA的水解作用；SDS的作用是破坏细胞脂质双分子层，以使细胞更好地释放内容物，同时SDS还有沉淀蛋白质的功能；蛋白酶K的主要作用是消化细胞的膜蛋白及与DNA结合的组蛋白；RNA酶的加入可水解RNA，使DNA样品去除RNA的污染。

苯酚、氯仿都是很强的蛋白质变性剂，用水饱和的苯酚与DNA样品振荡，则DNA样品溶于上层水相，而蛋白质沉淀存在于有机相，通过离心即可去除。如此反复，即可使DNA得到纯化。将DNA的水相加入二倍体积无水乙醇，就可将DNA沉淀出来。

提纯出的DNA复溶于去离子水中或TE（Tris-HCl/EDTA）缓冲液中，即可于紫外分光光度仪上测定其OD_{260}及OD_{260}/OD_{280}值，以获得其浓度及纯度数据。

2. RNA的提取

RNA比DNA更不稳定，而且RNA酶又无处不在，因此制备RNA需要做以下准备工作：① 所有用于制备RNA的玻璃器皿都要经过高温烘烤，塑料要用0.1%的焦碳酸二乙酯（diethyl pyrocarbonate，DEPC）处理，然后高压灭菌并烘干以除净DEPC；② 在破碎细胞的同时加入强变性剂（如异硫氰酸胍）使RNA酶失活；③ 在RNA的反应体系中加入RNA酶的抑制剂如RNA酶净（RNasin）。

目前最常用的RNA制备方法为异硫氰酸胍法。异硫氰酸胍是极强的蛋白质变性剂，它可使几乎所有的蛋白质变性，然后用苯酚和氯仿多次除净蛋白质。

3. 核酸含量测定

（1）紫外分光光度法（见本章第三节）

（2）定磷法

磷的测定常用钼蓝比色法：先用浓硫酸或过氯酸将有机磷水解成无机磷，再在酸性条件下使磷酸与钼酸作用生成磷钼酸，磷钼酸在还原剂存在下被还原成钼蓝（最大吸收峰在660 nm处），吸光度值与磷含量成正比，据此计算核酸含量。

（3）定糖法

RNA的核糖与盐酸在加热的状态下生成糠醛，糠醛与甲基苯二酚（地衣酚）作用生成鲜绿色物质，该物质在670 nm处有最大光吸收，据此计算RNA含量。

DNA的脱氧核糖可与二苯胺反应生成蓝色物质，该物质在595 nm处有最大光吸收，据此计算DNA的含量。

4. 琼脂糖电泳鉴定

核酸一般在正常的pH下均带有负电荷，因此可用电泳法对不同大小的核酸分子进行分离和鉴定。DNA电泳常用的方法有琼脂糖凝胶电泳和聚丙烯酰胺凝胶电泳，而这其中琼脂糖凝胶电泳使用得最多，聚丙烯酰胺凝胶电泳一般用于分离小分子量的核酸或用于序列分析。

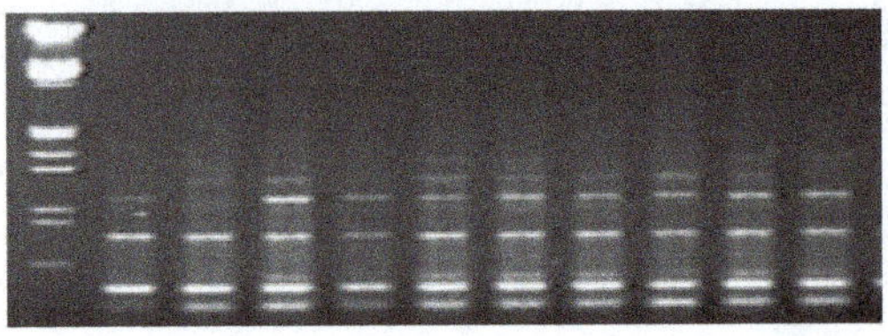

图3-27　DNA琼脂糖凝胶电泳图谱

如果使用琼脂糖凝胶电泳，可使用溴化乙锭(ethidium bromide，EB)进行染色。EB是一种荧光染料，可插入DNA双螺旋的碱基对之间，在紫外照射下发出橙红色荧光(图3-27)。如果采用聚丙烯酰胺凝胶电泳，则一般采用放射自显影或银染等方法进行检测。

二、核酸一级结构的测定

目前核酸一级结构测定常用方法有三种：① Sanger发明的末端终止法(chain termination method)；② M. Maxam和W. Gilbert发明的碱基特异性化学断裂法(base-specific chemical cleavage method)；③ 焦磷酸测序法(pyrosequencing)。前两种方法一般都会用^{32}P对DNA进行标记，再使用聚丙烯酰胺凝胶电泳对核酸片段进行分离，取后使用放射自显影技术进行观察与分析。而目前已普遍使用荧光物质代替放射性同位素标记。焦磷酸测序是新一代测序技术，该技术无需电泳也无需对DNA进行标记，具有操作简便的特点。

1. 末端终止法

末端终止法也叫双脱氧法(dideoxy method)。该方法要求两项技术基础：① 凝胶电泳可分离大小仅差一个核苷酸的DNA片段；② 用合适的聚合酶可以在试管中合成单链DNA模板的互补链要理解末端终止法测序原理。满足第二项技术基础要求首先要知道DNA复制过程：DNA的复制过程是在DNA聚合酶催化下，以4种dNTP(dATP、dGTP、dTTP和dCTP)为底物，以单链DNA为模板，以带有3′-OH末端的单链寡核苷酸为引物，不断地将dNTP加到引物的3′-OH末端使引物延伸，合成出新的互补DNA链并释放出焦磷酸的过程(图3-28)(详见第十四章DNA的生物合成)，DNA两条子链的合成方向都是5′→3′。

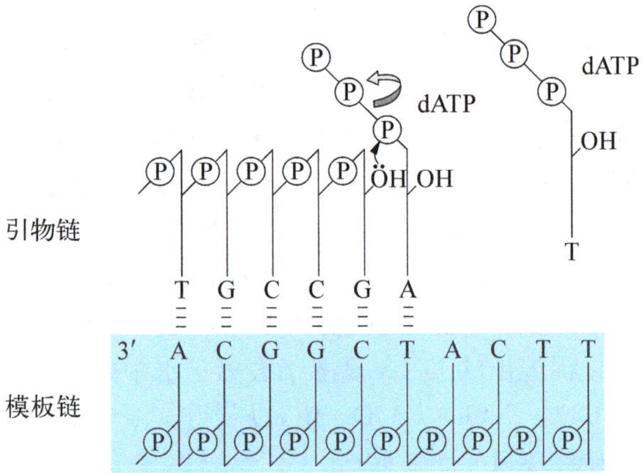

图3-28　DNA复制过程示意图

Sanger想到一个DNA测序的巧妙方法，即：如果在DNA合成体系中加入一种特殊的核苷酸——双脱氧核苷三磷酸(ddNTP)(图3-29)，那么由于双脱氧核苷三磷酸ddNTP在戊糖3′位置缺少一个羟基，就不能同后续的dNTP形成磷酸二酯键。以反应体系中加入ddCTP为例，反应系统中除加有ddCTP外，还加入DNA合成的4种正常底物——dATP、dCTP、dGTP、dTTP(其中dCTP是^{32}P标记的)，将引物、模板和DNA聚合酶一起保温，即可形成一种全部具有相同的5′-引物端和以ddCMP残基为3′端的一系列长短不等片段的混合物；同理，平行设置4组只含有一种ddNTP的上述反应体系，就会得到四组分别以某一种双脱氧核苷酸残基为3′端的长短不等片段的混合物，而这些混合物提供了每种碱基在DNA中存在位置的信息。将制得的4组混合物平行地点加在变性聚丙烯酰胺凝胶电泳板上进行电泳，每组制品中的各个组分将按其链长的不同得到分离，制得相应的放射性自显影图谱。从所得图谱即可直接读得DNA的碱基序列。

Sanger末端终止法进行DNA测序极为方便，目前根据此原理设计的DNA序列自动分析几乎已完全代替了原来的手工测定。DNA自动分析是在将不同荧光标记的DNA引物引入到测序反应中发展起来的。例如，将红色荧光标记引物用于A反应，蓝色用于T反应，绿色用于G反应，黄色用于C反应。先进行标准的末端终止法反应，然后将4组反应混合物合并在同一凝胶的同一个泳道进行电泳。随着寡核苷酸片段在胶上的分开并依次通过凝胶的底部，每一个寡核苷酸片段5′-端的荧光标记引物被氩激光器发生的激光束

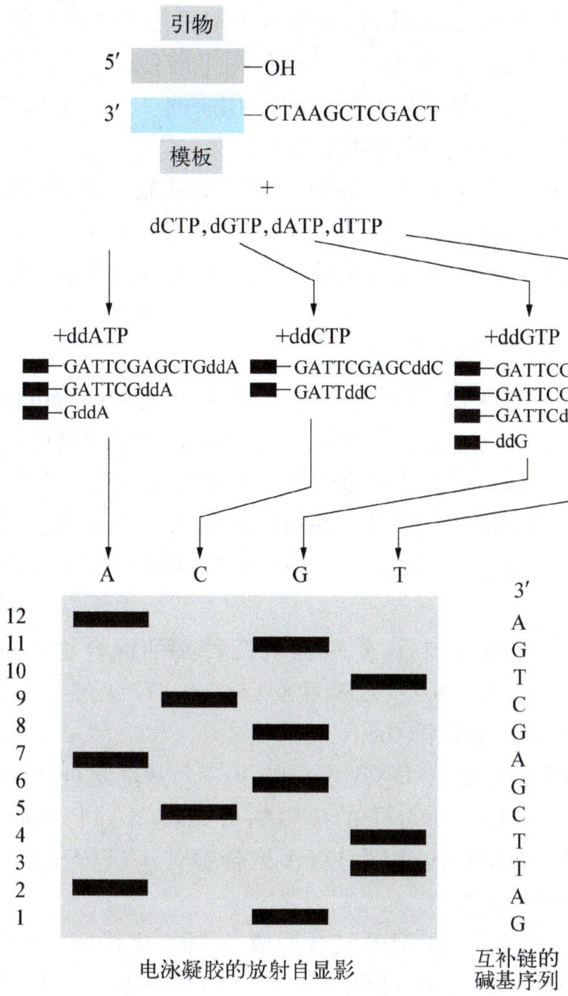

图 3-29 末端终止法 DNA 测序原理示意图

激发而发出荧光，荧光的颜色被自动检测，不同颜色的荧光代表不同的核苷酸，测序结果可被直接打印（图 3-30）。

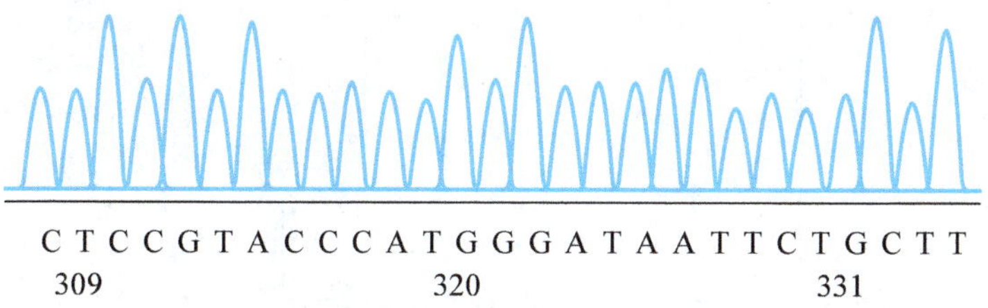

图 3-30 DNA 自动测序打印结果例图

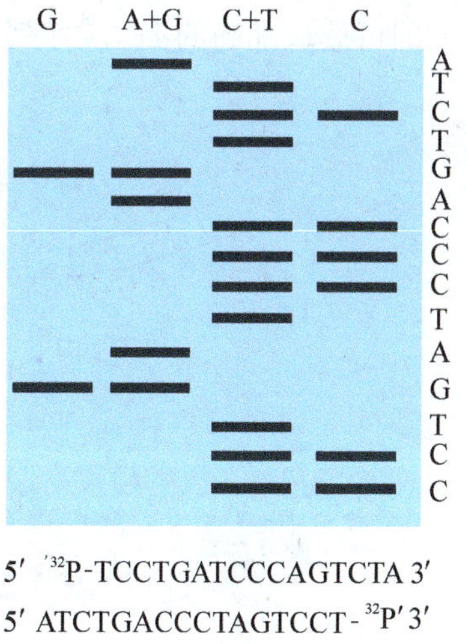

图 3-31 化学断裂法 DNA 测序原理

2. 碱基特异性化学断裂法

碱基特异性化学断裂法可简称为化学断裂法或 Maxam-Gilbert 法，其基本原理是运用特异的化学试剂作用于 DNA 分子中的不同碱基，然后用加热法或哌啶切断反应碱基的多核苷酸链。用 4 组不同的特异反应，就可使末端标记的 DNA 分子切成不同长度的片段，其末端都是该特异的碱基。经聚丙烯酰胺凝胶电泳分离和放射自显影得到测序图谱（图 3-31）。

四组特异反应如下：① G 反应，用硫酸二甲酯(dimethyl sulfate，DMS)使鸟嘌呤上的 N7 原子甲基化，加热引起甲基化鸟嘌呤脱落，多核苷酸链在此处断裂；② G+A 反应，用甲酸使 A 和 G 嘌呤环上的 N 原子质子化，从而使糖苷键变得不稳定，再用哌啶使键断裂；③ T+C 反应，用肼使 T 和 C 的嘧啶环断裂，再用哌啶除去碱基；④ C 反应，当有盐存在时，肼只与 C 反应，再用哌啶除去。

在上述四组反应结束后，即进行聚丙烯酰胺凝胶电泳和放射自显影。比较上述四组的各泳道，自上而下从自显影片上就可读出 DNA 序列。化学断裂法比末端终止法有一个明显的优点，测定出来的序列直接来自原 DNA 分子，而不是经酶促合成产生的新拷贝。然而，末端终止法因其简便快速，仍然是当今 DNA 序列测定的首选方法。

3. 焦磷酸测序

焦磷酸测序(pyrosequencing)技术是新一代 DNA 序列分析技术，该技术无需进行电泳，DNA 片段也无须荧光标记，操作极为简便。该测序方法需在同一反应体系中发生由四种特异性酶催化的级联化学发光反应，在每一轮测序反应中只加入一种 dNTP，若该 dNTP 与模板配对，聚合酶就可以将其掺入到引物链的 3′-端并释放等量的焦磷酸基团(PPi)。PPi 可转化为可见光信号，并最终转化为一个峰值。每个峰值高度与反应中掺入的核苷酸数目成正比。第一轮反应结束后，再加入下一种 dNTP，继续下一轮 DNA 链的合成。整个测序反应分为四步：

1) 将一个特异性的测序引物和单链 DNA 模板结合，然后加入四种酶的混合物，包括 DNA 聚合酶、ATP 硫酸化酶(ATP sulfurylase)、荧光素酶(luciferase)及双磷酸酶(apyrase)。反应的底物有腺苷-5′-磷酸硫酸(adenosine-5′-phosphosulfate，APS)和荧光素(luciferin)。

2) 向反应体系中加入一种 dNTP，如果它刚好能和 DNA 模板的下一个碱基配对，则会在 DNA 聚合酶的作用下，添加到测序引物的 3′末端，同时释放出一个分子的焦磷酸(PPi)。dATP 由腺苷-α 硫-三磷酸(deoxyadenosine alfa-thio triphosphate，dATPαS)替代，因为 DNA 聚合酶对 dATPαS 的催化效率远高于对 dATP 的催化效率，且 dATPαS 不是荧光素酶的底物。

3) 在 ATP 硫酸化酶的作用下，生成的 PPi 可以和 APS 结合形成 ATP。生成的 ATP 在荧光素酶的催化下，又可以和荧光素结合形成氧化荧光素，同时产生可见光。通过电荷耦合器(charge couple device，CCD)光学系统即可获得一个特异的检测峰，峰值的高低则和相匹配的碱基数成正比。

4) 反应体系中剩余的 dNTP 和残留的少量 ATP 在双磷酸酶的作用下发生降解。

上述是一种 dNTP 反应的四个步骤，接下来加入另一种 dNTP，使重复进行第 2～4 步反应，根据获得的峰值图即可读取准确的 DNA 序列信息(图 3-32)。

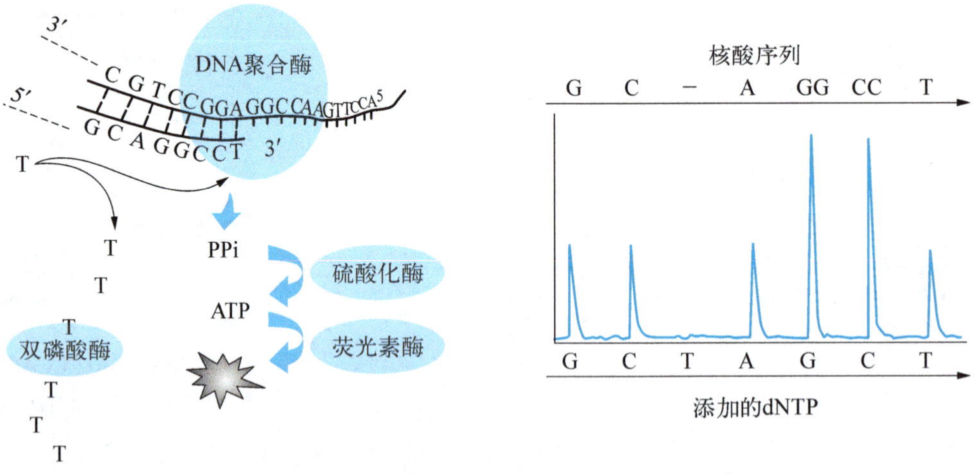

图 3-32 焦磷酸测序原理及数据输出示意图

推荐网址

1. http://themedicalbiochemistrypage.org/nucleic-acids.html
2. http://en.wikipedia.org/wiki/DNA
3. http://en.wikipedia.org/wiki/RNA
4. http://web.virginia.edu/Heidi/chapter11/chp11.htm

参考文献

1. Watson J D, Crick F H C. Molecular structure of nucleic acids: a structure for deoxyribose nucleic acid. *Nature* 171:737－738,1953.
2. Wells R A, et al. The chemistry and biology of unusual DNA structures adopted by oligopurine-oligopyrimidine sequences. *FASEB J*. 2: 2939－2949,1988.
3. Rich A, et al. Molecular structure of a left-handed double helical DNA fragment at atomic resolution. *Nature*, 282:680－686,1979.
4. Sanger F, et al. DNA sequencing with chain-terminating inhibitors. *Proc. Natl. Acad. Sci. U. S. A.*, 74(12):5463－5467,1977.

思考题

1. 至少给出两条理由说明双链 DNA 比单链 RNA 更适合充当遗传信息的贮存者。
2. 如果要在体外的细胞培养物中特异性标记 DNA，而不是 RNA，你会选择何种标记物？如果要特异性标记 RNA，而不是 DNA，你又会选择何种标记物？
3. 最早提出的 DNA 二级结构并非双螺旋，而是由 Linus Pauling 和 Robert Corey 于 1952 年提出的三螺旋结构。三螺旋结构认为，DNA 由三条链组成，不同的碱基在分子的外部，而磷酸在内部，分子是螺旋的。给出至少五条理由，说明为什么这样的三螺旋结构是不正确的。
4. B 型双螺旋是活细胞 DNA 内最常见的结构，为什么？何种核酸形成 A 型双螺旋，而不是 B 型双螺旋？为什么这样的结构限制非常重要？
5. 如果有人发现一种新的病毒，宿主细胞是人淋巴细胞。如何设计一个实验确定它是一种 RNA 病毒还是 DNA 病毒？
6. 细胞的 DNA 一般都是双链的，但对 DNA 病毒而言，有些 DNA 病毒的 DNA 是双链的，有些 DNA 病毒却是单链的。如何确定一种 DNA 病毒含有的 DNA 是单链还是双链？
7. 有两种微生物，一种生活在热泉中，另外一种生活在南极，你认为这两种微生物的基因组 DNA 在一级结构和三级结构上会有何种差别？为什么？
8. DNA 双螺旋在什么情况下会形成超螺旋？将共价闭环负超螺旋 DNA 和共价闭环正超螺旋 DNA 分别与核酸酶 S1 保温在一起，这对两种超螺旋 DNA 的结构有没有影响？为什么？（提示核酸酶 S1 只切单链核酸）

科学故事——MicroRNA 结构与功能的新发现

MicroRNA(miRNA)是一类由内源基因编码的长度约为 22 个核苷酸的非编码单链 RNA 分子，在动、植物体内参与转录后的基因表达调控。每个 miRNA 可以针对多个靶基因，而同一基因也可同时受多个 miRNA 调节。据推测，这种复杂的 miRNA 调节网络调节着人类三分之一的基因。

miRNA 最早发现于 1993 年，Lee 等利用遗传分析的方法在线虫中发现一个 22 nt 的小分子非编码 RNA：lin-4。然而基因 lin-4 的发现并未引起研究者太多注意，因为当时尚未在其他生物中找到类似的 RNA。这种情况一直持续到 2000 年才得以改观。2000 年，Reinhart 等发现了另一个类似的具有转录后调节功能的小分子 RNA：let-7。由于 lin-4 和 let-7 都具有卓越的时序调节功能，它们又被命名为小时序 RNA(small temporal RNA，stRNA)。随后，科学家在人、鼠及植物等物种中相继发现了 lin-4 和 let-7。2001 年，来自不同国家的 3 个研究小组在线虫 *C. elegans*、果蝇 *D. melanogaster* 和人体中发现了近百个这样的基因，于是统一将这类小 RNA 命名为 microRNA(miRNA)，miRNA 的研究也成为新的热点。随着 miRNA 家族成员的不断增多，全球成立了 miRNA 文库，以对新发现的 miRNA 进行登记和命名。迄今为止，在动植物以及病毒中已经发现有几千个 miRNA 分子。大多数 miRNA 基因以单拷贝、多拷贝或基因簇(cluster)的形式存在于基因组中。

miRNA 有三个明显特征：① 广泛存在于真核生物中，是一组不编码蛋白质的短序列 RNA，它本身不具有可读框(ORF)；② 通常的长度为 20～24 nt，但在 3′端可以有 1～2 个碱基的长度变化(对 miRNA 的具体长度范围尚无统一标准；③ 成熟的 miRNA 的 5′端有一磷酸基团、3′端为羟基，这一特点使得 miRNA 与大多数寡核苷酸和功能 RNA 的降解片段区分开来。除此之外，一直以来的研究还认为，多数 miRNA 还具有高度的保守性、时序性和组织特异性。

然而，在 2011 年 9 月 20 日出版的 *Cell Research* 的一篇研究中，南京大学张辰宇教授课题组展示了一项非常令人惊奇的发现：植物的 miRNA 可以通过日常食物摄取的方式进入人体血液和组织器官。外源性的植物 miRNA 可以在多种动物的血清和组织内检测到，并且它们主要是通过进食的方式摄入。其中编号为 168a 的植物 miRNA(MIR168a)是一种稻米中富含的同时也是中国人血清中含量最为丰富的一种植物 miRNA。体内和体外的功能性研究表明，植物 MIR168a 可以结合人和小鼠的低密度脂蛋白受体衔接蛋白 1 (low density lipoprotein receptor adapter protein 1)的 mRNA，从而抑制其在肝脏的表达，进而减缓低密度脂蛋白从血浆中的清除。这些发现证明，食物中的外源性植物 miRNA 可以通过调控哺乳动物体内靶基因表达的方式影响摄食者的生理功能，进而发挥生物学作用。该研究证明植物 miRNA 可能是食物中的“第七种营养成分”(其他 6 种分别是水、蛋白质、脂肪酸、糖类、维生素和矿物质)，植物或许还存在这样一种途径，来对动物的身体进行调节。可以相信的是，在演化的尺度上，虽然动物同植物共同走过的岁月短得无足挂齿，在分类学上，虽然它们确实被归纳在遥远的两端，但动物和植物一直在用各种方式共同影响、彼此渗透，甚至传递信息。miRNA 在这一个问题上留给了我们一个破解的突破口。

有理由相信，随着科学家对于 miRNA 作用机理的进一步研究，人们对于高等真核生物基因表达调控网络的理解将会提高到一个新的水平。miRNA 也将有可能成为疾病诊断的新标记、药物新靶标或是新药研发的分子新模型，为人类疾病的治疗提供更多手段和载体。

第 4 章

糖类的结构与功能

糖类又被称为碳水化合物(carbohydrate),是指多羟基醛或多羟基酮以及它们的缩合物和某些衍生物。含有醛基的糖称为醛糖(aldose),含有酮基的糖称为酮糖(ketose)。根据聚合度的不同,糖类可以分为单糖(monosaccharide)、寡糖(oligosaccharide)和多糖(polysaccharide)。在机体内糖类还可以与蛋白质或脂类形成共价复合物。

糖类在生物体内的主要功能是作为能源物质供能,此外还可以作为合成其他生物分子的前体和细胞的结构组分,以及参与细胞之间的分子识别和信号转导。

本章将主要介绍糖类的结构、性质和功能,重点将是单糖的结构和性质。此外,对糖缀化合物也会做简单介绍。

第一节　单　　糖

一、单糖的命名和缩写

单糖又名简单糖(simple sugar),已不能再水解成更简单的糖单位。根据碳原子的数目,可将单糖分为丙糖(triose)、丁糖(tetrose)、戊糖(pentose)和己糖(hexose)等。

根据各单糖的化学结构,丙糖以外的单糖可看成是由丙糖衍生而来的,其中醛糖衍生于甘油醛,酮糖衍生于二羟丙酮。

具体的单糖命名多是根据来源而定的,如葡萄糖(glucose)、果糖(fructose)和半乳糖(galactose)。

二、单糖的旋光异构

最简单的单糖是丙糖,包括甘油醛(glyceraldehyde)和二羟丙酮(dihydroxyacetone)。其中二羟丙酮无手性 C,而甘油醛含有 1 个手性 C,所以甘油醛分为 D 型和 L 型。这两种甘油醛呈镜像关系,属于对映异构体(enantiomers)或镜像异构体。根据惯例,在甘油醛的 Fischer 投影结构式中,醛基画在最上方,羟基位于左侧的甘油醛定为 L 型,羟基位于右侧的甘油醛定为 D 型(图 4-1)。

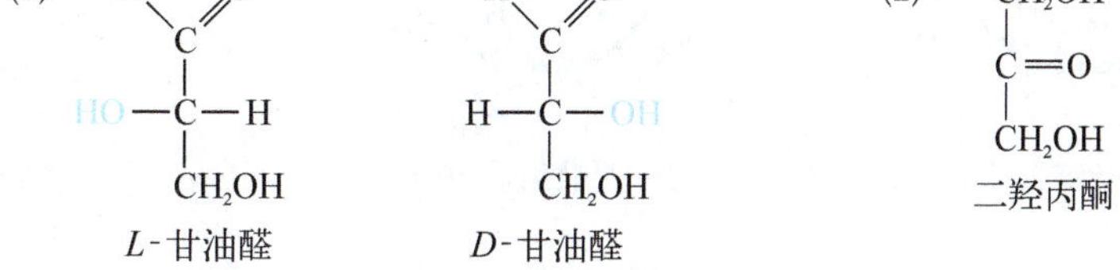

图 4-1　二羟丙酮和甘油醛的 Fischer 投影结构式

除了二羟丙酮以外,其他单糖至少含有一个手性 C,因此都具有旋光异构体。为了方便起见,通常以*D*-甘油醛和*L*-甘油醛为标准,将单糖分为*D*-单糖和*L*-单糖。与氨基酸正好相反,自然界的单糖绝大多数为 D 型。

要是一种单糖含有的手性 C 不止一个,那么在确定它属于何种构型的时候,需要将其 Fischer 投影结构式之中编号最高的手性C(距离羰基最远的手性C)与甘油醛的手性C进行比较,与D型甘油醛一致的就是D型,反之就是L型。需要特别注意的是,D型和L型并不能提供任何有关旋光方向的信息。

在各种旋光异构体之中,除了互为镜像的对映异构体以外(图4-2),还有非对映异构体和差向异构体两种情形。如果一对旋光异构体有≥1个的手性C构型相反,但并不呈镜像关系,那么就称之为非对映异构体(diastereomer);如果一对旋光异构体只有1个手性C的构型不同,则称之为差向异构体。例如*D*-葡萄糖与*D*-甘露糖,*D*-葡萄糖与*D*-半乳糖就互为差向异构体(epimer)(图4-3)。

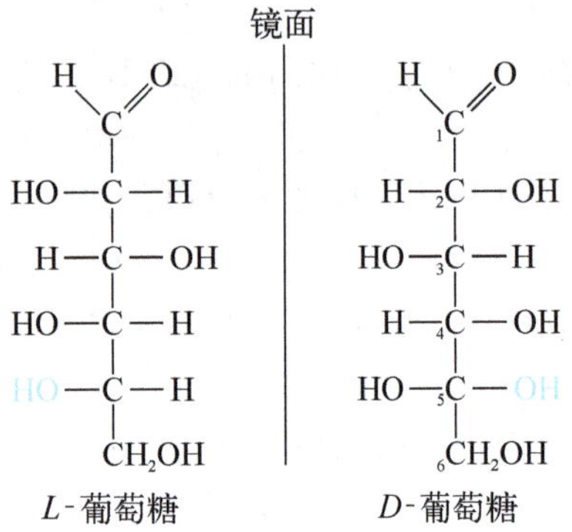

图4-2 葡萄糖的对映异构体

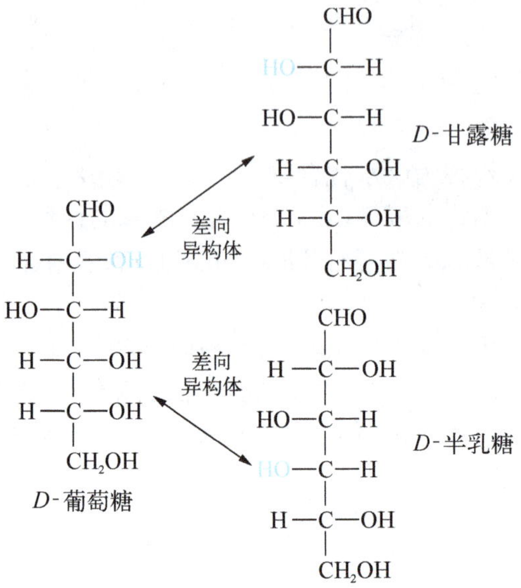

图4-3 *D*-葡萄糖的差向异构体

三、单糖的环状结构和异头物

正如醇很容易与醛或酮形成半缩醛(hemiacetal)或半缩酮(hemiketal)一样(图4-4),除了丙糖和丁酮糖以外,其他直链的单糖分子在分子内也能发生类似的反应,形成环状结构,其中醛糖环化形成环式半缩醛,酮糖环化形成环式半缩酮。

实验证明,葡萄糖环化主要形成六元环的吡喃糖(pyranose),果糖、核糖和脱氧核糖环化主要形成五元环的呋喃糖(furanose)(图4-5)。

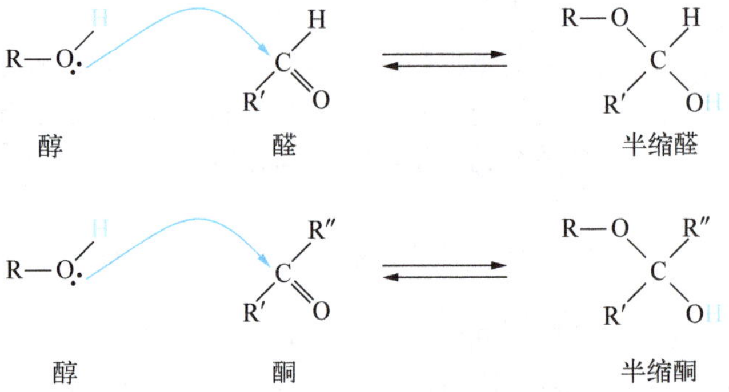

图4-4 缩醛和缩酮反应

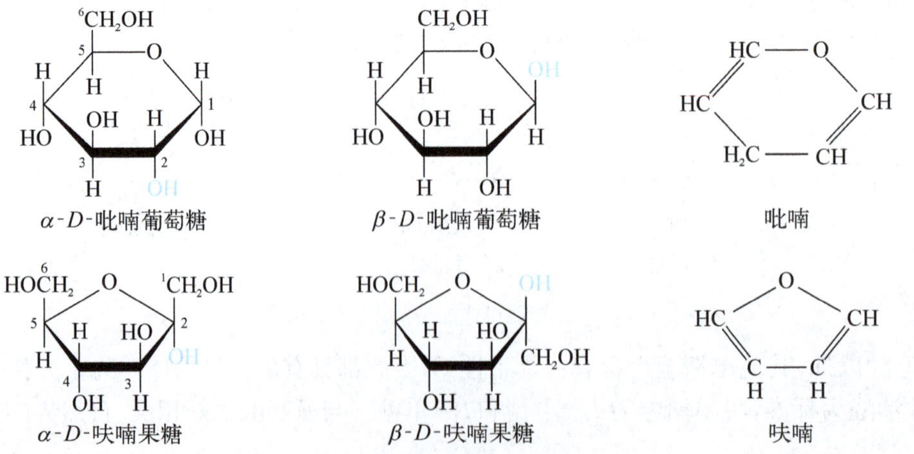

图4-5 吡喃葡萄糖和呋喃果糖

通常使用 Haworth 式表示单糖的环状结构。按照图 4-6 所示的方法，可以很容易地将一种单糖的开链 Fischer 投影式正确地过渡到相应的环状 Haworth 式。

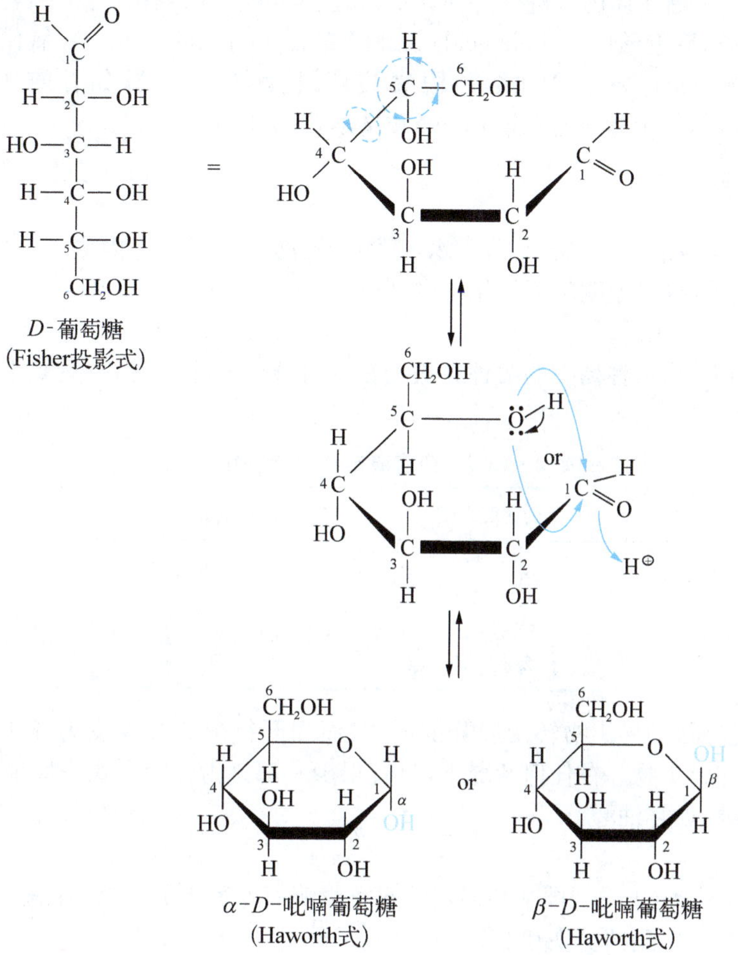

图 4-6　Haworth 式环状单糖结构的写法

然而，一旦单糖变成环状结构以后，原来的羰基 C 便成为一个新的手性中心，从而产生 α 和 β 两种异构体。这种在半缩醛 C 上形成的异构体称为异头物（anomer），新出现的手性 C 称为异头物 C（anomeric carbon）。如果半缩醛羟基与原来编号最高的手性 C 上的羟基具有相同的取向，这种异头物就称为 α 异头物，反之就称为 β 异头物。由于 β 异头物比 α 异头物稳定，因此在葡萄糖溶液之中，β-*D*-葡萄糖要比 α-*D*-葡萄糖多。

四、单糖的构象

以葡萄糖为例，其半缩醛环上的 C-O-C 键角为 111°，与环己烷的键角（109°）相近，故葡萄糖的吡喃环和环己烷环相似，也有椅式构象（chair conformation）和船式构象（boat conformation），其中椅式构象使各单键的扭张强度降低到最小，因而较稳定（图 4-7）。

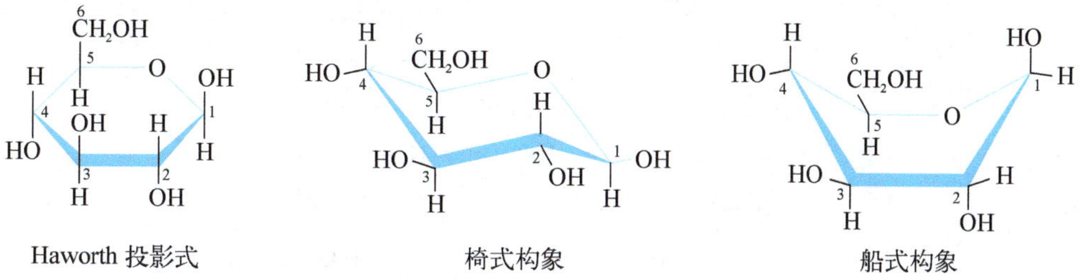

图 4-7　葡萄糖的椅式构象和船式构象

五、单糖的衍生物

在特定的酶催化下，单糖在体内可进行各种修饰反应而形成一系列衍生物。常见的衍生物包括：氨基糖(amino sugar)，如糖胺、胞壁酸(muramic acid)和神经氨酸(neuraminic acid)；氧化糖，如葡糖酸(gluconic acid)和糖醛酸；脱氧糖(deoxy-sugar)，如 2-脱氧核糖；糖醇(alditol)，如甘露醇(mannitol)和木糖醇(xylitol)；糖苷(glucoside)，如毛地黄苷(digitoxin)和乌本苷(oubain)。

六、单糖的性质

室温下的纯单糖为无色晶体，具甜味，溶于水，微溶于乙醇。除了二羟丙酮，其余的单糖都具有旋光性。由于具有羰基和多个羟基，故单糖能与多种化学试剂反应。

1. 变旋

变旋(mutarotation)是指一种糖类的两种异头物在水溶液中发生互变，并达到平衡，从而导致旋光度改变的现象(表 4-1)。

表 4-1 *D*-葡萄糖和 *D*-半乳糖的变旋

单糖	α-异头物的比旋光度	变旋后的比旋光度	平衡时所占比例(%)
α-*D*-葡萄糖	+112.0	+52.7	36
β-*D*-葡萄糖	+18.7	+52.7	64
α-*D*-半乳糖	+150.7	+80.2	28
β-*D*-半乳糖	+52.8	+80.2	72

变旋的直接原因是环状的异头物转变成开链形式，而当开链形式重新变为异头物的时候有两种可能，即可能变为α异头物或β异头物。在任何情况下，只有很少一部分为开链形式。如果一种单糖不能形成环状结构，就不会有变旋现象，如甘油醛。

2. 异构

单糖分子中，α-氢原子由于受到羰基和羟基的双重影响而变得十分活泼，在碱性条件下，醛糖可通过烯二醇(enediol)式中间物与 2-酮糖实现互变。

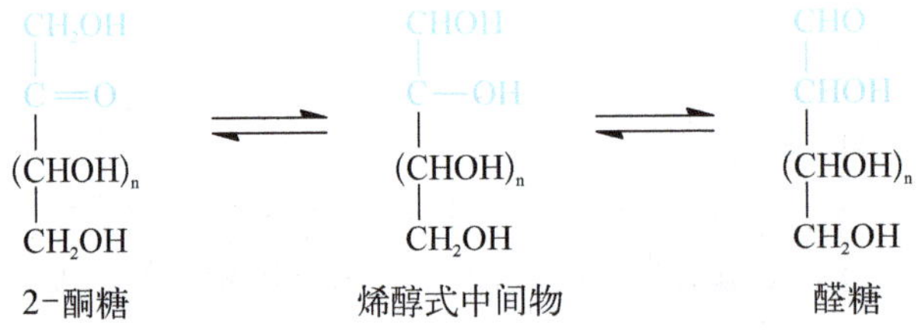

D-葡萄糖、*D*-甘露糖和 *D*-果糖在 C3、C4、C5 上的构型相同，因此它们具有相同的烯二醇中间物，在碱性溶液中，实际上存在着这三种糖的平衡。

3. 还原

单糖的羰基可以被一系列还原剂(如 $NaBH_4$)还原成羟基而转变成糖醇。

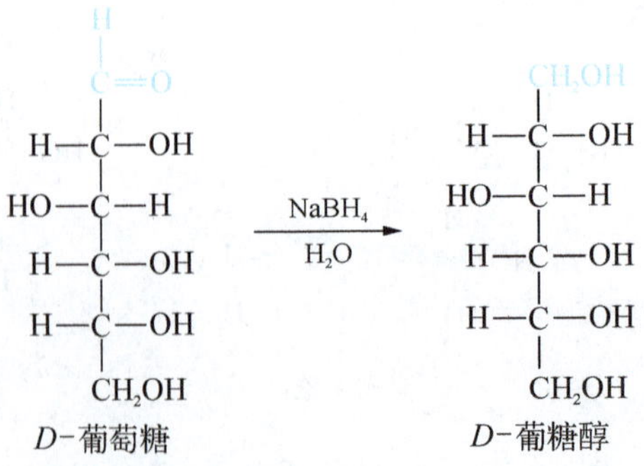

4. 氧化

单糖可以在不同的条件下被各种不同的氧化剂氧化。

在碱性条件下，所有的单糖均可被 Fehling 试剂（酒石酸钾钠、NaOH 和 $CuSO_4$）或 Benedict 试剂（柠檬酸、碳酸钠和 $CuSO_4$）等弱金属氧化剂氧化。凡是能被 Fehling 试剂或 Benedict 试剂氧化的糖统称为还原糖（reducing sugars）。

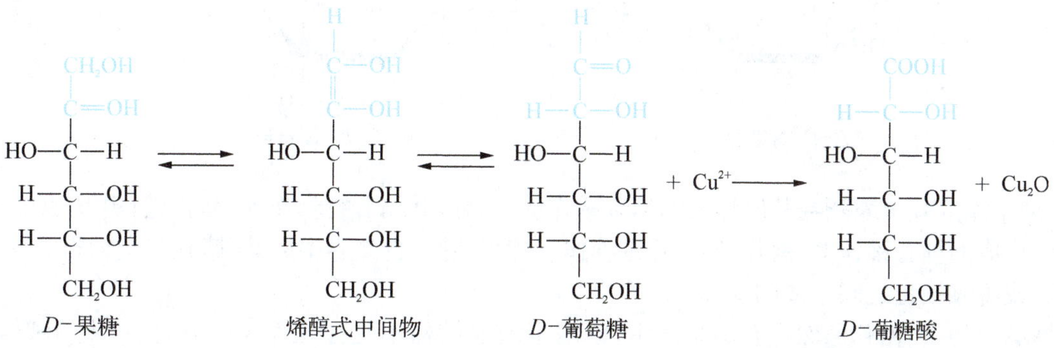

酮糖虽不能直接被 Fehling 试剂或 Benedict 试剂氧化，但能够通过烯二醇中间体形成的醛糖被氧化。一旦醛糖被氧化，酮糖与醛糖之间的平衡就会因醛糖的消耗而向醛糖方向移动，因此所有的单糖都是还原糖。

在酸性条件下，弱氧化剂溴水可将醛糖氧化成醛糖酸，酮糖难以反应，以此可区分醛糖和酮糖。

在强氧化剂（如热的 HNO_3）的作用下，醛糖的醛基和伯醇基均可被氧化，产生糖二酸。

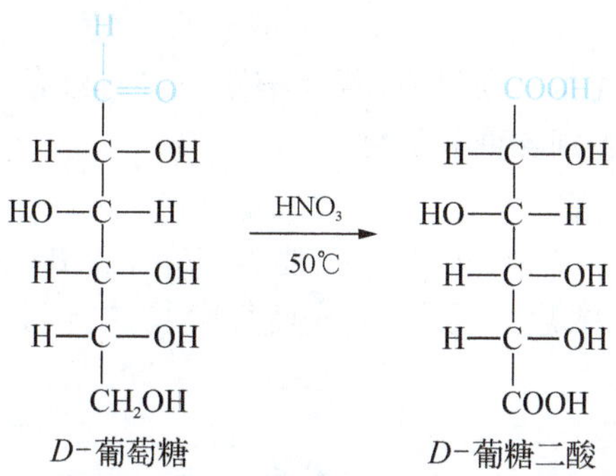

生物体内的单糖在特定的酶催化下能发生特异性氧化反应。例如，葡萄糖在葡糖氧化酶（glucose oxidase）的催化下，被 O_2 氧化成葡糖酸，同时产生双氧水，通过对产生的双氧水进行分析就可以对样品中的葡萄糖（如血糖）进行定量。再如，糖醛酸是在特定的酶的催化下，某些单糖的伯醇基被氧化而形成的产物。

5. 成脎

所有还原糖的 C1 和 C2 都能够与苯肼（phenylhydrazine）起反应生成糖脎（osazone）。糖脎的黄色结晶十分有用，可用来鉴别还原糖的存在。

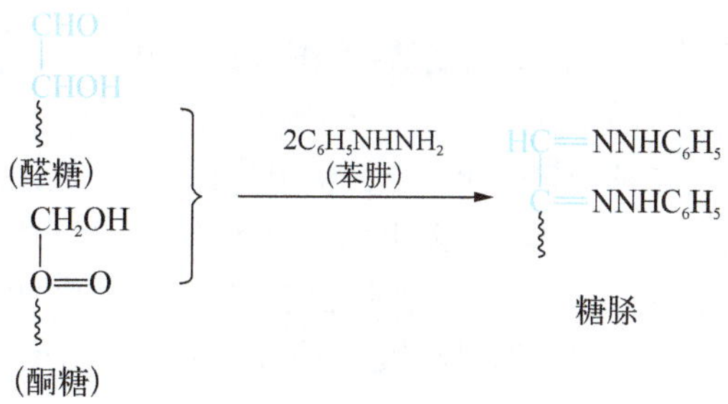

6. 成苷

糖苷是糖分子中的半缩醛或半缩酮羟基与另一分子羟基或氨基化合物脱水生成的缩醛或缩酮结构的

化合物。糖苷分子中糖的部分称为糖基，非糖部分称为配基，连接糖基和配基的键叫做糖苷键。例如，β-*D*-葡萄糖与甲醇在盐酸的催化下，形成甲基-β-*D*-葡糖苷。

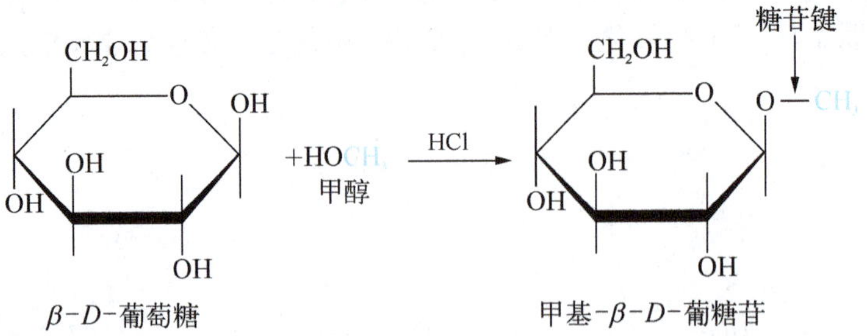

由α-型半缩醛或半缩酮羟基所形成的糖苷称作α-糖苷，其糖苷键称作α-糖苷键；由β-型半缩醛或半缩酮羟基所形成的糖苷称作β-糖苷，其糖苷键称作β-糖苷键。自然界中以β-糖苷为主。核苷实际上是由碱基与核糖或脱氧核糖之间形成的β-糖苷。

与单糖不同的是，糖苷虽然仍有旋光作用，但因半缩醛结构不复存在而无法开环，因此无变旋现象；糖苷不能被 Fehling 试剂或 Benedict 试剂氧化，且不能成脎；糖苷在酸性条件下能发生水解反应，但在碱性条件下能稳定存在。

7. 呈色反应

(1) Molish 反应

糖类化合物与α-萘酚/乙醇在试管中混合，摇匀后沿管壁滴加浓硫酸，在两液面交界处出现紫红色环，此反应称为 Molish 反应。利用此反应，可以将糖与非糖类化合物区分开。

(2) Seliwanoff 反应

糖类化合物与浓酸作用后再与间苯二酚反应，若是酮糖就呈鲜红色，若是醛糖就呈淡红色，这种反应称为 Seliwanoff 反应。根据此反应可鉴别酮糖和醛糖。

(3) 间苯三酚反应

戊糖与间苯三酚/浓盐酸反应生成朱红色物质，其他糖与间苯三酚/浓盐酸反应生成黄色物质；此外，戊糖还可以和甲基间苯二酚即地衣酚/浓盐酸反应，生成蓝绿色物质。利用这两个反应可以将戊糖和其他单糖区分开来。

第二节 寡糖与多糖

寡糖和多糖都是单糖的聚合物，只是聚合度不同。

一、寡糖

寡糖也称为低聚糖，由2～10个单糖分子缩合并以糖苷键相连。在寡糖分子之中，异头物C上的半缩醛羟基以游离形式存在的一端称为还原端(reducing end)，异头物C参与形成糖苷键的一端为非还原端(non-reducing end)。

在书写寡糖的序列时，非还原端写在左边，还原端写在右边，同时需要标明各单糖单位的名称、构型、相互间的连接方式和异头物的构型。

二糖(disaccharide)是最简单的寡糖，其中的一个单糖单位的连接C总是C-1，而另一个单糖单位的连接C的位置是可变的。在某种意义上，二糖可视为由两分子单糖连接而成的糖苷。与其他糖苷一样，二糖在酸性条件下糖苷键发生水解，生成两分子单糖。根据能否被弱氧化剂(如 Fehling 试剂)氧化的性质，二糖可以分为还原性和非还原性两类。常见的二糖名称及结构如图4-8所示。

1. 还原性二糖

还原性二糖是由一分子单糖的半缩醛羟基与另一分子单糖的醇羟基缩合而成，如乳糖(lactose)和麦芽糖(maltose)。由于还原性二糖分子中还存在一个半缩醛羟基，因此它们不仅具有变旋现象，还能被 Fehling

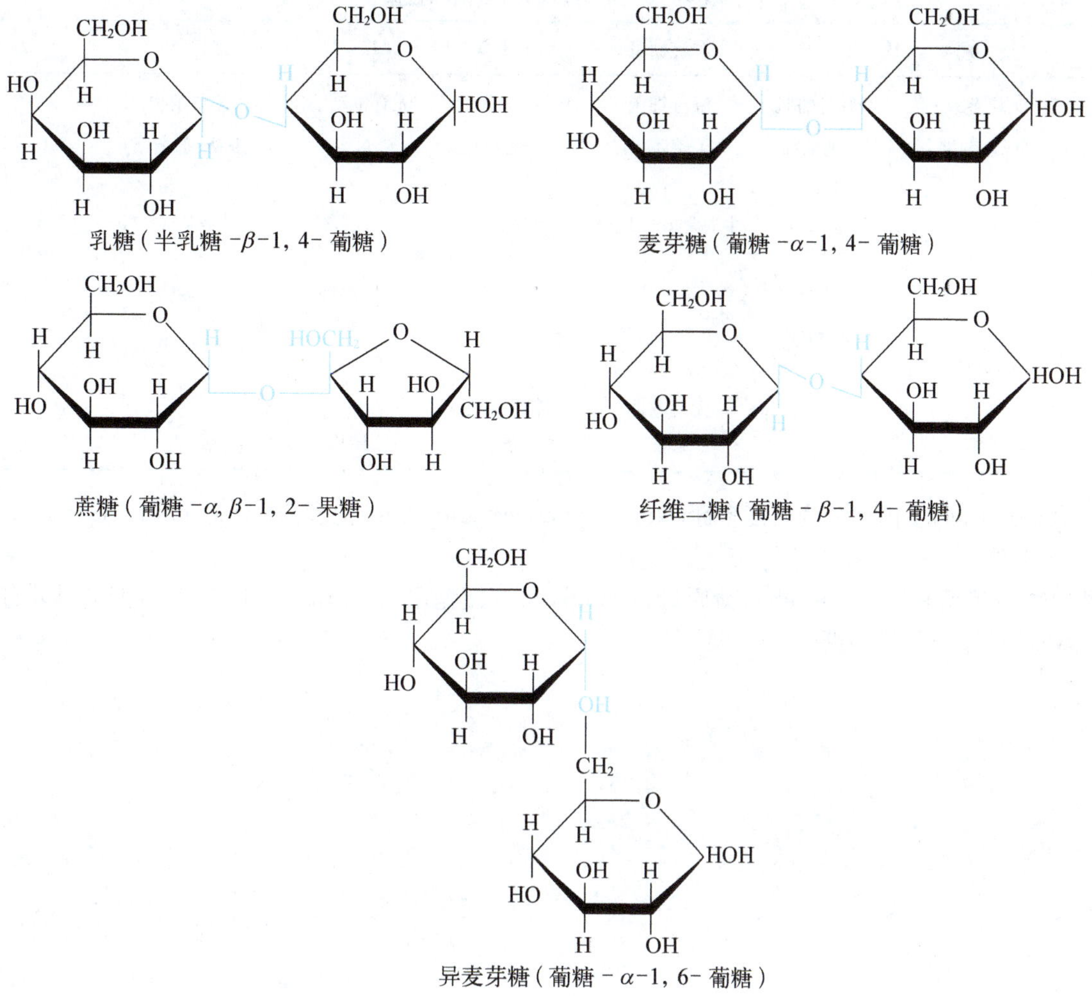

图4-8　常见二糖的名称和结构

试剂或Benedict试剂氧化。

2. 非还原性二糖

非还原性二糖是由二分子单糖的半缩醛羟基脱水缩合而成的，最常见的是蔗糖和海藻糖。非还原性二糖具有旋光性，但由于不存在半缩醛结构，因此既无变旋现象，也不能被Fehling试剂或Benedict试剂氧化，更不能成脎。

寡糖除了能以游离的形式存在以外，还可以与蛋白质或脂类共价相连，成为糖蛋白或糖脂的重要成分，并具有多种功能。

二、多糖

多糖由多个单糖分子缩合而成，也称为聚糖(glycan)，其中由相同的单糖分子组成的多糖称为同多糖(homopolysaccharide)，含有不同种单糖单位的多糖称为杂多糖(heteropolysaccharide)(表4-2)。多糖中最常见的单糖单位是*D*-葡萄糖，其次是*D*-果糖、*D*-半乳糖、*L*-半乳糖、*D*-甘露糖、*L*-阿拉伯糖和*D*-木糖。某些单糖的衍生物，如*D*-葡糖胺、*D*-半乳糖胺、*N*-乙酰葡糖胺、*N*-乙酰半乳糖胺和葡糖醛酸，也出现在一些多糖分子之中。

单糖之间的连接方式，即糖苷键的类型，直接与多糖的机械强度和溶解性质有关。以α-1,4糖苷键相连的多糖(如淀粉和糖原)往往比较软，在水里有一定的溶解度，而以β-1,4糖苷键相连的多糖(如纤维素和几丁质)比较硬，难溶于水。

与蛋白质和核酸不同的是，多糖无确定的相对分子质量，因为组成多糖的单糖单位的数目不是固定的。与单糖相比，多糖无变旋现象和还原性，也无甜味。

表 4-2 常见多糖的结构和性质

	淀 粉	糖 原	右旋糖酐	纤维素	几丁质	菊 粉	琼脂糖
来源	种子、块茎、块根	肝脏骨骼肌	酵母细菌	植物细胞壁	无脊椎动物等	菊科植物	海藻
单糖单位	*D*-葡萄糖	*D*-葡萄糖	*D*-葡萄糖	*D*-葡萄糖	NAG	果糖、葡萄糖	*D*-半乳糖、3,6-脱水半乳糖
连接方式	α-(1,4) α-(1,6)	α-(1,4) α-(1,6)	主要是 α-(1,6)	β-(1,4)	β-(1,4)	主要是 β-(2,1)	β-(1,4) α-(1,3)
类别	同多糖	同多糖	同多糖	同多糖	同多糖	杂多糖	杂多糖
碘反应	蓝色或紫红色	紫红色	无	无	无	无	无
构象	螺旋		无规卷曲	锯齿带状			
功能	贮能	贮能	贮能	结构	结构	贮能	结构

按照功能的不同，多糖可分为贮能多糖(storage polysaccharide)和结构多糖(structural polysaccharide)。

1. 贮能多糖

常见的贮能多糖有淀粉(starch)、糖原(glycogen)和右旋糖酐(dextran)。这三类多糖的基本组成单位都是 *D*-葡萄糖，都属于同多糖(图 4-9)。

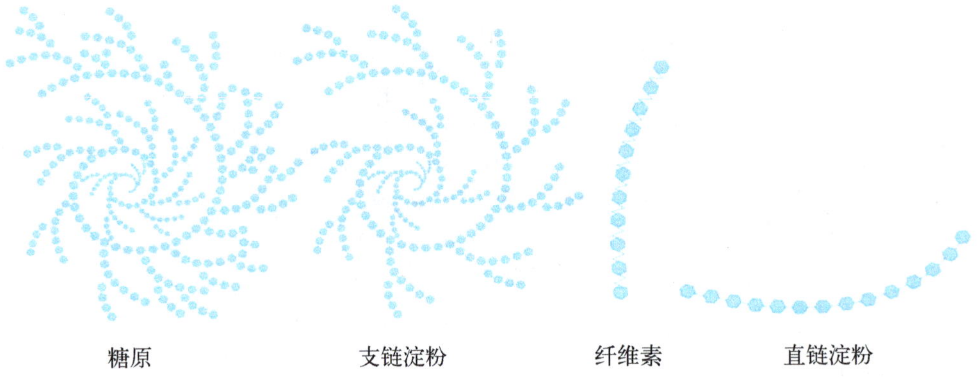

图 4-9 糖原、支链淀粉、纤维素和直链淀粉的结构

生物之所以以多糖而不是单糖的形式贮存能量，是因为多糖形式能够降低糖贮备给细胞带来的渗透压(osmotic pressure)。由于渗透压只取决于分子的数目，因此，1 分子游离的葡萄糖分子与 1 分子由 1 万个葡萄糖残基组成的糖原分子给细胞带来的渗透压是相同的。

(1) 淀粉

淀粉又分为直链淀粉(amylose)和支链淀粉(amylopectin)两类(图 4-10)。直链淀粉只有 α-1,4 糖苷键，无分支，其重复的二糖单位为麦芽糖，而支链淀粉既含有 α-1,4 糖苷键，又含有 α-1,6 糖苷键，其重复的二糖单位主要是麦芽糖，还有少数异麦芽糖。α-1,6 糖苷键的出现使得支链淀粉产生分支。

虽然直链淀粉在水中的溶解性很低，但是它能在水中形成胶束(micelles)悬液。胶束中的多糖链采取螺旋构象。如果这时遇到碘，碘就能插入到疏水螺旋的中间从而呈现蓝色。支链淀粉在水中也能形成胶束结构，但碘与其反应呈现紫红色。

1) 直链淀粉

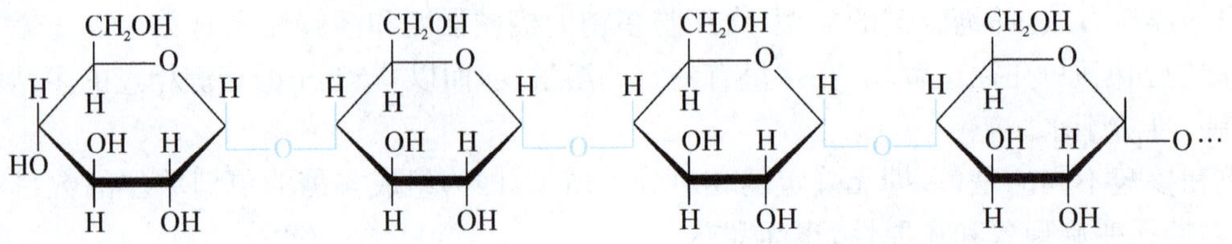

2）支链淀粉

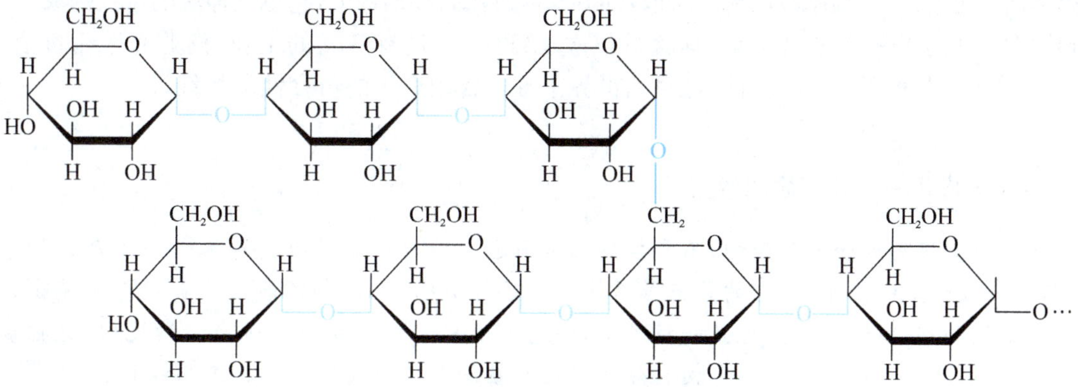

图 4-10 直链淀粉和支链淀粉的化学结构

(2) 糖原

糖原是动物的贮能多糖，有肝糖原(liver glycogen)、肌糖原和肾糖原三种形式。其中肝糖原是主要形式，最多能占肝重的10%。糖原是一种高度分支的分子，在结构上与支链淀粉相似，因此遇到碘产生紫红色。但它的分支点更加密集，平均每8～12个葡萄糖单位就出现一个分支。糖原分解和合成都是从非还原端开始的，因此，糖原的高度分支结构有利于它的迅速动员和重新合成，也使得糖原在动物体内特别适合充当一种短期的能源储备。

(3) 右旋糖酐

右旋糖酐是一种主要以α-1,6糖苷键相连的分支多糖，通常存在于酵母和细菌中，其重复的二糖单位主要是异麦芽糖，分支点可能是α-1→2、1→3或1→4糖苷键。生长在牙齿表面的细菌所产生的右旋糖酐是牙菌斑(dental plaque)的重要成分。

2. 结构多糖

常见的结构多糖包括纤维素(cellulose)、几丁质(chitin)、藻酸(alginates)、琼脂糖、糖胺聚糖和肽聚糖(peptidoglycan)等。

(1) 纤维素

纤维素可以说是世界上最丰富的天然多聚物，所有植物的细胞壁都有它，对于维持植物细胞的形状十分重要。

与直链淀粉一样，纤维素也是一种线性无分支分子，但葡萄糖单位以β-1,4糖苷键相连，因此，组成纤维素的二糖单位是纤维二糖。

β-1,4糖苷键的连接方式最稳定的构象是葡萄糖单位沿着链交替翻转180°，因而纤维素链采取的是一种完全伸展的带状构象(extended ribbon)。每一条纤维素链除了有链内氢键以外，还与周围的纤维素链形成链间氢键。相邻的几条纤维素链肩并肩地靠在一起，通过链间氢键以及范德华力形成扁平片层。相邻的片层再垛叠在一起，片层内纤维素链呈锯齿状，片层之间的纤维素链也有氢键(图4-11)。这样的结构赋予了纤维素一定的强度。

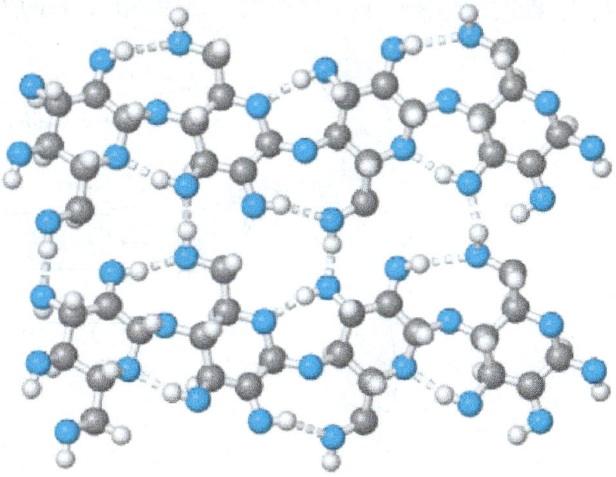

图 4-11 纤维素链内和链间氢键

纤维素在大多数动物的消化道内很难水解，原因是它们分泌的消化酶不能识别β-1,4糖苷键。然而，生活在反刍动物和白蚁的消化道内的细菌能够分泌β-糖苷酶水解纤维素，因此这些动物就能够消化利用纤维素。

(2) 几丁质

几丁质是*N*-乙酰葡糖胺的直链多聚物，又名甲壳素、甲壳质、壳聚糖或壳糖胺。几丁质不仅是甲壳纲动物、昆虫和蜘蛛的外骨骼的基本成分，还存在于真菌的细胞壁，在生物功能和结构上与纤维素十分相似。在一级结构上，几丁质由 N-乙酰葡糖胺通过 β-1,4 糖苷键相连，其化学结构可看成 2-羟基被乙酰胺所取代的纤维素；在高级结构上，它也是伸展的带状构象。

在自然界中，几丁质资源非常丰富，其含量仅次于纤维素，具有广泛的工业、商业和医用价值。人们已发现，甲壳素有纤维素所不具备的特性，是目前世界上唯一含阳离子的可食性动物纤维。

框 4-1 生化与应用——几丁质的妙用

鲜血从伤口的流失可能是致命的，不受控制的失血也是战争死亡的重要原因。纱布是一种常用的伤口敷料，其主要成分是纤维素，但它的缺点是只能吸收已经流出的血，却不能阻止血液继续流出。现在市场上有一种新型的伤口敷料，虽然也是一种多糖，但它可以启动凝血和阻止血液继续流出，这种多糖就是由自然界广泛存在的几丁质或甲壳素加工而成的。

甲壳素是无脊椎动物（如虾）外骨骼的主要成分，它由 N-乙酰葡糖胺聚合而成，如果其中的乙酰基去除，就得到一种叫壳聚糖的聚合物，改进的止血敷料就是由它加工而成。与纤维素不同的是，壳聚糖上的每一个单糖单位都带有一个氨基，这个氨基在生理 pH 下发生质子化而带正电荷，于是，壳聚糖就成了带有大量正电荷的多聚物。由于在红细胞膜的表面带有净的负电荷，相反电荷的吸引，可产生血液凝块，而有助于止血。壳聚糖敷料粘在伤口上，可进一步提供保护。由纤维素做成的纱布敷料，呈电中性，不会和红细胞膜上带负电荷的基团产生静电吸引力。

壳聚糖很容易从虾壳中制备，由它制成的敷料在市场上已有销售。美国陆军最初将其用于伊拉克战场，被证明很有用，相信将来的应用会越来越广。

第三节 糖缀合物

糖缀合物是指糖与非糖物质以共价键相连而形成的复合物。根据非糖物质的化学本质，糖缀合物可以分为糖蛋白、蛋白聚糖、肽聚糖和糖脂。

一、糖蛋白和蛋白聚糖

糖蛋白（glycoprotein）和蛋白聚糖（proteoglycan，PG）都是由蛋白质与糖通过共价键相连而形成的复合物，两者都可以看成是蛋白质翻译后发生糖基化修饰的产物。它们的差别在于，前者糖含量占总重量的 1%～60%，由多种短的具分支的寡糖链组成；后者糖含量可达总重量的 98%，主要由无分支的糖胺聚糖链组成，糖胺聚糖链多到 100 个以上，有时相对分子质量很大，可达 3×10^3 kD。

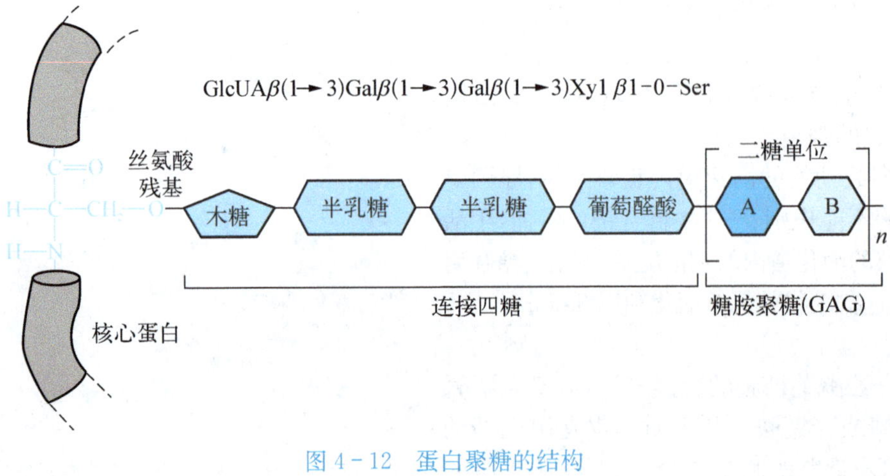

图 4-12 蛋白聚糖的结构

与糖胺聚糖共价结合的蛋白质称为核心蛋白(图 4－12)。有时,与核心蛋白共价结合的糖胺聚糖不止一种,这样的蛋白聚糖称为多配体蛋白聚糖。

蛋白聚糖的主要功能包括:① 调节分泌蛋白的活性;② 形成带电的多孔凝胶,限制或促进某些物质的通过;③ 与某些生长因子结合,调节它们的活性;④ 在细胞表面作为辅助受体。

糖蛋白是由寡糖链还原端的残基与多肽链特定的氨基酸残基通过糖肽键相连而成,糖肽键主要有 N－型和 O－型(图 4－13)。其中,O－型糖肽键是由寡糖链还原端残基的半缩醛羟基(一般是 α－GalNAC)与多肽链 Ser/Thr 残基的羟基形成;N－型糖肽键是由寡糖链还原端 β－GlcNAc 残基的半缩醛羟基与多肽链 Asn 的酰胺 N 形成。

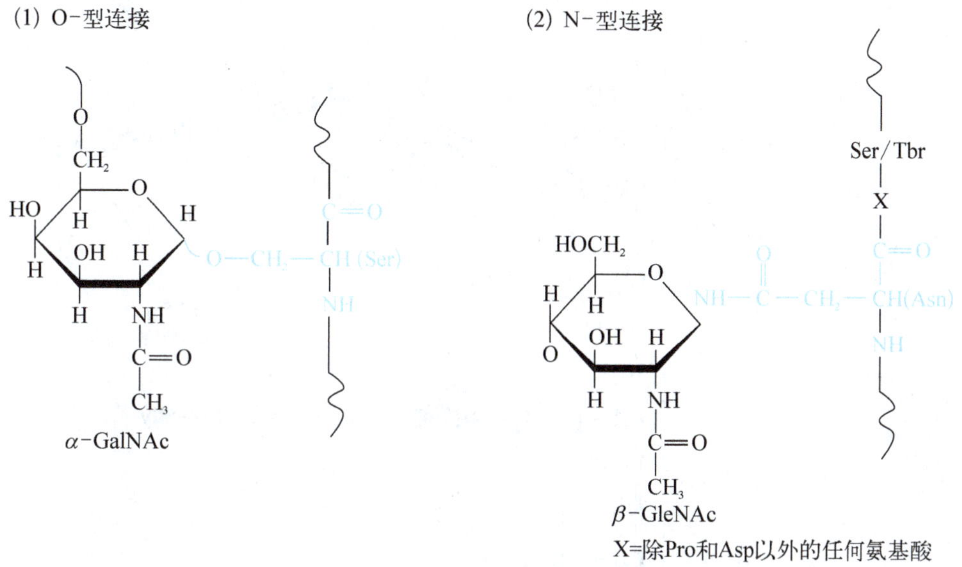

图 4－13　糖蛋白中寡糖基与蛋白质之间的连接方式

糖蛋白中的寡糖链除了对蛋白质的稳定性、溶解性等理化性质有影响以外,还参与多种生物学功能,如分子识别、信号转导、多肽链折叠、蛋白质翻译后的分拣和定向转运等。

许多糖蛋白为分泌蛋白和膜蛋白,例如,促红细胞生成素和卵泡刺激素为分泌性糖蛋白,大多数水溶性激素的受体为整合在质膜上的糖蛋白。如果糖蛋白整合在质膜上,就会与质膜上的另外一种糖缀化合物(糖脂)一样,其寡糖链部分面向胞外。这些寡糖链在细胞的表面,相当于是一种分子天线,参与细胞与细胞之间的相互作用、细胞识别、细胞黏附以及信号转导。有时,糖蛋白分子上的寡糖链在某些细胞的表面会形成一个保护性的薄层,如小肠黏膜细胞表面的糖萼可以保护细胞免受蛋白酶的消化。

在许多生物体内,有一类叫凝集素(lectin)的蛋白质可以识别和结合特定的寡糖链。例如,来自刀豆中的凝集素——刀豆素 A(concanavalin A, Con A)就专门识别非还原端是甘露糖或葡萄糖的寡糖链。有些病毒在感染期间,会使用凝集素附着到宿主细胞表面,例如,H5N1 禽流感病毒毒株中的 H 表示的就是一种叫血凝素的凝聚素(hemagglutinin),流感病毒就是通过它识别和结合宿主细胞膜上含有唾液酸的受体糖蛋白而启动感染过程的。

二、肽聚糖

肽聚糖(peptidoglycan)又称黏肽(mucopetide),是细菌细胞壁中的一种特殊成分,主要是由 *N*－乙酰葡糖胺(NAG)、*N*－乙酰胞壁酸(NAM)以及短肽构成。古菌一般没有肽聚糖。NAG 和 NAM 两种氨基糖经 β－1,4 糖苷键连接,间隔排列形成聚糖骨架,短肽则靠肽键连接在聚糖骨架的 NAM 上。相邻的肽链之间再由肽桥或肽链(如五聚甘氨酸桥)联系起来,组成一个机械性很强的网状结构(图 4－14)。不同种类的细菌,组成肽聚糖的聚糖骨架相同,但短肽的组成和相邻短肽间的连结方式不同。短肽并不是在核糖体上合成的,因此会有 D 型氨基酸。例如,金黄色葡萄球菌的短肽由 *L*－Glu、*D*－Glu、*L*－Lys 和 *D*－Ala 组成。短肽中含有 D 型氨基酸可以防止宿主体内的蛋白酶对它的降解,因为一般的蛋白酶只水解由 L 型氨基酸形成的肽键。

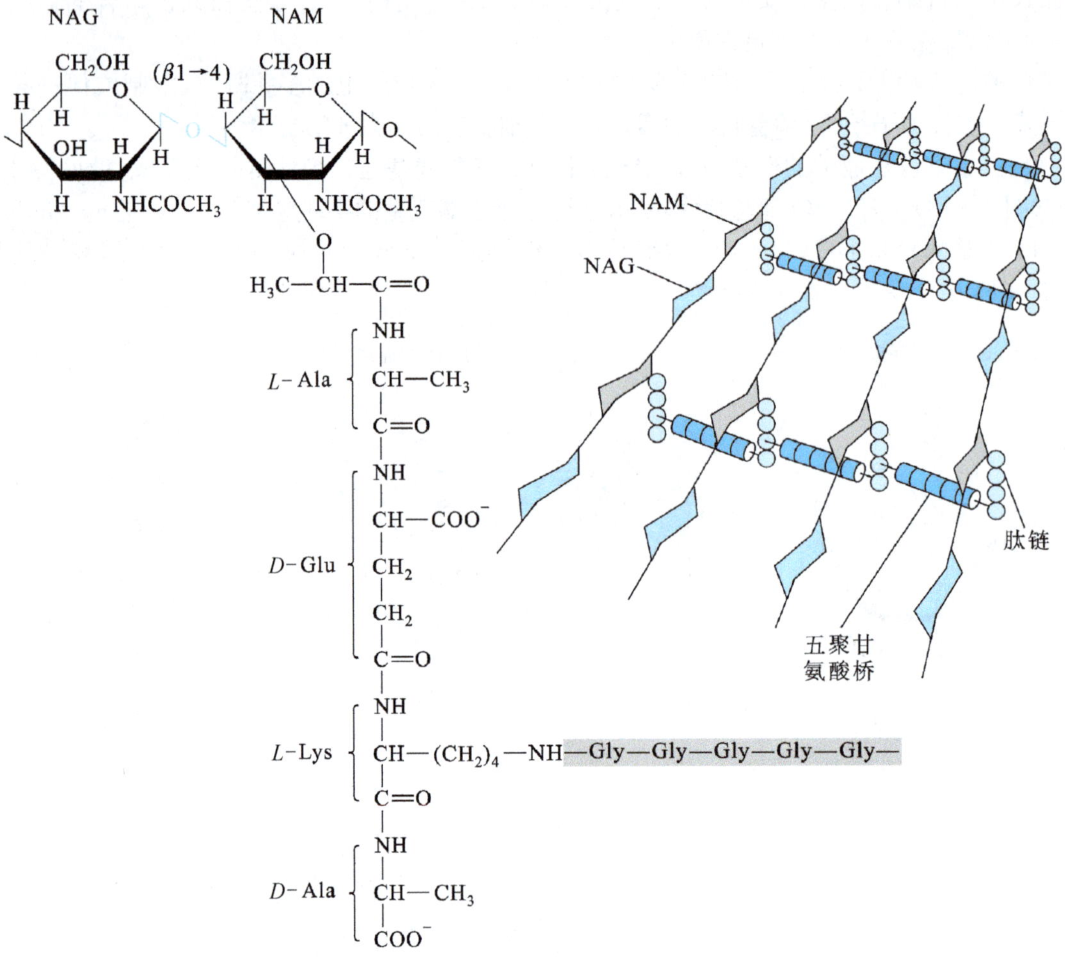

图 4-14 肽聚糖的结构

肽聚糖是许多酶和抗生素的作用目标。例如，溶菌酶、葡萄糖球菌溶素能水解 NAG 和 NAM 之间的糖苷键，从而导致细胞壁解体；青霉素、头孢菌素能干扰短肽链间的联结；磷霉素(phosphonomycin)、环丝氨酸能抑制聚糖骨架的合成，造成细胞壁缺陷，导致细菌在低渗溶液中极易破裂而死亡。

三、糖脂

参见第五章脂类的结构与功能。

推荐网址

1. http: //themedicalbiochemistrypage. org/carbohydrates. html
2. http: //en. wikipedia. org/wiki/Carbohydrate
3. http: //chemed. chem. purdue. edu/genchem/topicreview/bp/1biochem/carbo5. html
4. http: //www2. chemistry. msu. edu/faculty/reusch/virttxtjml/carbhyd. htm

参考文献

1. Dijkstra B W, et al. Crystal structure of a 117 kDa glucansucrase fragment provides insight into evolution and product specificity of GH70 enzymes. *Proc. Natl. Acad. Sci.*, 107:21406-21411,2010.
2. Lundt I. Oxidation, reduction and deoxygenation of carbohydrates. *Glycoscience*, 1:53-61,2001.
3. Schockman G D, Durst R W. Structure, function and assembly of cell walls of Gram-positive bacteria. *Annu. Rev. Microbiol.*, 37:501-527,1983.

思考题

1. α-*D*-甘露糖是甜味的单糖，然而由它配制的溶液放置一段时间以后，甜味会慢慢失去，反而变得越来越苦，为什么？
2. 假定每一个单糖都以吡喃环形式存在，那将一个葡萄糖、一个甘露糖和一个半乳糖连接起来可以形成多少种不同的寡糖？
3. 去除木纸浆中的木质素(lignin)，将随后的纤维素纤维形成纸张就是造纸。造纸厂的工人经常可以观察到：没有处理过的纸张受水打湿以后便失去大部分强度，但如果用油打湿就不会这样。试解释上述现象。
4. 葡萄糖氧化酶催化葡萄糖的氧化。此酶对于β-*D*-葡萄糖是高度特异性的，对α-*D*-葡萄糖不起反应。然而，这种酶经常被临床上用来测定血糖(β-*D*-葡萄糖和α-*D*-葡萄糖的混合物)浓度，为什么？
5. 直链淀粉和纤维素都是葡萄糖的多聚物，但两者的物理性质差别很大，为什么？
6. 如何确定一种直链淀粉样品的聚合度(即每条链上的葡萄糖残基的平均数目)？
7. 下图是β-*D*-核糖溶于水以后发生的变旋曲线，请给以解释。

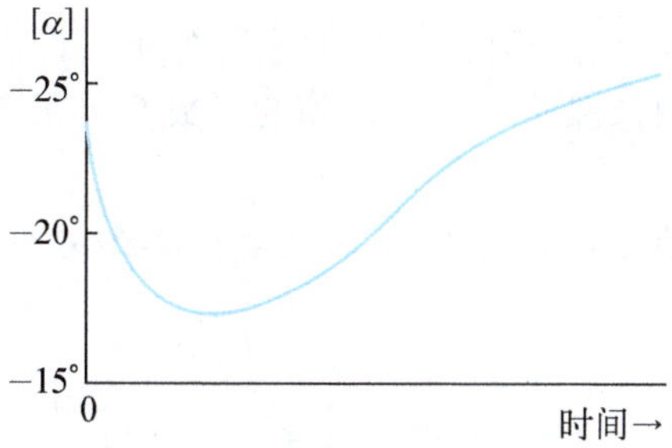

第 5 章

脂类的结构与功能

脂类(lipid)是一类几乎不溶于水而溶于有机溶剂的生物分子。许多脂类具有两亲性质,即分子中既含有亲水头部,又含有疏水尾巴,这种两亲性质对于生物膜的形成至关重要。因此,脂类是生物膜结构的重要组成成分。

本章将主要介绍几种重要脂类的结构与功能,同时还会简单介绍两亲性脂与生物膜的关系以及生物膜的性质和功能。

第一节 脂 类

大多数脂类的化学本质是脂肪酸和醇所形成的酯类及其衍生物。参与脂类组成的脂肪酸一般是中、长链脂肪酸;参与脂类构成成分的醇包括甘油(丙三醇)、鞘氨醇、高级脂肪醇和固醇。

一、脂类的分类

脂类是根据溶解性定义的一类生物大分子,化学组成变化较大,按照化学组成大体可分为三类。

1. 单纯脂

单纯脂(simple lipid)由脂肪酸和甘油构成,分两类:① 三酰甘油或甘油三酯,即脂肪,由 1 分子甘油和 3 分子脂肪酸缩合而成;② 蜡,主要由高级脂肪醇和长链脂肪酸构成。

2. 复合脂

复合脂(compound lipid)分子组成中除含有脂肪酸和醇类外,还含有其他组成成分。主要包括:

- 磷脂:磷脂分子中含有磷酸和含氮碱(如胆碱、乙醇胺)。根据醇的组成成分不同,磷脂又可分为甘油磷脂和鞘氨醇磷脂;
- 糖脂:其组成中含有糖类,并因醇的组成不同,又分为鞘糖脂和甘油糖脂。

鞘氨醇磷脂和鞘糖脂合称鞘脂类(sphingolipid)。

3. 异戊二烯类脂

这一类脂由多个异戊二烯单位聚合而成,一般包括:

- 固醇类(甾类):例如,固醇(甾醇)、胆酸、性激素、肾上腺皮质激素;
- 萜类:例如,许多天然色素(如胡萝卜素)、香油精、天然橡胶等;
- 脂溶性维生素 A、D、E、K。

二、脂类的结构

1. 脂肪酸

脂肪酸(fatty acid, FA)是由一条长的烃链和一个末端羧基组成的羧酸(图 5-1)。常见的脂肪酸又分为饱和脂肪酸(saturated FA)和不饱和脂肪酸(unsaturated FA)两大类。

- 饱和脂肪酸:烃链的碳键完全为 H 所饱和的脂肪酸称饱和脂肪酸。软脂酸、硬脂酸、花生酸等都属于饱和脂肪酸。
- 不饱和脂肪酸:烃链的碳键含一个或多个双键的脂肪酸为不饱和脂肪酸。油酸、亚油酸、亚麻酸、花

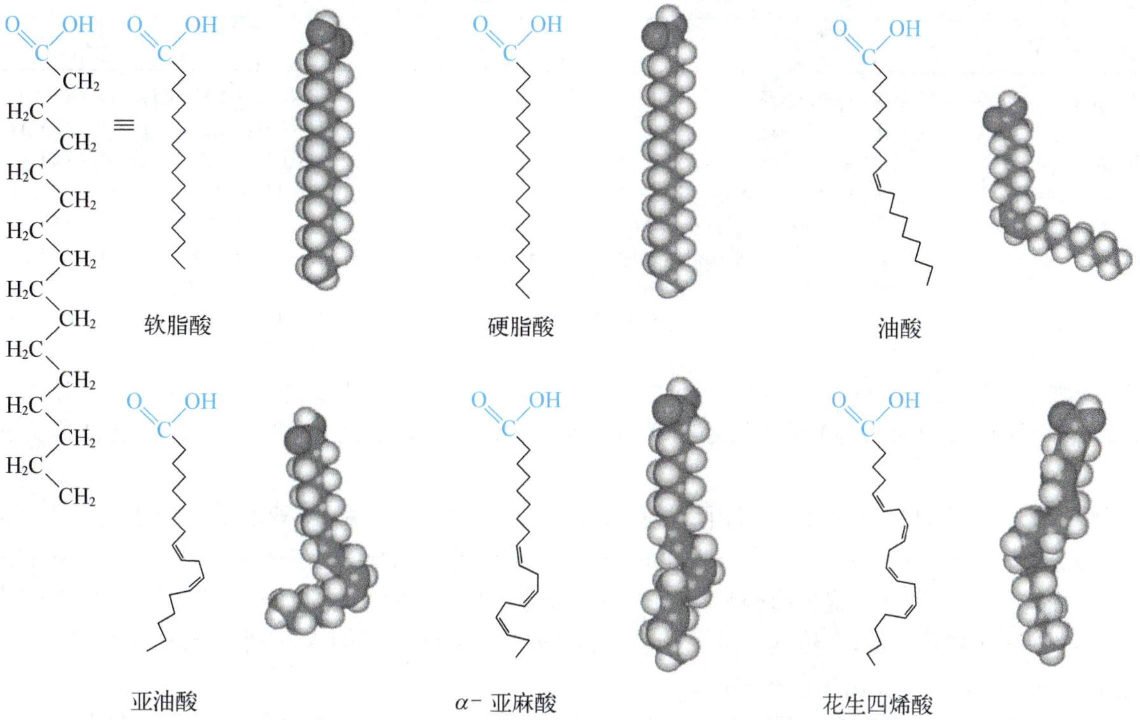

图 5-1 几种典型脂肪酸的化学结构式与立体模型

生四烯酸等都属于不饱和脂肪酸。

饱和脂肪酸与不饱和脂肪酸构象不同，饱和脂肪酸中每个单键都可自由旋转，所以其烃链的柔性很大，可以多种构象形式存在。而完全伸展的烃链相邻原子空间位阻最小，能量最低，是饱和脂肪酸最常见的构象。这种完全伸展的构象使脂肪酸近似以晶状排列。不饱和脂肪酸烃链由于具有双键（通常为顺式），不能自由旋转，出现一个或多个结节，分子间相互作用较之饱和脂肪酸减弱，熔点相对变低。

脂肪酸和含脂肪酸化合物的物理性质很大程度上取决于脂肪酸烃链的长度与不饱和程度：同样链长的不饱和脂肪酸的熔点比饱和脂肪酸低，且双键越多，熔点越低。室温下，含不饱和脂肪酸比较多的脂类以液体方式存在（如植物油）；比较少地以固体形式存在（如动物脂肪）。不饱和脂肪酸容易起卤化和氢化等化学反应。

不同脂肪酸之间的主要区别在于烃链的长度（碳原子数目）、双键数目和位置。每个脂肪酸有通俗名（common name）、系统名（systematic name）和简写符号。

简写方法：先写出脂肪酸的碳原子数目，再写双键数目，两个数目之间用冒号（：）隔开。双键位置用△右上标数字表示，数字是指组成双键的两个碳原子从羧基端开始计数序号较低者，并在号码后面用 c（cis，顺式）和 t（trans，反式）标明双键的构型（表 5-1 和表 5-2）。

表 5-1 常见的饱和脂肪酸

通俗名	系统名	简写符号	结构
酪酸（butyric acid）	*n*-丁酸	4：0	$CH_3(CH_2)_2COOH$
羊油酸（caproic acid）	*n*-己酸	6：0	$CH_3(CH_2)_4COOH$
羊脂酸（caprylic acid）	*n*-辛酸	8：0	$CH_3(CH_2)_6COOH$
月桂酸（lauric acid）	*n*-十二酸	12：0	$CH_3(CH_2)_{10}COOH$
豆蔻酸（myristic acid）	*n*-十四酸	14：0	$CH_3(CH_2)_{12}COOH$
软脂酸（棕榈酸）（palmitic acid）	*n*-十六酸	16：0	$CH_3(CH_2)_{14}COOH$
硬脂酸（stearic acid）	*n*-十八酸	18：0	$CH_3(CH_2)_{16}COOH$
花生酸（arachidic acid）	*n*-二十酸	20：0	$CH_3(CH_2)_{18}COOH$

表 5-2 常见的不饱和脂肪酸

通俗名	系统名	简写符号	结构
棕榈油酸(palmitoleic acid)	十六碳-9-烯酸(顺)	16：$1\Delta^{9c}$	$CH_3(CH_2)_5CH{=}CH(CH_2)_7COOH$
油酸(oleic acid)	十八碳-9-烯酸(顺)	18：$1\Delta^{9c}$	$CH_3(CH_2)_7CH{=}CH(CH_2)_7COOH$
亚油酸(linoleic acid)	十八碳-9,12-二烯酸(顺,顺)	18：$2\Delta^{9c,12c}$	$CH_3(CH_2)_4(CH{=}CHCH_2)_2(CH_2)_6COOH$
α-亚麻酸(α-linolenic acid)	十八碳-9,12,15-三烯酸(全顺)	18：$3\Delta^{9c,12c,15c}$	$CH_3CH_2(CH{=}CHCH_2)_3(CH_2)_6COOH$
γ-亚麻酸(γ-linolenic acid)	十八碳-6,9,12-三烯酸(全顺)	18：$3\Delta^{6c,9c,12c}$	$CH_3(CH_2)_4(CH{=}CHCH_2)_3(CH_2)_3COOH$
花生四烯酸(arachidonic acid)	二十碳-5,8,11,14-四烯酸(全顺)	20：$4\Delta^{5c,8c,11c,14c}$	$CH_3(CH_2)_4(CH{=}CHCH_2)_4(CH_2)_2COOH$
EPA	二十碳-5,8,11,14,17-五烯酸(全顺)	20：$4\Delta^{5c,8c,11c,14c,17c}$	$CH_3CH_2(CH{=}CHCH_2)_5(CH_2)_2COOH$
DHA(俗称脑黄金)	二十二碳-4,7,10,13,16,19-六烯酸(全顺)	22：$6\Delta^{4c,7c,10c,13c,16c,19c}$	$CH_3CH_2(CH{=}CHCH_2)_6CH_2COOH$

人体及哺乳动物能制造多种脂肪酸,但不能向脂肪酸中引入超过Δ^9的双键,因而不能合成亚油酸和α-亚麻酸,而这两种脂肪酸为人体功能所必需,必须由膳食供给。因此,亚油酸和α-亚麻酸被称为必需脂肪酸。

如果将双键的位置从ω碳原子(末端甲基碳)开始编号,那么亚油酸和α-亚麻酸就属于两个不同的多不饱和脂肪酸家族——ω-6和ω-3家族。亚油酸是ω-6家族的初始成员,在体内可转化成γ-亚麻酸及花生四烯酸。而花生四烯酸是细胞膜结构和功能的必需成分,也是生理活性物质——类二十烷化物前体。α-亚麻酸是ω-3家族初始成员,在体内可进一步转化成EPA和DHA。DHA在视网膜及大脑皮层中特别活跃,大脑中约一半DHA是在出生前积累的。

临床研究表明,ω-6家族能显著降低血清胆固醇水平,对脂肪效果一般;而ω-3家族能显著降低脂肪水平,对血清胆固醇效果不强。这其中的作用机制尚不清楚。

2. 脂肪

脂肪即三酰甘油,是甘油和脂肪酸形成的三酯,其化学通式如下:

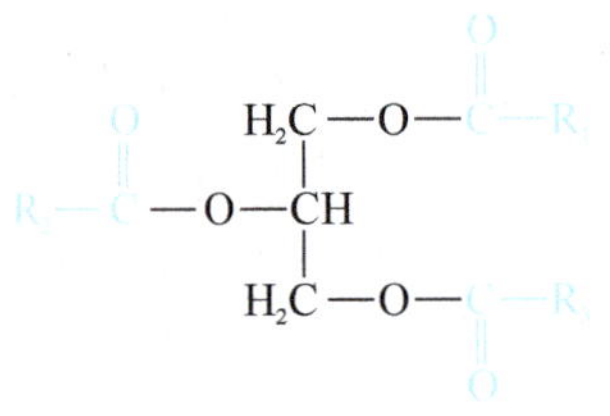

图 5-2 三酰甘油结构通式

上式中R_1、R_2、R_3为脂肪酸的烃链。若三者相同,则称为单纯三酰甘油;若任何两者不同或三者都不相同,则称为混合三酰甘油。

框 5-1 生化与健康——"以夷制夷"减肥法

有两种类型的脂肪组织:一种是白色脂肪组织——只贮存脂肪,不燃烧脂肪;另外一种就是褐色脂肪组织——含有丰富的血管和线粒体,可以将脂肪快速转变为热能。以前人们认为,只有婴儿才有褐色脂肪组织。然而,根据最新的造影技术,科学家发现成人也有褐色脂肪组织,但含量因人而异。

根据2011年10月发表在*Cell Metabolism*上的一篇论文,一种由脑细胞产生的激素——促食素(orexin)能够激活褐色脂肪组织。促食素的缺乏与肥胖有关联,因此,补充促食素将来可能会用来治疗肥胖以及一些与肥胖相关的疾病。这篇论文也解释了一部分人为什么吃得不多却照样长胖——可能天生缺乏激活褐色脂肪组织的促食素。

目前很多减肥药物作用的对象是人的食欲,而基于促食素的减肥方法将提供新型抗肥胖的药物,其作用的中心是外周燃烧脂肪的褐色脂肪组织,而不是脑中的食欲中枢。

生物学家确定一种物质功能的最佳方法是看它缺少了会发生什么。相关实验表明,通过基因敲除技术获得的缺少促食素的小鼠虽然比正常的小鼠吃得少,但体重却比正常小鼠重。相反,给缺失的小鼠补充更多的促食素，褐色脂肪组织在其出生之前可以正常形成，且一直到成年仍然有活性。而且，将促食素加到培养皿内的干细胞培养液中，可诱使它们分化成褐色脂肪组织。

这说明过度饮食并不一定就是肥胖的原因。缺失促食素的小鼠缺乏饮食诱导的产热机制。简言之，这些小鼠不能通过产热来消耗多余的热量，而只能将它们以脂肪的形式贮存起来。没有促食素，小鼠会提前发生程序性肥胖；有了促食素，褐色脂肪的形成则会被激活。在寻找缺乏促食素小鼠体内的褐色脂肪组织过程中，研究人员还发现，褐色脂肪组织在胚胎期就不能正常形成。这种缺失对能量的消耗和成年后的体重有长远的影响。

3. 磷脂

磷脂包括甘油磷脂和鞘磷脂两类，它们主要是生物膜的结构组分。

(1) 甘油磷脂

甘油磷脂(glycerophospholipid)也称磷酸甘油脂(phosphoglyceride)，其甘油骨架 C1 和 C2 位的羟基被脂肪酸酯化，第三个羟基被磷酸酯化(图 5－3)。

上式中的 X 基团可以是胆碱、乙醇胺、丝氨酸、甘油、肌醇、磷脂酰甘油等(图 5－4 和图 5－5)。如果 X 基团是胆碱，即构成磷脂酰胆碱，俗称卵磷脂；若 X 基团是乙醇胺，构成的化合物叫磷脂酰乙醇胺，俗称脑磷脂。

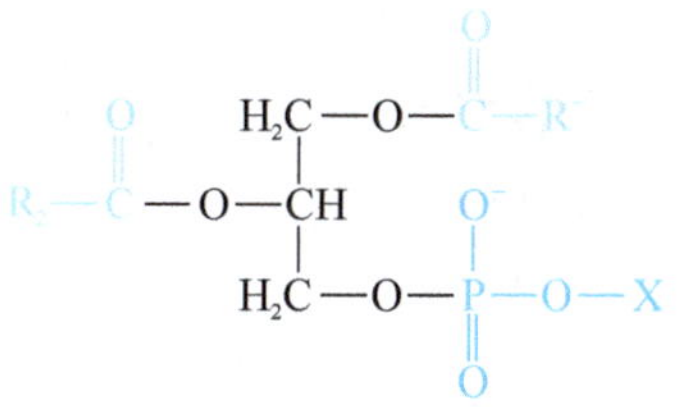

图 5－3 甘油磷脂结构通式

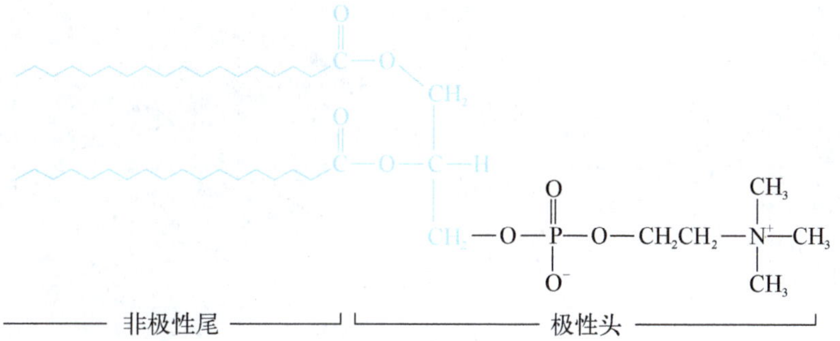

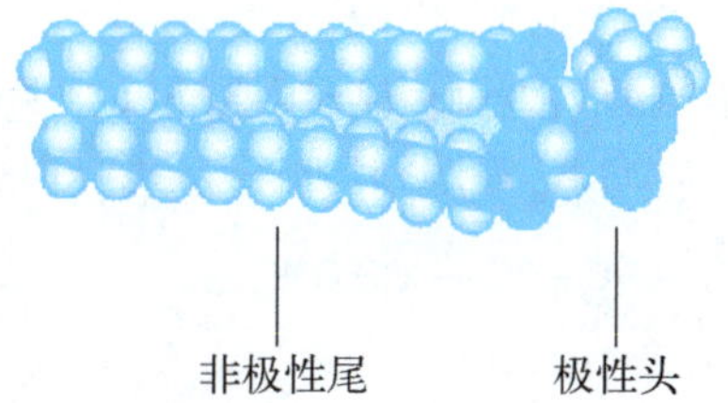

图 5－4 磷脂酰胆碱(卵磷脂)化学结构式及立体模型

甘油磷脂所含的两个长的烃链使整个分子的一部分具有非极性的性质，而甘油分子的第三个羟基通过酯键与磷酸基团和 X 基团相连，因而具有极性。通常把极性部分称为极性头，把非极性的烃长链称为非极性尾；这类具有极性头和非极性尾的化合物又称为两亲脂类。甘油磷脂的这种特殊的两亲结构特别适合作为生物膜骨架。在水溶液中，由于甘油磷脂为两亲分子，因而在水中极性基团指向水相，而非极性的烃长链部分由于对水的排斥力而聚集在一起形成双分子层的中心疏水区。这种脂双层结构在水中处于热力学的稳定状态，是构成生物膜的基本结构特征之一(图 5－6)。

甘油磷脂中有一种特殊的磷脂——醚磷脂(ether glycerophospholipid)，其 1 号位和/或 2 号位的脂酰基变成了脂醚基。含有醚磷脂的生物主要是古菌，这样可以使它们能够适应极端恶劣的环境，因为醚键比酯键更加稳定。此外，古菌的醚磷脂构型主要为 S 型，而不是细菌和真核生物的 R 型。

(2) 鞘磷脂

鞘磷脂(sphingomyelin)由鞘氨醇、脂肪酸和磷酰胆碱(少数是磷酰乙醇胺)组成。鞘氨醇已发现有 60

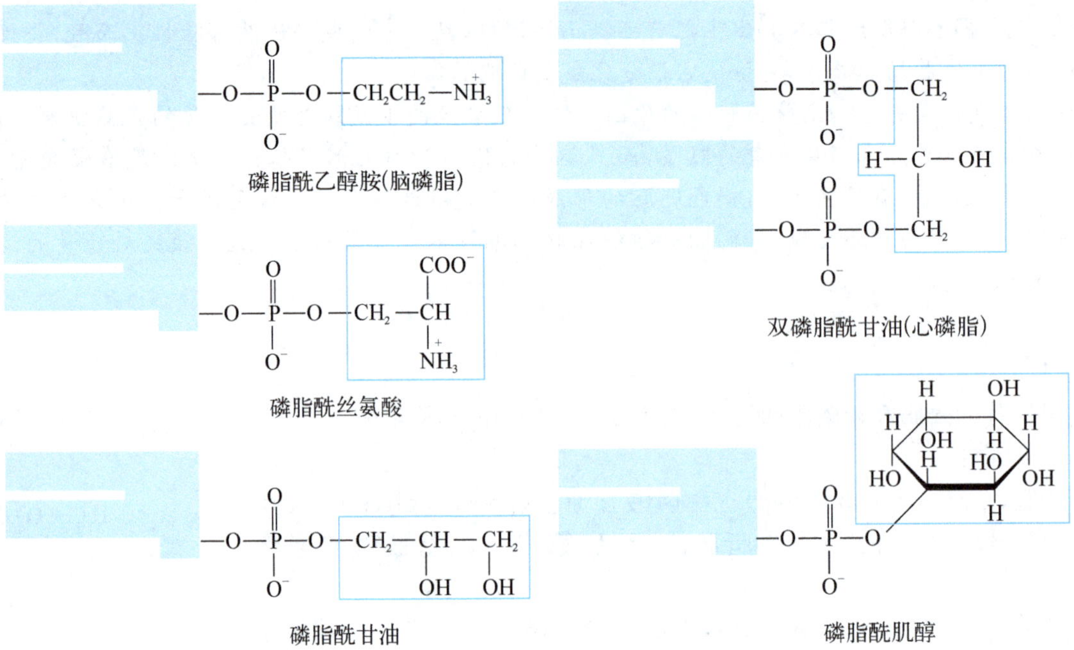

图 5－5　几种常见的甘油磷脂化学结构示意图

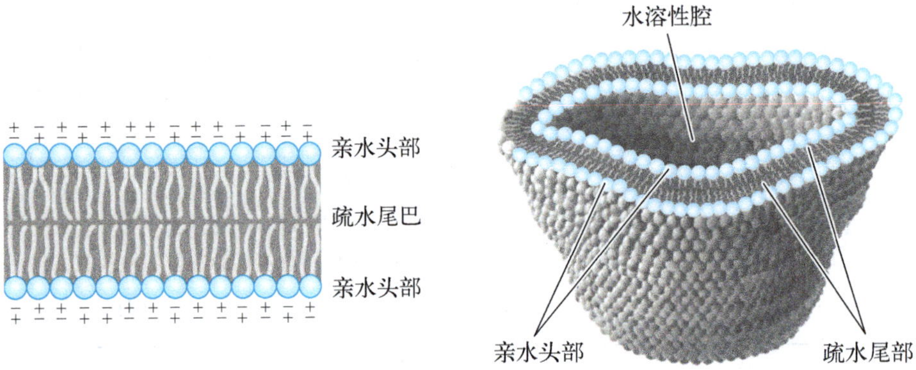

图 5－6　脂双层结构示意图

多种，哺乳动物中最常见的是 18 碳的不饱和 4－烯鞘氨醇，常称作 *D*－鞘氨醇(*D*－sphingosine)(图 5－7)。

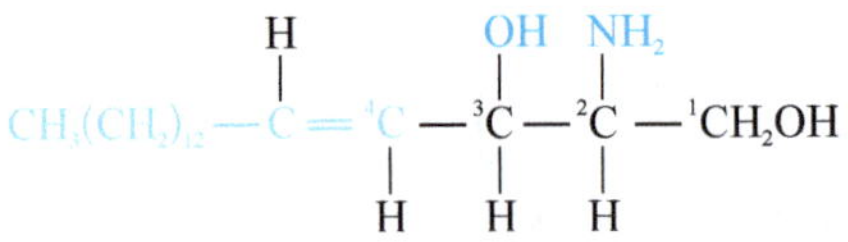

图 5－7　*D*－鞘氨醇化学结构示意图

与甘油磷脂一样，鞘磷脂也具有一个极性头和两个非极性尾(图 5－8)。

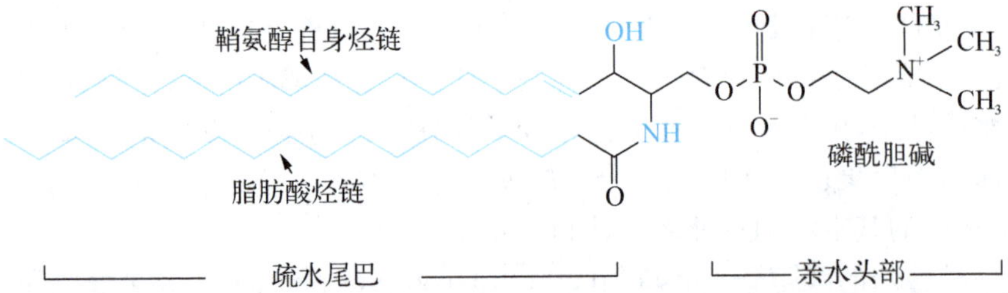

图 5－8　胆碱鞘磷脂结构示意图

(3) 糖脂

糖脂是糖通过半缩醛羟基以糖苷键与脂类相连的化合物，主要有鞘糖脂(glycosphingolipid)和甘油糖脂(glyceroglycolipid)。

鞘糖脂是以神经酰胺(ceramide)为母体的化合物,而神经酰胺是由鞘氨醇通过其氨基与脂肪酸相连而成(图5-9),因此,鞘糖脂与鞘磷脂因化合物构成中的醇都是鞘氨醇而被合称为鞘脂(sphingolipid)。

鞘糖脂可进一步分为中性鞘糖脂和酸性鞘糖脂,后者的糖基成分中含有硫酸化糖基或唾液酸。

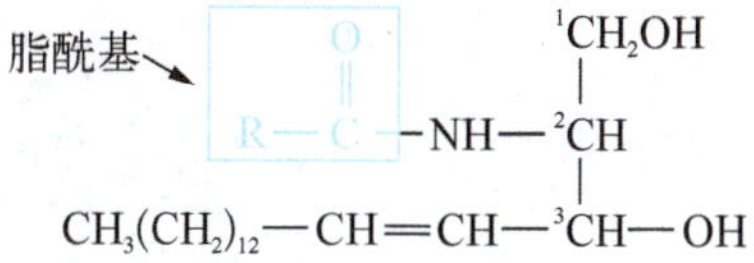

图5-9 神经酰胺结构示意图

动物细胞的质膜几乎都含有糖脂,这些糖脂大多是鞘糖脂。由于含有唾液酸的鞘糖脂广泛存在于神经节中,具有受体的功能,故又名为神经节苷脂(ganglioside, G)。神经节苷脂一般含有1~4个唾液酸,用M、D、T、Q代表,其字母下标数字表示与唾液酸相连的唾液酸以外的糖基数(多用5减去糖基数表示)。如G_{M3}代表一个唾液酸,两个糖基形成的神经节苷脂。神经节苷脂也是两亲脂类,其极性糖基组成分子的极性头,神经酰胺的鞘氨醇烃链与脂肪酸烃链构成两条非极性尾(图5-10)。

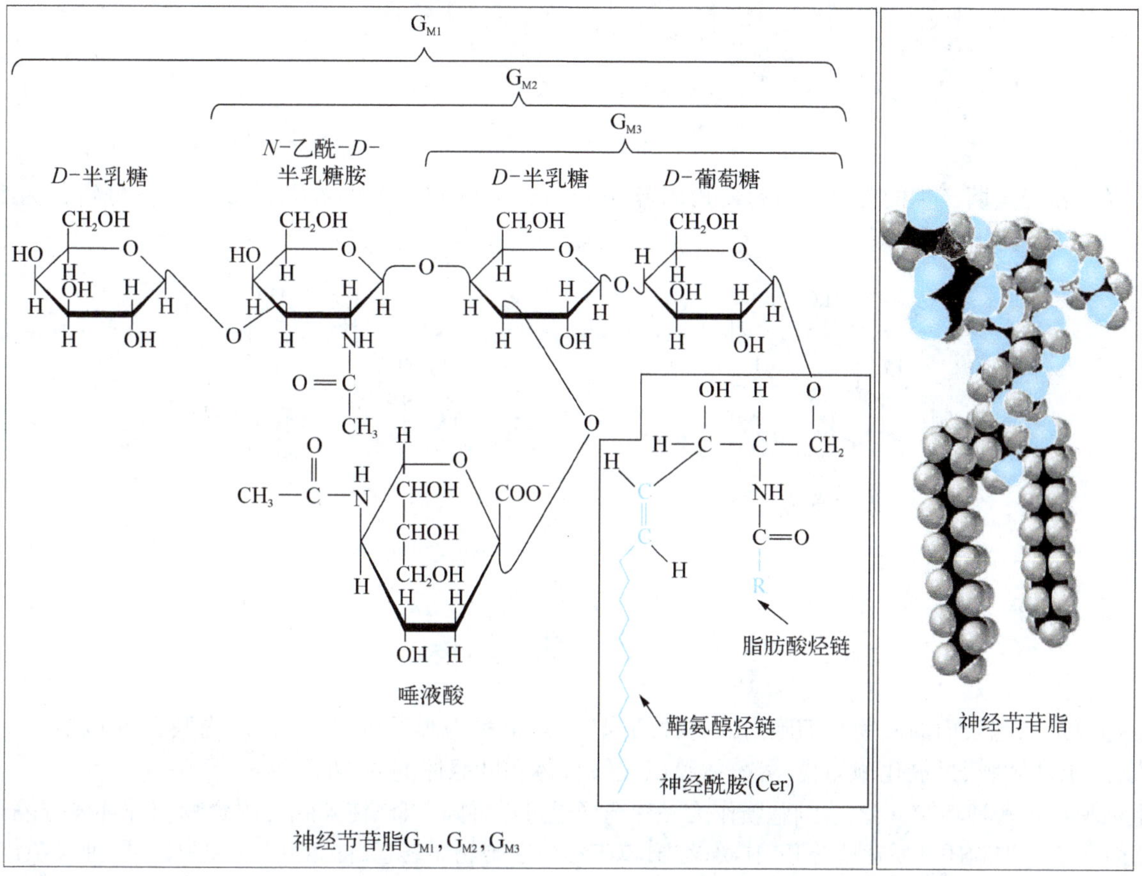

图5-10 神经节苷脂化学结构及立体模型示意图

甘油糖脂(glycosphingolipid)是由糖基通过糖苷键与二酰甘油分子上的游离羟基相连而成。单半乳糖基二酰甘油和二半乳糖基二酰甘油最为常见,主要分布于植物的叶绿体膜和微生物的细胞膜中。

(4) 类固醇

类固醇是环戊烷多氢菲的衍生物,因含有醇基而命名为固醇。其中包括胆固醇、植物固醇及其衍生物。环戊烷多氢菲是由3个六元环及1个五元环构成的,是类固醇的核心结构。

类固醇的性质与分类是由类固醇骨架的取代基团,以及碳-碳键间饱和或不饱和的程度所决定的。

胆固醇在脑、肝、肾和蛋黄中含量很高,是动物固醇中最常见的一种。整个分子只有位于3号位的羟基是亲水的,而其余部分因完全由碳氢链组成而具疏水性。由此可见,胆固醇也是一种两亲分子。胆固醇是生物膜中的重要组成成分,对控制生物膜的流动性具有重要作用;胆固醇也是合成胆汁酸、固醇类激素及维生素D等生物活性物质的前体(图5-11)。

植物中含有的是植物固醇(phytosterol),最常见的是β-谷固醇(β-sitosterol)(图5-12),其结构几乎与胆固醇一样,只是C17位上的烃链是由10个碳原子组成的,而胆固醇此处的烃链由8个碳原子组成。真

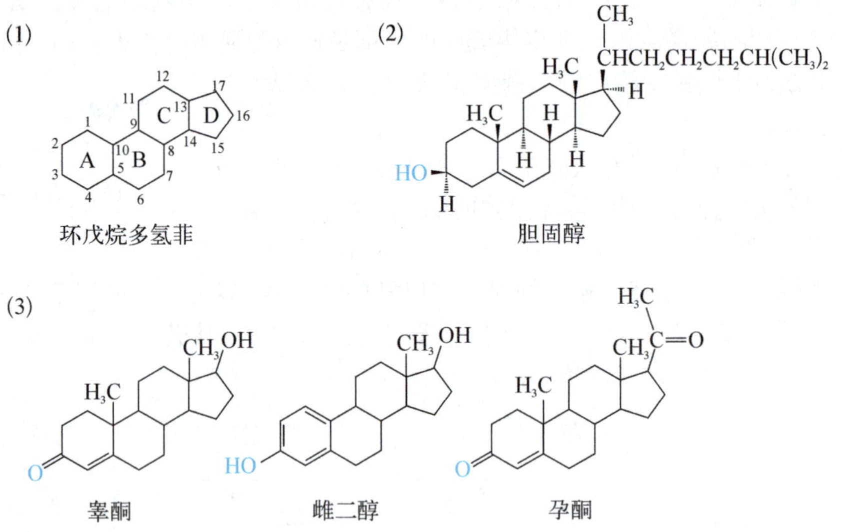

图 5-11 某些类固醇结构

菌类如酵母和麦角菌产生的常见固醇是麦角固醇(ergosterol)(图 5-12),在紫外线照射下可转化为维生素 D_2 的前体,继而转化成维生素 D_2。

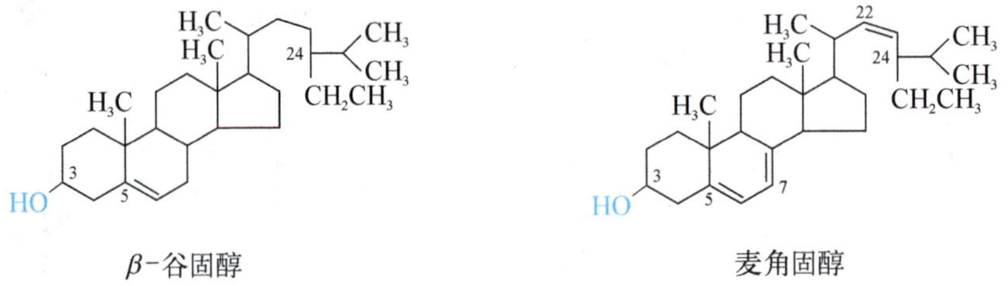

图 5-12 非动物固醇——谷固醇和麦角固醇结构

第二节 生 物 膜

生物膜是细胞表面的质膜和细胞内的各种细胞器膜(也称内膜系统)的总称。内膜系统包括:核膜、内质网膜、高尔基体膜、过氧化酶体膜、溶酶体膜以及线粒体和叶绿体的内、外膜等。

生物膜具有多种功能。首先,细胞膜作为一种选择透过性屏障,可以使细胞的内含物与外环境分隔开或使细胞器内环境与细胞质基质环境分开;其次,细胞膜还参与细胞物质转运、能量转换、细胞识别、细胞免疫、神经传导及信号转导等一系列重要的生理过程;另外,细胞膜在疾病发生及药物作用中也起至关重要的作用。

一、生物膜的化学组成和性质

生物膜的主要化学成分是蛋白质、两亲脂类和糖类,其中糖类总是与脂类和蛋白质以共价键相连。生物膜上各组分的比例随其来源和功能的不同而有很大差异。

表 5-3 生物膜的化学组成(占膜干重的%)

生物膜类型	蛋白质	脂类	糖类
神经髓鞘质膜	18	79	3
血小板细胞膜	33~42	50~51	7.5
人肝细胞膜	46	42	5~10
人淋巴细胞膜	60	40	5~10
核膜	59	35	2.9
线粒体外膜	52	48	0
线粒体内膜	76	24	0

1. 膜脂

生物膜中的脂类主要包括磷脂、胆固醇、糖脂等，它们都是两亲分子，即有亲水头部又有疏水尾部（参见脂类的结构）。这一特征决定了它们在生物膜中的脂质双分子层排列（也称脂双层）（图 5－13）。

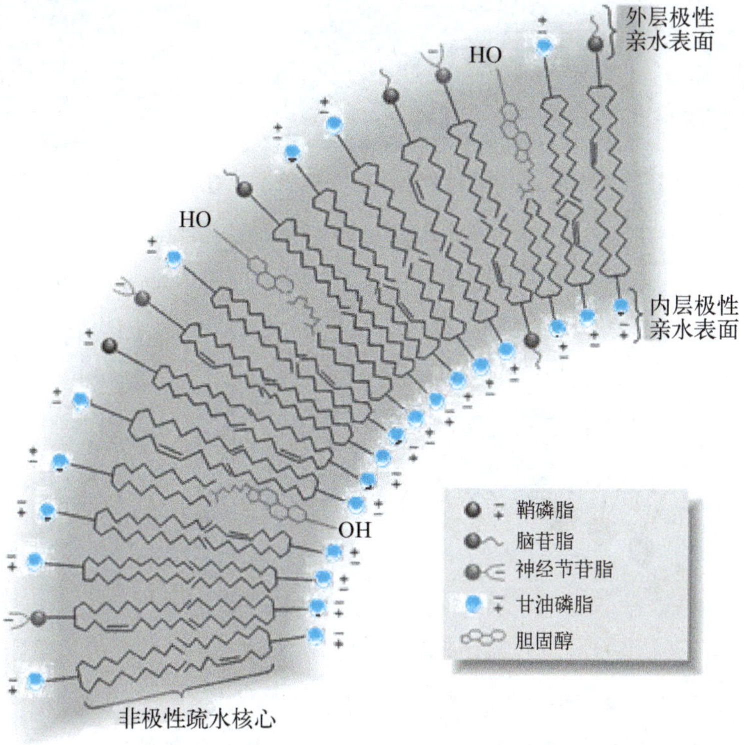

图 5－13 生物膜脂质双分子层结构示意图

组成生物膜的磷脂主要是甘油磷脂和鞘磷脂，二者的构象相似，是生物膜的主要组分，分布极其广泛。

动物细胞的质膜几乎都含有糖脂，其含量占外层膜脂的 5%左右，大多是鞘氨醇衍生物。细菌及植物细胞质膜的糖脂大都是甘油糖脂。神经节苷脂也是组成生物膜的糖脂之一，有 60 余种，具有受体的功能（参见脂类的结构）。

动物细胞膜的胆固醇含量较植物细胞高，而质膜的胆固醇含量又多于内膜系统。胆固醇参与膜脂流动性的调节。胆固醇是两亲分子，凭借含有环戊烷多氢菲的疏水尾结构，对生物膜中脂质的物理状态有一定调节作用：相变温度以上，胆固醇阻碍膜脂中脂酰链的旋转异构化运动，降低膜的流动性；相变温度以下，胆固醇阻止脂酰链的有序排列，从而降低其相变温度，防止膜向凝胶态的转化，保持膜的流动性。

膜脂是两亲分子，在水溶液中因脂类组成或环境的变化而存在结构上的多态性。以磷脂为例，其在水溶液中就可自发形成微团（micelles）、脂双层（bilayer）及双层微囊（vesicle）等不同结构（图 5－14）。其中，双层微囊又被称为脂质体（liposome）。当磷脂分散于水相时，分子的疏水尾部倾向于聚集在一起，避开水相，而亲水头部暴露于水相，形成具有双分子层结构的封闭囊泡，通称脂质体。近年来，脂质体作为一类人工膜，其理化特性十分接近天然生物膜，因而是研究生物膜结构与功能的良好材料，也被作为药物载体广泛地应用于医药研究领域。

2. 膜蛋白

膜蛋白是生物膜的又一重要组成成分，根据在膜结构中的分布，膜蛋白可分为三大类：外在蛋白（extinsic proteins）、内在蛋白（intrinsic proteins）和脂锚定蛋白（lipid-anchored proteins）（图 5－15）。

（1）外在蛋白

也称外周蛋白（peripheral proteins），分布于脂双层（外层或内层）的表面，主要是通过静电引力或非共价键与膜表面松散结合。膜外在蛋白与膜表面结合力一般较弱，采用温和手段（如改变离子强度或加入金属螯合剂）就可使之与膜分离。膜外在蛋白占膜蛋白含量的 20%～30%。

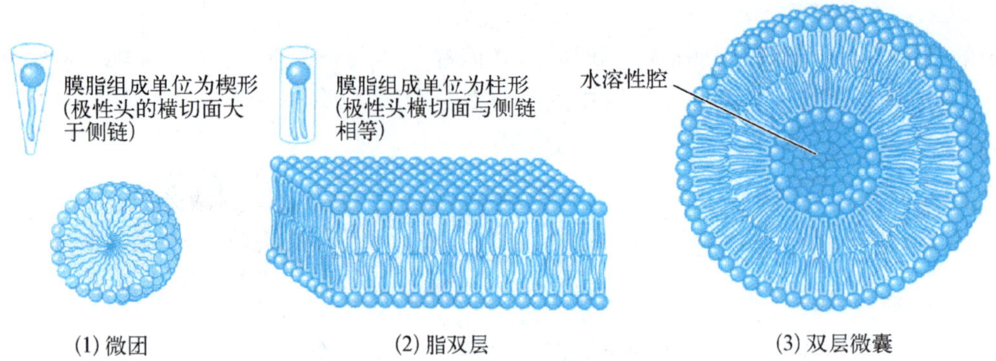

图 5-14 磷脂分子在水溶液中存在的几种结构形式

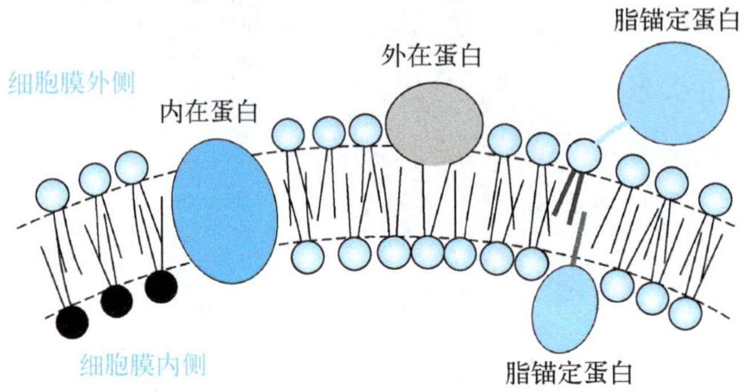

图 5-15 膜蛋白示意图

(2) 内在蛋白

膜内在蛋白具有两亲分子的性质，其亲水基团主要由极性氨基酸残基侧链提供，疏水部分主要由疏水氨基酸残基侧链提供。内在蛋白疏水部分通常插入脂双层的核心疏水区，而亲水部分则暴露在膜两侧的水相中。膜内在蛋白主要以 α-螺旋形式存在，与膜脂结合紧密，不易从膜中分离。膜内在蛋白约占膜蛋白含量的 70%～80%。膜蛋白对物质代谢、物质运输、细胞运动、信号转导、支持与保护均有重要意义。

膜内在蛋白有的部分嵌在脂双层中，有的横跨全膜。膜内在蛋白与膜结合的主要形式有：以单一 α-螺旋跨膜，以多段 α-螺旋跨膜，以蛋白质分子末端片段插膜，通过共价键结合的脂插膜。

(3) 脂锚定蛋白

这类膜蛋白通过共价相连的脂质固定到膜上，虽然并不含有跨膜的肽段，但通过共价结合的脂质与膜牢固地结合。

3. 膜糖类

生物膜上的糖类主要是以糖蛋白和糖脂的形式存在(图 5-16)，但糖类一般分布在细胞质膜表面，约占

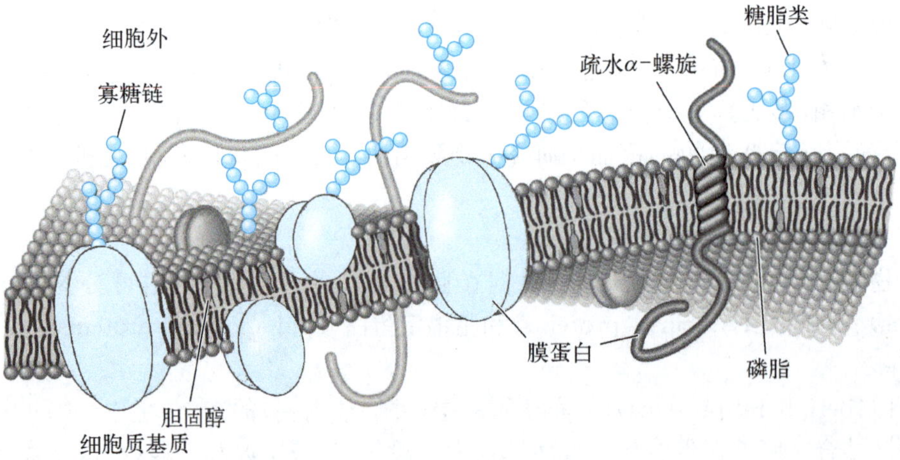

图 5-16 生物膜上各种化学组成之间的关系

质膜重量的2%～10%。

与膜蛋白和膜脂结合的糖类有：葡萄糖、半乳糖、甘露糖及岩藻糖等中性糖；N-乙酰葡萄糖胺及N-乙酰半乳糖胺等氨基糖；唾液酸等酸性糖。

二、生物膜的分子结构

生物膜是由蛋白质、脂类和糖类组成的超分子体系，其最基本的结构骨架是脂质双分子层。生物膜分子间的作用力主要有三种：静电力、疏水力、范德华力。

1. 生物膜结构的主要特征

(1) 不对称性

生物膜的不对称性包括膜脂的不对称性、膜蛋白的不对称性及膜糖类的不对称性，即构成膜组分的脂质、蛋白质和糖类在膜两侧的分布是不对称的。

(2) 流动性

生物膜的流动性是指生物膜各组分的运动状态，包括膜脂的流动性和膜蛋白的流动性。流动性是生物膜结构的主要特征，对生物膜的功能具有重要影响。例如，随着膜流动性的增强，生物膜对水和其他亲水性小分子的通透性就会增加。

膜脂的流动性涉及相变温度的概念。相变温度是指膜脂物理状态互相转变的临界温度。高于相变温度时，膜呈流动的液晶态，低于相变温度时，膜呈凝固的凝胶态(图5-17)。相变温度受膜脂中脂肪酸组成的影响：烃链短的脂肪酸和不饱和脂肪酸的含量较高时，膜脂的相变温度较低，膜呈现较好的流动性。

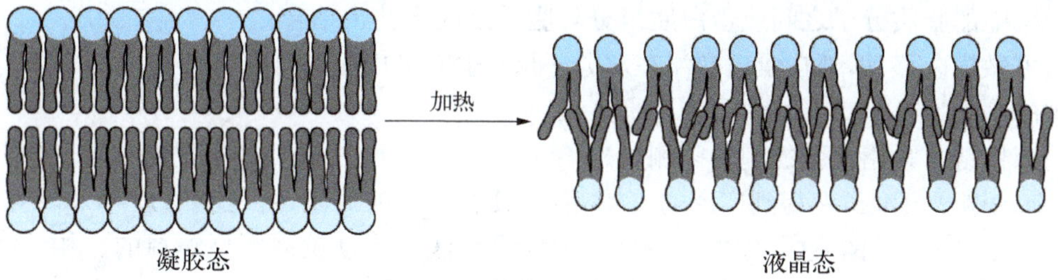

图5-17 膜脂的相变

膜脂的基本成分是磷脂，因此膜脂的流动性主要取决于磷脂。在相变温度以上时，磷脂的运动方式有如下几种：① 磷脂分子在膜内作侧向扩散或侧向移动；② 磷脂分子在脂双层中作翻转运动；③ 磷脂烃链围绕C-C键旋转而导致异构化运动；④ 磷脂分子围绕与膜平面相垂直的轴左右摆动；⑤ 磷脂分子围绕与膜平面相垂直的轴做旋转运动(图5-18)。

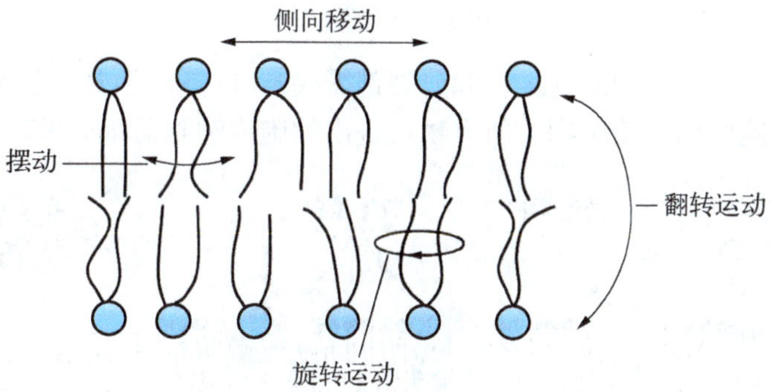

图5-18 膜脂的运动方式

膜蛋白的流动性一方面包括它的侧向扩散，即膜蛋白在生物膜二维流体空间的侧向移动。除此之外，膜蛋白还可以围绕与膜平面垂直的轴进行旋转运动。

膜脂的流动性对生物膜的内在蛋白嵌入脂双层的深度有一定影响，膜脂流动性增加时，内在蛋白会更深地嵌入脂双层，进而会影响膜内在蛋白的构象与功能，研究发现，多种病变细胞膜的流动性发生异常。另外，生物的抗寒性与生物膜的流动性也具有一定的相关性。

2. 生物膜分子结构模型

现在普遍被接受的生物膜模型是流动镶嵌模型(fluid mosaic model)。该模型由S. Jonathan Singer和Garth Nicholson于1972年提出，它最能反映生物膜化学结构与生物功能。

流动镶嵌模型(图5-19)的要点为：

- 膜结构的主体是极性的脂质双分子层，且成分呈不对称分布；

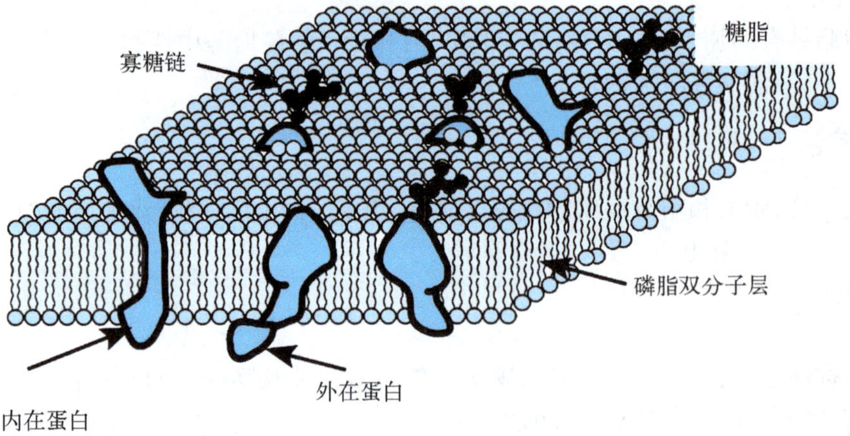

图 5-19 生物膜的流动镶嵌模型

- 由于极性脂质的疏水尾部含有一定量的饱和或不饱和脂肪酸，而这些脂肪酸在细胞的正常温度下呈液体状态，因此脂质双分子层具有流动性；
- 膜的内在蛋白表面具有疏水的氨基酸侧链基团，故可使此类蛋白“溶解”于双分子层的中心疏水部分；
- 外在蛋白的表面主要含有亲水性 R 基侧链，可通过静电引力与带电荷的脂质双分子层的极性头部连接；
- 双分子层中的脂质分子之间或蛋白质组分与脂质之间无共价结合；
- 膜蛋白可做横向移动，外在蛋白漂浮在双分子层“海洋”的表面，而内在蛋白犹如“冰山”几乎完全浸没于烃基核心中；
- 膜上的寡糖链总是指向膜的胞外一侧。

生物膜的流动镶嵌模型虽然得到广泛的支持，但仍具有一定的局限性。比如，近年来研究发现，生物膜的各部分的流动性是不均匀的，这其中的一些生理现象是无法用流动镶嵌模型解释的。相信随着科学研究的进一步深入，今后一定会有人提出更加合理的生物膜模型。

三、物质的跨膜运输

任何细胞的生长和分裂都需要及时、不断地从周围环境中得到营养物质，与此同时还需要及时清除细胞内的代谢废物。所有物质进出细胞或细胞器都需要通过生物膜屏障。

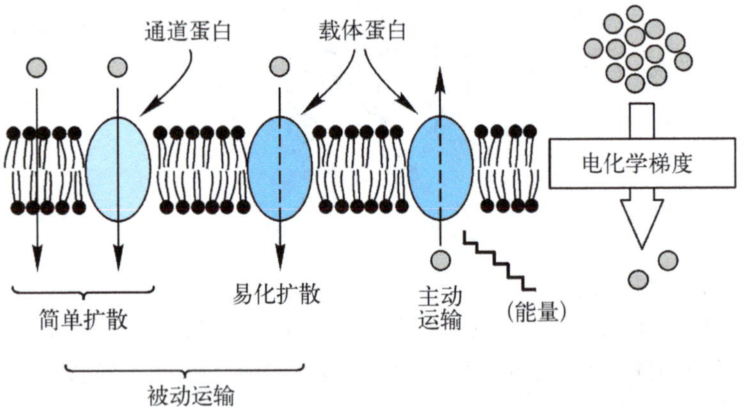

图 5-20 生物膜的运输系统

对于离子与小分子物质跨膜运输，可分为两种形式：一种是被动运输（passive transport），另一种是主动运输（active transport）（图 5-20）。两者的差别一方面是运输的方向，是逆浓度梯度还是顺浓度梯度，另外一方面是表现在运输过程中对能量的依赖性。在被动运输的时候，被运输的物质从浓度高的一侧向浓度低的一侧转移，此过程在热力学上是有利的，不需要消耗能量；而主动运输则是逆浓度梯度进行的，需要提供能量，以克服能障。

被动运输又分为简单扩散（simple diffusion）和易化扩散（facilitated diffusion），两者的差别在于后者需要蛋白质的主动参与。非极性的小分子和不带电荷的极性小分子，如各种气体（O_2、N_2、CH_4和 NO）、脂溶性激素、脂溶性维生素和乙醇，很容易通过简单扩散的方式进出细胞或细胞器，而离子和较大的极性分子，如 Na^+ 和葡萄糖，需要在由膜蛋白形成的通道(channel)和运输蛋白(transporter)的帮助下,通过通道运输或易化扩散才能出入细胞或细胞器。如果一种分子或离子通过由某些蛋白质形成的跨膜通道或孔进行运输,这就是通道运输。通道运输与简单扩散十分相似。例如,水通过单纯的脂双层膜是比较慢的,但水通道蛋白(aquaporin)则让水分子以更快的速度(每秒钟 10^9～10^{11}个水分子通过)进出细胞。

主动运输是一种直接依赖于能量并且逆浓度梯度进行的运输方式。能量的来源可能直接偶联于 ATP 的水解,或者偶联于某一离子顺浓度梯度的转移。其中,直接偶联于 ATP 水解的主动运输方式被称为初级主动运输(primary active transport),而偶联于某一离子顺浓度梯度转移的主动运输方式被称为次级主动运输(secondary active transport)。主动运输可导致某种物质在膜一侧的积累,对细胞的生命活动具有特别重要的意义。

生物大分子的跨膜运输采取与小分子物质完全不同的策略,进入细胞通过内吞(endocytosis)或胞吞,离开细胞则通过胞吐(exocytosis)。其中内吞的基本过程是:局部细胞膜内陷→包被附近的大分子→形成小囊泡→囊泡脱离细胞膜,进入胞内→囊泡与细胞内膜融合(通常是溶酶体),将内容物运输到目的地。完成内吞一般需要消耗能量,还需要细胞外液中的 Ca^{2+} 以及细胞内运动系统的协助。

推荐网址

1. http://en.wikipedia.org/wiki/Lipid
2. http://themedicalbiochemistrypage.org/lipids.html
3. http://blanco.biomol.uci.edu/Bilayer_Struc.html
4. http://www.sci.sdsu.edu/classes/biology/bio202/TFrey/MembraneStructure.html

参考文献

1. Zajchowski L D, Robbins S M. Lipid rafts. *Eur. J. Biochem.*, 269:737-752,2002.
2. Walz, et al. The 6Å three-dimensional structure of AQP1. *Nature*, 387:624-627,1997.

思考题

1. 微生物在高浓度的原油中不能生存,却能生存在原油和水的界面之间,并能有效地利用油相中的碳氢化合物,为什么?
2. 不能自身合成脂肪酸的细菌突变体需要在培养基之中提供外源的脂肪酸。假定有两种细菌培养物,每一种培育基之中都含有几种直链脂肪酸的混合物,既有饱和的也有不饱和的。脂肪酸的碳链长度为 10～20。如果一种培养物的培养温度是 18 ℃,另一种是 40 ℃,那么经过几代培养以后,两种培养物中的细菌在膜脂的组成上会有何不同?
3. 哺乳动物在特殊的生理反应中,会产生少量的溶血磷脂。这种由磷脂酶 A2 催化的反应是受到严格调控的。然而,大量的磷脂酶 A2 存在于蛇的毒液之中。如果不小心被蛇咬,蛇毒中的活性磷脂酶 A2 会产生大量的溶血磷脂,从而导致红细胞的细胞膜结构的破坏,即发生溶血现象。为什么高浓度的溶血磷脂能够破坏细胞膜结构?
4. 冬小麦种植在早秋,生长经过整个寒冷的冬季,在春天收割。随着从秋入冬,气温下降,冬小麦质膜的组成发生变化。你认为质膜的成分会发生什么变化? 为什么?
5. 预测一种完全包埋在膜内部的蛋白质与一种存在于细胞质基质中的球蛋白在结构上会有什么不同。

第 6 章

酶的结构与功能

生物体内每时每刻都在进行各种各样的化学反应，而这些反应之所以能够在温和的条件下迅速进行，是因为有酶(enzyme)的催化。酶就是生物催化剂(biocatalyst)，其化学本质主要是蛋白质，也有少数是RNA。起催化作用的RNA被称为核酶(ribozyme)。

本章将重点介绍酶的性质、酶的动力学、酶的催化机制以及酶活性的调节机制，同时还会简单介绍酶的研究方法以及维生素与辅酶的关系。

第一节　酶学概论

一、酶的研究简史

酶的研究历史占据了生物化学史的很大部分。人们对酶的研究起源于古代的食物制作。在我国夏禹时代，已经出现酿酒，周代就能制作饴糖和酱。在古埃及，人们已将发酵用于酿造和制作面包。18世纪后期，自从研究发现胃的分泌物能够消化分解肉类，人们才开始认识到生物体内的催化作用。19世纪时，科学家发现唾液和植物提取物能够将淀粉降解成单糖。1857年，Pasteur等推断酵母作用的酒精发酵是由酵素(ferments)催化的，他还推测这些酵素与酵母细胞结构是不可分离的，他的这种活力论观点盛行了几十年。然而，1897年，Eduard Buchner发现不含细胞的酵母汁同样能将糖类转变为酒精，他的实验证实了活力论是错误的。后来，Frederick W. Ktihne将Buchner发现的具有催化作用的物质命名为酶。

二、酶的化学本质和组成

1926年，Sumner第一次从刀豆中分离出催化尿素水解的脲酶(urease)(图6-1)，并得到脲酶结晶，他发现脲酶完全是由蛋白质构成的。

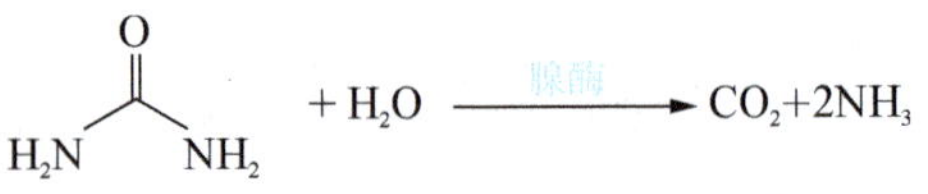

图6-1　脲酶催化的化学反应

20世纪30年代，John Northrop和Moses Kunitz获得了胃蛋白酶、胰蛋白酶及胰凝乳蛋白酶的结晶，并进行了动力学研究，确立了酶的蛋白质本质。从此，酶的本质是蛋白质成为当时科学家的共识。后来，Sumner和Northrop在1949年共同获得诺贝尔化学奖。

然而，在20世纪80年代，Thomas R. Cech在四膜虫rRNA前体中，观察到有一个395个碱基的线性RNA分子——L19 RNA具有自我剪接的双向催化作用，它既能将五聚胞苷酸(C5)降解为C4及C3，又能将C5聚合形成C6甚至达到30个胞苷酸残基的寡聚核苷酸片段，从而表明L19 RNA不但表现出核糖核酸酶(ribonuclease)活性，还表现出RNA聚合酶(RNA polymerase)活性。此外，Sidney Altman等发现从大肠杆菌的核糖核酸酶P(RNase P)中分离出的M1RNA，在高浓度Mg^{2+}存在下，能够表现出催化tRNA前体5′-端成熟的活性，将M1RNA基因进行体外转录，其转录产物RNA仍然具有催化tRNA前体成熟的活性。1992年，H. F. Noller等又证明了细菌的23S rRNA具有酶的活性，能够催化肽键的形成。

基于具有催化活性的天然RNA的发现，现在人们就酶的化学本质已达成共识：绝大多数酶属于蛋白质，少数酶属于RNA。其中具有酶活性的RNA被称为核酶。

按照化学组成，酶可分为单纯酶(simple enzyme)和结合酶(conjugated enzyme)。单纯酶(如核糖核酸酶和胃蛋白酶)是指酶中只含有蛋白质,不含其他成分。结合酶(如转氨酶、细胞色素氧化酶和乳酸脱氢酶)是指酶中除了蛋白质外,还含有一些非蛋白质成分。结合酶中的蛋白质成分称为脱辅酶(apoenzyme),非蛋白质成分称为辅助因子(cofactor)。酶蛋白和辅助因子本身无催化活性,只有完整结合形成全酶(holoenzyme)后,才具有活性。在催化反应中,酶蛋白和辅助因子所起的作用是不同的,酶催化反应的专一性取决于酶蛋白,而辅助因子对电子、原子或某些化学基团起传递作用。辅助因子包括金属离子和有机小分子化合物,如乙醇脱氢酶需要 Zn^{2+} 、丙酮酸脱氢酶需要硫胺素焦磷酸。根据辅助因子与蛋白质部分结合的牢固程度不同,将辅助因子分为辅酶(coenzyme)和辅基(prosthetic group)。通常把与酶蛋白结合比较松弛的,用透析法或超滤法可以除去的小分子有机物称为辅酶。与酶蛋白结合比较紧密的,用透析法不易除去的小分子物质称为辅基。因此,辅酶和辅基并无严格的界限。

根据酶蛋白分子的结构特点,酶可分为单体酶(momomeric enzyme)、寡聚酶(oligomeric enzyme)、多酶复合体(multienzyme complex)。单体酶只有一条肽链,如溶菌酶、核糖核酸酶、木瓜蛋白酶、胰蛋白酶和羧肽酶 A;寡聚酶由几个或多个亚基组成,亚基之间以非共价键结合,用 SDS 等去污剂处理就可以把它们彼此分开,如糖原磷酸化酶 a、已糖激酶、乳酸脱氢酶、醛缩酶;多酶复合体是由几个酶嵌合形成的复合体,这样有利于提高酶催化的效率,同时便于对酶进行调控,多酶复合体的相对分子质量都在几百万以上,常见的多酶复合体有丙酮酸脱氢酶复合物和脂肪酸合成酶复合体。

三、酶的催化特性

酶和一般催化剂一样,能够加快化学反应的速度,缩短达到化学反应平衡的时间,但不改变化学反应的平衡点。酶在化学反应中本身不被消耗,参加完一次化学反应后,酶分子立即恢复到原来的状态,继续参与反应。但和一般催化剂相比,酶有一些特有的性质。

1. 高效性

酶催化的反应速度比未催化的反应速度高 10^8～10^{20} 倍,比其他一般催化剂催化的反应速度高 10^7～10^{13} 倍。图 6-2 表明了不同催化剂下的糖苷水解速率:分子内酸催化糖苷水解速率大约是酸催化糖苷水解速率的 7.4×10^2 倍,而酶催化糖苷水解速率大约是分子内酸催化糖苷水解速率的 2.9×10^4 倍。

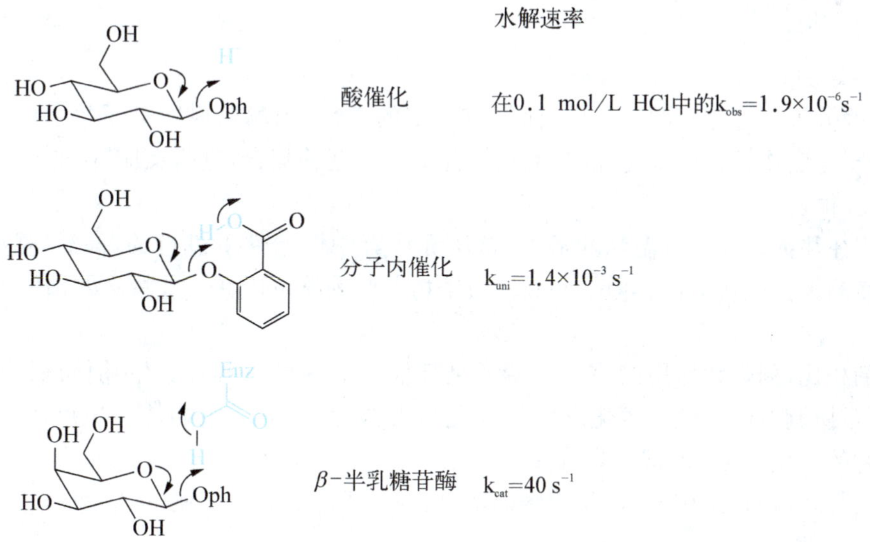

图 6-2　不同催化剂下的糖苷水解速率

2. 专一性

专一性(specificity)是指酶催化的反应物或催化的反应有严格的专一性。酶催化的反应物通常称为底物(substrate)。专一性一般有四种类型:① 绝对专一性(absolute specificity)——酶只能催化一种底物,例如脲酶只能催化尿素的水解;② 基团专一性(group specificity)——酶催化的键两端的基团要求有一个特定基团,例如 α-*D*-葡糖苷酶;③ 键专一性(linkage specificity)——酶催化的底物要求有特定的键,例如酯酶只能催化酯的水解;④ 立体异构专一性(stereospecificity)——包括旋光异构专一性和几何异构专一性,前者指的是酶只作用于底物的其中一种旋光异构体，例如，L-氨基酸氧化酶只能催化L-氨基酸的氧化，对D-氨基酸的氧化不起作用，后者指的是酶只作用于底物的其中一种几何异构体，例如，琥珀酸脱氢酶催化琥珀酸脱氢只能产生反丁烯二酸，而不能产生顺丁烯二酸。酶的立体异构专一性还表现在它能够区分假手性C上的两个等同基团。它只能催化其中的一个，而对另一个不起作用。例如，猪肝酯酶和猪胰脂肪酶只能各自催化一个酯键的水解(图6-3)。

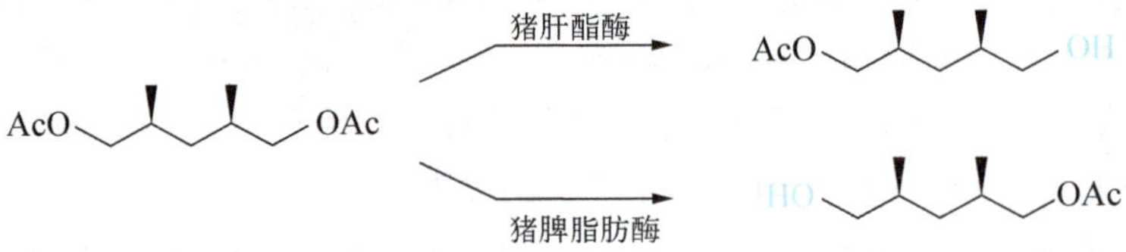

图6-3 酶水解反应的立体异构专一性

通常有两种模型解释酶的专一性：

(1) 锁匙模型(the lock and key model)

该模型把酶比作锁，把酶的活性中心比作锁眼，把底物比作钥匙，那么酶活性中心和底物在形状上是互补的(图6-4)。该模型较好地解释了立体专一性，但不能解释酶专一性中所有的现象，例如，酶不但能催化正反应，而且能催化逆反应；酶的结构不可能既适合于底物又适合于产物。

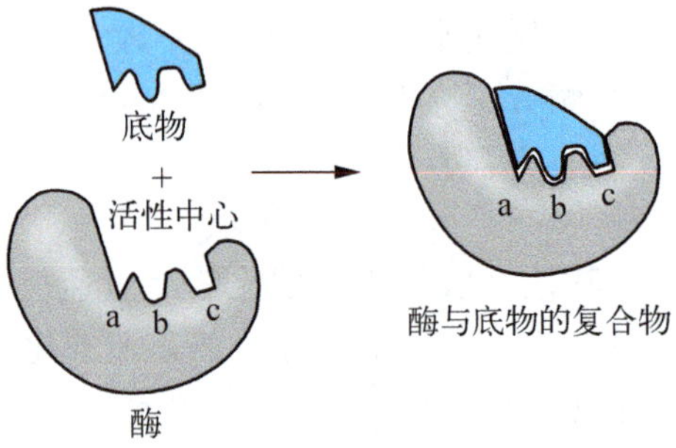

图6-4 酶与底物结合的锁匙模型

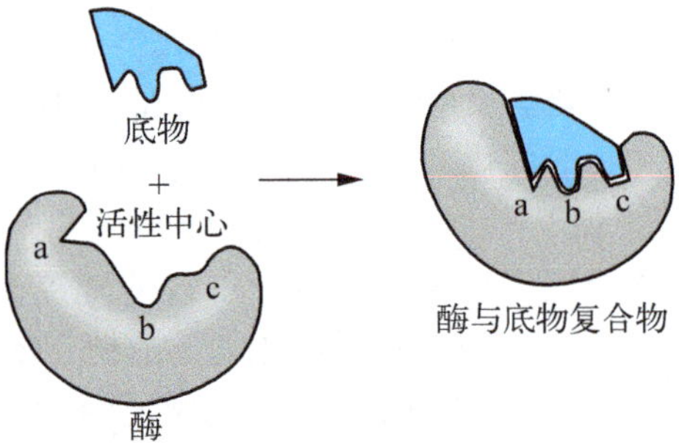

图6-5 酶与底物结合的诱导契合模型

(2) 诱导契合模型(the induced fit model)

该模型认为，酶分子不是完全刚性结构，而具有一定的柔性，当酶与底物分子接近时，酶受底物分子诱导，构象发生有利于与底物结合的变化，酶与底物在此基础上互补契合，进行反应(图6-5)。

3. 反应条件温和

酶催化的反应往往都是在比较温和的常温、常压和接近中性条件下进行的，高温、强酸、强碱、高压、重金属等因素反而使酶失去催化活性。但一些极端微生物所产的酶可以在一些特殊的条件下催化反应。

4. 酶活性的可调控性

与化学催化剂相比，酶催化作用的另一个特征是其催化活性可以调控。生物体内进行的化学反应，虽然种类繁多，但非常协调有序。任一生化反应的错乱与失调，必将造成生物体产生疾病，严重时甚至死亡。生物体为适应环境的变化，保持正常的生命活动，在漫长的进化过程中，形成了灵活多变的酶活性调节系统。酶的调控方式很多，包括别构调节、共价修饰调节、酶原激活及激素控制等。

四、酶的命名和分类

1. 酶的命名

按照国际系统命名法原则，每一种酶都有一个系统名称和一个习惯名称。系统名称标明了酶的底物和催化反应的性质。如果酶的底物有两种，那么两种底物均需表明，中间用"："分开。例如，草酸氧化酶(习惯名称)的系统名称为草酸：氧氧化酶。如果酶的其中一个底物是水，可将水省略不写。例如，乙酰辅酶A水解酶(习惯名称)的系统名称为乙酰辅酶A：水解酶。习惯名称比较简明，使用方便。绝大多数酶的习惯名称根据其底物来命名，如蛋白酶和淀粉酶。有些酶的习惯名称根据其催化的反应性质来命名，如转氨酶。

有些酶的习惯名称结合其底物和催化的反应性质来命名，如乳酸脱氢酶。有时为了区别同一类酶，还可以加上酶的来源或其他特点，如胃蛋白酶和木瓜蛋白酶以及碱性磷酸酯酶和酸性磷酸酯酶。

2. 酶的国际系统分类法和编号

根据酶催化反应的类型，国际酶学委员会（EC）把酶分为 6 大类：依次为氧化还原酶类（oxidoreductases）、转移酶类（transferases）、水解酶类（hydrolases）、裂合酶类（lyases）、异构酶类（isomerases）和连接酶类（ligases）或合成酶类（synthetases）。然后根据底物中酶催化基团或键的特点再将每一大类分为若干亚类，每一亚类又用阿拉伯数字编号。每一亚类可再分为亚亚类，仍用阿拉伯数字编号。每一种酶的分类编号由四个数字组成，数字之间由“·”隔开。第一个数字说明该酶属于 6 大类中的哪一类；第二个数字说明该酶属于大类中的哪一亚类；第三个数字说明该酶属于亚类中的哪一亚亚类；第四个数字说明该酶在亚亚类中的位置。例如，醇脱氢酶的系统名称是醇：NAD^+ 氧化还原酶，编号为 1.1.1.1，第一个数字 1 说明该酶属于氧化还原酶类，第二个数字 1 说明该酶作用于供体的 CHOH，第三个数字 1 说明该酶以 NAD^+ 或 $NADP^+$ 为受体，第四个数字 1 最终确定该酶在国际系统分类法中的准确位置。

第二节　酶动力学

酶动力学（enzyme kinetics）是研究酶促反应速率及其变化规律和影响因素的一门学科，有多种因素可影响酶促反应的速率和酶的活力。

一、酶促反应速率与酶活力

1. 酶促反应速率的测量

和一般化学反应相同，酶促反应速率（reaction velocity）用单位时间内底物浓度的减少或产物浓度的增加来表示。以不同时间的产物浓度对时间作图，可得到反应过程曲线（图 6-6）。不同时间的反应速率为对应点的曲线斜率。图 6-6 显示，反应速率在最初的时间内保持恒定，随着酶促反应时间的延长，反应速率不断下降。引起这种现象的原因有多种，如底物浓度下降、产物抑制、酶活性的变化、产物浓度增加从而加速逆反应的进行等。为了便于进行酶学研究，酶促反应速率以初速率（initial velocity）为准。

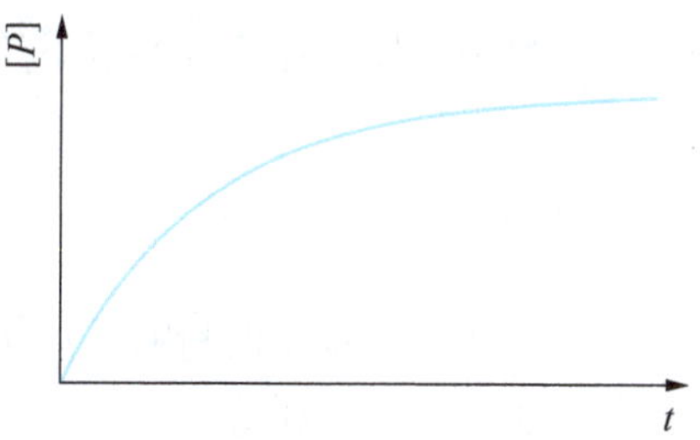

图 6-6　酶促反应过程曲线

2. 酶的活力单位

酶的多少通常用酶的活力单位（U，activity unit）来度量。1 个酶的活力单位（U）定义为在一定条件下，单位时间内转化单位量底物所需的酶量。1961 年国际酶学委员会规定：1 个酶活力国际单位（IU）是指在特定条件（温度为 25 ℃，最适 pH 和最适底物浓度等）下，1 分钟内转化 1 μmol 底物所需的酶量。1972 年国际酶学委员会又推荐了一种新的酶活力国际单位（Kat）。1 Kat 是指在最适条件，1 秒内转化 1 mol 底物所需的酶量。Kat 与 IU 之间的换算关系为：$1\ Kat = 6 \times 10^7\ IU$。

3. 酶的比活力

比活力（specific activity）可以表示酶的纯度，比活力是指每毫克蛋白质所含酶的活力单位数。有时比活力用每克酶制剂或每毫升酶制剂所含酶的活力单位数来表示。在酶学研究中，比活力是评价酶提纯效果的重要指标。

二、底物浓度对酶促反应速率的影响

1. 底物浓度和酶促反应速率的关系

1903 年，Henri 研究了底物浓度和酶促反应速率的关系，他发现当底物浓度低时，酶促反应速率与底物浓度的关系呈正比，表现为一级反应。随着底物浓度的增加，酶促反应速率不再按正比例增加，表现为混合级反应。当底物浓度增加到一定程度时，酶促反应速率几乎不变，表现为零级反应（图 6-7）。在该实验结果上，Henri 等提出“中间复合物”学说。该学说认为在酶促反应中，酶和底物先结合生成中间复合物（ES），随后生成产物(P),并释放出酶。V 对[S]的变化关系,可用该学说进行解释:在底物浓度较低时,只有少数的酶与底物作用生成中间产物,在这种情况下,增加底物的浓度,就会增加中间产物,从而增加酶促反应速率;但是当底物浓度足够大时,所有的酶都与底物结合生成中间产物,体系中已经没有游离态的酶了,在底物充分过量的条件下,继续增加底物的浓度,对于酶促反应速率显然已毫无作用。各种酶都表现出这种饱和效应,但不同的酶出现饱和效应时所需要底物浓度是不同的。

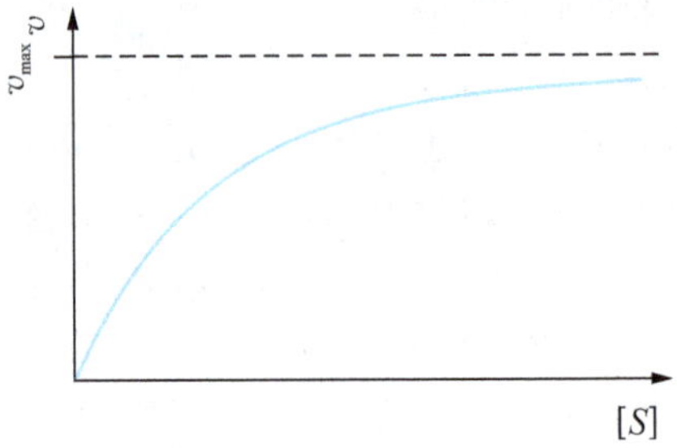

图 6-7 底物浓度和酶促反应速率的关系

2. 酶促反应的动力学方程

(1) 基于快速平衡假说——早期的米氏方程

最初,Michaelis 和 Menten 是根据"快速平衡"假说推出米氏方程。该假说的要点如下:① 在反应的初始阶段,底物浓度远远大于酶浓度,因此,底物浓度可以认为不变;② 游离的酶与底物形成 ES 的速率极快,而 ES 形成产物的速率极慢,ES 分解成产物 P 对于[ES]浓度的动态平衡没有影响,不予考虑;③ 当反应处于初速率阶段时,[P]很小,由 $P+E$ 形成 ES 可以忽略不计。

$$E+S \underset{K_2}{\overset{K_1}{\rightleftharpoons}} ES \underset{K_4}{\overset{K_3}{\rightleftharpoons}} P+E$$

ES 的生成速率为 $K_1([E]-[ES])[S]$,而 ES 的分解速率为 $K_2[ES]$。当反应快速达到平衡时,ES 的生成速率和分解速率相等。

$K_1([E]-[ES])[S]=K_2[ES]$,即:

$$[ES]=\frac{K_1[E][S]}{K_2+K_1[S]}$$

因为酶促反应速率 v 与[ES]成正比,所以:

$$v=K_3[ES]=\frac{K_3[E][S]}{\dfrac{K_2}{K_1}+[S]}$$

当底物浓度很高时所有的酶被底物所饱和并转变成[ES]的复合物($[E]=[ES]$),这时酶促反应达到最大反应速率 V_{max},那么 $V_{max}=K_3[ES]=K_3[E]$,令 $K_s=K_2/K_1$(K_s 称为解离平衡常数),所以,$v=\dfrac{V_{max}[S]}{K_s+[S]}$。

(2) Briggs 和 Haldane 提出的"稳态平衡"假说及其对米氏方程的发展

Michaelis 和 Menten 提出快速平衡假说后,Briggs 和 Haldane 又提出稳态(steady state)平衡假说并对米氏方程加以补充和发展。该假说的要点如下:① [ES]的生成与分解处于动态平衡(稳态);② 有时必须考虑[ES]分解成产物 P 对于[ES]动态平衡的影响。[ES]的动态平衡(分解速率)不仅与 ES 分解成 $E+S$ 有关,还与 ES 分解成 $P+E$ 有关。

$$E+S \underset{K_2}{\overset{K_1}{\rightleftharpoons}} ES \underset{K_4}{\overset{K_3}{\rightleftharpoons}} P+E$$

用稳态假说推导米氏方程:ES 的生成速率为 $K_1([E]-[ES])[S]$,而 ES 的分解速率为 $K_2[ES]+K_3[ES]$。当反应处于达到动态平衡时,ES 的生成速率和分解速率相等。

$$K_1([E]-[ES])[S]=K_2[ES]+K_3[ES]$$

$$[ES]=\frac{[E][S]}{\dfrac{K_2+K_3}{K_1}+[S]}$$

因为酶促反应速率 v 与[ES]成正比,所以:$v=K_3[ES]$。

令 $K_m=(K_2+K_3)/K_1$(K_m称为米氏常数),此外当底物浓度很高时所有的酶被底物所饱和并转变成[ES]的复合物($[E]=[ES]$),这时酶促反应达到最大反应速率 V_{max},那么 $V_{max}=K_3[ES]=K_3[E]$,所以:

$$v = K_3[ES] = \frac{K_3[E][S]}{K_m + [S]} = \frac{V_{max}[S]}{K_m + [S]}$$

这就是米氏方程，它表明当 K_m 及 V_{max} 已知时，就可确定酶促反应速率与底物浓度的定量关系。

3. 米氏方程讨论

(1) 快速平衡假说与稳态平衡假说的实质区别

$$E + S \underset{K2}{\overset{K1}{\rightleftharpoons}} ES \underset{K4}{\overset{K3}{\rightleftharpoons}} P + E$$

当 K_1、$K_2 \gg K_3$ 时，即 ES 分解成 $P+E$ 是整个反应平衡中极慢的一步，那么：

$$K_m = \frac{K_2 + K_3}{K_1} \approx \frac{K_2}{K_1} \approx K_S, V = \frac{V_{max}[S]}{V_m + [S]} \approx \frac{V_{max}[S]}{V_S + [S]}$$

当 $ES \longrightarrow P+E$ 极慢时，稳态平衡基本等于快速平衡。

(2) 米氏常数的意义

当反应速度 $v=\frac{1}{2}V_{max}$ 时，$K_m=[S]$，因此 K_m 的物理意义是：当反应速率达到最大反应速率的一半时底物的浓度。K_m 的单位与底物浓度的单位一致(mol/L 或 mmol/L)。

K_m 是酶的特征常数之一，一般只与酶的性质有关，与酶的浓度无关。但 K_m 受 pH 及温度的影响，因此 K_m 作为常数只是对一定的底物、一定的 pH、一定的温度而言。不同的酶 K_m 值不同，如果一个酶有几种底物，则每一种底物各有一个特定的 K_m，其中 K_m 最小的底物称为该酶的最适底物或天然底物。

此外，由于 $K_m=(K_2+K_3)/K_1$，从某种意义上讲，K_m 是 ES 分解速率 (K_2+K_3) 与形成速率 (K_1) 的比值，它包含 ES 解离趋势 (K_2/K_1) 和产物形成趋势 (K_3/K_1)。$K_s = K_2/K_1$，它是 ES 的解离常数，只反映 ES 解离趋势，因此，K_S 可以表示酶与底物的亲和力大小(ES 形成趋势)。然而，如果 K_2、$K_1 \gg K_3$，那 $K_m \approx K_S$，这时 K_m 也能表示底物与酶亲和力的大小。显然 K_m 越大，相关的底物与酶的亲和力就越小。

(3) K_{cat} 与 K_{cat}/K_m

K_{cat} 即酶的催化常数(catalytic constant，K_{cat})，也就是一种酶的转换数(turnover number)，具体是指酶被底物饱和时，每秒钟每个酶分子转换底物的分子数。K_{cat} 可用来衡量一种酶的催化效率(表 6-1)。

表 6-1 几种酶的动力学参数

酶	底物	K_m(M)	K_{cat}(s^{-1})	K_{cat}/K_m($M^{-1}s^{-1}$)
乙酰胆碱酯酶	乙酰胆碱酯酶	9.5×10^{-5}	1.4×10^{4}	1.5×10^{8}
碳酸酐酶	CO_2	1.2×10^{-2}	1.0×10^{6}	8.3×10^{7}
	HCO_3^-	2.6×10^{-2}	4.0×10^{5}	1.5×10^{7}
过氧化氢酶	H_2O_2	2.5×10^{-2}	1.0×10^{7}	4.0×10^{8}
脲酶	尿素	2.5×10^{-2}	1.0×10^{4}	4.0×10^{5}
顺乌头酸酶	顺乌头酸	5.0×10^{-6}	8.0×10^{2}	1.6×10^{8}
	苹果酸	2.5×10^{-5}	9.0×10^{2}	3.6×10^{7}
β-内酰胺酶	苄青霉素	2.0×10^{-5}	2.0×10^{3}	1.0×10^{8}

K_{cat}/K_m 将 K_{cat} 和 K_m 结合在一起，不仅可用来衡量酶的催化效率，还来显示一种酶的完美程度。当 $[S] \ll K_m$ 时，米氏方程可变为 $v=[E][S]K_{cat}/K_m$，这时 K_{cat}/K_m 表现为底物和酶之间的二级速率常数。该数值表征了在酶足量的情况下，酶的催化表现。同时通过该数值可以比较酶对不同底物的催化效率。

4. K_m 和 V_{max} 的求解方法

(1) 双倒数作图法(double-reciprocal plot)或 Lineweaver-Burk 作图法

要从实验数据所得到的 v-$[S]$ 曲线来直接决定 V_{max} 是很困难的，也不易求出 K_m 值。Lineweaver 和 Burk 建议将米氏方程两边取倒数，可得：

$$\frac{1}{V} = \frac{K_m}{V_{max}} \times \frac{1}{[S]} + \frac{1}{V_{max}}$$

如果将 $1/v$ 对 $1/[S]$ 作图，可绘出直线（图 6-8）。直线斜率为 K_m/V_{max}，纵轴截距（y）为 $1/V_{max}$，由此很容易得到 K_m 和 V_{max}。

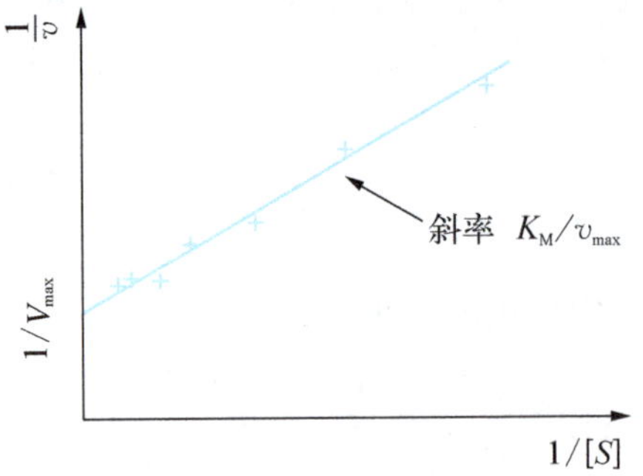

图 6-8 双倒数作图法

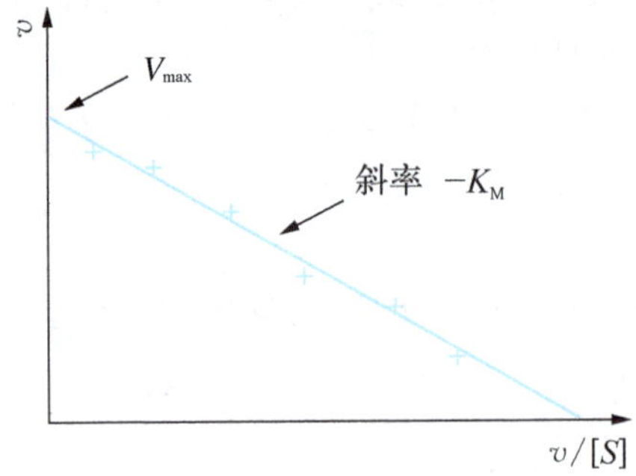

图 6-9 $V—V/[S]$作图法

（2）$v—v/[S]$作图法（Eadic-Hofatee 法）

将米氏方程改变成如下形式：$v = V_{max} - K_m \times v/[S]$。将 v 对 $V/[S]$ 作图，得一直线（图 6-9）。其纵轴截距为 V_{max}，斜率为 $-K_m$。

三、pH 对酶促反应速度的影响

pH 影响酶活力的因素可能有三个方面：① 影响酶构象，过酸或过碱会使酶变性；② 影响酶分子，尤其是活性中心必需基团的解离程度和催化基团中质子供体或质子受体所需的离子化状态；③ 影响底物和辅酶或辅基的解离程度，从而影响酶和底物的结合。

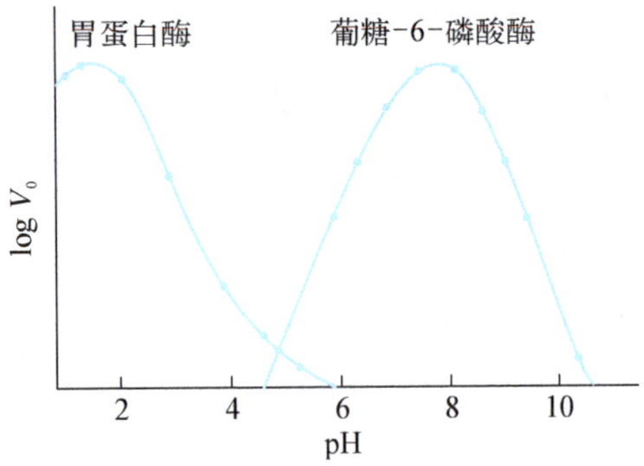

图 6-10 胃蛋白酶和葡糖-6-磷酸酶的 pH-酶活性关系

在一定 pH 下，酶促反应速度达到最大，通常称此 pH 为最适 pH（optimum pH）。酶的最适 pH 通常与它来源的环境 pH 接近，例如，胃蛋白酶的最适 pH 约为 1.5，而胃液的 pH 为 1～2；肝细胞内的葡糖-6-磷酸酶的最适 pH 为 7.8，而肝细胞的胞液 pH 为 7.2（图 6-10）。酶的最适 pH 不是酶的特征常数，它因底物种类、浓度及缓冲液成分的不同而不同。

酶的 pH 稳定性研究是将酶在一定 pH 下处理一段时间后，测量酶的残留活性。如果酶在一定 pH 范围内处理一段时间后，酶不会变性失活，此范围称酶的稳定性 pH。

四、温度对酶促反应速度的影响

温度对酶促反应速度的影响有两个方面：一方面提高温度，加快反应速度；而另一方面提高温度，酶变性失活。这两种因素共同作用，小于最适温度时，前一种因素为主；大于最适温度时，后一种因素为主。

在一定温度下，酶促反应速度达到最大，通常称此温度为最适温度（optimum temperature）。温血动物的酶最适温度多在 35～40 ℃，植物酶的最适温度多在 40～50 ℃，细菌 *Taq* DNA 聚合酶的最适温度为 70 ℃。酶的温度稳定性研究就是将酶在一定温度下处理一段时间，然后测量酶的残留活性。如果酶在一定温度范围内处理一段时间后，酶还不会变性失活，此范围称酶的稳定性温度。酶浓度高、纯度低、有底物、存在抑制剂和保护剂会使酶的稳定性温度增高。

五、激活剂对酶促反应速度的影响

凡是能提高酶活性的物质都称为激活剂（activator）。如一些无机离子对某些酶的激活作用，包括 K^+、Na^+、Mg^{2+}、Zn^{2+}、Fe^{2+}、Ca^{2+}、Cl^- 等，其中 Mg^{2+} 是多种激酶及合成酶的激活剂，Cl^- 是唾液淀粉酶的激活剂。而金属离子作为激活剂的作用：一是作为酶的辅助因子，是酶的组成成分，在分离提纯中常被丢失；二是在酶与底物的结合中起桥梁作用。

六、抑制剂对酶促反应速度的影响

凡可使酶蛋白变性而引起酶活力丧失的作用称为酶的失活作用(inactivation)。使酶活力下降但并不引起酶蛋白变性的作用称为抑制作用(inhibition)。抑制作用包括不可逆抑制(irreversible inhibition)和可逆抑制(reversible inhibition)。

某些物质不引起酶蛋白变性,但能使酶分子上某些必需基团(活性中心上一些基团)发生变化,引起酶活性下降,甚至丧失,此类物质称为酶的抑制剂(inhibitor)。

研究抑制剂对酶的作用意义重大:① 有助于研究酶的催化机制和抑制剂型药物如抗癌药的设计与开发;② 对生物体的代谢途径进行人为调控;③ 有助于研究酶的结构和功能的关系。

1. 不可逆抑制作用

不可逆抑制剂与酶活性中心基团共价结合,使酶的活性下降,无法用透析法将其除去。此类抑制剂包括基团特异性抑制剂、底物类似物抑制剂和自杀型抑制剂。

(1) 基团特异性抑制剂

此类抑制剂可以和一类或几类基团反应。它们不但能和酶分子中的必需基团作用,同时也能和相应的非必需基团作用。例如:二异丙基氟磷酸(DIPF)能与酶活性中心 Ser 的-OH 结合,强烈地抑制与中枢神经系统有关的乙酰胆碱脂酶,使乙酰胆碱不能分解为乙酰和胆碱。乙酰胆碱的堆积,引起一系列神经中毒症状;碘代乙胺能修饰酶活性中心的巯基,从而导致酶失活;磷酸溴代羟基丙酮结合到磷酸丙糖异构酶的活性中心上,并和谷氨酸残基上的羧基共价结合,从而导致该酶失活(图 6-11)。

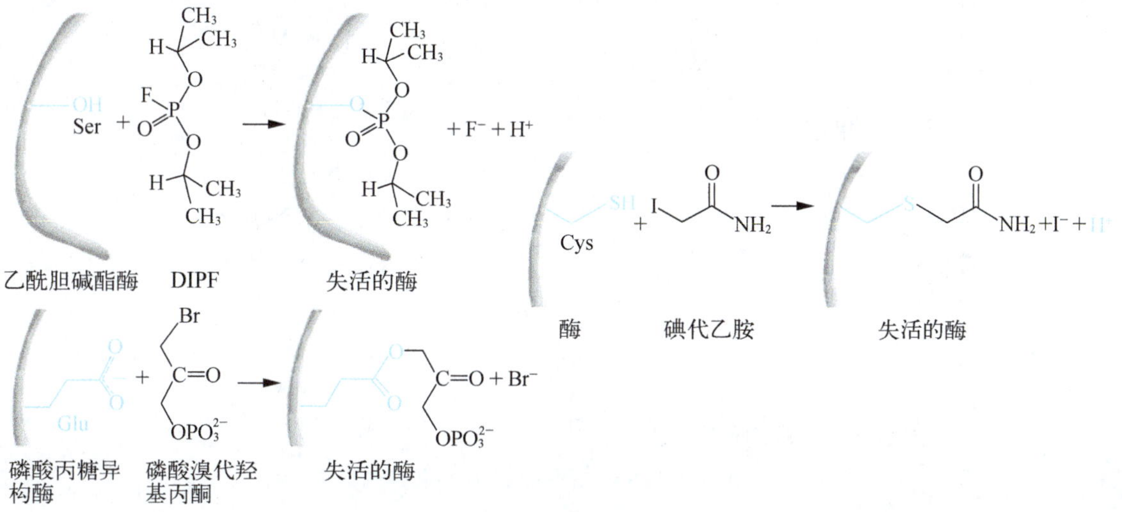

图 6-11 DIPF、碘代乙胺、磷酸溴代羟基丙酮的抑制机制

(2) 底物类似物抑制剂

该类抑制剂不仅具有与底物相似的、可与酶结合的基团,同时还有一个能与酶的其他基团反应的活泼基团。这种抑制剂虽然主要与酶活性部位的必需基团起反应,但可以修饰酶其他部位的同一基团,因此其专一性有一定限度,这取决于抑制剂与酶活性部位必需基团在反应前形成非共价络合物的解离常数和抑制剂与非活性部位同类基团形成的非共价络合物之间的解离常数之比。

例如,*N*-对-甲苯磺酰-*L*-苯丙氨酰氯甲基酮(TPCK)与胰凝乳蛋白酶的最佳底物 *N*-对-甲苯磺酰-*L*-苯丙氨酸甲酯的结构相似,都含有 *N*-对-甲苯磺酰-*L*-苯丙氨酰基,酶把 TPCK 误认为底物而与之结合,形成 K_s 很小的非共价络合物(图 6-12)。

TPCK 上的-CH_2-Cl 与酶活性部位的一个 His 残基上的咪唑基团距离很近,很易使之烷基化,而非活性部位的咪唑基,由于远离-CH_2-Cl,则不被烷基化。

(3) 自杀型抑制剂

这类抑制剂是根据酶的催化过程来设计的,它们与底物类似,既能与酶结合,也能被催化发生反应,在其分子中具有潜在反应基团(latent reactive group),该基团会被酶催化,然后与酶活性中心某基团进行不可

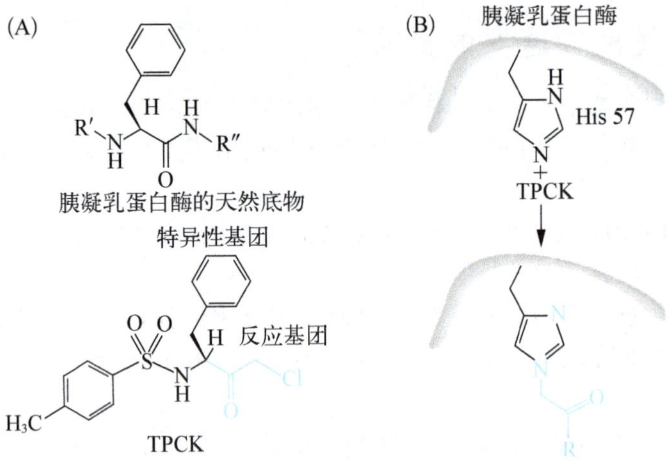

图 6-12　TPCK 对胰凝乳蛋白酶活性中心的亲和标记

逆结合，导致酶失活。此种抑制剂专一性强，又是经酶催化后引起，故称之为自杀性底物（suicide substrate）（图 6-13）。

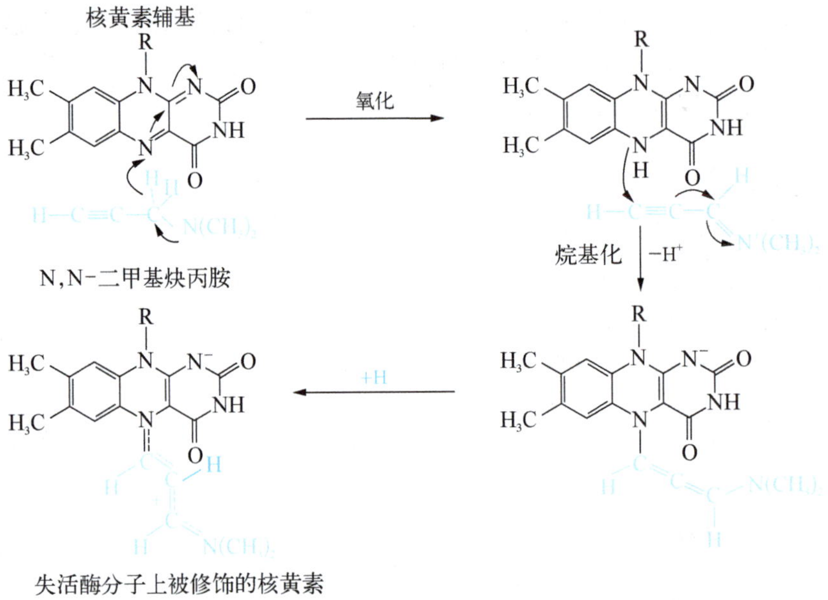

图 6-13　*N*，*N*-二甲基炔丙胺对单胺氧化酶的自杀抑制

框 6-1　生化故事——“农夫”与“蛇”

我们大都听过农夫与蛇的故事，在西方有类似人与蝎子的故事。在生化里，有分子水平上的“农夫与蛇”的故事：作为农夫的是一种酶，相当于蛇的是一种带有潜在毒性（化学反应性）的抑制剂，农夫的胸口相当于酶的活性中心。当这种酶遇到蛇一样的抑制剂以后，便让它进入活性中心。而抑制剂并不能杀死酶，只是它一旦进入活性中心，就受到酶的催化，就像冬眠的蛇被农夫的体温弄醒一样，其潜在的反应性基团被激活，反过来“咬住”酶的活性中心，导致酶活性永久性丧失。青霉素就是这样的抑制剂，而细菌内的一种转肽酶（transpeptidase）就相当于可怜的农夫。这种转肽酶的正常功能是催化细菌细胞壁的主要成分——肽聚糖上的短肽合成。如图 6-14 所示，由于青霉素的结构与转肽酶的天然底物 *D*-Ala-*D*-Ala（由两个 D 型丙氨酸形成的二肽）十分相似，因此转肽酶很容易“上当受骗”，让它进入活性中心，而一旦青霉素进入活性中心，转肽酶就对其“呵护备至”，施加多种方式的催化，而激活青霉素内酰胺环上的羰基碳，使其与活性中心上 Ser 残基的羟基起反应，形成稳定的共价复合物，导致酶活性永久性丧失。当转肽酶的活性受到抑制以后，细菌的细胞壁将不能正常形成，细菌的生长和分裂因此受阻。

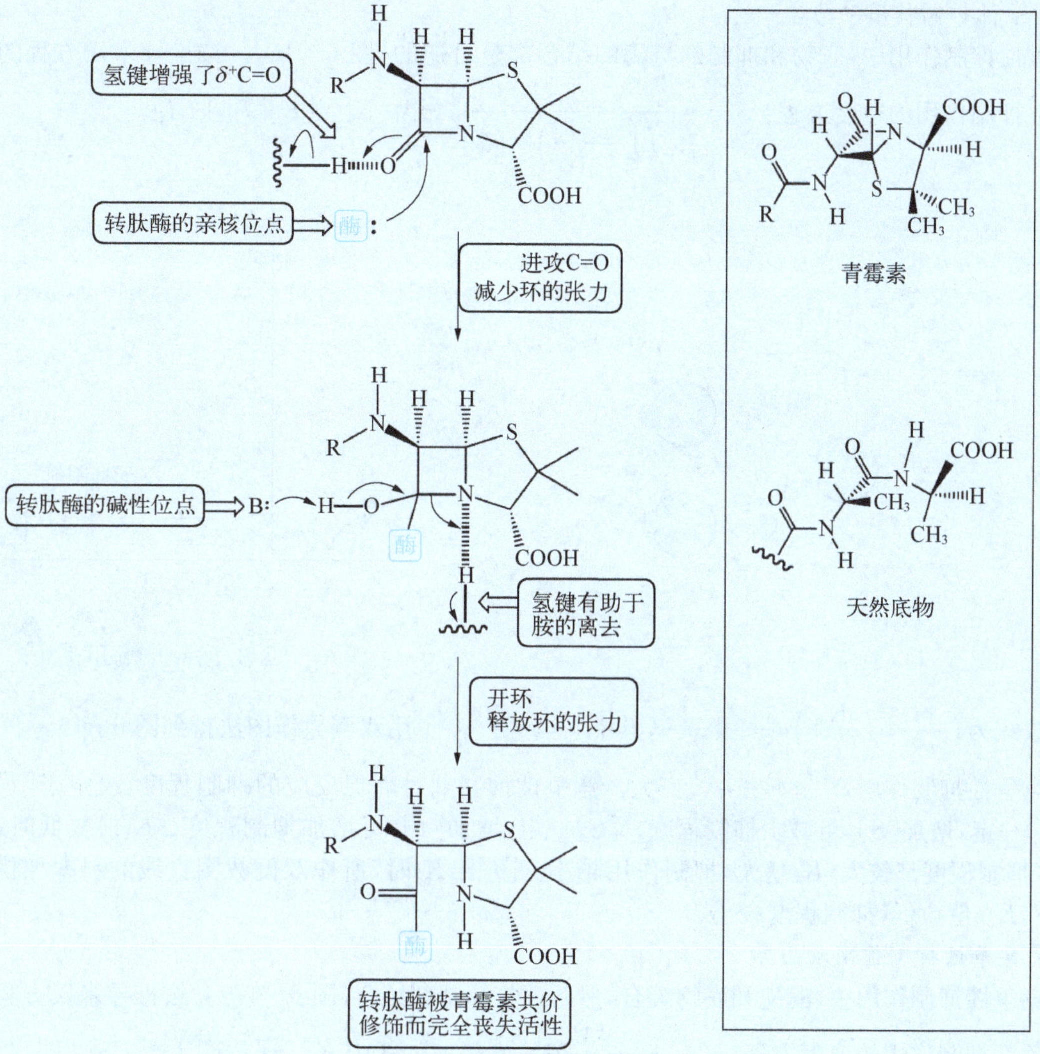

图 6-14 青霉素对细菌转肽酶的自杀型抑制

2. 可逆抑制作用

此类抑制剂与酶蛋白的结合是可逆的，可以用透析法除去抑制剂，恢复酶的活性，包括竞争性抑制、非竞争性抑制和反竞争性抑制。

(1) 竞争性抑制(competitive inhibition)

竞争性抑制剂(Ⅰ)具有与底物类似的结构，可与酶形成可逆的 EI 复合物，阻止底物与酶结合。丙二酸抑制琥珀酸脱氢酶、磺胺类药物抑制二氢叶酸合成酶是竞争性抑制的两个典型例子。丙二酸是琥珀酸的结构类似物，能竞争性抑制琥珀酸脱氢酶的活性，从而阻断三羧酸循环。磺胺类药物是对氨基苯磺酰胺或其衍生物，它是对氨基苯甲酸的结构类似物，竞争性抑制二氢叶酸合成酶，从而阻止细菌合成四氢叶酸，进而抑制细菌核酸的合成从而达到抗菌的效果。

(2) 反竞争性抑制(un-competitive inhibition)

酶只有在与底物结合后，才能与抑制剂结合。反竞争性抑制常见于多底物反应中，而在单底物反应中比较少见。*L*-苯丙氨酸对碱性磷酸酶的抑制作用是反竞争性抑制。

(3) 非竞争性抑制(non-competitive inhibition)

非竞争性抑制也称混合性抑制(mixed inhibition)。非竞争性抑制剂与酶活性中心以外的基团结合，如与巯基可逆结合，包括某些含金属离子的化合物(Cu^{2+}、Hg^{2+}、Ag^{+})和 EDTA 等，其结构可能与底物无关。酶可以同时与底物及抑制剂结合。但是，中间产物 ESI 不能进一步分解为产物，因此，酶的活性降低。

3. 可逆抑制作用动力学

(1) 竞争性抑制作用动力学

在竞争性抑制作用中，底物和抑制剂与酶的结合都是可逆的（图 6－15）。按推导米氏方程的方法可以得出竞争性抑制作用的速度方程：$v=\dfrac{V_{\max}[S]}{K_{\mathrm{m}}\left(1+\dfrac{[I]}{K_{\mathrm{I}}}\right)+[S]}$，式中 $K_{\mathrm{I}}=[E][I]/[EI]$。

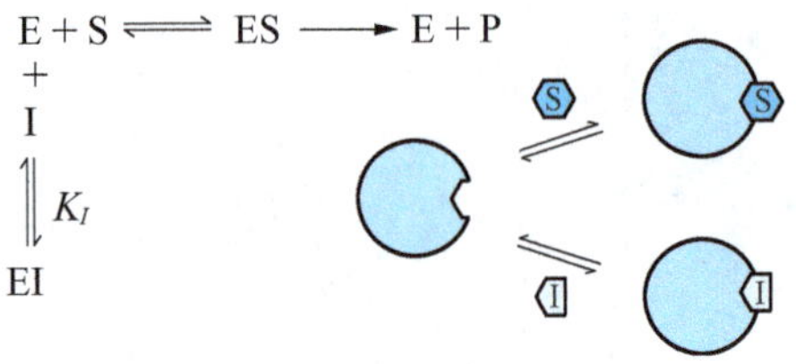

图 6－15　竞争性抑制作用

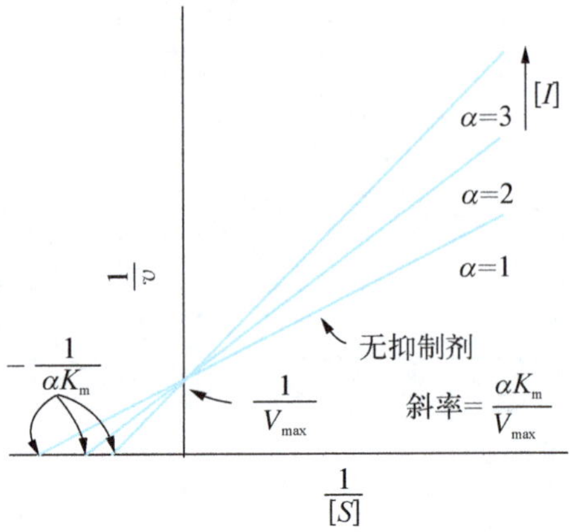

图 6－16　竞争性抑制作用动力学

双倒数式为：$\dfrac{1}{v}=\left(\dfrac{\alpha K_{\mathrm{m}}}{V_{\max}}\right)\dfrac{1}{[S]}+\dfrac{1}{V_{\max}}$，其中 $\alpha=1+\dfrac{[I]}{K_{\mathrm{I}}}$，用双倒数作图法得到图 6－16。

对于竞争性抑制作用，$V_{\max}$不变，K_{m}变大。竞争性抑制剂对酶促反应的抑制程度，决定于$[I]$、$[S]$、K_{m}和 K_{I}。$[I]$一定，增加$[S]$，可减少抑制程度。$[S]$一定，增加$[I]$，可增加抑制程度。K_{I}值较低时，任何给定$[I]$和$[S]$，抑制程度都较大，K_{I}越大，抑制作用越小。$[I]=K_{\mathrm{I}}$时，所作双倒数图直线的斜率加倍。在一定$[S]$、$[I]$下，K_{m} 值愈低，抑制程度愈小。

(2) 反竞争性抑制作用动力学

在反竞争性抑制作用中，酶先和底物结合，然后才与抑制剂结合（图 6－17）。按推导米氏方程的方法可以得出竞争性抑制作用的速度方程：$v=\dfrac{V_{\max}[S]}{K_{\mathrm{m}}+\left(1+\dfrac{[I]}{K'_{\mathrm{I}}}\right)[S]}$。式中 $K'_{\mathrm{I}}=[ES][I]/[ESI]$。

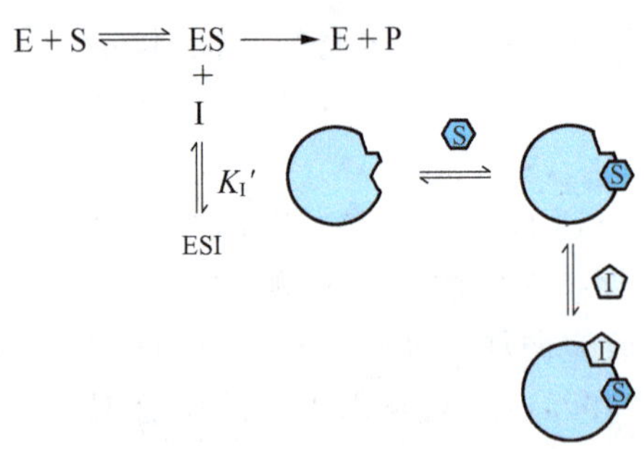

图 6－17　反竞争性抑制作用

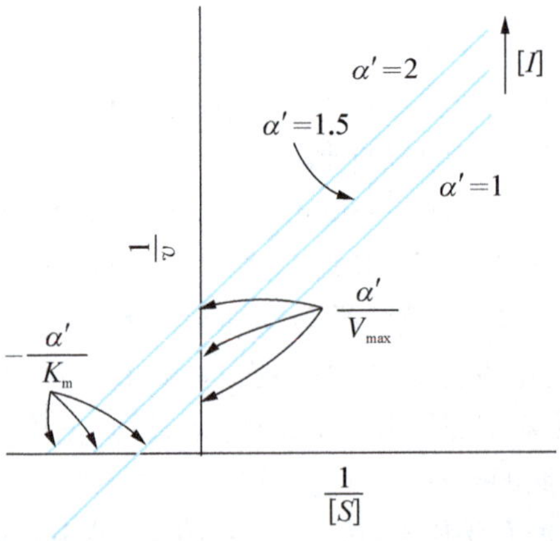

图 6－18　反竞争性抑制作用动力学

双倒数式为：$\dfrac{1}{v}=\left(\dfrac{K_{\mathrm{m}}}{V_{\max}}\right)\dfrac{1}{[S]}+\dfrac{\alpha'}{V_{\max}}$，其中 $\alpha'=1+\dfrac{[I]}{K'_{\mathrm{I}}}$。用双倒数作图法得到图 6－18。

在反竞争性抑制作用下，K_{m}及 $V_{\max}$都变小。

(3) 非竞争性抑制（混合性抑制）作用动力学

在非竞争性抑制作用中，酶与底物结合后，可再和抑制剂结合。酶与抑制剂结合后，可再和底物结合

(图 6-19)。按推导米氏方程的方法可以得出竞争性抑制作用的速度方程：

$$v=\frac{\dfrac{V_{max}}{1+\dfrac{[I]}{K_I}}\times[S]}{K_m+\dfrac{1+\dfrac{[I]}{K'_I}}{1+\dfrac{[I]}{K_I}}\times[S]}$$

式中 $K_I=[E][I]/[EI]$，$K'_I=[ES][I]/[ESI]$。

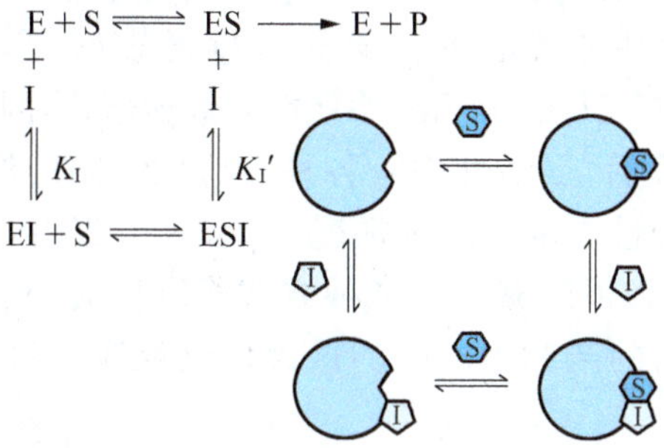

图 6-19　非竞争性抑制作用

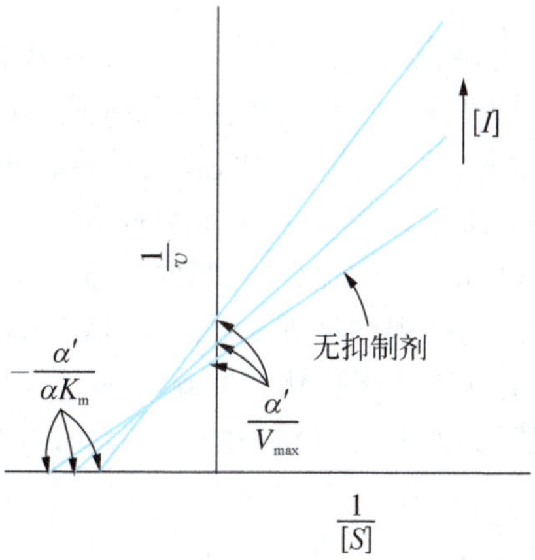

图 6-20　非竞争性抑制作用动力学

双倒数式为：$\frac{1}{v}=\left(\frac{\alpha K_m}{V_{max}}\right)\frac{1}{[S]}+\frac{\alpha'}{V_{max}}$，其中：$\alpha=1+\frac{[I]}{K_I}$，$\alpha'=1+\frac{[I]}{K'_I}$。

用双倒数作图法得到图 6-20。

第三节　酶的催化机制

酶是生物大分子，其参与催化反应的部分仅占酶总体积的一小部分(1%～2%)。酶分子中直接与底物结合，并和酶催化直接有关的部位，称为酶的活性中心(active site)。酶分子上的大多数氨基酸残基并不与底物接触，但它们作为结构支架，有助于稳定活性中心的三维结构。

从功能上看，活性中心有两个功能部位，一是与底物结合的结合部位(binding site)，决定酶对底物的专一性；二是催化底物发生键的断裂及新键形成的催化部位(catalytic site)，决定酶促反应的类型，即酶的催化性质。对于单纯酶，活性中心是由酶分子中一些氨基酸残基侧链上的基团组成。对于需要辅助因子的结合酶来说，辅酶(或辅基)分子上某一部分结构往往也是活性中心的组成部分。构成酶活性中心的几个氨基酸虽然在一级结构上并不紧密相邻，可能相距很远，甚至可能在不同的肽链上，但由于肽链的折叠与盘绕使它们在空间结构上彼此靠近，形成具有一定空间结构的位于酶分子表面的、呈裂缝状的区域。构成酶活性中心的氨基酸主要有 Asp、Glu、Ser、His、Cys、Lys 等，它们的侧链上分别含有羧基、羟基、咪唑基、巯基、氨基等极性基团。这些基团若经化学修饰，如氧化、还原、酰化、烷化等，则酶的活性丧失，这些基团就称为必需基团。

那么酶活性中心是如何催化反应的呢？根据过渡态理论(transition state theory)，在任何一个化学反应系统中，反应物需要到达一个特定的高能状态后才能发生反应。这种不稳定的高能状态称为过渡态(transition state)。过渡态一般在形状上既不同于反应物，又不同于产物，而是介于两者之间的一种不稳定的结构状态，这时候旧的化学键在减弱，新的化学键开始形成。过渡态存留的时间极短，只有 10^{-14} s～10^{-13} s。要达到过渡态，反应物必须具有足够的能量以克服势能障碍，即活化能(activation energy)。然而，一个反应系统中各反应物分子具有不同的能量，只有某些反应物具有足够的能量进行反应。

酶之所以能够催化反应，是因为它能降低反应的活化能，而活化能的小幅度下降可导致反应速度大幅度的提升。以 H_2O_2 分解成 O_2 和 H_2O 的反应为例，在没有任何催化剂时反应的活化能为 76 kJ/mol，而在有过氧化氢酶的情况下，活化能仅仅降到 30 kJ/mol，但反应速度却提高了 10^8 倍，这样的提升相当于将几年才能完成的反应缩短到几秒钟。那么，酶是如何降低一个反应的活化能的呢？

一、“过渡态稳定”学说

这里以一个虚拟的催化铁丝断裂的“铁丝酶”(stickase)为例加以说明(图 6－21)：铁丝要发生断裂，首先必须克服能障，进入弯曲发热、似断非断的过渡态，然后才有可能一分为二变成产物。如果没有酶的催化，铁丝断裂的反应式就是 $S \rightarrow S^{\ddagger}$(过渡态)$\rightarrow P$，其活化能是 $\Delta G_{N^{\ddagger}} = G_{S^{\ddagger}} - G_S$；如果有酶的催化，反应的路径就变成了 $E + S \rightarrow ES \rightarrow ES^{\ddagger}$(过渡态)$\rightarrow E + P$，这时反应的活化能 $\Delta G_{E^{\ddagger}} = G_{ES^{\ddagger}} - G_{ES}$。显然只有 $\Delta G_{E^{\ddagger}} < \Delta G_{N^{\ddagger}}$，酶才能催化。然而，图 6－21(2)显示的酶催化不了铁丝的断裂，因为它的活性中心与基态的铁丝互补，而不是与过渡态的铁丝互补。无疑铁丝进入这样的活性中心很容易，但一旦进入，铁丝会以较高的亲和力进入一种十分稳定的 ES 状态，这时候的铁丝实际上被活性中心冻结住了，要进入过渡态 $ES^{\ddagger}$ 需要克服更大的活化能($\Delta G_{E^{\ddagger}} > \Delta G_{N^{\ddagger}}$)，因而反而不利于反应进行；而图 6－21(3)显示的酶就能有效地催化，因为它的活性中心与铁丝的过渡态互补。当铁丝进入这样的活性中心以后，受活性中心各种反应性基团的作用，不得不发生形变，随后很容易进入过渡态，因为酶与过渡态的亲和性更高。这种情况下，$\Delta G_{E^{\ddagger}} < \Delta G_{N^{\ddagger}}$，即活化能降低了，因此酶发生了催化。由此可见，一种酶要行使催化，必须能够通过某种方式稳定反应的过渡态，而不是稳定基态，即酶与过渡态的亲和力必须要高于它与底物的亲和力。酶的这种催化反应的机制被称为“过渡态稳定”学说。

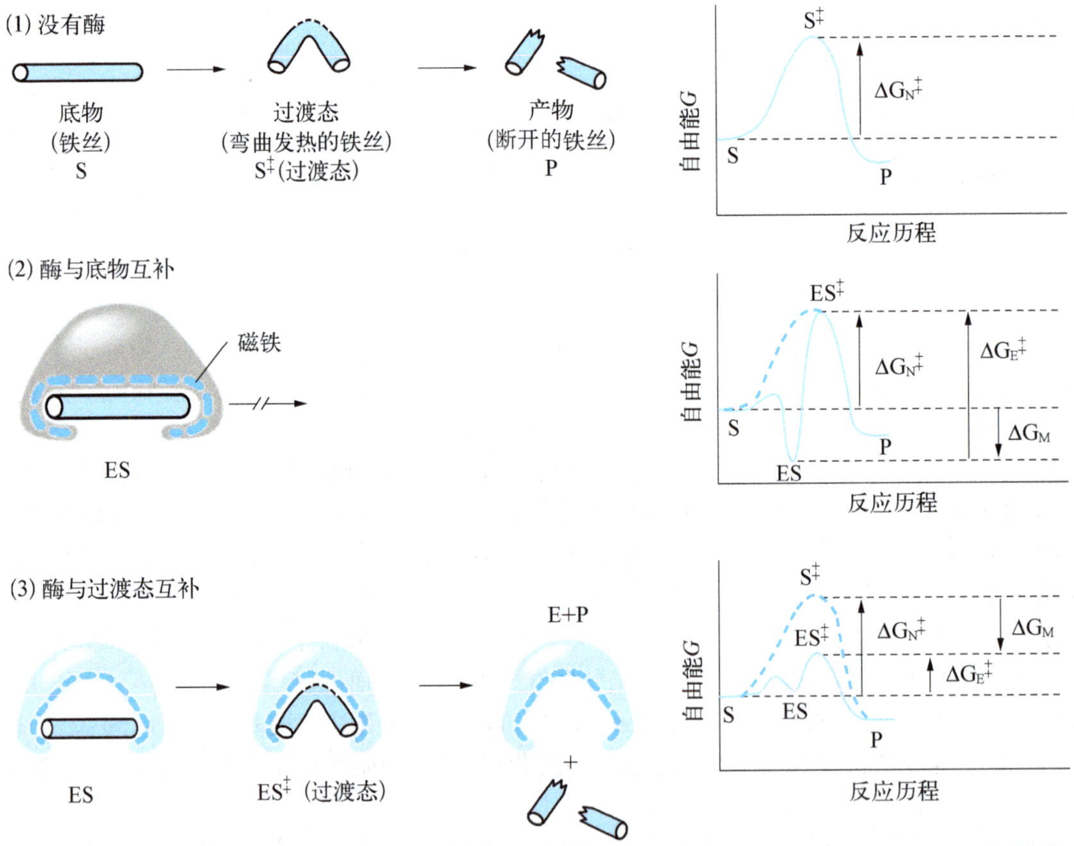

图 6－21 “铁丝酶”催化反应的过渡态稳定机制

二、酶稳定过渡态的化学机制

与酶催化相关联的过渡态稳定是酶活性中心的结构和反应性，以及活性中心与结合的底物之间相互作用的必然结果。酶在行使催化功能的时候，会充分利用各种化学机制来实现过渡态的稳定并由此加速反应。

1. 邻近(approximation/proximity)与定向(orientation)效应

酶把底物分子(一种或两种)从溶液中富集出来,使它们固定在活性中心附近,反应基团相互邻近,同时使反应基团的分子轨道以正确方位相互交叠,彼此靠近并有一定的取向。这样就大大提高了活性部位上底物的有效浓度,使分子间的反应变成了一个近似于分子内的反应,从而大大增加了中间产物 *ES* 形成过渡态的几率。

2. 底物分子敏感键扭曲变形(distortion)

专一性底物与活性中心结合时,可以诱导酶分子构象的变化,变化的酶分子又使底物分子的敏感键产生"张力",甚至"变形",从而促进中间产物 *ES* 进入过渡态,降低了反应活化能,加速了酶促反应。

3. 广义的酸碱催化(general acid-base catalysis)

酸碱催化有狭义的和广义的区分。狭义的酸碱催化就是 H^+ 或 OH^- 对化学反应的催化作用。广义的酸碱催化则是指水分子以外的分子作为质子的供体或受体参与催化作用。发生在细胞内的许多类型的有机反应都是广义的酸碱催化如羰基的水化、羧酸酯或磷酸酯的水解、各种分子的重排以及许多取代反应都属此种类型。

酶活性中心可以提供质子或接受质子而起广义酸碱催化作用的功能基团有:谷氨酸、天冬氨酸侧链上的羧基,丝氨酸、酪氨酸中的羟基,半胱氨酸中的巯基,赖氨酸侧链上的氨基,精氨酸中的胍基和组氨酸中的咪唑基。其中组氨酸的咪唑基值得特别注意,因为它既是一个很强的亲核基团,又是一个有效的广义酸碱功能基团。

影响酸碱催化反应速度的因素有两个:① 酸碱的强度,在这些功能基团中,组氨酸的咪唑基的 pKa 为 6.0,在生理 pH 条件下,既可以作质子的供体又可作质子的受体,因此,咪唑基是催化中最有效最活泼的一个催化功能基团;② 这些功能基团供出质子或接受质子的速度,其中,咪唑基的情况特别突出,它供出或接受质子的速度十分迅速,其半衰期小于 10^{-10} s。而且供出或接受质子的速度几乎相等。由于咪唑基有如此的优点,所以虽然组氨酸在大多数蛋白质中含量很少,却很重要,在许多酶的活性中心处都含有组氨酸。

4. 静电催化

静电催化是通过酶活性中心具有的带电基团对带有相反电荷的过渡态的中和而稳定过渡态的。例如,溶菌酶活性中心有一个带负电荷的 Asp,可中和带正电荷的过渡态。

5. 共价催化(covalent catalysis)

酶作为亲核基团或亲电基团,与底物形成一个反应活性很高的共价中间物(图 6-22),此中间物易变成过渡态,反应活化能大大降低,提高反应速度。

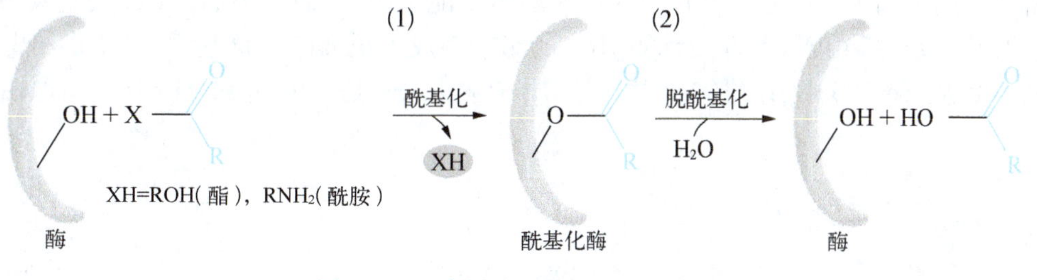

图 6-22　胰凝乳蛋白酶的共价催化

根据活性中心处极性基团对底物进攻的方式不同,共价催化可分为亲电催化(electrophilic catalysis)与亲核催化(nucleophilic catalysis)两种。较常见的是活性中心处的亲核基团对底物的亲核进攻,亲核基团含有未成键的电子对,在酶促反应中,它向底物上缺少电子的正碳原子进攻。因亲核基团对底物亲核进攻而进行的催化作用,称为亲核催化。活性中心处的亲核基团有:丝氨酸的羟基、半胱氨酸的巯基、组氨酸的咪唑基等。此外,辅酶中还含有另一些亲核中心。以硫胺素焦磷酸为辅酶的一些酶如丙酮酸脱羧酶、含辅酶 A 的一些脂肪降解酶、含巯基的木瓜蛋白酶、以丝氨酸为催化基团的蛋白水解酶等,都有亲核催化的机制。同理,亲电催化则是亲电基团对底物亲电进攻而引起的催化作用。常见的亲电基团有 Mg^{2+}、Mn^{2+}、Fe^{2+} 等。

6. 金属催化

金属离子以三种方式参与酶的催化作用:① 通过结合底物为反应定向;② 通过可逆地改变金属粒子的

氧化态调节氧化还原反应；③ 通过静电屏蔽或屏蔽负电荷。

7. 活性中心低介电微环境

酶分子中的疏水侧链一般在分子内部组成疏水的非极性区，而表面则为亲水基团组成的亲水极性区。这就是说在酶分子上存在不同的微环境。酶的活性中心凹穴内相对地说是非极性的，而在疏水的非极性区介电常数低，因此，酶的催化基团被低介电环境所包围，在某些情况下排除高极性的水分子。这样，底物分子敏感键和酶的催化基团之间就会有很大的反应力，有助于加速酶的反应。

8. 酶催化作用的实例——胰凝乳蛋白酶的催化机制

胰凝乳蛋白酶是一个紧密的椭球体，大小为 5.1 nm×4.0 nm×4.0 nm，在 C 端含一个 α-螺旋(230～245 个残基)和几个 β-折叠域(多数芳香族残基和疏水残基包埋在酶的内部，而多数带电的残基和亲水残基分布在分子表面)。Ser195、His57 和 Asp102 在活性中心形成催化三联体。酶活性中心位于酶分子表面凹陷的被疏水氨基酸环绕的口袋中，该口袋足以容纳一个芳香族残基(图 6-23)。

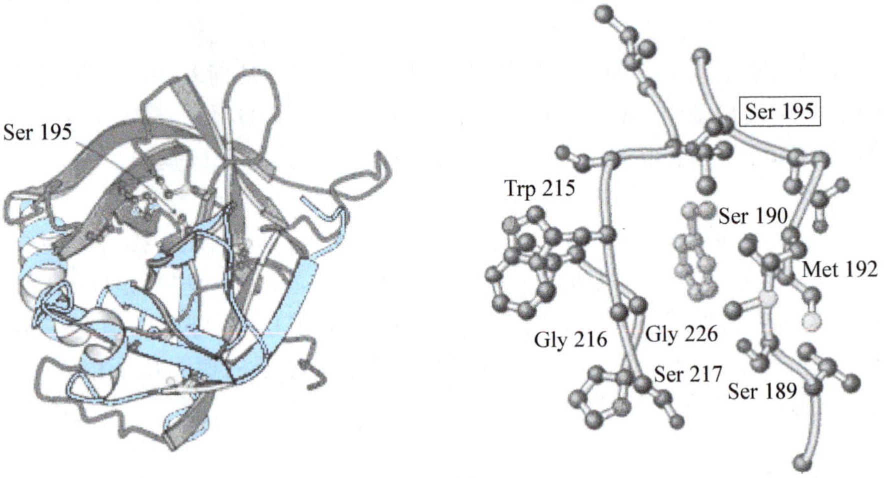

图 6-23 胰凝乳蛋白酶的三维结构及其被疏水氨基酸环绕的口袋

胰凝乳蛋白酶的活性中心由 Asp102、His57 及 Ser195 组成的。其中 Ser195 是酶活性中心的底物结合部位，His57 是活性中心内的催化部位，Asp102、His57、Ser195 三者构成一个氢键体系。大部分情况下，Asp102 以离子化形式 COO^- 存在，Ser195 以非离子化形式 $-CH_2OH$ 存在。由于 His57 的咪唑基的特殊性，既是一个很强的亲核基团，又是一个有效的广义酸碱功能基团，从而成为 Asp102 羧基及 Ser195 羟基间的桥梁(图 6-24)。Ser195 由于 His57 及 Asp102 的影响而成为很强的亲核基团，易于供给电子，如同接力赛跑那样，Asp102 从 Ser195 吸引的一个质子是质子先从 Ser195 传递到 His57 上，再由 His57 传递给 Asp102。

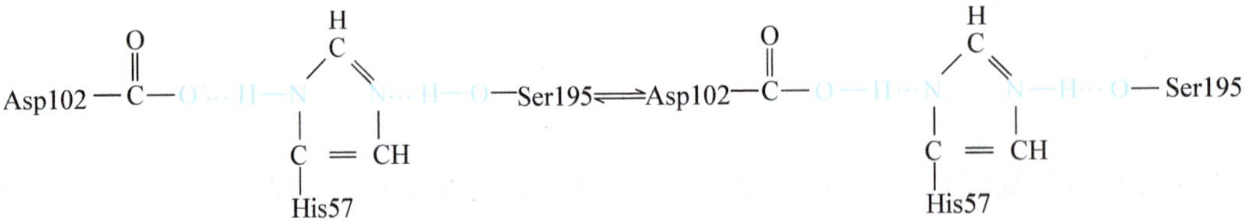

图 6-24 胰凝乳蛋白酶中电荷转接系统

在胰凝乳蛋白酶活性中心处，由 Asp102 与 His57 之间以及 His57 与 Ser195 之间形成氢键而建立起的一个电荷平衡体系被称为电荷转接系统或电荷中继网(charge relay network)。

催化的全过程的两大阶段(图 6-25)：① 酰化，Ser195-OH 中的氧攻击肽键的羰基碳，形成四面体中间物，敏感肽键断裂，底物中的胺成分通过氢键与酶的 His57 咪唑基相连，底物的羧基部分酯化到 Ser195 的羟基上；② 脱酰，电荷中继网从水中吸收一个质子，结果产生的 OH^- 攻击连在 Ser195 上底物的羧基碳原子，形成四面体中间物，然后 His57 供出一个质子给 Ser195 上的氧原子，结果底物中的酸成分从 Ser195 上释放。

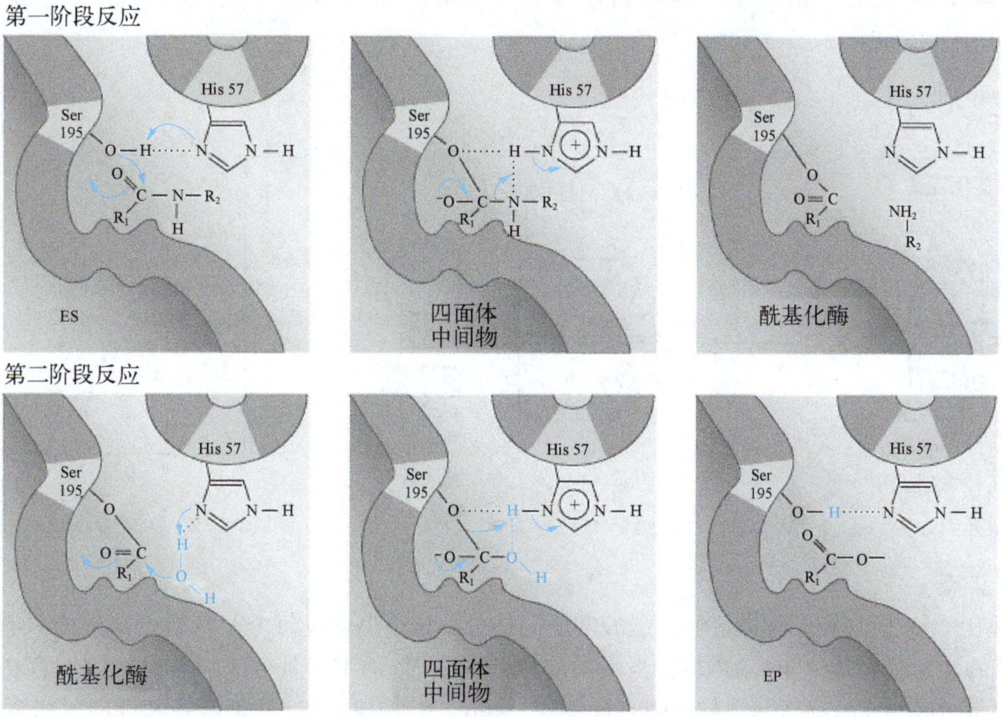

图 6-25 胰凝乳蛋白酶催化反应的机理

第四节 酶活性的调节

有机体都能够调节和控制酶，以便能够协调大量的代谢过程，以适应环境的变化、调节生长和发育。酶的调节有两种方式：酶量的调节和酶活性的调节。酶量的调节取决于酶合成和降解的速度，直接涉及该酶基因的表达和调控，在高等生物中，需要几小时或几天的时间，故属于一种长时调控机制。本节重点讨论酶活性的调节。酶活性调节主要包括别构调控(allosteric regulation)、共价修饰(covalent modification)调控、酶原(zymogen)激活和调节蛋白的结合与解离等。这些调控迅速，可几秒钟或几分钟内实现，属于短时调控机制。

一、别构调控

别构调控是指调节物或效应物(effector)与别构酶分子中的别构中心(调节中心)结合后，诱导产生或稳定酶分子的某种构象，使酶活性中心对底物的结合或催化作用受到影响，从而调节酶促反应速率。图 6-26 为依赖 cAMP 的蛋白质激酶的别构调控：当依赖 cAMP 的蛋白质激酶结合了调节物 cAMP，蛋白质激酶由无活性的形式变为有活性的形式。

别构酶的性质包括：① 已知的别构酶绝大多数是寡聚酶，含有两个或两个以上亚基；② 具有活性中心和别构中心，活性中心负责底物结合和催化，别构中心负责调节酶反应速率。活性中心和别构中心处在不同的亚基上或同一亚基的不同部位上；③ 多数别构酶不止一个活性中心，活性中心间有同促效应，底物就是调节物。有的别构酶不止一个别构中心，可以接受不同代谢物的调节；④ 别构酶不遵循米氏方程，动力学曲线也不是典型的双曲线型。

别构酶的反应速率对底物浓度作图，即 V 对[S]的作图不服从米氏方程，所得曲线一般不是双曲线。许多别构酶的 V 对[S]作用呈 S 形曲线(图 6-27)。这种 S 形曲线表明了结合 1 分子底物(或效应物)后，酶的构象发生了变化，这种新的构象非常有利于后续分子与酶的结合，大大促进酶对后续底物分子(或效应物)的亲和性，即产生了正协同效应。因此当底物浓度发生较小的变化时，别构酶就可大幅度地控制反应速度，这也是别构酶可以灵敏地调节反应速度的原因。

两种模型可以说明配体与寡聚蛋白结合的协同性：齐变模型(concerted model)(也称 KNF 模型

(Koshland-Nemethy and Filmer model))和序变模型(sequential model)(也称为 MWC 模型(Mondo-Wyman-Changerx model))。

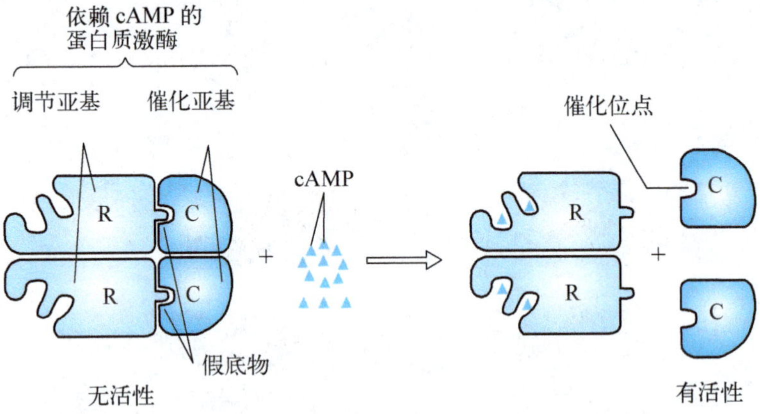

图 6-26 依赖 cAMP 的蛋白质激酶的别构效应

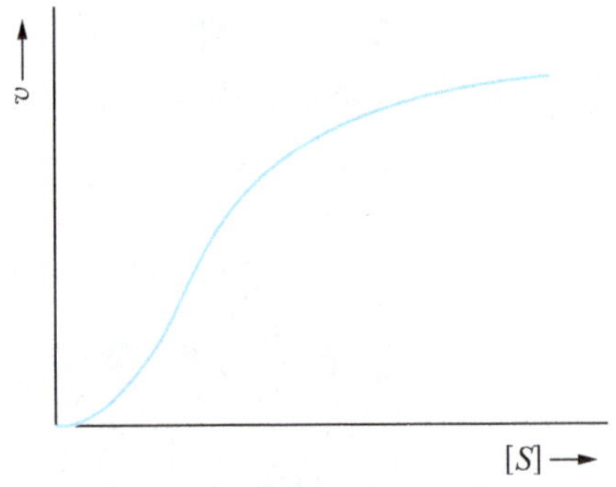

图 6-27 别构酶的动力学曲线

1. 齐变模型

齐变模型可用来解释相同配体(例如底物)的协同结合。该模型假设每个亚基对每个配体只有一个结合部位,每个亚基的构象受到其他亚基的限制,当蛋白质改变构象时,仍维持其分子对称性。因此存在着两种构象的平衡,一种是对底物具有高亲和性的松弛态(relaxed state, R)构象,另一种是低亲和性的紧张态(tense state, T)构象。底物的结合可以改变平衡,当蛋白质的构象改变时,配体结合部位的亲和性也改变。齐变模型可以解释调节物的结合,可以通过假定底物(S)只与 R 构象结合,而调节物只与 T 构象结合使模型简化(图 6-28)。

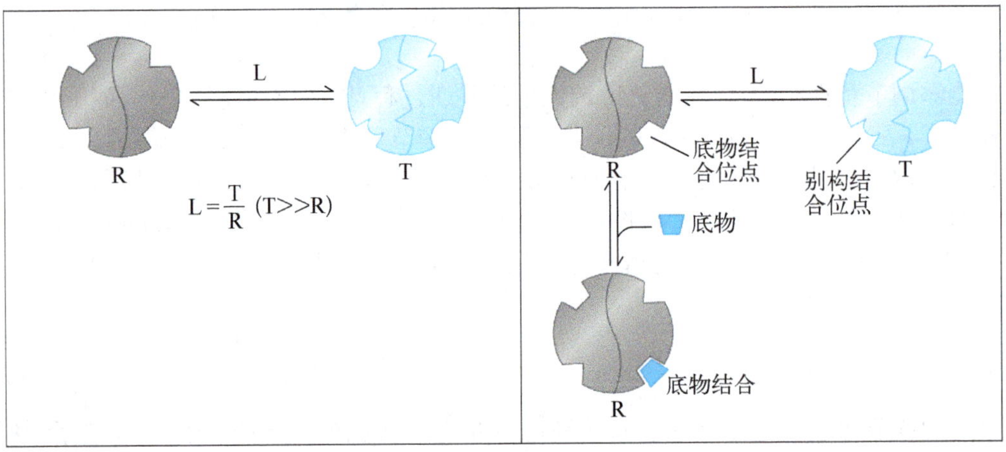

图 6-28 别构酶调节的齐变模型

齐变模型的提出是依据观察到的调节酶结构的对称性,即一个给定的蛋白质的所有亚基都具有同样的构象,或都是 R,或都是 T,利用这一简单的模型可以解释许多酶的实验结果。

2. 序变模型

序变模型是近年来更为普遍运用的模型。其主要是依据这样一种设想,即一个配体可以诱导它要结合的亚基的三级结构的变化。这个亚基-配体复合体又能够改变相邻亚基的构象(图 6-29)。这一模型特别

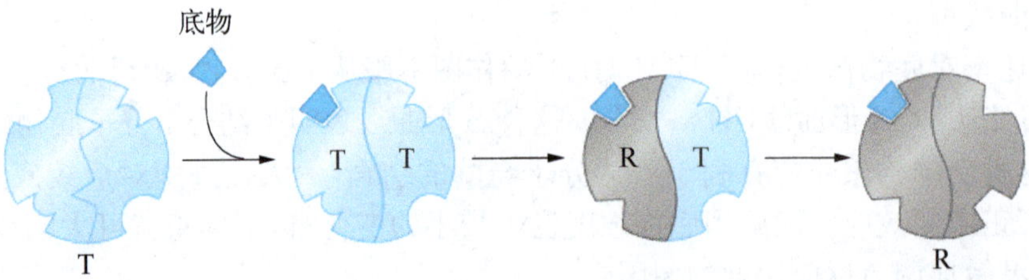

图 6-29 别构酶调节的序变模型

强调对于配体只有一种形状是亲和力最高的，但与齐变模型不同的是，在具有部分饱和的一个寡聚分子中允许存在着高亲和力和低亲和力的亚基。

以来自大肠杆菌的天冬氨酸转氨甲酰酶(ATCase)为例来说明酶的别构调控。ATCase 由 2 个三聚体的催化亚基和 3 个二聚体的调节亚基组成(图 6-30)，ATCase 催化氨甲酰磷酸和天冬氨酸合成氨甲酰天冬氨酸，该反应是 CTP 生物合成过程中的一个关键反应。

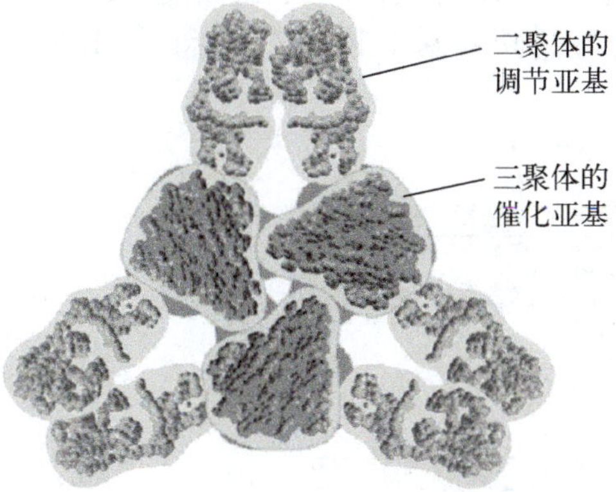

图 6-30 天冬氨酸转氨甲酰酶的结构

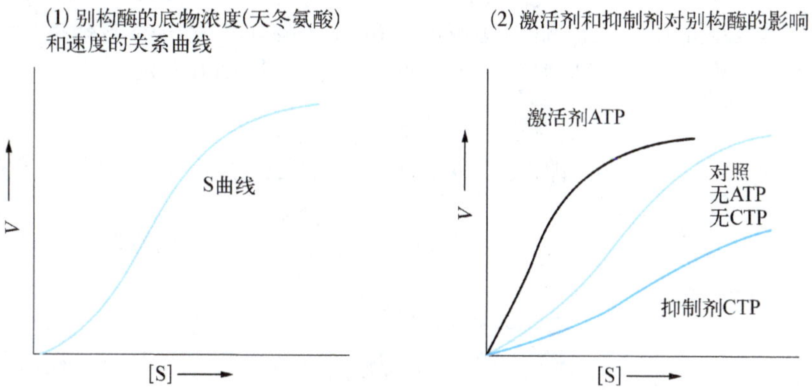

图 6-31 天冬氨酸转氨甲酰酶的动力学曲线

Arthur Pardee 等发现，ATCase 的一个最有效的抑制剂是代谢途径的终产物 CTP，当 CTP 水平高时，CTP 与 ATCase 结合，降低 CTP 合成的速度，反之当细胞内 CTP 水平低时，CTP 从 ATCase 上解离，加快 CTP 合成速度。他们还发现 ATP 是酶的别构激活剂。

在 ATCase 催化反应中，一分子天冬氨酸结合到一个活性部位后，会增加其他亚基对底物的亲和性，因此大大增大了反应速度，所以，反应速度对天冬氨酸浓度作图得到的是 S 形曲线(图 6-31)。CTP 和 ATP 都影响底物天冬氨酸与酶的结合，从图 6-31 中可以看出别构抑制剂 CTP 使曲线向右移，即酶对天冬氨酸的 K_m 值明显增大，但并没有改变 V_{max}，所以 CTP 是一个竞争性抑制剂，它结合在活性部位以外的调节部位。CTP 使得原来的 S 曲线更为明显，表明天冬氨酸结合 ATCase 的过程中具有更大的协同性。别构激活剂 ATP 的存在使得 S 型曲线向双曲线漂移，降低了底物对酶结合的协同性。

二、共价修饰

除了别构效应调控外，某些酶可以通过共价修饰来调控，磷酸化作用(phosphorylation)是最常见的共价修饰调节类型，如酶的一个特定的丝氨酸残基的磷酸化。一个典型的哺乳动物细胞中大约 1/3 的蛋白质都可能含有共价结合的磷酸。蛋白质激酶(protein kinase)催化 ATP 末端的磷酸基团转移到酶的特定的丝氨酸残基上。酶的磷酸丝氨酸经蛋白质激酶水解释放出磷酸基团后，又还原为脱磷酸的状态。

磷酸化酶(phosphorylase)催化 A-B 化合物分解为 AOH 和 B-磷酸的反应，其活性受到共价修饰和别构调节的双重控制(图 6-32)，常见的是糖原磷酸化酶，是糖原分解中的关键酶。有活性的磷酸化酶 a 在调节物葡萄糖和咖啡因等别构调节下变为无活性的磷酸化酶 a，无活性的磷酸化酶 a 在磷酸酶 1 的作用下变成无活性的磷酸化酶 b，无活性的磷酸化酶 b 在调节物 AMP 等别构调节下变为有活性的磷酸化酶 b。

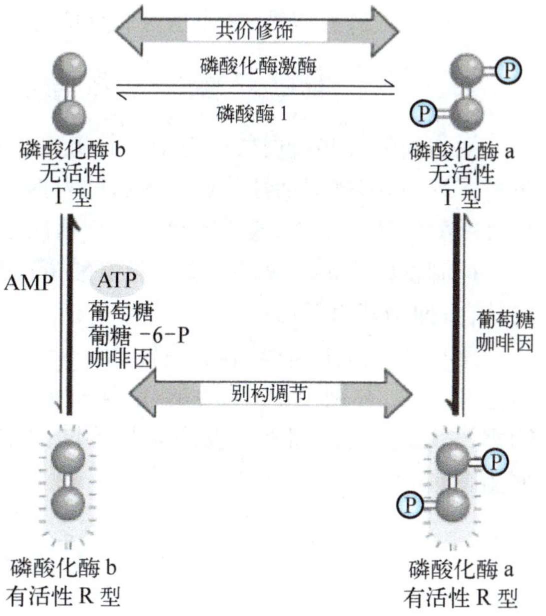

图 6-32 磷酸化酶活性的调节

三、酶原激活

许多蛋白水解酶，如胰凝乳蛋白酶、胰蛋白酶和弹性蛋白酶等都来自它们的前体-酶原，这些酶原必须经过激活才具有活性，所以这也是酶活性的一种调节方式。肠胰蛋白酶原、胰凝乳蛋白酶原、弹性蛋白酶原和羧肽酶原在合适的生理条件下，于细胞外通过有选择地水解一个或几个肽键后被激活。胰凝乳蛋白酶原(chymotrypsingen)的激活首先是在胰蛋白酶的催化下，Arg-15 和 Ile-16 之间的肽键被切断，生成一个具有很高活性的，但相当不稳定的 π-胰凝乳蛋白酶，π-胰凝乳蛋白酶的氨基酸残基 13 和 14、146 和 147 以及 148 和 149 之间的肽键易于被活性的胰凝乳蛋白酶切割，这一过程称为自动激活作用，切下了 Ser-14-Arg-15 和 Thr-147-Asn-148 两个二肽，最后生成了稳定的酶，即 α-胰凝乳蛋白酶，它是含有 241 个氨基酸残基的由 3 条多肽链组成的蛋白酶。胰凝乳蛋白酶的结构中存在连接残基 1 和 122、42 和 58、136 和 201、168 和 182 以及 191 和 220 的 5 个二硫键(图 6-33)。

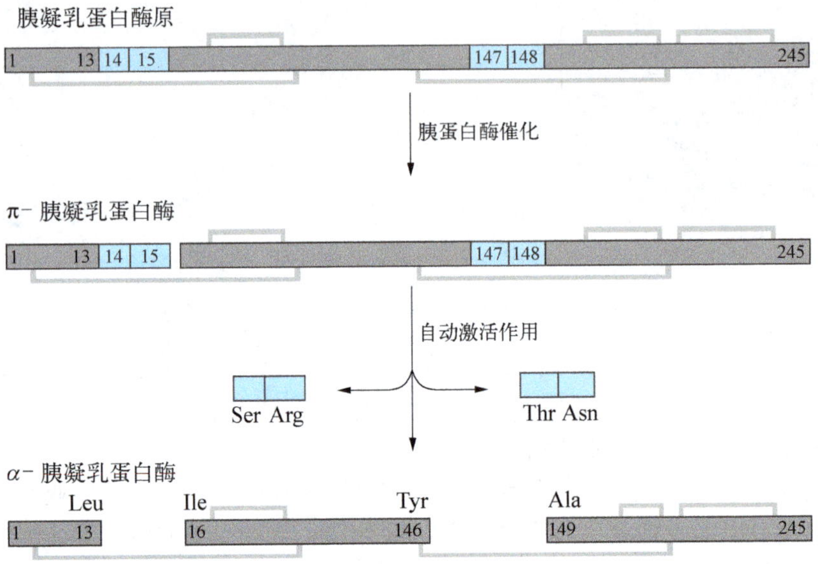

图 6-33 胰凝乳蛋白酶原的激活

一种酶原的激活常常会引发一系列酶的激活，这样的系列激活反应称酶级联反应。少量的起始酶原分子被激活后，会依次激活更多的酶原，最终导致高浓度、高活性的成熟酶的生成。同时酶的级联反应将导致代谢信号的快速放大。胰腺中的酶原和某些凝血因子都是通过级联反应被激活的。级联反应除了放大信号或生物化学过程以外，多步的级联反应也为调控提供了机会。

四、调节蛋白的结合与解离

细胞内的某些蛋白质可与特定的酶结合而调节被结合的酶的活性，这些调节酶活性的蛋白质称为调节蛋白。其中，抑制酶活性的调节蛋白称为抑制蛋白，激活酶活性的调节蛋白称为激活蛋白。抑制蛋白通常结合在酶的活性中心，通过阻止底物与活性中心的结合来达到抑制的效果。

抑制蛋白中最常见的一类是丝氨酸蛋白酶抑制剂(serine protease inhibitors)，它们专门与丝氨酸蛋白酶结合，抑制其水解活性。

使用激活蛋白来调节酶活性的一个重要例子是周期蛋白(cyclin)激活与调节细胞周期有关的蛋白质激酶。受周期蛋白激活的蛋白质激酶统称为依赖于周期蛋白的激酶(cyclin-dependent kinase，CDK)。已在真核细胞内发现多种不同的 CDK 和不同的周期蛋白，并且不同的 CDK 一般受不同的周期蛋白激活。

第五节 维生素与辅酶

维生素(vitamin)是维持机体正常生命活动不可缺少的一类小分子有机化合物。早在古埃及时，人们就发现进食某些食品可以避免患夜盲症，但是那时人们还不知道它的具体机理，中国古代中医也已经注意到一些富含维生素的中药对疾病的预防和治疗作用。1747 年，英国海军军医 James Lind 总结以前的经验，提出了用柠檬预防坏血病的方法，但是他还不知道究竟是什么物质对坏血病有抵抗作用。1912 年，波兰化学家 Kazimierz Funk 从米糠中提取出一种能够治疗脚气病的白色物质(硫胺),他称之为 vitamin。随着分析科学和医学技术的进步,越来越多的维生素被发现,人们开始用字母来区别不同的维生素,出现了维生素 A、维生素 B_1 等名称。

维生素对人类生命活动如此重要,是因为多数的维生素是辅酶或辅基的组成成分。特别是 B 族维生素,如硫胺素、核黄素、尼克酰胺、泛酸、叶酸等几乎全部参与辅酶的组成。有些维生素,如硫辛酸、抗坏血酸本身就是辅酶。此外,少数的维生素具有某些特殊的生理功能。

一、NAD^+ 和 $NADP^+$

在 20 世纪 30 年代,尼克酰胺腺嘌呤二核苷酸(niocotinamide adenine dinucleotide, NAD^+)和尼克酰胺腺嘌呤二核苷酸磷酸(niocotinamide adenine dinucleotide phosphate, $NADP^+$)就已经被分离出来,并分析了它的结构。两种辅酶都含有尼克酰胺(nicotinamide)(旧称烟酰胺),尼克酰胺的前体是尼克酸(nicotinic acid),人体内主要以尼克酰胺的形式存在。尼克酸也叫抗糙皮病(pellagra preventive)维生素,是哺乳动物饮食所必需的营养物,是辅酶 NAD^+ 和 $NADP^+$ 的前体。

NAD^+ 和 $NADP^+$ 的结构见图 6-34。两种辅酶都含有一个能连接两个 5′-核苷酸的磷酸酐键,这两个 5′-核苷酸是腺苷单磷酸和尼克酰胺的核糖核苷酸,也称为尼克酰胺单核苷酸(NMN)。另外在 $NADP^+$ 的结构中腺苷酸的核糖的 2′位上连有一个磷酸基团。

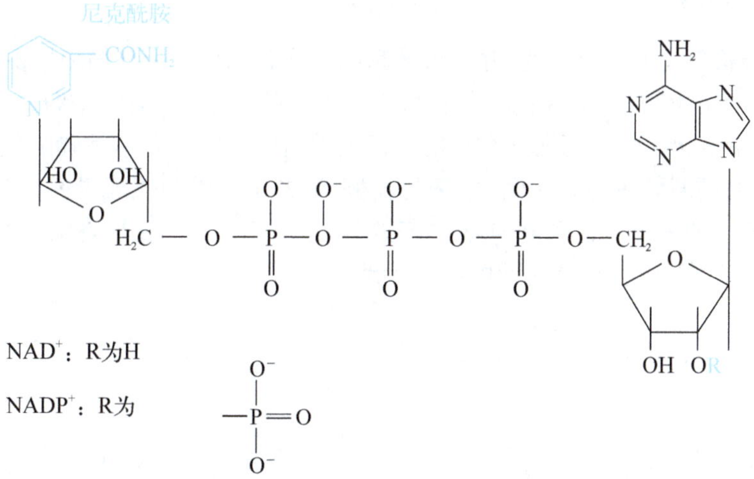

图 6-34 NAD^+ 和 $NADP^+$ 的结构

NAD^+ 和 $NADP^+$ 都是脱氢酶的辅酶,它们通常被称为具有还原力的分子。NADPH 可以提供能量和氢用于还原反应;而大多数 NADH 是在分解代谢中生成的,在线粒体被氧化产生大量的 ATP。

NADH 和 NADPH 由于含有二氢吡啶环,在 340 nm 处有一吸收峰,但 NAD^+ 和 $NADP^+$ 在这个波长没有吸收峰,因此,340 nm 处吸收峰的出现和消失可以用作监测脱氢酶催化的氧化和还原反应指标。

二、FAD 和 FMN

核黄素(riboflavin),或称维生素 B_2,是由 5 碳的核糖醇和 7,8-二甲基异咯嗪构成,呈现黄色是异咯嗪的共轭双键系统的贡献。核黄素在牛奶、谷物和肝脏中最丰富。

核黄素的两种辅酶是黄素单核苷酸(flavin mononucleotide, FMN)和黄素腺嘌呤二核苷酸(flavin adenine dinucleotide, FAD)(图 6-35)。许多脱氢酶(通常为黄素酶(flavoenzymes)或黄素蛋白(flavoproteins))需要 FAD 或 FMN 作为参与氧化还原反应的辅基。

核黄素的氧化形式 FAD 和 FMN 在 445~450 nm 波长范围内都有吸收,显黄色,但 $FADH_2$ 和 $FMNH_2$ 却是无色的,因为当它们被还原后,异咯嗪的共轭双键系统消失了。

$FMNH_2$ 和 $FADH_2$ 可以像 NADH 和 NADPH 那样参与电子转移,但 NADH 和 NADPH 只参与双电子

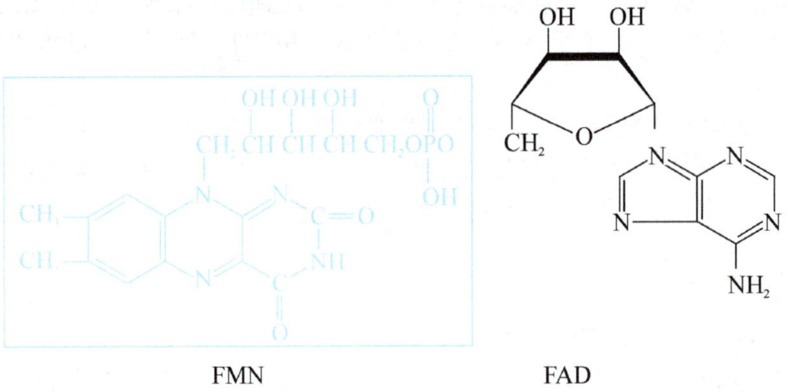

图 6-35　黄素单核苷酸和黄素腺嘌呤二核苷酸的结构

转移，而 $FMNH_2$ 和 $FADH_2$ 既可以给出一个电子，也可以同时给出 2 个电子。当参与单电子转移时，可以形成部分氧化的化合物FMNH·和FADH·。这些中间产物属于自由基，称为黄素半醌。通过 FMN 偶联的双电子转移与单电子转移在细胞呼吸中是非常重要的，由于在线粒体内 NADH 的多步氧化过程中涉及单电子转移机制，所以核黄素的氧化-还原的多样性在代谢中具有重要的意义。

三、辅酶 A(Coenzyme A，CoA 或 CoASH)

CoA 是参与酰基转移反应的最重要的辅酶，可转移的代谢基团包括一些简单羧酸和脂肪酸。辅酶 A 是泛酸(pantothetic acid)的衍生物，辅酶 A 的结构包含 3 个主要的成分：含有一个游离-SH 的巯基乙胺(CoA 的酰化和去酰化部位)，泛酸单位(β-丙氨酸和泛解酸形成的酰胺)和 3′-羟基被磷酸基团酯化的 ADP(图 6-36)。辅酶 A 常作为酰基的载体参与脂代谢，酰基与辅酶 A 之间形成的硫酯键是一种高能键，可以说酰基 CoA 中的酰基是被激活了的酰基。泛酸在食物中普遍存在，尤其动物组织、谷物及豆类等食物含量丰富。二战时的远东战俘的"脚灼热综合征"便是泛酸缺乏所致。

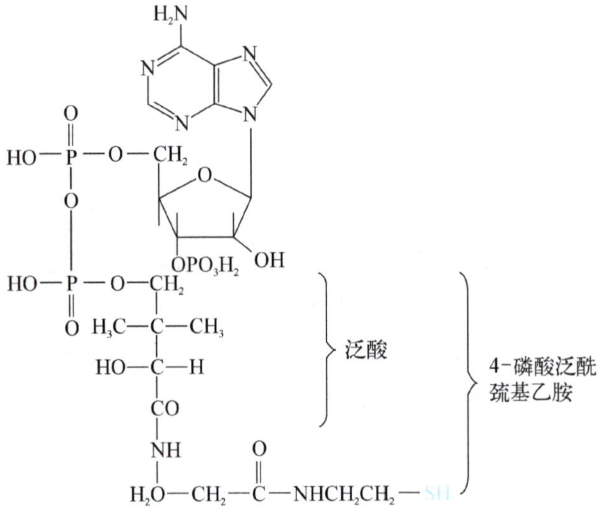

图 6-36　CoA 的结构

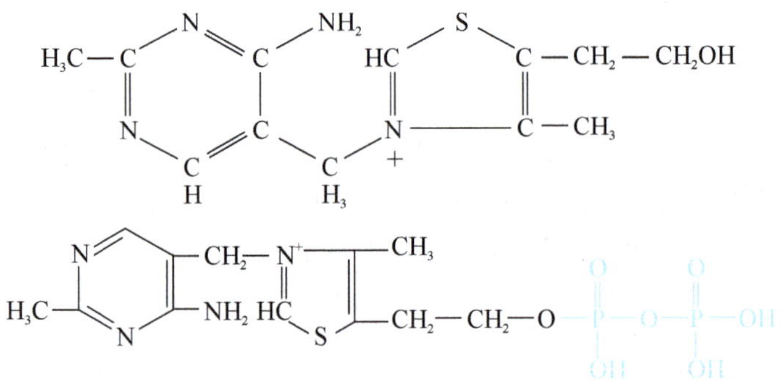

图 6-37　硫胺素及其硫胺素焦磷酸的结构

四、硫胺素焦磷酸

维生素 B_1 也叫做抗脚气病维生素(antiberiberi vitamin)，化学名称为硫胺素(thiamine)，硫胺素含有一个吡啶环和一个带正电荷的噻唑环(图 6-37)。硫胺素在米糠和肝脏中含量丰富，经常食用精米的人容易得脚气病，因为除去的米糠中含有必需的维生素硫胺素。

硫胺素的辅酶形式是硫胺素焦磷酸(thiamine pyrophosphate，TPP)(图 6-37)，有很多脱羧酶需要 TPP 作为辅酶。

五、磷酸吡哆醛

维生素 B_6 的家族是由 3 个密切相关的吡哆醇(pyridoxine)、吡哆醛(pyridoxal)和吡哆胺(pyridoxamine)组成的,大多数天然存在的维生素 B_6 主要是以磷酸化形式出现的磷酸吡哆醛(pyridoxal - 5 - phosphate)或磷酸吡哆胺(pyridoxamine - 5 - phosphate)(图 6 - 38)。磷酸吡哆醛是很多酶的辅基,这些酶催化转氨、异构化、脱羧和取代反应。

图 6 - 38 维生素 B_6 家族及其辅酶

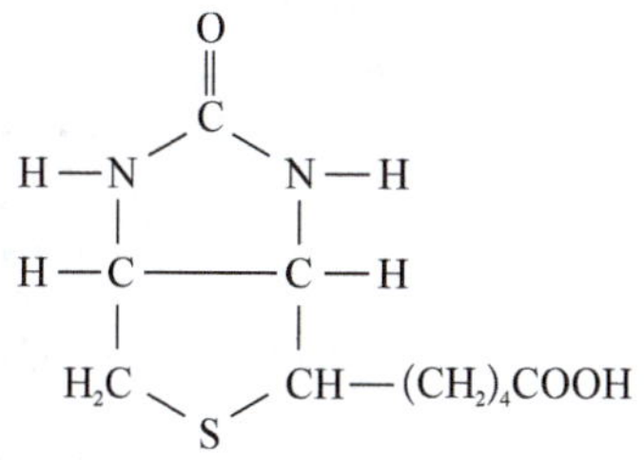

图 6 - 39 生物素的结构

六、生物素

生物素(biotin)曾经称为维生素 H(图 6 - 39),最初是作为酵母生长所必需的因子发现的,生物素是通过小肠的细菌合成的,每天的需要量很少。但经常食用生的蛋清也会导致生物素缺陷,因为蛋清中含有一种由 4 个相同亚基组成的四聚体抗生物素蛋白(avidin),蛋白中的每个亚基都可以紧密地结合一个生物素,而导致小肠中生成的生物素不能被吸收。煮熟的鸡蛋使抗生物素蛋白变性,失去了对生物素的亲和力,也就消除了它的毒性。

生物素主要作为催化羧基转移反应和依赖 ATP 的羧化反应的酶的辅助因子,是二氧化碳的载体。生物素通过酰胺键与酶活性部位中的一个赖氨酸残基的 ε -氨基共价连接,生物素酰-赖氨酰部分也称之生物胞素(biocytin)。

七、四氢叶酸

叶酸(folate)也称为喋酰谷氨酸(pteroylglutamate),是在 20 世纪 40 年代初从植物的绿叶、肝脏和酵母中分离出来的。叶酸主要含有三种成分:蝶呤啶(2 -氨基- 4 -氧取代的喋啶)、*p* -氨基苯甲酸和谷氨酸残基。叶酸的辅酶形式是四氢叶酸(图 6 - 40)。三种不同氧化态的一碳单位(甲基、亚甲基或甲酰基)可以结合到 5,6,7,8 -四氢叶酸(tetrahydrofolic acid, THFA 或 THF,或 FH4)上(图 6 - 41)。

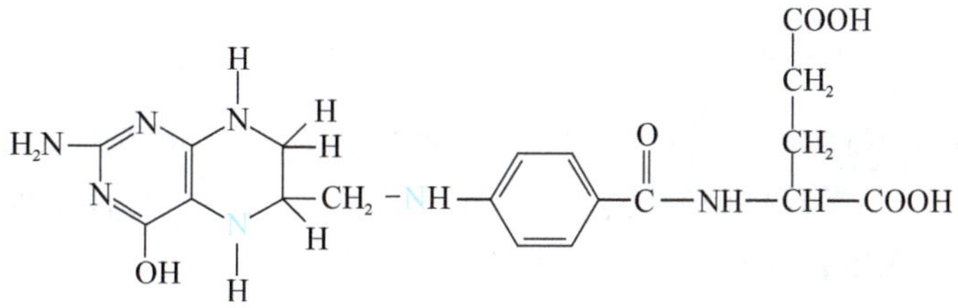

图 6 - 40 四氢叶酸的结构

八、维生素 B_{12}

维生素 B_{12} 也称为钴胺素(cobalamin),其结构中的钴啉环系统类似于血红素中的卟啉环系统(图 6 - 42)。

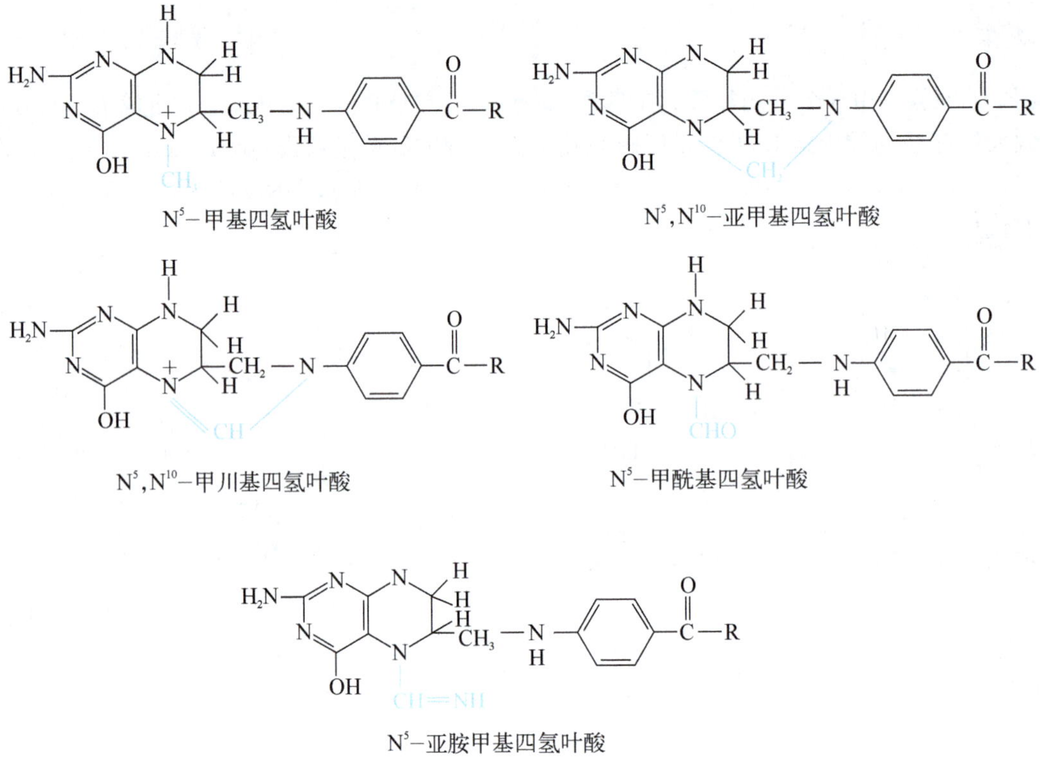

图 6-41 四氢叶酸结合的一碳基团

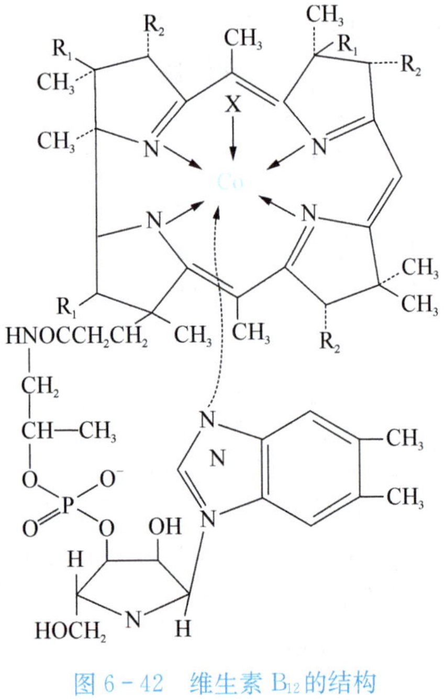

图 6-42 维生素 B_{12} 的结构

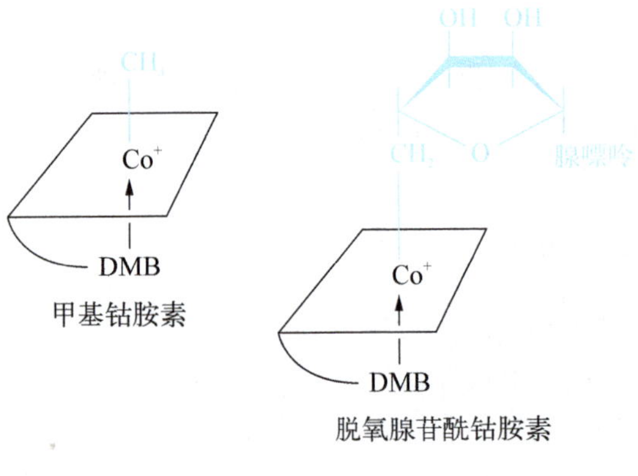

图 6-43 甲基钴胺素和脱氧腺苷酰钴胺素的结构

维生素 B_{12} 是通过两种不稳定的辅酶形式甲基钴胺素(methylcobalamin)和脱氧腺苷酰钴胺素(adenosylcobalamin)(图 6-43)发挥作用的,其中脱氧腺苷酰钴胺素参与几种酶催化的分子内重排,一般是一个底物内氢原子与结合在它相邻位置的第二个基团交换位置。

九、硫辛酸

硫辛酸(lipoic acid)是在 1951 年被 Lester Reed 等首先从牛肝脏中纯化出来的,硫辛酸是一个 C-6、C-8 上的氢原子被二硫键取代的辛酸,有氧化型和还原型两种形式(图 6-44)。硫辛酸可以作为脂酰基的载体参与丙酮酸和 α-酮戊二酸的氧化脱羧。

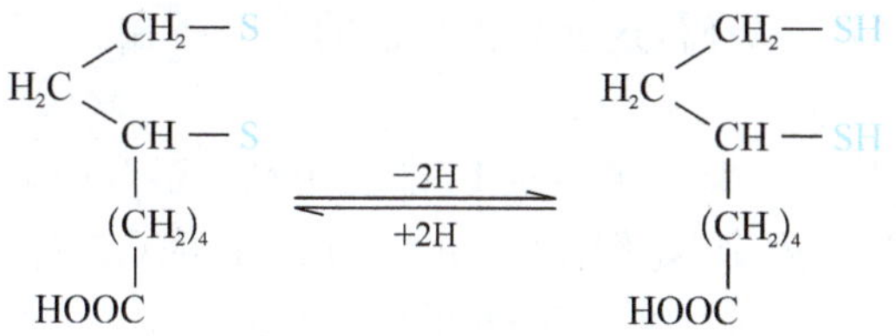

图 6-44 硫辛酸氧化型和还原型的互变

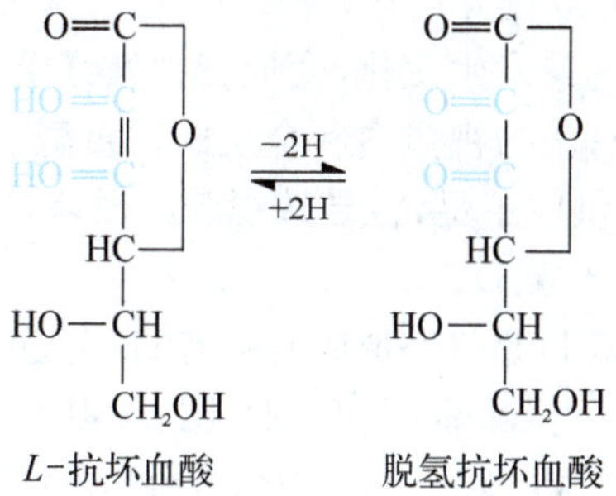

图 6-45 *L*-抗坏血酸氧化成脱氢抗坏血酸

十、抗坏血酸

抗坏血酸(ascorbic acid)(维生素 C)是一个具有 6 个碳原子的酸性多羟基化合物,其分子中 2 位和 3 位碳原子的两个烯醇式羟基极易解离,释放出质子,从而被氧化成脱氢抗坏血酸(图 6-45)。

抗坏血酸的生理功能可能是通过它本身的氧化和还原在生物氧化过程中作为氢的载体。此外,抗坏血酸对分子中的巯基可以起到保护作用(图 6-46),还能作为羟化酶的辅酶,参与体内的羟基化反应。

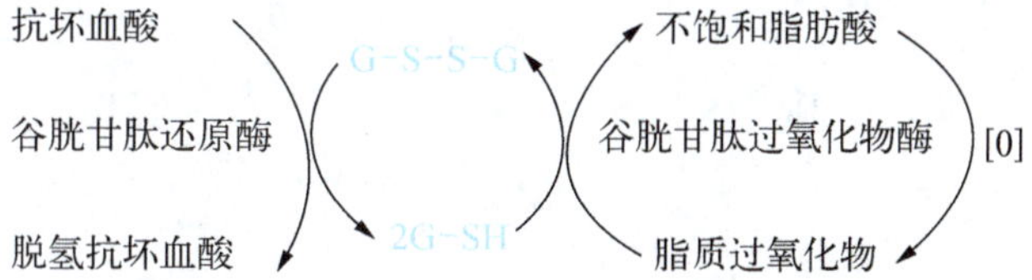

图 6-46 抗坏血酸的保护巯基作用

十一、脂溶性维生素

1. 维生素 A

维生素 A 是一个 15 碳的脂类分子,可由食物中 30 碳的β-胡萝卜素通过酶促氧化切割得到,或是直接从肝脏、蛋黄或奶制品中获得。实际上存在着三种类型的维生素 A,根据它们末端功能基团的氧化状态可以分为稳定的视黄醇(retinol)、视黄醛(retinal)和视黄酸(retinoic acid),所有这三种化合物都具有重要的生物学功能(图 6-47)。视黄醛是视觉需要的光敏感化合物,通过视黄醇氧化或者是视黄酸还原形成的。视黄醛是视紫红质(rhodopin)的辅基,视紫红质是一个膜结合蛋白,由视蛋白和视黄醛组成。顺式视黄醛(C11~

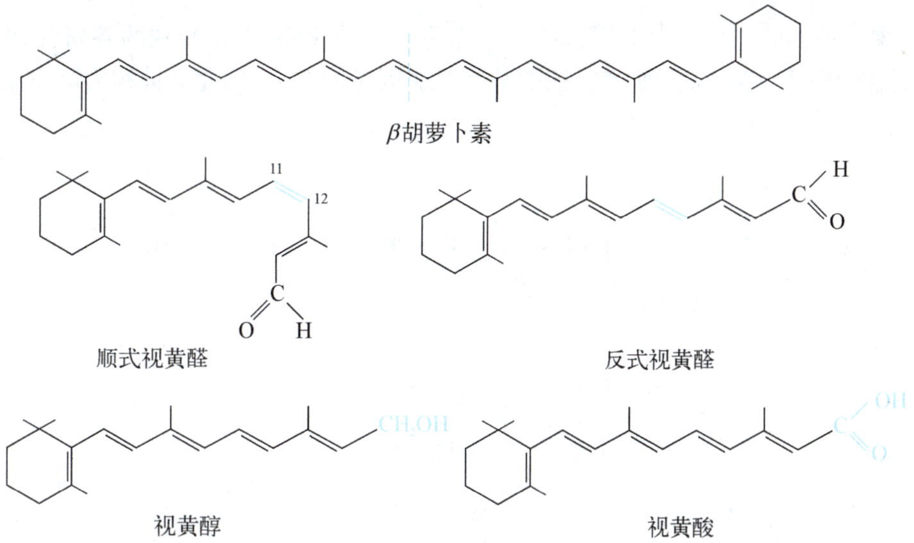

图 6-47 维生素 A 及其前体的结构

C12之间的双键异构化)与视蛋白结合,当顺式视黄醛吸收光后,异构化为反式视黄醛(前视紫红质),引起视紫红质的构象发生变化,变成变视紫红质,构象的变化启动了对大脑的神经脉冲,启动视觉的级联反应。变视紫红质解离为视蛋白和全反式视黄醛,为了完成反应循环,视黄醛异构酶催化顺式视黄醛的再生。如果维生素A供应不足,将导致视紫红质恢复的延缓和暗视觉的障碍,这就是夜盲症的病因所在。

2. 维生素D

维生素D是骨骼形成所必需的,由固醇衍生而来。其中主要有维生素 D_2 即麦角钙化醇(ergocalciferol)和 D_3 即胆钙化醇(cholecalciferol)(图6-48)。在维生素D缺乏病中,如佝偻病(儿童)和软骨病(成人),因为磷酸钙不能在骨骼的胶原基质中形成合适的结晶,所以导致骨质疏松。维生素 D_3 的活性形式为1,25-二羟胆钙化醇,是由维生素 D_3 通过两步羟化反应形成的,这种活性化合物是调节人体内 Ca^{2+} 利用的影响因素之一。

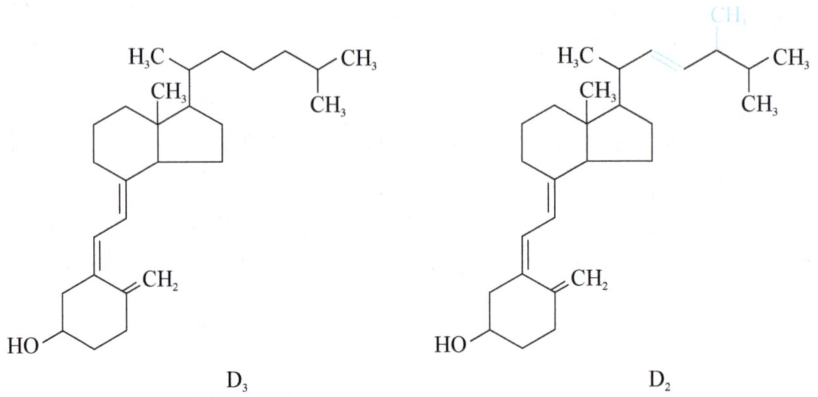

图6-48 维生素D的结构

3. 维生素E

维生素E即生育酚(tocopherols)(图6-49)。人们认为维生素E的主要功能是作为氧和自由基的清除剂,这一抗氧化作用可以防止生物膜中的脂肪酸受损伤。很少会出现生物素E缺乏,但如果缺乏可导致人的红细胞的脆化以及大鼠的不孕症。

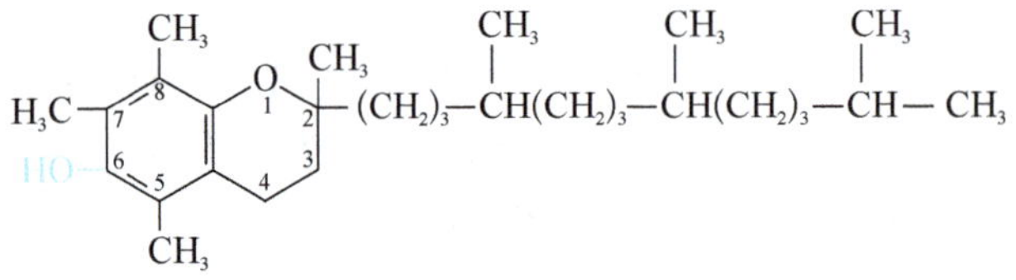

图6-49 维生素E的结构

4. 维生素K

维生素K是来自植物的一种维生素(图6-50),作为某些羧化酶(催化特殊的谷氨酸残基转化为γ-羧基谷氨酸残基)的辅助因子,参与促进血液凝固的某些凝血因子的合成,因此又被称为凝血维生素。

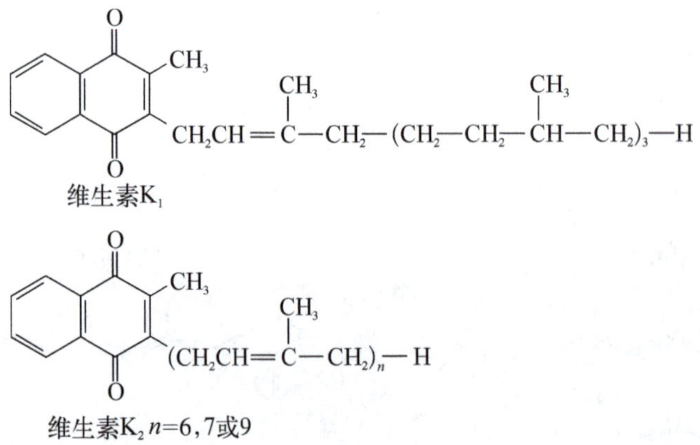

图6-50 维生素K的结构

第六节 酶的研究方法

一、酶的分离和纯化

生物细胞产生的酶有两类：一类由细胞内产生后分泌到细胞外进行作用的酶，称为细胞外酶；另一类酶在细胞内产生后并不分泌到细胞外，而在细胞内起催化作用，称为细胞内酶。酶的来源多为生物细胞，生物细胞内产生的总酶量虽然很高，但每一种酶的含量却很低，因此，在提取某一种酶时，首先应当根据需要，选择含此酶最丰富的材料，如胰脏是提取胰蛋白酶、胰凝乳蛋白酶、淀粉酶和脂酶的好材料。由于从动物内脏或植物果实中提取酶制剂受到原料的限制，目前工业上大多采用培养微生物的方法来获得大量的酶制剂。从微生物中来生产酶制剂的优点有很多，不受气候地理条件限制，而且动植物体内酶大都可以在微生物中找到，微生物繁殖快，产酶量又丰富，还可以通过选育菌种来提高产量，用廉价原料可以大量生产。

在生物组织中，除了我们所需要的某一种酶之外，往往还有许多其他酶和一般蛋白质以及其他杂质，因此制备酶制剂时，必须经过分离和纯化。酶的提纯过程中应避免用强酸、强碱，并保持在较低的温度下操作。在提纯的过程中通过测定酶的活性可以跟踪酶在分离提纯过程中的去向。酶的活性又可以作为选择分离纯化方法和操作条件的指标，在整个酶的分离纯化过程中的每一步骤，始终要测定酶的总活力和比活力，这样才能知道经过某一步骤回收到多少酶，纯度提高了多少，从而决定每一步骤的取舍。

酶的分离纯化一般包括三个基本步骤：即抽提、纯化、结晶或制剂。酶是具有催化活性的蛋白质，纯化蛋白质的各种方法、策略和注意事项完全适用于酶的分离和提纯。

二、酶工程

1. 酶分子的化学修饰

酶分子的化学修饰就是在分子水平上对酶进行改造，以达到改构和改性的目的，即在体外将酶分子通过人工的方法与一些化学基团，特别是具有生物相容性的物质，进行共价连接，从而改变酶的结构和性质。

2. 固定化酶

固定化酶(immobilized enzyme)是不溶于水的酶，是用物理的或化学的方法，使酶与水不溶性大分子载体结合或把酶包埋在水不溶性凝胶或半透膜的微囊体中制成的。

固定化酶的制备方法有物理法和化学法两大类。物理方法包括物理吸附法、包埋法等。物理法固定酶的优点在于酶不参加化学反应，整体结构保持不变，酶的催化活性得到很好保留。但是，由于包埋物或半透膜具有一定的空间或立体阻碍作用，因此对一些反应不适用。化学法是将酶通过化学键连接到天然的或合成的高分子载体上，使用偶联剂通过酶表面的基团将酶交联起来，而形成相对分子量更大、不溶性的固定化酶的方法。

酶经过固定化后，比较能耐受温度及 pH 的变化，最适 pH 往往稍有移位，对底物专一性没有任何改变，实际使用效率提高几十倍甚至几百倍。

3. 人工酶

人工酶是根据酶的作用原理，模拟酶的活性中心和催化机制，用化学合成方法制成的高效、高选择性、结构简单、具有催化活性、稳定性较高的非蛋白质分子的一类新型催化剂。

全合成酶通过将催化基团并入有机化合物，控制空间构象，选择性地催化化学反应，利用各种有机分子(如 β-环糊精、卟啉等)和金属离子而制备的具有水解、氧化还原、转氨等功能的人工全合成酶。如由环糊精制成的人工转氨酶能催化 α-酮酸与磷酸吡哆胺合成氨基酸。

4. 酶的理性设计

在理性设计(rational design)中，首先要根据蛋白质的结构，功能和机制等详细资料对氨基酸序列中要突变的位点进行精确设计，然后通过取代、插入或缺失等手段改变蛋白质分子中特定的氨基酸，从而鉴定出与酶特性相关的关键残基和结构元件。理性设计的方法有寡核苷酸介导的重组 PCR、限制性内切酶酶切片段取代法、盒式突变法和化学合成法。

5. 定向进化

酶的定向进化(directed evolution)又称为酶的体外分子进化，属于蛋白质的非理性设计，是蛋白质工程的新发展方向。与传统的理性设计相比，它不用事先了解蛋白质的结构、活性位点、催化机制等因素，而是人为地创造特殊的进化条件模拟自然进化机制在体外对酶基因进行改造，产生基因多样性，再结合定向筛选(或选择)技术，获得具有某些预期特征的新酶。酶的定向进化技术在一定程度上弥补了定点突变技术的不足，自 20 世纪 80 年代起，定向进化技术开始应用于酶分子的改造。早期的一些进化方法，如易错 PCR (error-prone PCR)、DNA 混编(DNA shuffling)、外显子混编、基因组混编(genome shuffling)、单链 DNA 混编(ssDNA shuffling)、交错延伸重组(staggered extension process)、随机引物体外重组(random priming *in vitro* recombination)等方法在蛋白质工程领域都取得了很大的成功并一直沿用至今。

三、抗体酶

抗体酶，又称为催化抗体(catalytic antibody)，是抗体的高度选择性和酶的高效催化能力巧妙结合的产物，本质上是一类具有催化活力的免疫球蛋白，在其可变区赋予了酶的属性。抗体酶具有典型酶的特性：与底物结合的专一性，包括立体专一性；具有高效催化活性；与天然酶相近的动力学特性及 pH 依赖性。

推荐网址

1. http://en.wikipedia.org/wiki/Enzyme
2. http://themedicalbiochemistrypage.org/enzyme-kinetics.html
3. http://www.chem.qmul.ac.uk/iubmb/kinetics/
4. http://en.wikibooks.org/wiki/Structural_Biochemistry/Enzyme_Catalytic_Mechanism
5. http://www.lsbu.ac.uk/biology/enztech/index.html
6. http://web.virginia.edu/Heidi/chapter15/chp15.htm
7. http://www.pearsonhighered.com/mathews/ch11/c11a.htm
8. http://themedicalbiochemistrypage.org/vitamins.html

参考文献

1. Bennet W S, Steitz T A. Glucose-induced conformational change in yeast hexokinase. *Proc. Natl. Acad. Sci.*, 75:4848－4852, 1998.
2. Rando R R. Mechanisms of action of naturally occurring irreversible enzyme inhibitors. *Acc. Chem. Res.*, 8:281－288, 1975.
3. Carter P, Wells J A. Dissecting the catalytic triad of a serine protease. *Nature*, 332:564－568, 1988.
4. Bu Z, Callaway D J. Proteins MOVE! Protein dynamics and long-range allostery in cell signaling. *Adv. in Protein Chemistry and Structural Biology*, 83:163－221, 2011.
5. Barford D. Structural studies of reversible protein phosphorylation and protein phosphatases. *Biochem. Soc. Trans.*, 27:751－766, 1999.
6. Neurth H. The versatility of proteolytic enzymes. *J. Cell. Biochem.*, 32:35－49, 1986.

思考题

1. 如何区分辅基和辅酶？有哪些辅酶或辅基分子中含有腺苷？这些含有腺苷辅酶的存在对于理解生命的起源有何启示？为什么？
2. 某位研究者从细菌中分离到一种蛋白酶，具有类似胰蛋白酶的作用。他推测这是一种新的丝氨酸蛋白酶，如果这种推测是正确的，你认为应该有哪些证据？
3. 为什么胰蛋白酶、胰凝乳蛋白酶和弹性蛋白酶的特异性差别很大，但催化机制完全相同？如果它们被分泌到胃液之中，而不是肠液中，它们还会有正常的活性吗？为什么？
4. 使用定点突变技术可将单个氨基酸的置换，引入一个蛋白质分子之中。如果你将一种酶分子上特定位置的 Lys 用 Asp 取代，在将一系列突变分子分离纯化以后，进行动力学分析。下表是分析的结果：

酶形式	酶活性(μmol 产物/mg 酶)
野生型酶	1 000
K21→D21 的突变体	970
K86→D86 的突变体	100
K101→D101 的突变体	970

(1) 从表中你可以推断出 K21,K86 和 K101 在该酶的催化中起什么作用。

(2) 预测 K21 和 K101 的位置。你认为这两个氨基酸残基在进化的过程中会很保守吗?

(3) K86 的保守性又如何? 为什么?

5. 纯的酶制品对水透析时会失去活性。有的人认为透析除去了必要的辅助因子,而有的人认为在低离子强度的溶液中酶去折叠了。请通过实验来验证他们的观点正确与否。
6. 羧化酶有两类,一类需要生物素作为辅基,一类不需要。你如何快速确定一种羧化酶属于哪一类?
7. 为什么 RNA 和胰蛋白酶不能放在碱性溶液里面保存?
8. 在研究蛋白酶的时候,遇到的一个主要困难是它们能够自我消化。但与胰蛋白酶相比,胰凝乳蛋白酶遇到这样的问题要简单,为什么? 另外,在小肠内,酶原的激活主要由胰蛋白酶来催化,为什么在进化的过程中没有选择其他的蛋白酶?

科学故事——Pauling与维生素C

1994年8月19日，两度获得诺贝尔奖的科学家Pauling以93岁高龄在家中逝世。Pauling曾被英国的*New Scientist*周刊评为人类有史以来20位最杰出的科学家中的一个，与牛顿、居里夫人及爱因斯坦等肩。但是路透社在报道Pauling逝世的消息时却说：他是“本世纪最受尊敬和最受嘲弄的科学家之一”。

这样一个“最受尊敬”的科学家为什么又“最受嘲弄”呢？原因就在于他晚年提出了对维生素作用的新观点，尤其是主张超大剂量服用维生素C。这使他陷入了一场旷日持久的医学领域的大论战。

Pauling根据自己的多年研究，发表了自己的观点：每天服用1 000 mg或更多的维生素C可以预防感冒；维生素C还可以抗病毒。可是医学权威们反对他的观点，权威机构表示他的观点是证据不充分的。攻击他的人说他不是医生，没资格来谈论维生素C防治感冒的问题。此时只有少数医生和患者支持他的观点。可笑的是，一位加拿大医学家原想用事实来批驳Pauling的观点，通过对照实验后却转而赞成Pauling的观点了。但是Pauling全然不顾自己身陷重围，又建议癌症患者每天服用10 g或更多的维生素C，认为这种简单的方法将显著地改善整个癌症治疗的结果。权威们更不相信这种观点，声明：维生素C对治疗癌症没有价值。此时仍然只是一些患者用自己的实例来支持Pauling的观点。后来，Pauling又提出了一种提高健康水平的摄生法，介绍了12项具体步骤，第一项就是：“每天服用6～18 g维生素C，或更多。一天也不要间断。”认为摄入适当剂量的维生素和营养物质，进行某些健身运动，可以延长寿命。当然，他的观点又一次被医学界拒绝。

实际上，Pauling本人对自己的观点身体力行，每天服用4片营养物质加上18 g维生素C，活到93岁的高龄。值得一提的是，南京大学著名教授郑集先生几十年来每天服用600 mg维生素C，活到110岁高寿。

不知是有意还是无意。Pauling逝世后，越来越多的专家承认或接近承认鲍林的观点了。近来的许多研究支持鲍林的观点。如有研究发现，每天摄入300～400 mg维生素C的男性，要比日摄入60 mg及不足60 mg的人多活6年。现在，多数医学界人士相信，维生素C确有一定的防治感冒的作用。也有许多专家而今承认：维生素C有抗癌作用，能预防多种疾病，包括老年痴呆症。当然，这场论战尚未结束，例如，有人认为维生素C有助于治疗癌症，而有人认为它能致癌。

诚然，Pauling的某些观点是否偏颇，尚待实践进一步检验。即使有朝一日证明他的论点不够完美，他这种探求精神依旧值得人们学习。他身体力行，每天摄入大剂量维生素C的精神也值得我们敬佩。对于鲍林引发的医学界的这场论战也值得我们深思。

（本章科学故事作者为南京大学生命科学学院2011级徐召同学）

第 7 章

激素的结构与功能

多细胞生物能够生存并有效地行使功能，组成它们的细胞必须以协调的方式进行活动。这种协调需要在不同的细胞之间进行信号转导。激素就是一类在细胞之间传递特殊信息的信号分子。激素具有调节生长和分化、生殖和发育、内环境的稳定、代谢和营养供应等方面的功能。

本章将主要介绍激素的分类与性质、激素的作用机理和一些常见激素的结构与功能，重点将集中在激素的作用机制。

第一节　激素的分类与性质

一、激素的定义

激素(hormone)最初是指是由特定的组织产生并分泌到血流之中，通过血液的转运到达特定的细胞、组织或器官，而引发这些细胞、组织或器官产生特定的生理、生化反应的一类化学物质。现一般认为，激素是一类非营养的、微量(微摩尔或更低浓度)就能起作用的在细胞间传递信号的化学物质。就动物而言，分泌激素的细胞称为内分泌细胞，受激素作用的细胞称为靶细胞。在以上定义的基础上，还可以根据作用的距离，将动物激素进一步分为内分泌(endocrine)激素、神经内分泌(neuroendocrine)激素、旁分泌(paracrine)激素和自分泌(autocrine)激素(图 7－1)。其中内分泌激素和神经内分泌激素的作用距离最远，且绝大多数激

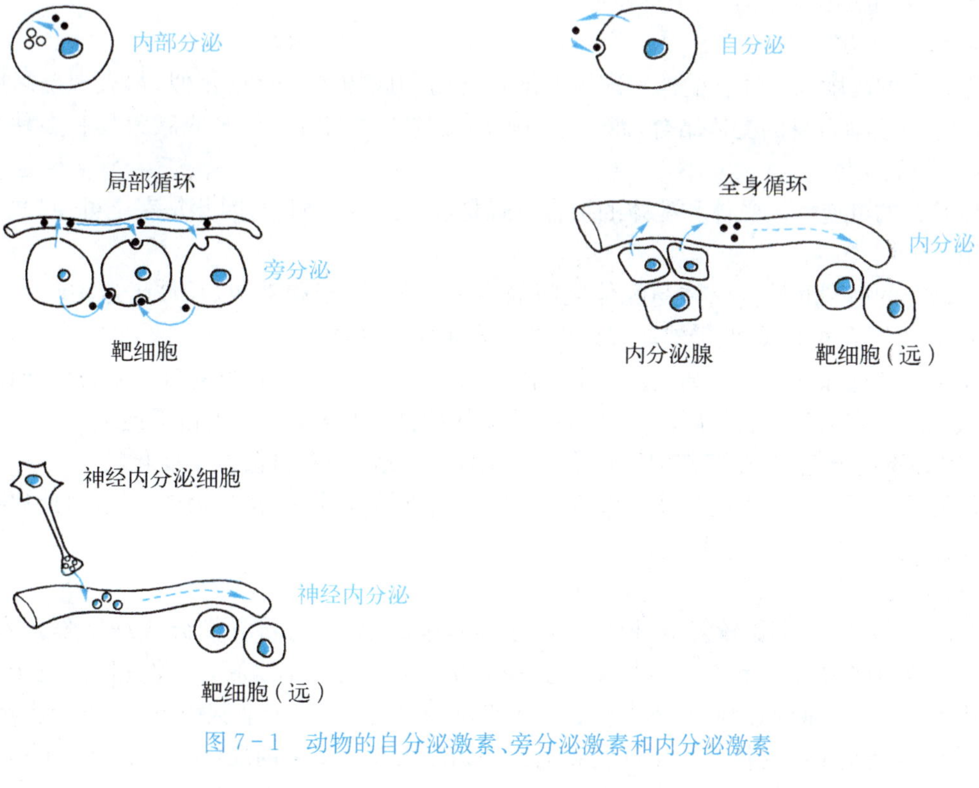

图 7－1　动物的自分泌激素、旁分泌激素和内分泌激素

素属于这一类；旁分泌激素只作用于临近的细胞，作用时间短，如前列腺素；自分泌激素则作用于原来分泌它的细胞，如刺激 T 细胞分裂的白介素-2(interleukin-2)。

二、激素的化学本质与分类

激素的种类繁多，彼此之间的结构差别可能很大，但根据其来源和化学本质，可分为氨基酸衍生物激素、肽类或蛋白质激素、固醇类激素和脂类激素等。

氨基酸衍生物激素衍生于特定的氨基酸，如 Tyr 或 Trp。衍生于 Tyr 的激素有肾上腺素(epinephrine)、去甲肾上腺素(norepinephrine)和甲状腺素(thyroid hormones)，衍生于 Trp 的激素有血清素(serotonin)和褪黑素(melatonin)；肽类或蛋白质激素的种类最多，小到仅由三个氨基酸组成，大到由几百个氨基酸组成；固醇类激素均衍生于胆固醇，包括维生素 D 以及由肾上腺皮质和生殖腺分泌的皮质激素和性激素；脂类激素衍生于脂质，如花生四烯酸衍生的前列腺素(prostacyclins)、血栓恶烷(thromboxanes)和白三烯(leukotrienes)。

按照溶解性质，可以将激素简单地分为水溶性激素和脂溶性激素。这两类激素的主要差别在于作用机制：脂溶性激素的疏水性质允许它们自由通过细胞膜，与胞内的受体结合，产生细胞内效应。但水溶性激素不能通过质膜，因此它们必须与细胞膜上的受体结合才能发挥作用。

第二节　激素作用的机制

激素的作用机制较为复杂，而且不同的激素在作用机制上可能会有较大的差别，但在作用的时候都会具有一些共同的特征。

一、激素作用的一般特征

1. 特异性

激素作用的特异性是指一种激素只能作用一种或一类细胞的现象。它与激素的作用离不开受体(receptor)有关。

(1) 受体的定义

激素受体是存在于靶细胞之中的一种特殊蛋白质，能够识别并结合源自细胞外的各种激素，形成可逆的二元复合物，由此引发出特定的生物学效应。

(2) 受体的基本性质

1) 与配体结合的高度专一性。受体和配体的结合与酶和底物的结合很相似，都表现出高度的专一性。例如，胰高血糖素只会与自身的受体结合，而不会与胰岛素的受体结合。但某些激素具有多种受体，如肾上腺素就有 5 种不同的受体。

2) 与配体结合的可逆性。受体和配体的结合方式是以非共价键相连，因此是完全可逆的。这一性质有利于激素作用的终止。

3) 与配体结合的高亲和性。受体与配体之间的亲和力很强，亲和常数(Ka)高达 $10^9 \sim 10^{10}$ mol/L，因此，虽然激素在体内的浓度很低，但仍然能够识别并结合相应的受体。

4) 与配体结合的饱和性。一个细胞上特定受体的数目是有限的，因而激素与受体的结合具有饱和性动力学性质。当激素浓度达到一定的水平时，所有的受体都结合有激素，也就达到了饱和状态。当然，细胞上一种受体的数目并不是恒定的，在特殊的生理或病理条件下，受体的数目会发生变化。

5) 与配体的结合可产生强大的生物学效应。激素与受体结合后，形成二元复合物，由此启动信号转导，最终导致靶细胞产生特殊的生物学效应。

(3) 受体的分类与结构

激素受体的种类和结构都比较复杂，根据受体在细胞中的定位，可将它们分成细胞膜受体和细胞内受体，而后者又可分为细胞质受体和细胞核受体。水溶性激素不能通过生物膜，因此受体都位于细胞膜上；而脂溶性激素很容易通过细胞膜，因此受体大多数位于细胞内，但若是位于细胞膜上，也不会影响它与激素的结合，故有少数脂溶性激素的受体就位于细胞膜上。例如乙烯和油菜素内酯(brassinosteroids，BR)。

1）细胞膜受体　又名细胞表面受体或膜受体，主要分为四类：

● 与G蛋白偶联的受体(G protein-coupled receptor，GPCR)。此类受体一般都具有7次跨膜的疏水α螺旋(图7-2)，如肾上腺素的β受体。它的功能与一种叫G蛋白的蛋白质紧密偶联。

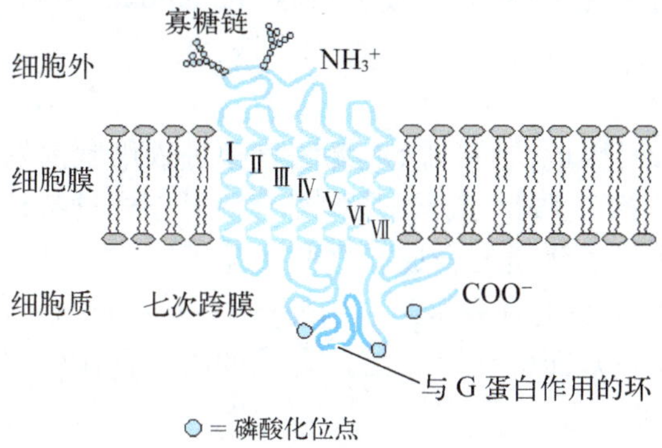

图7-2　G蛋白偶联受体的结构与功能

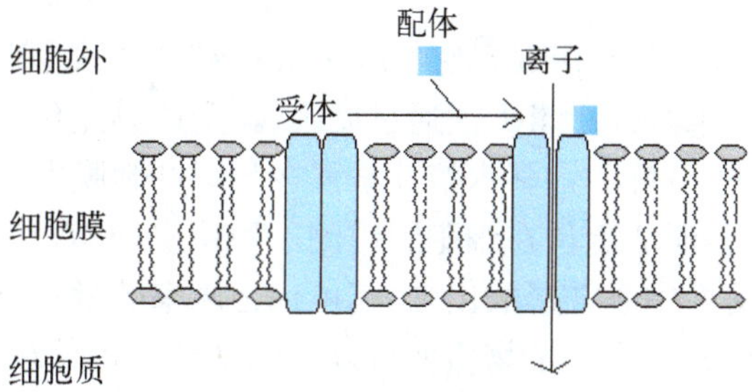

图7-3　离子通道受体

● 离子通道受体(ion-channel receptors)。这类受体是位于细胞膜上的水溶性通道，可允许或阻止特定离子进出细胞，其默认状态通常是闭合，受到特定激素结合以后就会开放(图7-3)。例如，乙酰胆碱的烟碱型受体(nicotinic receptors)就是Na^+通道。

● 酶受体。此类受体有潜在的酶活性(图7-4)，如心房利钠肽和胰岛素的受体分别具有鸟苷酸环化酶和酪氨酸蛋白质激酶的活性，当这些受体与配体结合后，酶活性即被激活。

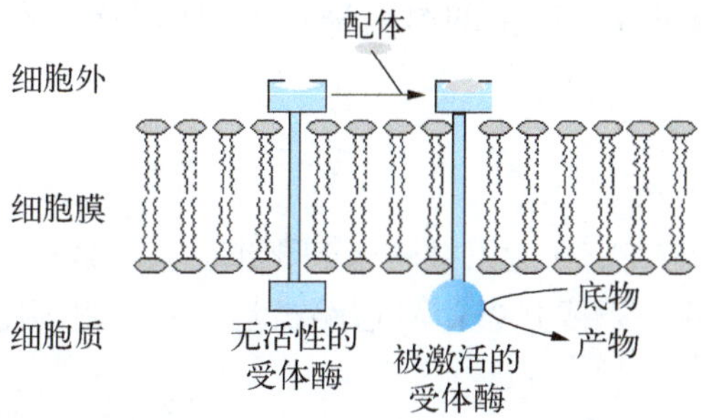

图7-4　具有内在酶活性的受体

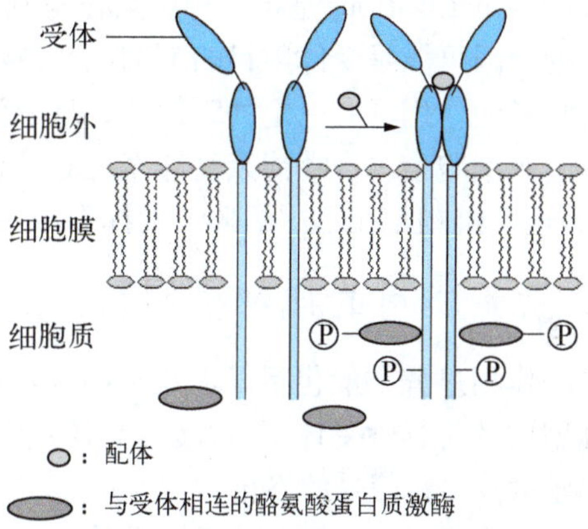

图7-5　无酶活性但直接与细胞质内的酪氨酸蛋白质激酶相联系的受体

● 无酶活性但直接与细胞质内酪氨酸蛋白质激酶相联系的受体。此类受体与受体酪氨酸激酶相似，但本身没有任何酶活性(图7-5)。干扰素(interferon)和生长激素的受体均属于这一类。

2）细胞内受体　又可以分为细胞质受体和细胞核受体，例如，醛固酮的受体位于细胞质，而甲状腺素和视黄酸的受体则位于细胞核。

细胞内受体至少含有三个活性部位(图7-6)：一个负责与激素结合；另一个负责与DNA上特殊的激素应答元件(hormone response element，HRE)结合，此活性部位有一种特殊的结构模体——锌指(zinc finger)；第三个活性部位是让受体之间形成同源二聚体。

如果是细胞质受体，则还有第四个活性部位。在没有受体的时候，该部位与热激蛋白90(HSP90)以及热激蛋白70(HSP70)结合。HSP90又与免疫亲和蛋白(immunophilin，IP)结

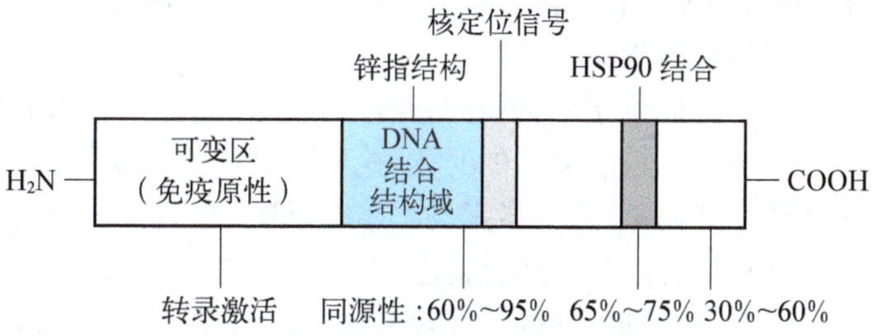

图7-6　固醇类激素细胞质受体结构模型

合。当受体与激素结合后，受体构象发生变化，从而导致 HSP90、HSP70 和 IP 的释放。

2. 微量就能发挥作用

激素在很低的浓度下就能作用于靶细胞，并诱发靶细胞产生强烈的生物学效应。这一方面是因为激素与受体的亲和力极高，另一方面是因为激素在作用过程中存在一种级联放大（cascade amplification）的机制。

3. 水溶性激素的作用往往需要"第二信使"

水溶性激素无法通过质膜，其受体只能位于靶细胞的表面，因此水溶性激素无法直接进入细胞内发挥作用。然而，许多水溶性激素在与靶细胞膜上相应的受体结合后，形成的激素-受体复合物可以通过某种手段，去激活定位在细胞膜内侧一种特定的酶，从而导致一些小分子物质的合成。这些小分子物质一旦从酶的活性中心被释放出来，就可代替原来的激素行使功能。如果把激素看成是第一信使（first messenger），随后合成的小分子物质就可以看成是第二信使（second messenger），而催化第二信使合成的酶可称作效应器（effectors）。

到目前为止，已发现的第二信使有：cAMP、cGMP、肌醇-1,4,5-三磷酸（inositol 1,4,5-triphosphate，IP_3）、Ca^{2+}、二酰甘油（diacyl glycerol，DG）、神经酰胺等。

4. 激素的作用可能产生"快反应"或"慢反应"

有的激素作用靶细胞后，靶细胞在很短的时间内就能产生特殊的生物学效应，这种现象称为"快反应"（acute effect）；相反，有的激素作用靶细胞后，靶细胞需要较长的时间才能产生特殊的生物学效应，这种现象称为"慢反应"（chronic effect）。一种激素究竟是产生"快反应"还是产生"慢反应"，与作用机制直接有关。

5. 脱敏与终止作用

脱敏（desensitization）是指一种激素在与其靶细胞长时间接触后，靶细胞倾向于降低其反应性的现象。脱敏发生的原因可能是受体数目的下调或受体经历了共价修饰（如磷酸化）。

任何激素的作用具有一定的时效性。从分泌到与受体结合，再到产生最终的生物学效应不可能是持续很久，否则，靶细胞会出现功能紊乱甚至死亡。激素作用的时效性产生的原因是靶细胞内存在各种信号终止的机制，这些机制可在不同的环节发挥作用。

二、激素作用的详细机制

激素的作用过程一般包括以下几步：① 激素的合成和分泌；② 激素被转运到靶细胞；③ 激素与靶细胞膜或靶细胞内的特异性受体结合，激活受体；④ 靶细胞内的一条或几条信号通路被启动；⑤ 靶细胞产生特定的生物学效应；⑥ 信号的终止。

下面主要介绍信号途径的启动和具体的转导过程。

1. 脂溶性激素的作用机制

由于受体通常位于细胞内，因此脂溶性激素一般必须进入细胞内才能起作用。那些受体位于细胞质的脂溶性激素就很容易自由扩散到细胞质，并与其中的受体结合。这种结合改变了受体的构象，使原本与受体结合的 HSP90、HSP56 和 IP 被释放（图 7-7）。一旦 HSP90、HSP70 和 IP 得到释放，原先在受体上被隐藏的细胞核定位信号（nuclear localization signal，NLS）以及负责与 HRE 结合的结构域就暴露出来。在 NLS 的指导下，激素与受体的二元复合物（HR）从核孔进入细胞核，在形成二聚体以后，通过受体上的锌指与 DNA 分子上高度特异性的 HRE 结合，再将组蛋白乙酰转移酶（histone acetyltransferase，HAT）招募进来，催化 HRE 周围染色质上的组蛋白发生乙酰化修饰，促使局部的染色质从不利于基因表达的紧密构象变成有利的松散构象。

对于受体位于细胞核的脂溶性激素来说，需要先后跨过靶细胞的质膜和核膜，才能到达核内与相应的受体结合。在没有激素的时候，这些"闲置"的核受体有的也与 HSP90 结合（如雌激素的受体），但以单体形式存在。然而，一旦有激素与之结合，HSP90 即解离下来。此时受体形成二聚体，并与 HRE 结合，再通过招募 HAT 激活特定的基因表达。

还有一些细胞核受体在没有激素的时候，就已结合在相应的 HRE 上（如甲状腺素的受体），同时还与组蛋白去乙酰酶（histone deacetylase，HDAC）结合。与 HAT 正好相反，HDAC 保持局部的染色质处在浓缩

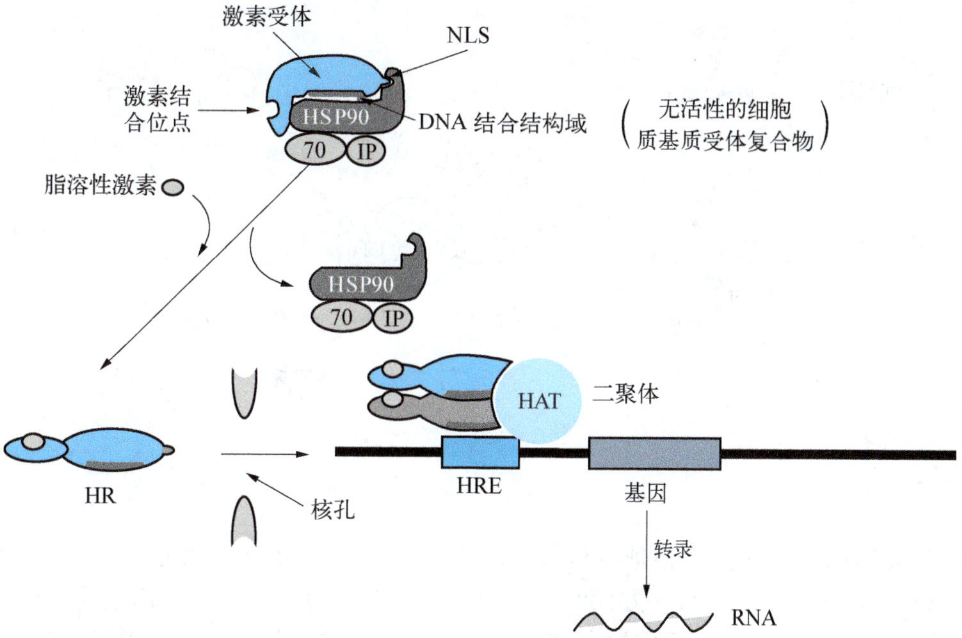

图 7-7 受体位于细胞质基质的脂溶性激素的作用机制

的构象，而阻止附近基因的表达。一旦有激素结合，HDAC 立刻被释放。与此同时，HAT 则被招募进来，并催化组蛋白的乙酰化修饰，促使局部的染色质变得松散，从而激化 HRE 下游基因的表达。

2. 水溶性激素的作用机制

水溶性激素通过细胞膜上的受体起作用，按照受体的性质或第二信使的特征将它们划分为以下几类。

(1) 与 G 蛋白偶联的受体作用系统

G 蛋白系统需要一种特殊的蛋白质——G 蛋白，G 蛋白就是鸟苷酸结合蛋白，它在系统中的功能是作为一种中间接受体(acceptor)，在受体和效应器之间转导信号。已发现两类不同的 G 蛋白，一类是异源三聚体 G 蛋白(heterotrimeric G proteins)，另一类是小 G 蛋白。

● 异源三聚体 G 蛋白。这一类 G 蛋白是由 α、β 和 γ 三个亚基组成，常见的有：Gs、Gi、Gq、Gt、Golf、Go 和味觉素(gustducin)(表 7-1)。其中 Gs 蛋白能激活腺苷酸环化酶(adenylate cyclase, AC)的活性，Gi 蛋白则抑制腺苷酸环化酶的活性，Gq 能激活磷脂酶 C(phospholipase C, PLC)的活性，Gt 蛋白能够激活一种专门水解 cGMP 的磷酸二酯酶的活性，Golf 蛋白也能够激活 AC 的活性。

表 7-1 常见的异源三聚体 G 蛋白的比较

G 蛋白	效 应 器	第 二 信 使	受 体 实 例
Gs	AC	cAMP(↑)	肾上腺素 β 受体，升压素受体，血清素受体，胰高血糖素受体
Gi	AC	cAMP(↓)	肾上腺素的 α_2 受体
Go	K^+ 通道(βγ 激活)	膜电位变化	乙酰胆碱毒蕈碱型受体
Golf	AC	cAMP(↑)	嗅觉受体细胞膜上的有味物质受体
Gq	PLC	DG，IP_3(↑)	肾上腺素的 α_1 受体；GnRH 受体；乙酰胆碱在内皮细胞的受体
Gt	G-PDE	cGMP(↓)	视紫红质

以 Gs 蛋白为例，异源三聚体 G 蛋白属于脂锚定蛋白(图 7-8)，其 α 亚基通过脂溶性的豆蔻酰基锚定在细胞膜内侧，能结合激素的受体、腺苷酸环化酶和 GTP。此外，α 亚基还有缓慢的 GTP 酶活性，且能受霍乱毒素的修饰。Gi 蛋白与 Gs 非常相似，它们含有相同的 β 和 γ 亚基，但含有的 α 亚基不同。Gi 也能结合和水解 GTP，能被百日咳毒素修饰，但不能被霍乱毒素修饰。

● 小 G 蛋白。一般只由一条肽链组成，在结构上与三聚体 G 蛋白的 α 亚基相似，与细胞信号转导有关的是 Ras 蛋白。

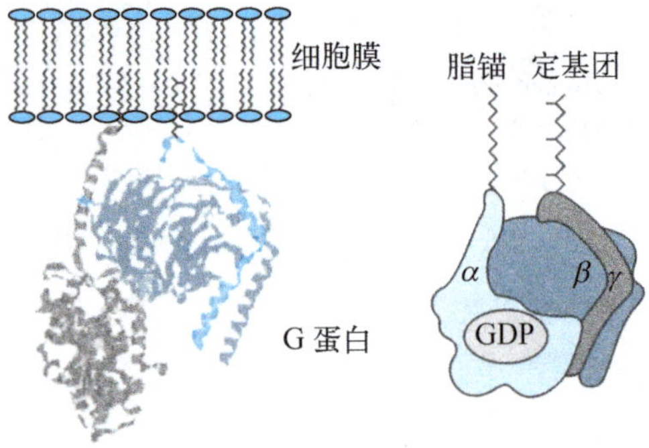

图 7-8 G 蛋白的结构组成以及它与细胞膜内侧的结合

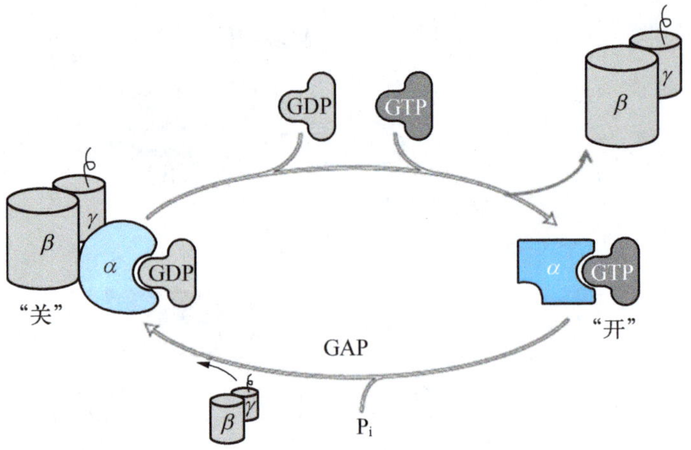

图 7-9 G 蛋白的激活和失活

所有的 G 蛋白都有两种形式：一种是与 GDP 结合的无活性形式，另外一种是与 GTP 结合的活性形式。这两种形式可以相互转变(图 7-9)，一方面 GTP 可以取代 GDP，另一方面 GTP 也可以水解成 GDP。因此，G 蛋白在细胞内相当于是一种分子开关，可通过它在"开和关"之间的切换来控制细胞内的多项活动。细胞内 GTP 与 GDP 的比率一般维持在 10：1，这显然有利于 GTP 取代 GDP。

当异源三聚体 G 蛋白结合 GDP 时，α 亚基与 β 和 γ 亚基结合在一起，没有活性。一旦 G 蛋白结合 GTP，α 亚基就会与 β 和 γ 亚基解离，随后去激活效应器。由 β 和 γ 亚基组成的二聚体有时也会起作用。一旦与 G 蛋白结合的 GTP 水解，G 蛋白就失去活性。

绝大多数 G 蛋白的功能依赖于辅助蛋白，有两类辅助蛋白：一类是促进 GDP/GTP 交换的鸟苷酸交换因子(guanine nucleotide exchange factors, GEF)，它使 G 蛋白从与 GDP 结合的形式变为与 GTP 结合的形式；另一类是促进 GTP 水解的 GTP 酶激活蛋白(GTPase activating proteins, GAP)，GAP 是激活小 G 蛋白的 GTP 酶活性所必需的。

1) 以 Gs 蛋白偶联的腺苷酸环化酶系统

以肾上腺素为例，其靶细胞不止一种，其受体也不止一种。肝细胞的质膜上有肾上腺素的 β 受体，β 受体是一个典型的 7 次跨膜受体。β 受体与肾上腺素结合以后，构象即发生变化，充当 GEF，刺激细胞质中的 GTP 取代原来与 Gsα 亚基结合的 GDP，Gs 蛋白因此被激活。Gsα-GTP 在与 β 和 γ 亚基解离以后，可独立激活位于细胞膜内侧的效应器即 AC 的活性。激活的 AC 以 ATP 为底物，催化 cAMP 的合成。cAMP 作为肾上腺素的第二信使，再代替肾上腺素去激活信号通路的下一个成分(图 7-10)。

蛋白质激酶 A(protein kinase A, PKA)是一种受 cAMP 直接激活的蛋白质激酶，它催化 ATP 分子上的 γ 磷酸根转移到蛋白质的 Ser 或 Thr 残基的羟基上。磷酸化的 Ser/Thr 通常位于 RRXS/TX 序列(X 为疏水氨基酸残基)模体中。

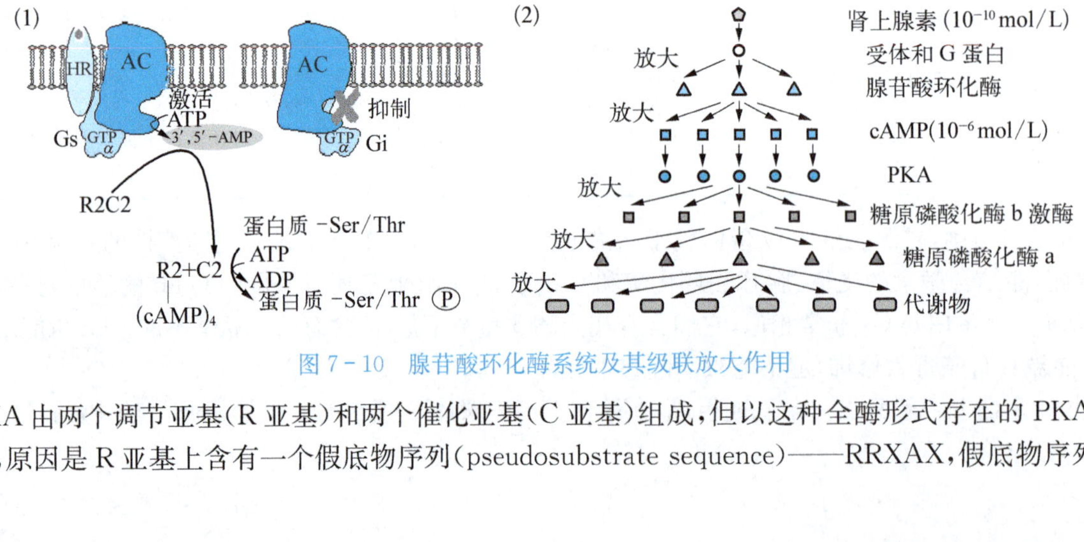

图 7-10 腺苷酸环化酶系统及其级联放大作用

PKA 由两个调节亚基(R 亚基)和两个催化亚基(C 亚基)组成，但以这种全酶形式存在的 PKA 并无催化活性，原因是 R 亚基上含有一个假底物序列(pseudosubstrate sequence)——RRXAX，假底物序列里面没有真底物序列有的 Ser/Thr 残基(换成了 Ala 残基)。这种缺乏磷酸化羟基的假底物序列与 C 亚基的活性中心结合,等于是封闭了活性中心,使其不能结合真正的底物。然而,R 亚基可结合 cAMP,一个 R 亚基可结合两个 cAMP 分子。一旦 R 亚基结合了 cAMP,即与 C 亚基解离,C 亚基上的活性中心就得以充分暴露,PKA 即被激活(图 7-11)。每一个 C 亚基都可催化靶蛋白底物序列上的 Ser 或 Thr 残基发生磷酸化修饰。

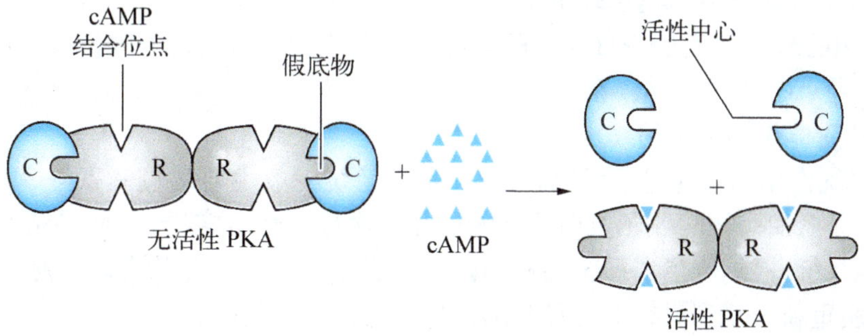

图 7-11 PKA 的激活

PKA 的底物有许多种,但在肝细胞中的主要底物是糖原磷酸化酶 b 激酶。该酶一旦受到 PKA 的催化发生磷酸化修饰就被激活,并以糖原磷酸化酶 b 为底物,使其发生磷酸化修饰进而转变成有活性的糖原磷酸化酶 a。糖原磷酸化酶 a 即可以催化糖原的磷酸解反应。在整个信号转导过程中,多个环节出现一种酶以另一种酶作为底物而导致信号层层放大的现象。激素作用能够产生强大的生物学效应主要与此有关。

PKA 除了能直接调节许多蛋白质或酶的活性而产生"快反应"以外,还能通过激活一种特殊的转录因子来调节特定的基因表达,从而产生"慢反应"。

2) 与 Gq 蛋白偶联的磷酸肌醇系统

另一个典型的 G 蛋白系统是磷酸肌醇系统(图 7-12)。以下丘脑分泌的促性腺激素释放激素(gonandotropin-releasing hormone, GnRH)为例,其受体位于某些脑垂体前叶细胞上,当 GnRH 与其受体结合以后,受体的构象发生变化,激素与受体的二元复合物激活 Gq。

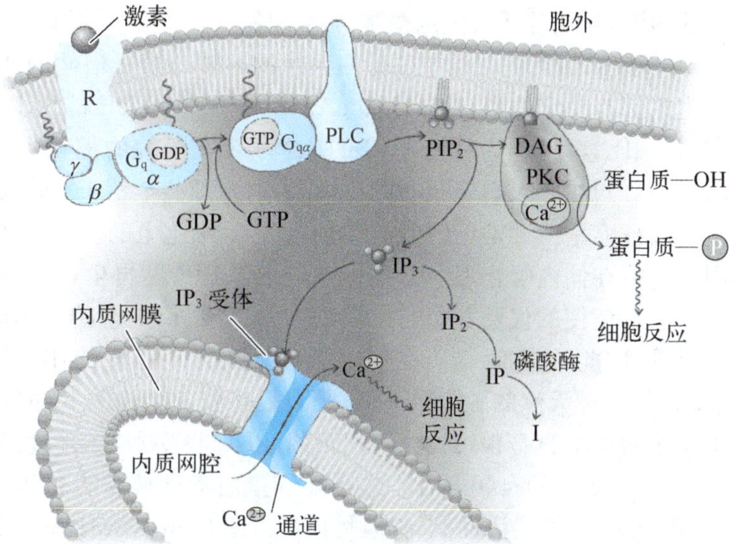

图 7-12 磷酸肌醇系统的详细图解

激活的机制类似于 Gs 的激活,但与 Gs 不同的是,受 Gq 激活的效应器是一种对磷脂酰肌醇特异性的磷脂酶 C(PLC-γ)。这种 PLC 正常的底物是位于细胞膜内侧的磷脂酰肌醇-4,5-二磷酸(PIP_2),PIP_2 由此被水解为二酰甘油(DG)和肌醇-1,4,5-三磷酸(IP_3),这两种小分子物质为 GnRH 的第二信使。其中 DG 脂溶性较强,并不离开细胞膜,而 IP_3 是一种可溶性的小分子,生成后即被释放到细胞质。内质网膜上有 IP_3 的受体,在 IP_3 与其结合后可促使周围的 Ca^{2+} 通道开放,于是贮存在内质网腔中的 Ca^{2+} 得以释放,细胞质 Ca^{2+} 浓度便迅速升高。Ca^{2+} 可视为另一种第二信使,它可影响到细胞内多种蛋白质或酶的活性,调节许多重要的生理功能,如肌肉收缩、细胞周期控制和细胞分化。

Ca^{2+} 作为第二信使的第一个功能,是与 DG 和磷脂酰丝氨酸一起激活蛋白质激酶 C(PKC)。PKC 一旦被激活,可催化多种靶蛋白或酶发生磷酸化修饰,被修饰的氨基酸残基也是 Ser/Thr,受到修饰的蛋白质或酶的活性将会发生变化。PKC 的主要底物包括膜受体、膜转运蛋白、细胞骨架和许多重要代谢途径中的限速酶。其中对细胞骨架的作用与细胞的分泌相关,GnRH 促进脑垂体前叶分泌促性腺激素就是这种功能的具体表现。

Ca^{2+} 传感器蛋白(sensors)是另一类受到 Ca^{2+} 激活的蛋白质,如钙调蛋白(CaM)就是其中最重要的一种。此类蛋白都具有 EF 手相这种结构模体，其中环能结合 Ca^{2+}。在较低的 Ca^{2+} 浓度下（10^{-8}～10^{-7} mol/L），各种 Ca^{2+} 传感器蛋白无活性；当 Ca^{2+} 浓度提高到 10^{-6}～10^{-5} mol/L，它们的活性才能表现出来。

能受到 CaM 调节的蛋白质或酶很多，如依赖于 CaM 的蛋白质激酶（CaM dependent protein kinase，CaMPK）、cAMP 磷酸二酯酶和肌球蛋白轻链激酶。

通过 Gq 蛋白作用的激素除了 GnRH，还有 TRF、血管紧张素Ⅱ/Ⅲ、肾上腺素（通过 α_1 受体）和 AVP（作用脑垂体前叶细胞协助 ACTH 的分泌）等。

3）G 蛋白偶联的受体作用系统的终止

从以上 G 蛋白系统作用的具体过程可以看出，G 蛋白系统一般主要通过激素→GPCR→G 蛋白→效应器→第二信使→蛋白质激酶→靶酶或靶蛋白这样的途径依次进行信号转导，并最终诱发靶细胞产生特殊的生物学效应。与其他系统一样，G 蛋白系统在靶细胞中不能始终处于活化状态。细胞必须存在一套有效的灭活机制，能使靶细胞重新恢复到最初的静息状态，以便接受下一轮刺激。

与 G 蛋白系统灭活有关的机制包括：

① HR 解离　激素停止分泌，其浓度的下降可导致 HR 的解离，而一旦 HR 解离，受体就恢复到非活性构象状态。解离下来的配体可能被代谢分解掉或者被重吸收。例如，乙酰胆碱被乙酰胆碱酯酶水解成胆碱和乙酸，肾上腺素可被分泌它的细胞重新吸收。

② 受体脱敏　这种过程会因激素的不同而不同。某些受体经 G 蛋白受体激酶（G－protein receptor kinase，GPRK）的作用发生磷酸化修饰，磷酸化的受体能与胞内的 β－拘留蛋白（arrestin）结合。这种蛋白质一方面抑制了受体激活 G 蛋白的活性，另一方面充当网格蛋白的适配体，使受体更容易发生由网格蛋白介导的内吞，从而使质膜上的受体数目下降。

③ 第二信使的代谢　G 蛋白系统的运转与第二信使的作用是分不开的，但是无论哪一种第二信使，在细胞内都有一定的半衰期，比如 cAMP 可被 A－PDE 催化水解为 5′－AMP。又如 IP_3 可被磷酸酶依次水解成 IP_2、IP、I，I 可作为重新合 PI 的原料，PI 在激酶的催化下形成 PIP_2，DG 则可通过脂循环重新转变为磷脂。Ca^{2+} 可被钙泵重新泵回内质网腔，这使那些依赖于 Ca^{2+} 激活的蛋白质和酶恢复到原来的无活性状态。

躁狂症是一种常见的精神疾患，患者脑细胞上的磷酸肌醇系统过于活跃。Li^+ 可被用来治疗躁狂症，原因是它能在体内阻止 IP→I，这也就阻止了 PIP_2 的再生，从某种程度上也就抑制了 IP_3 和 DG 的形成。

第二信使的代谢若受到抑制，这无疑会延长激素的作用时间。例如，茶碱和咖啡因能够抑制 A－PDE 的活性，因此，这两种物质在体内能够延长肾上腺素的作用时间，即有兴奋机体的功能。佛波酯（phorbol ester）是一种天然的肿瘤促进剂，原因是其分子结构的一部分和 DG 非常相似，在体内能够直接激活 PKC。但由于佛波酯自身很难被分解代谢掉，PKC 将受到它的持续激活，最终可导致细胞的癌变。

④ G 蛋白的自我灭活　这是由 G 蛋白本身具有的 GTP 酶活性来完成的。已知 G 蛋白的 α 亚基具有 GTP 酶活性，虽然活性不高，但是仍然可使 G 蛋白从有活性的状态变成无活性的状态。

如果 G 蛋白的 GTP 酶活性受到抑制，将会导致靶细胞持续处于活化状态，而影响细胞的正常功能，霍乱的发病机理也与此相关。霍乱是一种肠道传染病，由霍乱弧菌引起。霍乱弧菌可产生一种外毒素即霍乱毒素（cholera toxin，CT），CT 由 1 个 A1 亚基、1 个 A2 亚基和 4 个 B 亚基组成，A1 亚基和 A2 亚基之间通过二硫键相连，在小肠上皮细胞的细胞膜上有它的受体。CT 作用小肠上皮细胞的第一步是 B 亚基与受体结合，随后 A1 亚基和 A2 亚基之间的二硫键被还原，A1 亚基随即进入细胞内。在细胞内，A1 亚基作为一种特殊的转移酶，催化 NAD^+ 分子上的 ADP－核糖基转移到 Gsα 亚基的 Arg201 残基上。Gs 蛋白被修饰以后，其 GTP 酶的活性由此丧失。由于小肠对水分的排泄依赖于 Gs 蛋白对 AC 的激活，因此 Gs 蛋白的 GTP 酶活性的丧失必然会导致 AC 的持续活化。这使得 cAMP 被大量合成，小肠便在短时间内丢失大量水分和电解质。患者因此出现持续的腹泻和呕吐症状，严重可致死。

百日咳（Pertussis，whooping cough）是由百日咳杆菌所致的急性呼吸道传染病。这种细菌能产生一种外毒素——百日咳毒素（pertussis toxin，PT）。PT 由 1 个 A 亚基和 5 个 B 亚基组成。A 亚基能进入呼吸道上皮细胞，作为一种转移酶来催化 NAD^+ 上的 ADP－核糖基转移到 Giα 亚基的一个 Cys 残基上，这种修饰可阻止结合在 Giα 上的 GDP 与细胞质基质中的 GTP 进行交换，也就阻止了 Gi 蛋白抑制 AC 的作用。

⑤ 蛋白质的去磷酸化　G蛋白系统最终一般都会涉及一些蛋白质激酶对靶蛋白进行磷酸化修饰，同时，细胞内还存在另一类催化磷酸根水解的磷蛋白磷酸酶让被激酶修饰的蛋白质恢复到原来的脱磷酸化状态。

框7-1　生化与药物——琥珀酰胆碱的妙用

人体骨骼肌的肌肉收缩受神经元的控制。神经末梢分泌神经递质乙酰胆碱，乙酰胆碱与肌肉细胞膜上的受体结合，从而促使肌肉收缩，但肌肉收缩不久，乙酰胆碱酯酶便将结合在受体上的乙酰胆碱水解，致使肌肉松弛，同时为下一次肌肉的收缩做好准备。

琥珀酰胆碱与乙酰胆碱十分相似，因此，它在体内也能与肌肉细胞膜上的乙酰胆碱受体结合，但并不能导致肌肉收缩。因此，如果它与乙酰胆碱受体结合，就会让乙酰胆碱结合不了受体，而且乙酰胆碱酯酶(AcnE)水解琥珀酰胆碱的速度非常缓慢，因此一旦它结合到乙酰胆碱的受体上，就会让肌肉得不到收缩的信号，而长时间处于松弛状态。

琥珀酰胆碱的这一特性使医生在做小手术期间，用它来作为一种良好的肌肉松弛剂，尤其是当需要将支气管镜插入到支气管的时候可派上用场。这时若静脉注射50 mg的琥珀酰胆碱，在30 s内可观察到呼吸肌的麻痹和呼吸骤停。在呼吸暂停以后，立即施加人工呼吸，支气管镜可在几分钟之内插好。

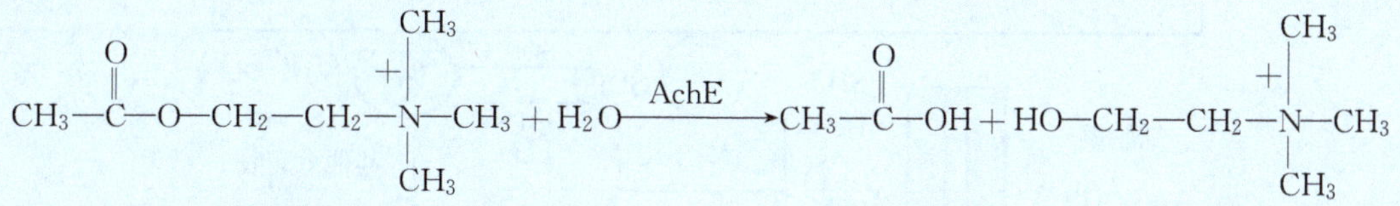

乙酰胆碱　　乙酸　　胆碱

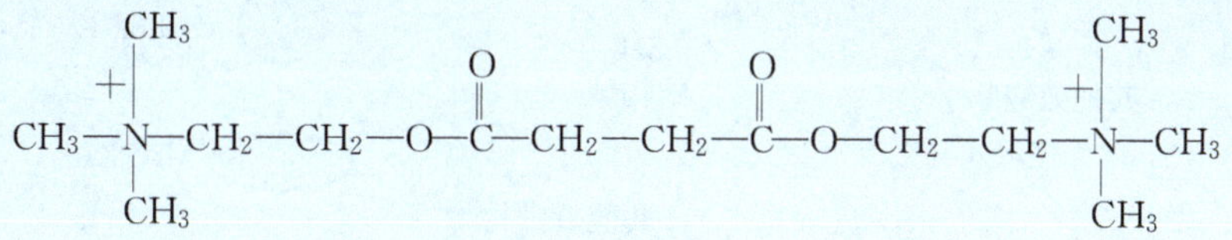

琥珀酰胆碱

(2) 酶受体系统

1) 受体鸟苷酸环化酶系统　该系统的受体具有潜在的鸟苷酸环化酶(GC)活性，不需要G蛋白，以cGMP作为第二信使。通过此系统起作用的主要激素是心房利钠肽(atrial natriuretic peptide, ANP)。

ANP也称为心钠素或心房利钠因子(atrial natriuretic factor, ANF)，由心房上特殊的细胞合成和分泌。ANP的靶细胞主要是肾小管细胞，受体就横跨在这种细胞的质膜上，只由一条肽链组成，在细胞膜的外侧含有ANP识别结合部位，在细胞质一侧具有GC活性部位。

如图7-13所示，ANP的结合会诱导受体构象发生变化，受体位于细胞质一侧的GC随后被激活。GC催化细胞质里的GTP环化形成cGMP，后者作为第二信使，激活依赖于cGMP的蛋白质激酶(cGMP-dependent protein kinase, PKG)。与PKA、PKC一样，PKG也是一种Ser/Thr激酶，被激活后可催化靶细胞内的一系列靶蛋白或靶酶进行磷酸化修饰，而产生特殊的生物学效应。

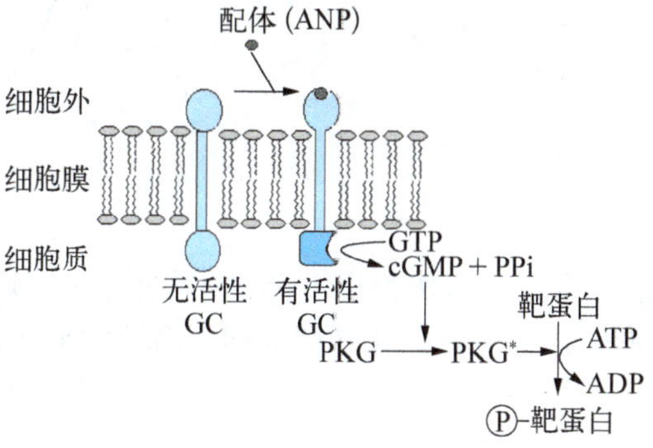

图7-13　心房利钠肽的作用图解

2) 受体酪氨酸蛋白质激酶系统(receptor tyrosine kinase, RTK)　该系统对于细胞的生长和分裂极为重要，通过此系统发挥作用的激素主要是一些能够促进细胞生长和分裂的生长因子。例如：胰岛素、表皮生长因子(epidermal growth factor, EGF)、血小板衍生的生长因子(platelet derived growth factor, PDGF)、集落刺激因子-1(colony stimulating factor-1, CSF-1)、神经生长因子(nerve growth factor, NGF)以及类胰岛素生长因子-Ⅰ和Ⅱ(insulin like growth factor, IGF)等。

以 EGF 为例,其受体是第一个被克隆出的受体酪氨酸激酶。当与 EGF 结合后,受体在细胞膜上的流动性增强,相互靠近形成二聚体。受体的构象因此发生变化,使其潜在的酪氨酸激酶的活性得以激活,于是单体之间可相互催化对方的磷酸化反应,这种自我磷酸化反应可使激酶的活性进一步增强。当受体分子胞内结构域处于特定位置的酪氨酸残基被磷酸化修饰以后,同时含有 SH2 和 SH3 结构域的接头蛋白(adaptor protein),如 Grb2/Sem-5(Grb2 为哺乳动物接头蛋白,Sem-5 为线虫的接头蛋白),会在一头用它的 SH2 结构域内一个带正电荷的口袋与磷酸化的酪氨酸残基结合,另一头用 SH3 结构域内一个疏水的口袋与 Sos 蛋白的C-端一段富含 Pro 的疏水肽段结合。于是 Sos 蛋白被招募到细胞膜,直接作用位于细胞质基质一侧的 Ras 蛋白(图 7-14)。

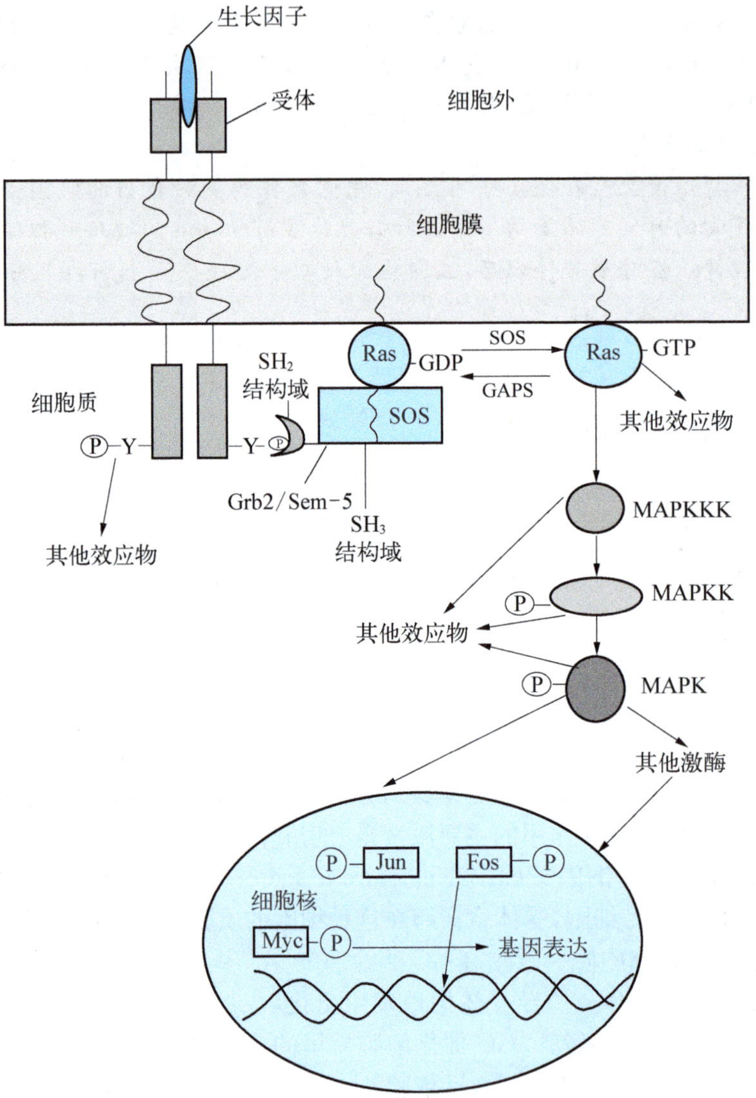

图 7-14 RTK 系统的详细图解

Ras 蛋白作为小 G 蛋白,通过异戊二烯基团锚定在细胞膜上。与其他 G 蛋白一样,Ras 蛋白也有两种形式,一种是与 GDP 结合的无活性的形式,另一种是与 GTP 结合的有活性的形式,两种形式可相互转变。

与 Grb2 结合的 Sos 蛋白也是一种鸟苷酸交换因子,它可以促进细胞质中的 GTP 取代原来与 Ras 蛋白结合的 GDP,Ras 蛋白因而被激活。被激活的 Ras 蛋白(Ras·GTP)再激活下游的 Ser/Thr 蛋白质激酶链,并最终将信号转导到细胞核内,促进细胞的分裂和生长。而 Ras 蛋白所具有的 GTP 酶活性很快在 GAP 的激活下,催化结合的 GTP 水解成 GDP,从而使 Ras 蛋白恢复到无活性的 Ras-GDP 状态。医学研究表明,有近 30%的人类癌症含有 *ras* 基因的突变,这种突变绝大多数会导致 GTP 酶活性的丧失。

受 Ras 蛋白激活的 Ser/Thr 蛋白质激酶多数是原癌基因的产物,主要包括:① Raf 蛋白,也称作有丝分裂原激活蛋白质激酶的激酶的激酶(mitogen-activated protein kinase kinase kinase, MAPKKK),它由 Ras

蛋白直接激活，也可以受PKC催化的磷酸化修饰而激活。当Raf蛋白被激活后，可催化有丝分裂原激活蛋白质激酶的激酶(mitogen-activated protein kinase kinase, MAPKK)的Ser/Thr残基进行磷酸化修饰，从而激活MAPKK的活性；② MAPKK也称为MEK，是一种双功能激酶，被MAPKKK激活化后能对MAPK在TEY(Thr－Glu－Tyr)序列中的Thr或Tyr残基进行磷酸化修饰，从而激活有丝分裂原激活蛋白质激酶(mitogen-activated protein kinase, MAPK)的活性；③ MAPK在受MAPKK的激活后，从细胞质迁移到细胞核，在细胞核内催化E1K－1、c－Fos和c－Jun等转录因子的磷酸化，这些转录因子再进一步激活参与细胞分裂的基因表达，如周期蛋白D1，并最终导致靶细胞的生长和分裂；④ MAPK还能促进MAPK磷酸酶-1(MAPK phosphatase－1, MKP－1)的基因表达，MKP－1表达以后可催化MAPK的去磷酸化，从而终止MAPK的作用。

(3) NO系统

NO是一种性质活泼、具有毒性的小分子气体，其化学本质是自由基，早在1772年就由Joseph Priestly发现。Ferid Murad在1977年发现，NO气泡通过含有鸟苷酸环化酶的组织，可导致组织内cGMP水平的升高，而硝化甘油也能产生相同的效果，由此他推测硝化甘油在体内能够释放出NO。1980年Robert F. Furchgott发现，血管内皮细胞在乙酰胆碱的作用下，能产生一种促进血管松弛的因子(endothelium-derived relaxation factor, EDRF)，但他并不能确定EDRF的化学本质；1986年Louis Ignarro也发现，血红蛋白接触到受刺激的内皮细胞产生的EDRF，与接触到NO以后发生的光谱迁移完全相同，这就证明了EDRF就是NO。

NO在体内可介导多种生理功能，特别可在心血管系统、中枢和周围神经系统以及宿主免疫防御等系统中发挥重要作用，并可能参与多种疾病的发生过程。

在体内，NO由一氧化氮合酶(nitric oxide synthase, NOS)催化产生，其前体主要是*L*－Arg。

NO的反应性极强，在体内可参与许多反应，很容易通过细胞膜扩散到邻近的细胞，对临近细胞产生作用。在巨噬细胞和亲核细胞中，它能与O_2^-(超氧阴离子)结合形成毒性更强的超氧亚硝酸($OONO^-$)，超氧亚硝酸可迅速分解成高度反应性的自由基OH·和NO_2，自由基OH·可用来杀死被吞噬进来的细菌；血管内皮细胞合成的NO，或者与平滑肌接头的神经细胞合成的NO，很容易扩散到邻近的平滑肌细胞中，并激活一种可溶性的GC，产生cGMP，cGMP再激活PKG的活性，PKG最终可以导致平滑肌的松弛。

硝化甘油可用来治疗心脏病，原因就是它在体内可转变为NO。NO是最强劲的血管扩张剂，它在合成以后，通过自由扩散经间隙连接，从内皮细胞进入平滑肌。在这里，NO为平滑肌的第一信使，进入平滑肌细胞后激活GC，产生cGMP。cGMP作为第二信使激活内质网膜上的钙泵，并降低细胞质基质游离Ca^{2+}的浓度，而Ca^{2+}的浓度下降使收缩的肌动蛋白丝/肌球蛋白滑动分开，从而使平滑肌松弛，血管扩张(图7－15)。

在阴茎海绵体中，性刺激可促进NO的释放，NO使cGMP产生增加，后者使血液流入阴茎增多而产生勃起。万艾可(Viagra)是现在一种很火的治疗男性性功能障碍即勃起功能障碍的药物，其作用机理是：它在体内可特异性抑制PDE5的活性，而PDE5主要存在于阴茎海绵体组织中专门水解cGMP，因此万艾可的存在能够提高cGMP在这种组织中的半衰期。

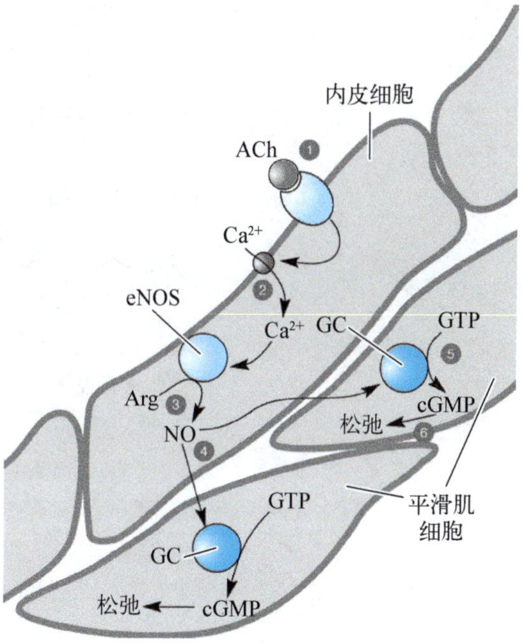

图7－15　NO系统图解

第三节　常见激素的结构与功能

激素作为细胞之间的化学信使，广泛存在于多细胞生物，特别是高等动物和植物。一般说来，生物越高等，涉及的激素种类就越多。

一、高等动物激素

高等动物激素主要由体内特定的内分泌腺合成或分泌，主要的内分泌腺有脑垂体、松果腺、甲状腺、甲状旁腺、胸腺、肾上腺、胰腺和性腺(睾丸和卵巢)。这些由内分泌腺分泌的激素称为腺体激素(gland hormones)。除了腺体激素以外，激素还可由分散在全身各处的一些特定的组织细胞分泌，而这些内分泌细胞并不形成内分泌腺，由它们分泌的激素称为组织激素(tissue hormones)。此外，动物体内的某些神经细胞(如下丘脑)也能分泌激素，这些由神经细胞分泌的激素称为神经激素(neural hormones)。

在所有的内分泌腺中，脑垂体起一种承上启下的作用，它一方面本身受到下丘脑的控制，另一方面作为主腺体(master gland)可控制其他一些靶腺体，如甲状腺和性腺。

二、植物激素

到目前为止，已发现的植物激素有：生长素(auxin)、细胞激动素(cytokinin)、赤霉素(gibberellin，GA)、脱落酸(abscisic acid，ABA)、乙烯(ethylene)、茉莉酸(jasmonates)和油菜素内酯(brassinosteroids)等(图7-16)。这些植物激素都需要和特定的受体结合，有的会产生第二信使，或需要改变酶活性或细胞膜性质；有的直接导致基因表达发生变化，通过影响细胞分裂、细胞生长和分化起作用。各激素作用的结果取决于作用区域、发育阶段、激素浓度和与其他激素的相互作用。

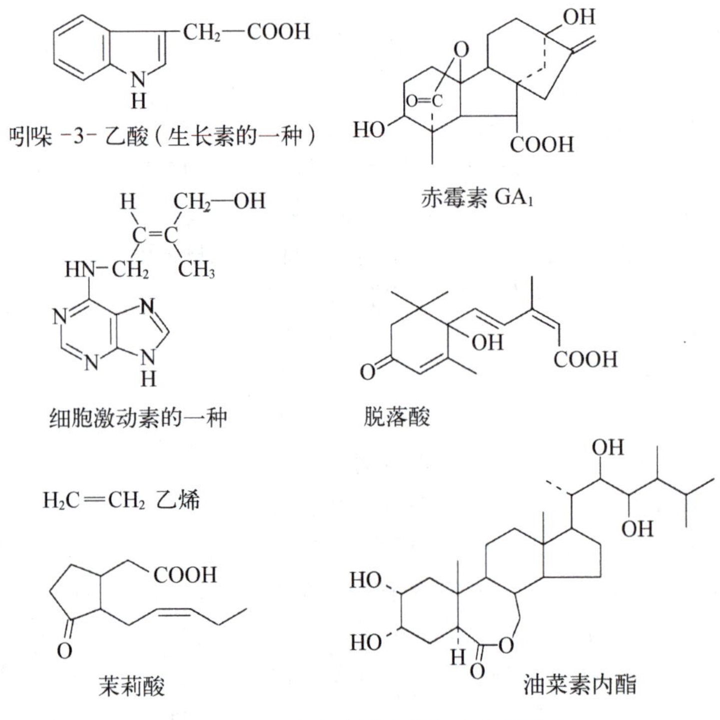

图 7-16　7 种常见植物激素的化学结构

推荐网址

1. http：//en.wikipedia.org/wiki/Hormone
2. http：//users.rcn.com/jkimball.ma.ultranet/BiologyPages/S/SexHormones.html
3. http：//themedicalbiochemistrypage.org/steroid-hormones.html
4. http：//themedicalbiochemistrypage.org/peptide-hormones.html

参考文献

1. Bredt D S, Snyder S H. Nitric oxide: A physiologic messenger molecule. *Annu. Rev. Biochem.*, 63:175-195, 1994.

2. Strader C D, et al. Structure and function of G protein-coupled receptors. *Annu. Rev. Biochem.*, 63:101－132,1994.
3. Pratt W B. Control of steroid receptor function and cytoplasmic nuclear transport by heat shock proteins. *Bioessays*, 14:841－848,1993.

思考题

1. 如果你发现一种新的激素,在研究其作用机制的时候,观察到它的作用可以导致其靶细胞内 cAMP 浓度的下降。你认为导致其靶细胞内 cAMP 水平下降可能的原因是什么?如何验证你的解释?
2. 简要讨论胰高血糖素受体有缺陷对糖原代谢会产生什么影响。你能否提供另外一种激素恢复受影响的个体体内的正常糖原代谢?
3. 某些蛋白质激酶只有在其 Ser 或 Thr 残基磷酸化以后才有活性。然而,如果将这些蛋白质激酶相应的 Ser 或 Thr 突变成 Glu,则它们即被激活。提出一种可能的机制解释上述现象,并预测这样的突变会给机体带来什么后果?
4. 如果将 GTP 的类似物 GMPPNP 显微注射到肌肉细胞,然后再将细胞与肾上腺素接触,那么结果会是什么?
5. 有人在研究一种新的 GPCR,它影响到的是腺苷酸环化酶(AC)的活性,但不知道受它激活的 Gα 是刺激还是抑制 AC 的活性,请你设计一个简单的实验加以确定。
6. 某些生长因子受体的抗体与其靶细胞保温以后能够模拟原来的生长因子的功能,对此试提出一种合理的解释。
7. 一个长跑选手在比赛之前给自己注射了肾上腺素和霍乱毒素的混合液。你认为注射肾上腺素对这位选手有何帮助?他同时注射霍乱毒素又有何用?
8. Ras 蛋白的突变导致一系列癌症的发生。其中最常见的一种突变是其中的 1 个 Gly(由其基因的第 10 个密码子编码)突变成 Val。为什么这种突变会导致癌症的发生?

科学故事——蛋白质“可逆磷酸化”的发现

1992年的诺贝尔生理学或医学奖被授予给了美国的两位科学家——Edwin G. Krebs和Edmond H. Fischer,他们的成就是发现了细胞内调节酶和蛋白质活性的一种重要机制,即蛋白质的可逆磷酸化机制。

在20世纪40年代,美国西雅图华盛顿大学的Cori夫妇在研究糖原的分解代谢中,发现了糖原磷酸化酶,并且发现了糖原磷酸化酶有两种形式——糖原磷酸化酶b和糖原磷酸化酶a,其中糖原磷酸化酶a才有活性。有活性的糖原磷酸化酶催化糖原的磷酸解反应,即催化糖原分子中的葡糖残基与无机磷酸结合,形成葡糖-1-磷酸。Cori夫妇因此发现而获得1947年的诺贝尔生理学或医学奖。

在我们的机体中,只有肝细胞和肌细胞才有糖原磷酸化酶,这种酶的活性在两餐之间会发生变化。在饱餐一顿以后,糖原磷酸化酶主要以b型存在,即处于无活性状态,因此,这时肌细胞和肝细胞并不分解糖原,而是合成糖原;但在饥饿的时候,糖原开始分解,这时糖原磷酸化酶主要以a型存在。

然而,糖原磷酸化酶的两种形式是如何相互转变的呢?对于这个问题,人们很早就知道,它在机体内是受到激素控制的,如肾上腺素和胰高血糖素可以激活糖原磷酸化酶的活性,而胰岛素正好相反。但激素又是如何控制它的活性呢?

对于激素如何控制糖原磷酸化酶活性的问题,很早就吸引了Cori实验室的Earl W. Sutherland的注意,他在研究中发现,肾上腺素和胰高血糖素作用肝细胞导致糖原磷酸化酶的激活,是通过cAMP起作用的。他将cAMP称为“第二信使”,并提出了“第二信使”学说。他也因此荣获了1971年的诺贝尔生理学或医学奖。

可是,cAMP又是如何激活糖原磷酸化酶的呢?对于这个问题的解决就要归功于Cori实验室的Edwin G. Krebs和Edmond H. Fischer了。他们在研究中发现,在糖原磷酸化酶激活的过程中,需要ATP/Mg^{2+}。ATP在激活糖原磷酸化酶中是提供一个磷酸基团给糖原磷酸化酶b,使其变成糖原磷酸化酶a。这种磷酸基团的转移反应由磷酸化酶激酶催化。这种磷酸化修饰是可逆的,即糖原磷酸化酶a可以在另外一种酶——蛋白质磷酸酶的催化下,丢掉磷酸基团而变成没有活性的磷酸化酶b。Edwin G. Krebs和Edmond H. Fischer因此而得诺贝尔奖,于是Cori实验室先后有五位科学家因相互关联的研究而获得诺贝尔奖,这种情况是非常罕见的。

现在,人们已很清楚,蛋白质的可逆磷酸化是调节酶和蛋白质活性一种极为重要的方式,它参与真核细胞内绝大多数重要的生理过程。据估计,人类基因组编码的蛋白质约有30%可发生磷酸化修饰,而蛋白质的异常磷酸化被认为是许多疾病发生的原因或结果。许多天然的毒素和肿瘤促进剂通过作用于细胞内的蛋白质激酶或磷酸酶起作用。例如,一种由蓝藻产生的非核糖体合成的环状七肽——微囊藻毒素(microcystin),在人体内可抑制蛋白质磷酸酶Ⅰ(protein phosphatase Ⅰ, PP-Ⅰ)而诱发细胞癌变,这种毒素在蓝藻水华的时候大量产生并释放。同时,一些药物在体内作用的靶分子也是蛋白质激酶或者磷酸酶。例如,一种abl激酶参与调节细胞的生长,与慢性粒细胞白血病(chronic myelogenous leukemia, CML)的发生有密切关系。20世纪90年代,诺华(Novartis)制药公司研发的一种叫格列卫(Gleevec)的药物,作用的对象就是abl激酶,对CML十分有效。格列卫是第一种在人类对癌症的分子机制有所了解的基础之上开发出的癌症靶向治疗药物。它的诞生,使那些原本对癌症的靶向治疗持怀疑态度的生物学家放弃了陈见,这种药物直到今天还在使用。

第8章

代谢总论与生物能学

代谢(metabolism)是发生在一个活细胞或生物体内的所有化学变化的总称,是生命活动的最基本特征之一。活体内的代谢反应,几乎全是酶促反应,包括物质代谢和能量代谢两个密不可分的方面。

生物能学(bioenergetics)定量研究生物体内的能量转换以及发生在能量转换中的化学过程的性质和功能。学习生物能学的基本原理,对理解与能量有关的代谢规律和生物学意义大有裨益。

本章将着重介绍代谢和生物能学的基本概念、基本特征、基本原理和规律。

第一节　代谢总论

一、代谢概述

代谢是生物体藉以获得并使用自由能来实施各种功能的全过程,产生特殊产物的一系列有关联的酶促反应构成了代谢途径(metabolic pathway)。在代谢的酶促反应中的化学中间体,包括反应物、中间产物和产物被统称为代谢物(metabolite)。

人们习惯于将代谢分为分解代谢(catabolism)和合成代谢(anabolism)两大范畴。

分解代谢或称生物降解,是生物体将复杂的代谢物,如糖类、脂质、蛋白质等营养物或核酸等细胞组分,转变为小的、简单代谢物的过程。合成代谢或称生物合成,是生物体利用简单的、小分子单位合成出复杂的生物大分子的过程,如自身的蛋白质、糖原(或淀粉)、脂质和核酸等物质。分解代谢和合成代谢采取的途径是不同的,但是细胞内的某些代谢途径在某些代谢环节上,既可用于分解代谢,又可用于合成代谢,称为两用代谢途径(amphibolic pathway),如三羧酸循环(参看第十章糖代谢及其调节)。

生命的一切活动都需要能量。上述的生物分子分解和合成代谢强调的是物质的变化,即物质代谢。在物质代谢的同时,总伴随着能量的转换,即能量代谢。分解代谢是放能过程,其中一些能量贮存在ATP和还原型电子载体(NADH、NADPH及$FADH_2$)中,其余的能量变为热而散失。合成代谢是需能过程,一般以转移ATP中的磷酸基团的形式提供能量,或以NADH、NADPH及$FADH_2$的形式为需要还原力的生化反应提供还原力。分解代谢与合成代谢的关系如图8-1所示。

值得注意的是,同一种物质的分解代谢和合成代谢途径一般是不相同的,二者并非简单的可逆反应,而往往是通过不同的中间反应或不同的酶来实现;甚至同一种物质的两种代谢过程是在细胞的不同部位进行。这有利于细胞对代谢活动进行灵活而有效的调控。

根据代谢进行的方向性,代谢途径可分为四种基本类型:① 线形,即由一个起始代谢物经多步线性的代谢步骤,转化为一个终产物,其特点是中间每一步反应的产物都是下一步反应的底物,如糖酵解;② 分支形,由一种起始的前体分子产生多种有用的终产物,或将多种起始物分子转化为一种终产物,如某些氨基酸的合成途径;③ 环形,即某一起始代谢物分子经过一系列反应会重新产生,如三羧酸循环、尿素循环、卡尔文循环等途径;④ 螺旋形,由同样的一组酶重复作用致使特定分子的链降解或延伸,如脂肪酸的β氧化过程。就分支形代谢途径而言,分解代谢一般是聚集型途径,由众多不同的底物(糖类、脂质和蛋白质)通过不同的代谢途径分解为少数相同的中间产物,然后进入一个共同的中心途径进一步代谢;合成代谢则属发散型途径,由相对少数的起始代谢物合成众多不同的产物。

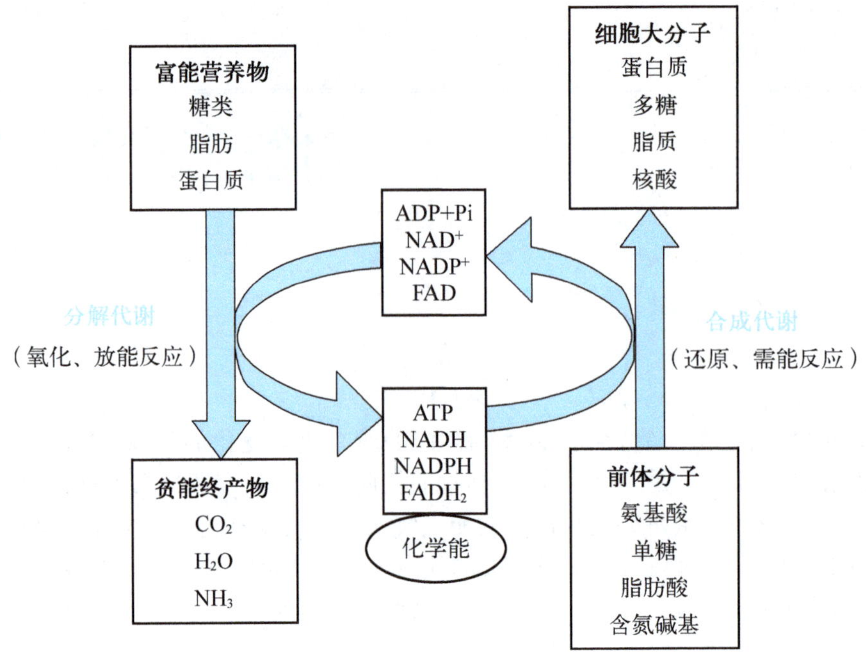

图 8-1 分解代谢与合成代谢的关系

框 8-1 生化研究动态——“只光不合”的光合有机体

对于光合作用的理解，人们一般认为是光合有机体利用光能固定 CO_2 同时释放 O_2 的过程。然而，根据 Arthur Grossman 在 2008 年的一份研究报告，某些海洋光合有机体却“只光不合”。Grossman 研究的是海洋中的集球藻（*Synechococcus*）。这类单细胞生物属于蓝细菌，生活在海洋的许多地方，作为一种优势浮游生物，是全球初级生长率的供应者。他研究的目的是想搞清楚这种蓝细菌如何能够在广袤的缺铁水域很好地生长，因为正常的光合作用在某些环节需要高水平的铁（如铁硫蛋白）。其他人的研究显示，O_2 在这一类生物进行光合作用的时候代替 CO_2 作为电子的受体，Grossman 的研究却显示这种现象在营养缺乏的海洋中很普遍。

集球藻似乎通过跳过常规的光合作用程序，巧妙地解决了在缺铁的环境中生存的问题。被跳过的位置正是光合链上大多数需要铁的环节。这类蓝细菌吸收 CO_2 的量与光合作用的活性不相称，似乎消耗了 O_2。他们从中分离出了质体醌末端氧化酶（plastoquinol terminal oxidase，PTOX），该酶能催化质体醌的氧化，以及 O_2 还原成水的反应。在正常的光合作用中，光的能量用来裂解水分子，从而导致 O_2 的释放，以及提供电子去固定大气中的 CO_2，制造出富能的碳水化合物，但这类生物却重新产生了水分子，使 O_2 的净产生大大减少。

这有点像受光驱动的水-水“无效”循环，这种“无效”循环获取能量的方式对于集球藻而言十分重要，因为它们需要能量以不断地从贫瘠的环境中获得宝贵的营养，同时也可以保护光合作用装置免受吸光造成的损伤。低营养、低铁的环境约占全球海洋的一半。这意味着，海洋中有大量的光合有机体在捕获光能以后，大量的能量并没有被 CO_2 固定下来，同时还表明，空旷的海洋能被这些光合有机体利用的 CO_2 的量远低于过去人们的预期。

虽然代谢包含数量繁多的酶促反应，构成错综复杂的代谢网络，但许多代谢反应对所有生物来说是相同的。人们只关心最重要的代谢途径或中心代谢途径，它们在所有的生命形式中都惊人地相似。

生物物种根据它们从环境中摄取碳的化学形式或获取能量的主要代谢途径可以将其分类。根据对碳的摄取，可将生物分为自养生物和异养生物两大类。自养生物（autotroph）如光合细菌和高等植物，可利用大气中的 CO_2 作为它们的唯一碳源，并由此合成其所有的含碳生物分子。异养生物（heterotroph）如高等动物及大多数微生物，不能利用大气中的 CO_2，必须从环境中摄取相对复杂的有机碳（如葡萄糖）合成其他含碳生物分子。

根据能量的来源，也可将生物分为两类：光养生物和化养生物。光养生物(phototroph)通过光合作用，从太阳光获取能量。化养生物(chemotroph)利用外界物质的氧化还原反应作为能量的来源。

除需要碳源外，所有生物还需要氮源，用于合成氨基酸、核苷酸及其他含氮化合物。只有少数物种，如蓝细菌和某些土壤细菌，能将大气中的 N_2 转化为 NH_3（生物固氮作用）。植物主要吸收利用无机氮化合物——NH_3 和可溶性硝酸盐作为氮源；而脊椎动物须以有机氮化合物，如氨基酸或其他有机物为氮源。有些细菌（如硝化细菌）能将 NH_3 氧化为亚硝酸盐或硝酸盐，也有些生物能使硝酸盐转变为 N_2。

二、代谢的基本特征

生命实际上是一个复杂而又高度调节的生物分子分解和重新合成的过程，是由相互依赖的酶促反应构成的代谢网络。不同的生物具有各自特异的代谢类型，这不仅决定于遗传，也受环境条件的一定的影响。各种生物的代谢过程虽然复杂，但也具有某些共同特征。

1. 反应条件温和

生物体内的代谢反应绝大多数是在温和的条件下，由特异的酶催化完成的。

2. 严谨的反应序列

体内的代谢过程是由一系列连续的、一步步的个体反应组成的，诸多的代谢反应都有严谨的顺序，彼此协调，有条不紊地进行。

3. 代谢途径是不可逆的

高度放能的反应($\Delta G^{0'} \ll 0$)是不可逆的。尽管每一条代谢途径中的多数反应是可逆反应，但总会有一步或几步是不可逆的高放能反应，它（或它们）使整个途径不可逆，即决定了该途径的单向性，这有利于生物体对代谢进行调节。

4. 每个代谢途径至少有一个限速步骤

在细胞内，虽然每一个代谢途径的多数反应是接近于平衡状态的，但至少有一个反应是具有最高的过渡态自由能的步骤，是最慢的一步不可逆（放能）反应，该反应限制着整个代谢途径的反应速率，所以又称为关键步骤或限速步骤(rate-limiting step)。限速反应通常是代谢途径前端的一步不可逆反应，以“约束”其产物继续通过该途径。

5. 重要代谢途径是高度保守的，为生物界所共有

虽然代谢反应的数量庞大，但各种生命体内的主要代谢途径是极为相似的。例如，糖酵解是葡萄糖代谢的主要途径，在有氧或无氧情况下，从单细胞生物到高等动植物组织中都进行糖酵解作用，而且其反应历程和代谢机制非常接近。

代谢体系是在生物的长期进化过程中逐步形成和完善的。代谢途径的高度保守性说明自然界中的生物具有共同的进化起源。这一特点，对研究和掌握代谢规律也十分有利，因为可以选择一个简单的生物模式系统来研究重要的代谢途径或其中的一种酶和反应机制。

6. 代谢是可调控的

尽管细胞内存在着大量的酶和代谢物，但代谢反应并不是随机发生的，代谢途径也不是以恒定的速度进行。正常情况下，机体能通过高度精细而灵敏的调节机制，不断调控各种代谢反应的强度、方向和速率，保证体内的代谢过程有条不紊地进行，从而使生物体对内外环境条件的变化有高度的适应性。

7. 代谢途径区室化

绝大多数代谢途径均局限于细胞内的特定区域，这种现象称为代谢途径的区室化(compartmentation)。原核细胞由于缺乏细胞器，细胞内的代谢过程可能定位于膜结构或细胞质基质的特殊区域，如参与氧化磷酸化、脂肪酸及磷脂生物合成的各种酶类，存在于原核细胞的质膜上；糖酵解则发生在细胞质基质中。真核细胞具有膜包被的各种细胞器，如核、内质网、线粒体、核糖体、高尔基体、过氧化物酶体和溶酶体等。区室化将不同的代谢物、酶和代谢反应限定在特定的区域（表 8-1），这不仅有利于代谢反应的精准调控，而且允许同一细胞内方向相反的代谢途径可同时进行，保证代谢协调有序地进行。

表 8-1 真核细胞一些代谢途径的区室化

特定区域	代谢途径	特定区域	代谢途径
细胞质基质	糖酵解、磷酸戊糖途径、脂肪酸合成	核糖体	蛋白质合成
细胞核	DNA 复制与转录	高尔基体	蛋白质和脂质的糖基化及其修饰
线粒体	三羧酸循环、氧化磷酸化、脂肪酸氧化、氨基酸分解	溶酶体	细胞内无用大分子、衰老和多余细胞器的清除
粗面内质网	分泌蛋白、膜蛋白、内膜系统可溶性蛋白的合成、修饰与加工	过氧化物酶体	糖、脂及氮代谢
光面内质网	脂质合成	叶绿体(植物)	光合作用
肝细胞线粒体和细胞质基质	尿素循环		

对多细胞生物而言,细胞的分化和结构不同,酶体系的组成与含量不同,区室化作用提升到组织和器官的水平,因而体现出各组织和器官具有独特的生理功能。例如,哺乳动物的肝脏是物质代谢的枢纽,在糖、脂、蛋白质代谢中具有特殊重要的作用;而脂肪组织的功能是贮存和动员脂肪。

三、代谢研究方法

代谢研究的内容丰富而复杂,主要包括:明确参与每一代谢途径的酶与辅酶及其结构与功能;确定一条代谢途径中各代谢物的结构、名称和反应类型;弄清各酶促反应的调节因素及作用机制。

作为代谢研究对象的生物机体,包括单细胞生物、多细胞生物,也包括病毒、类病毒等非细胞性的细胞感染体(也被称为"非细胞生物")。常用作代谢研究的模式生物(model organism)有大肠杆菌、酵母、果蝇、拟南芥和小鼠等。

代谢研究的方法有很多种。多数情况下,在研究一种物质的代谢过程时,为了得到可靠和完整的结果,需要采用多种研究方法加以印证和补充,以克服单一研究方法的局限性。下面简要介绍几种常用的代谢研究方法。

1. 活体内与活体外实验法

用生物整体,或用完整器官、微生物细胞群,进行代谢研究,称为活体内实验,通常用拉丁语"*in vivo*"表示。用取自生物体的器官组织制成切片、匀浆、提取液,或体外培养的细胞、细胞器、细胞提取物甚至催化个别反应的酶或酶系为材料,在体外环境中进行代谢研究,称为活体外实验,通常用拉丁语"*in vitro*"表示。

2. 同位素示踪法

同位素示踪技术是在代谢研究中使用最多、最有效的方法。用同位素标记化合物不会改变被标记化合物的化学性质、生理功能及其在体内的代谢途径,只是其物理性质有所不同,因此可利用其物理性质的不同作为"标记",追踪其在生物体内的去向和代谢转变,建立前体与产物的关系,从而确定与被标记物有关的代谢途径。细胞内主要的代谢途径,如糖酵解、三羧酸循环和卡尔文循环等,都是通过此方法得以阐明的。经常使用的同位素有放射性同位素和稳定性同位素两类,前者包括^{14}C、^{32}P、^{35}S和^{3}H等,后者有^{18}O和^{15}N等。

3. 代谢途径阻断法

在研究物质代谢的过程中,加入代谢抑制剂如抗代谢物或酶的抑制剂,在特殊的位点阻断该途径,则会导致位点前的中间物积累。综合不同抑制剂在该途径的作用结果,可以阐明各部反应的底物-产物关系,从而建构出一条完整的代谢途径。用这种方法最早阐明的是酵母通过糖酵解将葡萄糖转变为乙醇的乙醇发酵过程。又如,Krebs 首先观察到丙二酸强烈抑制琥珀酸脱氢酶,导致细胞内琥珀酸积累,为其最终确立三羧酸循环途径提供了重要依据。类似地,加入电子传递的抑制剂选择性地阻断不同部位的电子转移,可用来推断线粒体电子传递链中电子传递体的顺序。

4. 代谢缺陷症型突变体研究法

使用代谢遗传缺陷型突变体的效果与使用代谢抑制剂的效果是一样的。由于基因的突变,会导致某一种酶活性的抑制或丧失,从而引起特定代谢物的堆积。测定这些中间代谢物,有助于鉴别特异的酶,阐明有关的代谢途径。

5. 基因操作法

通过基因工程技术，主要使用转基因技术(transgenic)、基因敲除(knockout)技术和基因在某些组织中的特异表达等手段，来确定某一个酶在细胞中的功能以及它在代谢中所发挥的作用。随着基因组计划(genome projects)和生物信息学(bioinformatics)的兴起以及高通量基因表达(high throughput gene expression)方法的建立，人们发现这些新技术和方法在代谢研究上也大有“用武之地”。

6. 核磁共振波谱法

由 Richard Ernst 于 20 世纪 60 年代末期建立的高分辨率的核磁共振波谱(NMR)技术在生物化学研究中得到了广泛应用。核磁共振波谱法是利用分子内处于不同环境中的原子核的化学位移原理，不破坏机体的整体结构，对分子无损伤，不需做预处理和纯化，在分子、原子水平上检测生活状态下机体特定部位的物质特性，并可检测化学变化、构象变化等动力学过程。例如，1986 年，G. K. Radda 在研究肌肉的能量代谢时，用 NMR 检测人体前臂肌肉在运动前和运动后磷酸化合物如 ATP、ADP 和磷酸肌酸的水平，揭示了肌肉运动时 ATP 水平的恒定是由磷酸肌酸提供的磷酰基维持的。

第二节 生物能学

一、热力学定律与 Gibbs - Helmholtz 方程

为了更好地理解生物能学，首先要认识热力学的两个定律：热力学第一定律，即能量守恒定律；热力学第二定律，是指一个系统的熵倾向于增加，或者一个系统做功的能力趋于下降。其次要有所了解与热力学相关的几个基本概念。

1) 系统(system)和环境(surroundings)。系统为宇宙之中人们感兴趣的任何对象，环境是指一个系统周围的任何事物。系统又可以分为孤立系统(insulated system)、封闭系统(closed system)和开放系统(open system)。其中，孤立系统与环境之间不发生任何形式的物质交换和能量交换，封闭系统则可以与环境之间进行能量的交换，开放系统与环境之间既可以进行能量交换也可以进行物质交换。显然，生命系统属于开放系统。

2) 能量是指做功的本领。

3) 自由能(free energy)是指一个系统的总能量之中用来做功的那一部分能量，即有用能。

4) 熵(entropy)是指一个系统的无序状态。一个系统越有序，它的熵就越低。

5) 焓(enthalpy)是指系统的总热能。

综合热力学第一定律和第二定律即可得出以下方程：

$$G = H - T \cdot S$$

其中 G 代表系统的自由能，S 代表系统的熵，H 为系统的总热能，T 为系统的绝对温度。上述方程适合任何系统。

在恒温、恒压条件下，可衍生出 Gibbs - Helmholtz 方程：$\Delta G = \Delta H - T\Delta S$

式中的 ΔG 为自由能的变化，ΔH 为总热能的变化，ΔS 是熵的变化，T 仍然是绝对温度。

由于多数生命系统处于恒温(37 ℃)和恒压(1 个大气压)条件下，因此上述方程同样适用于生命系统，包括发生在体内的每一个生化反应。

二、生化反应的方向性与自由能之间的关系

假设一个生化反应：$A+B \leftrightarrow C+D$

在恒温和恒压下，不难推导出以下公式(推导过程从略)：$\Delta G = \Delta G^{0'} + RT\ln\frac{[C][D]}{[A][B]}$

上式中，ΔG 为反应的自由能变化，$\Delta G^{0'}$ 为在标准条件下(反应温度为 25 ℃，压强为 1 个大气压，底物和产物的浓度均为 1 mol/L，pH 为 7)的自由能变化，R 为气体常数，$[A]$和$[B]$分别为底物 A 和 B 的浓度，$[C]$

和[D]分别为产物 C 和 D 的浓度。

以上公式显示，一个生化反应的自由能变化包括两个部分：一部分是恒定的，它由底物和产物固有的性质决定；另一部分是可变的，它由反应的温度、底物与产物的浓度决定。在给定的条件下，通过上述公式可以计算出一个反应的自由能的变化值，但必须首先确定在标准条件下的自由能变化即 $\Delta G^{0\prime}$。

如果反应到达平衡，则 $\Delta G=0$。上面的公式可作以下的转变（K'_{eq}为反应的平衡常数）：

$$\Delta G = \Delta G^{0\prime} + RT\ln\frac{[C][D]}{[A][B]} \rightarrow 0 = \Delta G^{0\prime} + RT\ln\frac{[C][D]}{[A][B]} \rightarrow \Delta G^{0\prime} = -RT\ln\frac{[C][D]}{[A][B]}$$

$$\text{已知 } K'_{eq} = \frac{[C][D]}{[A][B]}\text{，则 } \Delta G^{0\prime} = RT\ln K'_{eq} \text{ 或 } \Delta G^{0\prime} = -2.303RT\lg K'_{eq}$$

因此，如果一个反应的 K'_{eq}已知，则很容易通过上式计算出该反应的标准自由能变化。

在一个反应的 $\Delta G^{0\prime}$确定以后，那么此反应在一个给定的非标准条件下的 ΔG 很容易计算出来。通过计算 ΔG，可以判断一个反应在给定条件下进行的方向。

如果 $\Delta G<0$，该反应就可以自发地进行，此反应为放能反应（exergonic），如果 ΔG 为一个非常大的负值，则表明此反应趋于完全，为不可逆反应；如果 $\Delta G=0$，反应就处于平衡状态，底物和产物的浓度维持不变；如果 $\Delta G>0$，此反应就不能自发地进行，除非向此反应提供能量，因此该反应为需能反应（endergonic），如果 ΔG 是一个非常大的正值，则意味着整个底物处于一种非常稳定的状态，反应几乎没有发生的可能。

需要特别注意的是，任何在热力学上有利、可以自发进行的反应都具有活化能的障碍需要克服。热力学定律只能预测一个反应能否自发进行的可能性，但并不能预测出一个反应的动力学性质，即一个反应有没有发生以及反应速度是多少这种现实性。例如，葡萄糖氧化成 CO_2 和 H_2O 的反应，其 $\Delta G^{0\prime}$ 为 $-5\,693$ kJ/mol，是一个非常大的负值。这意味着葡萄糖的氧化在热力学上是一个极为有利的反应，但这个反应如果没有酶的催化或者直接将其用火燃烧的话，糖罐子里的葡萄糖在室温下是很难被氧化成 H_2 和 CO_2 的。

三、ΔG 与 ΔE 之间的关系

细胞内的很多反应为氧化还原反应。一个氧化还原反应的 $\Delta G^{0\prime}$与其标准氧化还原电位（标准条件与自由能的标准条件一样）的变化值 $\Delta E^{0\prime}$可用公式 $\Delta G^{0\prime} = -nF\Delta E^{0\prime}$表示，$n$ 为电子转移数，F 是法拉第（Farady）常数，$\Delta E^{0\prime}$=含有氧化剂或电子受体的半反应 $E^{0\prime}$－含有还原剂或电子供体的半反应的 $E^{0\prime}$。非标准条件下的 ΔG 与同样条件下的 ΔE 之间的关系为：$\Delta G=-nF\Delta E$。

假设一个氧化还原反应 $A+BH_2 \rightarrow AH_2+B$，此反应实际上由两个半反应即还原半反应（reductive half-reaction）$A+2H^+ + 2e^- \rightarrow AH_2$ 和氧化半反应（oxidative half-reaction）$BH_2 \rightarrow B+2H^+ + 2e^-$ 组成，根据 Nernst 方程：

$$\Delta E = \Delta E^{0\prime} - \frac{2.3RT}{nF}\lg\frac{[AH_2][B]}{[A][BH_2]}\text{，则 } \Delta G = -nF\left(\Delta E^{0\prime} - \frac{2.3RT}{nF}\lg\frac{[AH_2][B]}{[A][BH_2]}\right)$$

$$= 2.3RT\lg\frac{[AH_2][B]}{[A][BH_2]} - nF\Delta E^{0\prime} = 2.3RT\lg\frac{[AH_2][B]}{[A][BH_2]} + \Delta G^{0\prime}\text{。}$$

四、生命系统内的偶联反应

假定一个反应 $A \rightarrow B$，$\Delta G_1 = G_B - G_A > 0$，则此反应不能自发地进行，但如果此反应通过某种机制与另外一个 $\Delta G_2 = G_D - G_C < 0$ 的反应 $C \rightarrow D$ 偶联在一起，而且总的自由能变化 $\Delta G = \Delta G_1 + \Delta G_2 < 0$，则 $A \rightarrow B$ 的反应照样可以自发进行，在这里第二个反应释放出的能量被用来驱动第一个反应。也就是说，相偶联的化学反应各反应的自由能变化是可以相加的，此即自由能变化的可加性。

在生物体内，有两种偶联机制。第一种机制通过一个共同的代谢中间物（intermediate）来实现[图 8－2（1）]，反应式可简写为：$A+C \rightarrow I \rightarrow B+D$。

偶联反应的第二种机制是通过特殊的高能生物分子（high-energy biomolecules）来进行的：其中在第一

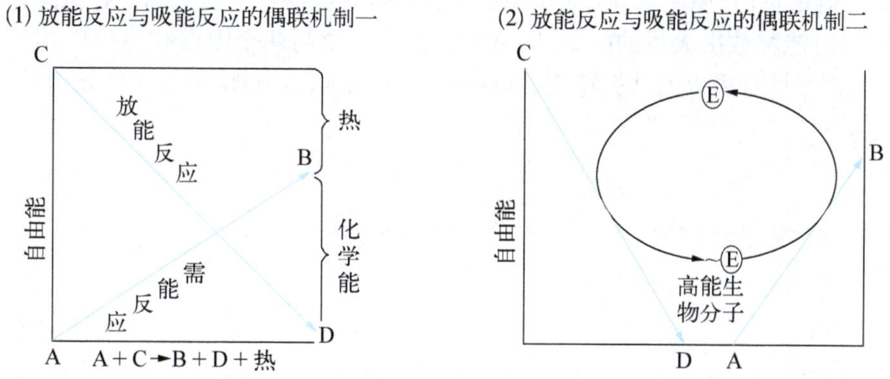

图8-2 放能反应与吸能反应的偶联的两种机制

个反应释放出的自由能中，有一部分转变为高能生物分子之中(如ATP)的化学能贮存起来，而第二个反应的进行则由第一个反应形成的高能生物分子来驱动。细胞内有很多这样的例子，一般情况是细胞内的分解代谢反应产生高能生物分子，合成反应则利用这些高能生物分子[图8-2(2)]。

五、高能生物分子

高能生物分子又简称为高能分子，是指那些既容易水解又能够在水解时释放出大量自由能的一类分子的总称，以高能磷酸化合物(high-energy phosphate compounds)最为常见。在高能分子水解时，被水解断裂的化学键似乎贮存着大量的能量，因此有人称此键为高能键(high-energy bond)，常用"～"表示。

表8-2 常见的高能分子

名称	高能键水解后的产物	高能键水解释放的 $\Delta G^{0\prime}$(kJ/mol)
磷酸烯醇式丙酮酸	丙酮酸+Pi	−62
3′,5′-cAMP	5′-AMP	−50.4
甘油酸-1,3-二磷酸	甘油酸-3-磷酸+Pi	−49.6
磷酸肌酸	肌酸+Pi	−43.3
乙酰磷酸	乙酸+Pi	−43.3
ATP	ADP+Pi	−35.7
ATP	AMP+PPi	−35.7
PPi	2Pi	−33.6
尿苷二磷酸葡糖	UDP+葡萄糖	−31.9
乙酰-CoA	乙酸+CoA	−31.5
S-腺苷甲硫氨酸	腺苷+Met	−25.6

表8-2为一些常见的高能分子的名称、结构和相应的 $\Delta G^{0\prime}$ 值，其中磷酸烯醇式丙酮酸水解时释放的能量最高，大约为ATP的2倍。而ATP正好位于"中游"的位置，这意味着它合成起来容易，利用起来也容易。正是ATP在众多的高能分子之中所处的独特位置，使它成为最重要的能量载体。通过它，细胞内的放能反应和需能反应很容易发生偶联。

在细胞内，作为能量载体的ATP几乎参与所有的生理过程，如肌肉收缩、生物合成、细胞运动、细胞分裂、主动运输、神经传导等，因此有人称之为通用的"能量货币"(energy currency)。除ATP外，其他三种核苷三磷酸(GTP、CTP和UTP)有时也可以作为能量货币，这几种能量货币在细胞内是可以自由"兑换"的，但需要核苷二磷酸激酶(nucleotide diphosphate kinase)的催化(参看第十二章氨基酸代谢)。

$$\text{ATP} + \text{NDP} \xrightleftharpoons{\text{核苷二磷酸激酶}} \text{ADP} + \text{NDP}$$

$$\text{ATP} + \text{AMP} \xrightleftharpoons{\text{腺苷酸激酶}} 2\text{ADP}$$

$$\text{ATP} + \text{NDP} \xrightleftharpoons{\text{核苷二磷酸激酶}} \text{ADP} + \text{NTP}$$

$$\text{ATP} + \text{dNDP} \xrightleftharpoons{\text{核苷二磷酸激酶}} \text{ADP} + \text{dNTP}$$

ATP除了作为"能量货币"使用以外，还可以作为很多酶的别构效应物来调节相关酶的活性。

高能分子在水解时能释放出大量的能量(以ATP为例)主要与两个因素有关：① 相对ATP而言，水解的产物ADP和无机磷酸具有更大的共振稳定性(resonance stability)(图8-3)；② 水解后，负电荷之间的静电斥力减弱了。

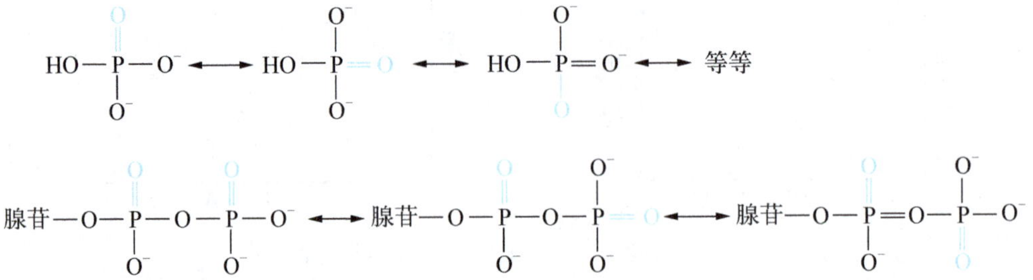

图8-3 ATP及其水解物的共振结构

细胞内ATP的合成就是ADP被磷酸化形成ATP的过程，机体有三种合成ATP的方式：底物水平磷酸化(substrate-level phosphorylation)(参看第十章糖代谢及其调节)、氧化磷酸化和光合磷酸化，其中氧化磷酸化和光合磷酸化的机制十分相似(详见第九章生物氧化)。

推荐网址

1. http://en.wikipedia.org/wiki/Metabolism
2. http://themedicalbiochemistrypage.org/thermodynamics.html
3. http://en.wikipedia.org/wiki/Bioenergetics
4. http://www.rpi.edu/dept/bcbp/molbiochem/MBWeb/mb1/part2/bioener.htm

参考文献

1. Giersch C. Mathematical modeling of metabolism. *Curr. Opin. Plant Biol*, 3:249-253, 2000.
2. Frey P A, Arabshahi A. Standard free energy change for the hydrolysis of the α, β-phosphanhydride bridge in ATP. *Biochemistry*, 34: 11307-11310, 1995.
3. Green D E, Zande H D. Universal energy principle of biological systems and the unity of bioenergetics. *Proc. Natl. Acad. Sci. U.S.A.*, 78 (9): 5344-7, 1981.

思考题

1. 你认为哺乳动物成熟的红细胞还具有哪些代谢途径？为什么？
2. 线粒体内的ATP浓度约为5 mmol/L，无机磷酸的浓度约为10 mmol/L。如果ADP的浓度比AMP多5倍，计算在能荷为0.85的条件下，ADP和AMP的摩尔浓度。在以上条件下，ATP水解的$\Delta G^{0\prime}$是多少？
3. 如果有一种运动饮料里面添加了ATP，你认为其中的ATP对你来说有用吗？
4. 以下哪些物质中含有高能键？
   (1) 辅酶Ⅰ
   (2) 磷酸肌酸
   (3) FAD
   (4) 乙酰-CoA
   (5) dNDP
   (6) PEP
5. 肌肉组织使用哪些机制来保证能量的持续供应？
6. 在给定的任何时候，人体内只有几摩尔(3～10 mol)的ATP。然而，在运动期间，每分钟能消耗0.2 mol的ATP。试从代谢调节的角度解释为什么这两组数据都是对的。

第9章

生物氧化

生物体内发生的氧化反应统称为生物氧化(biological oxidation)。通过生物氧化,机体可以产生大量的能量,其中有很大一部分能量变成了ATP。在生物氧化过程中,ATP是通过呼吸链和氧化磷酸化的偶联产生的。若呼吸链和氧化磷酸化因为某种因素丧失偶联,将导致能量无法转变成ATP。

本章将主要介绍在生物氧化过程中呼吸链上的电子传递和氧化磷酸化的机制,尤其对"化学渗透"学说和"结合变化"学说做重点阐述。

第一节　生物氧化的基本特征

一、生物氧化的概念

生物的一切生命活动都需要能量。生物体所需的能量大都来自糖类、脂质、蛋白质等有机物质的氧化分解。有机分子在活细胞内氧化分解,产生CO_2和H_2O并释放出能量的过程,称为生物氧化。生物氧化实际上是发生在细胞中的一系列氧化-还原反应,所以又称为细胞氧化或细胞呼吸、组织呼吸;在氧化过程中放出的能量一般贮存在一些特殊的化合物中,主要是ATP。

氧化-还原反应就是电子转移反应。提供电子的分子称为还原剂,接受电子的分子称为氧化剂。在生物体内,电子转移主要有如下3种形式:

- 直接的电子转移:$Fe^{2+}+Cu^{2+} \rightleftharpoons Fe^{3+}+Cu^{+}$
- 氢原子的转移:$AH_2+B \rightleftharpoons A+BH_2$
- 有机还原剂直接加氧:$RH+O_2+2H^{+}+2e \rightleftharpoons ROH+H_2O$

生物氧化与体外的化学氧化相比,两者的共同之处是:① 反应的本质都是脱氢、失电子或加氧;② 被氧化的物质相同,终产物和释放的能量也相同。生物氧化是生物新陈代谢的重要基本反应之一,除上述共性之外,亦有其自身的特点。

二、生物氧化的特点

生物氧化的基本特征主要表现在:

1) 生物氧化的主要方式为脱氢。

2) 生物氧化在酶的催化下进行,因此条件比较温和。

3) 生物氧化是在一系列酶、辅酶(辅基)和电子传递体的作用下逐步进行的。以葡萄糖为例,它在细胞内需要经历几十步反应才能最终氧化成CO_2和H_2O;而它在细胞外的化学氧化即燃烧几乎是"一蹴而就"的。

4) 生物氧化的能量是逐步释放的,并主要以ATP的形式捕获能量。生物氧化所具有的这一特征的优点在于,既可以防止能量的骤然释放引起体温突升而损害有机体,又可以使能量得到最有效的利用和贮存。

三、参与生物氧化的主要酶及功能

根据生物氧化反应的性质,可将相关的酶分为四大类,即脱氢酶(dehydrogenase)、氧化酶(oxidase)、氢过氧化物酶(hydroperoxidase)和加氧酶(oxygenase)。

1. 脱氢酶

由于生物氧化以脱氢为主，所以脱氢酶最为普遍。脱氢酶的主要功能是：① 在氧化还原反应中，催化氢和电子从一种底物转移到另一种底物；② 作为呼吸链的组分。

几乎所有的脱氢酶都需要辅酶或辅基。某些脱氢酶使用 NAD^+ 或 $NADP^+$ 作为辅酶，称为 $NAD(P)^+$ 偶联的脱氢酶，如乳酸脱氢酶；某些脱氢酶以 FAD 或 FMN 作为辅基，称为黄素偶联的脱氢酶，如琥珀酸脱氢酶。

2. 氧化酶

如图 9－1 所示，氧化酶催化代谢物上脱下的氢与 O_2 结合，生成 H_2O_2 或 H_2O。常见的氧化酶有 *D*－氨基酸氧化酶、*L*－氨基酸氧化酶、黄嘌呤氧化酶和细胞色素氧化酶等。

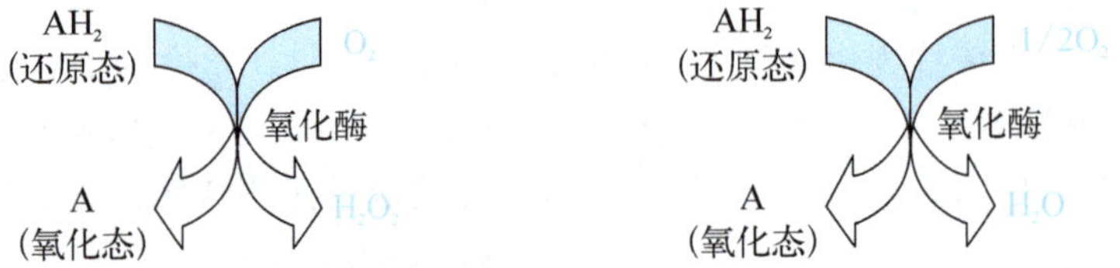

图 9－1 两类氧化酶催化的反应

3. 氢过氧化物酶

这类酶以过氧化物或过氧化氢为底物，一般分为过氧化物酶(peroxidase)和过氧化氢酶(catalase)两类。它们的主要功能是保护细胞免受过氧化物造成的损伤，因为细胞内正常的代谢会产生过氧化物，而过氧化物的积累导致破坏性较强的自由基的产生。自由基如不及时被清除，则会对细胞膜、核酸和蛋白质造成损伤，从而危害有机体。

由过氧化物酶催化的反应为：$H_2O_2 + AH_2 \xrightarrow{\text{过氧化物酶}} A + 2H_2O$

其中 AH_2 可能是抗坏血酸、醌或谷胱甘肽(GSH)。如果 AH_2 为 GSH，则此酶称为谷胱甘肽过氧化物酶，它广泛存在于红细胞和其他组织细胞中，是一种含硒酶(内有硒代半胱氨酸)，为细胞内 H_2O_2 的"清道夫"，可防止细胞膜脂质和血红蛋白受到 H_2O_2 的破坏。

过氧化氢酶以血红素为辅基，直接将细胞内有毒的 H_2O_2 转变成无毒的 H_2O 和 O_2。由过氧化氢酶催化的反应为：$2H_2O_2 \xrightarrow{\text{过氧化氢酶}} O_2 + 2H_2O$

其中一分子的 H_2O_2 为电子供体，另一分子 H_2O_2 为电子受体。

4. 加氧酶

此类酶催化 O_2 直接转移或掺入到一个特定的底物分子中，它们广泛参与体内多种代谢物的降解或合成。整个反应分为两步：① O_2 与酶的活性中心结合；② 已结合的 O_2 被还原或转移到底物分子中。

根据被转移到底物上的氧原子的数目，加氧酶分为双加氧酶(dioxygenase)和单加氧酶(monooxygenase)。在由双加氧酶催化的反应中，O_2 的两个氧原子被转移到同一个底物分子上。常见的双加氧酶有尿黑酸(homogentisate)双加氧酶和 *L*－色氨酸双加氧酶。

$$A + O_2 \xrightarrow{\text{双加氧酶}} AO_2$$

在单加氧酶催化的反应中，O_2 中只有一个氧原子被转移到一个底物分子上形成羟基，而另外一个氧原子被还原为水，其中 ZH_2 作为第二个电子供体(通常为 NADH 或 NADPH)。单加氧酶又称为混合功能氧化酶(mixed-function oxidase)或羟化酶(hydroxylase)。

$$A—H + O_2 + ZH_2 \xrightarrow{\text{单加氧酶}} A—OH + H_2O + Z$$

多种药物在体内的代谢以及多种物质(如固醇类激素)的羟基化反应需要单加氧酶。其中有一类单加氧酶与内质网膜上的细胞色素 P450 和细胞色素 b_5 一起构成单加氧酶系统。

四、生物氧化中 CO_2 和 H_2O 的生成

在需氧生物体内，糖、脂质和氨基酸等代谢物经生物氧化的终产物均为 CO_2 和 H_2O。但在生物氧化中，

碳的氧化和氢的氧化是非同步进行的，CO_2和H_2O的形成方式明显不同。

1. CO_2的生成

生物氧化中CO_2的形成是由有机代谢物经酶促反应转变成含羧基的中间物（即有机酸）经脱羧反应产生。

脱羧反应有直接脱羧和氧化脱羧两种类型。如葡萄糖经糖酵解形成的丙酮酸在丙酮酸脱羧酶的催化下直接脱羧产生CO_2。

氧化脱羧是在脱羧过程中伴随有氧化（脱氢）反应，如丙酮酸、α-酮戊二酸、苹果酸等的氧化脱羧。

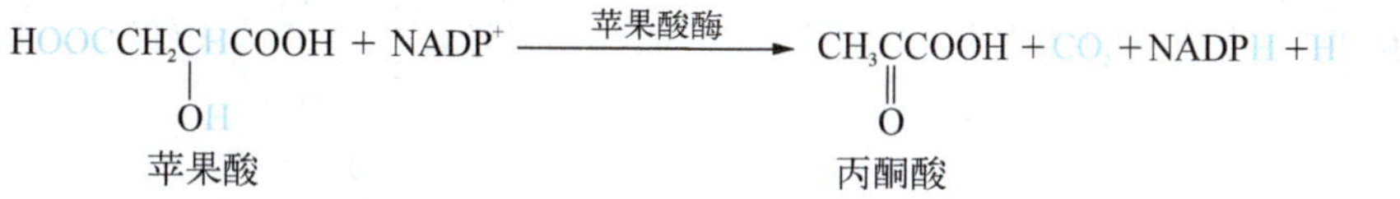

2. H_2O的生成

如前所述，生物氧化作用主要是通过脱氢反应来实现的。H_2O的形成比较复杂，很少由代谢物脱下的氢与O_2直接结合产生。生物体主要以脱氢酶、传递体及氧化酶组成生物氧化体系，以促进水的生成。如图9-2所示，代谢物脱下的氢经生物氧化作用和吸入的氧结合生成水的过程，是脱下的氢经传氢体先形成质子，失去的电子经一系列的电子传递体传给O_2形成氧负离子，最后质子与氧负离子结合生成H_2O。

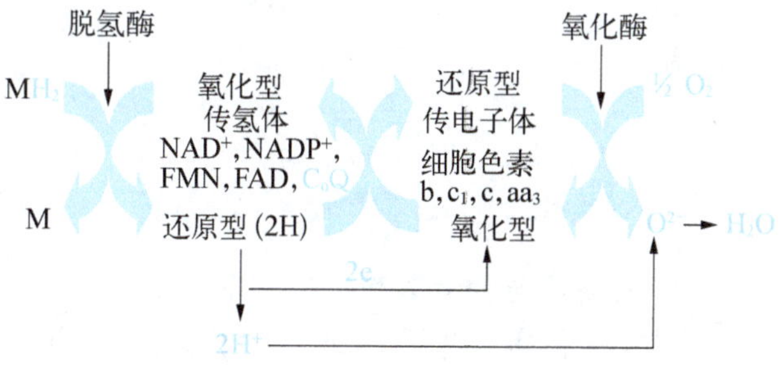

图9-2 生物体内H_2O生成的生物氧化体系

第二节 呼 吸 链

一、呼吸链的概念

生物氧化过程中从代谢物脱下来的氢（电子）经过一系列中间传递体，最后才与O_2结合形成水，在其间逐步释放能量。这种由一系列电子传递体构成的链状复合体称为电子传递体系（electron transport system，ETS）或电子传递链，简称为呼吸链（respiratory chain）。

二、呼吸链的种类及功能

根据生物氧化过程中代谢物脱下的氢和电子的最初受体不同，典型的呼吸链可划分为两种，即NADH呼吸链和$FADH_2$呼吸链。它们位于原核细胞的细胞膜和真核细胞的线粒体内膜，其主要功能是通过氧化与磷酸化的偶联，产生ATP。

在生物体内，绝大多数代谢物分解代谢所脱的氢，是通过NADH呼吸链传递给氧完成氧化反应。只有琥珀酸等少数代谢物的脱氢氧化反应是经$FADH_2$呼吸链完成。

在电子传递过程中释放出大量的自由能，使ADP磷酸化生成ATP，这是生物合成ATP的基本途径之一。实际上，生物体中能量获得的本质正是氢的氧化。

三、呼吸链的组成

呼吸链主要由蛋白复合体组成，且按特定的顺序排列（图9-3）。

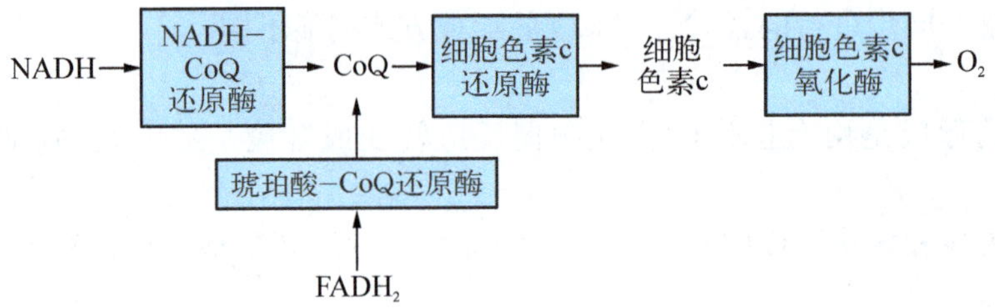

图 9-3 呼吸链的蛋白复合体(线框内)及其顺序

呼吸链的主要成分如下：

(1) NAD^+及与NAD^+偶联的脱氢酶

此类电子传递体以NAD^+作为辅酶或底物,催化物质的脱氢反应。其传递电子或氢的机制是：先是NAD^+与一个脱氢酶的活性中心结合,接受从代谢物脱下的氢和电子而被还原成$NADH/H^+$,随后NADH离开酶的活性中心,扩散到呼吸链的"入口",转移氢和电子后离开呼吸链并再次与脱氢酶结合,重复先前的过程(图 9-4)。NAD^+往返于代谢物和呼吸链之间传递电子的性质使之成为一种流动的电子传递体(mobile electron carrier)。

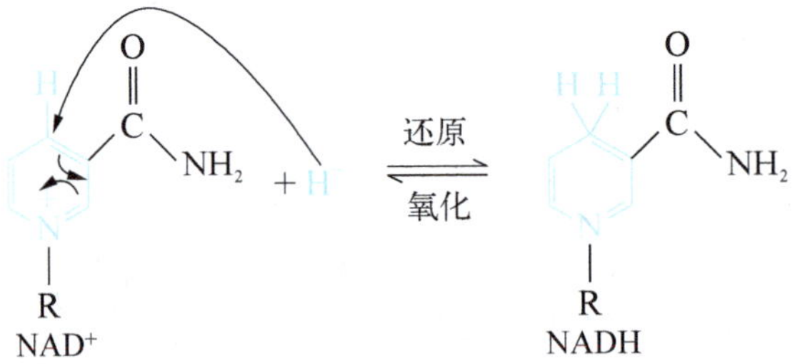

图 9-4 NAD的氧化型和还原型结构及其参与的电子传递

(2) 黄素及与黄素偶联的脱氢酶

此类电子传递体以FMN或FAD作为辅基,两个典型的代表是NADH脱氢酶和琥珀酸脱氢酶。这类酶催化脱氢时,可将代谢物上的一对氢原子(两个电子和两个质子)直接传给FMN或FAD而形成$FMNH_2$或$FADH_2$。

FMN或FAD能够作为电子传递体是因为它们有氧化型和还原型两种形式。具体的传递过程可以分两步进行,也可以一步到位。如果分两步,则是每一步传递一个电子,中间有一个半醌中间物;如果是一步,则是两个电子同时传递,没有半醌中间物(图 9-5)。

(3) 辅酶Q

辅酶Q(coenzyme Q, CoQ)是一种脂溶性的醌类化合物,广泛存在于自然界,故又名泛醌(ubiquinone, UQ)。不同来源的CoQ的侧链长度不一定相同,这与异戊二烯单位的数目(n值)有关。哺乳动物体的n值为10,故它的CoQ常被简称为Q_{10}。

CoQ之所以能够充当电子传递体,是因为它具有氧化型和还原型两种形式。在细胞内,这两种形式是可以相互转变的(图 9-6)：氧化型的CoQ可以接受两个质子和两个电子,形成还原型的$CoQH_2$;而还原型的$CoQH_2$可以失去两个质子和两个电子,重新转变为氧化型的CoQ。与FMN和FAD一样,辅酶Q的得(失)电子既可以分两步进行——一次得(失)一个电子,也可以一步到位(同时得失两个电子)。这一点非常重要,因为在呼吸链上某些电子传递体(单电子传递体)一次只能得(失)一个电子,而某些电子传递体(双电子传递体)一次必须得(失)两个电子。CoQ在两者之间恰好起一种过渡的作用,即它可从双电子传递体一次接受两个电子,再分两次传给单电子传递体。

CoQ是呼吸链中唯一的非蛋白电子载体,在线粒体内膜上的含量远远超过呼吸链上的其他成员,其脂溶性的性质使得它在膜上具有高度的流动性,因此它特别适合作为一种特殊灵活的电子传递体,在两个非流动的电子传递体之间传递电子。

(4) 铁硫蛋白

铁硫蛋白(iron-sulfur protein)又称为铁硫中心(iron-sulfur center)(图 9-7),其分子中含有非血红素铁,还可能含有对酸不稳定的无机S,其中Fe通过配位键与含有孤对电子的硫结合。铁硫蛋白是借助于铁的价态变化来传递电子。

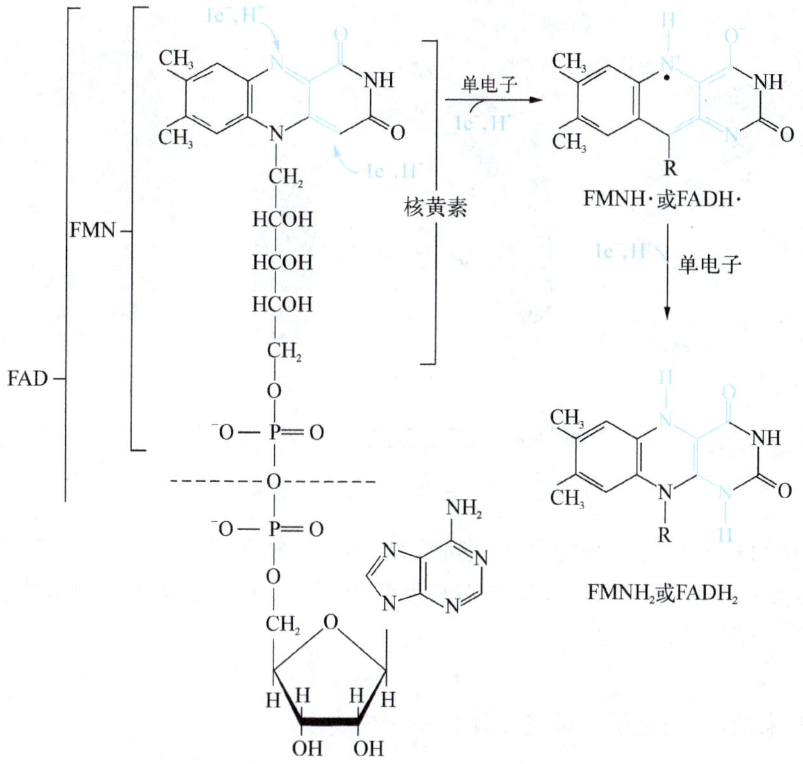

图 9-5 FMN 和 FAD 参与的电子传递

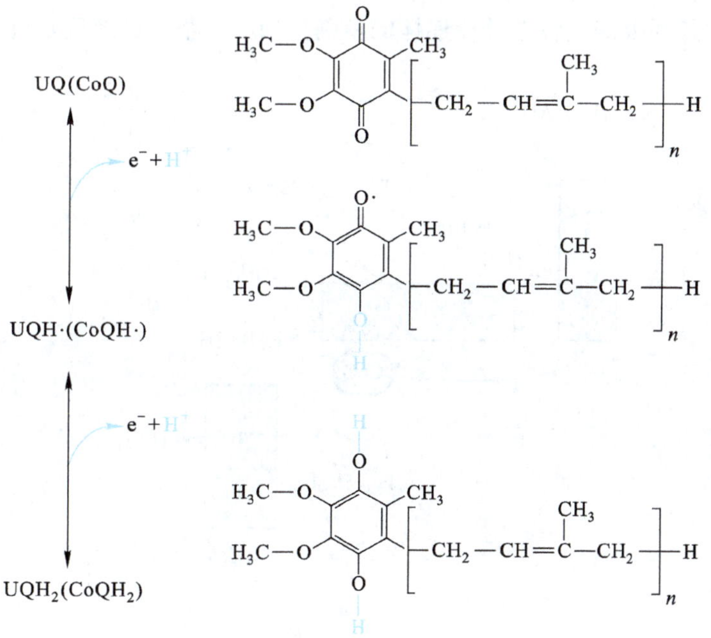

图 9-6 辅酶 Q 的化学结构及其电子传递功能

(5) 细胞色素

细胞色素是一类含有血红素铁的蛋白质,也是借助铁的价态变化来传递电子。

细胞色素广泛存在于需氧生物,有多种类型。每一种细胞色素都有特殊的光吸收,它们的还原形式通常具有 α、β 和 γ 三个吸收峰。其中 α 吸收峰的差别最大,因此有人根据此吸收峰的波长,将细胞色素分为 a、b 和 c 三大类,与它们结合的血红素辅基分别称为血红素 a、b 和 c。每一大类还可以再细分,如 a 类细胞色素可分为细胞色素 a 和 a_3,b 类细胞色素可分为细胞色素 b_{562} 和细胞色素 b_{566} 等,c 类细胞色素可分为细胞色素 c 和 c_1。

细胞色素 a 和 a_3 在呼吸链上通常形成紧密的复合物,其中铁离子只形成了 5 个配位键,因此还能与 O_2

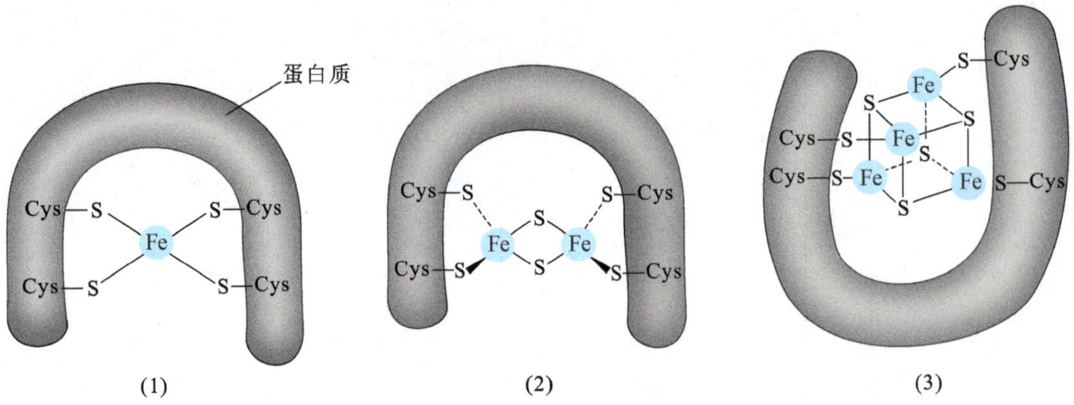

$$Fe^{3+} + e^- \rightleftharpoons Fe^{2+}$$

图 9-7　三类铁硫蛋白的结构

再形成一个配位键，从而将上游传递来的电子直接交给 O_2。但铁离子也可与 CO、氰化物、H_2S 或叠氮化物等含有孤对电子的物质形成配位键，因此，如果细胞色素 aa_3 与 O_2 以外的物质（如氰化物）结合，就会阻断整个呼吸链的电子传递，引起机体中毒。

（6）分子氧

O_2 位于呼吸链的末端，充当电子的最终受体。

四、呼吸链组分的排列顺序

不论是在原核细胞的质膜上，还是在真核细胞的线粒体内膜上，构成呼吸链的各个组分都是按照一定的次序排列的。目前，两条呼吸链上各电子传递体的精确排列顺序基本已经确定（图 9-8）。

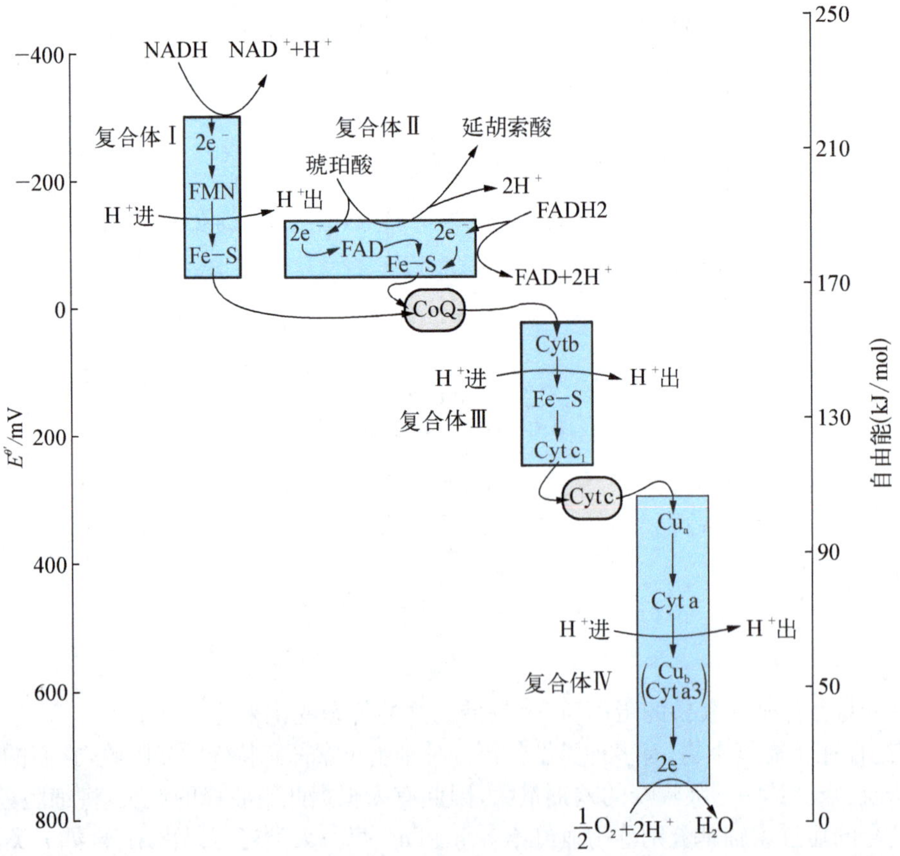

图 9-8　呼吸链上各电子传递体的排列顺序

五、呼吸链的拆分和重组

呼吸链在特定的条件下，可被拆分成四种具有不同催化活性的复合物（复合体Ⅰ～复合体Ⅳ）以及游离的 CoQ 和细胞色素 c。通过研究各复合物的结构和组成（表 9－1），以及它们在体外所能催化反应的性质，可以进一步阐明电子的传递机制。

表 9－1　复合体Ⅰ、Ⅱ、Ⅲ和Ⅳ的结构和性质

复合体	别　名	多肽链的数目	辅酶或辅基	电子流动方向	传递一对电子泵出的质子数	抑 制 剂	在内膜上的相对比率
Ⅰ	NADH－CoQ 氧化还原酶	43，其中有 7 条由 mtDNA 编码	1 个 FMN、6～9 个铁硫蛋白	NADH→CoQ	4 个	鱼藤酮、安米妥、杀粉蝶菌素	1
Ⅱ	琥珀酸－CoQ 氧化还原酶	4～5	1 个 FAD、3 个铁硫蛋白	琥珀酸→CoQ	0	萎锈灵（carboxin）	2
Ⅲ	CoQ－细胞色素 c 氧化还原酶	11，其中有 1 条由 mtDNA 编码	2 个血红素 b、1 个血红素 c_1、1 个铁硫蛋白	CoQ→细胞色素 c	4 个	抗霉素 A	3
Ⅳ	细胞色素 c 氧化酶	13，其中有 4 条由 mtDNA 编码	2 个 Cu、1 个血红素 a、1 个血红素 a_3	细胞色素 c→O_2	2 个	CO、H_2S、氰化物、叠氮化物	6～7

现已明确，NAD^+ 呼吸链由复合体Ⅰ、Ⅲ、Ⅳ及两种流动的电子传递体 CoQ 和细胞色素 c 组成，FAD 呼吸链则由复合体Ⅱ、Ⅲ、Ⅳ以及同样的两种流动的电子传递体组成（图 9－9）。CoQ 在复合体Ⅰ和Ⅲ或复合体Ⅱ和Ⅲ之间传递电子，细胞色素 c 在复合体Ⅲ和Ⅳ之间传递电子。电子到达每一个复合体后，先沿着内部的环路进行传递，再通过流动的电子传递体传给下一个复合体。NAD^+ 呼吸链电子传递的方向是：复合体Ⅰ→CoQ→Ⅲ→细胞色素 c→Ⅳ→O_2。FAD 呼吸链电子传递的方向是：复合体Ⅱ→CoQ→复合体Ⅲ→细胞色素 c→复合体Ⅳ→O_2。

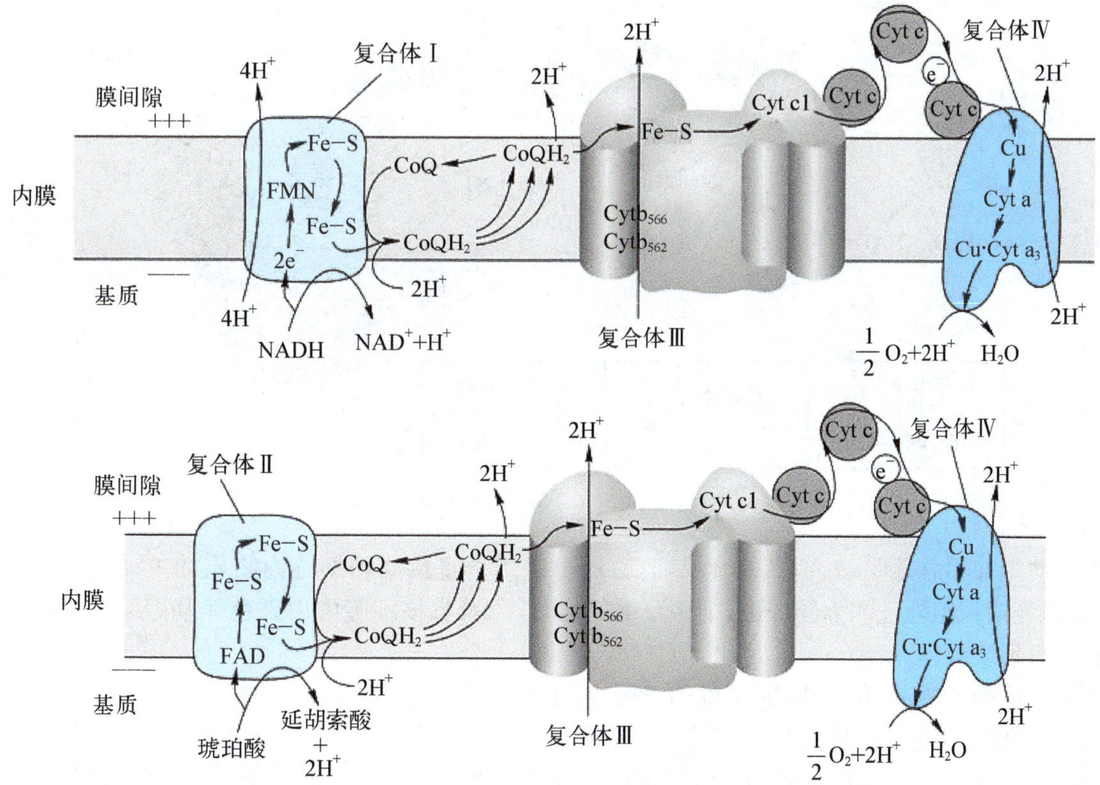

图 9－9　电子在呼吸链各复合体间的传递

第三节 氧化磷酸化

呼吸链的主要功能是通过与氧化磷酸化的偶联产生能量货币 ATP。当电子沿着呼吸链向下游传递的时候，总伴随着自由能的释放，释放的自由能有很大一部分用来驱动 ATP 的合成，这种与电子传递相偶联的合成 ATP 的方式被称为氧化磷酸化(oxidative phosphorylation)。

在正常情况下，线粒体内膜上或原核生物细胞膜上的呼吸链与氧化磷酸化是紧密偶联的。这种偶联有两个方面的含义：一是电子在呼吸链上传递的时候必然发生氧化磷酸化；二是只有发生氧化磷酸化，电子才可能在呼吸链上进行传递。正因如此，一旦呼吸链被阻断，氧化磷酸化就被抑制；同样，氧化磷酸化被抑制，电子也不可能在呼吸链上正常传递。

一、氧化磷酸化的偶联机制

有三种假说曾被用来解释氧化磷酸化的偶联机制："化学偶联"、"构象偶联"和"化学渗透"假说。其中，只有"化学渗透"学说被证明是正确的。该学说由 Peter Mitchell 于 1961 年提出，其核心内容是：电子在沿着呼吸链向下游传递的过程中，释放的自由能先转化为跨线粒体内膜(或跨细菌质膜)的质子梯度，随后质子梯度中蕴藏的电化学势能被直接用来驱动 ATP 的合成(图 9－10)。质子多的一侧，正电荷多，故称为 P 侧(positive side)；质子少的一侧，负电荷多，故称为 N 侧(negative side)。驱动 ATP 合成的质子梯度通常称为质子驱动力(proton motive force，pmf)，是由化学势能(质子的浓度差)和电势能(内负外正)两部分组成。

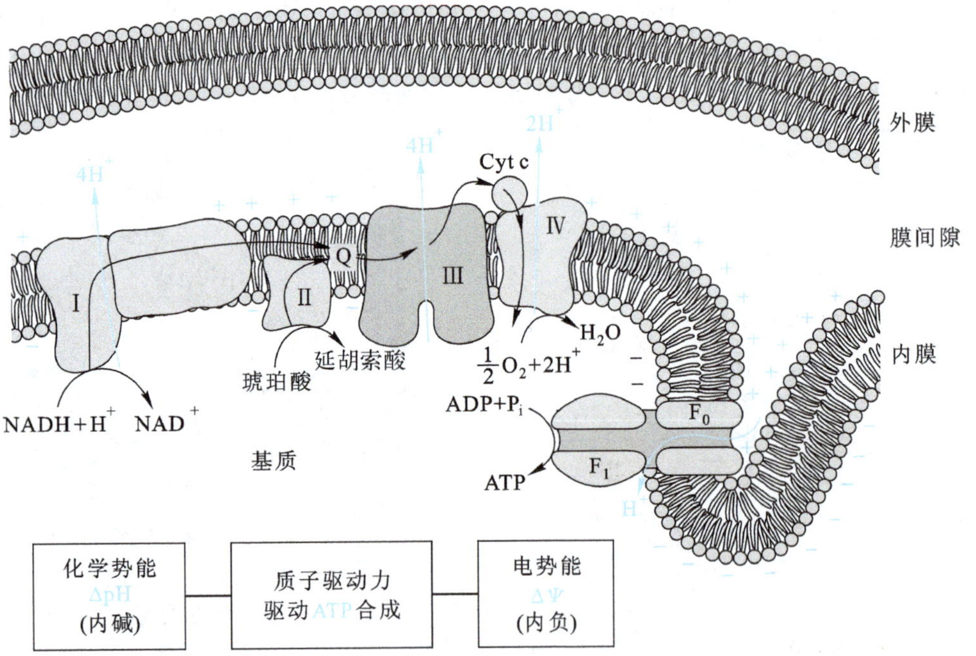

图 9－10 "化学渗透"学说图解

质子驱动力并不总是驱动 ATP 的合成，有时还可以用来直接驱动细胞内物质的主动运输和其他耗能的活动，比如乳糖从胞外进入大肠杆菌，细菌鞭毛的运动，以及真核细胞内由染色体基因编码的蛋白质从细胞质基质转运到线粒体。

已有大量证据证明了"化学渗透"学说的正确性，主要的证据包括：

1) 氧化磷酸化的进行需要完整的线粒体内膜的存在。

2) 使用精确的 pH 计可以检测到跨线粒体内膜的质子梯度的存在。据测定，一个呼吸活跃的线粒体的膜间隙的 pH 要比其基质的 pH 低 0.75 个单位，内膜两侧的电位差为 0.15～0.2 V。

3) 破坏质子驱动力的化学试剂能够抑制 ATP 的合成。例如，缬氨霉素(valinomycin)作为 K^+ 的载体，

能够将细胞质的 K^+ 带入线粒体基质，而抵消质子驱动力中的电势能，从而抑制 ATP 的合成。

4）从线粒体内膜纯化得到的一种酶，能够直接利用质子梯度合成 ATP（详见下一节），此酶称为 F_1F_0-ATP 合酶。

5）人工建立的跨线粒体内膜的质子梯度也可驱动 ATP 的合成。

框 9-1 生化传奇——Peter Mitchell 的故事

英国化学家 Peter Mitchell 早年在剑桥的研究工作还算不错，但并不突出。他在攻读博士学位期间先写的论文被认为太别具一格，因而没有被审查委员会通过。于是，他换了题目，转而研究青霉素的作用机制，并重写了论文，直至 1950 年获得博士学位。

在研究中，他所喜欢使用的方法是“先理论，后实验”——先提出理论，然后设计实验去证明理论，跟当时其他科学家所崇尚的传统研究方法“先实验，后理论”——先进行实验，再根据实验的结果提出理论去解释结果“正好相反”，甚至有点格格不入。

Peter Mitchell

1961 年，Mitchell 先提出了理论——“化学渗透”学说，由于理论过于新颖，并且缺乏必要的实验证据的支持，在当时被认为离经叛道，遭到怀疑而不被承认。于是，在 1963 年，他离开原来的实验室，在他的兄长资助下，在自己的家中建立了实验室——Glynn 研究实验室，继续他的研究工作，并在 1966 年和 1968 年先后自费出版了两本支持其理论的小册子。直到 20 世纪 70 年代初，他的理论才得到同行们的认可，他也因此荣获 1978 年的诺贝尔化学奖。

由于获得大量实验证据的支持，“化学渗透”学说已被人们完全接受。但是，一对电子通过两条呼吸链可产生多少个跨膜的质子梯度呢？据测定，1 对电子经过复合体Ⅰ、Ⅲ和Ⅳ分别产生 4 个、4 个和 2 个 H^+ 梯度，1 对电子经过复合体Ⅱ时无质子被泵出线粒体基质进入膜间隙。因此，1 对电子经过 NADH 呼吸链或 $FADH_2$ 呼吸链传给 O_2，可分别产生 10 个 H^+ 和 6 个 H^+ 梯度，按照 4 个 H^+（3 个 H^+ 直接由 F_1F_0-ATP 合酶消耗，1 个 H^+ 在 ATP 与 ADP 的交换运输过程中因为电荷的不平衡而被消耗）从膜间隙返回基质产生 1 分子 ATP 计算，两个呼吸链可分别产生 2.5 个 ATP 和 1.5 个 ATP。

二、F_1F_0-ATP 合酶的结构与功能

F_1F_0-ATP 合酶与氧化磷酸化直接关联，由于在体外或者在体内特殊的条件下，它能够催化 ATP 的水解，因此又被称为 F_1F_0-ATP 酶。

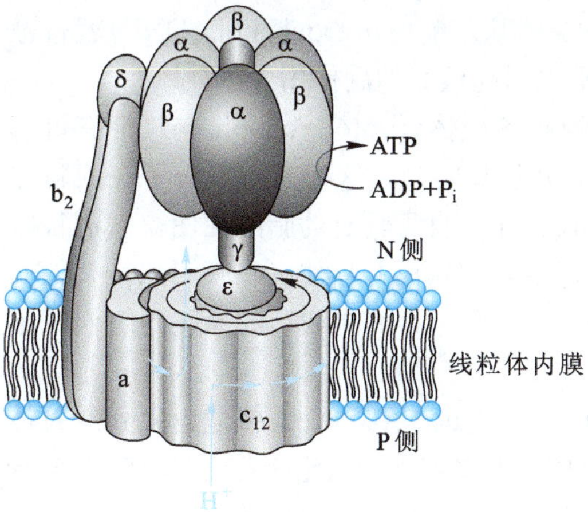

图 9-11 F_1F_0-ATP 合酶的结构与功能模型

F_1F_0-ATP 合酶由 F_1 和 F_0 两个单元组成，其中 F_1 含有 3 个 α 亚基、3 个 β 亚基、1 个 γ 亚基、1 个 δ 亚基和 1 个 ε 亚基（可简写为 $\alpha_3\beta_3\gamma\delta\varepsilon$）（图 9-11）。α 亚基和 β 亚基交替排列形成一种环形结构，直接与 ATP 的合成相关。γ 亚基形成一个中央柄，δ 亚基和 ε 亚基直接与 F_0 相互作用。F_0 含有 1 个 a 亚基、2 个 b 亚基和 10～14 个 c 亚基（可简写为 ab_2c_{10}）。所有的 c 亚基横跨内膜作为一个单位（C 单位），与 a 亚基一起，构成一种桶状的质子通道。虽然质子通道是连续的，但有两个不对称的部分，其中一个部分直接向膜间隙开放，另一个部分直接向基质开放。寡霉素（oligomycin）和二环己基碳二亚胺（dicyclohexylcarbodiimide，DCCD）能够直接作用于 F_0 而抑制 ATP 的合成。

F_1F_0-ATP 合酶的主要功能显然是利用质子驱动力来催化 ATP 的合成。但它在体内特殊的条件下，并不是利用质子驱动力来合成 ATP，而是反过来水解 ATP，并利用 ATP 水解释放的能量建立跨膜的质子驱动力。细胞通过这种方式建立质子驱动力，然后再利用该质子驱动力驱动胞内某些必须直接由电化学势

能驱动的耗能活动。

三、F_1F_0-ATP合酶的催化机制

1977年，Paul D. Boyer提出了“结合变化”学说（binding change hypothesis），该学说能正确地解释F_1F_0-ATP合酶的作用机制，并得到了几个关键实验证据的支持。其主要内容是（图9-12）：

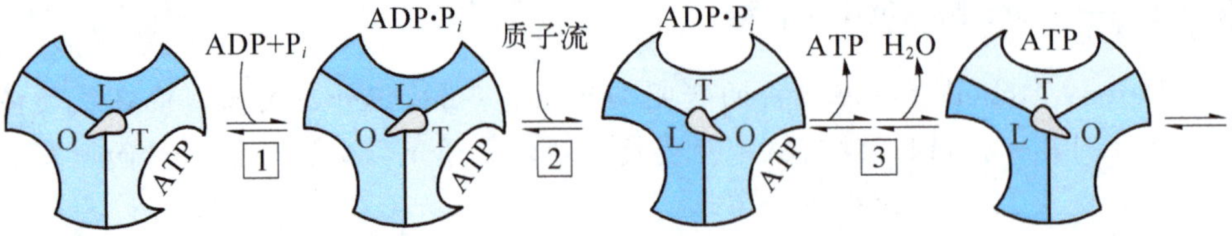

图9-12 “结合变化”学说图解

1）在活性中心合成ATP并不需要质子驱动力，与活性中心结合的ATP或ADP处于平衡状态。这是“结合变化”学说中最新颖的部分。

2）合成好的ATP离开活性中心却是需要能量的。因此，如果没有质子流过F_0，与活性中心结合的ATP就不会与酶解离。

3）3个β亚基（β_1、β_2和β_3）与γ亚基的不同表面结合，不同的β亚基将采取不同的构象。在某一时刻，1个β亚基为T态，1个β亚基为L态，1个β亚基为O态。

4）处于T态（tight conformation）的β亚基紧密结合1分子ATP，ATP与ADP+P_i处于平衡状态，但ATP并不能与它解离；处于L态（loose conformation）的β亚基结合ADP和P_i，但并不能释放核苷酸；处于O态（open conformation）的β亚基能够释放结合的核苷酸。

5）三种状态的β亚基可以相互转变，转变过程由γ亚基的转动所驱动。γ亚基转动的动力来自质子通过F_0的流动，每消耗1个质子，γ亚基转动120°。

四、氧化磷酸化的解偶联

氧化磷酸化与呼吸链通常是紧密偶联的，但低水平的质子泄漏时刻发生在线粒体内膜上。因此，确切地说，线粒体通常是部分解偶联的，而完全的解偶联一般是受解偶联剂（uncoupler）的作用所致。

解偶联剂的作用机制在于它们能够快速地消耗跨膜的质子梯度，使质子难以通过F_1F_0-ATP合酶上的质子通道合成ATP，从而将贮存在质子梯度之中的电化学势能全部变成了热能。此外，随着质子梯度的消失，电子在呼吸链上的“回流”压力将会减轻，进而可使细胞内脂肪和糖类等物质的生物氧化更加旺盛。因此，有的解偶联剂曾被用作“减肥药”，例如20世纪30年代，2,4-二硝基苯酚（dinitrophenol，DNP）就曾被人们作为“减肥药”服用。尽管它确实可以有效地减轻体重，但通常也引起致命的副作用。

有两类解偶联剂：一类为有机小分子化合物，通常为脂溶性的质子载体（proton ionophore），带有可解离的基团（pKa约为7.2），如DNP、双香豆素和羰基-氰-对-三氟甲氧基苯肼等。这类有机小分子在线粒体膜间隙相对低的pH环境中，可以接受质子，并主要以非解离的形式存在。自身具有的脂溶性使得它们很容易自由扩散到基质一侧，当它们到达基质一侧时，较高的pH环境促使它们解离并释放出在膜间隙结合的质子。这样，质子梯度未经过F_1F_0-ATP合酶即被消耗掉了（图9-13）。另一类解偶联剂为天然的解偶联蛋白（uncoupling proteins，UCPs）。

UCP在线粒体内膜上形成质子通道，使质子流发生“短路”，不通过F_1F_0-ATP合酶就能返回到线粒体基质。包括人类在内的大多数新生动物中存在含有大量线粒体的棕色脂肪组织，该组织线粒体内膜中含有丰富的UCP，通过氧化磷酸化解偶联释放热能以维持新生动物的体温，故UCP亦称生热蛋白或产热素。冬眠哺乳动物在长眠阶段也是依靠棕色脂肪组织中解偶联的线粒体产生热量。

五、氧化磷酸化的抑制

某些化学试剂能够直接或间接抑制细胞内的氧化磷酸化，这些抑制剂分为四类（表9-2）：① 呼吸链位

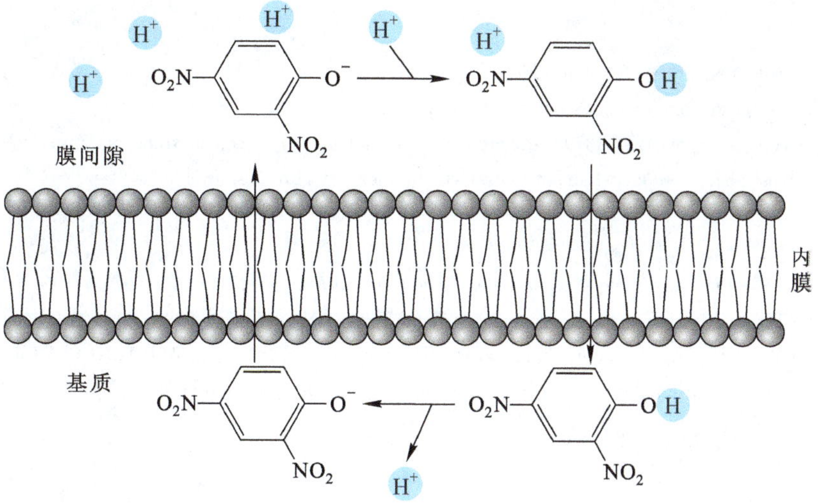

图 9-13 DNP 的化学结构及解偶联机制

点特异性抑制剂，通过抑制呼吸链上的电子传递，阻止质子梯度的生成而间接抑制氧化磷酸化，如抗霉素 A、鱼藤酮和氰化物等；② F_1F_0-ATP 合酶特异性抑制剂，直接作用于 F_1F_0-ATP 合酶而导致 ATP 不能被合成，如寡霉素和 DCCD；③ 解偶联剂，破坏 pH 梯度，使 ATP 不能合成，如 DNP、UCP 等；④ ATP/ADP 交换体或转位酶的特异性抑制剂，通过抑制线粒体内外 ATP/ADP 的交换而间接抑制氧化磷酸化，如苍术苷(atractyloside)和米酵菌酸(bongkrekik acid)。

表 9-2 氧化磷酸化的抑制剂

抑 制 类 型	抑 制 剂 名 称	作用位点或作用机制
呼吸链抑制剂	鱼藤酮、安米妥、杀粉蝶菌素	复合体Ⅰ
	萎锈灵	复合体Ⅱ
	抗霉素 A	复合体Ⅲ
	氰化物、CO、H_2S、叠氮化物	复合体Ⅳ
F_1F_0-ATP 合酶抑制剂	金轮霉素(aurovertin)	抑制 F_1
	寡霉素、杀黑星菌素(venturicidin)	抑制 F_0
	DCCD	阻止质子通过 F_0 通道
解偶联剂	DNP、FCCP	脂溶性质子载体
	缬氨霉素	钾离子载体，破坏电势能
	产热素	质子通道
ATP/ADP 交换体抑制剂	苍术苷、米酵菌酸	抑制线粒体基质内的 ATP 与细胞质内的 ADP 之间交换

六、P/O 值与氧化磷酸化的调节

P/O 值是指在电子传递过程中，每消耗 1 mol 氧原子所消耗的无机磷酸的摩尔数。消耗的氧原子数目相当于传递给 O_2 的电子数的 1/2，消耗的无机磷酸等于氧化磷酸化产生的 ATP。因此，氧化磷酸化的效率可以通过测定 P/O 值来确定。P/O 值越高，氧化磷酸化的效率就越高。1 对电子经过 NADH 呼吸链或 $FADH_2$ 呼吸链产生的 ATP 数目是不一样的，两条呼吸链的 P/O 值也就不同。按照前面的计算原则，NADH 呼吸链的 P/O 值为 2.5，$FADH_2$ 呼吸链的 P/O 值为 1.5。

细胞内的氧化磷酸化是受到严格调控的，调控的手段主要是氧化磷酸化对电子传递的反馈。这实际上是由 ADP 浓度控制的，这种由 ADP 对氧化磷酸化的调节被称为呼吸控制(respiratory control)。当线粒体内 ADP 浓度↑，F_1F_0-ATP 合酶活性↑，质子梯度↓，电子传递速率↑，耗氧率↑，细胞呼吸↑；相反，当线粒体内 ADP 浓度↓，F_1F_0-ATP 合酶活性↓，质子梯度↑，电子传递速率↓，耗氧率↓，细胞呼吸↓。

推荐网址

1. http://en.wikipedia.org/wiki/Oxidative_phosphorylation
2. http://themedicalbiochemistrypage.org/oxidative-phosphorylation.html
3. http://www.wiley.com/college/boyer/0470003790/animations/electron_transport/electron_transport.htm
4. http://www.chemistry.wustl.edu/~edudev/LabTutorials/Cytochromes/cytochromes.html

参考文献

1. Boyer P D. The ATP synthase-a splendid molecular machine. *Annu Rev Biochem*, 66:717-49,1997.
2. Noji H, Yasuda R, et al. Direct observation of the rotation of F1-ATPase. *Nature*, 386:299-302,1997.
3. Boyer P D. A perspective of the binding change mechanism for ATP synthesis. *FASEB J.*, 3(10):2164-78,1989.
4. Peter M. Coupling of phosphorylation to electron and hydrogen transfer by a chemi-osmotic type of mechanism. *Nature*, 191(4784):144-148,1961.

思考题

1. 某些细菌能够生存在极高的 pH 环境下(pH 约为 10),你认为这些细菌能够使用跨膜的质子梯度产生 ATP 吗?
2. 假定一位患者的线粒体不管有无 ADP 都照样能够氧化 NADH,测定此患者氧化磷酸化的 P/O 值发现并不正常,预测这种疾病可能的症状。
3. 某些植物的花通过产热来吸引昆虫采蜜,这在进化上的好处是明显的,但这种特殊的适应本领在代谢上的代价也是很高的。你认为这样的植物可能通过什么样的机制产热?在什么样的情况下,其代谢上的代价高?
4. 设计一种方法,为你体内的大肠杆菌制造可驱动 ATP 合成的质子梯度。
5. 最近人们对一种来自食用海藻体内的物质——岩藻黄质(fucoxanthin)的研究发现,大鼠和小鼠在摄入岩藻黄质以后,可导致白色脂肪组织内的解偶联蛋白 1(UCP1)的表达。UCP1 通常只在褐色脂肪组织表达,在成人体内几乎已不存在。对于这样的发现你认为有什么意义?为什么?
6. 还原型的抗坏血酸在体内能够通过细胞色素 c 进入呼吸链。预测 1 mol 的抗坏血酸通过呼吸链能够产生多少 ATP?鱼藤酮、抗霉素 A 或氰化钾对其利用有无影响?
7. 温度大幅度的下降可暂时停止细菌呼吸链上的电子传递。
   (1) 呼吸链的哪一种成分最有可能对温度的变动最敏感?为什么?
   (2) 在细菌大概分裂一次以后,细菌的电子传递恢复正常。细菌是如何做到这一点的?
8. 使用亚硝酸盐并结合硫代硫酸钠可用来抢救氰化钾中毒者,为什么?

第 10 章

糖代谢及其调节

糖类是生物体最重要的能源之一，它在体内的代谢十分活跃。一方面细胞在贫能的状态下通过糖类的分解代谢产生 ATP，为细胞供能；另一方面，细胞在富能状态下，进行糖类的合成代谢并将单糖转变为多糖，以将富裕的能量暂时贮存起来。糖类的分解代谢途径主要包括糖原的分解、糖酵解(glycolysis)、磷酸戊糖途径(pentose phosphate pathway, PPP)和三羧酸循环(tricarboxylic cycle, TCA)，而糖的合成代谢途径主要包括糖异生(gluconeogenesis)和糖原合成。如果是光合有机体，糖的合成代谢途径还包括光合作用。

本章将主要介绍糖酵解、三羧酸循环、磷酸戊糖途径、糖异生和糖原代谢这几条重要代谢途径所涉及反应及其功能，并就各条代谢途径的调节机制进行介绍。

第一节　糖 酵 解

糖酵解是生物体最重要的分解代谢途径之一，几乎发生在所有的活细胞中，只是速率有别。通过该途径，葡萄糖或者其他单糖在没有 O_2 的参与下被氧化成丙酮酸，并产生 NADH 和少量的 ATP。某些非糖物质(如甘油)也可以间接地进入此途径得到氧化分解。

糖酵解发生在细胞质基质中，如果以葡萄糖为起始物质，整个糖酵解就由两个阶段(图 10－1)、共 10 步反应组成。在揭示这些反应中，Embden 和 Meyerhof 立下了汗马功劳，因此糖酵解又被称为 Embden-Meyerhof 途径(Embden-Meyerhof pathway, EMP)。

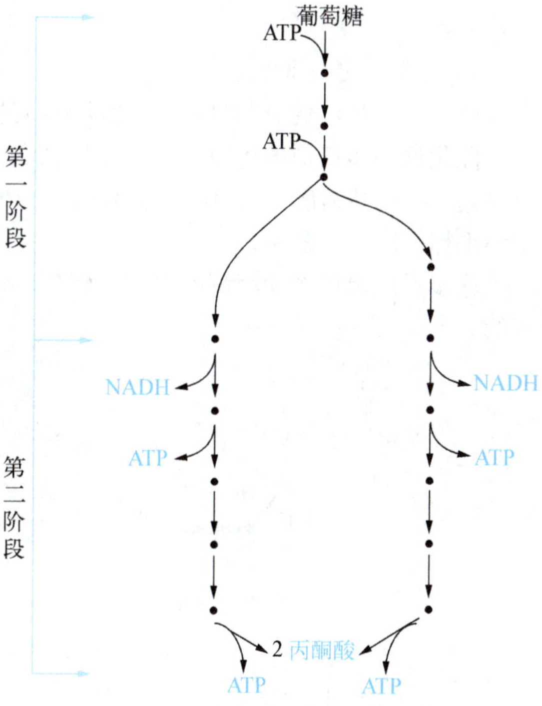

图 10－1　糖酵解的两阶段反应

一、糖酵解的反应

糖酵解的第一个阶段为引发阶段(priming phase)，有 5 步反应。在此阶段，1 分子葡萄糖经过果糖－1，6－二磷酸转变成 2 分子甘油醛－3－磷酸，共消耗 2 分子 ATP。

第二个阶段为产能阶段(energy-yielding phase)，也有 5 步反应。通过此阶段，2 分子甘油醛－3－磷酸最终转变为 2 分子丙酮酸，同时产生 4 分子 ATP 和 2 分子 NADH。由于此阶段产生了 4 分子 ATP，在扣除第一阶段消耗的 2 分子 ATP 以后，还净生成 2 分子 ATP。

1. 葡萄糖的磷酸化

这是糖酵解的第一步反应。在己糖激酶(hexokinase)或葡糖激酶(glucokinase)的催化下，葡萄糖被磷酸化为葡糖－6－磷酸(glucose－6－phosphate, G－6－P)。此反应的 $\Delta G^{0\prime}$ 为较大的负值，这使其在细胞内正常的生理条件下为不可逆反应。与其他激酶一样，己糖激酶在催化反应中，巧妙地使用“诱导契合”机制，而避免了 ATP 在活性中心发生水解。此外，反应还需要二价金属离子 Mg^{2+} 或 Mn^{2+}。这些二价金属离子的作用是与 ATP 形成复合物，屏蔽磷酸基团的负电荷，并且有助于酶的催化。

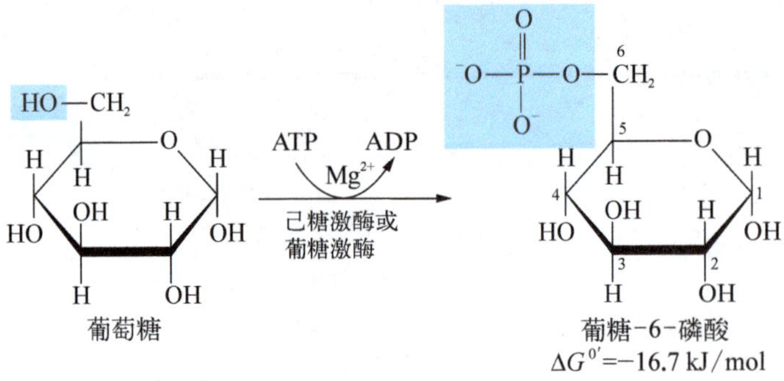

2. 葡糖-6-磷酸的异构化

这是一步异构化反应，由磷酸己糖异构酶(phosphohexose isomerase)催化，也需要 Mg^{2+}，反应机制涉及不稳定的烯二醇中间物。通过此反应，醛糖变成了酮糖，羰基从 1 号位变到 2 号位，这既为下一步磷酸化反应创造了条件，又有利于后面由醛缩酶催化的 C-3 和 C-4 之间的断裂反应。

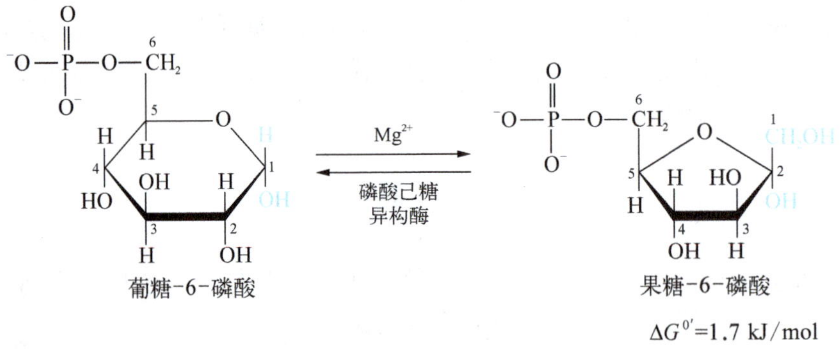

3. 磷酸果糖的激活

这又是一步消耗 ATP 的磷酸化反应，同样需要 Mg^{2+}，$\Delta G^{0\prime}$较大的负值使其为不可逆反应。

催化这一步反应的酶通常为磷酸果糖激酶-1(phosphofructokinase-1, PFK-1)，有别于细胞内同样以果糖-6-磷酸为底物的磷酸果糖激酶-2(PFK-2)，PFK-1 的产物为果糖-1,6-二磷酸，而 PFK-2 的产物为果糖-2,6-二磷酸。

这步反应是整个糖酵解的限速步骤(committed step)，对糖酵解的调控主要是通过对此酶的调节而实现的。

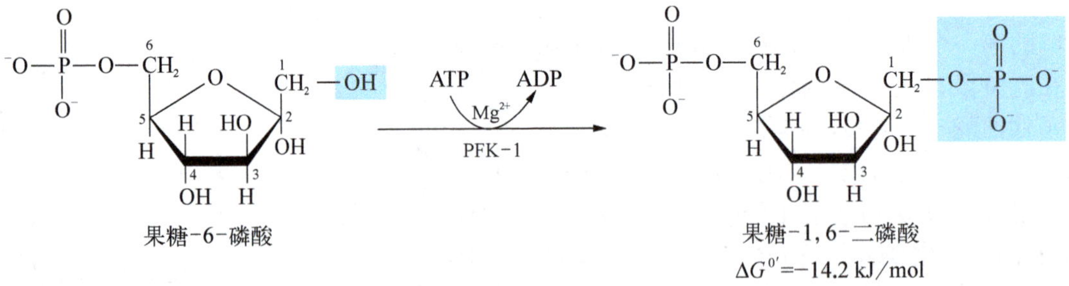

4. 果糖-1,6-二磷酸的裂解

这一步反应为可逆反应，催化此反应的酶为醛缩酶(aldolases)。通过该反应，1 分子六碳糖裂解成 1 分子磷酸二羟丙酮(dihydroxyacetone phosphate, DHAP)和 1 分子甘油醛-3-磷酸(glyceraldehyde-3-phosphate, GAP)。

5. 磷酸丙糖的异构化

这是一步可逆的酮糖与醛糖互变的异构化反应。催化该反应的酶为磷酸丙糖异构酶(triose phosphate isomerase, TIM)，反应机制与第二步反应相似，其活性中心的 Glu 残基作为广义的碱行使催化。虽然此反应从热力学的角度来看并不利于甘油醛-3-磷酸的形成，但由于甘油醛-3-磷酸很快被下一步反应所利用，因此在细胞内仍然能够顺利地进行。

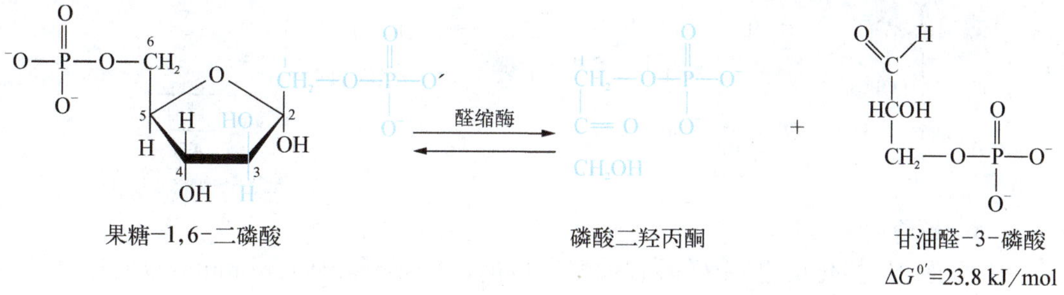

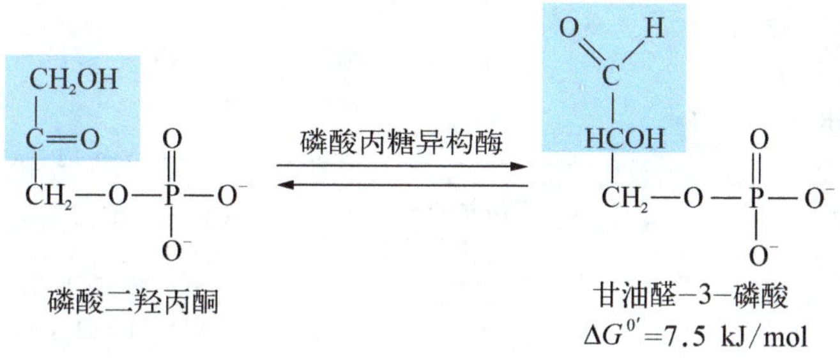

6. 甘油醛-3-磷酸的氧化及磷酸化

这是第二阶段的第一步反应，也是整个糖酵解唯一的一步氧化还原反应，催化反应的酶为甘油醛-3-磷酸脱氢酶(glyceraldehyde-3-phosphate dehydrogenase, GAPDH)，NAD^+为它的辅酶，产物为甘油酸-1,3-二磷酸(1,3-bisphosphoglycerate, 1,3-BPG)和$NADH+H^+$。在反应中，醛基变成了羧基，释放出来的能量一部分贮存在1,3-BPG的高能磷酸键上，还有一部分被NADH中的高能电子带走。

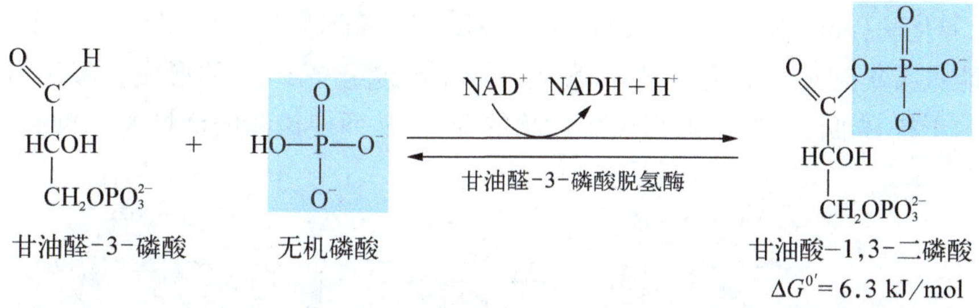

GAPDH由四个相同的亚基组成，每一个亚基具有一个活性中心，而每一个活性中心含有一个Cys残基并结合一个NAD^+，其中Cys的巯基直接参与催化。任何破坏巯基的试剂，例如，碘代乙酸或有机汞都是此酶的抑制剂，同时也是糖酵解的抑制剂。

虽然GAPDH的每一个亚基都可以独立地进行催化，但四个亚基对NAD^+的结合呈现负协同效应，因此各个亚基对NAD^+的亲和力是不同的。GAPDH对NAD^+的结合具有的负协同性使其对NAD^+的浓度的变化不敏感，这一性质让GAPDH在NAD^+水平较低的情况下也能照常进行催化。

在化学结构和性质上，砷酸(arsenate, AsO_4^{3-})与无机磷酸极为相似，因此可以代替无机磷酸参加反应，形成甘油酸-1-砷酸-3-磷酸(1-arseno-3-phosphoglycerate)，但此产物极不稳定，很容易自发地水解成甘油酸-3-磷酸并产生热，无法进入下一步底物水平的磷酸化反应，但砷酸并不抑制糖酵解，反而能刺激糖酵解。甘油酸-1-砷酸-3-磷酸的自发水解，会降低ATP的产率，影响细胞的正常代谢，这也是砷酸有毒性的原因。

7. 甘油酸-1,3-二磷酸的底物水平磷酸化

这是一步可逆的底物水平磷酸化反应，由磷酸甘油酸激酶催化，需要Mg^{2+}。由于1分子葡萄糖能够产生2分子甘油酸-1,3-二磷酸，因此这一步底物水平磷酸化可合成2分子ATP，正好与第一阶段消耗的2分子ATP相抵消。

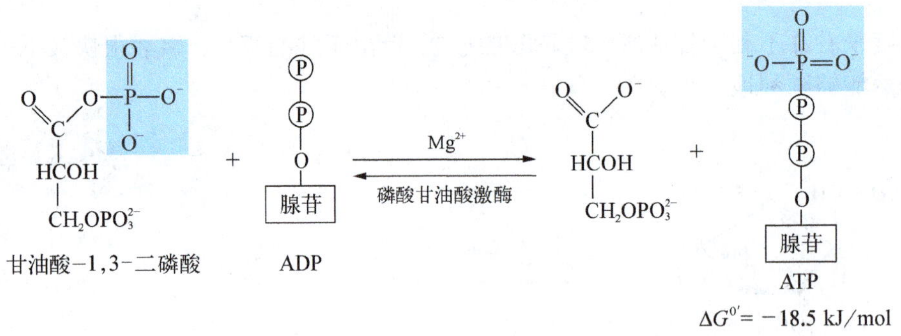

8. 甘油酸-3-磷酸的异构化

这又是一步可逆的异构化反应，由磷酸甘油酸变位酶(phosphoglycerate mutase)催化，也需要 Mg^{2+}。经过这一步反应，甘油酸上的磷酸基团从 3 号位变位到 2 号位。

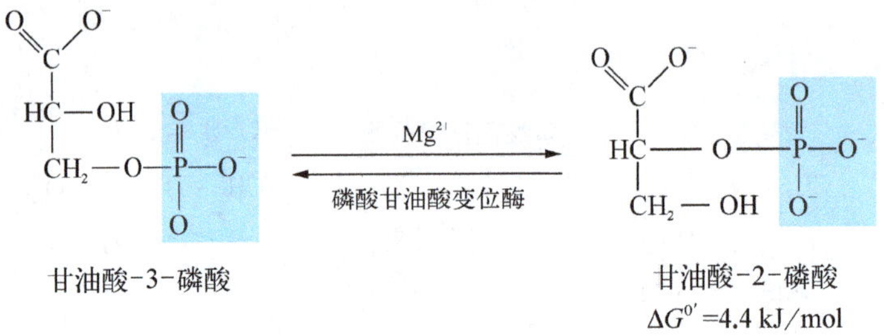

有些磷酸甘油酸变位酶需要微量的甘油酸-2,3-二磷酸(2,3 bisphosphoglycerate, 2,3-BPG)作为辅助因子。2,3-BPG 由 1,3-BPG 变位而来，催化变位反应的酶是甘油酸-1,3-二磷酸变位酶(1,3 bisphosphoglycerate mutase)。

体内绝大多数细胞内的 2,3-BPG 浓度很低，只有红细胞例外，不过 2,3-BPG 在红细胞内的主要功能是调节血红蛋白与 O_2 结合的性质。

9. 甘油酸-2-磷酸的烯醇化

这是一步由烯醇化酶(enolase)催化的反应，需要 Mg^{2+}。烯醇化酶的作用是促进甘油酸-2-磷酸上某些原子的重排，使能量富集到某一个化学键上，直接导致了高能分子 PEP 的形成。氟化物能够与 Mg^{2+} 及磷酸基团形成络合物，干扰甘油酸-2-磷酸与烯醇化酶的结合，从而使该酶的活性受到抑制。

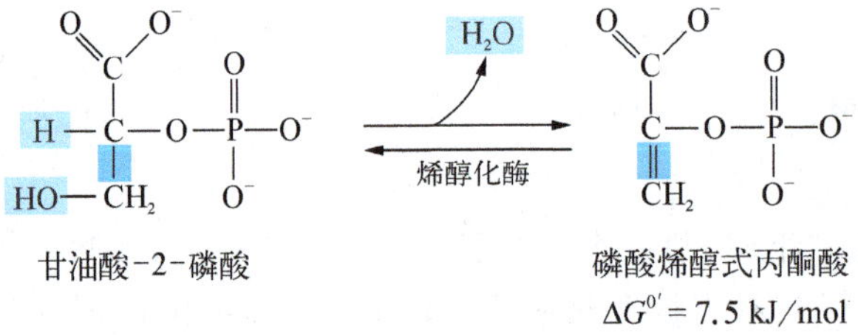

10. 磷酸烯醇式丙酮酸的底物水平磷酸化

这是糖酵解的最后一步反应，也是第二次的底物水平的磷酸化反应和第三个不可逆反应，由丙酮酸激酶催化，需要 Mg^{2+} 和 K^{+}。通过此步反应，PEP 中的高能磷酸键转移给 ADP，糖酵解终于有了净的 ATP 合成。如果以 1 分子葡萄糖作为起始物质，到这一步反应结束，就可以净合成 2 分子 ATP。

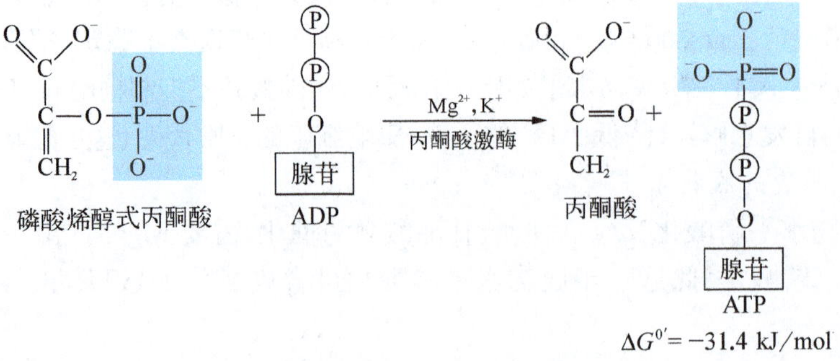

二、NADH 和丙酮酸的命运

糖酵解的终产物包括 ATP、丙酮酸和 NADH，产生的 ATP 可直接参与细胞内的各种需能反应，至于丙酮酸和 NADH 的去向，完全取决于细胞的类型和细胞内 O_2 的可得性。

1. 在有氧状态下 NADH 和丙酮酸的命运

(1) NADH 的命运

在有氧状态下，NADH 在呼吸链被彻底氧化成 H_2O 并产生更多 ATP。对于原核细胞，NADH 很容易进入位于质膜上的呼吸链，从而被氧化成 NAD^+，NAD^+ 得以再生并重新进入糖酵解。但对于真核细胞来说，糖酵解在细胞质基质产生的 NADH 必须借助于线粒体内膜上专门的穿梭系统（shuttle system），方能进入线粒体内膜上的呼吸链。

线粒体内膜上含有甘油－3－磷酸穿梭（glycerol－3－phosphate shuttle）和苹果酸－天冬氨酸穿梭（malate-asparate shuttle）两种穿梭系统。

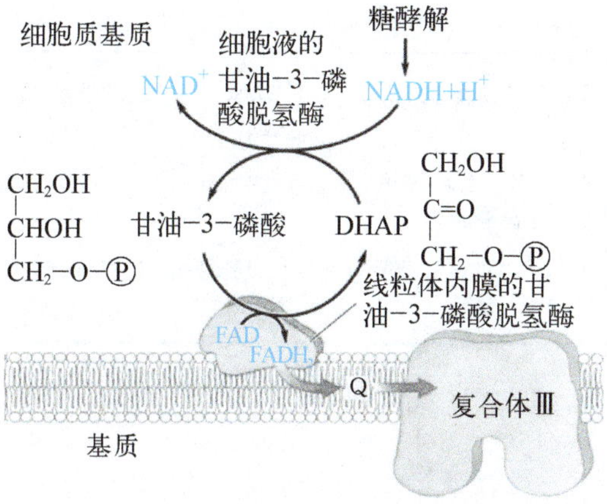

图 10－2　甘油－3－磷酸穿梭系统

第一种穿梭系统先通过细胞质基质中的甘油－3－磷酸脱氢酶，将糖酵解产生的 NADH 氧化成 NAD^+，同时将磷酸二羟丙酮还原成甘油－3－磷酸。随后，甘油－3－磷酸离开细胞质基质，进入线粒体，被内膜上的甘油－3－磷酸脱氢酶重新氧化成磷酸二羟丙酮。磷酸二羟丙酮重新进入细胞质基质，脱下来的氢和电子交给 FAD 后，再通过 CoQ 进入呼吸链进一步氧化（图 10－2）。经过氧化磷酸化，原来的 1 分子 NADH 只能产生 1.5 分子的 ATP。

第二种穿梭系统后者比较复杂（图 10－3）。与第一种穿梭系统不同的是，经苹果酸－天冬氨酸的穿梭，糖酵解产生的 NADH 变成了线粒体基质内的 NADH，再经过复合体Ⅰ进入呼吸链被彻底氧化。最后通过

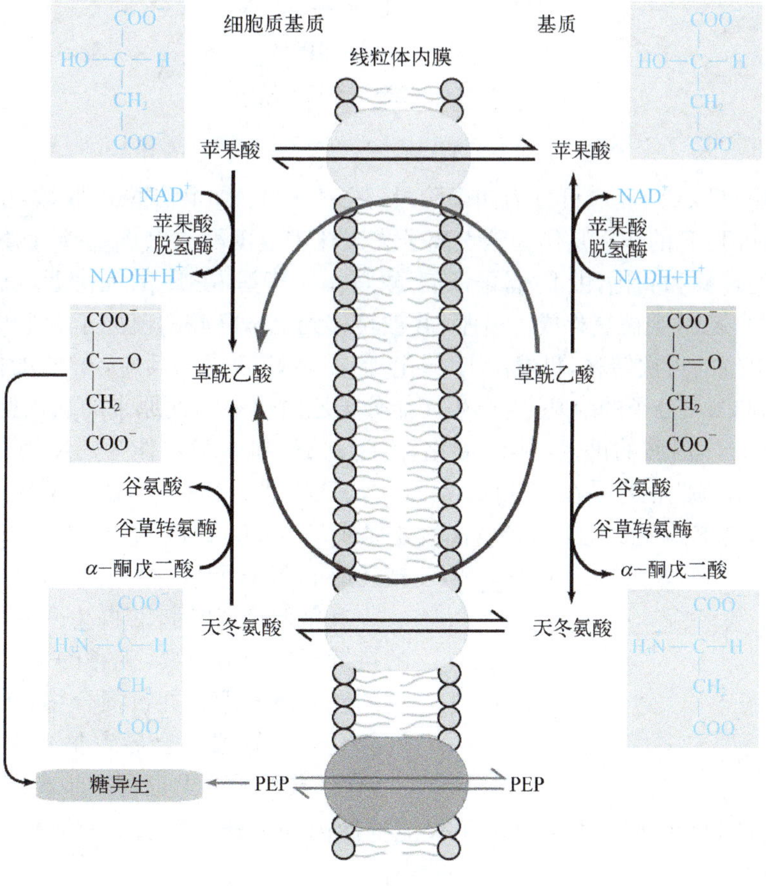

图 10－3　苹果酸－天冬氨酸穿梭系统

氧化磷酸化，1分子NADH仍然可以产生2.5分子的ATP。

(2) 丙酮酸的命运

在有氧状态下，丙酮酸通过线粒体内膜上的丙酮酸转运蛋白(pyruvate transporter)，与质子一起进入线粒体基质，被基质内的丙酮酸脱氢酶复合体(pyruvate dehydrogenase complex)氧化成乙酰-CoA。

丙酮酸脱氢酶复合体是由丙酮酸脱氢酶(E_1)、二氢硫辛酸转乙酰酶(dihydrolipoyltransacetylase, E_2)和二氢硫辛酸脱氢酶(dihydrolipoyl dehydrogenase, E_3)通过非共价键结合在一起的稳定复合物(表10-1)。

表10-1 丙酮酸脱氢酶复合体的结构和组成

缩写	酶活性	亚基数目(个数)	辅助因子	维生素前体	辅助因子类型	催化的反应
E_1	丙酮酸脱氢酶	大肠杆菌24、酵母60、哺乳动物20或30	TPP/Mg^{2+}	B_1	辅基	丙酮酸氧化脱羧
E_2	二氢硫辛酸转乙酰酶	大肠杆菌24、酵母60、哺乳动物60	硫辛酰胺 CoA	硫辛酸 泛酸	辅基 辅酶	将乙酰基转移到CoA
E_3	二氢硫辛酸脱氢酶	大肠杆菌12、酵母12、哺乳动物6	FAD NAD^+	B_2 PP	辅基 辅酶	氧化型硫辛酰胺的再生

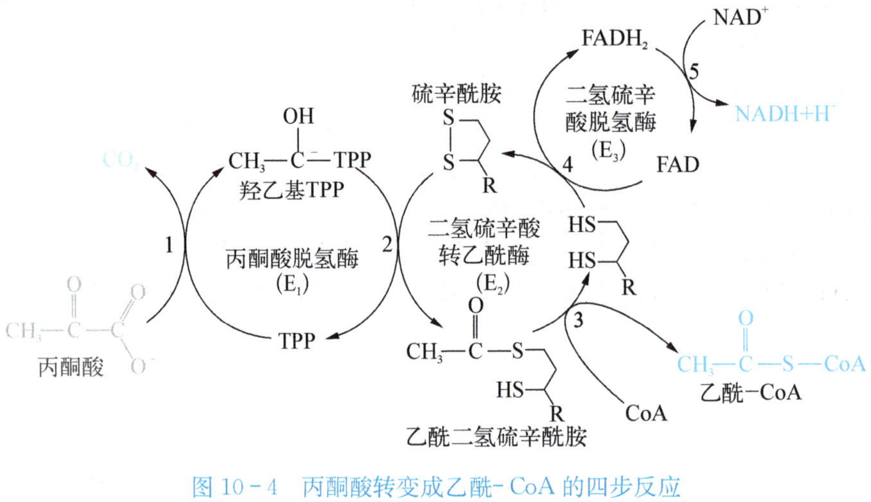

图10-4 丙酮酸转变成乙酰-CoA的四步反应

丙酮酸转变成乙酰-CoA的反应可分为四个阶段(图10-4)：① 丙酮酸的脱羧，由E_1催化，需要硫胺素焦磷酸(TPP)参与反应，TPP的作用是作为碳负离子去亲核进攻丙酮酸的羰基碳，诱发脱羧基反应，形成羟乙基TPP；② 碳单位的转移和氧化，由E_2催化，硫辛酰胺作为辅基，在E_2的催化下，氧化型硫辛酰胺上的二硫键被还原，TPP上的羟乙基则被氧化成乙酰基，并被转移到硫辛酰胺的硫原子上形成高能的硫酯键，同时TPP得以再生；③ 碳单位的再次转移，仍然由E_2催化，但需要CoA参与反应，在E_2的催化下，乙酰基从硫辛酰胺上的硫原子转移到CoA分子的巯基上，产生高能分子乙酰-CoA，而原来的氧化型硫辛酰胺变成了还原型硫辛酰胺；④ 氧化型硫辛酰胺的再生，由E_3催化，需要FAD和NAD^+作为辅助因子，硫辛酰胺通过柔长的碳氢链系在E_2分子上，因此很容易在E_2和E_3活性中心之间进行转移，当还原型硫辛酰胺进入E_3的活性中心以后，随即被氧化，与E_3紧密结合的FAD先被还原成$FADH_2$，再被NAD^+氧化成FAD，NAD^+则最终被还原成NADH。

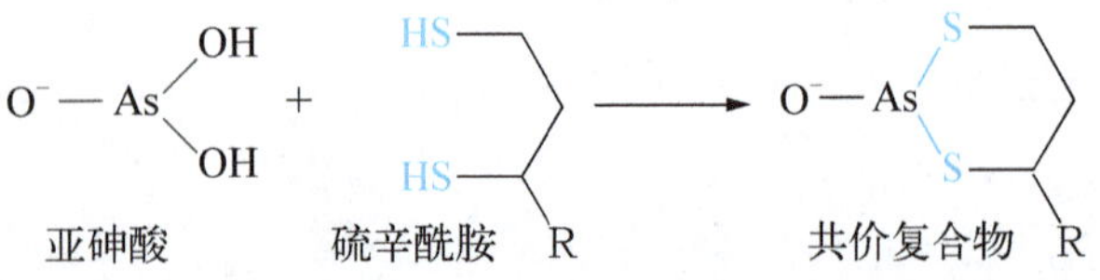

图10-5 砒霜的毒性机理

氧化型硫辛酰胺的再生对于丙酮酸脱氢酶复合体的持续运转十分重要，砒霜的主要成分亚砷酸能与还原型的硫辛酰胺形成共价复合物，从而阻止氧化型的再生(图10-5)，这必然会导致整个酶复合体的失活。实际上，在三羧酸循环中也有一步类似的反应(由α-酮戊二酸脱氢酶复合体催化)，因此在细胞内，亚砷酸不仅能抑制丙酮酸转变成乙酰-CoA，还能抑制三羧酸循环，可见其对细胞的毒性之大。

2. 在缺氧或无氧状态下NADH和丙酮酸的命运

当细胞缺氧或无氧时，NADH与丙酮酸的命运是相互关联的。虽然不同的生物所采取的手段不一定相同，但是目的完全一致，即保证NAD^+的再生。细胞质基质内NAD^+的量是一定的，若是没有特别的机制让NADH重新氧化成NAD^+，那么，随着糖酵解的进行，经过一定时间以后，细胞质基质内的NAD^+都变成了NADH，糖酵解将会因NAD^+的枯竭而自动停止。

在无氧或缺氧的条件下，最常见的再生NAD^+的两种方法是乳酸发酵和乙醇发酵(图10-6)。这两种方式不但解决了NAD^+再生的问题，而且经常被人类应用于食品工业。例如，乳酸发酵用于制作酸奶和泡菜等，乙醇发酵用于酿酒、制作面包等。

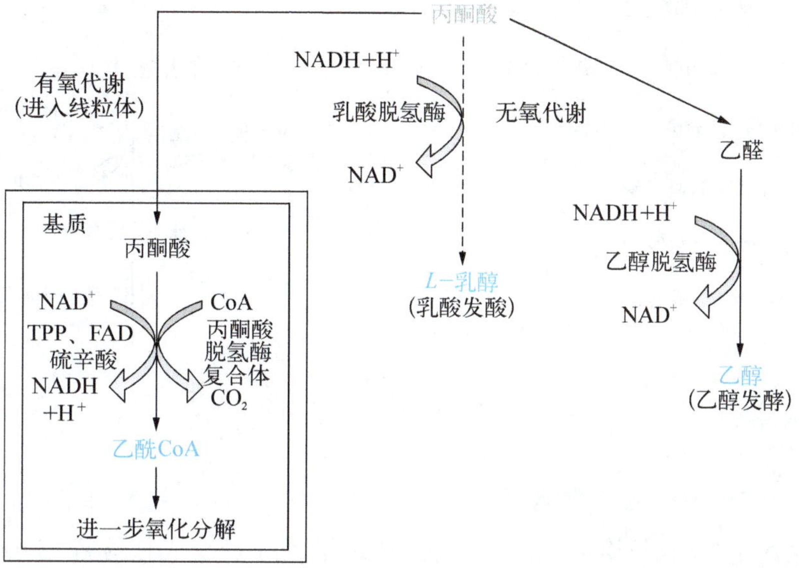

图10-6 丙酮酸的代谢去向

(1) 乳酸发酵

对于乳酸杆菌等微生物来说，再生NAD^+的方法是使用丙酮酸作为氧化剂，在乳酸脱氢酶的催化下，将NADH重新氧化成NAD^+，而丙酮酸则被还原成乳酸。

高等动物的细胞当出现氧债(oxygen debt)的情况下(如肌肉剧烈运动)，由于糖酵解产生的NADH来不及通过线粒体内膜上的穿梭系统重新转变成NAD^+，体内这时也能发生乳酸发酵，但产生的乳酸需要被运输到肝细胞才可以重新被氧化成丙酮酸。而哺乳动物成熟的红细胞由于缺乏线粒体，因而每时每刻都在通过乳酸发酵再生NAD^+。

(2) 酒精发酵

这种再生NAD^+的方式也主要发生在许多微生物体内，如酿酒酵母。具体过程是：首先在依赖于TPP的丙酮酸脱羧酶(pyruvate decarboxylase)催化下，丙酮酸脱羧变成乙醛。然后在乙醇脱氢酶的催化下，乙醛被还原成乙醇，与此同时，NADH被氧化成NAD^+。人体虽有乙醇脱氢酶，但无丙酮酸脱羧酶，因此不能进行乙醇发酵，只能分解乙醇。

三、其他物质进入糖酵解

除了葡萄糖以外，细胞内还有一些物质也可以直接或间接进入糖酵解(图10-7)。

1. 糖原

糖原的组成单位是葡萄糖，其中的葡萄糖单位主要经糖原磷酸化酶a的催化，被磷酸解成葡糖-1-磷酸。葡糖-1-磷酸经葡糖磷酸变位酶的催化，转变为葡糖-6-磷酸而进入糖酵解。

2. 果糖、甘露糖和半乳糖

果糖可通过两种方式进入糖酵解，第一种是在己糖激酶的催化下，形成果糖-6-磷酸而进入；第二种是在果糖激酶的催化下，转变为果糖-1-磷酸，果糖-1-磷酸在果糖-1-磷酸醛缩酶催化下裂解为磷酸二羟丙酮和 D-甘油醛两种产物，前者经异构化变成甘油醛-3-磷酸而进入糖酵解，后者在丙糖激酶(triose kinase)的催化下，也形成甘油醛-3-磷酸而进入糖酵解。

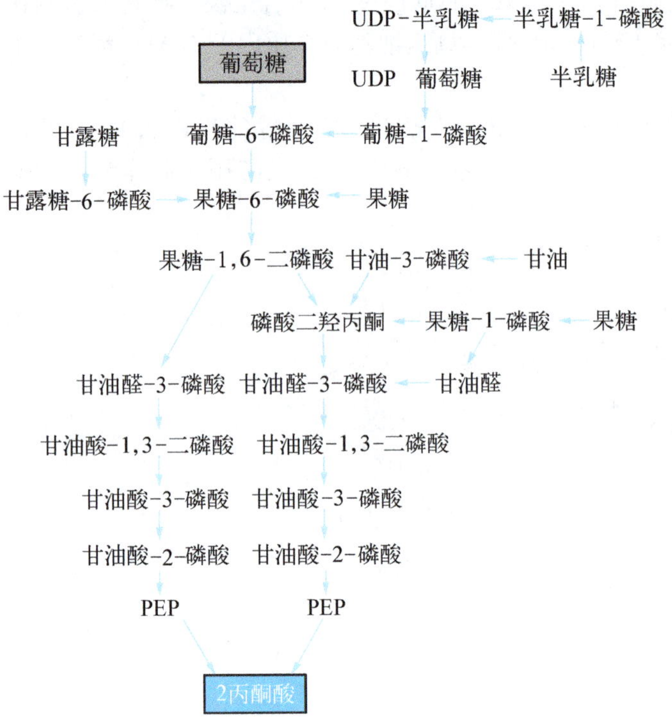

图 10-7 甘油和其他单糖进入糖酵解的途径

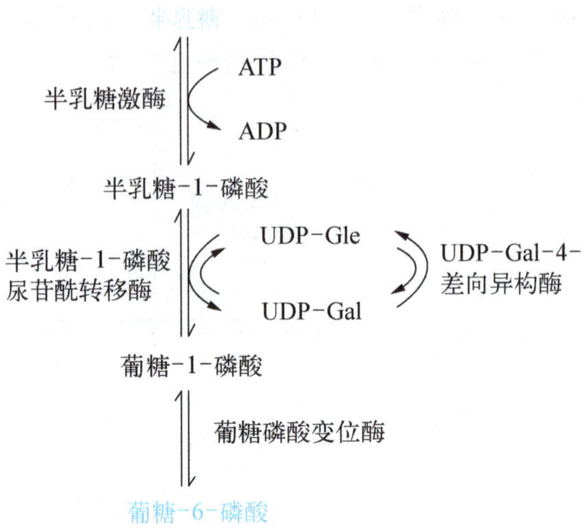

图 10-8 半乳糖进入糖酵解的途径

甘露糖进入糖酵解的方法比较简单，先是在己糖激酶的催化下转变成甘露糖-6-磷酸，随后，在磷酸甘露糖异构酶的催化下，甘露糖-6-磷酸异构成果糖-6-磷酸而进入糖酵解。

半乳糖进入糖酵解的方法既特别又复杂，参见图 10-8。半乳糖这种进入糖酵解的途径又称为 Leloir 途径(Leloir pathway)。

3. 甘油

甘油虽不属于糖，但在细胞内也可以进入糖酵解。先是在甘油激酶(glycerol kinase)的催化下转变为甘油-3-磷酸，然后在甘油磷酸脱氢酶(glycerol phosphate dehydrogenase)催化下，进一步转变为 DHAP，DHAP 经过磷酸丙糖异构酶的催化而进入糖酵解。

四、糖酵解的生理功能

1. 产生能量货币 ATP

虽然糖酵解生成 ATP 的效率远远低于糖的有氧代谢，但是对于很多细胞来说却是主要的，甚至是唯一合成 ATP 的手段。例如，厌氧生物、无氧状态下的兼性生物和哺乳动物成熟的红细胞，它们都是以糖酵解作为产生 ATP 的唯一途径。而体内的某些组织，在缺氧的情况下(如肌肉组织)，或者因线粒体的数目有限(如视网膜和睾丸组织等)，会以糖酵解作为合成 ATP 的主要途径。

2. 作为细胞内其他物质合成的原料

例如，丙酮酸可直接为合成 Ala 提供碳骨架，DHAP 可作为合成甘油的原料。

第二节 三羧酸循环

三羧酸循环(tricarboxylic cycle, TCA cycle)也称为柠檬酸循环(citric acid cycle)或 Krebs 循环，它发生在真核细胞的线粒体和原核细胞的细胞质基质中，绝对需要 O_2 的存在。作为一条不定向代谢途径，它既是糖类、脂类和蛋白质在细胞内氧化分解的最后共同的代谢途径，又在很多生物分子的合成代谢中发挥重要的作用。

一、三羧酸循环的反应

完整的 TCA 循环共由 8 步反应组成，其中 3 步是不可逆的(图 10－9)。进入循环的是乙酰- CoA，既可以丙酮酸氧化脱羧而成，也可以由脂肪酸 β-氧化或氨基酸氧化产生。

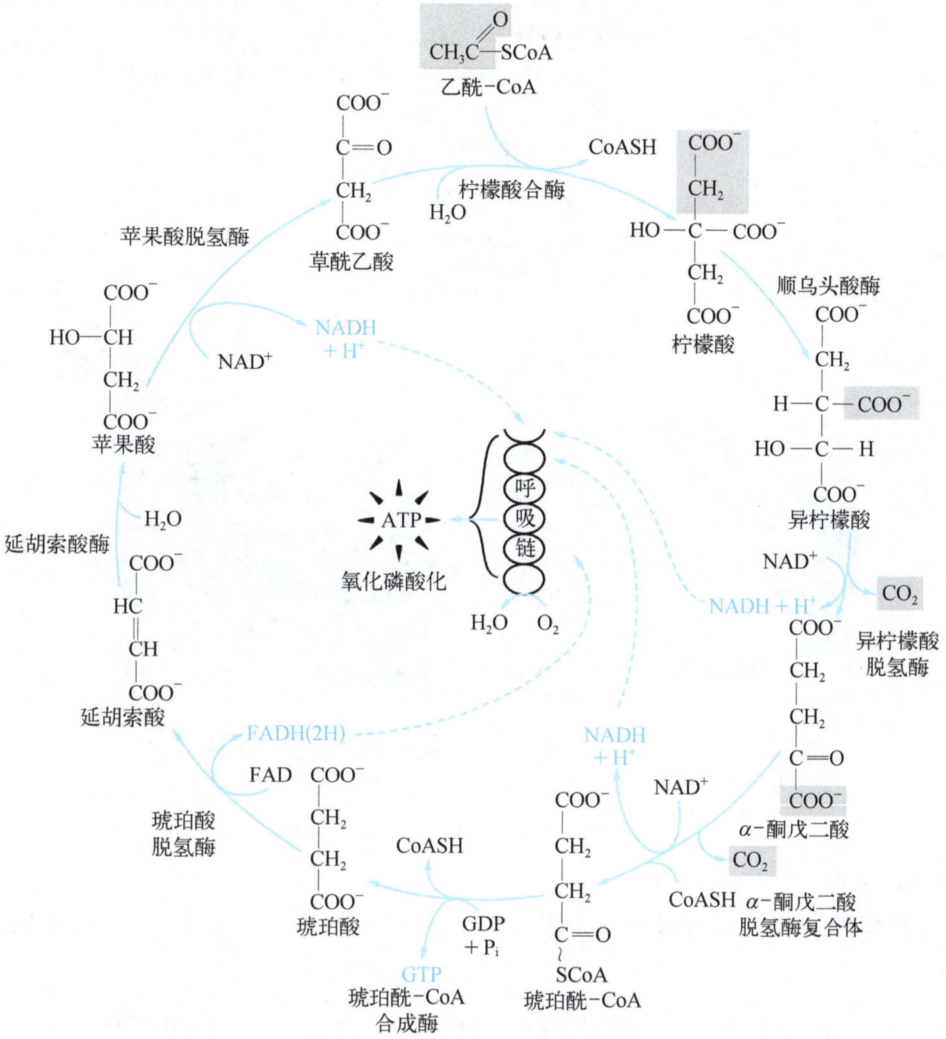

图 10－9　完整的 TCA 循环

1. 柠檬酸的合成

这是 TCA 循环的第一步反应，为不可逆反应，由柠檬酸合酶(citrate synthase)催化。

柠檬酸合酶通常由两个相同的亚基组成(图 10－10)：在没有结合底物的时候，酶的两个亚基的构象呈开放型(open form)；一旦结合了底物，则被诱导为封闭型(closed form)。在反应中，草酰乙酸首先与酶活性中心结合，这种结合迅速诱导活性中心的构象发生显著变化，从而创造出乙酰- CoA 的结合位点。随后，乙酰- CoA 结合到酶的活性中心，并与草酰乙酸形成中间产物——柠檬酰- CoA，这时，酶的构象再次发生变化，远离活性中心的一个关键的 Asp 残基被拉到柠檬酰- CoA 的硫酯键附近，硫酯键很快被切开，终产物辅酶 A 和柠檬酸被依次释放。

在催化过程中，柠檬酸合酶所发生的由底物草酰乙酸和中间产物柠檬酰- CoA 分别诱导的两次构象变化，既防止了乙酰- CoA 的提前释放，又大大降低了乙酰- CoA 在活性中心被 Asp 残基水解成乙酸的可能性。

乙酸的类似物——氟代乙酸(fluroacetate)是 TCA 循环强烈的抑制剂，因此有人将其作为灭鼠药的成分。然而，氟代乙酸在细胞内并不直接抑制 TCA 循环，而是先在乙酰- CoA 合成酶催化下形成氟代乙酰- CoA，氟代乙酰- CoA 再与草酰乙酸缩合生成氟代柠檬酸。氟代柠檬酸是催化下一步反应的酶即顺乌头酸酶的抑制剂。

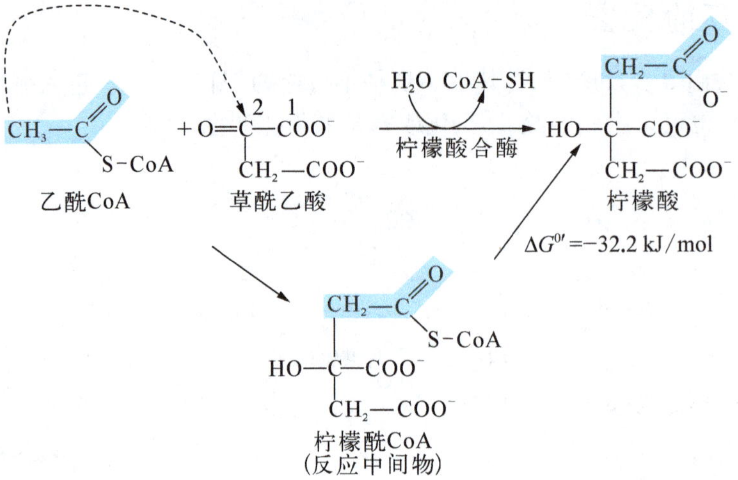

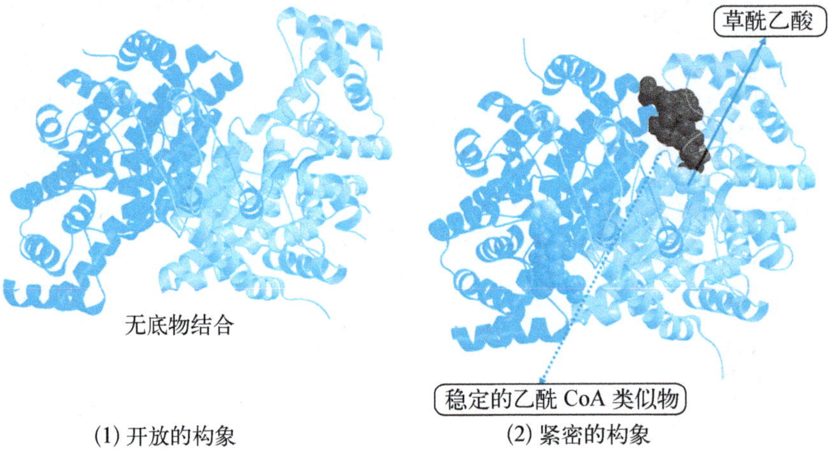

图 10-10 柠檬酸合酶的两种构象

2. 异柠檬酸的形成

这是一步将柠檬酸转变为异柠檬酸的异构化反应。反应经过顺乌头酸中间物，由顺乌头酸酶(cis-aconitase)催化。

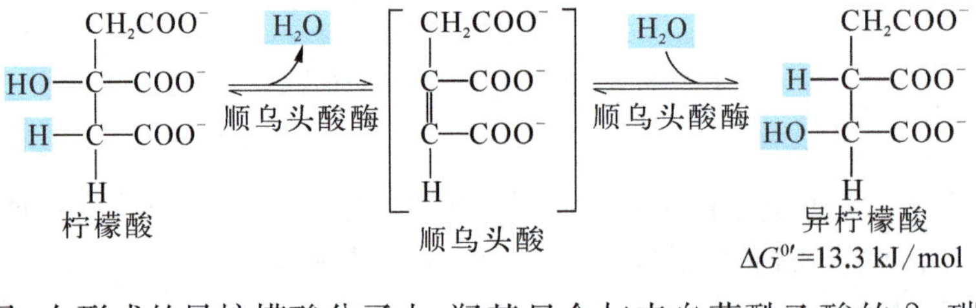

需要特别注意的是，在形成的异柠檬酸分子中，羟基只会与来自草酰乙酸的β-碳原子，而非来自乙酰-CoA 的β-碳原子相连(图 10-11)。

尽管在反应达到平衡时，柠檬酸、顺乌头酸和异柠檬酸各占 90%、4%和 6%，但在下一步高度放能的不可逆反应中，异柠檬酸作为底物很容易被消耗，致使这一步反应仍然能以较快的速度向正反应方向进行。

柠檬酸转变成异柠檬酸是 TCA 循环必不可少的一步，原因是柠檬酸在结构上并非氧化反应的良好底物，但异柠檬酸却不一样，经过异构化，其三级羟基变成了易氧化的二级羟基。

3. 异柠檬酸的氧化脱羧

这是一步不可逆的氧化脱羧反应，由异柠檬酸脱氢酶催化，反应分为两步，先是脱氢，形成草酰琥珀酸(oxalosuccinate)，然后是β-脱羧，产生 CO_2 和α-酮戊二酸。

4. α-酮戊二酸的氧化脱羧

这一步反应与丙酮酸的氧化脱羧十分相似(参看第前一节糖酵解中的丙酮酸的氧化脱羧)，由α-酮戊二

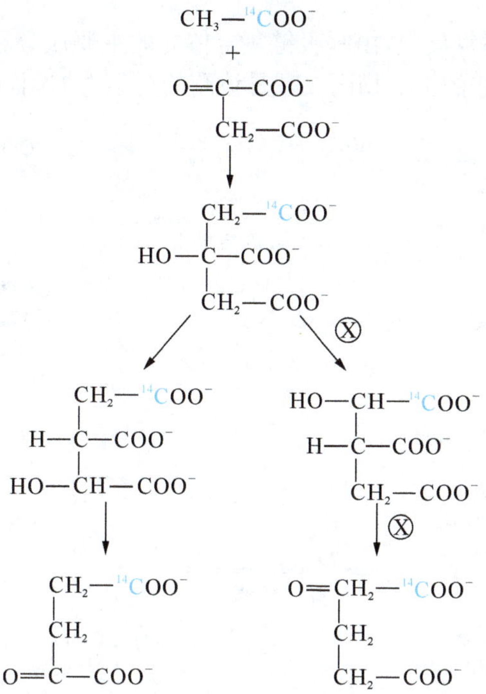

图 10-11 顺乌头酸酶催化反应中产物的立体专一性

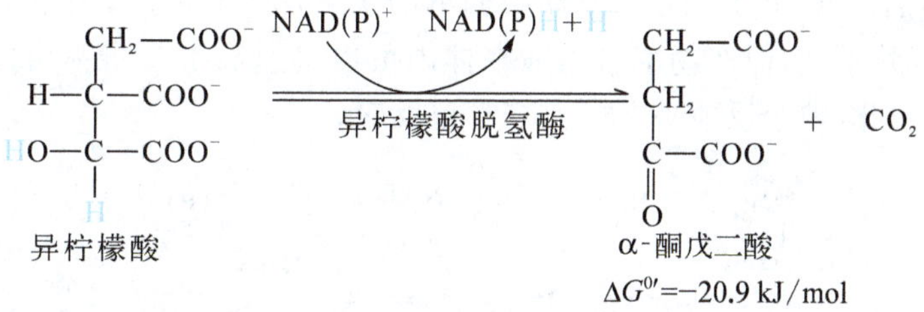

酸脱氢酶、二氢硫辛酸转琥珀酰酶(dihydrolipoyl transsuccinylase)和二氢硫辛酸脱氢酶三个酶组成的 α-酮戊二酸脱氢酶复合体催化。总反应式如下：

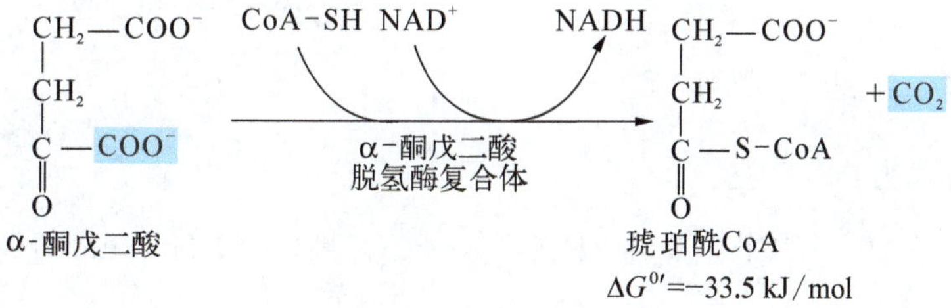

显然，抑制丙酮酸氧化脱羧的亚砷酸也能强烈抑制这一步反应。

5. 底物水平的磷酸化

这是 TCA 循环内唯一的一步底物水平磷酸化反应，由琥珀酰-CoA 合成酶(succinyl-CoA synthetase)催化。

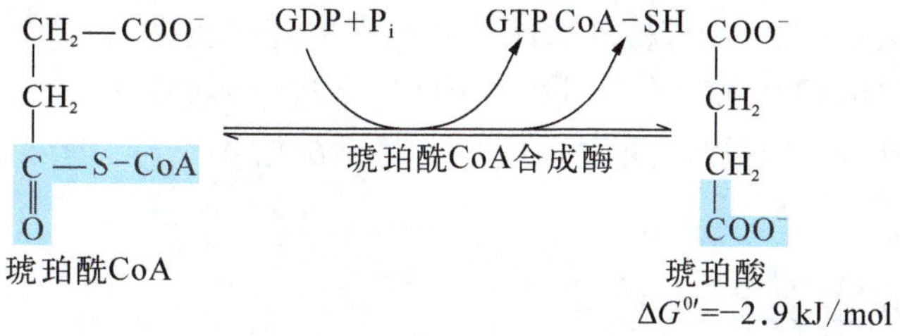

有两类琥珀酰-CoA 合成酶，一类只催化 GDP 的磷酸化，另一类主要催化 ADP 的磷酸化。

6. 琥珀酸的脱氢

这是 TCA 循环中的第三次脱氢反应，由呼吸链复合体Ⅱ的主要成分琥珀酸脱氢酶催化，产物是反丁烯二酸（延胡索酸或富马酸）。琥珀酸的类似物丙二酸是该酶的竞争性抑制剂。

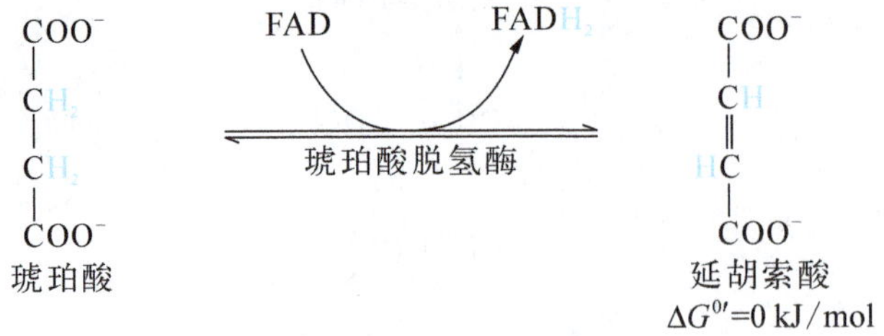

7. 苹果酸的形成

这是一步水合反应，由富马酸酶催化。

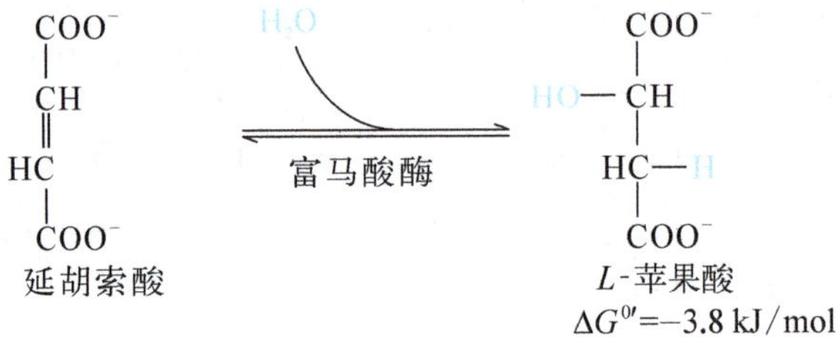

8. 草酰乙酸的再生

这是 TCA 循环的最后一步，也是 TCA 循环中的第四次氧化还原反应，由苹果酸脱氢酶催化。尽管在热力学上对正反应的进行并不利，但产物草酰乙酸在体内可以迅速被下一步不可逆反应所消耗，NADH 则进入呼吸链被彻底氧化，因此，整个反应被“强行拉向”正反应。

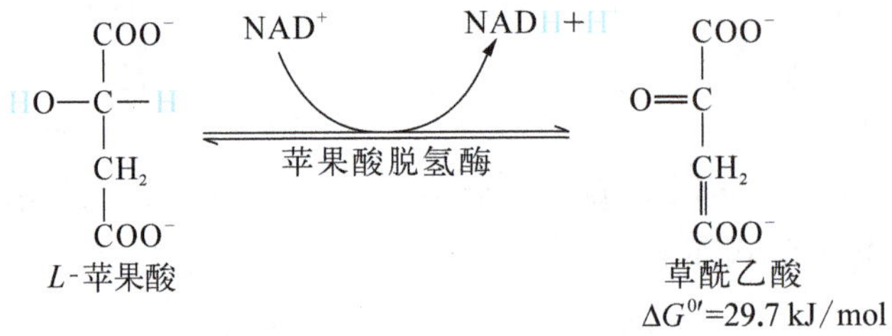

二、三羧酸循环小结

TCA 循环的总反应式为：

$$\text{乙酰-CoA} + 3NAD^+ + FAD + GDP + P_i + 2H_2O \longrightarrow 2CO_2 + 3NADH + FADH_2 + GTP + 2H^+ + CoA$$

其中几个重要的特征归纳如下：

1）有两个 C 原子进入循环，但在随后的反应中又有两个 C 原子离开。需要特别注意的是，离开的两个 C 原子并非是最初进入的那两个，而是来源于草酰乙酸。

2）有四对氢原子离开循环，并进入呼吸链进一步氧化产生更多的 ATP。

3）有一步底物水平磷酸化反应，产生的能量货币是 GTP 或 ATP。

4）有两个水分子被消耗，分别作为柠檬酸合酶和延胡索酸酶的底物。

5）O_2 并不直接参与循环，但它的存在是 TCA 循环正常进行所必需的。只有在有氧的条件下，NAD^+ 和 FAD 才可以通过呼吸链的氧化而得以再生。这一点与糖酵解不一样，糖酵解在无氧或有氧的条件下，NAD^+ 均可以再生。

三、三羧酸循环的主要生理功能

TCA 循环作为需氧生物最重要的代谢途径之一，主要的生理功能包括：

1）作为需氧生物细胞内所有代谢燃料最终氧化分解的共同代谢途径。

2）提供多种生物分子合成的前体，参与合成代谢（图 10-12）。

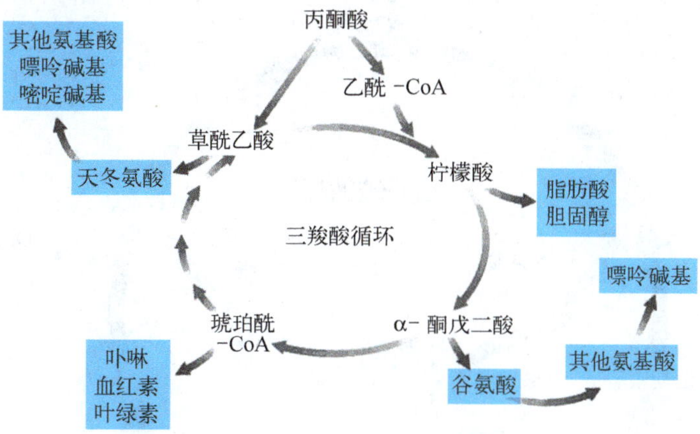

图 10-12 TCA 循环中间物的去向

3）与呼吸链偶联产生更多的 ATP 1 分子葡萄糖彻底氧化成 CO_2 和 H_2O 能够产生 30～32 分子的 ATP，其计算过程参考表 10-2。

表 10-2 1 分子葡萄糖彻底氧化过程中的 ATP 收支情况

与 ATP 合成相关的反应	合成 ATP 的方式	合成 ATP 的量
糖酵解(包括氧化磷酸化)		5 或 6 或 7
己糖激酶	消耗 ATP	−1
PFK-1	消耗 ATP	−1
磷酸甘油酸激酶	底物水平磷酸化	+2
丙酮酸激酶	底物水平磷酸化	+2
甘油醛-3-磷酸脱氢酶(NADH)	氧化磷酸化	+3 或+4 或+5(取决于 NADH 通过何种途径进入呼吸链)
丙酮酸脱氢酶复合体	氧化磷酸化	2×2.5=5
TCA 循环		20
异柠檬酸脱氢酶(NADH)	氧化磷酸化	2.5×2=5
α-酮戊二酸脱氢酶复合体(NADH)	氧化磷酸化	2.5×2=5
琥珀酰-CoA 合成酶	底物水平磷酸化	1×2=2
琥珀酸脱氢酶($FADH_2$)	氧化磷酸化	1.5×2=3
苹果酸脱氢酶(NADH)	氧化磷酸化	2.5×2=5
总 ATP 量		30 或 31 或 32

4）循环中的某些中间物可作为别构效应物，去调节其他代谢途径 例如，柠檬酸可作为 PFK-1 的负别构效应物和果糖-1,6-二磷酸酶的正别构效应物，分别调节糖酵解和糖异生，此外，柠檬酸还可以作为正别构效应物，去刺激脂肪酸合成的限速酶——乙酰-CoA 羧化酶的活性。

5）产生 CO_2。

四、三羧酸循环支路——乙醛酸循环

植物、某些微生物（如大肠杆菌和酵母）以及某些无脊椎动物能够使用乙酸或者其他一些能够在细胞内转化为乙酰-CoA 的物质，来作为唯一的碳源和生物合成的前体。这是因为在它们的体内，存在一种 TCA 循环的支路，即乙醛酸循环（glyoxylate cycle）。

乙酸并不能直接进入乙醛酸循环，它在细胞内必须首先被激活成乙酰-CoA。乙醛酸循环所涉及的反应以及它与 TCA 循环的比较如图 10-13 所示，它与 TCA 循环的主要差别有：① 在每一轮循环中，前者有两分子乙酰-CoA 进入，后者只有一分子乙酰-CoA 进入；② 乙醛酸循环只产生 NADH，不产生 $FADH_2$；③ 乙醛酸循环无底物水平磷酸化反应，因此无法通过此途径合成 ATP；④ 不生成 CO_2，但每一轮 TCA 循环有两分子 CO_2 的释放。

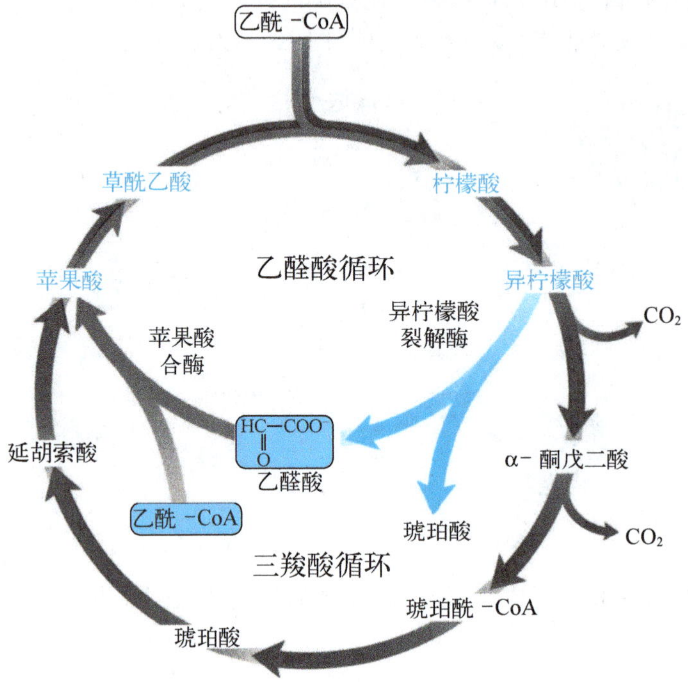

图 10-13 乙醛酸循环与 TCA 循环的比较

乙醛酸循环的生理意义在于解决了乙酰-CoA 在动物细胞中不能净转变为葡萄糖的难题，使得具有此途径的生物能够以乙酸作为唯一的碳源。每当 1 分子乙酰-CoA 进入 TCA 循环时，最后总有 2 个碳原子以 CO_2 的形式被丢失。然而，乙酰-CoA 进入乙醛酸循环，就跳过了两次脱羧反应，并无碳单位的损失，而是净合成了糖异生的前体——苹果酸。

在植物细胞中，乙醛酸循环被限制在一种特定的细胞器即乙醛酸循环体(glyoxysome)内，但这种细胞器并不出现在植物所有的细胞，也不会始终存在。当富含油脂的种子发芽的时候，乙醛酸循环体即在细胞内形成。形成的乙醛酸循环体使得脂肪在植物细胞内转变成葡萄糖成为可能，这对于尚不能通过光合作用合成葡萄糖的细胞来说尤为重要。

五、三羧酸循环的回补反应(anaplurotic reactions)

在理论上，虽然只要有 1 分子草酰乙酸就可以让 TCA 循环不断地进行下去，但如果草酰乙酸太少，TCA 循环的速率将会很低。由于 TCA 循环中的多种代谢中间物可被其他代谢途径利用作为生物合成的原料，因此，细胞内若没有某些机制及时补充草酰乙酸或其他代谢中间物的话，TCA 循环迟早就会受到影响。实际上，细胞已经预备了若干回补反应，可以及时补充被其他途径消耗的 TCA 循环的中间物。

TCA 循环的回补反应主要在草酰乙酸、α-酮戊二酸、琥珀酰-CoA 和苹果酸这四个位点进行(图 10-14)：

1) 草酰乙酸的回补　这是回补反应的主要形式，相关的酶有 PEP 羧化酶(PEP carboxylase)、丙酮酸羧化酶(pyruvate carboxylase)和 PEP 羧激酶(PEP carboxykinase)。

2) α-酮戊二酸的回补　由谷丙转氨酶催化的转氨基反应，或者谷氨酸脱氢酶催化的氧化脱氨基反应均可以将谷氨酸转化为 α-酮戊二酸，且都发生在线粒体基质，因此都能充当回补反应。

3) 琥珀酰-CoA 的回补　Ile、Val、Met 和 Thr 这四种氨基酸在细胞内均可以被氧化成琥珀酰-CoA，此外，奇数脂肪酸在细胞内氧化也可以产生琥珀酰-CoA，这些产生琥珀酰-CoA 的反应均可以作为回补反应使用。

4) 苹果酸的回补　这是由苹果酸酶(malic enzyme)催化的回补反应，此回补反应广泛存在于各种真核生物和原核生物之中。

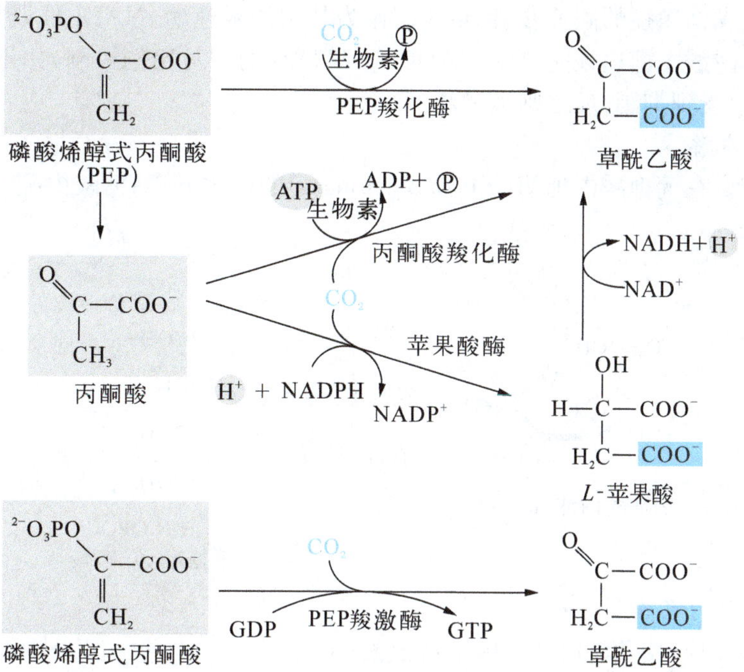

图 10-14 草酰乙酸的回补反应

第三节 磷酸戊糖途径

磷酸戊糖途径(phosphate pentose pathway, PPP)又名磷酸己糖支路(hexose monophosphate shunt, HMS)或葡糖酸-6-磷酸途径(6-phosphogluconate pathway),它发生在细胞质基质中。虽然此条代谢途径并不产生ATP和NADH,但能够产生NADPH和核糖这两种十分重要的生物分子,因此它的重要性并不亚于糖酵解和三羧酸循环。

一、磷酸戊糖途径的全部反应

一条完整的磷酸戊糖途径由8步反应构成,根据反应的性质可将它划分为两个阶段:氧化相(oxidative phase)和非氧化相(non-oxidative phase)。

1. 氧化相

氧化相由三步不可逆反应组成,因有两步氧化还原反应而得名。

(1) 葡糖-6-磷酸的脱氢

这是一步氧化还原反应,催化此反应的酶是葡糖-6-磷酸脱氢酶(glucose-6-phosphate dehydrogenase, G6PD),底物葡糖-6-磷酸来自于糖酵解的第一步反应,氢和电子的受体是$NADP^+$。经过这一步反应,葡糖-6-磷酸被氧化为葡糖酸内酯-6-磷酸(6-phosphogluconolactone),同时$NADP^+$被还原成NADPH。

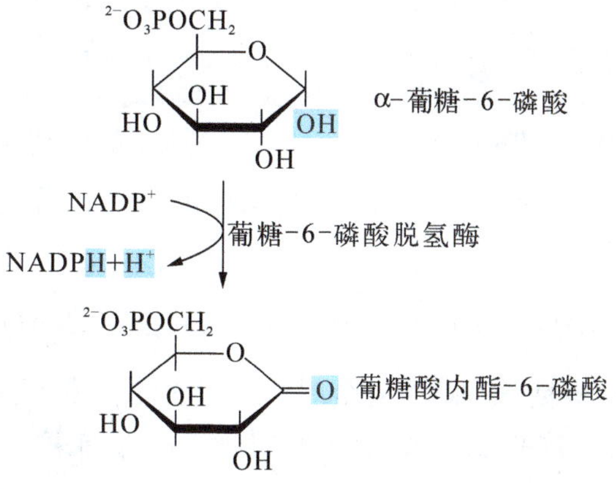

这一步反应是磷酸戊糖途径的限速步骤，G6PD 作为其中的限速酶，NADPH 既是它的产物，又是它的强竞争性抑制剂，因此，磷酸戊糖途径完全受 NADPH/$NADP^+$ 的相对比例控制，如果细胞内的 NADPH 浓度高，磷酸戊糖途径就会受到抑制，反之则被激活。

(2) 葡糖酸内酯的水解

这是一步水解反应。在葡糖酸内酯酶(gluconolactonase)的催化下，葡糖酸内酯环被打开，生成葡糖酸-6-磷酸。

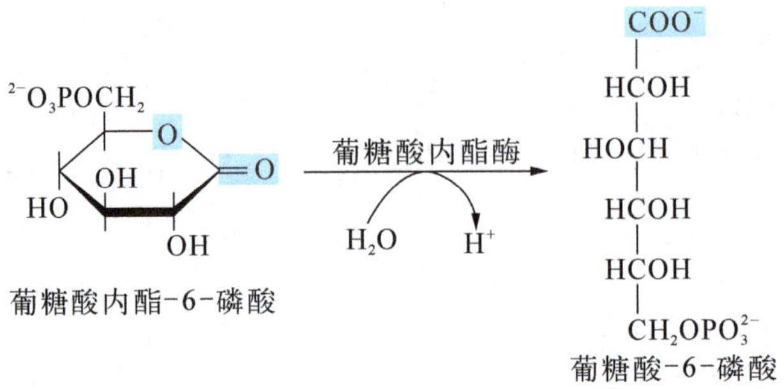

(3) 葡糖酸-6-磷酸的脱氢

这是一步氧化脱羧反应，由葡糖酸-6-磷酸脱氢酶(6-phosphogluconate dehydrogenase)催化，氢和电子的受体仍然是 $NADP^+$。反应先是脱氢产生不稳定的葡糖酸-3-酮-6-磷酸(3-keto-6-phosphogluconate)中间物和 NADPH，然后发生 β-脱羧反应，生成核酮糖-5-磷酸。

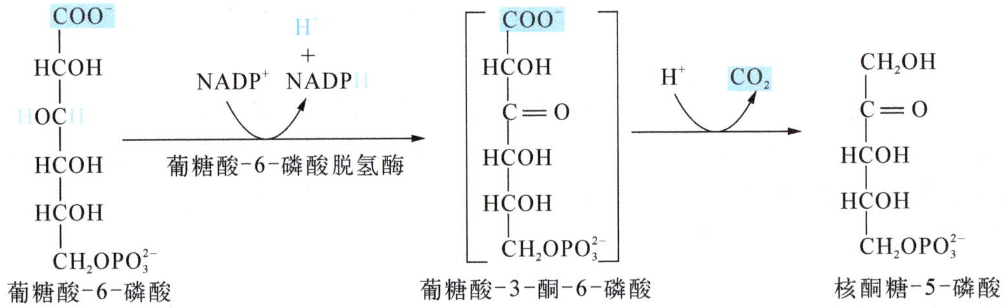

2. 非氧化相

非氧化相全部由非氧化的可逆反应组成，共有 5 步，反应的性质是碳单位的转移、异构或分子内的重排。通过此阶段的反应，6 分子戊糖转化成 5 分子己糖。

(1) 核糖-5-磷酸的形成

这是一步酮糖与醛糖进行互变的异构化反应，由磷酸戊糖异构酶(phosphopentose isomerase)催化，反应的机制涉及烯二醇中间体。

到此为止，核糖和 NADPH 这两种重要的物质已经形成，它们可以分别参与核苷酸的合成和其他生物分子的合成，这时的总反应式可写成：

$$\text{葡糖-6-磷酸} + 2NADP^+ + H_2O \longrightarrow \text{核糖-5-磷酸} + 2NADPH + 2H^+ + CO_2$$

在某些细胞内的代谢条件下，核糖-5-磷酸完全用于核苷酸的合成，几乎没有剩余，而 NADPH 作为生物还原剂参与生物合成，因此，对于这些细胞来说，PPP 实际上已经结束。然而，很多细胞对于 NADPH 的需求远远高于核糖-5-磷酸,因此,这些细胞内的PPP就特别活跃。但与此同时,核糖-5-磷酸必然出现过剩,细胞就必须存在一种机制能及时处理这些剩余的核糖-5-磷酸。事实上,PPP余下的反应就是为此预备的。

余下的反应主要是分子之间碳单位的转移和分子内的重排反应,多余的戊糖将经历丙糖、丁糖、己糖和庚糖,最后变成糖酵解的中间物进行代谢。在进行转移和重排反应之前,还需要木酮糖-5-磷酸的存在,因此下一步反应就是生成木酮糖-5-磷酸的反应。

(2) 木酮糖-5-磷酸的形成

这是一步由磷酸戊糖差向异构酶(phosphopentose epimerase)催化的异构化反应,经过这一步反应,核酮糖-5-磷酸变成了木酮糖-5-磷酸。

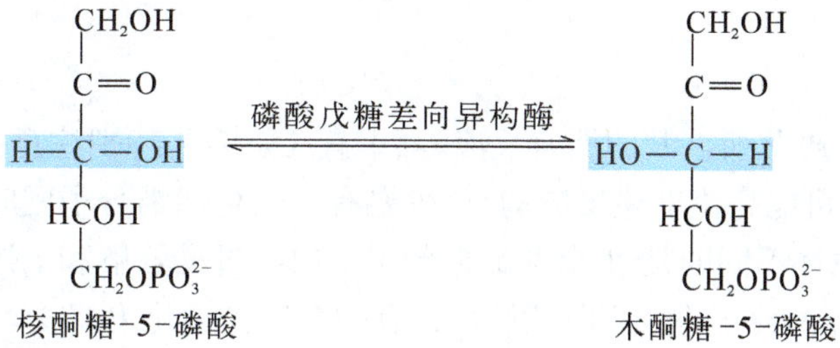

(3) 第一次碳单位的转移和重排反应

这是一步由转酮酶(transketolase)催化的反应,需要TPP和Mg^{2+},反应机制类似于丙酮酸脱氢酶所催化的反应。经过此反应,木酮糖-5-磷酸分子上的二碳单位被转移到核糖-5-磷酸分子上,形成甘油醛-3-磷酸和庚酮糖-7-磷酸(sedoheptulose)。

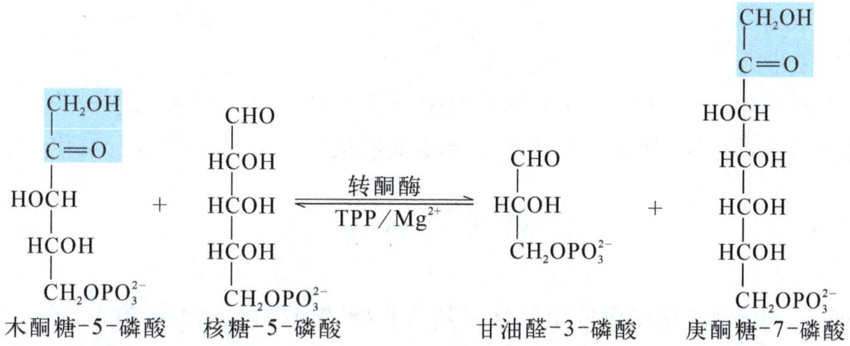

(4) 第二次碳单位的转移和重排反应

这是一步由转醛酶(transaldolase)催化的反应,不需要任何辅助因子,上一步反应的产物正好是这一步反应的底物。经过此酶的催化,庚酮糖-7-磷酸分子上的三碳单位被转移到甘油醛-3-磷酸分子上,形成赤藓糖-4-磷酸和果糖-6-磷酸。

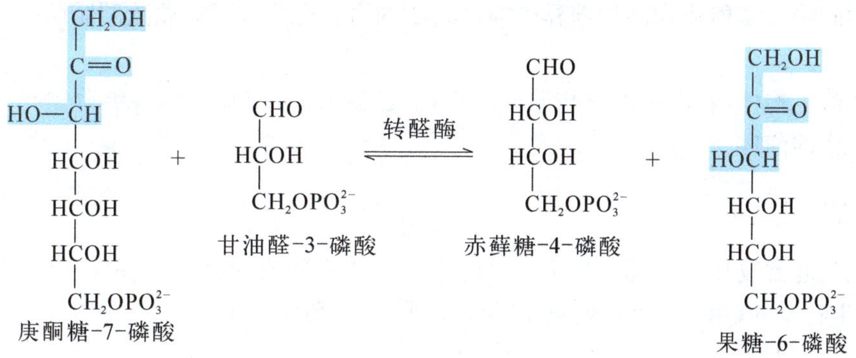

(5) 第三次碳单位的转移和重排反应

这又是一步由转酮酶催化的反应,这一次木酮糖-5-磷酸分子上的二碳单位被转移到赤藓糖-4-磷酸分子上，形成甘油醛-3-磷酸和果糖-6-磷酸。

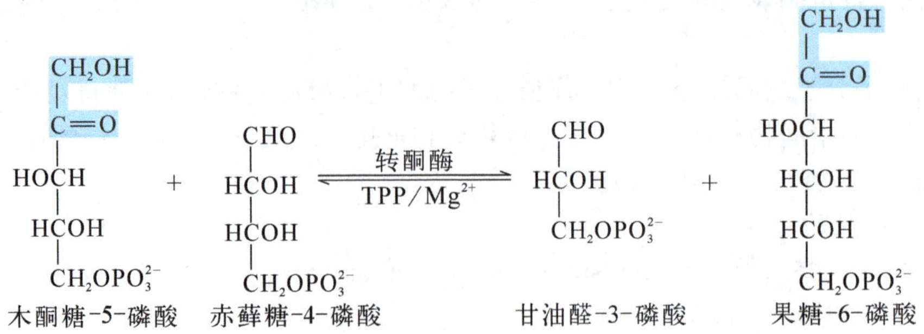

二、PPP 小结

以上介绍了一个完整的 PPP 所涉及的所有反应，其中有几点需要特别注意：

1) 1 个葡萄糖分子是不可能完成上述反应的，至少要有 3 个葡萄糖分子同时才行。

2) 与糖酵解和三羧酸循环不同的是，1 个葡萄糖分子依次经过糖酵解和三羧酸循环后，6 个碳原子可以完全氧化成 CO_2，但 1 个葡萄糖分子进入 PPP 以后，只有一个碳被氧化为 CO_2，其余的碳原子仍然以糖的形式存在。很显然，只有 6 个葡萄糖分子同时进入 PPP，到最后才相当于有 1 个葡萄糖分子完全被氧化成 CO_2 和 H_2O。

3) PPP 并不是细胞产生 NADPH 的唯一途径，异柠檬酸脱氢酶、谷氨酸脱氢酶、苹果酸酶和光合作用的光反应也能产生 NADPH。

4) 发生在细胞质基质，不需要 O_2。

三、PPP 的功能

PPP 的功能主要是产生的生物合成的还原剂 NADPH 和核糖-5-磷酸，此外，它还提供了一种将戊糖转化为糖酵解中间物的途径，从而使摄入体内的戊糖也能够最后进入糖酵解进行氧化分解。

第四节 糖异生

糖异生(gluconeogenesis)泛指细胞内由乳酸或其他非糖物质净合成葡萄糖的过程。它主要发生在动物的肝脏(80%)和肾脏(20%)，是动物细胞自身合成葡萄糖的唯一手段。植物和某些微生物也可以进行糖异生。

一、糖异生的原料

可以作为高等动物糖异生前体物质的有：乳酸、丙酮酸、奇数碳脂肪酸、植烷酸、甘油、生糖氨基酸和三羧酸循环的所有中间物。不能作为动物糖异生前体物质的有：乙酰-CoA、偶数碳脂肪酸以及 Leu 和 Lys 两种严格的生酮氨基酸。

在植物和某些微生物体内，由于乙醛酸循环的存在，乙酰 CoA 或在体内能够降解产生乙酰-CoA 的物质都可以作为糖异生的前体。

二、糖异生的反应

如果以丙酮酸为起始物质，一共需要 11 步反应才能转变成葡萄糖。在这些反应中，有些是与糖酵解共享的，有些是糖异生特有的，用于克服糖酵解 3 步不可逆反应(图 10-15)

1. 丙酮酸转变成 PEP

共由两步反应组成。第一步是发生在线粒体基质并且消耗 ATP 的羧化反应，可兼作三羧酸循环的回补反应，由丙酮酸羧化酶催化。该酶需要生物素作为辅基，需要乙酰-CoA 的激活。由于反应有 ATP 参与，

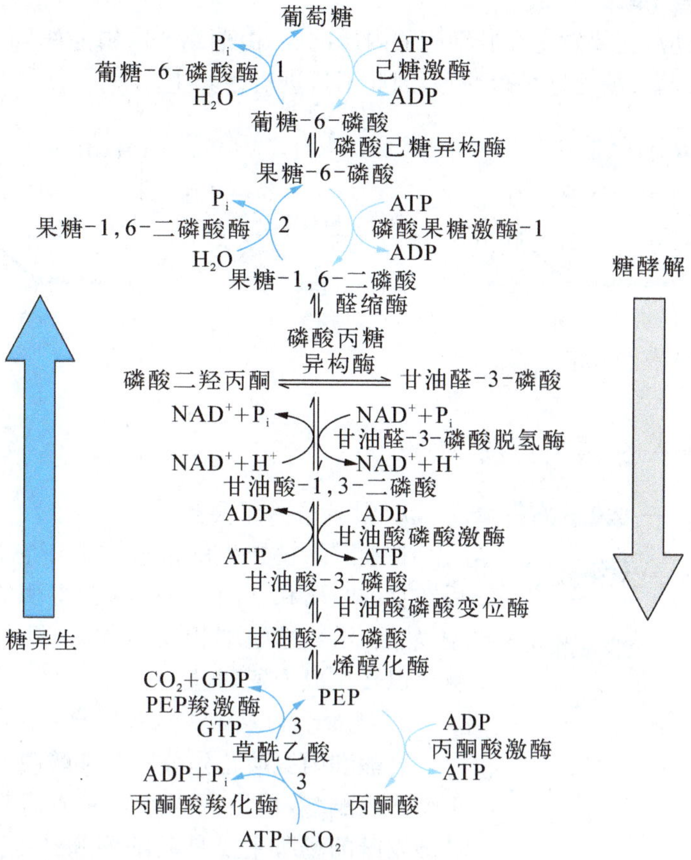

图 10-15 糖异生与糖酵解两条代谢途径的比较

因此还需要 Mg^{2+} 或 Mn^{2+}。

第二步是消耗 GTP 的脱羧反应，丢失的羧基来源于前一步反应中刚刚被固定上去的 CO_2，由磷酸烯醇式丙酮酸羧激酶(phosphoenolpyruvate carboxykinase, PEPCK)催化，且需要 Mg^{2+} 或 Mn^{2+}。

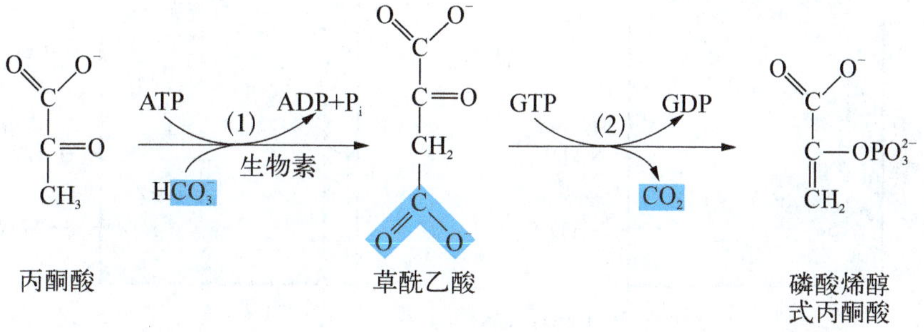

(1) 丙酮酸羧化酶 (2) 磷酸烯醇式丙酮酸羧激酶

PEPCK 在不同的生物细胞内的定位不尽相同，例如，在人体内，线粒体基质和细胞质基质均含有这种酶，而在小鼠体内只存在于细胞质基质。

一旦 PEP 形成，就可以沿着糖酵解 6 步连续的逆反应，直到形成果糖-1,6-二磷酸。

2. 果糖-1,6-二磷酸水解为果糖-6-磷酸

这是一步不可逆反应，由果糖-1,6-二磷酸酶(fructose-1,6-bisphosphatase)催化。

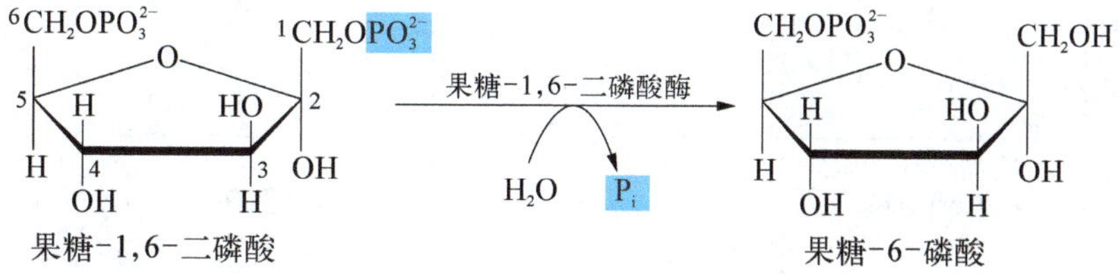

3. 葡糖-6-磷酸水解为葡萄糖

这也是一步不可逆反应，主要发生在肝细胞的内质网腔，由葡糖-6-磷酸酶(glucose-6-phosphatase)催化。大多数细胞(如肌细胞)缺乏这种磷酸酶，因此不能进行糖异生。

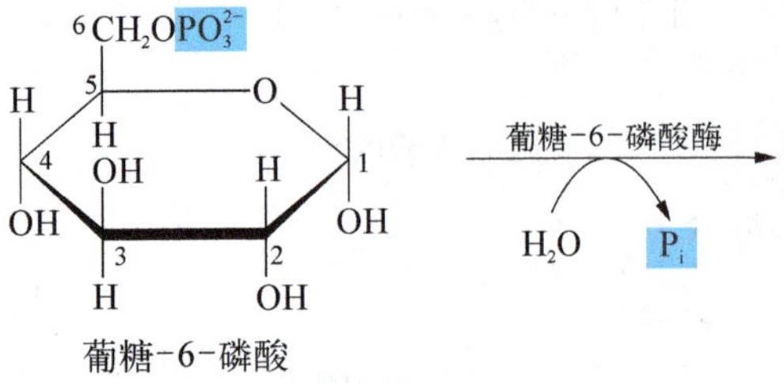

三、其他物质进入糖异生(图 10-16)

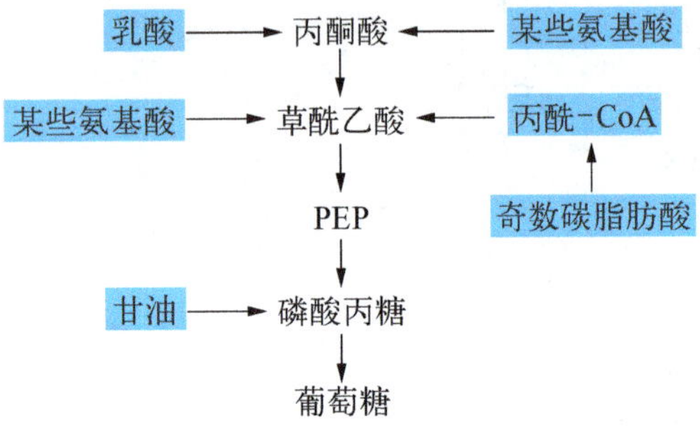

图 10-16 其他底物进入糖异生的途径

1. 甘油进入糖异生

甘油进入糖异生的过程类似于它进入糖酵解的过程，即先后在甘油激酶和甘油-3-磷酸脱氢酶的催化下变成磷酸二羟丙酮，然后，沿着糖酵解相反的方向，只需要克服两步不可逆反应就可以转变成为葡萄糖。

2. 乳酸和丙氨酸进入糖异生

乳酸和丙氨酸首先分别在乳酸脱氢酶和谷丙转氨酶的催化下变成丙酮酸，再由丙酮酸转变为葡萄糖。但是，在动物体内，乳酸发酵的场所主要是肌细胞和红细胞，而糖异生的场所主要是肝细胞，因此动物体存在一种特殊的循环，即 Cori 循环(Cori cycle)：首先红细胞和肌细胞中产生的乳酸被释放到血液，通过血液循环运进肝细胞，经糖异生转变为葡萄糖，然后，生成的葡萄糖离开肝细胞，再经血液循环回到肌细胞和红细胞进行糖酵解氧化放能，生成乳酸，并重复先前的循环(图 10-17)。

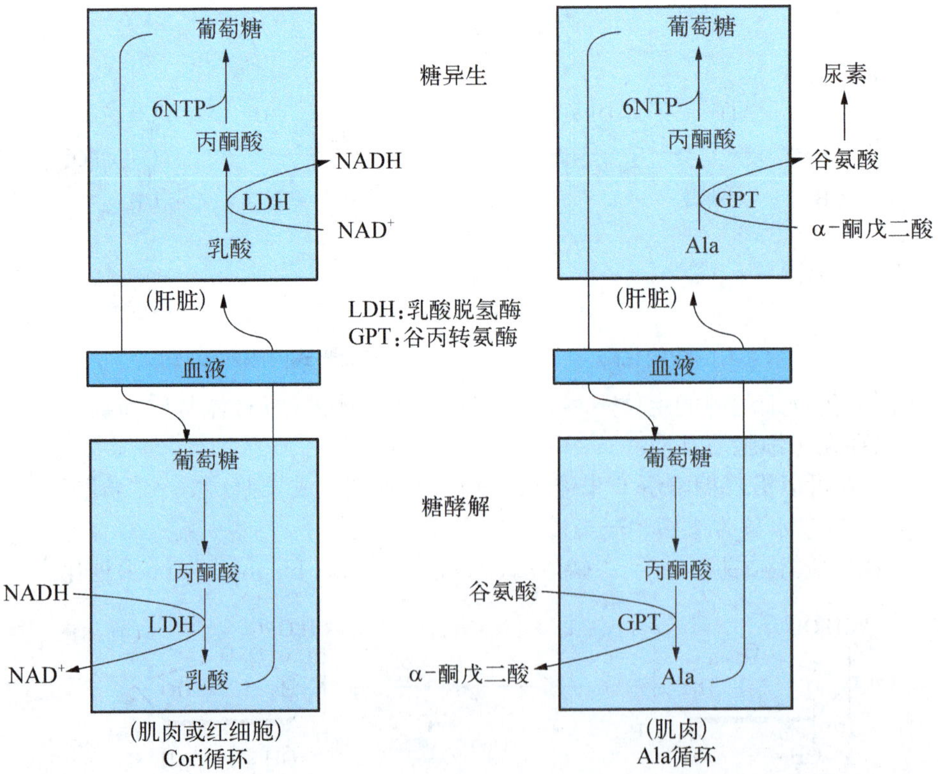

图 10-17 Cori 循环和 Ala 循环

动物利用丙氨酸作为糖异生前体通常是在饥饿的情况下发生,因为在这种情况下,体内的糖原消耗殆尽,机体为了维持血糖浓度的稳定,使用蛋白质和脂肪作为替代能源。当肌肉细胞内的蛋白质被水解为氨基酸以后,其中的丙氨酸可以经过丙氨酸循环(alanine cycle)进入肝细胞,在肝细胞经谷丙转氨酶的催化,转变成为丙酮酸,脱下的氨基进入尿素循环,转变成尿素排出体外。丙酮酸则经糖异生生成葡萄糖,葡萄糖离开肝细胞,通过血液循环回到肌细胞氧化放能,生成丙酮酸,而丙酮酸可以再转变为丙氨酸,并重复先前的循环。

四、糖异生的能量消耗

糖异生和糖酵解的总反应的 $\Delta G^{0\prime}$都是负值,因此在热力学上都是有利的。

如果以丙酮酸作为糖异生的起始物质,则总反应式为:

$$2\text{丙酮酸} + 2NADH + 4ATP + 2GTP + 6H_2O + 4H^+ \xrightarrow{\text{糖异生}} \text{葡萄糖}\ 2NAD^+ + 4ADP + 2GDP + 6P_i$$

这是一个高度耗能的过程,共消耗了 6 分子 ATP,被消耗的能量主要用来克服糖酵解中的三步不可逆反应。

五、糖异生的生理功能

糖异生的生理功能主要包括:

- 在饥饿或糖类摄入不足的情况下,可以补充血糖,维持血糖浓度的稳定,为那些特别依赖葡萄糖氧化供能的细胞和组织(如脑和红细胞等)提供燃料。
- 植物和某些微生物使用乙酰-CoA 作为糖异生的前体,使得它们能够以乙酸作为唯一的碳源。

第五节 糖原代谢

糖原又名动物淀粉,是葡萄糖在动物体内的储存形式,主要存在于肝脏、肌肉和肾脏,它在动物体内提供了一种容易被快速动员的短期储备燃料,有利于维持血糖浓度的稳定。

一、糖原的分解

参与糖原分解的主要酶是糖原磷酸化酶(glycogen phosphorylase),该酶以磷酸吡哆醛作为辅基,催化糖原的磷酸解反应,被磷酸解的葡糖残基总是位于非还原端(图 10-18)。

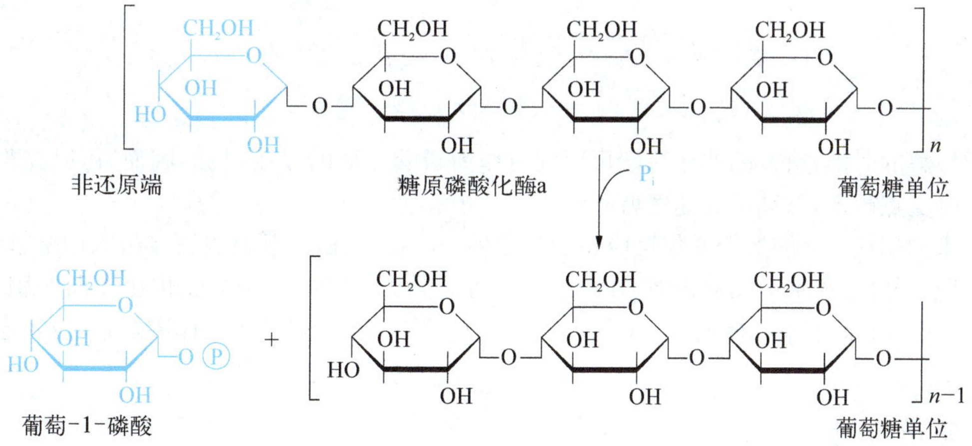

图 10-18 糖原磷酸化反应

此反应的 $\Delta G^{0\prime}$为+3.1 kJ/mol,似乎对磷酸解不利,但由于细胞内无机磷酸的浓度远远高于葡糖-1-磷酸,因此反应几乎只能朝分解的方向进行。

然而,糖原磷酸化酶的作用受到一定的限制:首先,它只能作用 α(1→4)糖苷键,不能作用分支点上的 α(1→6)糖苷键;其次,它并不能作用于所有的 α(1→4)糖苷键,当遇到与分支点相距三个葡糖残基的 α(1→4)糖苷键时就无能为力了,这时就需要脱支酶(debranching enzyme)。脱支酶是一种双功能酶,它所具有的1,4→1,

4-葡糖基转移酶(glycosyl transferase)活性,可以将与分支点葡糖残基相连的不能再被磷酸解的3个葡萄糖单位,同时转移到邻近的寡糖链的非还原端,并维持以α(1→4)糖苷键连接(图10-19)。遗留在分支点的葡糖残基,在脱支酶的第二个功能即α-1,6-糖苷酶(α-1,6-glucosidase)的活性作用下,被水解成游离的葡萄糖。

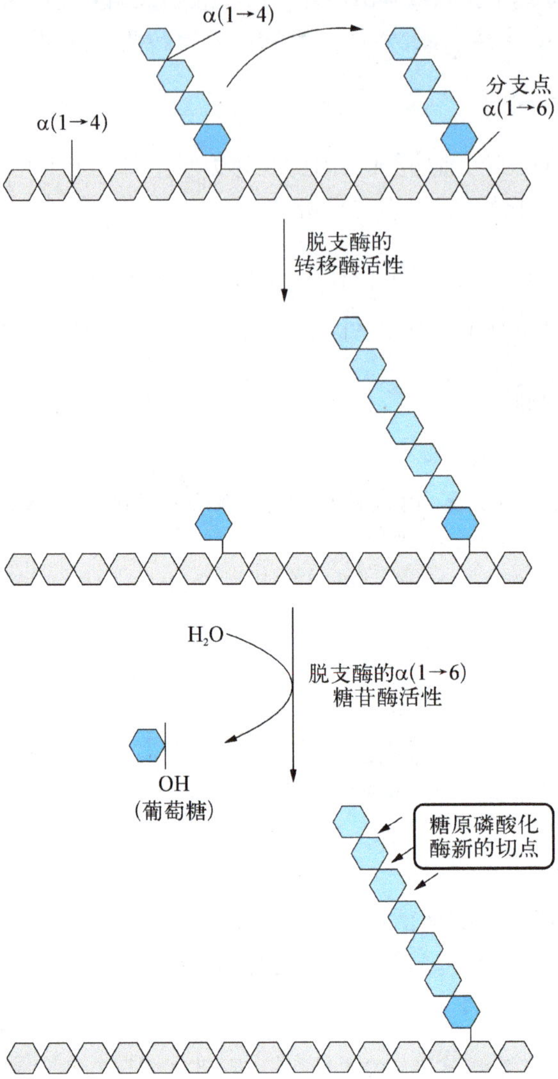

图10-19 糖原分支点的去除

糖原在磷酸解的时候,所有的非还原端可以同时作为磷酸化酶的作用目标,因而,可以在很短的时间内被动员。显然分支点越多,被动员的速度就越快。

磷酸解下来的葡糖-1-磷酸经变位反应转变成葡糖-6-磷酸,后者既可以直接进入糖酵解,又可以进入内质网,被葡糖-6-磷酸酶水解成葡萄糖,并最终进入血液成为血糖的一部分。但由于肌细胞不表达葡糖-6-磷酸酶,肌糖原磷酸解下来的葡糖-1-磷酸只能进入糖酵解氧化,而不会脱掉磷酸根,更不会离开肌细胞成为血糖的一部分。

二、糖原的合成

糖原的合成并不是其磷酸解的逆反应,而需要由一种全新的酶即糖原合酶(glycogen synthase)来催化。糖原的合成具有以下几个特征:

(1) 需要活化的葡萄糖单位

游离的葡萄糖分子并不能直接作为糖原合酶的底物,而需要在细胞内首先被激活成葡糖-6-磷酸,然后在磷酸葡糖变位酶的催化下,异构化成葡糖-1-磷酸。葡糖-1-磷酸在动物和酵母体内受UDPGlc焦磷酸化酶(UPD-glucose pyrohorylase)的催化,转变成葡萄糖活化的一种形式——UDPGlc(图10-20)。

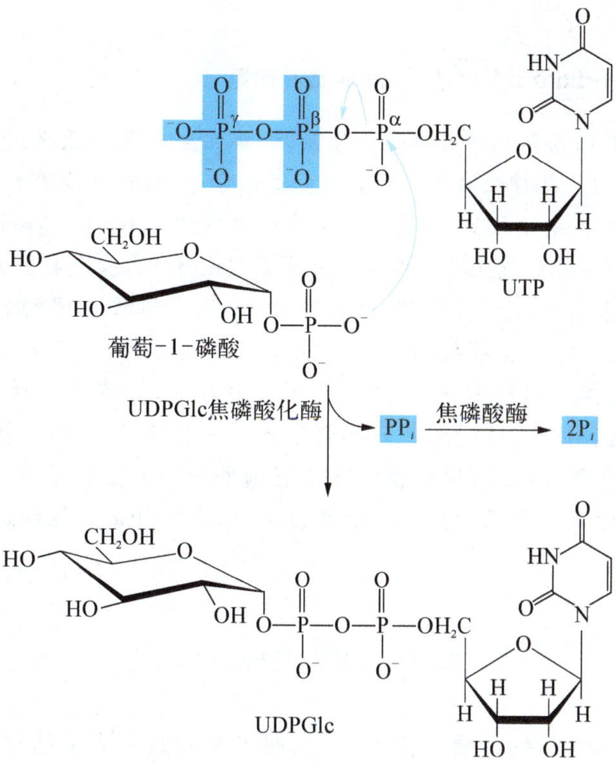

图 10-20 活化的葡萄糖单位的形成

单独由葡糖-1-磷酸转变为 UDPGlc 反应的 $\Delta G^{0\prime}$ 约为 0，这是一个典型的可逆反应。但由于生成的 PPi 在细胞内焦磷酸酶催化下，极易发生水解，致使总的 $\Delta G^{0\prime}$ 为 −33.5 kJ/mol，因此总反应却是不可逆的。

(2) 需要引物

糖原合酶并不能催化糖原的从头合成(de novo synthesis)，只能将葡萄糖单位从 UDPGlc 转移到事先已合成好的引物分子上。能充当糖原合成引物的分子有两种：一种是还没有完全降解的糖原分子，其残留的非还原端可直接作为引物；另外一种是蛋白质。对于酵母和动物而言，充当引物的蛋白质是由两个相同的亚基组成的糖原素(glycogenin)，在糖原的"从头合成"中发挥作用。

(3) 合成的方向是从还原端→非还原端

(4) 分支需要分支酶(branching enzyme)

分支酶能将一个七糖单位，从一段长于 11 个葡糖残基的糖链的非还原端，转移到邻近的糖链上，并以 α-1,6-糖苷键相连，新的分支点至少距离老的分支点 4 个葡糖残基以上(图 10-21)。

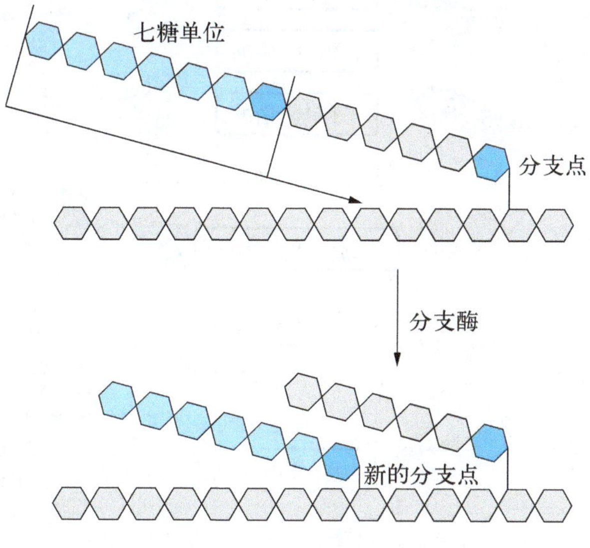

图 10-21 糖原分支的形成

框 10-1 生化研究动态——Lafora 病的分子机制及其治疗

拉福拉(Lafora)病是一种极为罕见的遗传性代谢疾病，病因主要是糖原代谢异常，其症状主要表现为严重的进行性肌阵挛癫痫和其他一些神经疾患。这种疾病是致命的，目前还没有什么有效的治疗方法，患者寿命通常不会超过 10 周岁。2011 年 3 月 2 日，美国印第安纳大学的 Peter J. Roach 在 *Cell metabolism* 杂志上发表了一篇论文，描述了这种疾病的发生与一个编码痫蛋白(laforin)的基因发生突变有关。痫蛋白的功能是去除糖原中的磷酸基团。当机体不能产生痫蛋白的时候，糖原中磷酸基团的水平会积累，而导致拉福拉病。对于糖原中磷酸基团的来源一直困扰着人们。在正常人的体内，糖原在合成的时候，其原料即与葡萄糖结合的磷酸基团会水解掉。但每参入 10 000 个葡糖糖残基，约有 1 个磷酸基团仍然附着在糖原链上。痫蛋白的功能是纠正这种错误，将磷酸基团水解下来。没有痫蛋白，磷酸基团会发生堆积。

在动物实验中，Roach 发现，阻止糖原的合成可抵消痫蛋白的突变。尽管缺乏糖原会产生副作用，例如很容易得糖尿病，但这对于不治即死的拉福拉病患者来说，没有什么其他的选择。

第六节 糖代谢的调节

细胞内的任何代谢途径都是受到严格调控的，糖代谢也是如此。除了通过控制底物的可得性以外，机体主要是通过调节各条代谢途径中的限速酶的活性来控制各条代谢途径。控制糖代谢限速酶活性的主要方法是别构调节。

一、糖酵解和糖异生的交互调控

糖酵解的第 1 步、第 3 步和最后一步为不可逆反应，其余 7 步都是可逆反应。可逆反应为糖酵解和糖异生共有，只不过反应的方向正好相反。显然，细胞不会选择 7 步可逆反应作为调控的对象，因为若这 7 步可逆反应受到抑制或者激活，那糖酵解和糖异生也就同时受到抑制或激活，这样的结果会造成“无效循环”。

为了避免“无效”循环，机体选择催化不可逆反应的限速酶为调控的对象，并对糖酵解和糖异生进行交互调控(图 10-22)。交互调控能够保证在任何时候，细胞的这两条代谢途径不可能都处于活跃的状态，而是“一张一弛”，但究竟哪一条途径被激活或被抑制完全取决于细胞当时的能量状态，以及体内葡萄糖的贮存情况和其他燃料的利用情况。既然糖酵解和糖异生分别属于糖的分解代谢和合成代谢，那么最好的调控策略应该是在糖酵解处于活跃的时候，糖异生恰好被抑制，反之亦然。

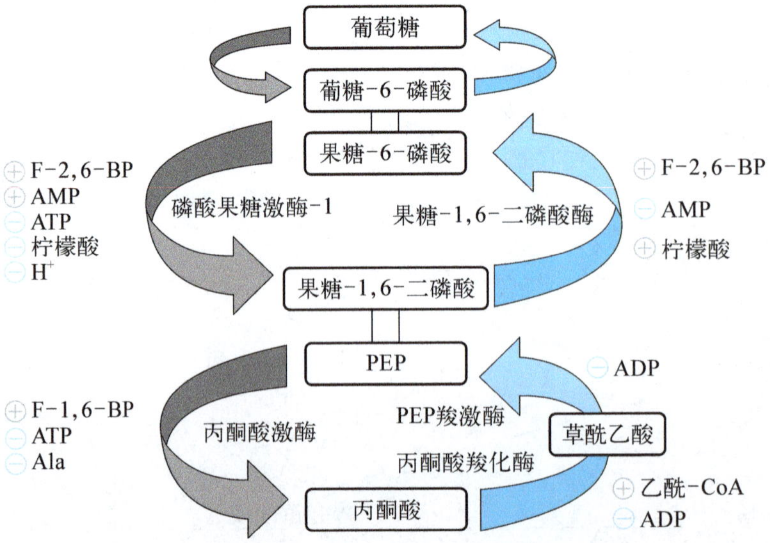

图 10-22 糖异生和糖酵解的交互调节

糖酵解的限速酶是己糖激酶(包括葡糖激酶)、PFK-1和丙酮酸激酶;糖异生的限速酶是丙酮酸羧化酶、PEP羧激酶、果糖-1,6-二磷酸酶和葡糖-6-磷酸酶。其中PFK-1和果糖-1,6-二磷酸酶分别是糖酵解和糖异生最重要的调节酶,调节的方式主要是别构调节。在肝细胞,那些作为糖酵解正别构效应物的分子几乎都是糖异生的负别构效应物,相反,那些作为糖酵解负别构效应物的分子通常作为糖异生的正别构效应物。

1. 糖酵解的调控

(1) 己糖激酶和葡糖激酶的调控

调节己糖激酶活性的主要方式是对其反应产物即己糖-6-磷酸的反馈抑制。当糖酵解在其他位点受到抑制的时候,己糖-6-磷酸的利用受阻导致了它在细胞内的堆积,多余的己糖-6-磷酸作为反馈抑制剂能进一步减弱糖酵解作用。

与己糖激酶不同的是,葡糖激酶并不受到己糖-6-磷酸的抑制,但作为一种诱导酶,葡糖激酶在肝细胞内的浓度受到胰岛素的控制。

(2) PFK-1的调控

PFK-1作为糖酵解最重要的限速酶,直接控制进入糖酵解的葡萄糖和其他几种己糖的流量。

PFK-1是一个复杂的多亚基蛋白,调节其活性的主要手段是别构调节。有两组别构效应物能够改变它的活性,一组为负别构效应物,包括ATP和柠檬酸;另一组为正别构效应物,包括AMP、ADP和果糖-2,6-二磷酸(F-2,6-BP)。

1) ATP的别构抑制　ATP对PFK-1的别构抑制反映了在细胞处于较高的能量状态时(ATP浓度较高),理应将产能途径"降温",从而使细胞的合成代谢活跃起来。但问题是ATP如何既能作为PFK-1的底物,又作为它的抑制剂呢?原来,PFK-1分子上有两个ATP结合位点,一个是酶的活性中心,另一个是别构中心。两个位点与ATP的亲和力不一样,前者的亲和力较高,后者则比较低。当细胞的能荷较低时,ATP只会与PFK-1的活性中心结合,别构中心并无ATP结合,这时绝大多数酶处于R态,PFK-1与底物F-6-P的动力学曲线为双曲线(图10-23)。糖酵解以正常的速度进行,以使细胞产生足够的ATP;相反,当细胞的能荷较高时,ATP就有机会与别构中心结合。一旦两者结合,酶的构象就发生变化,迅速从R态变为T态,这时酶与F-6-P的结合曲线大幅度地向右倾斜,变成了S型,于是酶对F-6-P的亲和力降低了,其活性自然就受到了抑制。

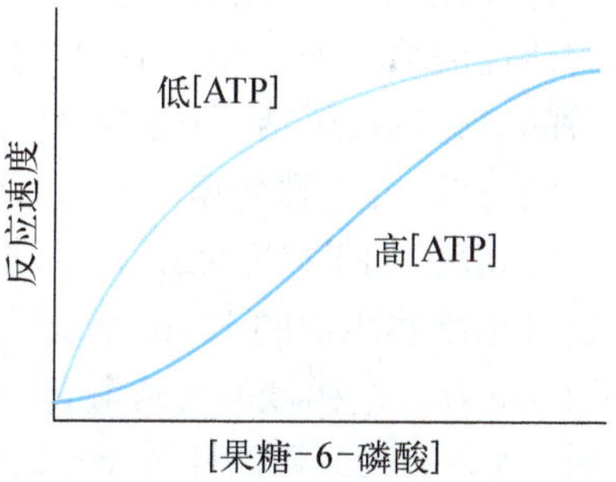

图10-23　ATP浓度对PFK-1的活性影响

O_2对糖酵解的抑制效应即巴斯德效应(Pasteur effect)与ATP的抑制作用有关:在有氧的时候,生物体利用有氧代谢产生大量的ATP,高水平的ATP作为负别构效应物,通过抑制PFK-1而抑制了糖酵解。

2) 柠檬酸的别构抑制　柠檬酸作为三羧酸循环的中间物,实际上也是一种细胞能量状态的"指示剂"。当细胞内其他燃料(例如脂肪酸或酮体)大量氧化,并经过三羧酸循环和氧化磷酸化合成大量ATP而导致细胞的能荷大幅度提高时,三羧酸循环将被削弱,柠檬酸因此而积累,并通过线粒体内膜上的转运蛋白离开线粒体进入细胞质基质,作为负别构效应物抑制PFK-1的活性。事实上,柠檬酸在细胞质基质还能激活脂肪酸合成的限速酶——乙酰-CoA羧化酶,这可以让脂肪细胞在富能的时候把多余的能量转化成脂肪贮存起来。

3) AMP和ADP的别构激活　AMP和ADP也是细胞能量状态的"指示剂"。当细胞内的能量状态较高的时候,它们的浓度就很低,这时很难作为PFK-1的正别构效应物起作用;相反,当细胞内的能量状态较低的时候,AMP和ADP的浓度就比较高,这时能够作为正别构效应物激活PFK-1的活性,使更多的底物进入糖酵解氧化分解以提高细胞的能量状态。

4) F-2,6-BP的别构激活　F-2,6-BP被视为PFK-1最重要的正别构效应物。合成F-2,6-BP的反应是由PFK-2催化,需要Mg^{2+}。此反应为不可逆反应。

F-6-P被磷酸化成F-2,6-BP以后,可在果糖-2,6-二磷酸酶(fructose 2,6-bisphosphatase,F-2,6-BPase)催化下,使得F-2,6-BP重新转变为F-6-P。令人称奇的是,PFK-2和F-2,6-BPase居然

是同一个蛋白质的不同形式，前者为去磷酸化形式，后者为磷酸化形式(图 10－24)。

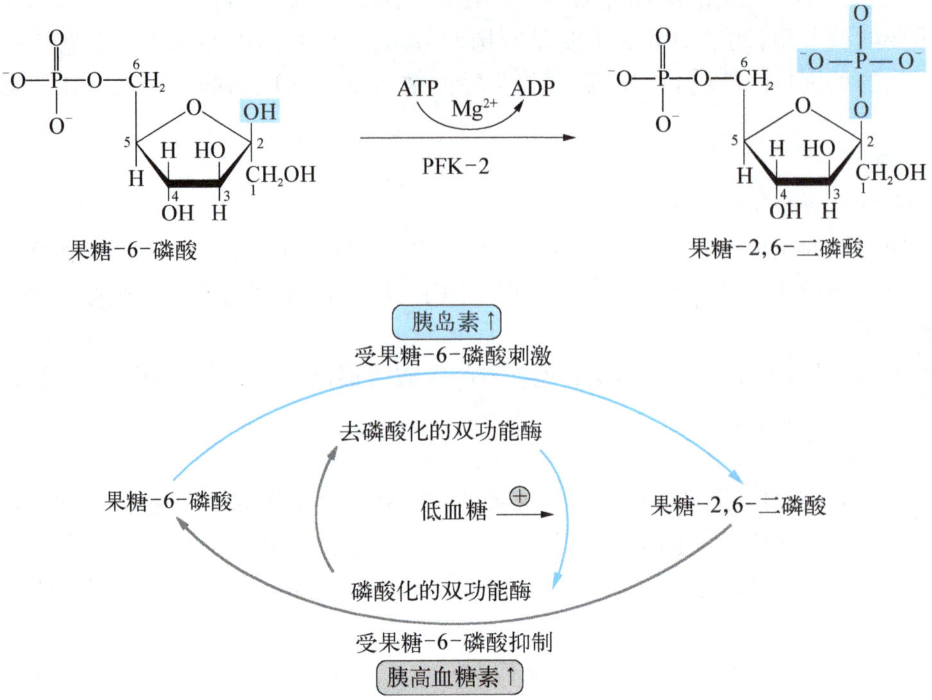

图 10－24　PFK－2 和 F－2,6－BPase 的活性调节和相互转变

控制调节结构域磷酸化和去磷酸化的两种激素则分别是胰高血糖素和胰岛素：当血糖浓度下降，则胰高血糖素开始分泌，胰岛素分泌停止，胰高血糖素随血液循环到达肝细胞，与位于肝细胞膜表面的受体结合，通过 AC 系统激活肝细胞内的 PKA，PKA 催化 PFK－2 的调节结构域的磷酸化，从而关闭其激酶的活性，同时激活其磷酸酶的活性。F－2,6－BPase 活性被激活以后，将 F－2,6－BP 水解成 F－6－P，PFK－1 的活性因缺乏 F－2,6－BP 的激活而受到抑制，糖酵解也因此受到了抑制，与此同时，细胞内糖异生和脂肪酸的氧化则被激活。在被胰高血糖素作用后，肝细胞所发生的种种代谢变化的目的只有一个——阻止葡萄糖的分解，促进葡萄糖的合成，并最终提高血糖的浓度。

相反，如果血糖浓度上升，则胰高血糖素分泌停止，胰岛素开始分泌，胰岛素随血液循环到达肝细胞，通过肝细胞膜表面的 RTK 系统，激活肝细胞内特殊的磷蛋白磷酸酶，被激活的磷蛋白磷酸酶催化 F－2,6－BPase 调节结构域的去磷酸化，从而关闭其磷酸酶的活性，同时激活其激酶的活性。PFK－2 活性被激活以后，将 F－6－P 磷酸化成 F－2,6－BP，PFK－1 的活性因 F－2,6－BP 的结合而受到激活，糖酵解也因此受到了激活。与此同时，细胞内糖异生和脂肪酸的氧化则受到抑制，糖原合成和脂肪酸的合成加强。在被胰岛素作用后，肝细胞所发生的种种代谢变化的目的也只有一个，那就是促进葡萄糖的分解和糖原合成，阻止葡萄糖的合成，并最终降低血糖的浓度。

由此看来，F－2,6－BP 是合成还是水解完全由血液中胰岛素和胰高血糖素的比例决定，而 F－2,6－BP 在合成和水解之间的切换使得机体能够对血糖浓度的变化迅速做出反应。

(3) 丙酮酸激酶的调控

调节丙酮酸激酶活性有两种方式：一种是别构调节，另一种是共价修饰调节。前一种方式涉及的别构效应物有 ATP、丙氨酸和 F－1,6－BP。其中 ATP 和丙氨酸作为负别构效应物，F－1,6－BP 作为正别构效应物。ATP 抑制丙酮酸激酶活性的原理类似于 ATP 抑制 PFK－1，而 F－1,6－BP 以前馈激活(feed-forward activation)的方式作用于丙酮酸激酶，可保证通过 PFK－1 这一关的 F－1,6－BP 能够“走完”全程。后一种方式是典型的“可逆的蛋白质磷酸化”。受胰高血糖素的作用，PKA 被激活，进一步催化丙酮酸激酶的磷酸化修饰而使其失活。

2. 糖异生的调控

糖异生的调控对象主要集中在果糖－1,6－二磷酸酶、PEP 羧激酶和丙酮酸羧化酶。

(1) 果糖-1,6-二磷酸酶的调控

果糖-1,6-二磷酸酶的正别构效应物是柠檬酸,负别构效应物是果糖-2,6-二磷酸和 AMP,果糖-2,6-二磷酸的浓度受到胰岛素、胰高血糖素和肾上腺素的控制。

(2) PEP 羧激酶和丙酮酸羧化酶的调控

PEP 羧激酶和丙酮酸羧化酶的负别构效应物均是 ADP,丙酮酸羧化酶的正别构效应物是乙酰-CoA。机体选用乙酰-CoA 作为丙酮酸羧化酶的正别构效应物,既可以协调糖异生和糖酵解,也可以协调糖代谢和脂肪酸代谢。

除了别构效应物对糖异生途径的几种调节酶的直接调控以外,PEP 羧激酶的浓度还直接受到胰岛素、糖皮质激素、胰高血糖素和肾上腺素等的控制。已发现,PEP 羧激酶基因的启动子周围具有一系列调控序列,如胰岛素应答元件(insulin-response element, IRE)、糖皮质激素应答元件(glucocorticoid hormone-response element, GRE)和 cAMP 应答元件(cAMP-response element, CRE),这说明这几种激素可以通过调控 PEP 羧激酶基因的表达直接调控糖异生。

二、三羧酸循环的调控

对 TCA 循环本身的调控集中于柠檬酸合酶、异柠檬酸脱氢酶和 α-酮戊二酸脱氢酶复合体(图 10-25),其中最重要的调控位点是异柠檬酸脱氢酶,其次是 α-酮戊二酸脱氢酶复合体,至于柠檬酸合酶,对它的调控多见于原核生物。

乙酰-CoA 是 TCA 循环第一步反应的底物,因此,机体还可以通过调节它的形成来调节 TCA 循环,而这必然牵涉到细胞内参与乙酰-CoA 合成的酶,如丙酮酸脱氢酶系。

1. 柠檬酸合酶的调控

对柠檬酸合酶的调控方式主要为别构调节。细胞高能状态的指示剂或反应的中间产物或终产物 ATP、NADH 和琥珀酰-CoA 均可作为负别构效应物来抑制该酶的活性,而细胞低能状态的指示剂 ADP 可作为正别构效应物来刺激该酶的活性。此外,高浓度的柠檬酸可以通过竞争的方式反馈抑制柠檬酸合酶。

2. 异柠檬酸脱氢酶的调控

对异柠檬酸脱氢酶的调控也主要是别构调节。作为异柠檬酸脱氢酶负别构效应物的是 ATP 和 NADH,正别构效应物是 ADP 和 Ca^{2+}。细胞选择 Ca^{2+} 作为异柠檬酸脱氢酶、α-酮戊二酸脱氢酶复合体和丙酮酸脱氢酶复合体的正别构效应物,原因是 Ca^{2+} 为肌肉收缩的信号,实际也就是肌细胞需要 ATP 的信号。

3. α-酮戊二酸脱氢酶复合体的调控

对 α-酮戊二酸脱氢酶的调控与对丙酮酸脱氢酶复合体的调控方法相似,但没有共价修饰的形式,只有别构调节和产物的竞争性反馈抑制。其中,Ca^{2+} 和 AMP 别构激活 α-酮戊二酸脱氢酶,琥珀酰-CoA 和 NADH 分别反馈抑制二氢硫辛酸转琥珀酰酶和二氢硫辛酸脱氢酶。

4. 丙酮酸脱氢酶复合体的调控

对丙酮酸脱氢酶复合体的调控有产物的竞争性反馈抑制、别构调节和丙酮酸脱氢酶的共价修饰三种形式(图 10-26),最后一种仅存在于真核生物。

乙酰-CoA 和 NADH 分别反馈抑制 E_2 和 E_3。参与丙酮酸脱氢酶别构调节的效应物仍然主要是细胞能量状态的指示剂,如 ADP、NAD^+ 和 NADH。

参与丙酮酸脱氢酶共价修饰的酶是蛋白质激酶和磷蛋白磷酸酶,两者都紧密结合于丙酮酸脱氢酶复合体,其中激酶催化丙酮酸脱氢酶在特定位点的丝氨酸残基的磷酸化,从而导致其活性丧失,磷酸酶的功能正好相反。这两种酶的活性又受到别构效应物的控制,其中 ADP、CoA、NAD^+ 和丙酮酸能够抑制激酶的活性,Ca^{2+} 能刺激磷酸酶的活性,这 5 种物质共同维持丙酮酸脱氢酶处于有活性的去磷酸化状态,而乙酰-CoA 和 NADH 作为正别构效应物激活激酶的活性,有利于丙酮酸脱氢酶主要以无活性的磷酸化形式存在。

三、糖原代谢的调节

糖原分解和合成的限速酶分别是糖原磷酸化酶和糖原合酶,这两种酶自然也就成为糖原代谢调节的主

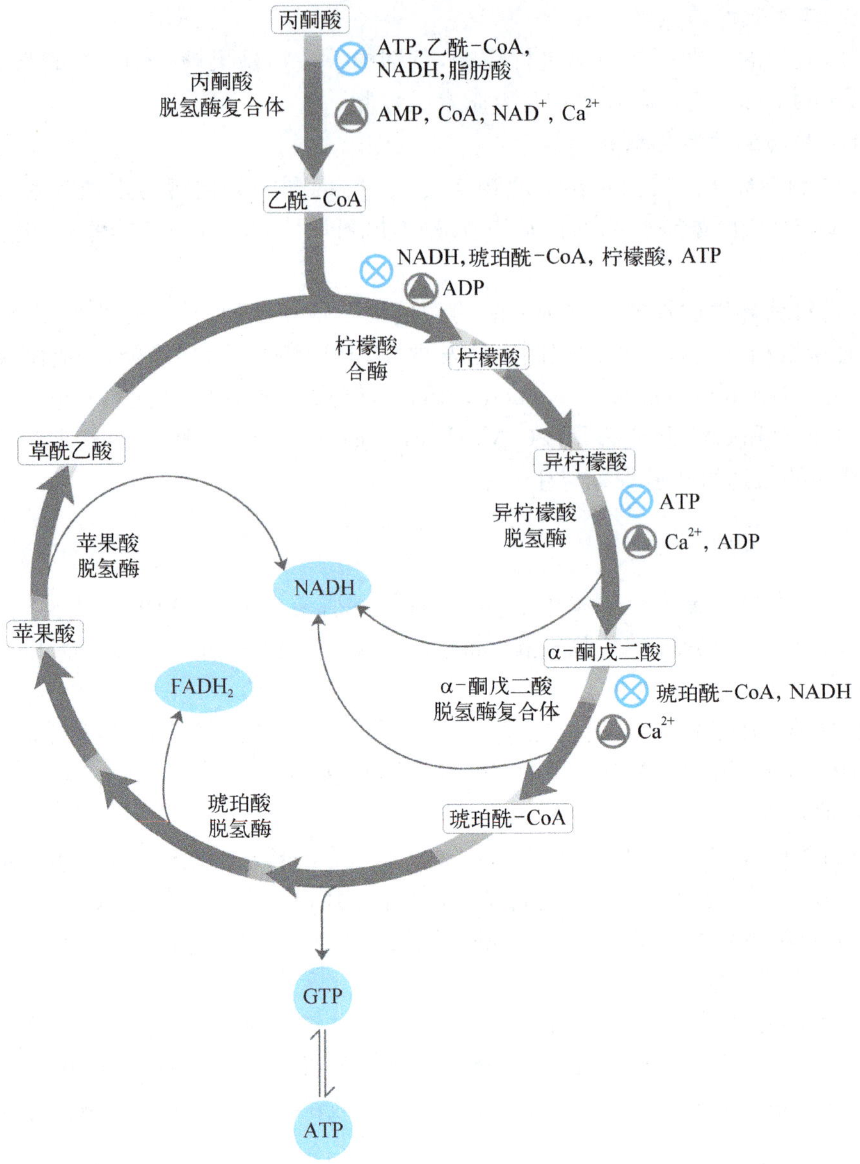

图 10-25　TCA 循环途径及其调控

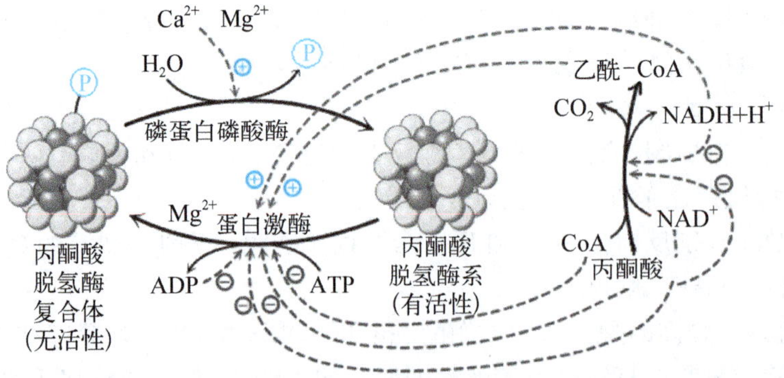

图 10-26　丙酮酸脱氢酶酶复合体的调节

要目标。对糖原代谢的调节主要有两种形式，一是别构调节，二是受激素控制的“可逆磷酸化”调节。

1. 别构调节

糖原分解代谢中调节的目标是糖原磷酸化酶。肝细胞和肌细胞之中的糖原磷酸化酶不完全相同，虽然它们属于同工酶，但是两者在结构和调节的某些方面仍然有差别。

两种糖原磷酸化酶在结构与调节机制上的差异，实际上与两种糖原的功能差异有关。肌糖原的功能完全是为肌细胞自身能量的需要而存在的，是“利己的”，而肝糖原的功能是“利它的”，其存在的目的完全是为其他细胞（如脑细胞）提供能源和维持血糖浓度稳定。

（1）肌糖原磷酸化酶的别构调节

肌糖原磷酸化酶与肝糖原磷酸化酶一样，都有a和b两种形式，通常a具有活性，b没有活性，两者的差别在于前者的Ser14被磷酸化修饰了。当肌细胞受到肾上腺素作用或电刺激的情况下，b即转变为a。

如图10-27所示，无论是哪一种形式的肌糖原磷酸化酶，它们都具有T态和R态两种构象，只不过a型的R态多，b型的T态多。值得注意的是，处于T态的磷酸化酶的活性中心被自身一段肽链形成的环掩盖住了，因此活性较低。

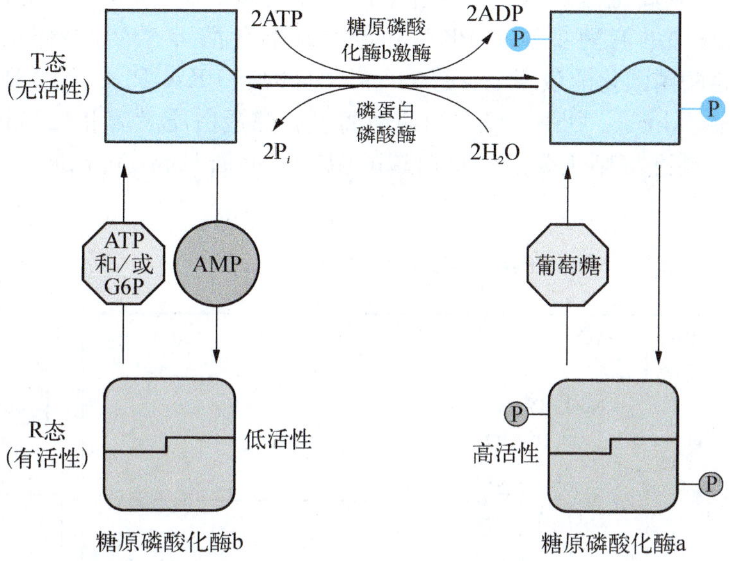

图10-27　肌糖原磷酸化酶的活性调节

肌糖原磷酸化酶的别构效应物有ATP、葡糖-6-磷酸和AMP，它们只作用于b型磷酸化酶。其中ATP和AMP直接反映细胞的能量状态，葡糖-6-磷酸是由葡糖-1-磷酸变位而来，它的浓度高低实际上反映了糖原磷酸解所进行的程度。

酶分子上有专门结合核苷酸的位点，当肌细胞内的能量状态较高的时候，高浓度的ATP与处于R态的b型磷酸化酶结合，促使它转变为无活性的T态，糖原磷酸解受阻；反之，当肌细胞内的能量状态较低的时候，高浓度的AMP与处于T态的b型磷酸化酶结合，促使它转变为有活性的R态，糖原分解随即被启动。当细胞内糖原磷酸解到一定程度以后，葡糖-6-磷酸升高，细胞能量状态提高，这时葡糖-6-磷酸可以单独或者与ATP一起作用处于R态的b型磷酸酶，促使R态转变为T态。

在大多数生理状态下，由于ATP和葡糖-6-磷酸的抑制，肌细胞内的b型磷酸化酶无任何活性。相反，不论细胞内的ATP、AMP和葡糖-6-磷酸的浓度如何变化，a型磷酸化酶总有活性。

在肌细胞处于静息状态下，细胞内所有的磷酸化酶几乎都是无活性的b型。当肌细胞收缩的时候，ATP被迅速消耗，AMP浓度升高，b型被激活成R态。与此同时，肌肉的运动导致肾上腺素被释放，这有利于b型变成a型。由于肌肉细胞缺乏葡糖-6-磷酸酶，葡糖-6-磷酸不会水解成葡萄糖，而只能留在肌细胞内进行氧化放能。

（2）肝糖原磷酸化酶的别构调节

人类的肝糖原磷酸化酶与肌糖原磷酸化酶的90％氨基酸序列是相同的，但是，正是那10％的差异使得两者在调控的机制上存在一些差别。

首先，肝细胞内是a型磷酸化酶对别构效应物产生强烈的反应，而不是b型磷酸化酶；其次，别构效应物并不是AMP、ATP和葡糖-6-磷酸，而是葡萄糖。

（3）糖原合酶的别构调节

与糖原磷酸化酶一样，糖原合酶也具有a型和b型，但与磷酸化酶不同的是，a型主要是去磷酸化形式，

b 型主要是磷酸化形式。

能够作为别构效应物来直接影响糖原合酶活性的分子是葡糖-6-磷酸，它能够降低 b 型合酶对 UDPGlc 的 K_m 值，从而使磷酸化的合酶也能够合成糖原。

2. "可逆磷酸化"的级联调节系统

别构效应物对糖原磷酸化酶和糖原合酶的直接调节仅仅是在最低一级水平对糖原代谢进行调节，更精细、更敏感和更灵活的调节需要在高一级水平上进行，这必然涉及更多的生物分子，如激素、受体、G 蛋白、第二信使、蛋白质激酶和磷蛋白磷酸酶等。

参与糖原代谢调节的激素有胰岛素、胰高血糖素和肾上腺素，肾上腺素主要作用于肌细胞，胰高血糖素主要作用于肝细胞。其中，胰高血糖素和肾上腺素促进糖原的磷酸解，而胰岛素促进糖原的合成。参与调节糖原磷酸化酶磷酸化修饰的激酶主要有 PKA 和糖原磷酸化酶 b 激酶，被修饰的磷酸化酶的位点是 Ser14；而参与调节糖原合酶磷酸化的激酶至少有 11 种，常见的有 PKA、PKC、糖原磷酸化酶 b 激酶、糖原合酶激酶(glycogen synthase kinase, GSK)、酪蛋白质激酶Ⅰ和酪蛋白质激酶Ⅱ(casein kinase, CK)，磷酸化位点至少有 9 个。磷蛋白磷酸酶则主要是磷蛋白磷酸酶-1(phosphoprotein phosphatase type 1, PP-1)(图 10-28)。

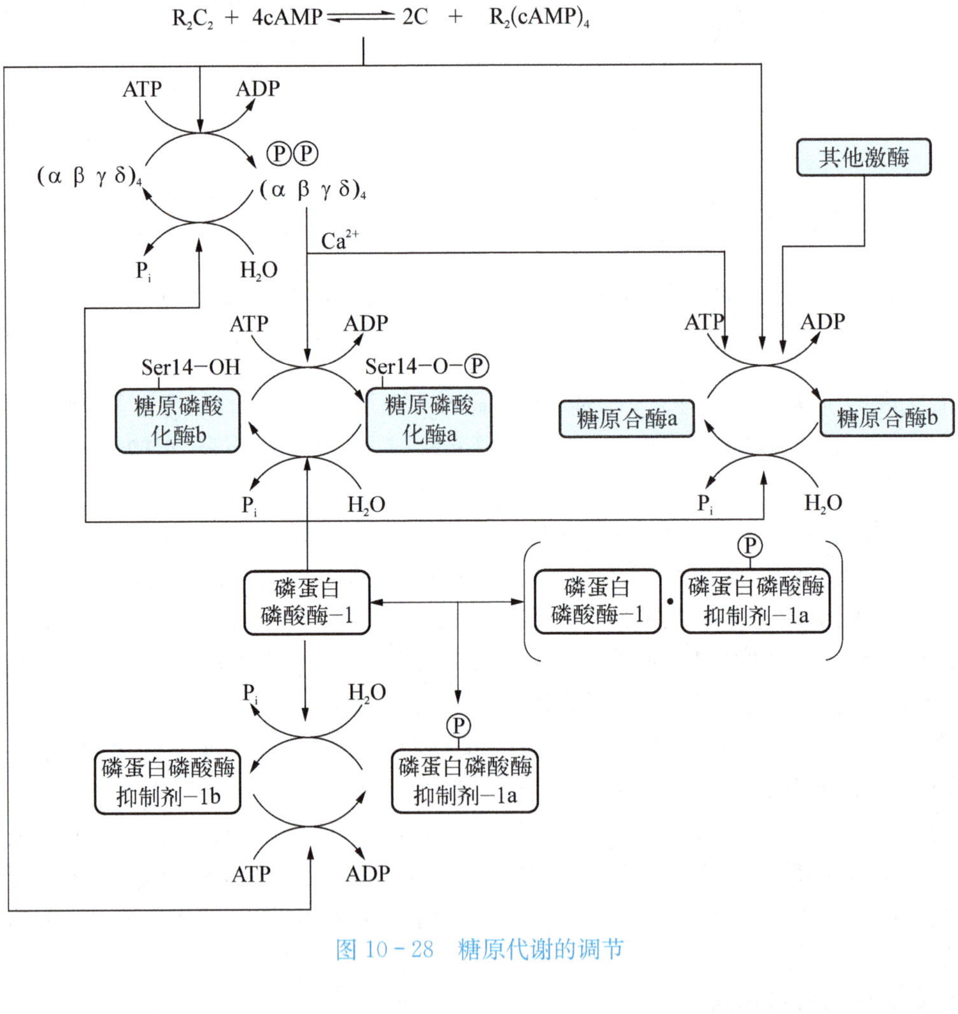

图 10-28 糖原代谢的调节

推荐网址

1. http://themedicalbiochemistrypage.org/glycolysis.html
2. http://en.wikipedia.org/wiki/Glycolysis
3. http://en.wikibooks.org/wiki/Principles_of_Biochemistry/Krebs_cycle_or_Citric_acid_cycle

4. http://www.wiley.com/college/boyer/0470003790/animations/tca/tca.swf
5. http://web.virginia.edu/Heidi/chapter20/chp20.htm
6. http://www.rpi.edu/dept/bcbp/molbiochem/MBWeb/mb2/part1/pentose.htm
7. http://themedicalbiochemistrypage.org/gluconeogenesis.html
8. http://cmgm.stanford.edu/biochem200/glycogen/

参考文献

1. Schirmer T, Evans P R. Structural basis of the allosteric behavior of phosphofructokinase. Nature, 343:140－135,1990.
2. Middleton R J. Hexokinases and glucokinases. *Biochem. Soc. Trans.*, 18:180－183,1990.
3. Hue L, Rider M H. Role of fructose 2,6－bisphosphate in the control of glycolysis in mammalian tissues. *Biochem. J.*, 245:313－324,1987.
4. Weigand G, Remington S J. Citrate synthase: structure, control, and mechanism. *Annu. Rev. Biophys. Biophys. Chem.*, 15:97－117, 1986.
5. Tozzi M G, et al. Pentose phosphates in nucleoside interconversion and catabolism. *FEBS J.*, 273:1089－1101,2006.
6. Wood T. Physiological functions of the pentose phosphate pathway. *Cell Biochem. Funct.*, 4:241－247,1986.
7. Marc M, et al. A fasting inducible switch modulates gluconeogenesis via activator/coactivator exchange. *Nature*, 456: 269－273,2008.
8. Hers H G, Hue L. Gluconeogenesis and related aspects of glycolysis. *Annu. Rev. Biochem.*, 52:617－653,1983.
9. Roach P J. Phosphate Incorporation during Glycogen Synthesis and Lafora Disease. Cell Metabolism, 13,274－282,2011.
10. Simoni R D, et al. Carbohydrate metabolism: glycogen phosphorylase and the work of Carl F. and Gerty T. Cori. *J. Biol. Chem.*, 277, 2002.
11. Roach P J, et al. Crystal structure of the autocatalytic initiator of glycogen biosynthesis, glycogenin. *J. Mol. Biol.*, 319:463－477,2002.
12. Barford D, et al. Structural mechanism for glycogen phosphorylase control by phosphorylation and AMP. *J. Mol. Biol.*, 218:233－260, 1991.

思考题

1. 从试剂公司可以订购到任意位置被^{14}C标记的葡萄糖，如果想用葡萄糖来测定糖酵解和磷酸戊糖途径在一种特定的组织内发生的相对比率，那么你选择的葡萄糖应该在哪些位置的C被同位素标记？为什么？
2. 假定有一种甘油醛－3－磷酸脱氢酶的突变体被发现能够水解而不是磷酸解氧化的与酶结合的中间物。
   (1) 请写出水解的反应式。
   (2) 预测水解对糖酵解的ATP产量以及糖酵解本身的速率有何影响？
   (3) 这种突变对需氧微生物有何影响？
3. 试回答以下问题：
   (1) 预测葡糖－6－磷酸酶的缺陷对肝糖原和肌糖原的含量有什么影响？
   (2) 解释为什么硫胺素的缺乏可导致血液中乳酸的浓度上升？
   (3) 解释为什么由醛缩酶催化的将果糖－1,6－二磷酸变成甘油醛－3－磷酸和磷酸二羟丙酮的反应尽管是一个需能反应，但在细胞内发生却十分顺利？
   (4) 亚砷酸对于细菌将乙酸转变成葡糖－6－磷酸有无影响？为什么？
4. 一个新来的田径教练上任后叫他的短跑运动员改吃低糖类、高蛋白类的食物。结果，不久由他训练的运动员成绩开始下降。为什么这个教练员的对于食物的建议是不好的。
5. 预测下列突变或事件对肝细胞内的糖代谢有何影响？
   (1) 亲和素过分表达。
   (2) 编码磷蛋白磷酸酶1的基因缺失。
   (3) 突变致使葡糖－6－磷酸酶对葡糖－6－磷酸的K_m值降低1个数量级。
6. 解释为什么葡糖－6－磷酸脱氢酶的缺陷可导致红细胞内积累过氧化氢？
7. 请简要解释为什么摄入Asp可解除乙醇对糖异生的强烈抑制。
8. 乙二醇对于人来说是有毒的，但对许多含有乙醛酸循环的生物来说却是无毒的，为什么？

科学故事——三羧酸循环的发现

与 TCA 循环有关的研究最早始于 20 世纪初，当时有人发现，剁碎的动物组织悬液在无氧条件下，能够将某些小分子有机酸上的氢转移到一种叫甲烯蓝(methylene blue)的染料上，甲烯蓝因接受氢被还原，并从无色变为蓝色。这些有机酸包括琥珀酸(succinate)、延胡索酸(fumarate)、苹果酸(malate)和柠檬酸(citrate)等。但相同的动物组织悬液在有氧条件下，这些有机酸则被氧化成 CO_2 和 H_2O。

1937 年，Albert Szent-Györgyi 发现，在将上述少量的有机酸加到含有葡萄糖的组织悬液中以后，O_2 的消耗猛增，远远高于它们本身氧化所需要的量。于是，Albert Szent-Györgyi 认为，在有氧状态下，这些有机酸对葡萄糖的氧化具有催化作用。后来他又发现，琥珀酸脱氢酶的特异性抑制剂——丙二酸(malonate)能够抑制许多不同的动物组织悬液对 O_2 的利用，这就表明了琥珀酸是组织有氧代谢所必需的一种成分。

基于上述结果，Hans Krebs 想搞清楚不同的有机酸在有氧代谢中的相互关系。他选用了鸽子的飞翔肌(flight muscle)作为实验材料，首先证实了 Albert Szent-Györgyi 的实验结果，同时还发现草酰乙酸(oxaloacetate)、α-酮戊二酸(α-ketoglutarate)、异柠檬酸(isocitrate)和顺乌头酸(cis-aconitate)也有类似的催化作用，以及这些有机酸对丙酮酸的氧化也具有促进作用。考虑到丙二酸抑制的是琥珀酸转变成延胡索酸的反应，Hans Krebs 推测，琥珀酸脱氢酶催化的反应仅仅是丙酮酸完全氧化所涉及的全部反应的其中一个环节。比较了所有对丙酮酸的氧化具有催化作用的有机酸之间的结构关系以后，Hans Krebs 确定了它们之间进行生化转变的可能途径：柠檬酸→顺乌头酸→异柠檬酸→α-酮戊二酸→琥珀酸→延胡索酸→苹果酸→草酰乙酸。但是，如果考虑到这些有机酸以催化剂量参与丙酮酸的氧化反应，机体内就必然存在某种再生机制，以保证它们能从一个单一的代谢中间物重新生成，而不会被完全消耗。显然，要是这些有机酸能组成一个环形的代谢通路，那么再生的问题也就迎刃而解了。可是，草酰乙酸如何变成柠檬酸呢？Hans Krebs 很快有了答案：在缺乏 O_2 的条件下，丙酮酸和草酰乙酸加入到肌肉组织悬液中可以形成柠檬酸。于是，他认为丙酮酸和草酰乙酸之间能够缩合成柠檬酸并释放 CO_2。

Hans Krebs

Hans Krebs 提出的循环假说很快得到了其他一些实验证据的支持。证据之一是，在受到丙二酸抑制的肌肉组织切片中，加入环路中的任意有机酸，包括琥珀酸氧化的直接产物延胡索酸，均能导致琥珀酸的堆积；证据之二是，在大量的丙酮酸氧化受到丙二酸抑制的情况下，加入草酰乙酸、苹果酸或者延胡索酸都能刺激化学剂量的丙酮酸发生反应，但如果加入的是琥珀酸，就没有任何效果。

上述证据不仅证明了丙酮酸的氧化需要与草酰乙酸缩合成柠檬酸，还说明了随后的反应的确构成了环式的代谢通路。Hans Krebs 因此荣获了 1958 年的诺贝尔生理学或医学奖。

第 11 章

脂类代谢及其调节

在各种脂类分子中，脂肪是机体的良好能源，脂肪氧化可为机体提供丰富的ATP，磷脂是生物膜的主要成分，而固醇类物质是某些动物激素和维生素D及胆酸的前体，脂肪酸则是脂肪和磷脂的组成成分。已发现，脂质代谢与人类的某些疾病(如冠心病、脂肪肝、肥胖病等)密切相关。因此，研究脂质代谢具有特别重要的意义。

本章侧重讨论脂肪酸的分解和生物合成以及调控，对脂肪、磷脂及胆固醇的代谢亦将作扼要的介绍。

第一节 脂肪酸代谢

一、脂肪酸的分解代谢

在氧供应充足的条件下，脂肪酸在体内可分解为CO_2和H_2O并释放大量能量。脂肪酸的分解是以氧化的形式进行的，机体除脑组织和成熟红细胞外，大多数组织都能利用脂肪酸氧化供能，但以肝和肌肉最为活跃。脂肪酸的氧化过程，原核细胞在细胞质基质内进行，真核生物主要在线粒体基质中进行。根据被氧化的C碳原子的编号，脂肪酸氧化可分为α-氧化、β-氧化和ω-氧化，其中β-氧化(β-oxidation)是主要的方式。

1. 脂肪酸的β-氧化

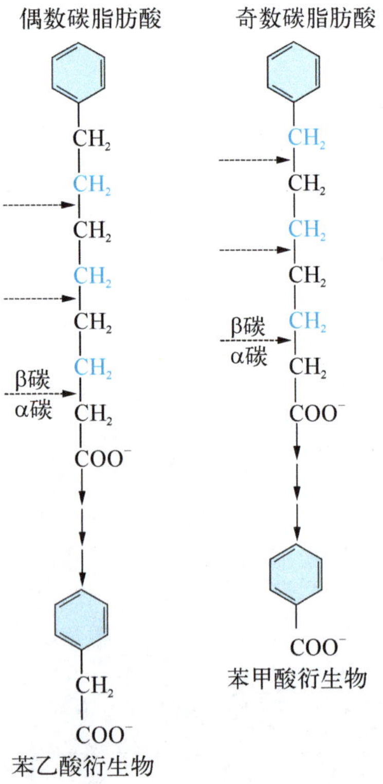

图 11-1 Knoop的苯环标记实验

早在1904年，Franz Knoop就提出了脂肪酸β-氧化学说。他用苯环标记含奇数碳原子的脂肪酸，饲喂动物，尿中是苯甲酸衍生物马尿酸。用苯环标记含偶数碳原子的脂肪酸，饲喂动物，尿中是苯乙酸衍生物苯乙尿酸(图11-1)。由此Knoop认为，脂肪酸是以二碳单位逐步降解，该过程是羧基端β-碳原子的氧化。

后来，Albert Lehninger证明了β-氧化发生在线粒体基质，而F. Lynen和E. Reichart则确定了释放出来的“二碳单位”为乙酰-CoA，而不是游离的乙酸。进一步的研究还表明，脂肪酸在进行β-氧化之前需要进行活化和跨膜转运，然后再进行脱氢、加水、再脱氢和硫脂解等几步反应。

(1) 脂肪酸的活化

在β-氧化开始之前，脂肪酸需先行活化，活化在线粒体外进行。活化过程是脂肪酸在脂酰-CoA合成酶(acyl-CoA synthetase)或硫激酶(thiokinase)催化下，与ATP及CoA-SH作用形成脂酰-CoA，并放出AMP和无机焦磷酸(PPi)，生成的PPi立即水解，释放的能量驱动了反应前进，因此反应是不可逆的。脂酰-AMP是反应的中间物。脂酰-CoA合成酶至少有三种，这三种酶有不同的脂肪酸链长特异性，它们位于线粒体外膜上。脂肪酸活化后不仅含有高能硫酯键，而且水溶性增加，从而提高了脂肪酸的代谢活性。反应中由ATP供能后生成AMP，AMP需经2次磷酸化才能生成为ATP。故1分子脂肪酸活化变成脂酰-CoA，等于消耗了2分子ATP(图11-2)。

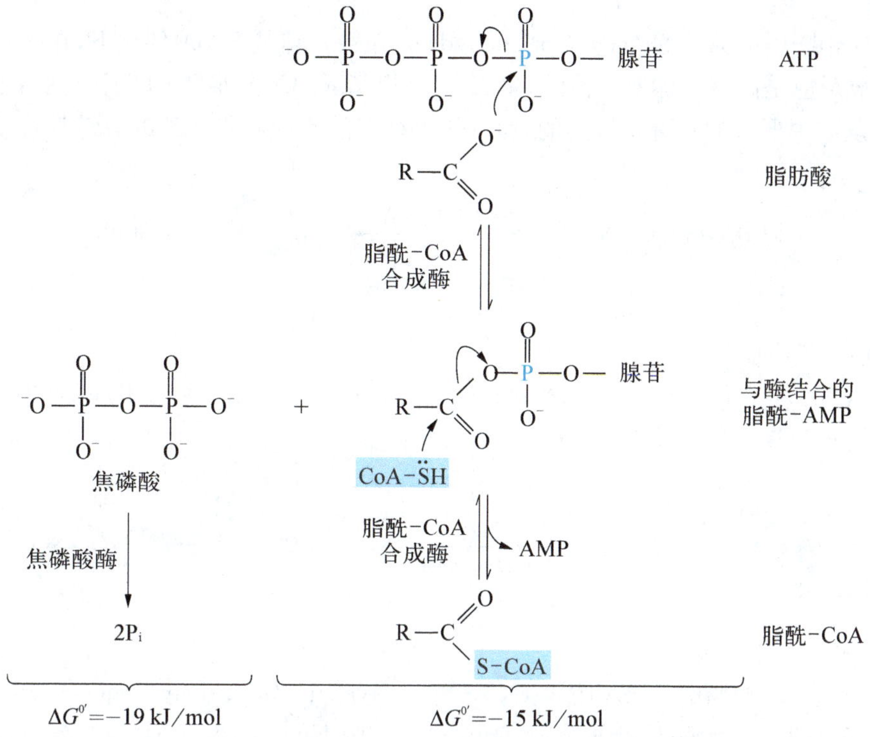

图 11-2　脂肪酸的活化

(2) 转运穿过线粒体内膜

脂肪酸的活化在细胞质基质中进行，而催化脂肪酸氧化的酶系存在于线粒体的基质内，因此活化的脂酰-CoA 必须进入线粒体内才能代谢。实验证明，10 个碳原子以下的短链或中长链的脂酰-CoA 很容易透过线粒体内膜，但更长链的脂酰-CoA 就不能轻易地透过内膜，需要一种特殊的运送机制，即由线粒体内膜两侧的肉碱(carnitine)将脂肪酰基转入线粒体基质内，进入基质的脂酰基又重新转变成脂酰-CoA。

肉碱即 *L*-β羟-γ-三甲氨基丁酸，其结构式为$(CH_3)_3N^+CH_2CH(OH)CH_2COO^-$，它在动植物组织中都存在，而且人体可以自己合成。

在线粒体内膜外侧(胞质侧)，脂酰-CoA 通过肉碱脂酰转移酶Ⅰ(carnitine acyl transferase Ⅰ)的催化与肉碱结合生产脂酰肉碱，同时脱下 CoA，脂酰肉碱通过线粒体内膜上脂酰肉碱转位酶(carnitine acylcarnitine translocase)被送到线粒体基质内，在此又通过肉碱脂酰转移酶Ⅱ(carnitine acyl transferase Ⅱ)将脂酰转移到基质的 CoA 上，重新形成脂酰-CoA，而肉碱则再通过原来的脂酰肉碱转位酶返回到线粒体内膜外(图 11-3)。脂酰-CoA 进入线粒体是脂酸β-氧化的主要限速步骤。肉碱脂酰转移酶Ⅰ是脂肪酸分解的限速酶。

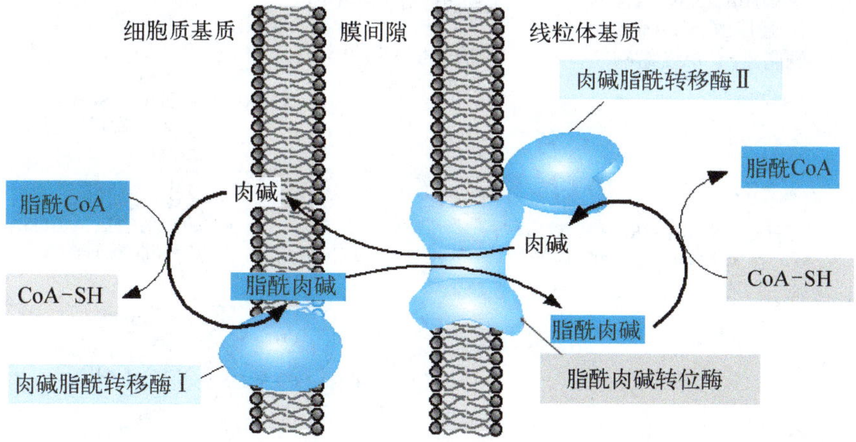

图 11-3　脂酰-CoA 的跨线粒体内膜的转运机制

(3) 脱氢反应

脂酰-CoA 在脂酰-CoA 脱氢酶(acyl-CoA dehydrogenase)(辅基 FAD)催化下，在 α 和 β 碳原子上各脱去 1 个氢原子，脱氢反应是高度立体专一性的，生成$\triangle^2$反烯脂酰-CoA，脱下的 2 个氢原子由辅基 FAD 接受生成 $FADH_2$。此反应中形成的双键是反式的，而自然界存在的不饱和脂肪酸的双键都是顺式的。

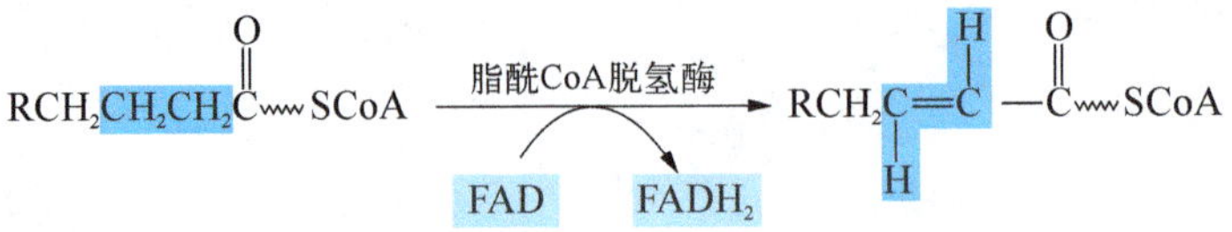

(4) 加水反应

$\triangle^2$反烯脂酰-CoA 在$\triangle^2$反烯脂酰-CoA 水合酶(enoyl-CoA hydratase)催化下，在双键上加水生成 L-β-羟脂酰-CoA。

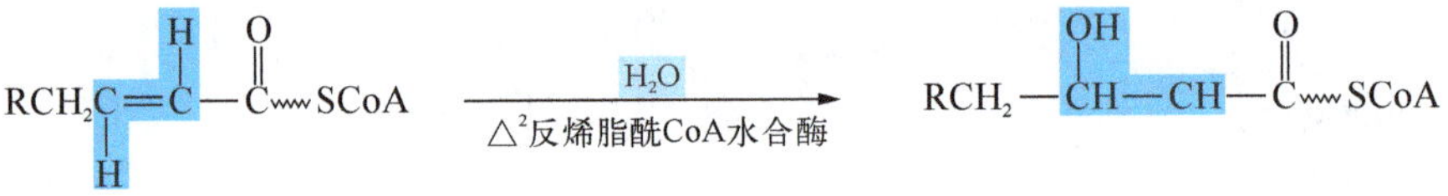

(5) 再脱氢反应

β-羟脂酰-CoA 在 β-羟脂酰-CoA 脱氢酶(β-hydroxyacyl-CoA dehydrogenase)(辅酶是 NAD^+)催化下，脱去 β 碳原子上的 2 个氢原子，生成 β-酮脂酰-CoA，脱下的 2H 由 NAD^+ 接受生成 $NADH+H^+$。

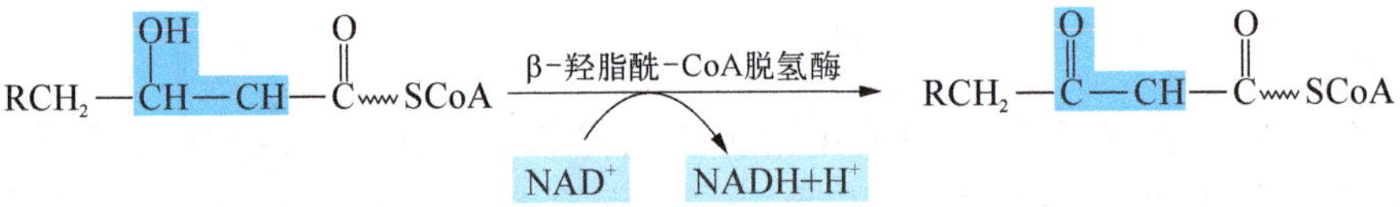

(6) 硫解反应

在 β-酮脂酰-CoA 酰基转移酶(acyl-CoA acetyltransferase，又称硫解酶(thiolase))催化下，β-酮脂酰-CoA与 CoA 作用，硫解产生 1 分子乙酰-CoA 和比原来少两个碳原子的脂酰-CoA。

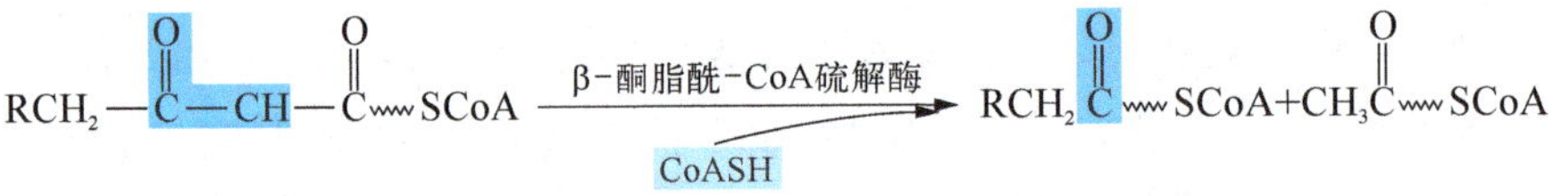

比原来少两个碳原子的脂酰-CoA 可再进行 β-氧化，如此反复进行，直至脂酰-CoA 完全氧化为乙酰 CoA。

脂肪酸 β-氧化全过程可如图 11-4 所示。脂肪酸在细胞质基质中活化生成脂酰 CoA，脂酰-CoA 进入

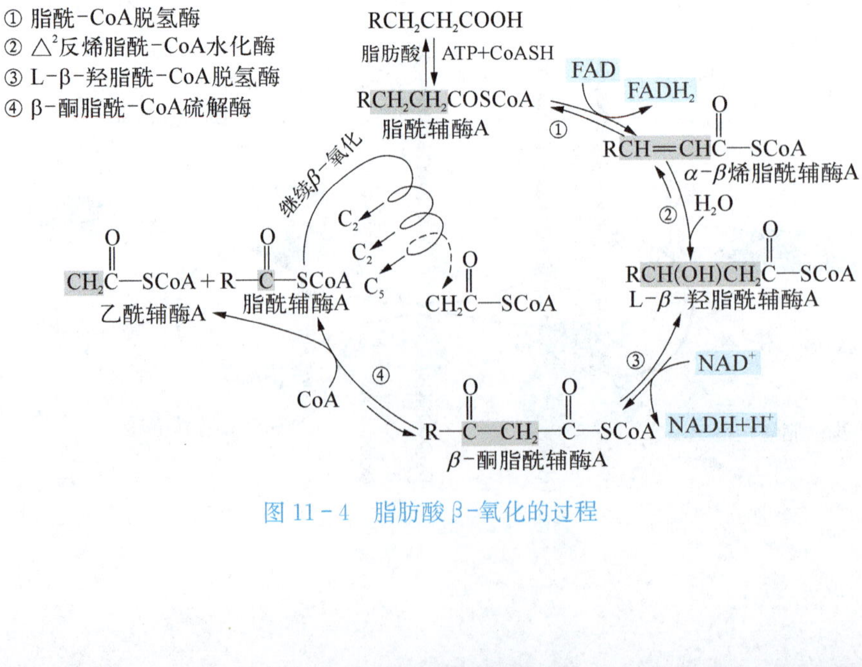

图 11-4 脂肪酸 β-氧化的过程

线粒体基质后，每经一次β-氧化，生成1分子乙酰-CoA和1分子比原来少2个碳原子的脂酰-CoA。经重复β-氧化，则1个脂肪酸分子可能全部变为乙酰-CoA。由于最后一步硫解反应是高度放能的，反应平衡点偏向于裂解方向，所以β-氧化整个过程的可逆性不大。

(7) 脂肪酸β-氧化的能量生成

脂肪酸经β-氧化后生成大量的乙酰-CoA。一部分乙酰-CoA进入三羧酸循环被彻底氧化生成 H_2O 和 CO_2，并释放能量，以满足人体活动的需要。另一部分在线粒体中缩合成酮体。

氧化过程中释放的大量能量，除一部分以热能形式维持体温外，其余以化学能形式储存在ATP中。现以软脂肪为例计算ATP的生成量。软脂酸是16个碳原子的饱和脂肪酸，需经7次β-氧化，产生7分子 $FADH_2$，7分子 $NADH+H^+$ 及8分子乙酰-CoA。总反应式为：软脂酰-CoA $+7FAD+7NAD^+ +7H_2O \rightarrow$ 8乙酰-CoA $+7FADH_2+7NADH+7H^+$。

表11-1 1分子软脂酸彻底氧化以后ATP的收支情况

与ATP产生有关的酶	NADH或 $FADH_2$ 产生的量	最终产生ATP的数目
脂酰-CoA合成酶		−2
脂酰-CoA脱氢酶	7 $FADH_2$	7×1.5=10.5
L-β-羟脂酰-CoA脱氢酶	7($NADH+H^+$)	7×2.5=17.5
异柠檬酸脱氢酶	8($NADH+H^+$)	8×2.5=20
α-酮戊二酸脱氢酶复合体	8($NADH+H^+$)	8×2.5=20
琥珀酰-CoA合成酶		8 GTP=8 ATP
琥珀酸脱氢酶	8 $FADH_2$	8×1.5=12
苹果酸脱氢酶	8($NADH+H^+$)	8×2.5=20
总量		106

1分子乙酰-CoA进入三羧酸循环又可产生1分子 $FADH_2$，3分子 $NADH+H^+$ 及1分子GTP(相当于1分子ATP)。考虑到脂肪酸活化时消耗2个ATP高能键，相当于2分子ATP，故1分子软脂酸完全氧化分解净生成28+80−2=106分子ATP(表11-1)。由此可见，脂肪酸是体内重要的能源物质。

(8) β-氧化的功能

脂肪酸β-氧化的主要功能是与三羧酸循环和呼吸链偶联起来，一方面可产生ATP，另一方面可产生大量的代谢水。这对于冬眠动物及某些生活在干燥缺水环境的生物十分重要，像骆驼，将β-氧化作为获取水的一种特殊手段。

(9) 不饱和脂酸的氧化

不饱和脂肪酸的氧化与饱和脂肪酸基本相同，也是经过β-氧化。但不饱和脂肪酸需要有更多的酶参加反应，才能经β-氧化实现完全的降解。不饱和脂肪酸在进行β-氧化的时候，关键问题是如何处理本来就有的、而位置不对的顺式双键，当顺式的双键进入β-位以后，将不能继续进行β-氧化。这时需要特殊的异构酶即烯脂酰-CoA异构酶来改变双键的位置和性质，使之转变为可被 $\triangle^2$ 反烯脂酰-CoA水化酶识别的2号位的反式双键，这样β-氧化又可以继续进行(图11-5)。多一个双键，氧化时就少生成1分子 $FADH_2$，即少生成1.5分子ATP。

含一个以上双键的脂酸如亚油酰-CoA降解时，除需β-氧化的酶外还需另外两种酶，一种是烯脂酰-CoA异构酶，另一种是2,4-二烯脂酰-CoA还原酶。亚油酰-CoA先经3轮β-氧化，然后经烯脂酰-CoA异构酶将顺式双键变成反式双键。再进行一轮β-氧化和β-氧化中的第一次脱氢反应，接着由2,4-二烯脂酰-CoA还原酶催化由NADPH供氢，将 $\triangle^4$-顺-$\triangle^2$-反烯脂酰-CoA还原为 $\triangle^3$-反式烯脂酰-CoA，继续进行β-氧化。

(10) 奇数碳脂肪酸的氧化

大多数哺乳动物组织中，奇数碳原子的脂肪酸是罕见的，但在反刍动物中有奇数碳脂肪酸的存在。奇数碳脂肪酸的氧化实际上最后就是丙酰-CoA的氧化，因为碳原子数目≥5的奇数碳脂肪酸完全可以和偶数碳脂肪酸一样进行β-氧化直到丙酰-CoA出现为止。丙酰-CoA的氧化是将它转变为偶数的琥珀酰-CoA即可(图11-6)。

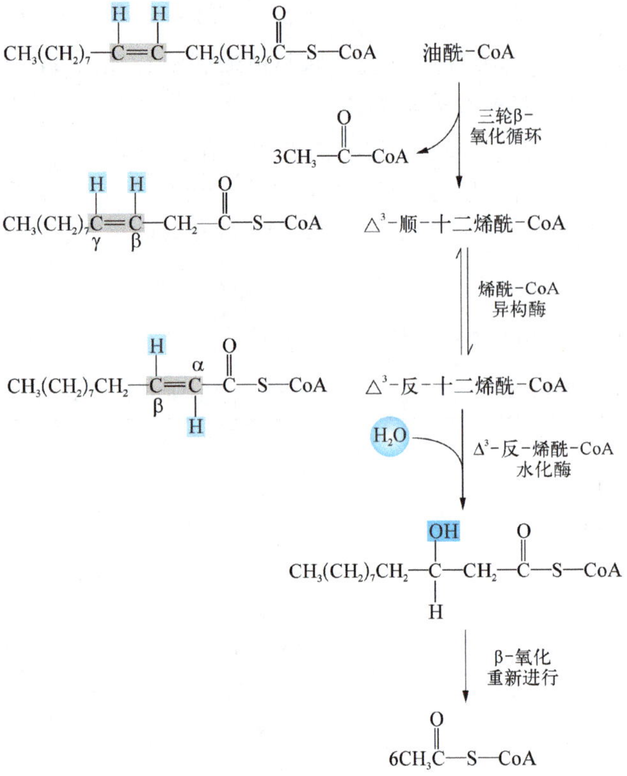

图11-5　油酸-CoA的氧化降解

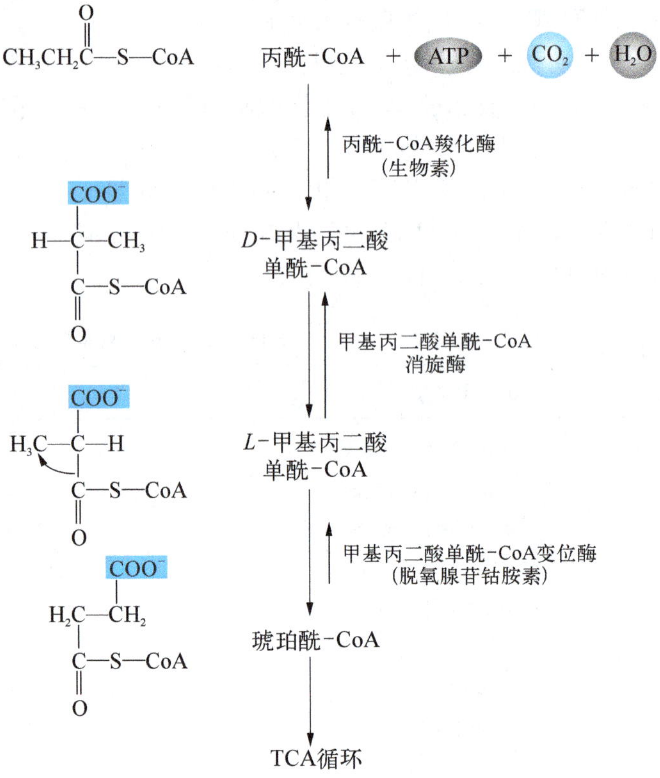

图11-6　丙酰-CoA的氧化

2. 脂肪酸的α-氧化

尽管β-氧化是脂肪酸分解代谢的主要途径，但有时脂肪酸氧化发生在α-碳原子上，分解出CO_2，生成比原来少一个碳原子的脂肪酸，这种氧化称为α-氧化。某些脂肪酸的α-氧化对于人类健康还是必不可少的。如植烷酸是膳食中的一个重要组成成分，它存在于反刍动物的脂肪以及某些食物中。像植烷酸这样的脂肪酸，因它的β-碳原子被甲基封闭住，在细胞内难以直接进行β-氧化，必须先通过α-氧化去除1个碳原子以后才可以进行β-氧化(图11-7)。

α-氧化直接在游离的脂肪酸上进行，不需要激活，一次α-氧化脱去一个碳原子，由羟化酶和脱羧酶组成。对于人类，如若缺乏α-氧化相关的酶可造成体内植烷酸的积累，会导致外周神经炎类型的运动失调及视网膜炎等症状，称植烷酸沉积病(又名Refsum氏病)。

3. 脂肪酸的ω-氧化

ω-氧化是一种不常见的脂肪酸氧化途径，氧化发生在它的末端甲基即ω-碳原子上，被氧化的脂肪酸也不需要活化，参与ω-氧化的酶主要位于肝内质网上。内质网的氧化酶系催化脂肪酸的末端碳原子即ω-碳原子的氧化，先形成ω-羟脂酸，再进一步氧化成二羧酸(图11-8)。生成的二羧酸转运到线粒体内，进行β-氧化。ω-氧化加快了脂肪酸降解的速度。

4. 酮体的生成与利用

脂肪酸一旦降解，产生的乙酰-CoA可有几种去路，最主要的去路是进入TCA循环进行彻底氧化生成CO_2和H_2O以及大量的ATP；也可作为原料合成胆固醇和脂肪酸；在肝脏细胞中还有另外一条去路，即生成酮体参与代谢。

肝内脂肪酸β-氧化酶系的活性很高，同时又含有丰富的合成酮体的酶类。因此在肝中，脂肪酸β-氧化生成的大量乙酰-CoA，除彻底氧化成CO_2和H_2O，释放能量供肝利用外，还有一个重要的代谢去路是以乙酰-CoA为原料合成酮体。

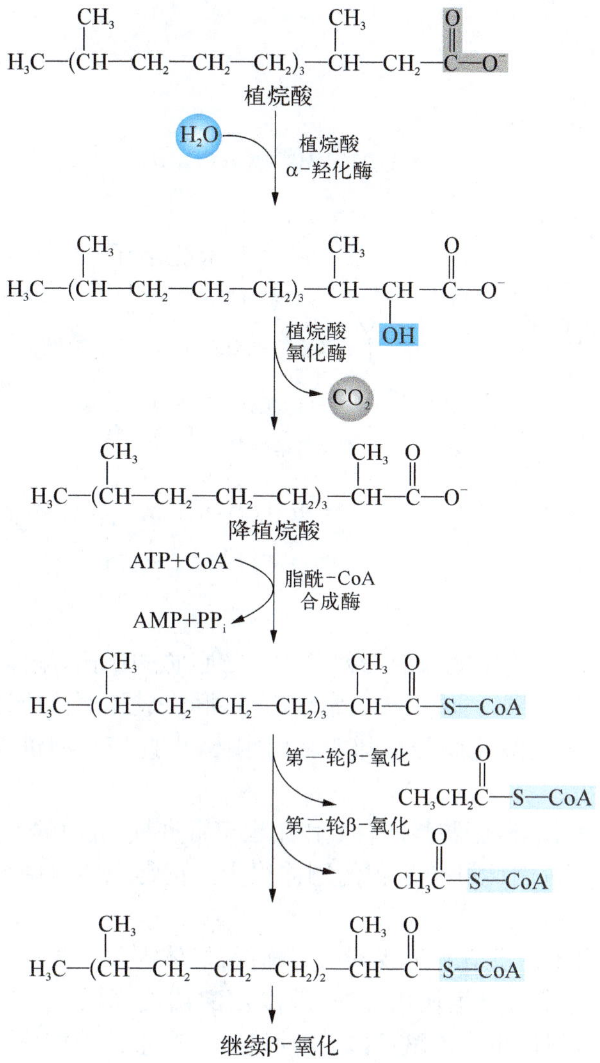

图 11－7　植烷酸的降解

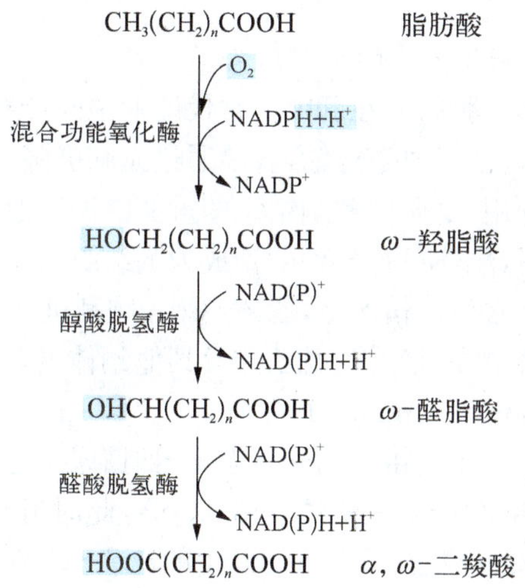

图 11－8　脂肪酸的 ω－氧化

(1) 酮体的生成

乙酰－CoA 转化成的乙酰乙酸、D－β－羟丁酸和丙酮这三者统称为酮体。

酮体生成途径如图 11－9 所示：2 分子乙酰－CoA 在肝脏线粒体硫解酶的催化下，缩合生成 1 分子乙酰乙酰－CoA 并释放 1 分子的 CoA－SH，这实际上是 β－氧化中硫解反应的逆反应。乙酰乙酰－CoA 再与 1 分子乙酰－CoA 在 HMG－CoA 合酶催化下，缩合生成 β－羟甲基戊二酸单酰－CoA（HMG－CoA）并释放 1 分子 CoA－SH。HMG－CoA 在 HMG－CoA 裂合酶催化下生成 1 分子乙酰乙酸和 1 分子乙酰－CoA。

乙酰乙酸在 β－羟丁酸脱氢酶的催化下，被还原为 *D*－β－羟丁酸。部分乙酰乙酸也可自发脱羧生成丙酮。

(2) 酮体的利用

肝脏是生成酮体的器官，但是肝氧化酮体的酶活性很低，不能使酮体进一步氧化分解，而是将乙酰－CoA 以酮体的形式经血液运送到肝外组织，作为它们的能源，尤其是肾、心、脑等组织，在这些细胞中，酮体进一步分解成乙酰－CoA 参加三羧酸循环。总之，肝是生成酮体的器官，但不能利用酮体；肝外组织不能生成酮体，却可以利用酮体。

在肝外组织，β－羟丁酸在 β－羟丁酸脱氢酶作用下，脱氢生成乙酰乙酸，乙酰乙酸由琥珀酰－CoA 提供 CoA 生成乙酰乙酰－CoA，或在硫激酶催化下与 CoA 生成乙酰乙酰－CoA。乙酰乙酰－CoA 被硫解酶裂解成 2 分子的乙酰－CoA，进入三羧酸循环（图 11－10）。酮体中丙酮的生成量相当少，生成的丙酮可随尿排出，或经呼吸道呼出。

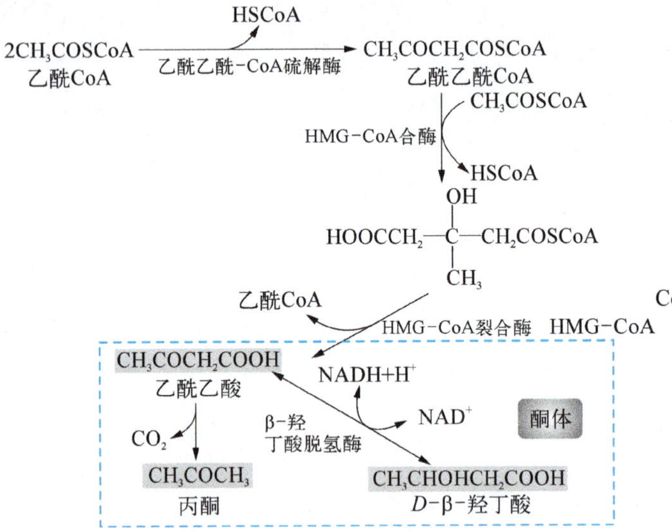

图 11-9 酮体的生成

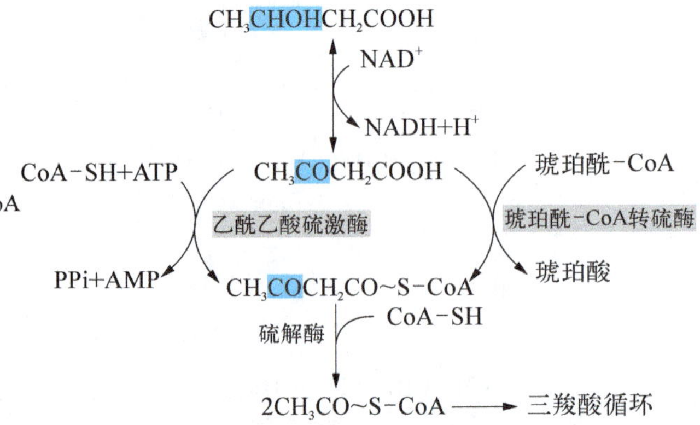

图 11-10 酮体的利用

(3) 酮体代谢的生理意义

酮体是脂肪酸在肝内正常代谢的中间产物，是肝脏输出能源的一种形式。与脂肪酸相比，酮体分子小，易溶于水，便于血液运输，容易通过血脑屏障和毛细血管壁。所以在正常情况下，肝生成的酮体能迅速被肝外组织利用，是肌肉和脑组织的重要能源。脑组织不能氧化脂肪酸却能利用酮体，因此当长期饥饿及糖供应不足时，酮体可代替葡萄糖成为脑组织的主要能源。

在正常生理情况下，乙酰-CoA 顺利进入三羧酸循环，脂肪酸的合成作用也正常进行，肝中的乙酰-CoA 浓度不会增高，形成乙酰乙酸及其他酮体的趋势不大，因此肝中累积的酮体很少。正常人体血中酮体含量仅为 0.03～0.5 mmol/L 左右。

但在严重饥饿或病理状态下，如糖尿病患者，由于糖供应不足或利用率降低，机体需要动员大量的脂肪酸供能，同时产生大量的乙酰-CoA，此时肝中的葡萄糖异生作用加速，草酰乙酸浓度降低，不利于乙酰-CoA 进入三羧酸循环，增加肝中的乙酰-CoA 浓度，促使生成乙酰乙酸，从而进一步产生其他酮体。当酮体生成超过肝外组织利用的能力时，肝及血液中会累积较多的酮体，形成酮尿症或酮血症。酮体中的乙酰乙酸和 β-羟丁酸皆为中强酸，因此患酮血症的患者常有酸中毒的危险。

(4) 酮体生成的调节

饱食及糖供给充足时，胰岛素分泌增加，脂解作用抑制、脂肪动员减少，进入肝的脂肪酸减少，由于肝糖原丰富，糖代谢旺盛，此时进入肝细胞的脂肪酸主要与 3-磷酸甘油反应，酯化生成三酰甘油及磷脂，因而酮体生成减少。

饥饿或糖供给不足时，胰高血糖素等脂解激素分泌增多，脂肪动员加强，血中游离脂肪酸浓度升高而使肝摄取游离脂肪酸增多，加上糖代谢减弱，3-磷酸甘油及 ATP 不足，脂肪酸酯化减少，肝摄取游离脂肪酸主要进入线粒体进行 β-氧化，酮体生成增多。

二、脂肪酸的合成代谢

脂肪酸的合成除了植物在质体内，其他生物合成的场所均为细胞质基质。脂肪酸从头合成需要乙酰-CoA 作为引物，丙二酸单酰-CoA 作为活化的"二碳单位"供体，丙二酸单酰-CoA 的脱羧反应和 NADPH 作为驱动碳链延伸的动力；软脂酸通常是反应的终产物；软脂酸以外的脂肪酸通过修饰、延伸等反应形成。

脂肪酸的合成是脂肪酸链每次循环获得 1 个二碳单位，从而增长链长，而脂肪酸的降解是氧化移去二碳单位(乙酰-CoA)的过程，很容易设想成脂肪酸合成或许是脂肪酸降解反应步骤简单的逆反应而已。但事实并非如此，脂肪酸合成和降解途径不同(图 11-11 和表 11-2)，使用的酶不同，发生场所也是在细胞的不同部位，有一个三碳单元中间体(丙二酸单酰-CoA)参与脂肪酸的合成，脂肪酸 β-氧化产生 $FADH_2$ 和

NADH，而脂肪酸合成需要的辅酶是 NADPH，另外，脂肪酸在合成过程中需要一个特殊的载体——酰基载体蛋白（ACP）。

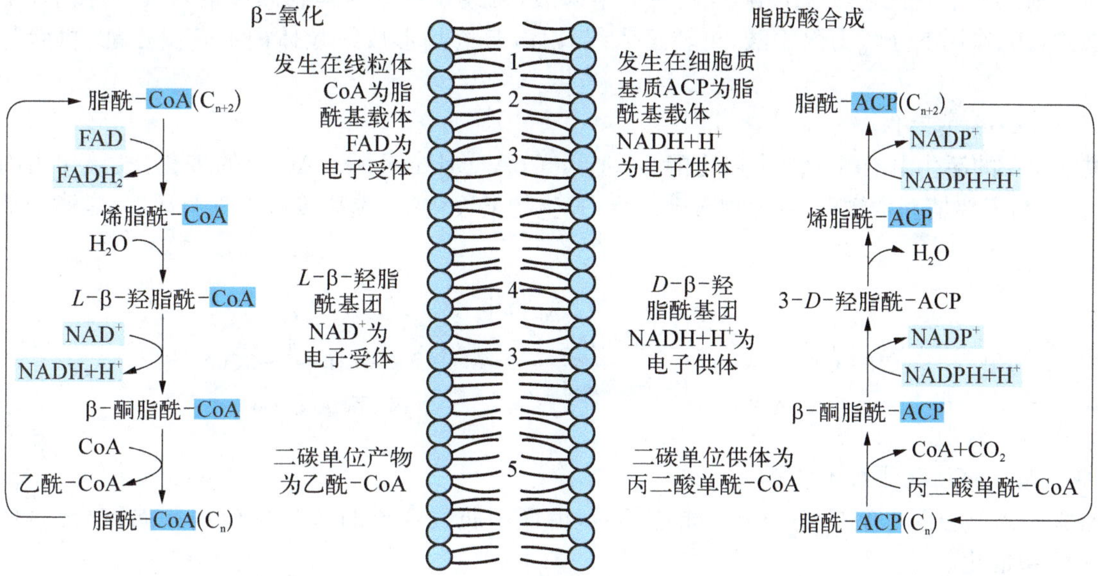

图 11-11　脂肪酸合成和 β-氧化的区别

表 11-2　软脂酸从头合成途径与软脂酸 β-氧化的比较

比　较　项　目	软脂酸从头合成	软脂酸β-氧化
部位	细胞质基质	线粒体
酰基载体	ACP	CoA
加入或断裂的二碳单位	丙二酸单酰-CoA	乙酰-CoA
电子供体或受体	$NADPH+H^+$	NAD^+；FAD
酶	7 种（多酶复合体或多功能酶）	4 种
能量	消耗 ATP 和 $NADPH+H^+$	产生 106 个 ATP
底物的转运	柠檬酸穿梭系统	肉碱转运
反应方向	从 ω 碳到羧基	从羧基端开始
羟脂酰的构型	D 型	L 型
循环次数	7 次	7 次

1. 乙酰-CoA 的跨膜转运

葡萄糖和脂肪酸分解产生的乙酰-CoA 都在线粒体内，在线粒体内产生的乙酰-CoA 必须先从线粒体转移到细胞质基质中，才能参与脂肪酸合成，而线粒体内膜不能容许乙酰-CoA 穿过，在这里，有一穿梭机制取代直接的运送，这个机制称为柠檬酸-丙酮酸穿梭系统（图 11-12）。在此循环中，乙酰-CoA 首先在线粒

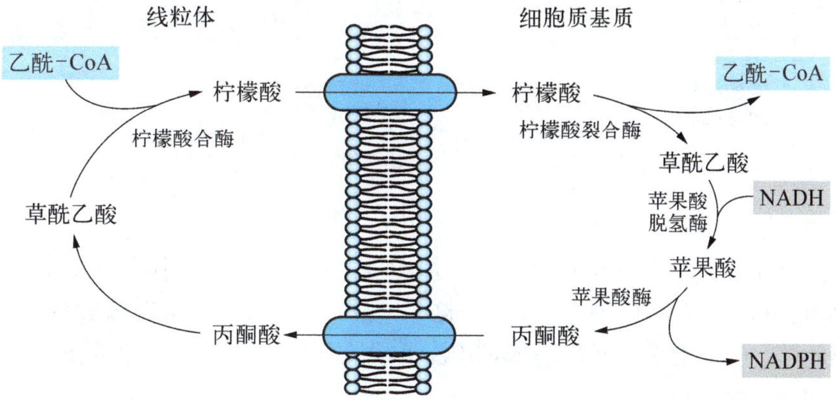

图 11-12　柠檬酸-丙酮酸跨膜穿梭系统

体内与草酰乙酸缩合生成柠檬酸，通过线粒体内膜上的载体转运即可进入细胞质基质；细胞质基质中柠檬酸裂合酶使柠檬酸裂解释出乙酰-CoA及草酰乙酰。进入细胞质基质的乙酰-CoA即可用以合成脂肪酸，而草酰乙酸则在苹果酸脱氢酶的作用下，还原成苹果酸，再经线粒体内膜载体转运入线粒体内。苹果酸也可在苹果酸酶的作用下分解为丙酮酸，再转运入线粒体，最终均形成线粒体内的草酰乙酸，再参与转运乙酰-CoA。

2. 乙酰-CoA的活化

乙酰-CoA的活化由乙酰-CoA羧化酶(acetyl-CoA carboxylase，ACC)的催化，被羧化为丙二酸单酰-CoA。该酶需要辅基生物素，有生物素载体蛋白、生物素羧化酶、羧基转移酶三个活性，是脂肪酸合成的限速酶

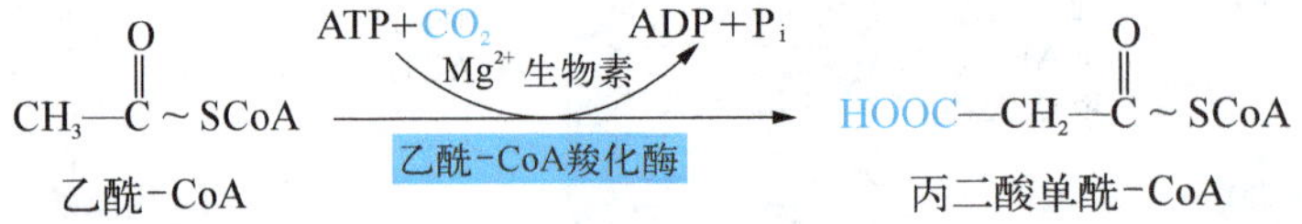

3. 脂肪酸肽链的延伸与还原

在乙酰-CoA和丙二酸单酰-CoA准备好后，后面脂肪酸合成的7步反应由脂肪酸合酶(fatty acid synthase)酶系催化。

脂肪酸合成时碳链的缩合、延长过程是一个循环过程，每经过一次循环反应，延长2个碳原子。

脂肪酸合成中的脂酰基载体是酰基载体蛋白(acyl carrier protein，ACP)，其负责接受脂酰基部分的结构与CoA十分相似，由磷酸泛酰巯基乙胺与它的一个Ser残基的羟基以磷酸酯键相连，因此，在功能上，ACP可视为放大的CoA(图11-13)。

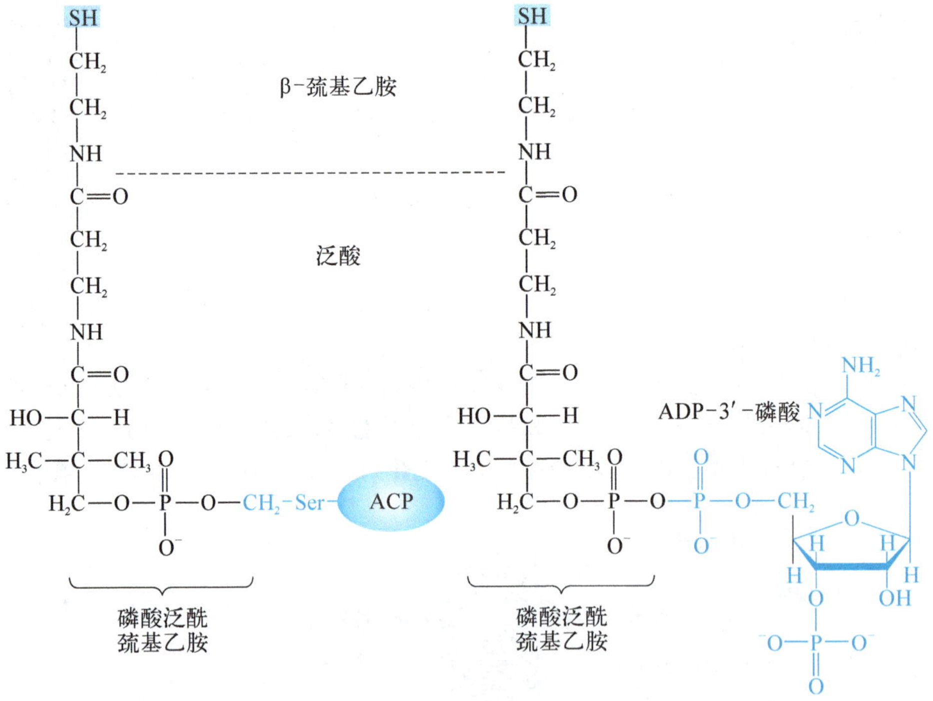

图11-13 CoA和ACP的结构比较

哺乳动物的脂肪酸合酶由两个相同的亚基头尾相连，每一个亚基的大小约为260 kD，包含三个结构域，同时具有ACP的功能和7个酶活性(图11-14)。这7个酶活性包括：乙酰转酰酶(E1)、丙二酸单酰转酰酶(E2)、缩合酶(β-酮脂酰-ACP合酶)(E3)、β-酮脂酰-ACP还原酶(E4)、β-羟脂酰-ACP脱水酶(E5)、烯脂酰-ACP还原酶(E6)和硫酯酶(E7)。

脂肪酸碳链的延伸和还原包含以下7步反应：

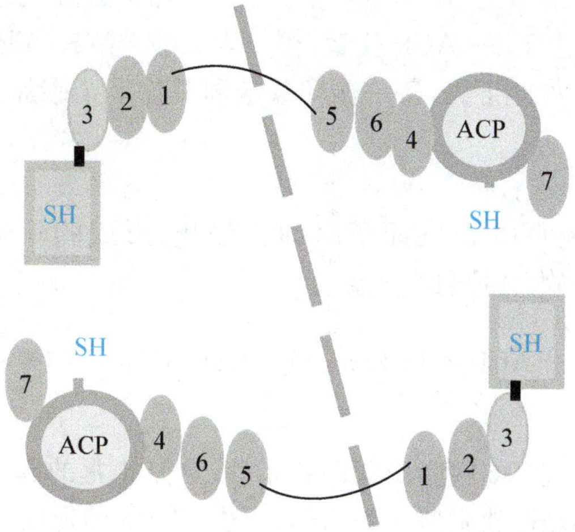

图 11－14　哺乳动物的脂肪酸合酶酶系的结构模型

（1）启动

在乙酰-CoA－ACP 转酰酶(acetyl－CoA－ACP transacylase)催化下，乙酰-CoA 的酰基转移到 ACP 上生成乙酰-ACP，乙酰-ACP 再把乙酰基转移到缩合酶的—SH 上。

$$CH_3CO-SCoA + ACP \xrightarrow{\text{乙酰-CoA-ACP转酰酶}} CH_3CO-SACP + CoA \rightarrow CH_3CO-SH\text{-}E + ACP$$

（2）装载

由丙二酸单酰-CoA－ACP 转酰酶(malonyl－CoA－ACP transacylase)催化，丙二酸单酰-CoA 的丙二酸单酰转移到 ACP 上生成丙二酸单酰-ACP。

$$COOH\,CH_2CO-SCoA + ACP \xrightarrow{\text{丙二酸单酰-CoA-ACP转酰酶}} COOH\,CH_2CO-SACP + CoA$$

（3）缩合

第一步的乙酰基(与缩合酶的—SH 相接)与第二步的丙二酸单酰基(与 ACP 相接)在β-酮脂酰-ACP 合酶(β-ketoacyl－ACP synthase)(缩合酶)的催化下进行缩合，生成β-酮脂酰-ACP。

$$CH_3C{=}O-SH\text{-}E + COOH\,CH_2C{=}O-SACP \xrightarrow{\beta\text{-酮脂酰-ACP合酶}} CH_3C{=}O\,CH_2C{=}O-SACP$$

（4）还原

β-酮脂酰-ACP 在 β-酮脂酰-ACP 还原酶(β-ketoacyl－ACP reductase)催化下，NADPH 为还原剂，产物为 *D*－β-羟丁酰-ACP。

$$CH_3C{=}O\,CH_2C{=}O-SACP+NADPH+H^+ \xrightarrow{\beta\text{-酮脂酰-ACP还原酶}} CH_3C{=}O\,CH_2C{=}O-SACP+NADP^+$$

（5）脱水

D－β-羟丁酰-ACP 在β-羟脂酰-ACP 脱水酶(β-hydrdoxyacyl－ACP dehydrase)催化下，生成 α,β 反式丁烯酰-ACP。

$$CH_3CHOH\,CH_2C{=}O-SACP \xrightarrow{\beta\text{-羟酰基-ACP脱水酶}} CH_3CH{=}O-SACP+H_2O$$

（6）还原

在烯脂酰-ACP 还原酶(neoyl－ACP reductase)催化下，生成丁酰-ACP。

$$CH_3CH{=}O-SACP+NADPH+H^+ \xrightarrow{\text{烯脂酰-ACP还原酶}} CH_3CH_2\,CH_2C{=}O-SACP+NADP^+$$

可以说，乙酰基是接受了丙二酸单酰基中的二碳原子而增加了碳链，丁酰-ACP可以进入第二轮回的碳链延伸。第一轮回的乙酰-ACP由丁酰-ACP代替，再与丙二酸单酰-ACP缩合（反应3），经过4、5、6轮反应，得到6个碳的脂肪酰-ACP。如此下去，每一循环碳链即延伸2个碳原子单元。16碳软脂酸的生成，需经过连续的7次重复循环反应。

（7）释放

在动物细胞中，当碳链延伸到16个碳原子时即行停止，形成的软脂酰-ACP在硫酯酶（palmitoyl thioesterase）作用下，软脂酸被释放而游离出来。

$$CH_3(CH_2)_{14}CO-SACP + H_2O \xrightarrow{\text{硫酯酶}} CH_3(CH_2)_{14}COOOH + HS-ACP$$

4. 脂肪酸碳链的加长和去饱和

在动物体中，脂肪酸合成停止在16碳脂肪酸即软脂酸，这是正常的脂肪酸合酶酶系作用的终点。更长链的脂肪酸或不饱和脂肪酸等都是把软脂酸作为前体，再由另外的酶促反应形成。

（1）碳链的延长

脂肪酸碳链的延长发生在线粒体和内质网中，细胞不同部位碳链的延长机制有所差异。

线粒体中的延长是独立于脂肪酸合成之外的过程，是乙酰单元的加成和还原，即是脂肪酸降解过程的逆反应，只是把脂肪酸降解使用的FAD辅酶换成NADPH。

内质网中的延长更活跃，脂肪酸碳链的延长与软脂酸的合成相似，只是CoA代替了ACP。软脂酰-CoA以丙二酸单酰-CoA为二碳单元的供体，由$NADPH+H^+$供氢，经过还原、脱水、再还原的步骤，形成十八碳产物——硬脂酰-CoA。

（2）脂肪酸的去饱和

人体内含有的不饱和脂肪酸主要有棕榈油酸（16C，$\triangle^{9}$）、油酸（18C，$\triangle^{9}$）、亚油酸（18C，$\triangle^{9,12}$）、亚麻酸（18C，$\triangle^{9,12,15}$）等，前两种单不饱和脂肪酸可由人体自己合成，即由软脂酸和硬脂酸在去饱和酶催化下形成。因为哺乳动物体内没有$\triangle^{9}$以外的去饱和酶，所以后两种多不饱和脂肪酸不能经生物合成得到，只能从食物中摄取，因此被称为必需脂肪酸。

三、脂肪酸代谢的调控

脂肪酸分解和合成是两条相反的途径，为防止耗能性的无效循环，在体内受到严格的调节控制。

1. 脂肪酸合成代谢的调控

脂肪酸合成的限速酶为乙酰-CoA羧化酶（催化乙酰-CoA生成丙二酸单酰-CoA），它是脂肪酸合成调控的关键所在。

乙酰-CoA羧化酶的调节方式有两种：一种是别构调节，柠檬酸别构激活乙酰-CoA羧化酶，相反，脂肪酸合成的终产物软脂酰-CoA以负反馈的形式抑制其活性；另外一种方式是可逆的共价修饰，乙酰-CoA羧化酶具有磷酸化形式和去磷酸化形式，其中磷酸化形式为无活性的形式，去磷酸化为有活性的形式。受胰高血糖素和肾上腺素激素引发的磷酸化抑制，减缓脂肪酸的合成，而胰岛素则能通过蛋白质磷酸酶的作用使磷酸化的乙酰-CoA羧化酶脱去磷酸而恢复活性。

大量进食糖类使糖代谢加强，NADPH及乙酰-CoA供应增多，有利于脂肪酸的合成，同时糖代谢加强使细胞内ATP增多，可抑制异柠檬酸脱氢酶，造成异柠檬酸及柠檬酸堆积，透出线粒体，可别构激活乙酰-CoA羧化酶，使脂肪酸合成增加。

2. 脂肪酸分解代谢的调控

脂肪酸分解代谢的限速酶是肉碱脂酰转移酶Ⅰ。在饥饿、高脂低糖膳食或患有糖尿病的状况下，机体不能利用糖，需脂肪酸供能，这时肉碱脂酰转移酶Ⅰ活性增加，脂肪酸氧化增强。相反，饱食后，脂肪合成及丙二酰单酰-CoA浓度增加，后者抑制肉碱脂酰转移酶Ⅰ活性，因而脂肪酸的氧化被抑制。丙二酸单酰-CoA能够抑制肉碱脂酰转移酶Ⅰ的活性，而丙二酸单酰-CoA本身是脂肪酸合成的前体，其浓度是由乙酰-CoA羧化酶控制的，因此，当脂肪酸合成旺盛时，脂肪酸的分解代谢必然会停止。

血液中脂肪酸的供给情况对脂肪酸β-氧化起调控作用。血液中游离脂肪酸主要来源于三酰甘油的分解，它受激素敏感的脂肪酶的调控。

第二节 脂肪代谢

一、脂肪的水解

脂肪的分解代谢是对生物体（特别是动物）提供能量的重要措施。在进行分解代谢过程中，首先是经酶水解成甘油和脂肪酸。甘油按照糖代谢途径进行代谢，脂肪酸则按照β-氧化过程分解。

1. 外源性脂肪在消化道内的水解

食物中的脂类主要是脂肪，又称三酰甘油（或称甘油三酯），占 80%～90%，还有少量的磷脂（6%～10%）和固醇（2%～3%）。

脂肪的消化由酶参与完成，口腔中分泌的脂肪酶可水解部分食物中的脂肪，这种酶作用能力很弱，并优先分解短链和中链脂肪酸。胃也可产生脂肪酶，称胃脂肪酶（gastric lipase），这种酶在低 pH 环境中是稳定、有活性的。但脂肪的消化主要场所是小肠，是由胰腺分泌的胰脂肪酶（pancreatic lipase）完成。

由于脂肪不溶于水，而消化作用的酶是水溶性的，所以脂肪消化发生在脂质-水的界面处，脂肪的消化速度取决于界面的表面积，胆汁和胰液经胆管和胰管分泌到十二指肠，胆汁中的胆汁酸盐在脂类的消化水解中起了重要作用。它能降低油与水相之间的界面张力，使脂质乳化成细小的微团，增加消化酶对脂质的接触面积，利于胰液中的消化酶消化。胰液中的胰脂肪酶能水解部分脂肪成为甘油及游离脂肪酸，但大部分脂肪仅局部水解成单酰甘油，单酰甘油进一步由另一种酯酶水解成甘油和脂肪酸（图 11－15）。

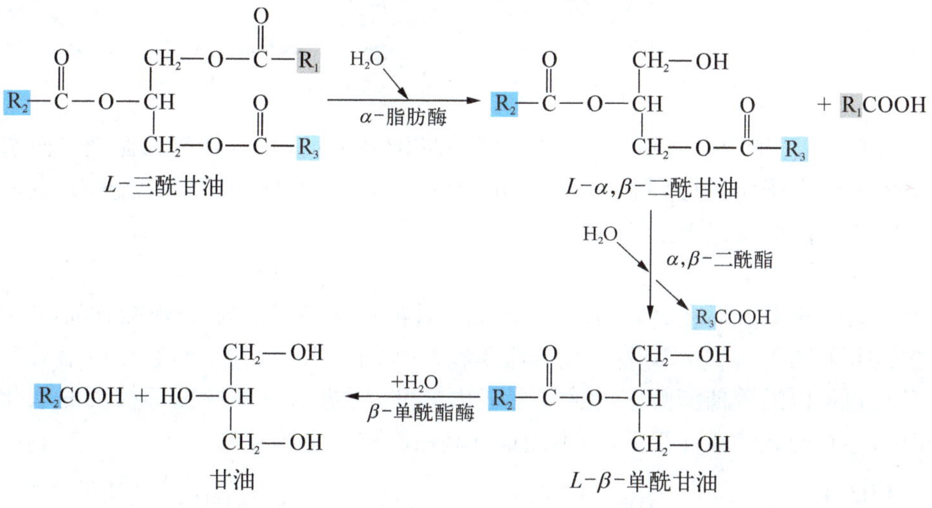

图 11－15 脂肪的水解

胰脂肪酶在水解脂肪时，需要辅脂肪酶（colipase）和胆汁酸盐的协同作用。因为胰脂肪酶必须吸附在乳化脂肪微团的水、油界面上才能作用于微团内的脂肪，辅脂肪酶与胰脂肪酶形成 1∶1 复合物存在于胰液中，它能与胆汁酸盐及胰脂肪酶结合，并促进胰脂肪酶吸附在微团的水、油界面上，因而增加胰脂肪酶的活性，促进脂肪的水解。

脂类的吸收：在十二指肠下段及空肠上段的黏膜细胞吸收三酰甘油的水解产物（甘油、脂肪酸、单酰甘油等），中链脂肪酸（6～10C）及短链脂肪酸（2～4C）构成的三酰甘油，经胆汁酸盐乳化后即可被吸收至肠黏膜细胞，然后在脂肪酶的作用下，水解为脂肪酸及甘油，通过门静脉进入血循环。长链脂肪酸（12～26C）及单酰甘油吸收入肠黏膜细胞后，再合成三酰甘油。

肠黏膜细胞内的三酰甘油、磷脂、胆固醇与载脂蛋白（apo）B_{48}、C、AI、AIV 等结合成乳糜微粒，经淋巴进入血循环，运送到各种组织，特别是肌肉和脂肪组织。

2. 内源性脂肪的动员

脂肪的动员是指储存在脂肪细胞中的脂肪，被脂肪酶逐步水解为游离脂肪酸(free fatty acid, FFA)和甘油并入血供其他组织氧化利用的过程。

在内源性脂肪的动员中，脂肪细胞内激素敏感性脂肪酶(hormone-sensitive lipase, HSL)起决定性作用，它是脂肪动员的限速酶，受多种激素的调控，主要以共价修饰方式调节。当禁食、饥饿或交感神经兴奋时，肾上腺素、胰高血糖素等分泌增加，作用于脂肪细胞膜表面受体，激活腺苷酸环化酶，促进 cAMP 合成，激活依赖 cAMP 的蛋白质激酶，使细胞质基质内 HSL 磷酸化而活化，后者使三酰甘油水解成二酰甘油及脂肪酸(图 11-16)。这步反应是脂肪分解的限速步骤。肾上腺素、胰高血糖素、促肾上腺皮质激素及促甲状腺激素等能促进脂肪的动员，称为脂解激素，胰岛素及前列腺素 E2 等抑制脂肪的动员，具对抗脂解激素的作用。

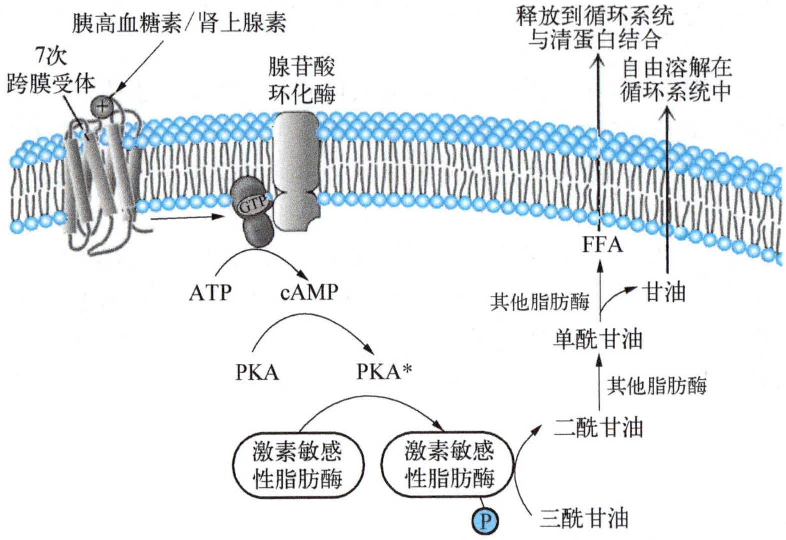

图 11-16 受激素控制的内源性脂肪动员

脂解作用使储存在脂肪细胞中的脂肪分解成游离脂肪酸及甘油，然后释放入血液。血浆清蛋白具有结合游离脂肪酸的能力，游离脂肪酸与清蛋白结合后由血液运送至全身各组织，主要供心、肝、骨骼肌等摄取、利用。甘油溶于水，直接由血液运送至肝、肾、肠等组织。

3. 甘油的分解

甘油进入血液，转运至肝脏后在 ATP 存在下才能被甘油激酶磷酸化为 3-磷酸甘油，再经磷酸甘油脱氢酶氧化成磷酸二羟丙酮(图 11-17)，磷酸二羟丙酮是糖酵解的一个中间产物，它可以沿着糖酵解的逆过程合成葡萄糖及糖原；也可以沿着糖酵解正常途径形成丙酮酸，再进入三羧酸循环被彻底氧化。在脂肪细胞及骨骼肌等组织中，因甘油激酶活性很低，故不能很好利用脂解产生的甘油。

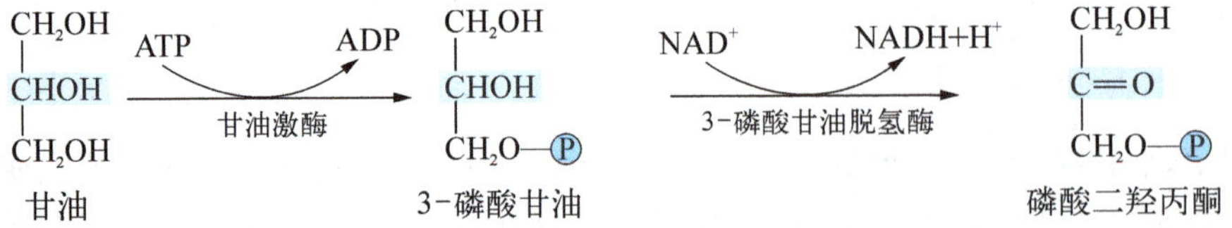

图 11-17 甘油的利用

框 11-1 脂肪也能减肥吗

脂肪一直被认为是造成肥胖的罪魁祸首，但陆续的研究表明，人体内存在着两种脂肪组织，白色脂肪(white adipose tissue, WAT)储存能量，而褐色脂肪(brown adipose tissue, BAT)主要是通过产热作用来维持机体的能量代谢平衡。因此，科学家正试图通过利用褐色脂肪另辟蹊径地达到减肥的目的。

BAT细胞富含线粒体，其体积大，内膜面积也因众多的嵴而更大地扩展；BAT组织呈现褐色是因为含有相当多的细胞色素，而且血液供应充分，含丰富的血红蛋白；这些特征都是BAT高强度的产热活性所必需的。长期的能量摄入超过机体的消耗，富余的能量就会以三酰甘油的形式囤积而导致非遗传性的肥胖，因此利用BAT增加产热、提高能量的消耗，不失为一种抵抗肥胖的有力手段。

研究人员希望通过两种途径来增加BAT的总量和活性，进而调节BAT的产热功能来预防、治疗肥胖及其相关疾病。一是通过小分子药物或生长因子来刺激体内BAT的生长、分化和激活；二是通过体外诱导干细胞分化成褐色脂肪细胞，然后植入肥胖患者体内。目前面临的问题是，如何防止人体内的褐色脂肪随着人年龄的增长而衰减以及找到一种合适的药物来激活BAT。

目前，科学家已成功分离出可以活化脑和体内组织中褐色脂肪的蛋白质，成为BAT治疗肥胖研究的一个新的进展。随着对褐色脂肪细胞分化与代谢的调控机制的日益清楚，利用BAT来抵御和治疗肥胖将不再是梦想。

（本小框内容作者为南京大学生命科学学院2011级朱昱敏同学）

二、脂肪的合成

脂肪即三酰甘油，是机体储存能量的形式。脂肪主要储存于脂肪组织中，储存的脂肪，以供禁食、饥饿时的能量需要。脂肪合成途径有两条：一是利用食物中的脂肪转化成为人体的脂肪，由于一般食物中摄入的脂肪量不多，故这种来源的脂肪亦较少；另一种是将糖类物质转化为脂肪，这是体内脂肪的主要来源。

肝、脂肪组织及小肠是合成脂肪的主要场所，以肝合成能力最强。脂肪的合成是在光面内质网上进行的，其合成过程包括3-磷酸甘油的生成、脂肪酸的合成和三酰甘油的合成。

脂肪是由两个前体合成，它们是脂酰-CoA和甘油-3-磷酸。脂酰-CoA来自脂肪酸活化，甘油-3-磷酸由两条途径形成，其一是糖酵解的中间物磷酸二羟丙酮形成，其二是脂肪分解生成的甘油磷酸化形成(图11-18)。

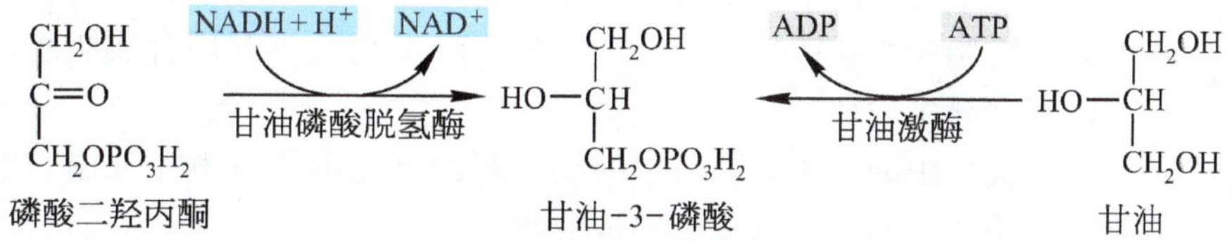

图11-18　甘油-3-磷酸合成途径

3-磷酸甘油，在脂酰-CoA转移酶的作用下，依次加上2分子脂酰-CoA生成磷脂酸。后者在磷脂酸磷酸酶的作用下，水解脱去磷酸生成1,2-二酰甘油，然后在脂酰-CoA转移酶的催化下，再加上1分子脂酰基即生成三酰甘油(图11-19)。

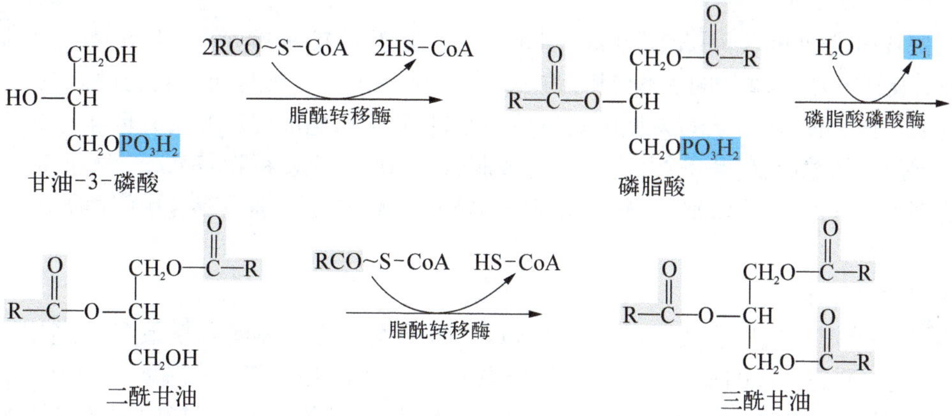

图11-19　三酰甘油的合成途径

合成脂肪的三分子脂肪酸可为同一种脂肪酸，也可是三种不同的脂肪酸。合成所需的3-磷酸甘油主要由糖代谢提供。肝、肾等组织含有甘油激酶，能利用游离甘油，使之磷酸化生成3-磷酸甘油。脂肪细胞缺乏甘油激酶因而不能利用甘油合成脂肪。肝细胞虽能合成大量脂肪，但不能储存脂肪。三酰甘油在肝细胞内合成后与载脂蛋白、磷脂、胆固醇结合成极低密度脂蛋白(VLDL)，由肝细胞分泌入血后运输到各组织。

甘油-3-磷酸主要来自磷酸二羟丙酮(糖代谢)，脂酰-CoA合成所需的乙酰-CoA主要来自丙酮酸氧化脱羧(糖代谢)，所以糖是合成脂肪的原料，这是嗜好甜食易肥胖的原因。

小肠黏膜细胞可利用消化吸收的一酰甘油及脂肪酸再合成三酰甘油。

第三节 磷脂代谢

含磷酸的脂类称磷脂，磷脂主要有甘油磷脂和鞘磷脂。与其他生物分子一样，它们在体内也在不断地进行分解和合成。

一、甘油磷脂的分解

水解甘油磷脂的酶统称为磷脂酶(phospholipase)，生物体内存在能使甘油磷脂水解的多种磷脂酶类，分别作用于甘油磷脂分子中不同的酯键，它们存在于各种组织中，不同的磷脂酶对于甘油磷脂上的酯键的特异性不一样，作用于1、2位酯键的酶分别称为磷脂酶A1及A2，作用于3位磷酸酯键的酶称为磷脂酶C，作用于磷酸取代基间酯键的酶称为磷脂酶D(图11-20)。

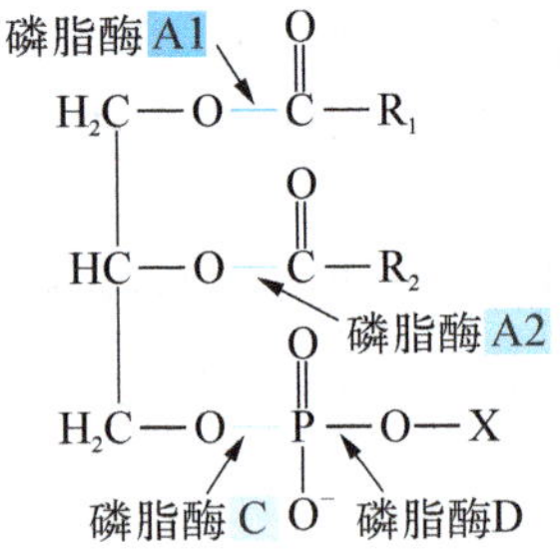

图11-20 不同磷脂酶对甘油磷脂的作用位点

磷脂酶A1存在于动物组织溶酶体中(蛇毒及某些微生物亦含有)；磷脂酶A2存在于动物组织和胰液中，也存在于蛇毒和蜂毒中，Ca^{2+}为其激活剂，使甘油磷脂分子中2位酯键水解，产物为溶血磷脂及多不饱和脂肪酸(大多为前列腺素前体——花生四烯酸)。溶血磷脂为1位或2位脱去脂酰基的磷脂，是一类具较强表面活性的物质，能使红细胞膜或其他细胞膜破坏引起溶血或细胞坏死。磷脂酶C存在于细胞膜及某些细菌中。磷脂酶D主要在植物组织中。

磷脂的水解产物脂肪酸可以进入β-氧化或再利用合成脂肪，甘油可进入糖酵解或糖异生途径。

食物中的磷脂由胰液中的胰磷脂酶催化磷脂水解生成脂肪酸及溶血磷脂，与其他脂类一起可在消化道内被吸收。

二、甘油磷脂的合成

1. 合成部位

和脂肪的合成不同，全身各组织细胞内质网均有合成磷脂的酶系，因此均能合成甘油磷脂，其中以肝脏最为活跃。肝脏合成的磷脂除肝细胞自身利用外，还能用于组成脂蛋白参与脂类的运输。

2. 合成的原料及辅因子

合成磷脂需要甘油、脂肪酸及磷酸盐、胆碱(choline)、乙醇胺、丝氨酸、肌醇(inositol)等原料。除脂肪酸、甘油主要由葡萄糖代谢转化而来外，其2位的多不饱和脂酸必须从植物油摄取。胆碱可由食物供给，亦可由丝氨酸及甲硫氨酸在体内合成。丝氨酸本身是合成磷脂酰丝氨酸的原料，脱羧后生成的乙醇胺又是合成磷脂酰乙醇胺的前体。乙醇胺由S-腺苷甲硫氨酸获得3个甲基即可合成胆碱。磷脂合成过程除需ATP外，还需CTP参加。CTP在磷脂合成中特别重要，它为合成CDP-乙醇胺、CDP-胆碱及CDP-二酰甘油等活化中间物所必需。

3. 合成基本过程

(1) 二酰甘油合成途径

磷脂酰胆碱及磷脂酰乙醇胺主要通过此途径合成。这两类磷脂在体内含量最多，占组织及血液中磷脂的75%以上。二酰甘油是合成的重要中间物。胆碱及乙醇胺由活化的CDP-胆碱及CDP-乙醇胺提供。

磷脂酰胆碱亦可由磷脂酰乙醇胺从S-腺苷甲硫氨酸获得甲基生成，通过这种方式合成占人肝脏的10%～15%。磷脂酰丝氨酸可由磷脂酰乙醇胺羧化或其乙醇胺与丝氨酸交换生成。

首先，在体内酶的催化下，乙醇胺和胆碱先活化成 CDP-乙醇胺、CDP-胆碱。生成的 CDP-乙醇胺和 CDP-胆碱再与二酰甘油反应，生成磷脂酰乙醇胺和磷脂酰胆碱(图 11-21)。

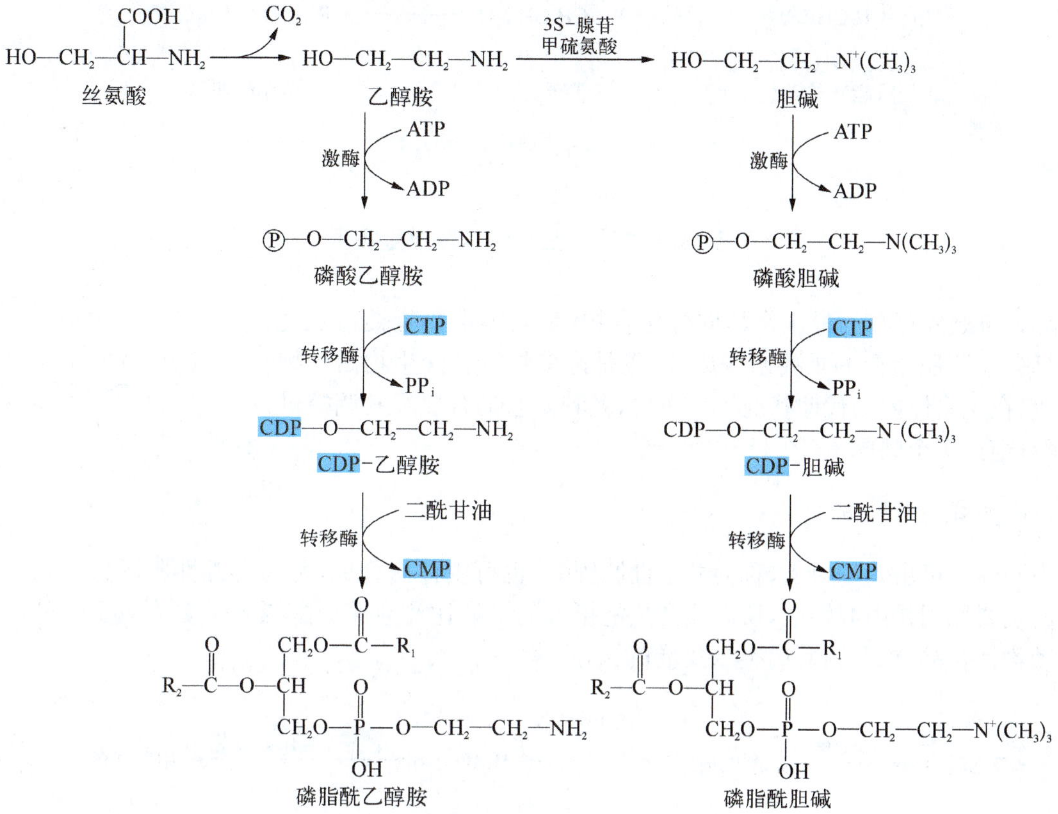

图 11-21　磷脂酰胆碱、磷脂酰乙醇胺的合成

(2) CDP-二酰甘油合成途径

磷脂酰丝氨酸及磷脂酰肌醇主要通过此途径合成。CDP-二酰甘油是合成的重要中间物。首先以磷脂酸为前体与 CTP 反应生成 CDP-二酰甘油，然后 CDP-二酰甘油与丝氨酸作用生成磷脂酰丝氨酸，与肌醇作用生成磷脂酰肌醇(图 11-22)。

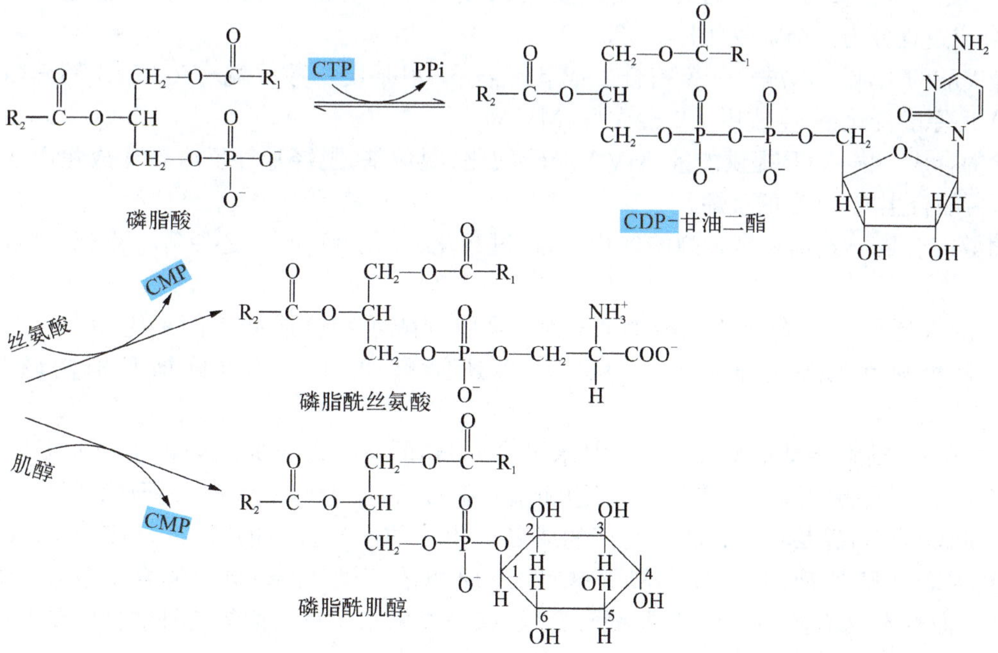

图 11-22　磷脂酰丝氨酸、磷脂酰肌醇的合成

(3) 不同磷脂间有时可以相互转化(图 11-23),从而构成磷脂合成的补救途径

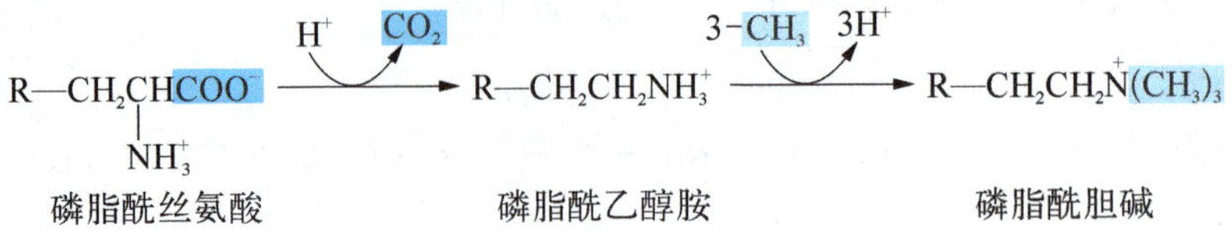

图 11-23　不同磷脂的相互转化

第四节　胆固醇代谢

胆固醇是自然界存在的最丰富的固醇化合物,是人体重要脂类物质之一,是生物膜、血浆脂蛋白的重要组成成分,也是许多具有特殊生物活性物质的前体,它在生物体内的代谢状况十分重要,尤其是它的合成及其调控机制。胆固醇含有 27 个碳原子(图 11-24)。

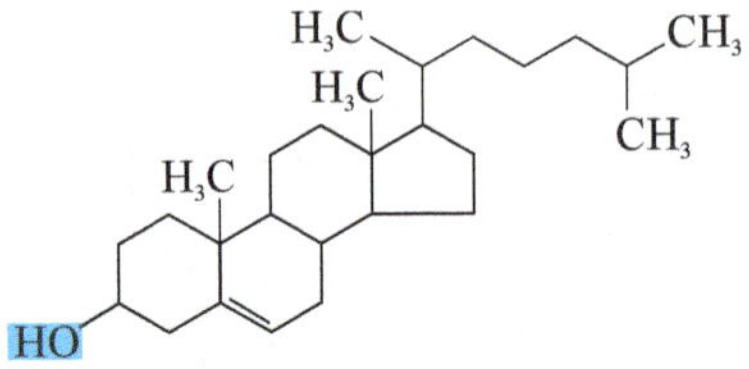

图 11-24　胆固醇的结构

一、胆固醇的合成

人体内胆固醇可由食物摄入,称为外源性胆固醇,也可由体内合成,称为内源性胆固醇。人体内胆固醇水平升高的主要原因是内源性的,所以注意热能摄入的平衡比注意胆固醇摄入量更为重要。外源性胆固醇主要来自动物性食品,如肝、脑、肉类以及蛋黄、奶油等。

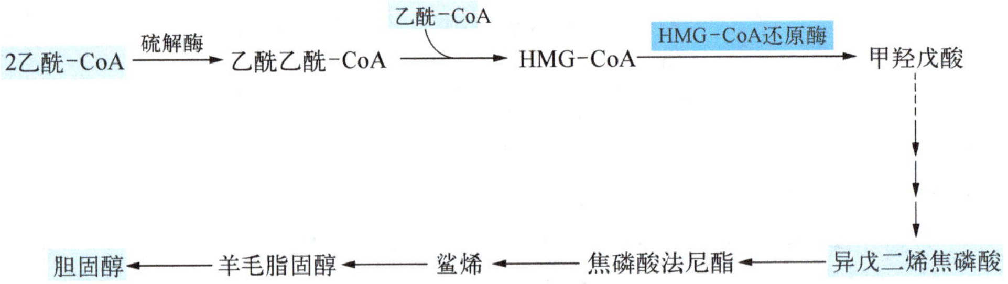

图 11-25　胆固醇合成的基本过程

胆固醇合成部位主要是在肝的细胞质基质及内质网中。合成所需原料主要是乙酰-CoA、ATP、NADPH。合成过程分为三个阶段(图 11-25):

1) 甲羟戊酸的生成　乙酰-CoA 缩合生成 β-羟-β-甲基戊二酸单酰-CoA(HMG-CoA),后者在 HMG-CoA 还原酶催化下,生成甲基二羟戊酸(MVA)。

2) 鲨烯的合成　由 ATP 提供能量,MVA 经磷酸化、脱羧基、脱羟基等反应转变成焦磷酸异戊二烯化合物(5 碳),再缩合生成 30 碳的鲨烯。

3) 胆固醇的合成　鲨烯在多种酶的催化下,经过羟化、环化、脱甲基、还原等一系列反应,最后生成胆固醇。

HMG-CoA 还原酶是合成胆固醇的限速酶,是胆固醇生物合成调控的关键酶,各种因素对胆固醇合成的影响和调节主要是作用于 HMG-CoA 还原酶,此酶受共价修饰和别构调节两方面的功能。

饥饿与禁食时,细胞能量状态较低(AMP 水平高),HMG-CoA 还原酶可被蛋白质激酶催化的磷酸化而失活,抑制肝合成胆固醇。摄取高糖、高饱和脂肪膳食后,肝 HMG-CoA 还原酶活性增加,胆固醇合成增多。在细胞内胆固醇及其合成的中间产物或者衍生物的水平较高的时候,HMG-CoA 还原酶的水解加速,而基因表达则被抑制,这样 HMG-CoA 还原酶浓度便下降,胆固醇合成受阻。胰岛素能使 HMG-CoA 还原酶合成增多,从而增加胆固醇合成;胰高血糖素及皮质醇等能抑制并降低此酶活性,从而减少胆固醇合成。

细胞内和血浆中的胆固醇都可以酯化为胆固醇酯，胆固醇酯主要存在于脂蛋白的脂类核心中。

二、胆固醇的转化

胆固醇在消化道中不能降解，到组织细胞后也与脂肪不同，它不能被降解并氧化为 CO_2 和 H_2O，所以不是体内的能源物质，但可氧化、还原或降解转变成其他物质(图 11-26)。

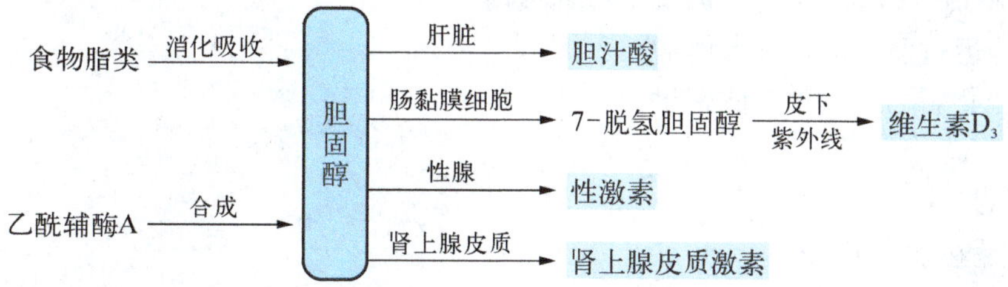

图 11-26 胆固醇转化示意图

1. 转变为胆汁酸

胆固醇在肝脏中转化为胆汁酸是胆固醇主要的代谢去路。正常人每天合成 1～1.5 g 胆固醇，其中约 2/5 在肝中转变为胆汁酸，随胆汁排入肠道。

胆固醇在肝脏转变成胆汁酸后，通过肝总管进入胆囊储存和浓缩，然后经胆总管释放至小肠，促进脂肪的消化和脂溶性维生素的吸收。

胆汁酸包括游离型和结合型。人体中的胆汁酸成分主要有胆酸、脱氧胆酸、鹅胆酸等以及它们与牛磺酸或甘氨酸结合形成的牛磺胆酸盐和甘氨酸胆酸盐。胆汁酸具有亲水和疏水的两个面，是一种很强的乳化剂。在小肠中胆酸盐将食入的脂肪乳化成微粒，均匀分散于水中，一方面有利于脂肪水解，另一方面促进小肠对它们的吸收。胆酸盐也能增加胆固醇在胆汁中的溶解度，防止胆固醇析出形成结石。

2. 转化为类固醇激素

胆固醇是一些固醇类激素的前体，在性腺和肾上腺皮质转变为性激素(睾酮、雌二醇、孕酮)和肾上腺皮质激素(醛固酮、皮质醇、皮质酮)。性激素对动物和人类的生长、发育和成熟有重要作用，肾上腺皮质激素影响糖、水、盐等物质代谢。

3. 转化为 7-脱氢胆固醇

胆固醇经 7 位脱氢而转变为 7-脱氢胆固醇，后者在紫外光的照射下，B 环发生断裂，生成前维生素 D_3，转变成维生素 D_3，再进一步转化成有活性的维生素 D_3。维生素 D_3 对控制钙、磷代谢有重要作用。儿童缺乏维生素 D_3 会导致佝偻病。

4. 排泄

胆固醇可通过粪便排泄。胆汁中的胆固醇排入肠腔后，大部分被重吸收，少部分被肠道细菌还原变成粪固醇排泄。

三、胆固醇等脂类的转运

胆固醇和其他脂类在体内的转运是通过脂蛋白(lipoprotein)进行的。

血浆脂蛋白是由蛋白质、三酰甘油、磷脂、胆固醇及其酯组成。血浆各种脂蛋白具有大致相似的基本结构，呈球状，颗粒表面是蛋白质、磷脂及游离胆固醇等亲水基团；颗粒内部是脂肪、胆固醇酯等疏水基团。各种脂蛋白因所含脂类及蛋白质量的不同，其理化性质(密度、颗粒大小、表面电荷、电泳速率等)和生理功能也不相同，一般常用超速离心或电泳分离方法进行分类。

含三酰甘油多而蛋白质少者密度低，反之则密度高。将血浆置于一定密度的盐溶液中超速离心，其所含脂蛋白即因密度不同而漂浮或沉降，据此可将血浆脂蛋白分为四类。密度从小到大依次为：乳糜微粒(CM)、极低密度脂蛋白(VLDL)、低密度脂蛋白(LDL)、高密度脂蛋白(HDL)。

1. 乳糜微粒

食物中脂类被小肠黏膜细胞吸收后合成的脂蛋白，经淋巴进入血循环，含三酰甘油最多(约 90%)，其主要生理功能是将食物中的三酰甘油和胆固醇转运至肝和脂肪组织(即转运外源性三酰甘油及胆固醇)。正常人 CM 在血浆中迅速代谢,半衰期为 5～15 min,因此空腹血浆中测不到 CM。

2. 极低密度脂蛋白

主要由肝细胞合成,也含较多的三酰甘油(约 60%)。其生理功能是将肝脏合成的三酰甘油转运至肝外其他组织(即转运内源性三酰甘油)。在转运过程中,不断水解脱脂,组成比例发生变化,最后转变为低密度脂蛋白。

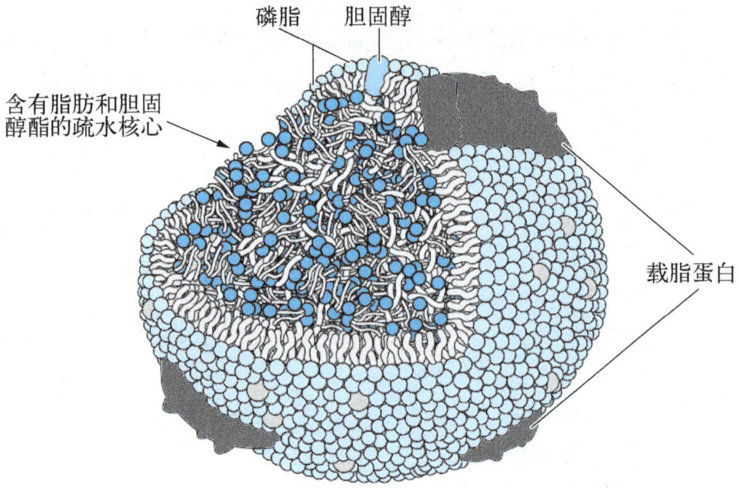

图 11-27　血浆脂蛋白的结构

3. 低密度脂蛋白

低密度脂蛋白是在血浆中由 VLDL 转变而来,是正常成人空腹血浆中的主要脂蛋白,约占血浆脂蛋白总量的 2/3。LDL 含胆固醇最多(50%),其功能是将内源性胆固醇从肝运至肝外组织。临床上对 LDL 的增多很重视,因为它的增多会导致胆固醇总量的增加,如果其结构不稳定,则胆固醇很易在血管壁沉积而形成斑块,这就是动脉粥样硬化的病理基础,由此诱发一系列心、血管系统疾病。

4. 高密度脂蛋白

主要由肝合成,小肠也能合成一部分。正常人空腹血浆中 HDL 含量约占脂蛋白总量的 1/3。HDL 的主要功能是将肝外组织的胆固醇转运到肝中进行代谢,这种转运称为胆固醇的逆向转运。通过这种转运,可防止胆固醇积聚在外周动脉管壁。HDL 含量偏高,有抗动脉粥样硬化的作用。

血浆脂蛋白中的蛋白质部分称为载脂蛋白(apolipoprotein, apo),是肝及小肠黏膜细胞合成的特异球蛋白。至今已从人血浆分离出 apo 有 20 多种,主要有 A、B、C、D、E 及 H 等六大类,并进一步分为若干亚类,如 apoA 又分为 AI、AII、AIV、AV;apoB 又分为 B_{100} 及 B_{48};apoC 又分为 CI、CII、CIII 等,不同的脂蛋白所含载脂蛋白不同。如 HDL 主要含 apoAI、AII;LDL 几乎只含 $apoB_{100}$;VLDL 除含 $apoB_{100}$ 外还有 apoCI、CII、CIII 及 E;CM 含 $apoB_{48}$ 而不是 $apoB_{100}$。载脂蛋白在血液中不仅是运输脂类的载体,而且还有稳定脂蛋白结构、调节脂蛋白代谢关键酶活性、识别脂蛋白受体等作用。例如 apoAI 能激活卵磷脂-胆固醇酰基转移酶,从而促进脂蛋白中的胆固醇酯化;apoCII 能激活肝外脂蛋白脂肪酶,从而促进乳糜微粒和极低密度脂蛋白中的三酰甘油降解为甘油和脂肪酸;$apoB_{100}$ 可被外周组织细胞 LDL 受体识别,参与 LDL 中胆固醇在肝外组织的代谢,等等。

框 11-2　乙酰辅酶 A 羧化酶——一个减肥的新靶标?

近年来科学研究发现,丙二酰辅酶 A 在脂肪代谢中有两个非常重要的功能。第一,是脂肪酸合成重要的中间体;其次,它强烈抑制肉碱脂酰转移酶Ⅰ和脂肪酸氧化。细胞质基质中丙二酰辅酶 A 的水平可以决定细胞是氧化脂肪还是储存脂肪。催化生成丙二酰辅酶 A 的酶是乙酰辅酶 A 羧化酶(ACC),该酶在脂肪代谢过程中扮演着关键的调控角色。乙酰辅酶 A 羧化酶有两种同型物,即乙酰辅酶 A 羧化酶 1(ACC1)和乙酰辅酶 A 羧化酶 2(ACC2)。ACC1 和 ACC2 的分子质量分别 265 kD 和 280 kD,这两种酶由不同的基因编码,分布在细胞不同的位置。ACC1 主要存在于脂肪组织和肝脏中,它的主要作用是产生丙二酰辅酶 A 作为脂肪酸合成的活化的二碳单位。而 ACC2 主要分布在心脏和骨骼肌中,由它产生的丙二酰辅酶 A 主要用来调节肉碱脂酰转移酶Ⅰ。ACC 活性受到别构效应物和磷酸化的调节,摄取食物尤其是高糖类的食物可以增加 ACC 的活性,饥饿则可以降低 ACC 的活性。当体内需要能量的时候,如禁食、运动,可以激活依赖 AMP 的蛋白质激酶(AMPK),AMPK 通过对 ACC 的磷酸化作用来抑制该酶,从而进一步抑制脂肪合成和促进脂肪氧化。

研究人员用基因敲除的方法创建了一个缺失ACC2基因的小鼠突变体，这些ACC2基因缺失的小鼠在形态学、生长速度和繁殖上依旧正常，突变体小鼠体内低含量的丙二酰辅酶A导致了脂肪酸氧化速率的增加、脂肪组织和肝脏中脂肪堆积的减少。这些老鼠在与野生型老鼠吃相同食物时，大大降低了存储血脂（骨骼肌少30%～40%，心肌少10%），即使是有ACC1的脂肪组织，也显示减少储存三酰甘油可达50%。当喂给小鼠正常食物时，缺少ACC2的小鼠的脂肪酸氧化水平比对照正常小鼠高80%。当饲喂高脂肪、高糖食物4～5个月时，与正常小鼠相比，ACC2缺陷小鼠的脂肪酸氧化率高出25%，而糖氧化率则高出了1倍。研究人员认为，由于缺乏ACC2，减少，丙二酰辅酶A的生成，通过去除对肉碱脂酰转移酶Ⅰ的抑制，增加β-氧化并减少脂肪酸的合成，缺乏这种酶的小鼠能够吃一种高脂肪、高糖饮食而不会增重，而它们的正常的对应小鼠则会变得肥胖并患上Ⅱ型糖尿病。由此可知，ACC2可能是调节体重、肥胖和相关问题的一种关键酶。他们推测，ACC2将会是一个减肥药物的很好靶标。

推荐网址

1. http://en.wikipedia.org/wiki/Fatty_acid_metabolism
2. http://web.virginia.edu/Heidi/chapter24/chp24frameset.htm
3. http://themedicalbiochemistrypage.org/lipid-synthesis.html#phospholipids
4. http://www.rpi.edu/dept/bcbp/molbiochem/MBWeb/mb2/part1/fasynthesis.htm
5. http://www.rpi.edu/dept/bcbp/molbiochem/MBWeb/mb2/part1/fatcatab.htm
6. http://www.rpi.edu/dept/bcbp/molbiochem/MBWeb/mb2/part1/cholesterol.htm

参考文献

1. Eaton S, Bartlett K. Pourfarzam M. Mammalian mitochondrial β-oxidation. *Biochem. J.*, 320:345-357,1996.
2. Robinson A M, Williamson D H. Physiological roles of ketone bodies as substrates and signals in mammalian tissues. *Physiol. Rev.*, *60*: 143-187,1980.
3. Smith S. The animal fatty acid synthase: one gene, one polypeptide, seven enzymes. *FASEB J.*, *8*:1248-1259,1994.
4. Munday M R. Regulation of mammalian acetyl-CoA carboxylase. *Biochem. Soc. Trans.*, *30*:1059-1064,2002.
5. Raetz C R H, Dowhan W. Biosynthesis and function of phospholipids in Escherichia coli. *J. Biol. Chem.*, 265:1235-1238,1990.
6. Bloch K. The biological synthesis of cholesterol. *Science*, 150:19-28,1965.

思考题

1. 试解释为什么长链β-脂酰-CoA脱氢酶有缺陷的患者具有严重的低血糖症。
2. 动物的许多细胞并不合成脂肪酸，但却有一种特异性的乙酰-CoA羧化酶（ACC_2）。与正常的小鼠相比，缺乏ACC_2的小鼠能忍受高脂肪食物而不变胖。这些细胞内的乙酰-CoA羧化酶可能的功能是什么？此外，这些细胞有很多同时具有丙二酸-CoA脱羧酶，其水平受到多种激素的控制。此酶的功能又可能是什么？哪些激素可能以何种方式调控它的表达？
3. 毒蛇的毒液中通常含有磷脂酶A_2，其作用磷脂酰胆碱的产物是什么？释放出来的产物进入血流之后对红细胞的功能有什么影响？
4. 柠檬酸作为糖代谢和脂代谢一种关键的代谢调节物，高浓度的柠檬酸反映细胞的能量状态高可以进行糖异生或者脂肪酸生物合成。
   (1) 简述它的在所有代谢途径之中的调节功能。
   (2) 柠檬酸和苹果酸在线粒体内膜上都有自己的运输体，使得它们能够通过线粒体内膜。两者都是TCA循环的中间代谢物。苹果酸是糖异生的前体，而柠檬酸是脂肪酸合成的前体。为什么相比于苹果酸，柠檬酸更适合充当细胞富能的"指示剂"？
5. 脂肪酸氧化产生乙酰-CoA。在动物细胞中，它发生在线粒体。而脂肪酸合成使用丙二酸单酰-CoA作为活化的碳单位，发生在细胞质基质。脂肪酸氧化和合成并不使用相同的酶，而且它们的产物和底物似乎是独特的。为什么机体需要将它们分割在不同的亚细胞空间？
6. 一个正常的喂得很好的动物用^{14}C标记甲基的乙酸静脉注射，几小时后动物死了，从肝脏中分离出糖原和三酰甘油，测定其放射性的分布。
   (1) 预期分离得到的糖原和三酰甘油放射性的水平是相同还是不同？为什么？
   (2) 利用结构式指出三酰甘油中哪些碳原子被大量标记？
7. 已知来自一种草药中的有效成分可抑制柠檬酸裂合酶的活性，如果你吃了这样的草药，会影响到体内哪些物质的代谢？为什么？
8. 严格的素食者不容易利用奇数碳脂肪酸，为什么？

第 12 章

氨基酸代谢及其调节

氨基酸的主要功能是作为蛋白质的组成单位，除此之外，还可以作为多种生物活性物质的前体，其碳骨架则可为细胞提供能源，某些氨基酸的碳骨架可以作为糖异生的前体，另外一些氨基酸则可以转变为酮体。

本章将介绍氨基酸的分解代谢、合成代谢以及某些重要的氨基酸衍生物的合成。

第一节　蛋白质降解

食用蛋白质类的食物，不能直接被人体吸收，要经过蛋白质降解酶的作用降解为多肽和氨基酸才能被人体吸收。

一、外源蛋白质的消化与吸收

1. 蛋白质的消化

蛋白质的消化部位是胃和小肠，小肠是蛋白质消化的主要场所，经多种蛋白水解酶的催化而水解成氨基酸和多肽。胃黏膜细胞分泌的胃蛋白酶原在胃内经盐酸或胃蛋白酶自身催化作用而转变成胃蛋白酶，其最适 pH 为 1.5～2.5，适于胃内环境，对肽键作用的特异性较差，主要水解由芳香族氨基酸的羧基所形成的肽键。

在小肠中蛋白质的消化主要由内肽酶(包括胰蛋白酶、胰凝乳蛋白酶及弹性蛋白酶)和外肽酶(羧基肽酶 A 及 B、氨基肽酶)完成。胰蛋白酶主要水解由碱性氨基酸羧基构成的肽键；胰凝乳蛋白酶主要水解由芳香族氨基酸羧基构成的肽键；弹性蛋白酶主要水解由脂肪族氨基酸羧基构成的肽键。这些蛋白质以酶原的形式从胰腺细胞分泌出来，进入十二指肠后才被激活。在胰腺中胰蛋白酶除以无活性的酶原形式存在外，胰液中还有胰蛋白酶抑制剂，这对于保护胰腺组织免受蛋白酶的自身消化作用具有重要的生理意义。

2. 氨基酸的吸收

蛋白质消化的终产物为氨基酸和小肽，可被小肠黏膜吸收。肠黏膜上皮细胞的黏膜面的细胞膜上有若干种特殊的转运蛋白(transporter)，分别参与不同氨基酸的吸收，它们包括：中性氨基酸转运蛋白、碱性氨基酸转运蛋白、酸性氨基酸转运蛋白、亚氨基酸转运蛋白、β-氨基酸转运蛋白及二肽与三肽转运蛋白。有的转运蛋白能与氨基酸和 Na^+ 结合，结合后转运蛋白质构象发生改变，从而使氨基酸与 Na^+ 转入肠黏膜上皮细胞内。为了维持细胞的 Na^+ 低浓度，再由钠-钾泵将 Na^+ 泵出细胞，此过程需消耗 ATP。

二、体内蛋白质的降解

根据降解部位的不同，真核细胞降解蛋白质的途径可分为溶酶体途径和蛋白酶体途径。

1. 溶酶体途径

溶酶体是具有单层膜包被的细胞器，含有约 50 种水解酶，其中包括不同种类的蛋白酶，称为组织蛋白酶(cathepsins)。溶酶体融合细胞中的自噬泡，随即分解其内容物；溶酶体还能降解一些物质，这些物质是细胞的胞吞作用的目的物。溶酶体降解蛋白质是非选择性的，这个机制有着多样的生理功能。例如，产后子宫的萎缩，此时这个肌肉器官的重量在 9 d 内从 2 kg 降到 50 g，是此类过程的突出例证。很多慢性炎症，如类风湿性关节炎等，引起溶酶体的细胞外释放，这些释放出的酶会损坏周围的组织。

2. 蛋白酶体途径

蛋白酶体途径是一种依赖 ATP 的特异性降解途径，发生在没有膜包被的细胞器——蛋白酶体(proteasome)，并需要一种叫泛素的蛋白质。泛素广泛存在于真核细胞中，由 76 个氨基酸残基组成。蛋白质与泛素结合称为泛素化(ubiquitinization)，即在 ATP 存在条件下，通过泛素活化酶、泛素结合酶和泛素-蛋白质连接酶三种酶的催化，泛素 C-端的甘氨酸被活化，与多个泛素及底物蛋白质分子中赖氨酸残基的ε-NH_2以酰胺键结合。泛素化的目的是将需要选择性降解的蛋白质打上“死亡标签”。被打上“死亡标签”的蛋白质在蛋白酶体内被降解，释放出氨基酸及泛素。

框 12-1　生化研究动态——蛋白酶体的功能

蛋白酶体在真核生物和古菌中普遍存在，作为“细胞的垃圾处理机”，其主要作用是降解细胞不需要的或受到损伤的蛋白质。蛋白酶体降解途径是细胞用来调控特定蛋白质和除去错误折叠蛋白质的主要机制。需要被降解的蛋白质会先被称为泛素的蛋白质所标记，可称其为“死亡之吻”。三位科学家 Aaron Ciechavover、Avram Hershko 和 Irwin Rose 因为研究蛋白质酶解在细胞中的重要性和泛素在酶解途径的作用方面的杰出贡献而获得 2004 年诺贝尔化学奖。

蛋白酶体降解途径不仅对细胞中不正确蛋白质的销毁很重要，也参与许多细胞进程，包括细胞周期调控、DNA 损伤的修复、基因表达的调控、氧化应激反应以及新合成的蛋白质的质量控制等。例如，细胞周期进程是由一系列细胞周期蛋白依赖性激酶(CDK)来进行调控的，而 CDK 则是由周期蛋白(cyclin)来激活。有丝分裂的细胞周期蛋白，在细胞中只有几分钟寿命，是所有已知的细胞内蛋白中寿命最短的。在CDK-周期蛋白复合物行使了它的功能之后，复合物中的周期蛋白就会被多泛素化修饰并由蛋白酶体降解，从而保证了细胞周期的正常运转。尤其是在细胞退出有丝分裂期时，作为调控组分的周期蛋白 B 需要从有丝分裂促进因子上脱落下来，而这一解离过程依赖于蛋白酶体的参与。

蛋白酶体直接参与适应性免疫系统的运作，并在其中扮演着关键角色。免疫防御系统中，被病毒感染的细胞会利用泛素-蛋白酶体系统将病毒蛋白质降解为适当大小的多肽，这些多肽会被呈递到细胞表面。T 淋巴细胞会辨别这些多肽，然后攻击这些细胞，这是免疫系统对抗病毒感染的一种重要的防御方式。

此外，由于泛素-蛋白酶体降解系统的缺陷使错误折叠的蛋白质不能被降解，而在体内积累并产生细胞毒性损伤，这可能与神经退行性疾病，如老年痴呆症、帕金森氏症、肌萎缩性侧索硬化等密切相关。遗传性囊性纤维变性(cystic fibrosis, CF)与一种细胞质膜氯离子通道调节因子(CFTR)的功能性缺失有关，绝大多数 CF 病例由单基因位点突变所致，表现为苯丙氨酸(F508)缺失，造成 CFTR 蛋白的错误折叠，被泛素介导的蛋白质酶解系统识别、降解，造成该因子功能性缺失。

泛素系统已成为研制相关药物的靶点，通过防止特定蛋白的降解，或通过激发此系统以降解不需要的蛋白质，达到防治某些疾病的目的。泛素-蛋白酶体降解系统的研究为深入理解细胞诸多生理过程奠定了基础。

第二节　氨基酸的分解

在结构上，氨基酸可分为氨基和碳骨架两个部分，因此，其分解代谢可简单地分为氨基代谢和碳骨架的代谢。

一、氨基的代谢

氨基酸分解代谢首要的反应是脱氨基反应(deamination)。脱氨基的方式，不同生物不完全相同，氧化脱氨基反应普遍存在于动、植物中，非氧化脱氨基反应主要见于微生物。氨基酸可以通过氧化脱氨基、转氨基、联合脱氨基及其他脱氨基方式脱去氨基而生成α-酮酸，然后进一步代谢。

1. 氧化脱氨基反应

参与脱氨基反应的主要有三种酶，分别是 *L* -氨基酸氧化酶、*D* -氨基酸氧化酶和谷氨酸脱氢酶。其中 *L* -氨基酸氧化酶和 *D* -氨基酸氧化酶是非专一性的氨基酸氧化酶，以 FAD 作为辅基（前者还能以 FMN 作为辅基），分别催化 *L* -氨基酸和 *D* -氨基酸的氧化反应，产生的 $FADH_2$ 又被 O_2 再氧化（图 12－1）。这两种酶不是参与氨基酸氧化脱氨基作用的主要酶。

$$氨基酸 + FAD + H_2O \longrightarrow \alpha\text{-}酮酸 + FADH_2 + NH_4^+$$
$$FADH_2 + O_2 \longrightarrow FAD + H_2O_2$$

图 12－1　氧化脱氨基反应

参与氨基酸氧化脱氨基作用的主要酶是谷氨酸脱氢酶（glutamate dehydrogenase）。它位于线粒体基质，催化可逆反应，反应的辅酶既可以是辅酶Ⅰ，也可以是辅酶Ⅱ（图 12－2）。该酶是一种别构酶，含有 6 个相同的亚基。其活性受到严格的别构调节：当细胞的能量状态低时，细胞贫能的指示剂（这里是高浓度的 ADP 或 GDP）刺激正反应，即氨基酸的氧化脱氨基。如果反应以 NAD^+ 为电子受体，则生成的 NADH 进入呼吸链以产生更多的 ATP，如果以 $NADP^+$ 为电子受体，则生成的 NADPH 可作为生物合成的还原剂；当细胞的能量状态高的时候，细胞富能的指示剂（这里是高浓度的 ATP 或 GTP）则促进逆反应，有利于谷氨酸的合成。

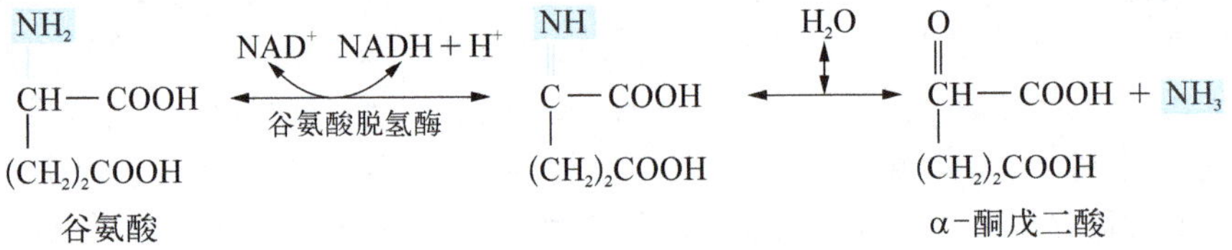

图 12－2　谷氨酸脱氢酶催化的氧化脱氨基反应

2. 转氨基反应

转氨基反应是在转氨酶的催化下，α-氨基酸的氨基转移到 α-酮酸的酮基上，生成一种新的氨基酸，原来的氨基酸转变为 α-酮酸的过程。催化此反应的酶被称为转氨酶（aminotransferase 或 transaminase）。转氨反应是完全可逆的，因此它既参与氨基酸的降解，又参与氨基酸的合成。

转氨酶有多种，但是每一种转氨酶都需要磷酸吡哆醛作为辅基，而且绝大多数转氨酶以谷氨酸作为氨基的供体或者以 α-酮戊二酸为氨基的受体。最常见的转氨酶有两种，即谷丙转氨酶（glutamate：pyruvate transaminase，GPT）和谷草转氨酶（glutamate：oxaloacetate transaminase，GOT）。GPT 与 GOT 在体内各组织中广泛存在。转氨酶只分布在细胞内，正常血清中含量甚少。当因某种原因使细胞膜的通透性增高或组织坏死、细胞破裂时，有大量转氨酶释放入血，造成血清中转氨酶活性明显升高。因此，临床上测定血清中 GPT 活性已成为肝炎诊断的一种常规方法。

转氨酶的辅酶是磷酸吡哆醛，辅酶在转氨酶催化的反应中作为氨基传递体发挥作用。在转氨酶催化下，其辅酶磷酸吡哆醛从氨基酸接受 α-氨基变成磷酸吡哆胺，氨基酸变成相应的 α-酮酸。进而在酶的作用下，磷酸吡哆胺以相同的方式将氨基转移给另一个 α-酮酸，使后者接受氨基形成另一种氨基酸，磷酸吡哆胺转出氨基后重新变为磷酸吡哆醛（图 12－3）。

3. 联合脱氨基反应

体内氨基酸的脱氨基作用主要是通过转氨酶和谷氨酸脱氢酶组合在一起的联合脱氨基反应来完成的。首先，氨基酸与 α-酮戊二酸在转氨酶催化下，生成相应的 α-酮酸和谷氨酸，然后谷氨酸又在谷氨酸脱氢酶的催化下，发生脱氨基反应生成 α-酮戊二酸、NH_4^+ 和 NAD(P)H（图 12－4）。

以谷氨酸脱氢酶为中心的联合脱氨基作用在氨基的最终代谢中起着举足轻重的作用，但不是所有组织细胞的主要脱氨方式。骨骼肌、心肌、肝脏以及脑的脱氨方式可能都是以嘌呤核苷酸循环（purine nucleotide cycle）为主。

嘌呤核苷酸的联合脱氨基作用的过程包括：次黄嘌呤核苷酸（IMP）与天冬氨酸作用形成中间产物腺苷酸代琥珀酸，然后在裂合酶的作用下，裂解出延胡索酸和腺嘌呤核苷酸（AMP），AMP 水解后即产生游离氨和 IMP，IMP 可以再参加循环（图 12－5）。

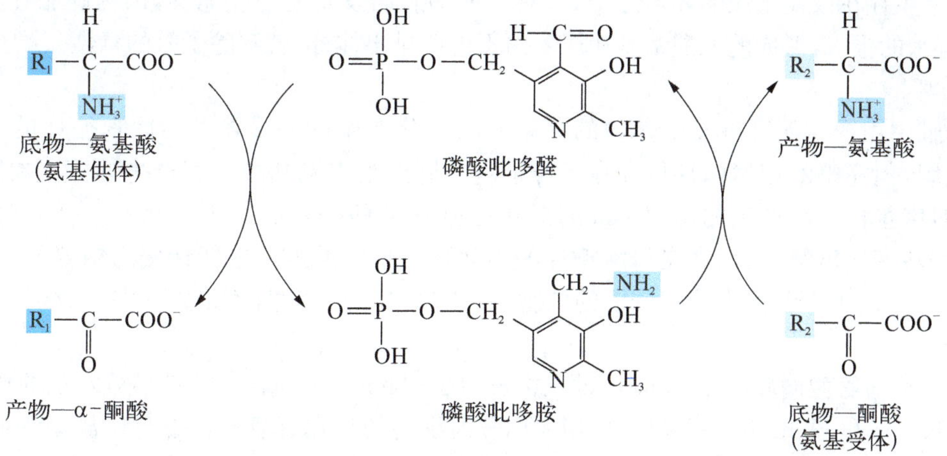

图 12-3 转氨基反应

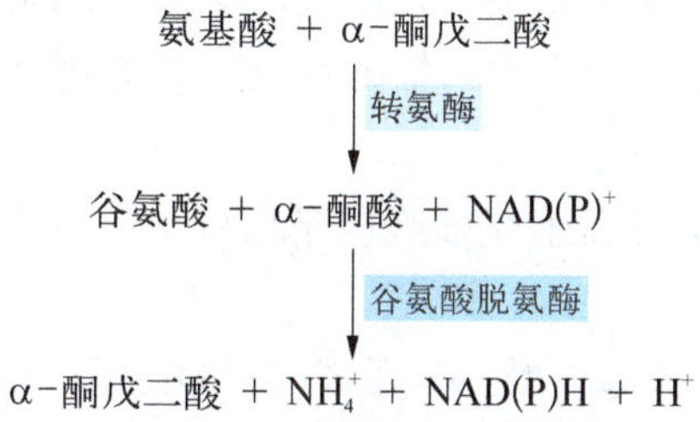

图 12-4 联合脱氨基反应

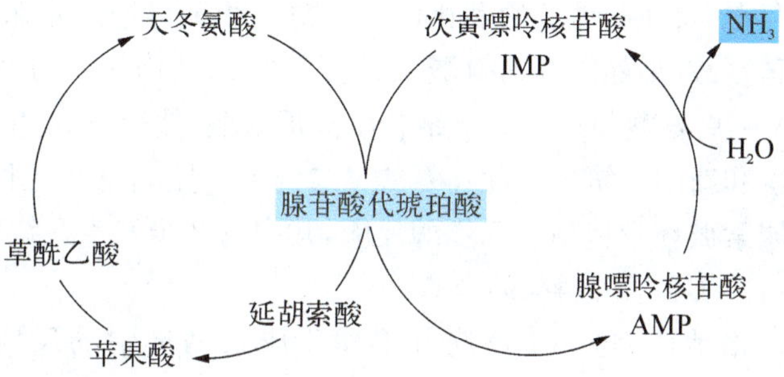

图 12-5 嘌呤核苷酸循环

4. 氨的解毒

氨对生物机体是有毒性的，特别是高等动物的脑对氨极为敏感，血液中 1% 的氨就可引起中枢神经系统中毒，因此氨的排泄是生物体维持正常生命活动所必需的。人体氨中毒的症状表现为语言紊乱、视力模糊，机体发生一种特有的震颤，甚至昏迷或死亡。血氨的来源包括：① 体内氨基酸脱氨基作用产生氨；② 由肠道吸收的氨；③ 肾脏的肾小管上皮细胞内的谷氨酰胺酶催化水解谷氨酰胺产生氨。血氨的去路主要包括：① 在肝脏合成尿素；② 合成谷氨酰胺；③ 合成非必需氨基酸。正常生理情况下，血氨的来源与去路保持动态平衡，血氨浓度处于较低的水平。氨在肝中合成尿素是维持这种平衡的关键。当肝功能严重损伤时，尿素合成发生障碍，血氨浓度升高，称为高血氨症（hyperammonemia）。尿素合成酶的遗传性缺陷也可导致高血氨症。迄今，高血氨的毒性作用机制尚未彻底弄清，一般认为，氨进入脑组织，可与脑中的 α-酮戊二酸结合生成谷氨酸，并可与脑中的谷氨酸进一步结合生成谷氨酰胺。因此，脑中氨的增加使脑细胞中的 α-酮戊二酸减少，导致三羧酸循环减弱，从而使脑组织中 ATP 生成减少。另外，谷氨酸水平的降低也影响了 γ-氨基丁酸（一种重要的抑制性神经递质，由谷氨酸脱羧形成）的合成，从而引起大脑功能障碍，严重时可发生昏迷。

生物体把氨基酸分解代谢产生的多余的氨排出体外采取以下三种方式：

1）直接排出体外　水生动物（如鱼类）生活在水环境中，将氨直接排出体外。对于两栖动物来说，例如，青蛙在蝌蚪期是直接排氨的，但成蛙后，转变为排泄尿酸。

2）转变为酰胺　将氨转变为两种酰胺氨基酸中的酰胺基团是生物体解除氨的毒性的另一种方式，这也是细胞合成酰胺氨基酸的途径。植物通常使用 Asn 作为解除氨毒性的手段，而动物则使用 Gln 作为氨的载体。通过 Gln 不仅可以将一种组织中产生的氨转移到另外一种组织，而且其中的酰胺 N 可以在需要时释放出来，作为多种物质合成的氮源，如核苷酸、某些氨基酸和氨基糖的合成。

3）转变为尿素或尿酸　将氨转变为尿素是人类和其他所有胎盘类哺乳动物解除氨毒性的方式，尿素易溶于水，而这些哺乳动物获取水源也并不困难，溶解在血液中的尿素很容易通过肾脏排出体外。爬行动物和鸟类则是将氨转变为尿酸，尿酸的溶解度不高，容易形成结晶。将氨转变为尿酸对于卵生动物是有益的，既能使它们能够生存在极端干燥的环境之中，又对它们的胚胎发育有重要意义，因为胚胎在羊膜卵中的发育过程中，没有水的摄入，形成的尿酸结晶在尿囊内不需要排出体外，就解除了氨的毒性。

5. 尿素循环

尿素是肝脏中由尿素循环(urea cycle)的一系列酶催化产生的。尽管参与尿素循环的个别酶还发现存在于其他组织，但完整的尿素循环仅存在于肝细胞。肝外组织氨基酸分解产生的氨主要通过 Gln 运输到肝细胞，但肌肉蛋白分解产生的氨以 Ala 的形式经血液循环进入肝细胞。此外，在细胞内合成 NO 的反应中，精氨酸转变成瓜氨酸，后者是尿素循环的中间物。瓜氨酸需要重新转变为精氨酸，以补充被消耗的精氨酸，因此，在使用 NO 作为信号分子的细胞中含有足够的尿素循环相关的酶，以维持细胞内精氨酸的供应。

尿素循环又称鸟氨酸循环(ornithine cycle)或 Krebs - Henseleit 循环，是最早被发现的代谢循环途径。早在 1932 年，Krebs 和 Henseleit 就发现，使用大鼠肝组织的切片在有氧条件下与铵盐保温可以合成尿素。其合成速率可因加入少量的鸟氨酸、瓜氨酸或精氨酸而大大提高，而这 3 种氨基酸的含量并没有减少。实验还表明，大量鸟氨酸与肝组织切片及铵盐保温时有瓜氨酸的合成。当时已经知道在排尿素的陆生动物的肝脏中存在一种酶，该酶的催化可导致精氨酸不可逆地水解产生鸟氨酸和尿素。综合以上实验证据，同时根据对鸟氨酸、瓜氨酸及精氨酸三种氨基酸的结构比较分析，发现它们彼此相关，提出了尿素合成的循环机制：先是鸟氨酸与氨及 CO_2 结合生成瓜氨酸；然后，瓜氨酸再接受一分子氨形成精氨酸；最后，精氨酸水解产生尿素和新的鸟氨酸。此鸟氨酸又参与下一轮的循环(图 12 - 6)。

尿素循环中包括有 5 步酶反应，其中前 2 步发生在线粒体，其余反应发生在细胞质基质中。

(1) 氨基甲酰磷酸的合成

严格地说，这一步反应并不属于尿素循环中的反应。在 ATP、Mg^{2+} 及 *N*-乙酰谷氨酸(*N* - acetyl glutamate, AGA)存在时，氨与 CO_2 可在氨基甲酰磷酸合成酶Ⅰ(carbamoyl phosphate synthetase Ⅰ, CPS-Ⅰ)的催化下，合成氨基甲酰磷酸。此反应消耗 2 分子 ATP，属不可逆反应，在尿素循环中是限速的一步。CPS-Ⅰ是一种别构酶，AGA 是此酶的别构激活剂。AGA 的作用可能是使酶的构象发生改变，暴露了酶分子中的某些基团，从而增加了酶与 ATP 的亲和力。CPS-Ⅰ和 AGA 都存在于肝细胞线粒体中。

除了 CPS-Ⅰ以外，细胞中还有另外一种催化氨基甲酰磷酸合成的酶，即 CPS-Ⅱ。与 CPS-Ⅰ不同的是，CPS-Ⅱ存在于所有组织的细胞质基质之中，参与嘧啶核苷酸的生物合成。

氨基甲酰磷酸的合成是肝细胞线粒体的主要任务之一。据估计，CPS-Ⅰ可占肝细胞线粒体基质总蛋白的 20%。

(2) 瓜氨酸的合成

在鸟氨酸氨基甲酰转移酶(ornithine carbamoyl transferase, OCT)催化下，氨基甲酰磷酸与鸟氨酸缩合生成瓜氨酸。鸟氨酸氨基甲酰磷酸转移酶也存在于肝细胞的线粒体中。

尿素循环余下的反应发生在细胞质基质中，这需要不断地将瓜氨酸运出线粒体和将鸟氨酸运回线粒体基质。这种运输系统仅存在于肝细胞线粒体内膜上，在特殊的氨基酸运输蛋白即瓜氨酸-鸟氨酸交换体(citrulline-ornithine exchanger)催化下完成。

(3) 精氨酸代琥珀酸的合成

瓜氨酸在线粒体合成后被转运到线粒体外，在细胞质基质中精氨琥珀酸合成酶(argininosuccinate synthetase)的催化下，与天冬氨酸反应生成精氨酸代琥珀酸，此反应由 ATP 提供能量。在上述反应中，天冬氨酸起供给氨基的作用，而其本身又可由草酰乙酸与谷氨酸经转氨基作用而再生成，谷氨酸的氨基可来自体内多种氨基酸。由此可见，许多种氨基酸的氨基也可通过天冬氨酸的形式参与尿素合成。

(4) 精氨酸代琥珀酸的裂解

精氨琥珀酸经精氨酸代琥珀酸裂合酶(argininosuccinate lyase)催化，裂解成精氨酸和延胡索酸。精氨酸最终成为尿素的直接前体。尿素循环中形成的延胡索酸和在柠檬酸循环中形成的草酰乙酸经转氨基反应生成天冬氨酸使鸟氨酸循环和三羧酸循环紧密联系在一起。

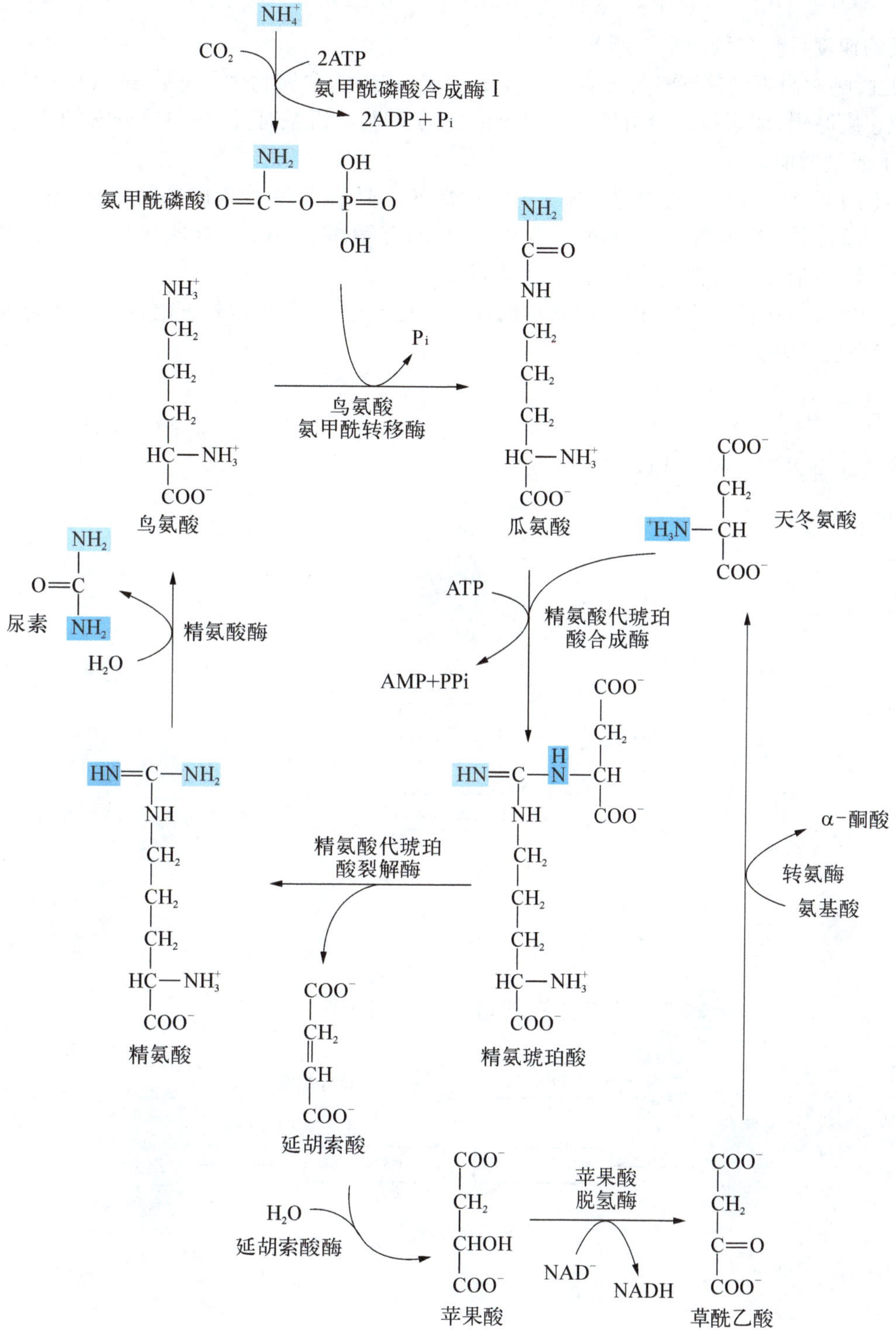

图 12-6　尿素循环

(5) 尿素的形成

在胞质中形成的精氨酸受精氨酸酶(arginase)的催化生成尿素和鸟氨酸，生成的鸟氨酸又回到线粒体中进行下一轮尿素循环。就这样，尿素循环把两个氨基和一个碳原子转化为非毒性的排泄物尿素。

尿素分子中两个氨基，一个来自氨，另一个来自天冬氨酸，而天冬氨酸又可由其他氨基酸通过转氨基作用生成。由此可见，尿素分子中的两个氨基虽然来源不同但均直接或间接来自各种氨基酸的氨基。形成 1 分子尿素可清除 2 分子 NH_3 和 1 分子 CO_2。尿素属中性无毒物质，所以尿素的合成不仅可消除氨的毒性，还可以减少因 CO_2 溶于血液时所产生的酸性。

尿素循环是高度耗能的过程，每合成 1 分子尿素，需要消耗 4 个 ATP。循环的总反应式为：

$$NH_4^+ + HCO_3^- + Asp + 3ATP \longrightarrow 尿素 + 延胡索酸 + 2ADP + 2P_i + AMP + PP_i$$

尿素合成的速度可受多种因素的调节：

1）食物的影响　高蛋白质膳食使尿素合成速度加快，排出的含氮物中尿素占80%～90%，低蛋白质膳食使尿素合成速度减慢，尿素排出量可低于含氮排泄物的60%。饥饿时，因蛋白质分解加快，合成尿素的酶活性上升，氨生成量增加。

2）CPS-Ⅰ的调节　氨基甲酰磷酸为尿素分子中氮的主要来源，它的生成是尿素合成的一个重要步骤。AGA是CPS-Ⅰ的别构激活剂。AGA由乙酰辅酶A与谷氨酸经AGA合成酶催化而生成。精氨酸是AGA合成酶的激活剂，精氨酸浓度高时，尿素生成量增加。

3）尿素合成酶系的调节　尿素循环中各种酶的活性相差很大，其中以精氨酸代琥珀酸合成酶的活性最低，因此是尿素合成的限速酶。

二、碳骨架的代谢

碳骨架的代谢有以下几种方式（图12-7）：

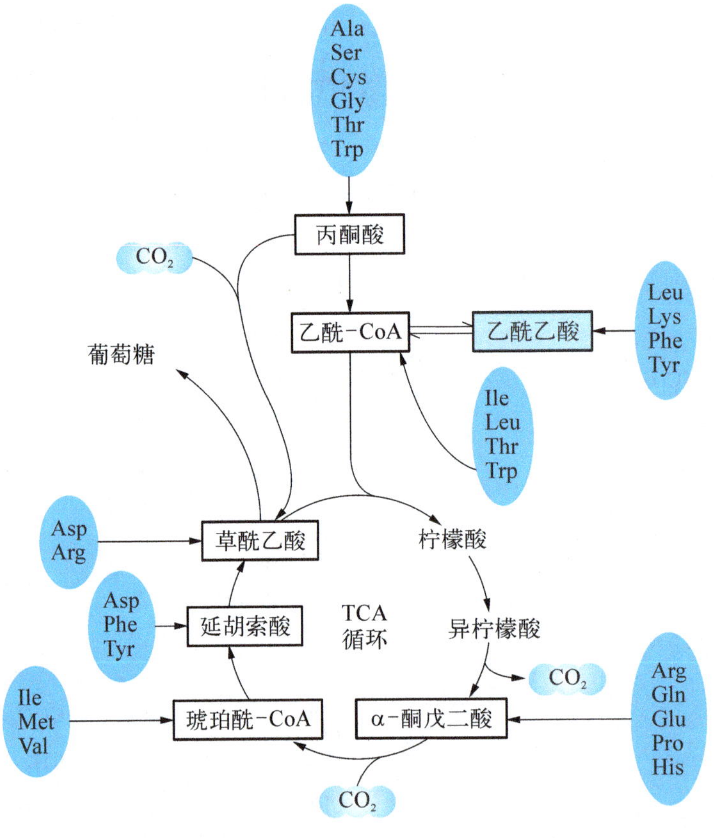

图12-7　氨基酸碳骨架的代谢

1. 生糖

有些氨基酸的碳骨架在体内代谢成丙酮酸或TCA循环途径的中间物，它们作为糖异生的前体可转变为葡萄糖，这些氨基酸被称为生糖氨基酸（glucogenic amino acids）。20种常见氨基酸中属于生糖氨基酸的有：Ala、Arg、Asp、Asn、Cys、Gly、Glu、Gln、His、Met、Ser和Pro。

2. 生酮

Leu和Lys的碳骨架在体内被代谢成乙酰-CoA或乙酰乙酸，乙酰-CoA为酮体和脂肪酸合成的前体，后者本身就是酮体，这两种氨基酸被称为生酮氨基酸（ketogenic amino acids）。糖尿病患者的肝脏所形成的大量酮体，除来源于脂肪酸外，还来源于生酮氨基酸。

3. 生糖兼生酮

Trp、Thr、Tyr、Ile和Phe这五种氨基酸的碳骨架较大，其中的一部分在体内可转变为葡萄糖，另一部分可被代谢成乙酰-CoA或乙酰乙酸，这些氨基酸属于生糖兼生酮氨基酸。

4. 氧化供能

氨基酸可通过转变成三羧酸循环的中间产物，再彻底氧化成 CO_2 和 H_2O，并释放能量。

5. 合成非必需氨基酸

氨基酸的碳骨架可重新利用，经转氨反应重新合成非必需氨基酸。

6. 提供一碳单位

一碳单位指某些氨基酸(如甘氨酸、苏氨酸、丝氨酸和组氨酸等)在体内进行分解代谢的过程中产生的含一个碳原子的有机基团。生物体在合成嘌呤、嘧啶、肌酸、胆碱等化合物时，需要某些氨基酸的参与，这些氨基酸提供一碳单位。生物体内的一碳单位有多种形式，主要有：① 甲基-CH_3(methyl)；② 甲烯基(又称亚甲基)-CH_2-(methylene)；③ 甲炔基-C=(methenyl)；④ 羟甲基-CH_2OH(hydroxymethyl)；⑤ 甲酰基-CHO(formyl)；⑥ 亚胺甲基-CH=NH(formimino)。

这些一碳单位不仅与氨基酸代谢密切相关，还参与核苷酸和S-腺苷甲硫氨酸的生物合成。它是生物体各种化合物甲基化的甲基来源，许多带有甲基的化合物在生物学上都有重要功能，如肾上腺素、肌酸、磷脂酰胆碱等。嘌呤和嘧啶则是合成核酸的重要成分。

一碳单位不能游离存在，四氢叶酸(THF)是这类基团的载体。叶酸是四氢叶酸的前体，四氢叶酸是由叶酸经二氢叶酸还原酶催化而生成的。人体所需叶酸来源于食物，因体内没有合成叶酸的酶，而细菌所需叶酸靠自身合成。维生素 B_{12} 缺乏时，THF上的甲基不能转移，这不仅不利于甲硫氨酸的生成，同时也影响THF的再生，从而影响一碳单位的转运，导致核酸合成障碍。因此，维生素 B_{12} 不足时可以产生巨幼红细胞贫血。常用的磺胺类药物通过干扰细菌THF的合成而抑菌。此外，应用叶酸类似物如甲氨蝶呤等可抑制THF生成，从而抑制核酸生成，达到抗癌作用。

第三节 氨基酸及其衍生物的合成

不同生物体合成氨基酸的能力不同，以合成原料为例，有的能利用 CO_2，有的能利用有机酸，有的能利用单糖。不同生物能够合成氨基酸的种类也不完全相同，有的可以合成构成蛋白质的全部氨基酸，有的则不能，这些生物所需的氨基酸必须从其他生物中获得。凡是机体不能自身合成而需要由食物提供的氨基酸，称为必需氨基酸(essential amino acid)。人体内有8种必需氨基酸，分别是亮氨酸、异亮氨酸、甲硫氨酸、缬氨酸、苏氨酸、色氨酸、苯丙氨酸、赖氨酸。高等植物有能力合成自己所需的全部氨基酸，而且既可利用氨又可利用硝酸根作为合成氨基酸的氮源。微生物合成氨基酸的能力有很大差异，有的能合成全部所需氨基酸(如大肠杆菌)，有的则不能(如乳酸菌)。

在生物合成中，各种氨基酸碳骨架的形成都源自糖酵解、柠檬酸循环以及磷酸戊糖途径中的代谢中间物，其中N原子是通过Glu或Gln进入相关的合成途径，而合成的场所有的在细胞质基质，有的在线粒体。根据氨基酸合成的碳骨架来源的不同，可将氨基酸分为5大家族，6种类型。

一、α-酮戊二酸衍生型

这一类型以α-酮戊二酸作为合成前体，包括谷氨酸、谷氨酰胺、脯氨酸和精氨酸，某些生物体还包括赖氨酸。α-酮戊二酸与 NH_3 在谷氨酸脱氢酶催化下，生成谷氨酸；谷氨酸与 NH_3 在谷氨酰胺合成酶催化下，消耗ATP而形成谷氨酰胺；谷氨酸在谷氨酸激酶催化下由ATP提供磷酸基团形成谷氨酰磷酸，又在还原酶作用下将谷氨酸的γ-羧基还原形成谷氨酸-γ-半醛，然后自发环化形成五元环化合物△'二氢吡咯-5-羧酸，再由二氢吡咯还原酶催化还原形成脯氨酸；谷氨酸也可在谷氨酸转乙酰酶催化下生成 *N*-乙酰谷氨酸，再经激酶作用由ATP上转移一个高能磷酸基团，形成 *N*-乙酰谷氨酸-5-磷酸，然后在还原酶催化下由NAD(P)H提供氢而还原成 *N*-乙酰谷氨酸-5-半醛，最后经转氨酶作用，谷氨酸提供α-氨基而生成 *N*-乙酰鸟氨酸，经脱乙酰基酶去乙酰基后转变成鸟氨酸，最后通过尿素循环而生成精氨酸(图12-8)。

二、天冬氨酸衍生型

属于这一类型的氨基酸有天冬氨酸、天冬酰胺、赖氨酸、甲硫氨酸、苏氨酸和异亮氨酸。在谷草转氨酶

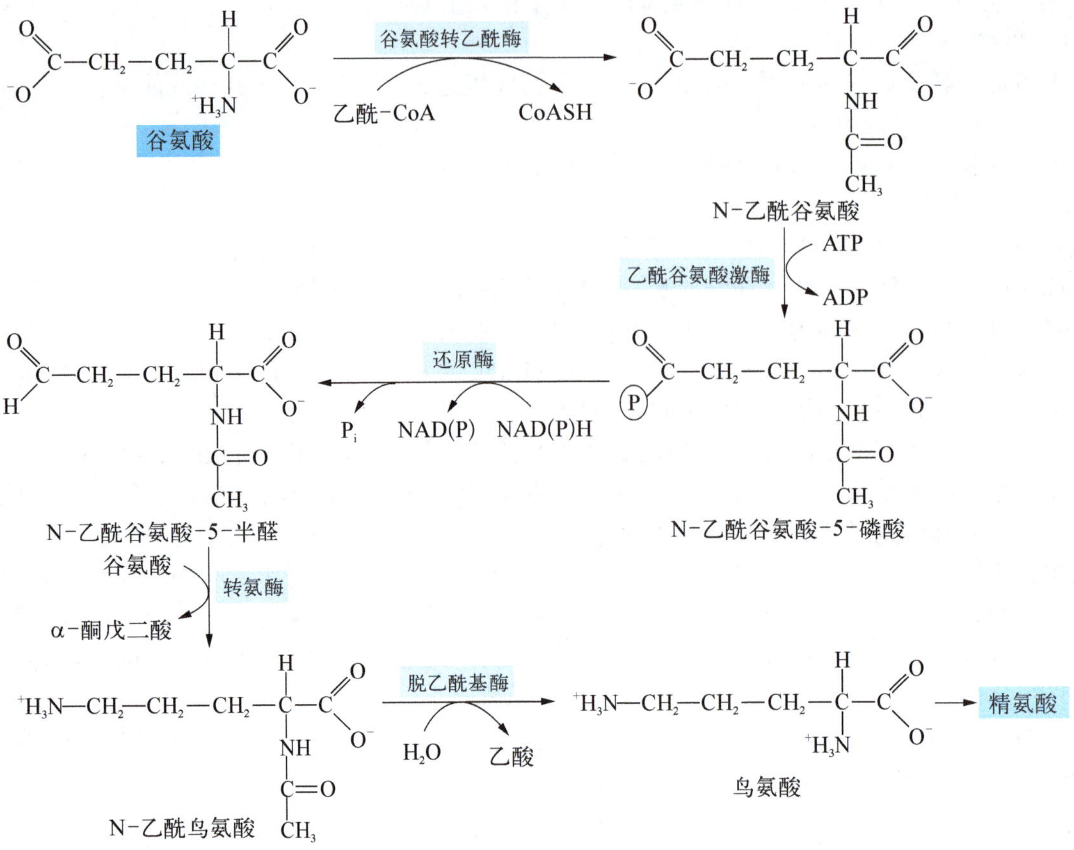

图 12-8 细菌精氨酸的生物合成

催化下，草酰乙酸与谷氨酸反应生成天冬氨酸，天冬氨酸经天冬酰胺合成酶催化，在谷氨酰胺和 ATP 的参与下，从谷氨酰胺上获取酰胺基而形成天冬酰胺；细菌和植物还能以天冬氨酸为起始物合成赖氨酸或转变成甲硫氨酸。此外，天冬氨酸在一系列酶的催化下形成高丝氨酸，再经高丝氨酸激酶的催化，形成高丝氨酸-*O*-磷酸，然后经苏氨酸合酶作用，水解下磷酸基团形成苏氨酸。

三、丙酮酸衍生型

由丙酮酸形成的氨基酸有丙氨酸、缬氨酸、亮氨酸，其中丙氨酸是由丙酮酸经转氨反应而来，而亮氨酸的合成与异亮氨酸和缬氨酸相似(图 12-9)。

四、甘油酸-3-磷酸衍生型

由甘油酸-3-磷酸起始，经酶催化可分别合成丝氨酸、甘氨酸和半胱氨酸。甘油酸-3-磷酸在脱氢酶的催化下生成 3-磷酸羟基丙酮酸，经谷氨酸转氨酶作用，由谷氨酸提供 α-氨基而形成丝氨酸-3-磷酸，然后在磷酸酶催化下去磷酸生成丝氨酸。丝氨酸在丝氨酸转羟甲基酶(以四氢叶酸为辅酶)作用下，脱去羟甲基形成甘氨酸。大多数植物和微生物的半胱氨酸合成是通过两步反应完成的：第一步是在丝氨酸乙酰转移酶催化下，由丝氨酸和乙酰-CoA 合成 *O*-乙酰丝氨酸，第二步是在 *O*-乙酰丝氨酸硫裂合酶的催化下，由 *O*-乙酰丝氨酸和 S^{2-} 合成半胱氨酸。在动物体内半胱氨酸的直接前体为丝氨酸和高半胱氨酸，后者也是甲硫氨酸生物合成的一个中间产物。丝氨酸和高半胱氨酸在胱硫醚β-合酶作用下，形成胱硫醚，后者在胱硫醚-γ-水解酶作用下，分解为 α-酮丁酸、NH_4^+ 和半胱氨酸。

五、磷酸烯醇式丙酮酸和赤藓糖衍生型

芳香族氨基酸中苯丙氨酸、酪氨酸和色氨酸属于这一类型。赤藓糖-4-磷酸和磷酸烯醇式丙酮酸作为起始物，二者缩合形成 3-脱氧-α-阿拉伯庚酮糖酸-7-磷酸，再经脱磷酸环化，形成苯环后又脱水、加氢形成莽草酸(shikimate)。莽草酸是合成这 3 种芳香族氨基酸的共同前体，因此，将芳香族氨基酸合成

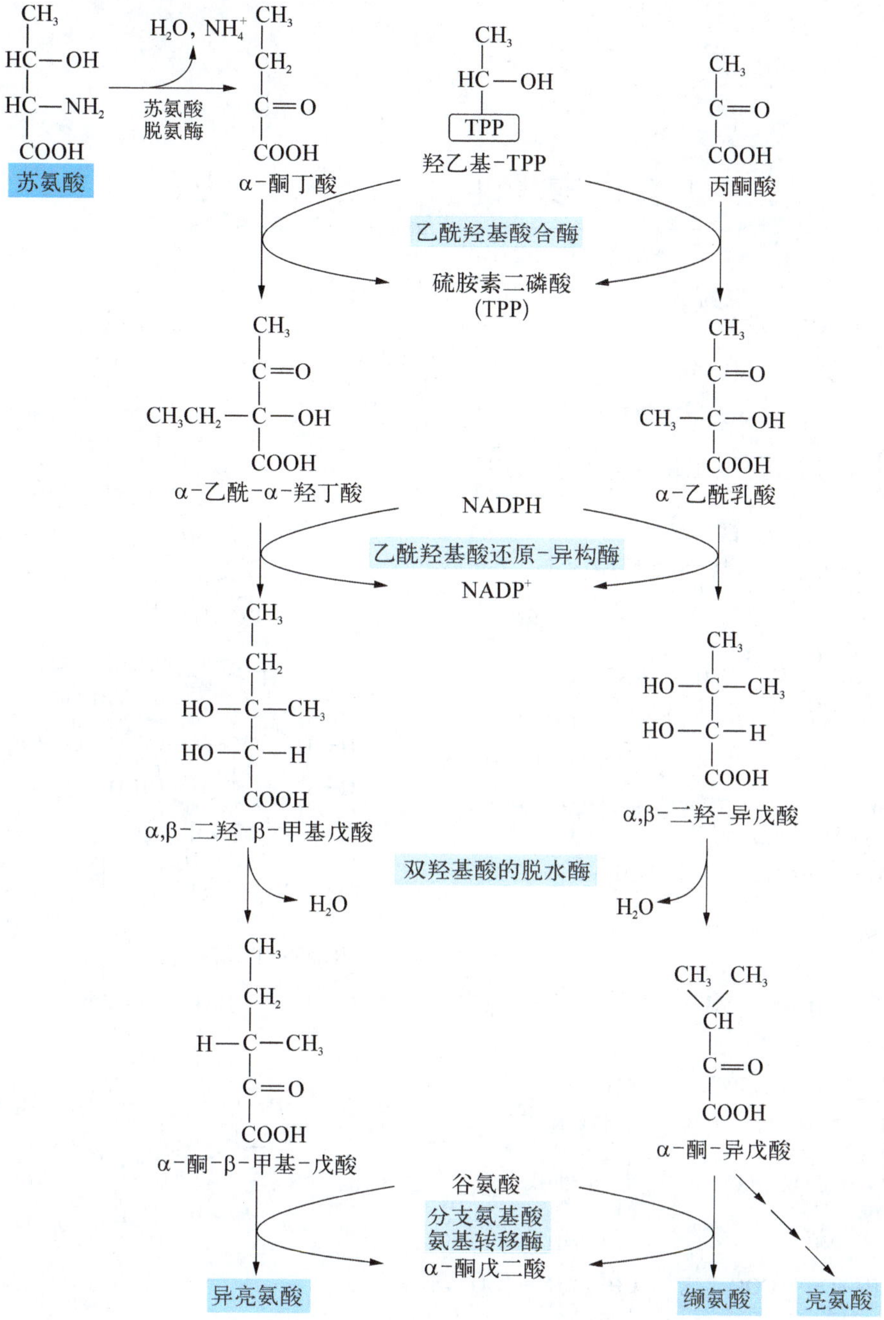

图 12-9　异亮氨酸、缬氨酸和亮氨酸的生物合成

相同的一段过程称为莽草酸途径，这一途径是指以莽草酸为起始物直到生成分支酸(chorismate)的过程。分支酸是重要的代谢分支点(图 12-10)，由它可转变为许多其他重要的代谢物，如维生素 K、叶酸和泛醌等。

六、组氨酸的生物合成

组氨酸的生物合成过程非常复杂，它由磷酸核糖焦磷酸(PRPP)开始，首先把核糖-5-磷酸部分连接到 ATP 分子中的嘌呤环的 1 号氮原子上生成以 *N*-糖苷键相连的中间物，即 *N*-1-(核糖-5′-磷酸)-ATP，再经过一系列反应最后合成组氨酸(图 12-11)。

生物体内的多种活性物质以特定的氨基酸作为它们合成的前体，这些含氮的生理活性物质具有重要的生理功能(表 12-1)。

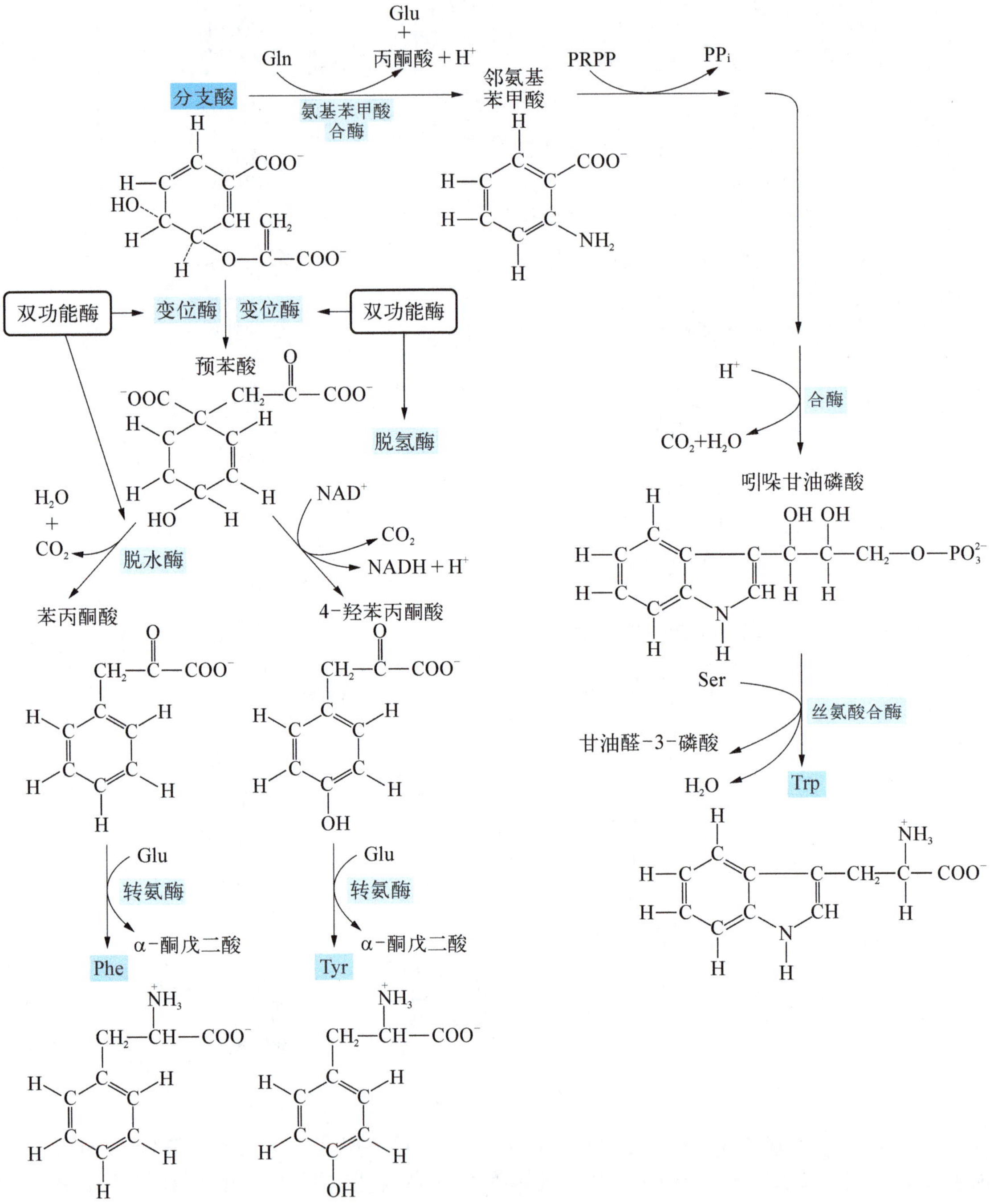

图 12-10 色氨酸、苯丙氨酸和酪氨酸的生物合成

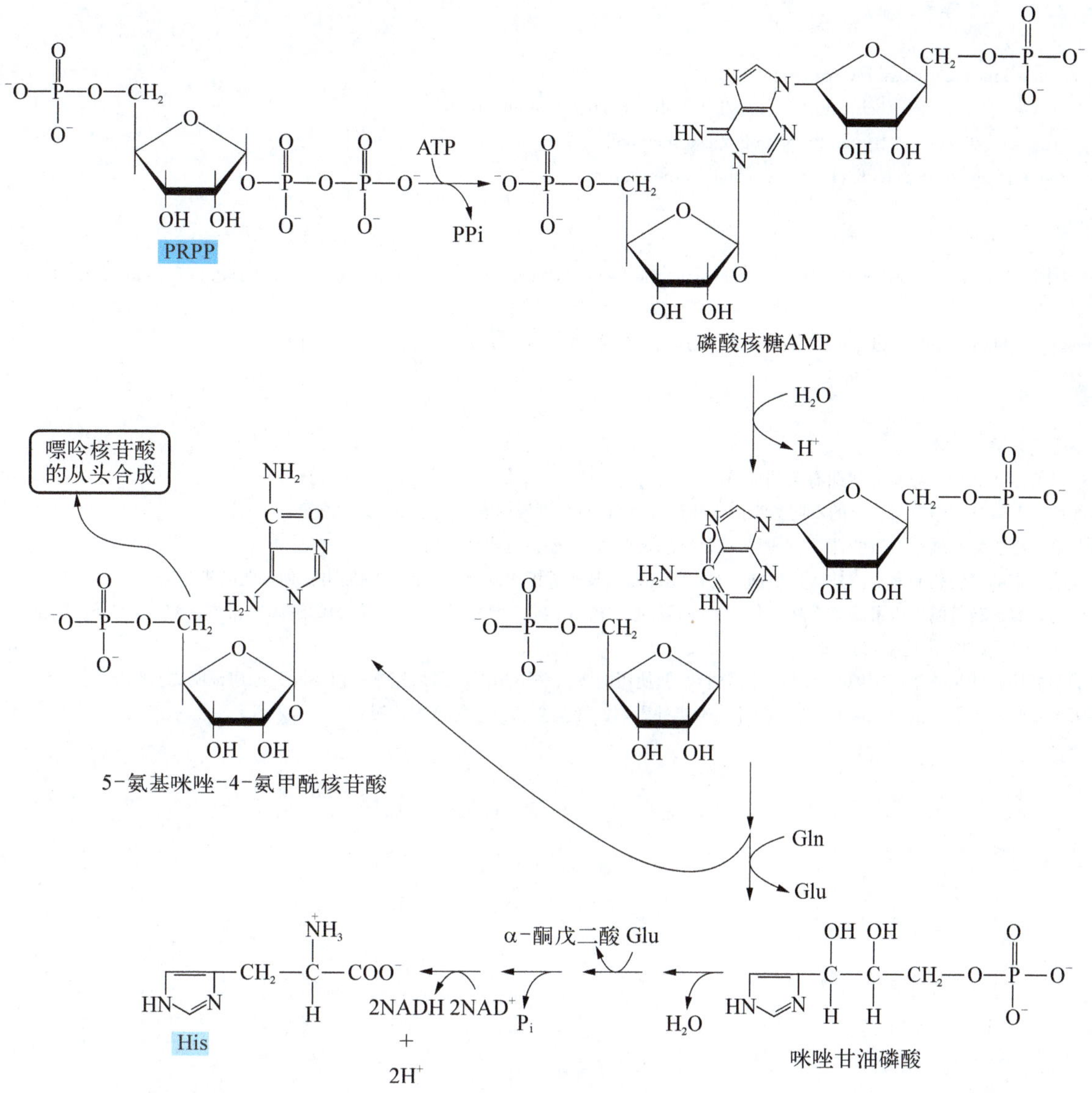

图 12-11　组氨酸的生物合成

表 12-1　氨基酸的衍生物及其生物功能

衍　生　物	氨基酸前体	生　理　功　能
肉碱	赖氨酸	脂肪酸跨线粒体内膜的转运
肌酸磷酸	甘氨酸，精氨酸	能量贮存
多巴胺	酪氨酸	神经递质
γ-氨基丁酸	谷氨酸	神经递质
肾上腺素和去甲肾上腺素	酪氨酸	激素
组胺	组氨酸	血管扩张
黑色素	酪氨酸	色素
褪黑激素	色氨酸	激素
一氧化氮	精氨酸	信号转导，血管扩张
5-羟色胺	色氨酸	血管收缩
甲状腺素	酪氨酸	激素
生长素	色氨酸	植物激素
乙烯	甲硫氨酸	植物激素
卟啉	甘氨酸、谷氨酸	血红素前体
谷胱甘肽	谷氨酸、半胱氨酸、甘氨酸	辅酶
牛磺酸	半胱氨酸	结合胆汁酸成分
精胺、亚精胺	甲硫氨酸、鸟氨酸	细胞增殖促进剂

推荐网址

1. http：//en. wikipedia. org/wiki/Urea_cycle
2. http：//www. rpi. edu/dept/bcbp/molbiochem/MBWeb/mb2/part1/amino. htm
3. http：//themedicalbiochemistrypage. org/amino-acid-metabolism. html
4. http：//web. virginia. edu/Heidi/chapter26/chp26frameset. htm

参考文献

1. Kirsch J F，Eliot A C. Pyridoxal phosphate enzymes：mechanistic，structural and evolutionary considerations. *Annu. Rev. Biochem.*，73，2004
2. Holmes F L. Hans Krebs and the discovery of the ornithine cycle. *Fed. Proc.*，39：216－225，1980.

思考题

1. 血氨有哪些来源和去路？
2. 请简述B族维生素中与氨基酸代谢有关的成员。
3. 写出3种以上有甘氨酸参与合成的不同类型的生物活性物质，并分别说明它们的主要生理功能。
4. 人体若缺乏必需氨基酸甲硫氨酸，除了不能合成足够的蛋白质外，还会造成什么后果？
5. 氨造成脑损害的确切机制尚不清楚。试根据氨对产能代谢中某些关键中间物水平的影响提出一种可能的机制。
6. 将纯化的谷氨酸转氨酶透析可用来去除与酶结合的磷酸吡哆醛(PLP)。但是，PLP与这种酶的解离非常慢。然而，如果在酶液中加入Glu可提高PLP与酶的解离速率，为什么？
7. 转氨酶和糖原磷酸化酶都使用磷酸吡哆醛作为辅基，但使用的方式并不相同。那么究竟有何不同？如何证明之？
8. 提高天冬氨酸和谷氨酸的合成会对TCA循环产生何种影响？细胞会怎样应付这种状况？

第 13 章

核苷酸代谢及其调节以及不同代谢途径之间的关系

动物可以分泌水解酶来分解食物中的核蛋白和核酸类物质。核蛋白在胃中受胃酸作用解离为核酸和蛋白质。核酸进入小肠后，在胰液和肠液中的核酸酶的作用下降解为核苷酸。核苷酸可进一步降解为核苷和磷酸，最后核苷分解为碱基和戊糖。核苷酸及其水解产物均可被细胞吸收和利用。植物一般不能消化体外的核酸。但生物中普遍存在着分解核酸的酶系。在体内，核酸的水解产物戊糖可参加戊糖代谢，碱基还可以进一步分解。

本章将重点介绍核苷酸的合成代谢及其调节机制，并对核苷酸的分解代谢仅作一般介绍，同时还会简要介绍体内几种重要物质代谢之间的关系。

第一节　核苷酸的分解

一、嘌呤核苷酸的分解

嘌呤核苷酸在核苷酸酶的催化下，脱去磷酸成为嘌呤核苷，嘌呤核苷在嘌呤核苷磷酸化酶的催化下转变为嘌呤碱基和磷酸戊糖。嘌呤碱基进一步代谢，最终形成尿酸(图 13－1)。不同生物分解嘌呤碱基的能

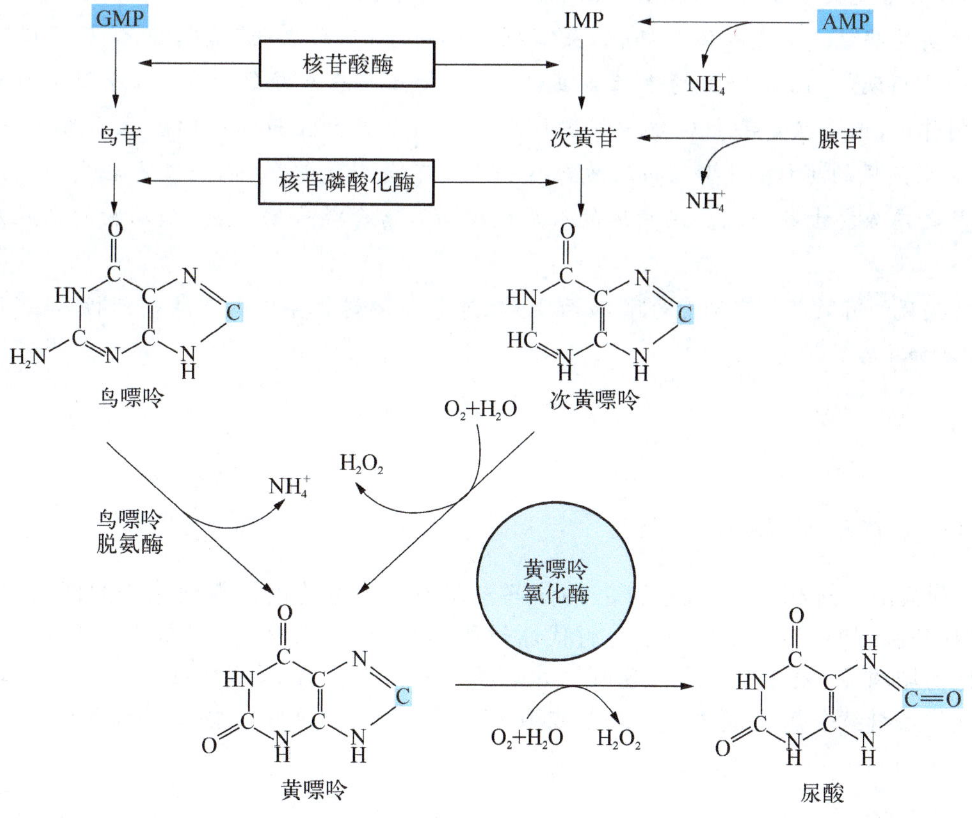

图 13－1　嘌呤核苷酸的分解代谢

力不同，因而代谢产物不同。

人的嘌呤核苷酸分解代谢的终产物为尿酸，经肾脏排泄。正常人血浆中尿酸含量为 20～60 mg/L。痛风症(gout)是尿酸过量产生或者尿酸排泄不畅造成的一种疾病，其临床特征为高尿酸血症(hyperuricemia)和反复发作的急性单一关节炎。

尿酸的形成是在黄嘌呤氧化酶(xanthine oxidase)的催化下，由黄嘌呤直接氧化而成。黄嘌呤氧化酶是一种黄素酶，由 2 个相同的亚基所组成。每一个亚基含有一个 FAD、一个钼原子和一个 Fe_4S_4 中心。黄嘌呤(或次黄嘌呤)的氧化过程非常复杂，在反应中，以 O_2 为电子受体，还原产物是 H_2O_2，进入尿酸的氧来自水分子。

结构与次黄嘌呤很相似的别嘌呤醇(allopurinol)作为一种自杀型底物(suicide substrate)，对黄嘌呤氧化酶有很强的抑制作用，是临床上治疗痛风的药物。别嘌呤醇被黄嘌呤氧化酶氧化成别黄嘌呤(alloxanthine)以后，就与酶的活性中心紧密结合从而强烈抑制酶的活性，有效抑制了尿酸的产生。

框 13-1 生化与健康——尿酸和痛风

鸟类、昆虫和爬行动物在发育过程中，有一个产卵期，在此阶段，水的供应受到严重限制，若是合成一种高度水溶性的排泄产物，会有严重的后果，因此氨基酸分解代谢脱下来的氨被转换为几乎不溶水的尿酸。此产物可安全地保留在卵中。哺乳动物也产生尿酸，但它是嘌呤分解代谢的产物。尿酸的溶解度低，因此如果在体内大量产生(血中尿酸含量超过 80 mg/L 时)，会有不幸的后果——在关节中形成尿酸盐结晶而诱发痛风。

痛风是一种由于嘌呤生物分解代谢增加，尿酸产生过多或因尿酸排泄不良而致血中尿酸升高，尿酸盐结晶沉积在关节滑膜、滑囊、软骨及其他组织中引起的反复发作性炎性疾病。其临床特点是：高尿酸血症、急性关节炎反复发作、痛风石形成、慢性关节炎和关节畸形，以及在病程后期出现肾尿酸结石和痛风性肾实质病变。多发人体各部位，关节剧烈疼痛，痛不欲生的“痛”，1～7 后痛像“风”一样吹过去了，因而叫“痛风”。40 岁以上的男性多发(95%)，女性一般在绝经后常见，原因是雌激素对尿酸的形成有抑制作用，但是在更年期后会增加发作比率。高尿酸血症与痛风的发生无直接关系，只是高尿酸有更高发生痛风的可能，一些人高尿酸血症一生都不会引发痛风，而一些人在发现高尿酸血症一周或者一个月之内会发生第一次。患痛风的人应该少摄入富含嘌呤的食物(如动物的内脏)和饮品(如啤酒)。

现在治疗痛风的有效药物有别嘌呤醇和丙磺舒，前者可抑制黄嘌呤氧化酶的活性，从而降低尿酸的生成，后者可增加尿酸的排泄。

二、嘧啶核苷酸的分解

与嘌呤核苷酸的分解相似，嘧啶核苷酸的分解先在核苷酸酶及核苷磷酸化酶的催化下脱去磷酸及核糖。生成的嘧啶碱基再进一步分解。分解代谢过程包括脱氨基、氧化、还原及脱羧基等反应。胞嘧啶脱氨基转化为尿嘧啶，尿嘧啶和胸腺嘧啶经水解为 NH_3、CO_2、β-丙氨酸或β-氨基异丁酸，再在转氨酶和脱氨酶催化下继续分解生成丙酰-CoA 或甲基丙酰-CoA。这些产物均易溶于水，可随尿排出体外(图 13-2)。

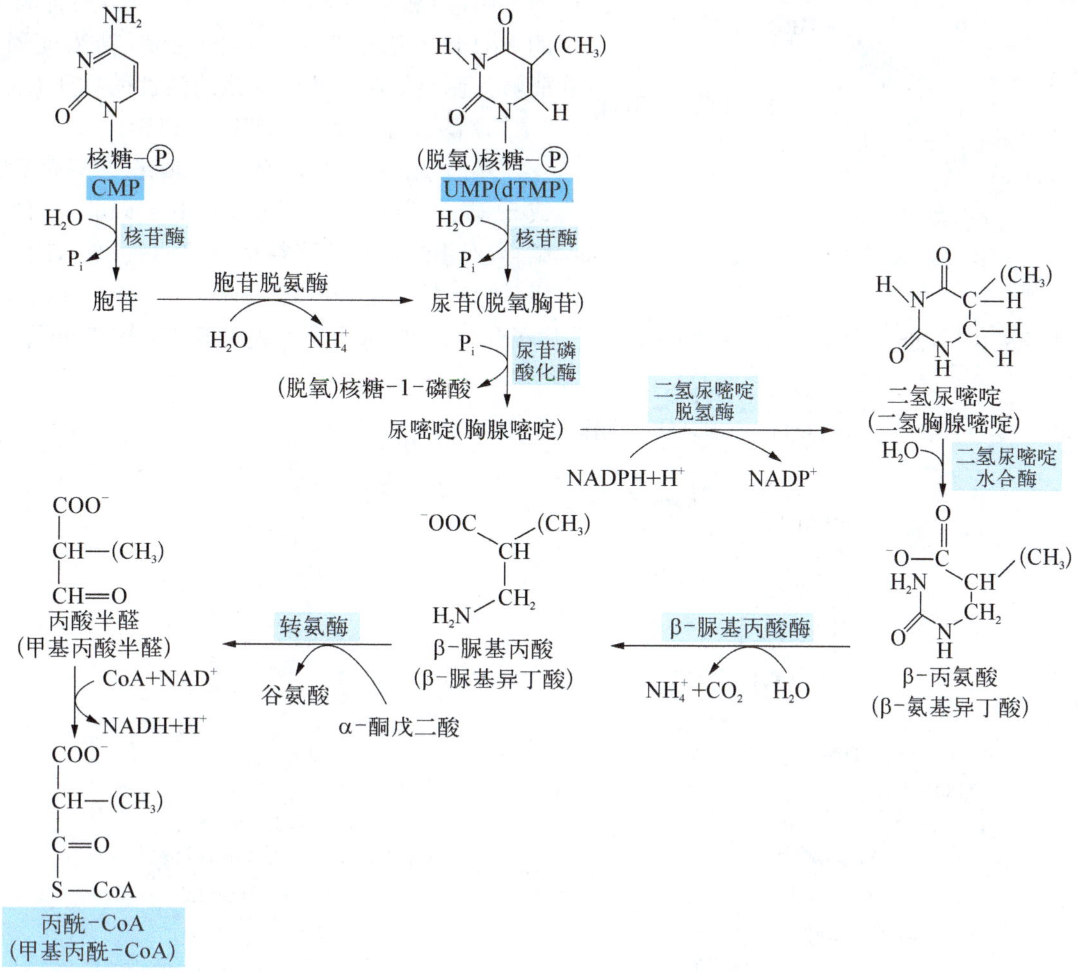

图 13-2 嘧啶核苷酸的分解代谢

第二节 核苷酸的合成

动物、植物和微生物通常都能合成各种嘌呤和嘧啶核苷酸。核苷酸的合成包括从头合成途径(de novo synthesis)和补救合成途径(salvage pathway)。

从头合成途径是利用磷酸核糖、氨基酸、一碳单位及CO_2等简单物质为原料,经过一系列酶促反应,合成核苷酸的过程。补救合成途径是利用体内游离的碱基或核苷,经过比较简单的反应过程合成核苷酸。二者在不同组织中的重要性各不相同,如肝组织主要进行从头合成,而脑、骨髓等只能进行补救合成。

一、嘌呤核苷酸的从头合成

同位素示踪实验证明嘌呤环是由一些简单化合物合成的,如图 13-3 所示,甘氨酸提供C_4、C_5及N_7;谷氨酰胺提供N_3、N_9;N^{10}-甲酰四氢叶酸提供C_2和C_8;CO_2提供C_6。生物体内不是先合成嘌呤碱,再与核糖和磷酸结合成核苷酸,而是从5-磷酸核糖-1-焦磷酸开始,经过一系列酶促反应生成次黄嘌呤核苷酸,然后再转变为其他嘌呤核苷酸。

1. 次黄嘌呤核苷酸(IMP)的合成

次黄嘌呤核苷酸的合成是一系列连续的酶促反应过程,首先,由核糖磷酸焦磷酸激酶(ribose-5-phosphate pyrophosphokinase,也称为 PRPP synthetase)催化核糖-5-磷酸和 ATP 合成 5-磷酸核糖-1-焦磷酸(5-phosphoribosyl-1-pyrophosphate, PRPP)。核糖-5-磷酸有两种来源,一是来自磷酸戊糖途径,一是来自核苷酸的降解产物——核糖-1-磷酸的异构化。PRPP 是一种极为重要的代谢中间物,它不仅参与嘌呤核苷酸和嘧啶核苷酸的从头合成,还参与它们的补救合成,此外,它还参与某些核苷酸类辅酶(辅

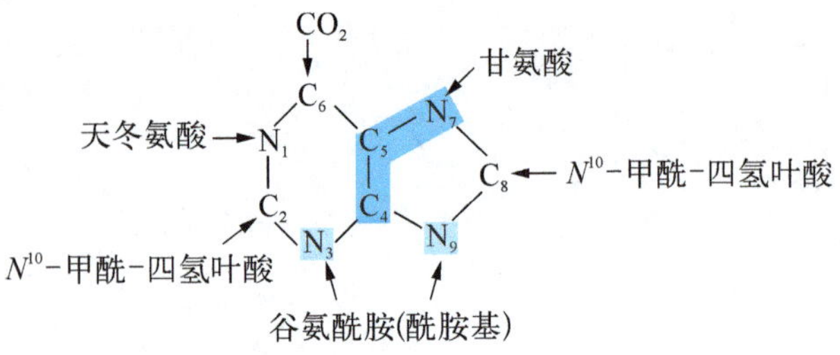

图 13-3 嘌呤环的元素来源

酶Ⅰ和Ⅱ）和某些氨基酸（His 和 Trp）的合成。细胞内的 PRPP 的浓度受到严格的控制，其浓度通常较低。能够抑制核糖磷酸焦磷酸激酶活性的物质有：ADP、2，3-二磷酸甘油、AMP、GMP 和 IMP。

然后，由 5-磷酸核糖-1-焦磷酸与谷氨酰胺反应生成 5-磷酸核糖胺（5-phosphoribosylamine），再与甘氨酸结合，经甲酰化和转移谷氨酰胺的氮原子，闭环生成 5-氨基咪唑核苷酸（5-aminoimidazole ribotide）。由 5-氨基咪唑核苷酸羧化后，进一步获得天冬氨酸的氨基，再甲酰化，最后脱水闭环生成次黄嘌呤核苷酸(图 13-4)。

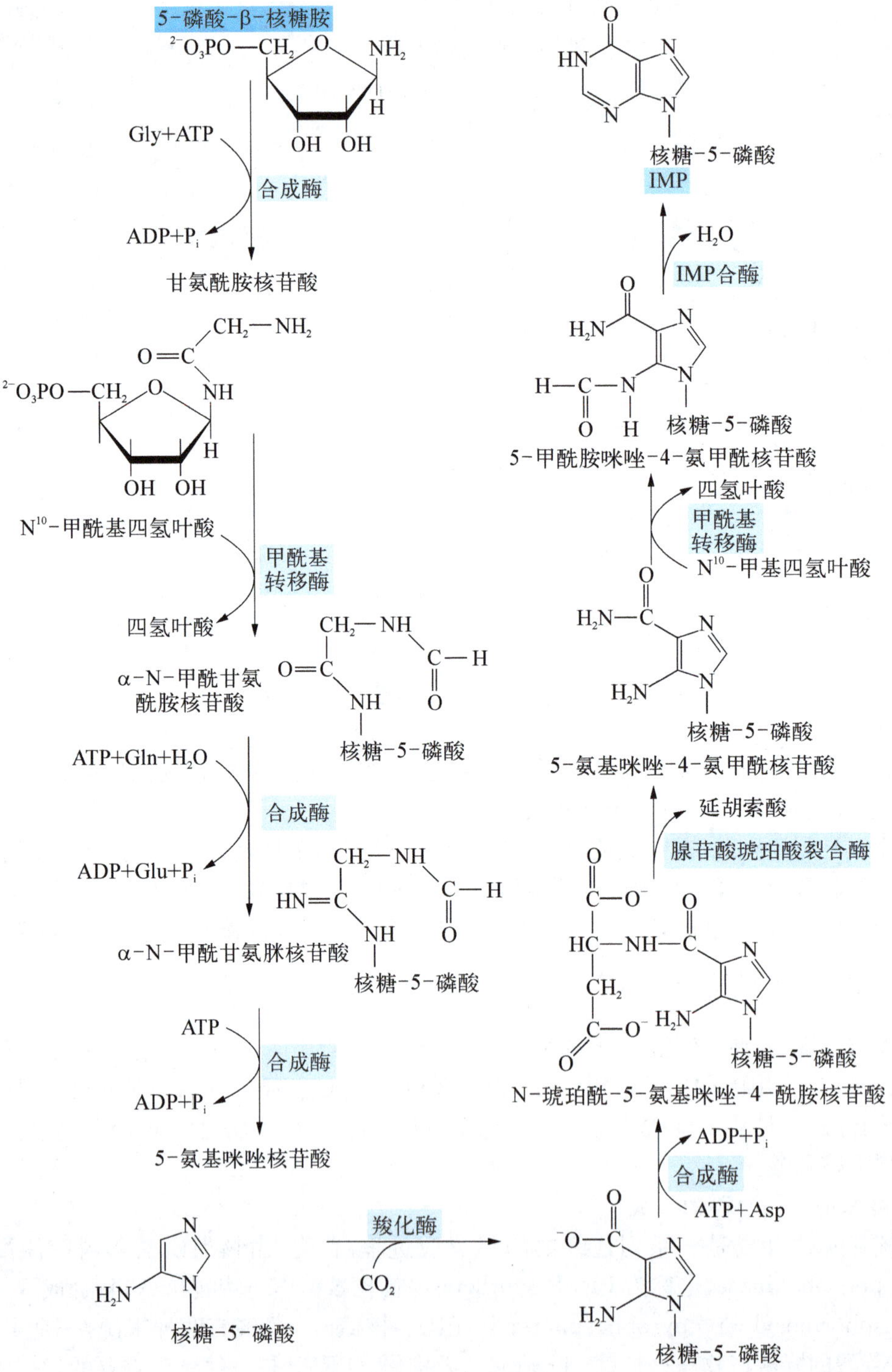

图 13-4 IMP 的从头合成

2. AMP 和 GMP 的合成

IMP 是合成 AMP 和 GMP 的前体，由 IMP 转变成 AMP 和 GMP 的过程见图 13-5。IMP 在 GTP 供能条件下与天冬氨酸合成腺苷酸代琥珀酸，随后，在腺苷酸代琥珀酸裂合酶的催化下分解成 AMP 和延胡索酸。从 IMP 到 GMP，则首先是 IMP 被氧化成黄嘌呤核苷酸(XMP)，再经氨基化生成 GMP，同时消耗 1 分子 ATP。无论是 IMP 转变为 AMP，还是 IMP 转变为 GMP 都是消耗高能磷酸化合物的，但是，在 IMP 转变为 AMP 的反应中，消耗的是 GTP，而在 IMP 转变为 GMP 的反应中，消耗的是 ATP。如此交叉地使用核苷三磷酸的好处在于可以有效地调节细胞内 GTP 和 ATP 之间的比例，以避免两者浓度的失调。

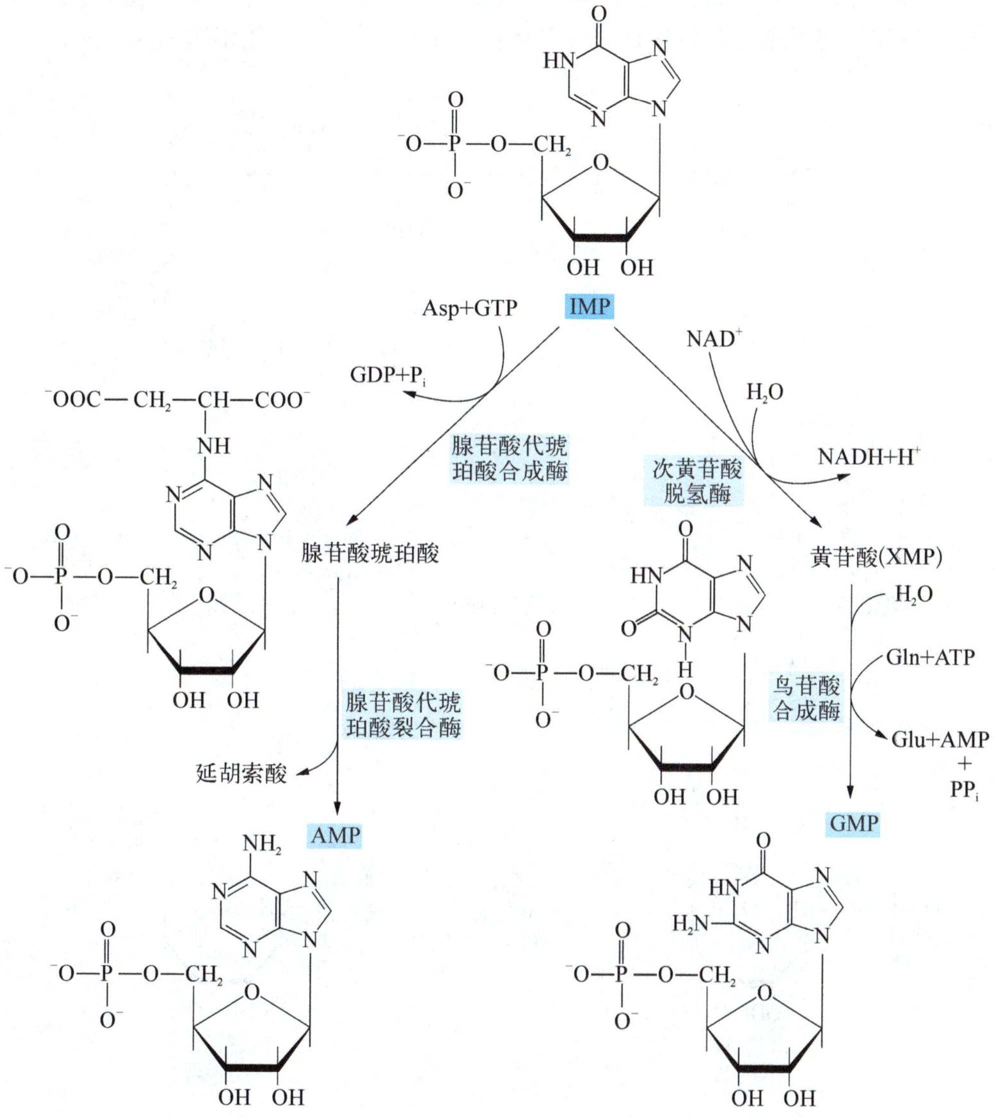

图 13-5 从 IMP 合成 AMP 和 GMP

另外，AMP 和 GMP 之间是不能直接转换的，AMP 可在腺苷酸脱氨酶催化下脱去氨基，生成 IMP，然后再利用 IMP 合成 GMP。反应式如下：

$$AMP + H_2O \xrightarrow{\text{腺苷酸脱氨酶}} IMP + NH_3$$

作为核酸合成的底物是核苷三磷酸的形式，通过激酶的作用及 ATP 供能，AMP 和 GMP 可转变成 ATP 及 GTP。

二、嘧啶核苷酸的从头合成

同位素示踪实验证明，合成嘧啶环的原料如图 13-6。与嘌呤核苷酸的从头合成不同，嘧啶核苷酸是先合成嘧啶环，再与磷酸核糖结合成为乳清苷酸(orotidine - 5 - phosphate，OMP)，然后生成尿嘧啶核苷酸。其他嘧啶核苷酸则由尿嘧啶核苷酸转变而成。

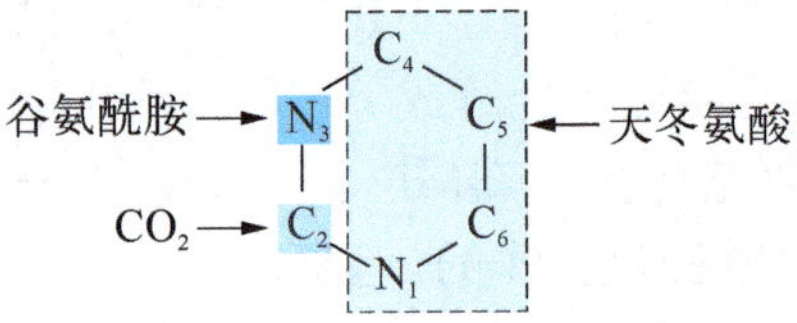

图 13 - 6　嘧啶环的元素来源

1. 尿嘧啶核苷酸的合成

首先，由谷氨酸酰胺、CO_2 及 ATP 在氨基甲酰磷酸合成酶Ⅱ(carbamoyl phosphate synthetase Ⅱ，CPS - Ⅱ)催化下合成氨甲酰磷酸(carbamoyl phosphate)。氨甲酰磷酸与天冬氨酸合成氨甲酰天冬氨酸(carbamoyl aspartate)，闭环并被氧化生成乳清酸(orotic acid)。乳清酸与 5 -磷酸核糖- 1 -焦磷酸作用生成乳清苷酸，脱羧后就成为尿苷酸(图 13 - 7)。此过程主要在肝细胞的细胞质基质中进行。除了二氢乳清酸脱氢酶位于线粒体内膜上外，其余均位于细胞质基质中。

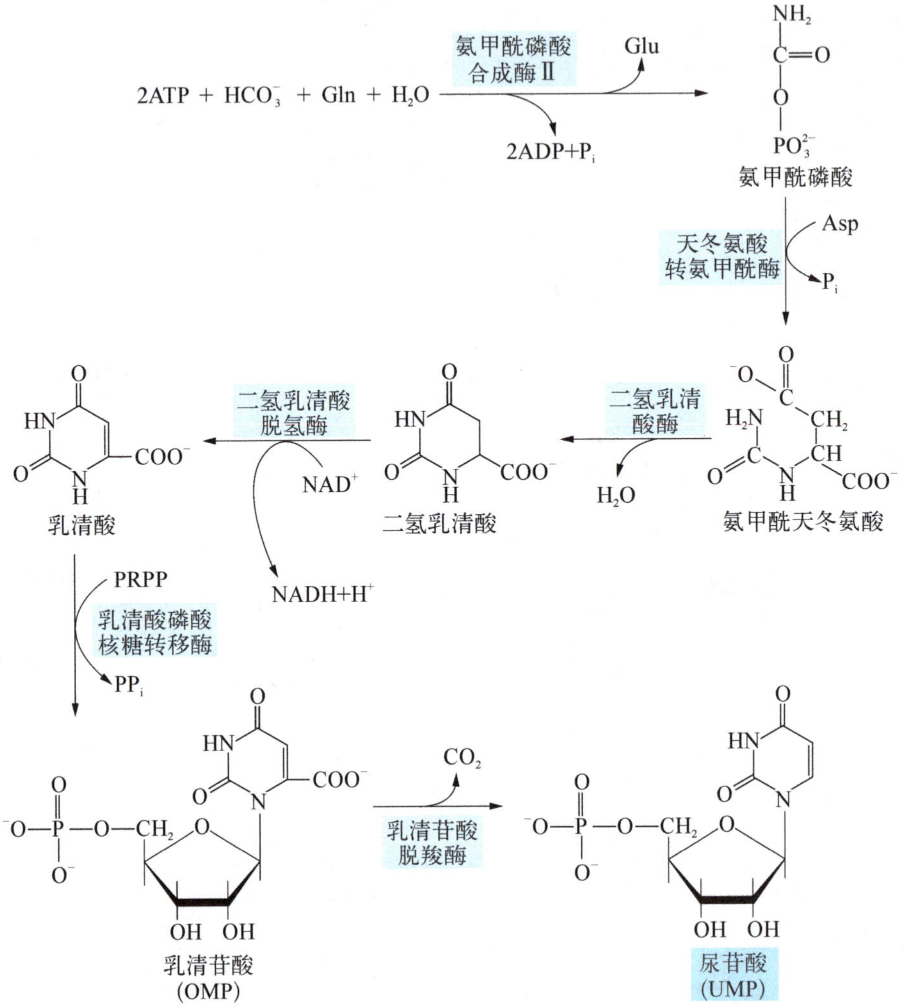

图 13 - 7　UMP 的从头合成

CPS - Ⅱ是嘧啶核苷酸从头合成途径的限速酶，与催化尿素合成的 CPS - Ⅰ不同之处主要有三点(表13 - 1)：① 合成尿素的氨基甲酰磷酸是由肝线粒体中的 CPS - Ⅰ催化合成的，而 CPS - Ⅱ催化的反应是在细胞质基质中进行的；② CPS - Ⅰ受到 *N* -乙酰谷氨酸的激活，而 CPS - Ⅱ不受 *N* -乙酰谷氨酸的影响，但受到 UTP 的反馈抑制；③ CPS - Ⅰ的氨基供体来自谷氨酸的氧化脱氨，而 CPS - Ⅱ的氨基供体来自谷氨酰胺的酰胺基。对于原核生物，只有一种氨基甲酰磷酸合成酶，参与嘧啶和精氨酸的生物合成。

哺乳动物嘧啶核苷酸的合成是由多功能酶催化的，即 CPS - Ⅱ、天冬氨酸转氨甲酰基酶(aspartate transcarbamoylase，ATC)和二氢乳清酸酶(dihydroorotase)位于同一条多肽链上。乳清酸磷酸核糖转移酶和乳清酸脱羧酶也位于同一条多肽链上。这种多功能酶的形式有利于协调这三种酶的活性。

表13-1　CPS-Ⅰ与CPS-Ⅱ的比较

同工酶	CPS-Ⅰ	CPS-Ⅱ
存在部位	肝细胞线粒体	各细胞细胞质基质
功能	合成尿素	合成嘧啶
氮来源	NH_3和氨基酸的氨基	谷氨酰胺的氨基
N-乙酰谷氨酸别构调节	有	无

2. 胞嘧啶核苷酸的合成

由尿苷酸转变为胞苷酸是在尿苷三磷酸的水平上进行的。UMP先在尿苷酸激酶(uridine-5′-phosphate kinase)催化下转变为UDP，再由核苷二磷酸激酶催化生成UTP。UTP在CTP合成酶(CTP synthetase)的催化下，转变成CTP。反应式如下：

$$\text{UMP} + \text{ATP} \xrightleftharpoons[\text{Mg}^{2+}]{\text{尿嘧啶核苷酸激酶}} \text{UDP} + \text{ADP}$$

$$\text{UDP} + \text{ATP} \xrightleftharpoons[\text{Mg}^{2+}]{\text{核苷二磷酸激酶}} \text{UTP} + \text{ADP}$$

$$\text{UTP} + \text{Gln} + \text{ATP} + H_2O \xrightarrow{\text{CTP合成酶}} \text{CTP} + \text{Glu} + \text{ADP} + P_i$$

三、核苷酸的补救合成途径

在哺乳动物的某些组织(脑、脊髓)中不存在嘌呤核苷酸从头合成酶系，细胞只能直接利用核苷酸降解过程中不断产生的嘌呤碱基或嘌呤核苷重新合成嘌呤核苷酸。利用现成的碱基或核苷重新合成核苷酸的补救合成途径不仅能够节省时间，还能节省能量。

此外，遗传因素、疾病、药物、毒物甚至生理紧张都能造成从头合成途径中某些酶的缺乏，致使合成核苷酸的速度不能满足细胞生长的需要。此时，补救途径对正常生命活动的维持来说，是必不可少的。补救途径所需的碱基和核苷主要来源于细胞内核酸的分解，细菌生长介质或动物消化食物分解产生的核苷和碱基，进入细胞后也可用于补救途径。

1. 嘌呤核苷酸的补救合成

有两类酶参与嘌呤核苷酸的补救合成。一类包括腺嘌呤磷酸核糖转移酶(adenine phosphoribosyltransferase, APRT)和次黄嘌呤-鸟嘌呤磷酸核糖转移酶(hypoxanthine-guanine phosphoribosyltransferase, HGPRT)，前者用于AMP的补救合成，后者用于IMP和GMP的补救合成。补救合成由PRPP提供磷酸核糖。反应式如下：

$$\text{腺嘌呤} + \text{PRPP} \xrightarrow{\text{APRT}} \text{AMP} + \text{PPi}$$

$$\text{次黄嘌呤} + \text{PRPP} \xrightarrow{\text{HGPRT}} \text{IMP} + \text{PPi}$$

$$\text{鸟嘌呤 PRPP} \xrightarrow{\text{HGPRT}} \text{GMP} + \text{PPi}$$

另一类包括核苷磷酸化酶和核苷激酶，其中前者可将碱基和核糖-1-磷酸转变为核苷，后者直接将核苷激活为核苷酸。

2. 嘧啶核苷酸的补救合成

由嘧啶磷酸核糖转移酶(pyrimidine phosphoribosyl transferase)催化尿嘧啶和胸腺嘧啶与PRPP合成一磷酸嘧啶核苷，但不能利用胞嘧啶为底物。另外，核苷磷酸化酶可将嘧啶和核糖-1-磷酸转变为嘧啶核苷，核苷激酶使相应的嘧啶核苷转化为核苷酸。

$$\text{嘧啶} + \text{PRPP} \xrightarrow{\text{嘧啶磷酸核糖转移酶}} \text{嘧啶核苷一磷酸} + \text{PPi}$$

$$\text{碱基} + \text{核糖-1-磷酸} \xrightarrow{\text{核苷磷酸化酶}} \text{核苷} + \text{Pi}$$

$$\text{核苷} + \text{ATP} \xrightarrow{\text{核苷激酶}} \text{核苷酸} + \text{ADP}$$

四、脱氧核苷酸的合成

脱氧核苷酸是由核糖核苷酸还原而成，催化此反应的酶是核糖核苷酸还原酶(ribonucleotide

reductase)。已知有三类核糖核苷酸还原酶：

第一类分布最广，绝大多数生物体内的核糖核苷酸还原酶属于此类，其底物为 NDP，因此又称为 NDP 还原酶。反应机制牵涉到活性中心的一个以自由基形式存在的酪氨酸残基，还需要一个双铁氧桥的帮助，以维持上述自由基的再生。大肠杆菌细胞内的核糖核苷酸还原酶，催化 NDP 还原为 dNDP，直接的还原剂为硫氧还蛋白(thioredoxin)，而最终的还原剂为 NADPH。其中 NADPH 在硫氧还蛋白还原酶(thioredoxin reductase)的催化下，使还原性硫氧还蛋白再生(图 13-8)。

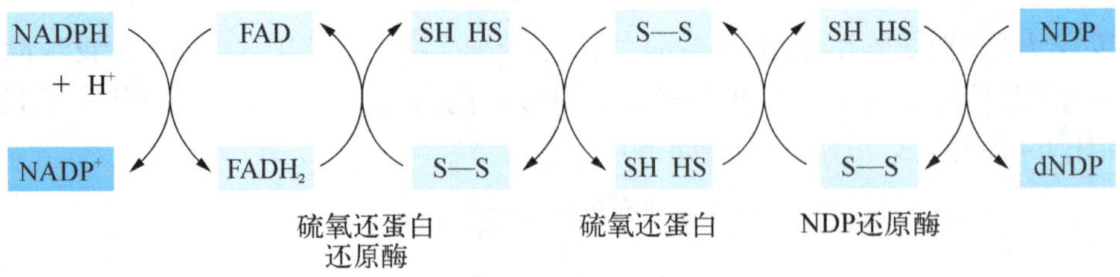

图 13-8 NDP 还原酶体系

第二类被发现在蓝细菌、某些细菌和小眼虫等生物体内，其底物为 NTP，使用脱氧腺苷钴胺素产生自由基。

第三类仅发现在兼性和专性厌氧菌内，其底物为 NTP，使用 S-腺苷甲硫氨酸和一个铁硫中心在一个甘氨酸残基上产生催化性的自由基。

NDP 还原酶的活性受到严格的调控，dNDP 的合成通常在真核细胞细胞周期中的 G1 后期，详见第三节核苷酸合成的调节。

DNA 合成的底物为四种 dNTP，一磷酸或二磷酸脱氧核苷可由激酶的催化和 ATP 供能而形成三磷酸脱氧核苷。

五、胸腺嘧啶核苷酸的合成

胸腺嘧啶核苷酸由脱氧尿苷酸甲基化生成，这个反应是由胸苷酸合酶催化的(图 13-9)。N^5，N^{10}-亚甲基四氢叶酸是甲基的供体，产物为脱氧胸苷酸(dTMP)和二氢叶酸。二氢叶酸被 NADPH 还原成四氢叶酸，

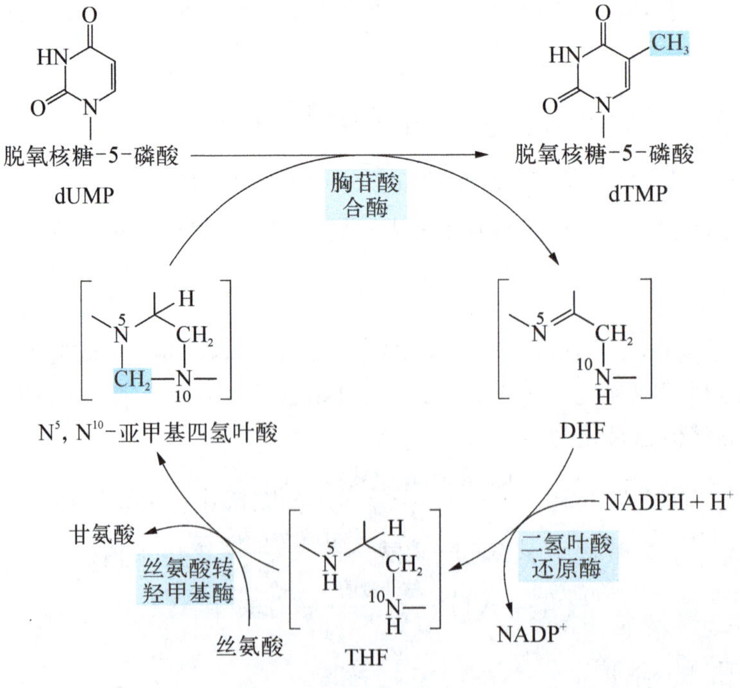

图 13-9 胸苷酸的合成

四氢叶酸则在丝氨酸转羟甲基酶的催化下，与丝氨酸反应重新转变为 N^5，N^{10}-亚甲基四氢叶酸。dUMP 由 dUTP 水解而成，dUTP 酶催化此反应。

第三节　核苷酸代谢的调节

一、嘌呤核苷酸合成的调节

嘌呤核苷酸的从头合成受反馈抑制(feedback inhibition)调节(图 13－10)。受到调节的酶有：PRPP 合成酶、谷氨酰胺- PRPP 酰胺转移酶、腺苷酸代琥珀酸合成酶和次黄苷酸脱氢酶。

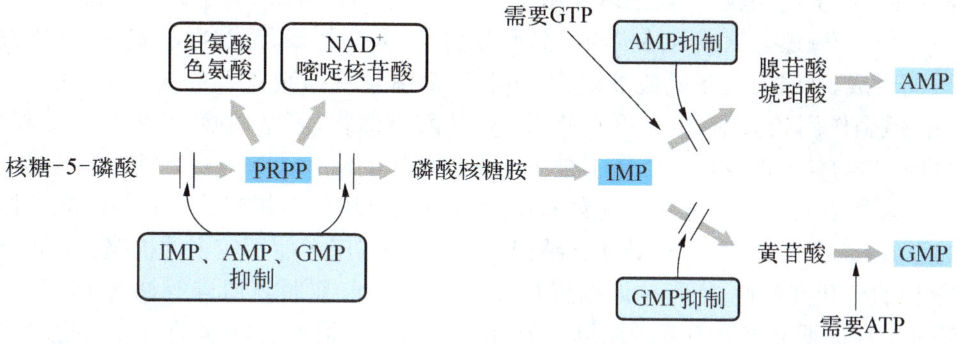

图 13－10　嘌呤核苷酸合成的调节

1. PRPP 合成酶

PRPP 浓度是从头合成过程的最主要决定因素，PRPP 合成的速度依赖磷酸戊糖的存在和 PRPP 合成酶的活性。PRPP 合成酶受嘌呤核苷酸的别构调节，其中，IMP、AMP 和 GMP 能够反馈抑制 PRPP 合成酶，调节 PRPP 的浓度。

2. 谷氨酰胺- PRPP 酰胺转移酶

该酶是嘌呤核苷酸从头合成的限速酶，受到高度调控，调节的方式是有活性的单体和无活性的二聚体的互变。IMP、GMP 和 AMP 促进单体向二聚体的转变。作为底物的 PRPP 浓度的增加能激活该酶的活性，从而直接启动了嘌呤核苷酸的从头合成途径。

3. 腺苷酸代琥珀酸合成酶和次黄苷酸脱氢酶

IMP 作为嘌呤核苷酸合成的重要分支点，其后的两条支路分别合成 AMP 和 GMP，而 AMP 和 GMP 分别抑制两条支路的限速酶——腺苷酸代琥珀酸合成酶和次黄苷酸脱氢酶。另外，GTP 是 AMP 合成时必需的能源，而 ATP 是 GTP 合成时必需的能源，这种作用使腺嘌呤核苷酸和鸟嘌呤核苷酸的合成得以保持平衡。

二、嘧啶核苷酸合成的调节

原核生物和真核生物从头合成途径所需的酶不同，因而所受的调控也不相同。在原核生物中，嘧啶核苷酸合成的限速酶为天冬氨酸转氨甲酰基酶，其中 CTP 和 UTP 为它的反馈抑制剂，ATP 是其别构激活剂。在真核生物中，嘧啶核苷酸合成的限速酶是 CPS－Ⅱ，受 UDP 或 UTP 的抑制，以及 PRPP 的激活。EGF 能够诱导 CPS－Ⅱ的磷酸化，使其降低对 UTP 抑制的敏感性，但增强了对 PRPP 激活的敏感性。

由于 PRPP 合成酶是嘧啶与嘌呤两类核苷酸合成过程中共同需要的酶，所以同时受嘧啶核苷酸及嘌呤核苷酸的反馈抑制。

三、脱氧核苷酸合成的调节

脱氧核苷酸合成的调控位点为核糖核苷酸还原酶。该酶是一种别构酶，由两个亚基组成。其中一个亚基上有两个结合部位，特异性部位(specificity site)和活性部位(activity site)。核糖核苷酸还原酶的活性受一些别构调节剂的调节。dATP 是所有四种底物还原酶的抑制剂，当 dATP 结合至活性部位时，该酶活性降低，反映脱氧核苷酸过剩，ATP 能消除这种反馈抑制作用。当 dATP 或 ATP 结合至特异性部位时，促进嘧啶核苷酸 UDP 及 CDP 的还原。dTTP 则促进 GDP 的还原，抑制 UDP 和 CDP 的进一步还原。dGTP 促进 ADP 的还原。由此可见，脱氧核苷酸合成的调节极为巧妙和精细，为 DNA 合成提供数量平衡的四种脱氧核糖核苷酸。

四、核苷酸从头合成的抗代谢物

抗核苷酸代谢类药物通常作为竞争性抑制剂或自杀性底物来抑制核苷酸合成的某一种酶，干扰或阻断核苷酸的合成。抗核苷酸代谢类药物主要是用于治疗癌症和抗病毒的药物。一般的抗核苷酸代谢类药物的主要类型有：① 嘌呤类似物，6-巯基嘌呤、6-巯基鸟嘌呤和 8-氮杂鸟嘌呤等可抑制嘌呤核苷酸的合成，其中 6-巯基嘌呤在临床上使用较多，长期以来用于儿童白血病的治疗；② 谷氨酰胺和天冬氨酸类似物，重氮丝氨酸和 6-重氮-5-氧正亮氨酸等结构与谷氨酰胺类似，可抑制核苷酸合成中有谷氨酰胺参与的反应，从而阻断核苷酸的合成。同样，天冬氨酸类似物，如羽田杀菌素可抑制有天冬氨酸参与的反应。这些化合物均有抗癌作用，但副作用较大，临床上不常使用；③ 叶酸类似物，氨基蝶呤、氨甲基蝶呤等与叶酸结构相似，能抑制有叶酸衍生物参与的反应。临床上被用于多种癌症的治疗；④ 嘧啶类似物，主要有 5-氟尿嘧啶、5-氟胞嘧啶和 5-氟乳清酸，但 5-氟尿嘧啶最常用。其在体内转化为相应的核苷一磷酸及核苷三磷酸后，可阻断 TMP 的合成，或掺入 RNA 分子破坏其结构与功能，是临床上使用较多的抗癌药；⑤ 核苷类似物，某些改变了核糖结构的核苷类似物，如阿拉伯糖胞苷、3′-叠氮胸苷、双脱氧肌苷等掺入 DNA 后，抑制链的延伸，3′-叠氮胸苷和双脱氧肌苷能够有效地阻断 HIV 的逆转录，为治疗艾滋病的有效药物之一，而阿拉伯糖胞苷主要用于急性白血病的治疗。

第四节　各个代谢途径的联系

活细胞不断与环境交换物质，摄取能量，从而得以构建和维持其复杂的组织结构，执行各种生命活动。生命物质主要有蛋白质、核酸、糖、脂类以及为数有限的有机小分子。糖、脂类、蛋白质以及核酸等代谢在生物体内构成新陈代谢的整体过程。这些物质的代谢途径是相互联系和相互转化的。细胞代谢的原则是将各类物质分别纳入各种的共同代谢途径，不同途径之间可以通过交叉点上的中间代谢物而相互作用和相互转化。最关键的中间代谢物是：葡糖-6-磷酸、丙酮酸和乙酰辅酶 A。

一、糖代谢与蛋白质代谢的相互关系

糖是蛋白质合成的碳源和能源。糖分解代谢产生的丙酮酸、α-酮戊二酸、草酰乙酸、磷酸烯醇式丙酮酸、4-磷酸赤藓糖等是合成氨基酸的碳骨架。糖分解产生的能量可被用于蛋白质的合成。

蛋白质降解产生的氨基酸经脱氨后生成的 α-酮酸可以进入糖代谢，并进一步氧化释放能量；脱氨后生成的丙酮酸、α-酮戊二酸、琥珀酸、草酰乙酸等可以经糖异生作用生成糖。

二、糖代谢与脂类代谢的相互关系

糖酵解所产生的磷酸二羟丙酮还原后形成甘油，丙酮酸氧化脱羧形成的乙酰辅酶 A 是脂肪酸合成的原料，甘油和脂肪酸可以合成脂肪。

脂肪分解产生的甘油和脂肪酸，可沿着不同的途径转变成糖。甘油经磷酸化作用转变为磷酸二羟丙酮，再异构化变成甘油醛-3-磷酸，后者沿糖酵解过程逆行即可生成糖。脂肪酸氧化产生乙酰辅酶 A，在植物或微生物体内可经乙醛酸循环和糖异生作用生成糖，也可经糖代谢彻底氧化释放能量。

磷酸戊糖途径产生的 NADPH 直接用于脂肪酸的合成，脂肪分解产生的能量也可用于糖的合成。

三、蛋白质代谢与脂类代谢的相互关系

脂肪分解产生的甘油可进一步转变成丙酮酸、α-酮戊二酸、草酰乙酸等，再经过转氨基作用生成氨基酸。脂肪酸氧化产生的乙酰辅酶 A 与草酰乙酸缩合进入三羧酸循环，与谷氨酸和天冬氨酸联系起来。

在蛋白质氨基酸中，生糖氨基酸通过丙酮酸转变成甘油，也可以氧化脱羧后转变成乙酰辅酶 A，用于脂肪酸合成。生酮氨基酸在代谢反应中能生成乙酰乙酸，由乙酰乙酸缩合成脂肪酸。丝氨酸脱羧后形成胆胺，胆胺甲基化后变成胆碱。胆胺是磷脂酰乙醇胺的组成成分，胆碱是磷脂酰胆碱的组成成分。

四、核酸代谢与糖、脂类蛋白质代谢的相互关系

核酸是细胞中重要的遗传物质，它通过控制蛋白质的合成，影响细胞的组成成分和代谢类型。许多核苷酸在代谢中起着重要的作用。例如，ATP 是能量和磷酸基团转移的重要物质；UTP 参与单糖的转变和多糖的合成；CTP 参与磷脂的合成；GTP 为蛋白质合成提供能量。此外，许多重要的辅酶都是腺嘌呤核苷酸的衍生物，腺嘌呤核苷酸还可以转变为组氨酸。

另一方面，核苷酸的从头合成是以甘氨酸、天冬氨酸、谷氨酰胺等氨基酸为原料，需要酶的催化，并需要多种蛋白质因子的参与。

总之，糖、脂类、蛋白质及核酸在代谢过程中都是密切相关、相互转化、相互制约的。三羧酸循环是它们之间相互联系的枢纽，不同代谢途径之间相互沟通，又互不干扰。

推荐网址

1. http://themedicalbiochemistrypage.org/nucleotide-metabolism.html
2. http://library.med.utah.edu/NetBiochem/pupyr/pp.htm
3. http://oregonstate.edu/dept/biochem/hhmi/hhmiclasses/biochem/lectnoteskga/2kjan31lecturenotes.html
4. http://web.virginia.edu/Heidi/chapter27/chp27frameset.htm

参考文献

1. Kappock T J, Ealick S E, Stubbe J. Modular evolution of the purine biosynthetic pathway. *Curr. Opin. Chem. Biol.*, 4: 567 – 572, 2000.
2. Eliasson R, Pontis E, Sun X, Reichard P. Allosteric control of the substrate specificity of the anaerobic ribonucleotide reductase from Escherichia coli. *J. Biol. Chem.*, 269: 26052 – 26057, 1994.

思考题

1. Ⅰ型糖原贮积病(Von Gierke 综合征)是由于患者肝脏中缺乏葡萄糖-6-磷酸酶造成的，患者乳酸水平和血中尿酸水平均升高，请根据所学的生化知识给以解释。
2. 为什么 CSP-Ⅰ可以作为肝细胞分化程度的指标，而 CSP-Ⅱ可以作为细胞增殖程度的指标？
3. 试解释为什么细菌选择天冬氨酸转氨甲酰基酶而哺乳动物选择氨基甲酰磷酸合成酶，作为嘧啶核苷酸从头合成的主要调控酶。
4. 如果让鸡服用别嘌呤醇，则会有什么现象发生？
5. 支持 RNA 世界假说的人通常会引用核苷酸生物合成途径，你认为其中有哪些证据支持该学说？为什么？
6. ADA(腺苷脱氨酶)有遗传缺陷的人会导致其免疫系统产生严重的缺陷。这种疾病可使用注射 ADA 或使用基因治疗的方法进行医治。试解释 ADA 的缺陷是如何导致对淋巴细胞产生毒性的。
7. 参与 IMP 合成的第一个酶利用 Gln 作为氨基的供体而不是直接使用氨，这个现象在其他地方也能发现。为什么自然利用一个更耗能的过程(Gln 作为氨基供体需要消耗 ATP)？
8. 核苷酸的从头合成并不受到激素(如胰高血糖素或胰岛素)的调控，为什么？

第 14 章

DNA 的生物合成

DNA 作为生物体主要的遗传物质，首先要能进行复制，其次还要能够将贮存的遗传信息(genetic information)表达出来。通过 DNA 复制，生物体将遗传信息由亲代传给子代；通过基因表达可使遗传信息表达成 RNA 和蛋白质。DNA 的复制、转录和翻译过程就构成了分子生物学中的"中心法则"(central dogma)。此外，DNA 在还可以进行重组，还能在多种理化因素的作用下受到损伤。但许多损伤是可以修复的，如果修复不了，则可以引发突变。在某些情况下，遗传信息也可以贮藏在 RNA 分子中，RNA 以逆转录的方式将遗传信息传给 DNA。

本章将重点介绍 DNA 的复制、重组、突变和修复的机制，同时还会对以 RNA 为模板合成 DNA 的逆转录过程做简单介绍。

第一节 DNA 的复制

一、DNA 复制的基本特点

由于 DNA 是遗传信息的载体，在合成 DNA 时决定其结构特异性的遗传信息只能来自其本身，因此必须由原来存在的 DNA 分子为模板来合成新的分子，即进行自我复制(self-replication)。DNA 复制既可以发生在原核细胞的细胞质，也可以发生在真核细胞的细胞核、叶绿体或线粒体。不同生物细胞 DNA 的复制方式和调节机制虽然有所不同，但是其基本原理是一致的，具有以下共同的基本特点。

1. DNA 复制是半保留复制

1953 年，Watson 和 Crick 在提出 DNA 双螺旋结构模型(半保留复制假说)时，推测 DNA 在复制时首先两条链之间的氢键断裂，两条链分开，然后每条链可作为模板在其上合成新的互补链，这样新合成的子代 DNA 分子中一条链来自亲代 DNA，另一条链是新合成的，新形成的两个 DNA 分子与原来的 DNA 分子的碱基序列完全一样，这种复制方式称为半保留复制(semi-conservative replication)。

1957 年，Mathew Meselson 和 Franklin Stahl 设计了一个十分巧妙的实验证明了半保留复制假说。他们把大肠杆菌在含有^{15}N的单一氮源(NH_4Cl)中培养很多代后转移到仅含^{14}N的培养介质中，使所有细胞增殖一代，这些第一代细胞制备的 DNA 仍然在 CsCl 密度梯度中形成单一的条带，但它的密度表明，这些 DNA 分子是含有一条^{15}N链(重链)和一条^{14}N链(轻链)的杂合双链。如果让细胞在"轻"介质(^{14}N)中增殖两代，所提取的 DNA 可被 CsCl 密度梯度平衡超离心分离成两条带，其中一条带是"重/轻"杂合双链 DNA，另一区带 DNA 则完全是由"轻"链(^{14}N)组成。这个实验结果首次证实了大肠杆菌细胞内 DNA 的复制是半保留的而不是"全保留"的(图 14-1)。在这以后，Herbert Taylor 运用放射自显影技术观察植物根尖细胞在有或无[^3H]-dT 的条件下进行 DNA 复制，同样证实了真核细胞的 DNA 复制也遵循半保留复制规则。

2. DNA 复制具有固定的起点

复制是从 DNA 分子上的特定部位开始的，这一部位叫做复制起始区(origin of replication)，常用 *ori* 表示。细胞中的 DNA 复制一经开始就会连续进行，直至完成细胞中全部基因组 DNA 的复制。DNA 复制从起点 ori 开始直到终点(ter)为止，每个这样的能独立进行复制的 DNA 单位称为复制子或复制单元

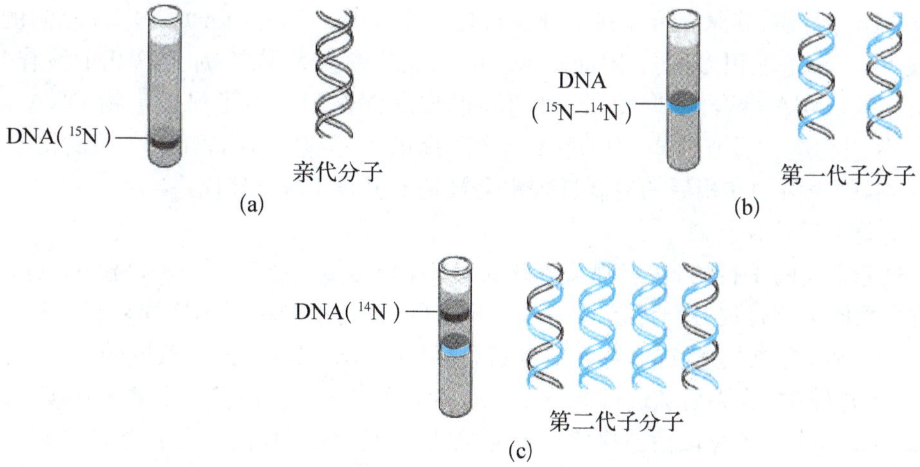

图 14-1　DNA半保留复制的实验证据

(replicon)。真核生物染色体DNA复制有许多起始点，即是多复制子；而细菌和真核生物细胞器的DNA只有一个起始点，即是单个复制子。复制时，复制子的特定区域因发生解链而形成叉状结构，被称为复制叉(replication fork)。

3. DNA复制多为双向复制，少数为单向

大多数DNA复制在复制起始点启动以后，向两个方向同时展开，进行双向复制。少数DNA(如大肠杆菌质粒DNA)的复制只能向一个方向，即进行单向复制。真核生物染色体DNA是线性双链分子，细菌和真核生物细胞器的DNA都是环状双链分子；通常复制是对称的，即两条链同时进行复制；有些则是不对称的，一条链复制后再进行另一条链的复制。这些状况的不同构成了DNA的不同复制方式，如直线双向、多起点双向、θ型双向、θ型单向、滚动环、D-环等(图14-2)。

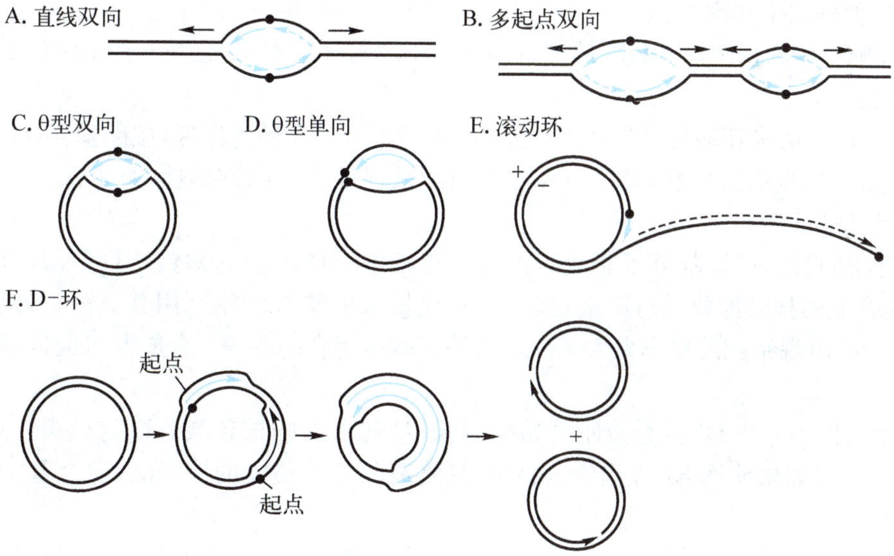

图 14-2　DNA的不同复制方式

4. DNA复制的方向始终是5′→3′

DNA复制具有明确的方向性，DNA链的延伸方向只能是5′→3′，这是DNA聚合酶的催化活性决定的。

5. DNA复制需要引物

已经证明，DNA的复制中，DNA聚合酶不能从头起始新的DNA链合成，只能在已有引物的3′-羟基端向前延伸。大量的研究表明，作为引物的主要是短的RNA，少数是蛋白质。如果进行体外DNA复制(如PCR)，可用人工合成的寡聚脱氧核苷酸作为引物。

引物RNA与典型的RNA(如mRNA)不同，它们在合成以后并不与模板分离，而是以氢键与模板结合。

生物体选择 RNA 作为引物，其原因可能在于减少致死突变(lethal mutation)。DNA 复制的初期，与模板互补的几个核苷酸，由于碱基堆积力很弱，因而碱基对的错配几率就大很多，加上这几个核苷酸还没有与模板形成稳定的双链结构，DNA 聚合酶 3′→5′校对功能很难发挥作用。为了保证生物 DNA 复制的高度忠实性，采用以 RNA 为引物这种过渡形式，为 DNA 聚合酶提供 3′-羟基端，引物的 5′-端的错配对 DNA 复制的最终结果也无影响，因为引物在稍后的复制过程中会被切除并被 DNA 替代。

6. DNA 复制是半不连续复制

由于 DNA 双链是反向平行的，在复制叉解开的 DNA 模板链一条是 5′→3′，另一条是 3′→5′方向，而所有已知 DNA 聚合酶催化的合成方向都是 5′→3′。所以 DNA 的复制是半不连续复制，即一条链的合成方向与复制叉移动方向一致，合成是连续的，称为前导链(leading strand)；而另一条链的合成方向与复制叉移动方向相反，合成是不连续的，称为后随链(lagging strand)(图 14－3)。后随链上的不连续片段称为冈崎片段(Okazaki fragment)，多个冈崎片段由连接酶连成完整的新链。冈崎片段的合成也需要 RNA 引物。一般细菌的冈崎片段长度为 1 000～2 000 个核苷酸，真核生物的要短些，为 100～200 个核苷酸。

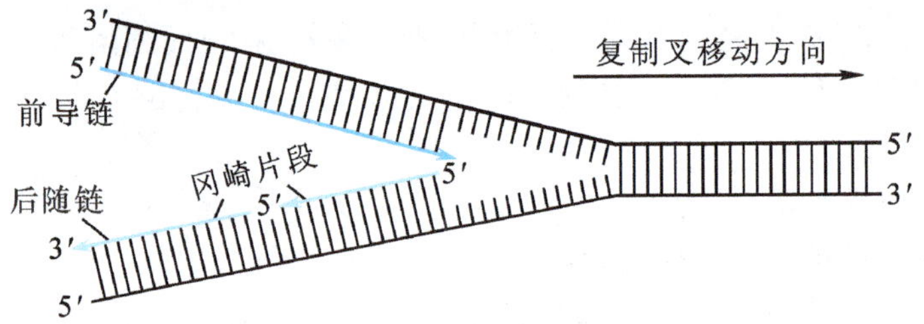

图 14－3　DNA 的半不连续复制

7. DNA 复制具有高度的忠实性

DNA 复制具有非常高的精确度，平均每复制 10^9 个核苷酸，才出现一个核苷酸的差错。这种复制的高度忠实性是通过多种机制来实现的：

1) DNA 双螺旋结构的稳定性　核酸的碱基部分处于疏水环境中，不会受活性水溶液的攻击，从而保证了遗传信息的稳定。

2) 复制是以碱基的精确互补配对为基础　复制是以亲代 DNA 链为模板，按碱基互补配对方式进行的，形成大量氢键，氢键的形成有方向性，释放出大量自由能来保证配对的准确性，基本保证了子代 DNA 与亲代 DNA 核苷酸序列相同。

3) DNA 聚合酶的“校对”机制可不断地纠正复制过程中可能出现的差错　DNA 聚合酶在复制 DNA 时，首先对新参与合成的核苷酸要进行筛选；其次对错误掺入的核苷酸则利用其 3′→5′外切酶活性进行切除，使得 DNA 复制中出现错配的概率大大减少。另外，DNA 聚合酶 5′→3′合成方向也是确保 DNA 复制准确的机制之一。

4) RNA 引物的作用　在 DNA 合成刚开始的时候，最初参入的核苷酸难以与模板链形成稳定的双螺旋，很容易发生错配，但如果使用 RNA 引物，就可以最终清除这些错配的核苷酸，因为 RNA 引物最终会被水解的。

5) DNA 的修复机制可修复复制时的损伤　修复系统可以检查出复制时错配的碱基和 DNA 的各种损伤并加以修正。

二、DNA 复制所需的酶和蛋白质

DNA 复制是一个十分复杂的生物合成过程，需要 50 多种酶和蛋白质参与。其中重要的酶和蛋白质有 DNA 聚合酶、DNA 拓扑异构酶、DNA 解链酶、单链 DNA 结合蛋白、RNA 引物合成酶(即引发酶)、DNA 连接酶和端粒酶等。

1. DNA 聚合酶(DNA polymerase，DNA pol)

DNA 复制主要是 DNA 聚合酶催化的酶促反应过程。DNA 聚合酶广泛存在于不同的生物包括细菌、植物和动物中，所有 DNA 聚合酶的作用方式都相同。DNA 聚合酶以 4 种脱氧核苷三磷酸为底物，此外还需要模板 DNA、引物和 Mg^{2+}。DNA 聚合酶催化合成反应的机制是正在延长的 DNA 链(或引物链)末段的 3′-OH 对另一新加入的脱氧核苷三磷酸 α 位的磷酸进攻,形成 3′,5′-磷酸二酯键,并放出一个焦磷酸。由此 DNA 的延长方向是 5′→3′,加入核苷酸的种类由模板链所决定,即产物 DNA 的组成与模板相同(图 14-4)。

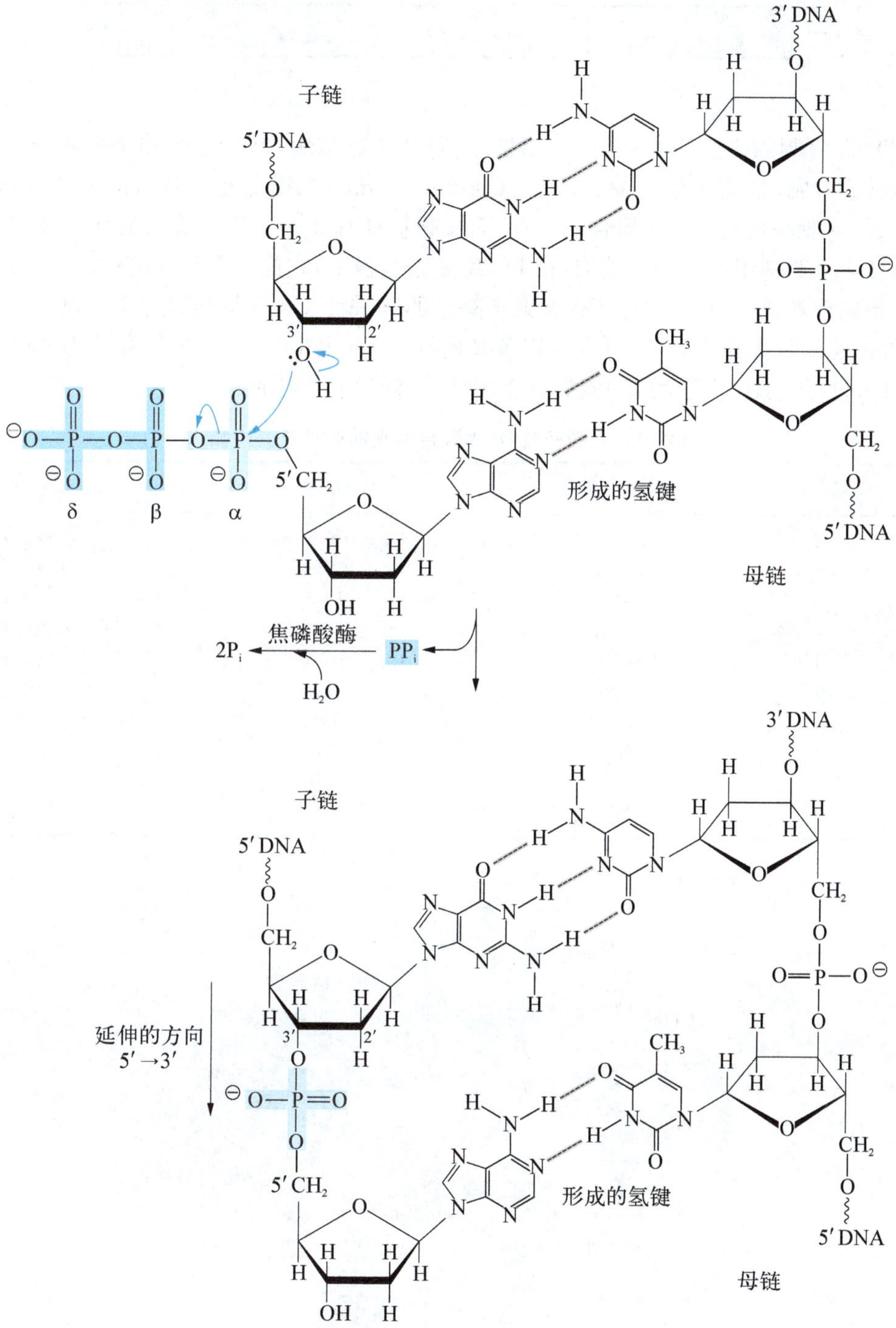

图 14-4 DNA 聚合酶的作用机制

(1) 细菌 DNA 聚合酶

细菌中的 DNA 聚合酶有 5 种,分别命名为 DNA 聚合酶Ⅰ(pol Ⅰ)、DNA 聚合酶Ⅱ(pol Ⅱ)、DNA 聚合酶Ⅲ(pol Ⅲ)(表 14-2)、DNA 聚合酶Ⅳ(pol Ⅳ)和 DNA 聚合酶Ⅴ(pol Ⅴ)。DNA 聚合酶Ⅰ是 1956 年 A. Kornberg 等在大肠杆菌中发现的第一种 DNA 聚合酶,其后又发现另外 4 种细菌 DNA 聚合酶。前三种酶都属于具有多种酶活性的酶。聚合酶Ⅰ是多功能酶(图 14-5),DNA 聚合酶Ⅰ可被特异的蛋白酶水解为两个片段,其中的大片段称为 Klenow 片段,具有 5′→3′聚合酶活性和 3′→5′外切酶的活性;小片段具有 5′→3′

外切酶活性。聚合酶Ⅰ主要作用是对复制中的错误进行校读，对复制和修复中出现的空隙进行填补。聚合酶Ⅱ具有 5′→3′聚合酶和 3′→5′外切酶活性，认为其主要是参与 DNA 的修复。

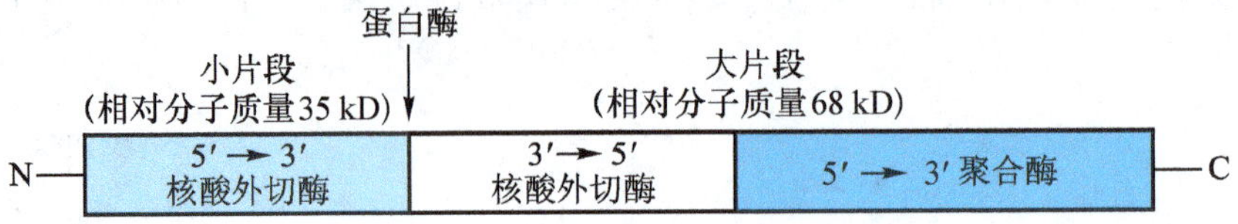

图 14-5　大肠杆菌 DNA 聚合酶Ⅰ的多功能酶片段

参与细菌 DNA 复制的主要是 DNA 聚合酶Ⅲ，此酶是多亚基酶，有核心酶和全酶两种形式。核心酶由 α、ε、θ 和 τ 4 种亚基组成，全酶由核心酶、滑动钳(sliding clamp)和钳载复合物(clamo-loading complex)组成。其中核心酶的 α 亚基具有 5′→3′聚合酶活性，而 ε 亚基具有 3′→5′外切酶的活性，θ 亚基可能起组装作用；滑动钳是由 2 个 β 亚基组成的环状结构，在 DNA 复制过程中，它像一个环状的钳子松散地夹住 DNA 模板链，并能自由地向前滑动，从而提高了 DNA 聚合酶Ⅲ的续进性。γ 亚基与另 4 个亚基构成 γ 钳载复合物(γδδ′χΨ)，其功能是帮助 β 滑动钳夹住 DNA 以及其后卸下来(表 14-2)。聚合酶 Ⅲ常以不对称的二聚体形式存在(图 14-6)，共同作用使全酶功能具有忠实性、协同性和续进性。

14-1　大肠杆菌 DNA 聚合酶Ⅲ的亚基及其功能

亚　基	数　目	相对分子质量	结 构 基 因	功　　能
α	2	129 900	*polC*(*dnaE*)	5′→3′聚合酶活性
ε	2	27 500	*dnaQ*(*mutD*)	3′→5′外切酶活性
θ	2	8 600	*holE*	α 和 ε 的装配
τ	2	71 100	*dnaX*	稳定模板链和核心酶二聚体
γ	1	47 500	*dnaX′*	钳载复合物
δ	1	38 700	*holA*	钳载复合物
δ′	1	36 900	*holB*	钳载复合物
χ	1	16 200	*holC*	与 SSB 相互作用
Ψ	1	15 200	*holD*	与 τ、χ 相互作用
β	4	40 600	*dnaN*	滑动钳

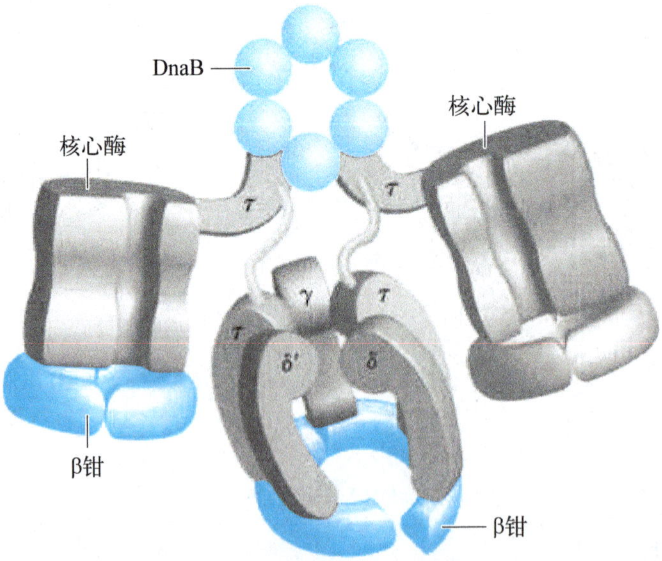

图 14-6　大肠杆菌 DNA 聚合酶Ⅲ全酶的结构模型

DNA 聚合酶Ⅳ和Ⅴ是在 1999 年才被发现的，它涉及 DNA 的易错修复(error prone repair)。当 DNA 受到较严重损伤时，即可诱导产生这两种酶，但其修复缺乏准确性，因而出现高突变率。高突变率虽会杀死许多细胞，但至少可以克服复制障碍，使少数突变的细胞得以存活。

表 14-2 大肠杆菌 DNA 聚合酶Ⅰ、Ⅱ和Ⅲ的特性比较

	pol Ⅰ	pol Ⅱ	pol Ⅲ
结构基因	*polA*	*polB*	*polC*(*dnaE*,*N*,*Z*,*Q* 等)
亚基数目	1	7	≥10
相对分子质量	103 000	88 000	791 500
5′→3′聚合酶活性	+	+	+
3′→5′外切酶活性	+	+	+
5′→3′外切酶活性	+	−	−
聚合速率(核苷酸/s)	16～20	40	250～1 000
持续合成能力	3～200	1 500	≥500 000
功能	切除引物,修复	修复	复制

(2) 真核生物 DNA 聚合酶

到目前为止,真核细胞中的 DNA 聚合酶至少发现有 15 种以上,其中有五种发现得最早,也是最常见的,分别命名为 DNA 聚合酶 α(pol α)、DNA 聚合酶 β(pol β)、DNA 聚合酶 γ(pol γ)、DNA 聚合酶 δ(pol δ)和 DNA 聚合酶 ε(pol ε)。作用与原核生物 DNA 聚合酶基本相同,其中参与染色体 DNA 复制的主要是pol α(合成引物和起始 DNA)和 pol δ(合成后随链和前导链),pol ε 与 DNA 损伤修复、校对和填补缺口有关,参与线粒体 DNA 复制的是 pol γ,而 pol β 是修复酶。真核生物 5 种 DNA 聚合酶的基本特性比较见表 14-3。

表 14-3 真核生物 DNA 聚合酶的特性比较

	pol α	pol β	pol γ	pol δ	pol ε
细胞内分布	核内	核内	线粒体	核内	核内
5′→3′聚合酶活性	+	+	+	+	+
3′→5′外切酶活性	−	−	+	+	+
5′→3′外切酶活性	−	−	−	−	−
引发酶活性	+	−	−	−	−
亚基数目	4	1	2	4	4
功能	引物合成	修复	线粒体 DNA 复制	核 DNA 复制和修复	核 DNA 复制和修复

2. DNA 拓扑异构酶

天然 DNA 的负超螺旋虽然有利于 DNA 的解旋,但随着复制的进行,复制叉前方亲代 DNA 中仍积累巨大的张力,因此复制中需要 DNA 拓扑异构酶(topoisomerase)去除解链产生的扭曲张力。拓扑异构酶是催化 DNA 分子拓扑异构反应的酶类,可分为两类:Ⅰ型拓扑异构酶,催化 DNA 的一条链发生断裂和再连接,可减少超螺旋数,使 DNA 构象趋向松弛;Ⅱ型拓扑异构酶,催化 DNA 的两条链同时发生断裂和再连接,需要 ATP 水解供能,可引入负超螺旋,消除复制叉向前进所造成的扭曲张力,从而促进 DNA 双链的解开。

大肠杆菌中的拓扑异构酶Ⅱ(topoisomerase Ⅱ,TopⅡ)又称 DNA 旋转酶,由四个亚基组成($\alpha_2\beta_2$)。真核拓扑异构酶Ⅱ呈 αβ 二聚体。在消耗 ATP 的情况下,DNA 旋转酶每作用一次产生两个负超螺旋,可以消除复制叉向前移动所产生的正超螺旋(图 14-7);在无 ATP 时,可同时切开超螺旋的两条链,使 DNA 变成松弛状态,然后将切口接好,使复制的进行不会因螺旋的缠结而被妨碍。

拓扑异构酶Ⅰ可消除负超螺旋,对正超螺旋无作用,拓扑异构酶Ⅲ属于Ⅰ型;拓扑异构酶Ⅳ也属于Ⅱ型,可分离 DNA 复制后形成的连锁

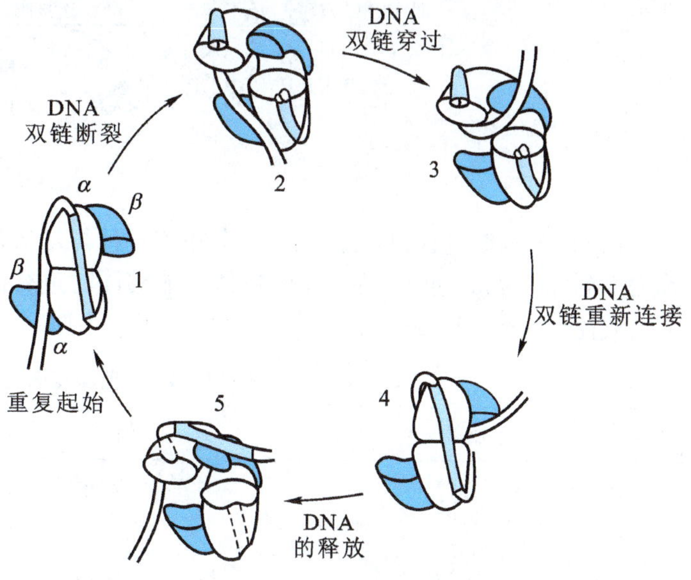

图 14-7 拓扑异构酶Ⅱ作用机制的分子模型

体。真核生物的拓扑异构酶Ⅰ和Ⅲ属于Ⅰ型，但其拓扑异构酶Ⅰ既能消除负超螺旋，又能消除正超螺旋。

3. DNA解链酶

DNA解链酶(DNA helicase)是一类催化DNA双螺旋解链的酶，它几乎参与和DNA有关的一切代谢过程，包括DNA复制、转录、修复和重组。

解链酶除了能够结合DNA以外，还能够结合NTP，并具有依赖于DNA的NTP酶活性，其NTP酶能水解被结合的NTP，为DNA解链提供能量，以克服双链碱基对之间的氢键，解开DNA双螺旋，使其成为单链。绝大多数解链酶优先结合ATP或者只能结合ATP。解链酶每解开一对碱基，需要水解2分子ATP。

许多解链酶都具有移位酶活性，使得它沿着被结合的DNA链单向移动，不断解开双链。大肠杆菌有多种解链酶，与复制有关的大肠杆菌解链酶主要是DnaB蛋白，它与DnaG蛋白等结合形成引发体。

4. 单链DNA结合蛋白

单链DNA结合蛋白(single-strand binding protein, SSB)是一种与DNA单链区域结合的蛋白质，SSB的功能在于稳定地结合单链，阻止复性和保护单链部分不被核酸酶水解。细菌的SSB与DNA单链的结合表现出明显的正协同效应，即第一个SSB与单链DNA结合后，促进了第二个SSB与单链DNA的结合，直至全部单链DNA都被SSB覆盖。而真核生物的SSB没有这种协同作用，可能作用方式有所不同。SSB有某些碱基组成的倾向性，但很少有顺序专一性结合，可以被循环使用，也参与DNA的修复和重组。

5. 引发酶

DNA聚合酶的聚合反应需要RNA引物。催化RNA引物合成的酶叫引发酶(primases)。引发酶识别DNA单链模板特异顺序，以NTP为底物合成寡聚核苷酸产生3′-OH，为DNA聚合酶起始生成磷酸二酯键提供条件。大肠杆菌的引发酶是一条肽链，每个细胞中有50～100个分子，由大肠杆菌*dnaG*基因所编码。该酶单独存在时缺乏活性，只有在与有关蛋白质相互结合成为一个复合体时才有活性，这种复合体就称为引发体(preprimosome)。引发体由DnaB解链酶和DnaG引发酶等构成，催化RNA引物的合成。

6. DNA连接酶

DNA连接酶(DNA ligase)可催化两个DNA片段之间的连接，但需要满足几个条件：一个DNA片段具有3′-OH，而另一个相邻DNA片段具有5′-Ⓟ；未封闭的缺口位于双链DNA中，即其中有一条链是完整的；消耗能量(图14-8)。根据能量供体的性质不同，连接酶可分为两类：一类由NAD^+供能，如细菌的DNA连接酶；另一类由ATP供能，如古菌、真核生物和噬菌体的DNA连接酶。DNA连接酶在复制过程中的主要作用是连接后随链上相邻的冈崎片段，使得不连续合成的后随链成为一条完整的新链。除了参与DNA复制，DNA连接酶还参与DNA修复和重组。

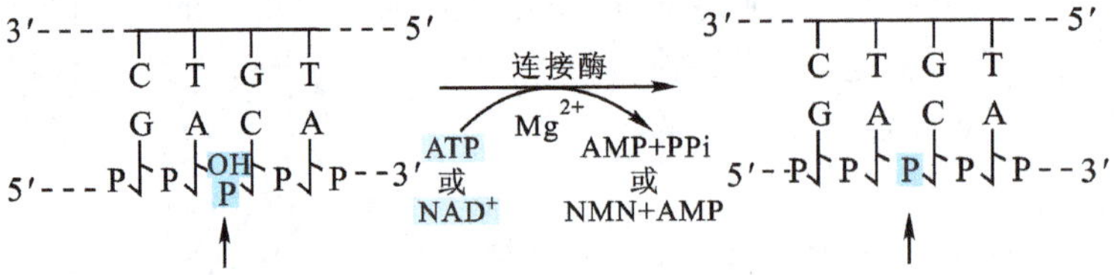

图14-8 DNA连接酶的作用过程

在DNA复制过程中，在复制叉上分布着各种与复制有关的酶和蛋白质因子，它们构成的多蛋白复合体称为复制体(replisome)。在一个复制体上能够同时进行前导链和后随链的合成。细菌和真核生物复制体的组成比较见表14-4。

表14-4 细菌和真核生物复制体的组成

组成成分	细菌	真核生物
复制酶	DNA聚合酶Ⅲ全酶	DNA聚合酶α/pol δ
进行性因子	β夹子(钳)	PCNA
定位因子	γ复合物	RF-C
引发酶	Dna G	DNA聚合酶α

续 表

组成成分	细菌	真核生物
去除引物的酶	RNase H 和 DNA 聚合酶Ⅰ	RNase H1 和 MF-1(5′→3′外切酶)
后随链修复酶	DNA 聚合酶Ⅰ和 DNA 连接酶	DNA 聚合酶 ε 和 DNA 连接酶Ⅰ
解链酶	Dna B (定位需要 Dna C)	T 抗原
消除拓扑张力的酶	旋转酶	拓扑异构酶Ⅱ
单链结合蛋白	SBB	RP-A

三、DNA 复制的过程

DNA 复制是以复制子为单位进行的。不同生物 DNA 具有不同的复制子结构，如细菌染色体、质粒、噬菌体、病毒和线粒体基因组 DNA 都是单复制子，而真核生物细胞内的每一个染色体 DNA 都是多复制子。由于单复制子基因组 DNA 的复制相对比较简单，因此很多单复制子 DNA 复制的主要过程已为人所知。现以大肠杆菌为例，说明 DNA 复制的过程。

大肠杆菌 DNA 复制是一个十分复杂的生物合成过程，需要 50 多种酶和蛋白质参与作用，所形成的复合物称为 DNA 复制体。对于一个进行双向复制的复制子来说，应该有两个复制体，每个复制叉上有一个复制体。DNA 复制的阶段表现在其复制体结构的变化。复制体的基本活动包括：① 双链的解开；② RNA 引物的合成；③ DNA 链的延长；④ 切除 RNA 引物，填补缺口，连接 DNA 片段；⑤ 切除和修复错配碱基。根据反应阶段和所需的不同酶类，DNA 的复制可被分为三个阶段，即复制起始、延伸和终止。

1. 复制起始

(1) DNA 复制起始的识别和双链的解开

DNA 复制是从 DNA 分子的特定部位即 *ori* 开始。细菌只有一个起始点，真核生物有几个复制起始点的。大肠杆菌中的复制起始位点是 *ori*C，全长 245 bp，所有细菌复制起始位点序列都是保守的，并富含 AT。起始点中有两个关键序列在复制起始中起作用：4 个 9 bp 的重复序列和 3 个 13 bp 的重复序列(图 14-9)。4 个 9 bp 的重复序列能被 Dna A 蛋白识别并结合，Dna C 蛋白使 DnaB 蛋白结合于起始点，Dna B 蛋白具有解链作用，DNA 双链局部被打开，引发酶(Dna G)、旋转酶和 SBB 等其他蛋白加入，形成引发体(图 14-10)。与复制起始有关的主要酶和蛋白质因子列于表 14-5。

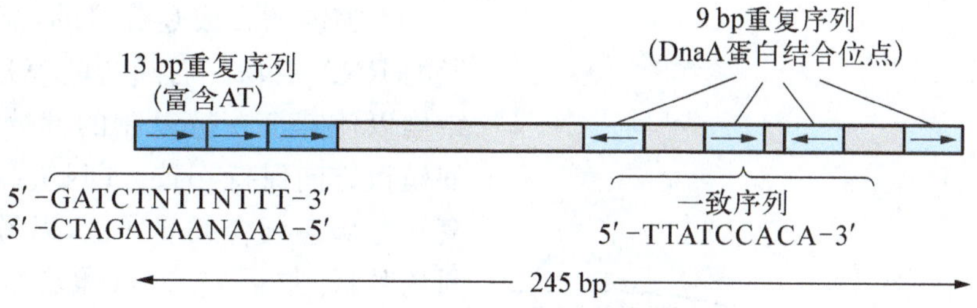

图 14-9 大肠杆菌的复制起始位点

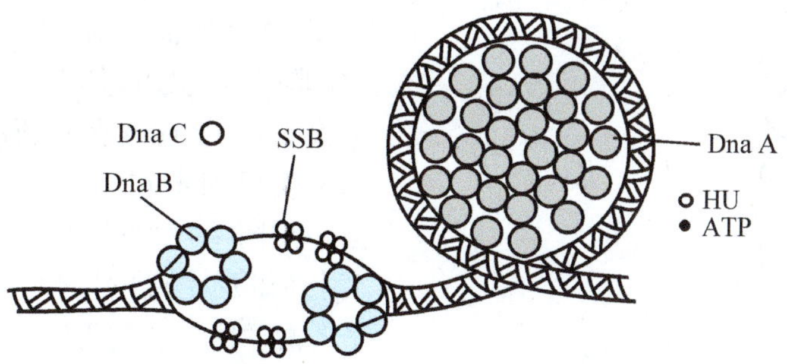

图 14-10 大肠杆菌 DNA 复制起始阶段的引发体结构

表 14－5 参与大肠杆菌复制起始的各种蛋白质

蛋 白 质	功 能
Dna A	辨认起始点序列
解链酶(Dna B)	解开 DNA 双链
Dna C	帮助 Dna B结合于起始点
HU	DNA 结合蛋白，促进起始
FIS	DNA 结合蛋白，促进起始
IHF	DNA 结合蛋白，促进起始
引发酶(Dna G)	合成 RNA 引物
SSB	结合单链 DNA
RNA 聚合酶	促进 Dna A 活性
拓扑异构酶Ⅱ(旋转酶)	消除 DNA 解链过程产生的扭曲力
Dam 甲基化酶	使起始点 GATC 序列的腺嘌呤甲基化

(2) 引物的合成

引发体的移动方向与复制叉移动的方向一致，移动到一定位置即可引发 RNA 引物的合成，移动和引发均需 ATP 提供能量。引发体中的引发酶催化合成一个低聚 RNA 引物，由引物提供 3′－OH，使 DNA 复制开始进行。前导链和后随链的冈崎片段均由引发酶 Dna G 合成引物，后随链在复制中需要多次合成引物。前导链的引物一般比冈崎片段的引物略长一些，为 10～60 个核苷酸，某些质粒和线粒体 DNA 由 RNA 聚合酶合成引物。

2. 延伸

实验证明，大肠杆菌中 DNA 复制的主要过程靠 DNA 聚合酶Ⅲ起作用，当 DNA 聚合酶Ⅲ全酶加入到引发体上以后，真正意义上的 DNA 复制才开始。按照与模板碱基互补配对的原则，在 DNA 聚合酶Ⅲ的作用下，引物 3′－OH 上逐个加入脱氧核糖核苷酸，使 DNA 链延长。复制的延伸阶段同时进行前导链和后随链的合成，被同一个聚合酶Ⅲ不对称二聚体所合成，但是具体参与的蛋白质因子有所不同，因为前者持续合成，后者分段合成。

(1) 前导链的合成

前导链的合成开始于由引发酶在起点处合成的一小段 RNA 引物，随后 pol Ⅲ即在引物上加接脱氧核苷酸。一旦合成开始，前导链的合成便连续进行，与复制叉的移动保持同步，直到复制的终点。

(2) 后随链的合成

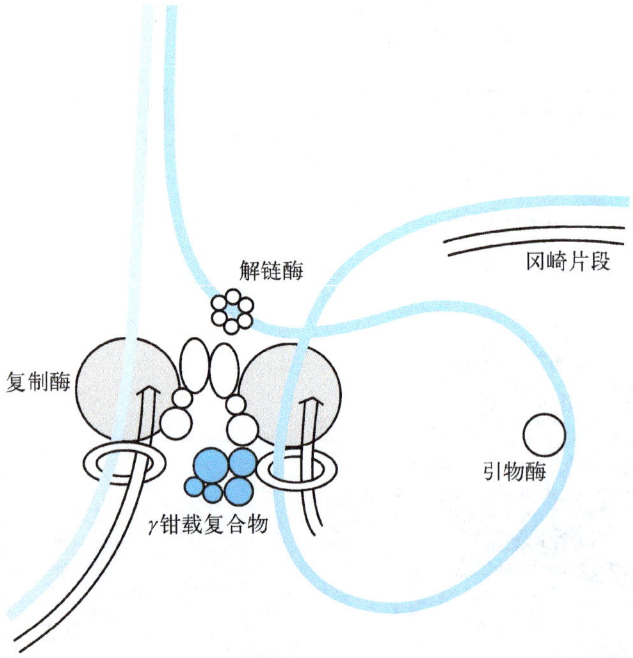

图 14－11 大肠杆菌复制体的结构

后随链的合成是分段的，需要不断合成冈崎片段的 RNA 引物。后随链的模板需形成突环(loop)结构以使其正在被复制的部分模板方向与前导链的模板方向保持一致。DNA 聚合酶Ⅲ利用它的一套核心酶连续合成前导链，以另外一套合成一个个冈崎片段，这需要 DNA 聚合酶Ⅲ全酶的一部分不断与后随链的模板脱开和结合，这一作用由 β 滑动钳和 γ 钳载复合物(γδδ′χΨ)来完成(图 14－11)。DNA 聚合酶Ⅲ不对称二聚体可结合三个 β－滑动钳(非同时结合)，其中一个将前导链模板固定在一个核心酶上，连续合成新链，第二个 β－滑动钳将后随链模板固定在另一个核心酶上合成冈崎片段。当一个冈崎片段的合成完成，复制暂停，核心酶从 β 滑动钳及完成的冈崎片段上解离，并重新与第三个 β 滑动钳等装配再结合模板及其新的 RNA 引物，导致下一个冈崎片段合成的开始。每当一个新的冈崎片段合成完毕，DNA 聚合酶Ⅰ会及时切除其中的

RNA 引物，并填补引物切除以后留下来的空缺，同时由连接酶将后随链的不连续片段连成完整的新链。

一般大肠杆菌的冈崎片段长度为 1 000～2 000 个核苷酸。由于前导链的合成是连续进行的，而后随链的合成是不连续进行的，所以从总体上看 DNA 的复制是半不连续复制。

3. 终止

大肠杆菌为环状双链 DNA，双向复制，它的两个复制叉的汇合点就是复制的终止位点（*ter*）。当子链延伸达到 *ter* 时，DNA 复制就终止了。复制终止后，由 DNA 聚合酶Ⅰ通过 5′→3′外切酶活性切去前导链和后随链的引物，引物留下的空隙由 DNA 聚合酶Ⅰ催化填补，最后，DNA 连接酶由 ATP 供能，将两个片段连接成为连续的子链，复制完成。

大肠杆菌有 6 个 *ter*，分别称为 *ter* A～*ter* F，此处可以结合一种叫 tus(terminus utilization substance)的蛋白质，这个蛋白质可能是通过阻止解链酶 Dna B 的解链活性而终止复制。当复制叉前移，遇到 *ter* 位点时，*ter* - tus 复合物能阻止一个方向的复制叉继续前移，即不让对侧复制叉超过终点后过量复制。就是说，终止子的功能对于复制来说并不是必需的，它只是使环状染色体的两半边各自复制。因为两半边的基因方向也正好是相反的，如果让复制叉超过终点后继续复制就可能与转录的方向对撞。等到相反方向的复制叉在终止区相遇后，即停止复制，复制体解体。至于那些位于终止区内尚未复制的序列（50～100 bp）会在两条母链分开以后，通过修复的方式填补。但此时两环状染色体互相缠绕成为连环体，此连环体在细胞分裂前必须解开，否则将导致细胞分裂失败。大肠杆菌分开连环体需要拓扑异构酶Ⅳ的作用，每次作用可以使 DNA 两条链解开和再连接，因而使连环体中的 2 个双链 DNA 彼此解开（图 14－12）。

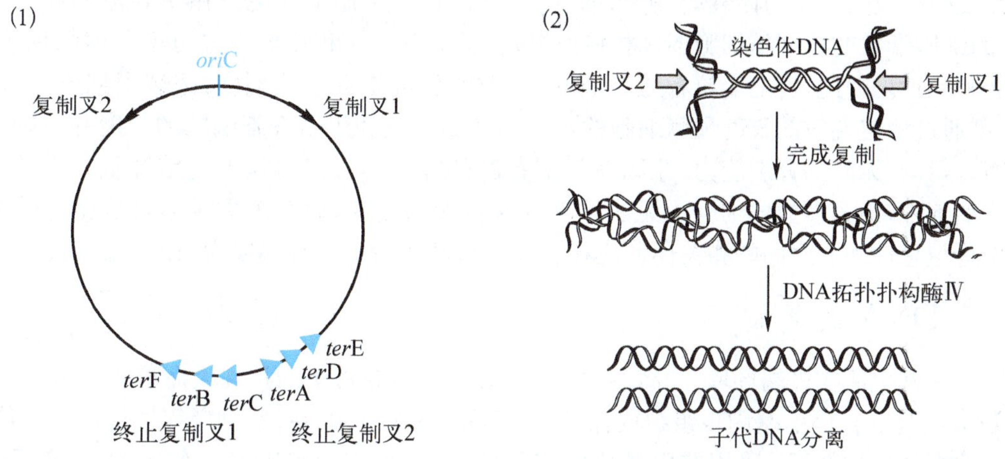

图 14－12 大肠杆菌 DNA 复制的终止

四、真核生物 DNA 的复制

真核生物和细菌的 DNA 复制基本相同，但两者相比有明显区别，主要表现在复制起始点及复制速度、DNA 聚合酶及蛋白质因子、RNA 引物和冈崎片段等几个方面。

1. 复制起始点及复制速度

真核生物 DNA 复制有许多起始点，细菌只有一个复制起始点；真核生物染色体在全部复制完成之前，各个起始点上 DNA 的复制不能再重新开始第二轮复制，而细菌复制起始点上可以不断重复发动复制。

真核的复制速度只是原核的 1/20，但复制起始点多，且真核生物中复制是从许多起始点同时开始的，即有许多个复制子，可以进行分段复制，所以真核生物 DNA 复制的总速度可能比细菌更快。

2. DNA 聚合酶及蛋白质因子

真核生物 DNA 聚合酶和大肠杆菌 DNA 聚合酶的基本性质相同。细胞核染色体的复制由 DNA 聚合酶 α、DNA 聚合酶 δ 和 DNA 聚合酶 ε 共同完成。DNA 聚合酶 α 具有引发酶活性。另外，真核生物的 DNA 聚合酶 δ 及 ε 需要与一种称为增殖细胞核抗原（PCNA）的复制因子结合，PCNA 相当于大肠杆菌 DNA 聚合酶Ⅲ的 β 亚基，能形成一个环状夹子，以增强聚合酶的续进性。

在真核生物的复制中，还有两个蛋白质因子参与。复制蛋白 A(RP - A)是真核生物的单链 DNA 结合蛋白，相当于大肠杆菌的 SSB；复制因子 C(RF - C)是滑动钳装卸器，相当于大肠杆菌的 γ 复合物，可促使 PCNA 安装到 DNA 双链上并拆下来，还可促进复制体的装配。

3. RNA 引物和冈崎片段

真核生物复制中的 RNA 引物和冈崎片段均小于原核生物，引物为 10 个寡核苷酸片段，冈崎片段为 100～200 个核苷酸；而细菌的引物十几到几十，冈崎片段为 1 000～2 000 个核苷酸。RNA 引物被核酸酶 RNase H1 和 MF - 1 水解，然后由 pol ε 填补缺口，DNA 连接酶 I 将片段相连接。

真核生物没有复制终止子，其染色体 DNA 复制在一个细胞周期只能发生一次，控制这一机制的是复制许可因子。

4. 端粒和端粒酶

真核生物线性染色体 DNA 在复制后，不能像细菌那样填补除去引物后的 5′-端空缺，为了使 5′-端序列不会因此而缩短，真核生物通过端粒和端粒酶来解决这一问题。真核生物线性染色体 DNA 分子 3′-端具有特殊的结构，称为端粒(telomere)，是由许多成串的短重复序列组成。重复序列中通常富含 G 或 C，如四膜虫的端粒为 TTGGGG，人的端粒为 TTAGGG。端粒的功能为稳定染色体末端结构，防止染色体间末端连接，并可填补除去引物后的 5′-端空缺，保证线性染色体 DNA 的完整复制。端粒由端粒酶(telomerase)合成，端粒酶是真核生物体内存在的一种特殊的逆转录酶，由蛋白质和 RNA 两部分组成，能以自身的 RNA 为模板，逆转录合成端粒 DNA 序列，有助于填补 DNA 复制中 5′-端由于引物 RNA 的水解而出现的空缺。

大量研究表明端粒酶与生物体衰老、肿瘤的发生有关，认为细胞的衰老是由端粒驱动的。实验结果显示，体外培养的细胞端粒的长度随细胞逐代相传而缩短，丢失到一定程度便失去对染色体的保护作用，细胞随之发生衰老和死亡。因此，可把端粒看成一面钟，端粒的长度是钟上的刻度，记载了细胞分裂的次数，称为“端粒钟”，可通过测定端粒的长度预测细胞的寿命。胚胎细胞和生殖细胞端粒的长度并不随细胞分裂次数的增加而缩短，具有无限的分裂能力，原因在于端粒酶的存在。人体内除了生殖细胞和少数一些体细胞如淋巴细胞等细胞外，绝大多数体细胞中无法检测到端粒酶的活性，而在多数肿瘤细胞中能检测到端粒酶的活性。端粒酶与恶性肿瘤之间的相关性使之在肿瘤的诊断和治疗上有望成为新的靶目标。

五、古菌 DNA 的复制

古菌是一种常常生活在极端环境，如高温、高盐、极端 pH 等条件下的特殊生命形式。虽然与细菌相似，古菌染色体 DNA 呈闭合环状，基因也组织成操纵子，但在 DNA 复制、转录、翻译等遗传信息的传递方面，古菌却具有明显的真核生物特征：采用非甲酰化甲硫氨酰- tRNA 作为起始 tRNA，启动子、转录因子、DNA 聚合酶、RNA 聚合酶等均与真核生物的相似。古菌、真核生物在 DNA 复制过程中使用的引发酶和细菌使用的有所不同，古菌和真核生物中的引发酶含有高度派生的 RNA 识别模式。而在中间代谢(如产能)方面则与细菌相近。虽然现在还不知道古菌第一次在地球上出现的具体时间，但是科学家们认为古菌在进化史上介于细菌和真核生物之间。

六、线粒体 DNA 的复制

真核生物除了细胞核基因组 DNA 以外，还有一类存在于细胞质内的 DNA，即线粒体 DNA (mitochondrial DNA, mtDNA)和叶绿体 DNA。它们的结构与细菌 DNA 很相似，一般也是环状双链 DNA，转录和翻译的特点与细菌也非常相近。线粒体 DNA 的复制机制是一类称为置换型环状结构或 D-环复制的特殊复制方式，复制过程也遵循半保留复制的原理，由真核 DNA 聚合酶 γ 负责。

mtDNA 大小一般为 16～18 kb，两条链变性后在氯化铯离心时沉降速度不同，通常其中一条含 G+T 较多的链称为重链(H 链)，相对应的另一条链为轻链(L 链)。H 链和 L 链的合成是不对称的，其中只有 L 链可以作为新链起始合成的模板，合成一段 H 链置换原来的 H 链，使之成为单链状态，这段发生置换的区域称为置换环或 D-环。mtDNA 的复制与基因组 DNA 复制一样，需要 RNA 引物，但是这段 RNA 引物是来自 L 链上的转录产物，转录受到 L 链启动子的调控，LSP 的转录产物必须经过专一的 RNA 外切酶的加工才形成合适的 RNA 引物。RNA 引物与 H 链复制起始点 O_H 配对结合后，DNA 聚合酶合成的 H 链将形成一个扩展式的 D-环 DNA 结构。当 H 链延伸至 L 链的复制起始点 O_L 时，就以置换出来的 H 链为模板，在与子代 H 链相反的方向上开始合成 L 链。由于 L 链的合成起步晚，当 H 链合成停止时，L 链才合成 1/3，一直到 L 链合成完毕，才将两个复制起始点的 RNA 引物切除，补齐并连接缺口，形成两个子代环状 DNA（图 14-13）。

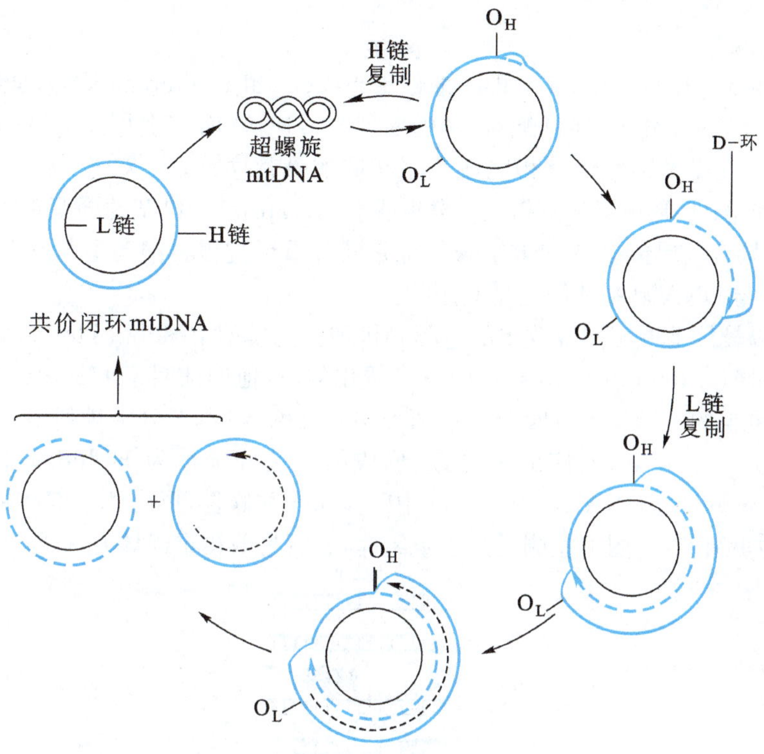

图 14-13　线粒体 DNA 的 D-环复制

七、DNA 复制的调控

DNA 复制的调控发生在起始阶段，一旦起始，复制就必然进行到完成。

1. 细菌 DNA 复制起始的调控

细菌 DNA 复制的起始与 DNA 甲基化以及与细菌质膜的相互作用有关，Dam 甲基化酶起着关键作用。亲代 DNA 分子的两条链均被甲基化，甲基化的位点是 *ori C* 内的 GATC 序列中腺嘌呤的 N6。只有甲基化的 *ori C* 才能被复制起始蛋白 Dna A 识别和结合，从而启动复制。刚刚形成的子代 DNA 分子中只有一条链是甲基化的，在此情况下，一种细胞膜结合的抑制蛋白与 *ori C* 结合，使得 Dna A 不能结合和识别 *ori C*。当 Dam 甲基化酶将子代 DNA 分子甲基化后，抑制蛋白与 *ori C* 解离，Dna A 结合 *ori C*，从而启动新一轮 DNA 复制。原核复制起始可能还受 ATP 水解过程调控，因为 Dna A 只有与 ATP 相结合时才能与 *ori C* 相结合。

2. 真核 DNA 复制起始的调控

染色体复制只发生在细胞周期的 S 期，每个细胞周期只能复制一次，受复制执照因子（licensing factors）的调控，该因子为复制起始所必需，但一旦复制起始后，即被灭活或降解。细胞周期受 CDK-周期蛋白复合物的调控。

第二节　DNA 的重组

DNA 重组（recombination）是指发生在 DNA 分子内或分子之间核苷酸序列的交换、重排和转移现象，可发生于同一细胞内或细胞间，甚至不同物种的 DNA 间，是自然界常见现象，广泛存在于各类生物。重组的意义在于，通过重组，生物体不仅可以改变基因组，还可创造出新的基因，能迅速地增加群体的遗传多样性;使有利的突变与不利突变分开;通过优化组合积累有意义的遗传信息。此外,重组还参与了许多重要的生物学过程,为DNA损伤或复制障碍提供修复机制。某些生物的基因表达和发育过程受基因重组的调节。体外通过人工DNA重组可获得重组体DNA,是基因工程中的关键步骤。

DNA重组主要包括同源重组、位点特异性重组和转座重组等类型。

一、同源重组

同源重组(homologous recombination)即一般性重组(general recombination),是最基本的重组方式,是指两条具有同源序列的DNA分子,通过配对、链的断裂和再连接,而产生片段交换的过程。进行同源重组必须满足以下条件:① 在交叉区域含有相同或几乎相同的碱基序列;② 双链DNA分子之间发生互补配对;③ 需要重组酶的催化;④ 形成异源双链;⑤ 发生联会(synapsis)。典型的同源重组发生在真核同源染色体DNA之间,细菌的接合、转导、转化和重组修复也是同源重组过程。细菌参与同源重组的酶至少有数十种,许多酶和辅助因子与DNA复制和修复是共用的。

Holliday模型可以较好地说明同源重组的过程和机理。此模型由Robin Holliday在1964年首先提出,后由David Dressler和Huntington Potter在1976年提出修改,他们证明了Holliday中间体的存在(图14-14)。在这一模型中,重组的关键步骤有四个:① 两个同源染色体DNA分子排列整齐;② 2个DNA分子中各有一条链断裂并与另一个DNA对应的链连接,形成的连接分子称为Holliday中间体(intermediate);③ 提供分支移动产生异源双链DNA;④ Holliday中间体切开并修复,形成两个双链重组体DNA,切开的方式不同,可得到不同的重组产物(图中左侧是片段重组体,右侧是剪接重组体)。

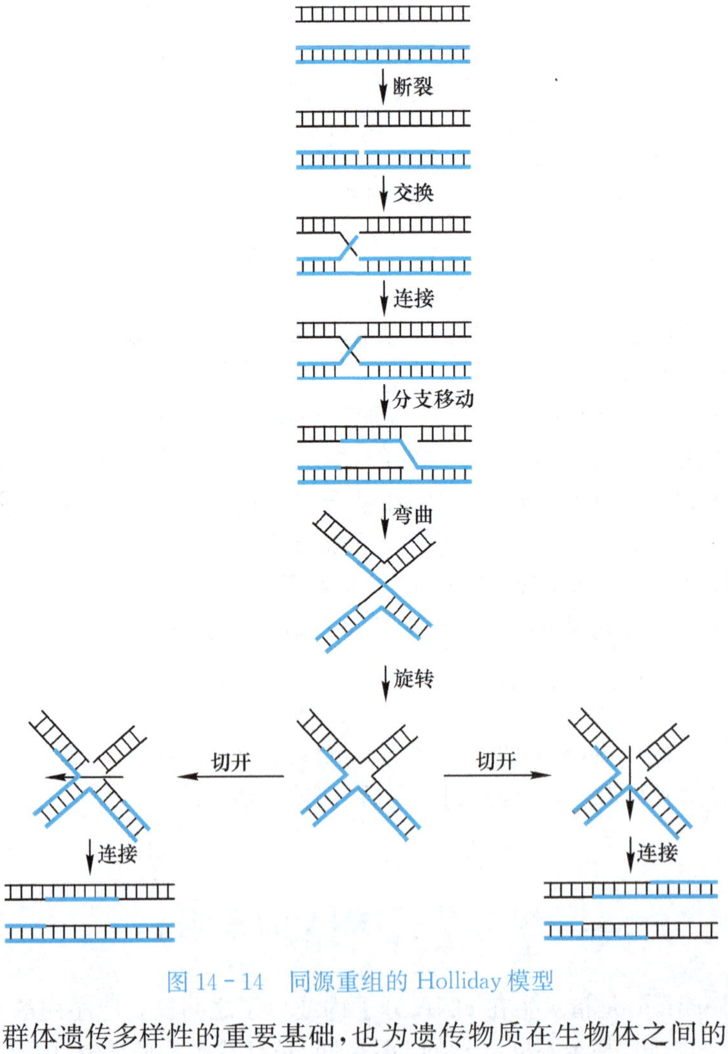

图14-14 同源重组的Holliday模型

同源重组是物种内群体遗传多样性的重要基础,也为遗传物质在生物体之间的流动提供了可能,还可以在DNA损伤的修复中发挥重要作用。

二、位点特异性重组

位点特异性重组(site-specific recombination)是发生在一个特定的短的(20～200 bp)DNA 序列(重组位点)内，通过特异的重组酶和辅助因子的识别结合而导致的 DNA 序列重排。该过程广泛存在于自然界，具有高度专一、快速和有效等特点。重组位点的位置和方向决定了位点特异性重组的结果，如果重组位点存在于不同 DNA 分子上，重组发生整合(integration)；重组位点正向存在于同一 DNA 分子，重组发生缺失(deletion)；重组位点反向存在于同 DNA 一分子，重组产生倒位(inversion)(图 14－15)。

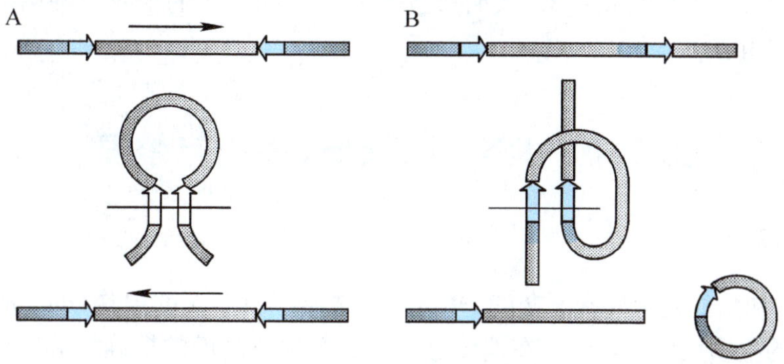

图 14－15 重组位点的位置和方向决定位点特异性重组的结果(重组位点以白箭头表示。A. 倒位。B. 同一 DNA 分子上——切除，不同 DNA 分子上——整合。)

重组酶通常由四个亚基组成，根据活性部位的催化氨基酸残基组成分属酪氨酸酶家族和丝氨酸酶家族。重组酶作用于两个重组位点的四条链上，使 DNA 链断开产生 3′-磷酸基，再与酶以磷酸酪氨酸或磷酸丝氨酸酯键连接。重组的两个 DNA 分子首先断裂相同序列的两条链，交错连接，形成中间联结体；然后另外两条链断裂并交错连接，使联结体分开。有些重组酶可使 4 条链同时断裂并再连接，而不产生中间物。

λ 噬菌体 DNA 在宿主染色体上的整合或切除、免疫球蛋白基因的重排等均属于位点特异性重组。位点特异性重组的功能包括：① 调节噬菌体的整合；② 调节基因表达；③ 调节胚胎发育期间程序性的 DNA 重排。

三、转座重组

转座重组是指 DNA 上的核苷酸序列从一个位置转位或跳跃到另外一个位置的现象，在原核生物和真核生物的基因组内均可以发生，发生转位或跳跃的核苷酸序列称为转座子(transposons)或可移位的遗传元件(transposable genetic elements)。与同源重组和位点特异性重组不同的是，转座子的靶点与转座子并不存在序列的同源性。接受转座子的靶位点可能是随机的，也可能具有一定的倾向性，这与转座子本身的性质有关。当转座子插入一个基因内时，该基因即失活，如果是重要的基因就可能导致细胞死亡。因此转座重组必须受到控制，而且频率都很低。

细菌的转座子包括简单型(即插入序列，IS)和复杂型(即 Tn)。IS 是最小的转座子，除转座所需基因外不携带任何标记基因，其存在只能借助插入位点有关基因的失活或通过分子杂交和测序来检测。Tn 除转座酶(transposase)基因外还携带各种标记基因，易于检测其存在。Tn 又分两类：含有插入序列但不含转座酶基因的组合型和不含有插入序列而含转座酶基因的复合型。转座过程可分为非复制转座和复制转座两种，两种过程都需要转座酶识别转座子的末端反向重复序列并将其切开。

细菌转座子与真核转座子有很多共同的性质，但也存在一些显著的差别，主要反映在转座的机制上：① 真核生物转座过程中的剪切和插入是分开进行的；② 转座子的复制很多通过 RNA 中间物来进行。根据转座的机理将真核生物的转座子分为两类：① 反转座子(retrotransposon)，其转座过程是 DNA→RNA→DNA，需要 RNA 中间物介导转座。② DNA 转座子，其转座过程是 DNA→DNA，无 RNA 中间物。每一类真核转座子都有自主型和非自主型。自主型转座子的内部含有可读框，自己编码转座所需的酶或蛋白质。

非自主型转座子缺乏足够的编码能力，但能在合适的自主型转座子编码的转座酶的作用下进行转座。

反转座子在结构和复制上与逆转录病毒(retrovirus)类似，只是没有病毒感染必须的 *env* 基因，它通过转录合成 mRNA，再逆转录合成新的元件整合到基因组中完成转座，每转座 1 次拷贝数就会增加 1 份，可以增强自己的基因组。因此，它是许多真核细胞生物中数量最大的一类可活动遗传成分。在植物中特别丰富，它们是核 DNA 的一个主要组成部分。如在玉米的基因组 49%～78%是反转座子，人类基因组有大约 42%DNA 转座子，而反转座子约占 2%～3%。

转座重组可导致宿主序列删除、倒位或移位，并且其在基因组中成为“可移动的同源区”，位于不同位点的两个拷贝转座子之间可以发生交互重组，从而造成基因组不同形式的重排。细菌的抗药性、某些物种的雄性不育等都与转座重组有关。

第三节 DNA 的损伤、突变与修复

一、DNA 的损伤

一切使 DNA 结构和功能发生异常改变的 DNA 变化都称为 DNA 的损伤(damage)。作为一种能决定生命状态存在和延续的生物大分子，DNA 在遗传过程中必须保持高度的精确性和完整性，而且这种性能是细胞中任何一种分子都无法与之相比的。尽管如此，在 DNA 复制过程中，仍难免会存在少量未被校正的差错。此外，生物体生长环境中的各种物理和化学因素可作用于 DNA，如紫外线、电离辐射和毒物等都会导致 DNA 的损伤。一般根据受损部位的不同，将 DNA 的损伤分为碱基损伤和 DNA 链的损伤两大类，各大类再分若干亚类。

1. 碱基损伤

碱基损伤可以分为 5 亚类。

(1) 碱基缺失(deletion)或脱落(loss)

损伤的直接原因是 DNA 分子上连接碱基和核糖之间的糖苷键自发地发生水解引起的，以脱嘌呤最常见。当细胞受热或酸度提高时，此种损伤加剧。人体细胞中 DNA 每天每个细胞要脱落 5 000 个嘌呤碱基。

(2) 碱基转换

直接原因是含有氨基的碱基自发地发生脱氨基反应，使一种碱基转换成另外一种碱基，如 C 和 A 经脱氨基反应可分别转变为 U 和 I，人体每天每个细胞有 100 个 C 自发脱氨而成 U。

(3) 碱基修饰

这是某些化学试剂或活性氧直接作用造成的，如活性氧修饰 G 产生 8-羟基脱氧鸟嘌呤。

(4) 碱基交联

紫外线照射可引起 DNA 链上两个相邻的嘧啶碱基的共轭双键发生共价交联聚合反应，形成嘧啶二聚体，其中主要是胸腺嘧啶二聚体，这些二聚体能阻止 DNA 的复制和转录。

(5) 碱基错配

DNA 复制虽然是以碱基的精确互补配对为基础，但由于 4 种 dNTP 浓度不平衡、碱基的互变异构或碱基之间的差别不足都会产生碱基错配，尽管 DNA 聚合酶的“校对”机制可不断地纠正复制过程中可能出现的差错，但是仍然有少数被保留下来。

2. DNA 链的损伤

DNA 链的损伤可分为 3 亚类。

(1) DNA 链的断裂

有单链的断裂和双链的断裂，是电离辐射和某些化学试剂作用破坏磷酸二酯键而产生的，如博来霉素可使脱氧核糖环 3′位发生断裂。当 DNA 出现太多的裂口特别是双链裂口时，往往难以修复，而导致细胞的死亡。

(2) DNA 链的交联

指互补双链之间产生的交联，主要是某些双功能试剂的作用，如丝裂霉素和顺铂。

(3) DNA 与蛋白质之间的交联

紫外线可以诱导 DNA 结合蛋白与 DNA 之间形成共价交联。

二、DNA 损伤的修复

DNA 损伤如果不被修复，将会产生严重的细胞学后果，因为 DNA 分子本身是无法替代的，一个细胞通常只有 1～2 套基因组 DNA，而不像蛋白质和 RNA 分子那样，能利用 DNA 中的遗传信息不断产生新的分子来替代受损伤的分子。因此，维护 DNA 遗传信息的稳定性对生物细胞来说是极其重要的。在生命进化过程中，生物体不仅演化出能纠正复制错误的"校正"系统，而且在细胞中形成了多种多样的 DNA 修复系统，能对各种 DNA 的损伤进行修复，恢复 DNA 正常的螺旋结构，以保持每个世代遗传信息的稳定性。极少数不能修复的 DNA 损伤将会导致基因的突变，其中一部分突变将有利于物种的进化，而另一部分突变将导致细胞发生变异和死亡。已知的生物体对 DNA 损伤的修复系统主要有下列 5 种：直接修复、切除修复、错配修复、重组修复、应急反应(SOS)和易错修复。

1. 直接修复

一种直接修复(direct repair)是光复活修复(photoreactivation repairing)，这是一种广泛存在的修复作用，从低等单细胞生物到鸟类都有，但高等哺乳动物中没有。光复活修复能够修复任何嘧啶二聚体的损伤，其修复过程为：光复活酶(photolyase)识别嘧啶二聚体并与之结合形成复合物；在 300～600 nm 可见光照射下，酶获得能量，将嘧啶二聚体的丁酰环打开，使之完全修复；光复活酶从 DNA 上解离(图 14-16)。

另一种直接修复是暗修复，主要存在于高等动物，即核酸内切酶将含有嘧啶二聚体的核酸链切除，然后再修复合成。人体内还有甲基转移酶可直接修复异常的甲基化。

2. 切除修复

切除修复(excision repair)是指在一系列酶的作用下，将 DNA 分子中受损伤的部分切除，并以完整的链为模板，合成切去的部分，使 DNA 恢复正常结构的过程。这是比较普遍的一种修复机制，它对多种损伤均能起修复作用。切除修复包括两个过程：一是由细胞内特异的酶找到 DNA 损伤的部分，并切除；二是修复合成并连接(图 14-17)。参与切除修复的酶主要有：特异的核酸内切酶、外切酶、聚合酶和连接酶。切除修复有以下两种方式：

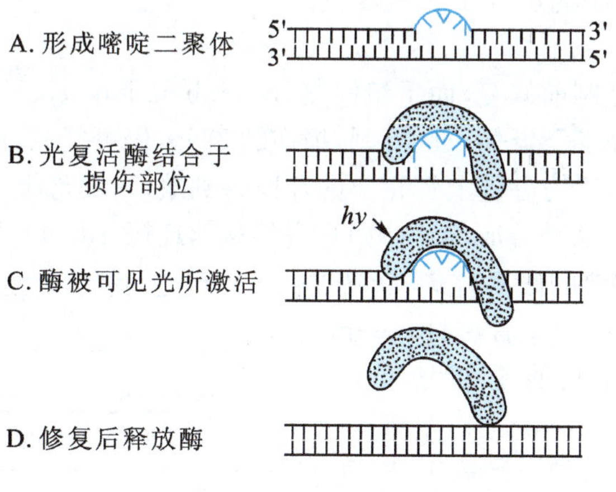

图 14-16　紫外线损伤的光复活过程

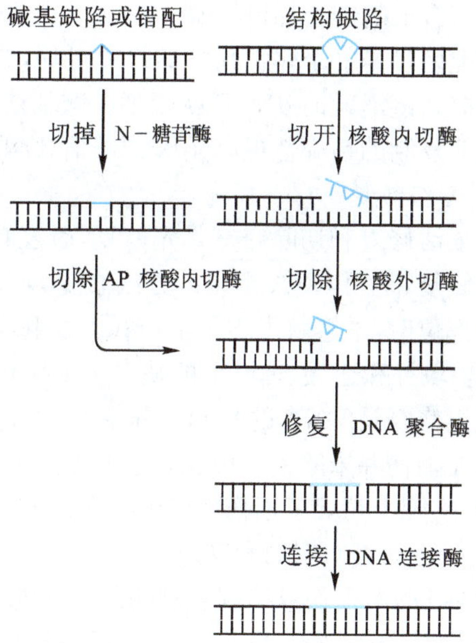

图 14-17　DNA 损伤的切除修复过程

(1) 碱基切除修复(base excision repair, BER)

主要修复单个碱基缺陷的损伤，即小段 DNA 的损伤，是在 DNA 聚合酶、DNA 糖苷酶(DNA gylcosylases)、内切酶和连接酶等参与下完成的。DNA 糖苷酶能特异性识别并将不正常的碱基水解切除，形成无碱基的 AP 位点(AP site)，由 AP 核酸内切酶在 AP 位点附近将 DNA 链切开，然后外切酶切除包括

AP 位点在内的 DNA 链，聚合酶填补单链缺口，最后连接酶将链连接。

(2) 核苷酸切除修复(nucleotide-excision repair, NER)

当 DNA 链上相应位置的核苷酸发生损伤，导致双链之间无法形成氢键，是大段 DNA 损伤，由核苷酸切除修复系统负责进行修复。由 ATP 依赖的切除核酸酶进行双切除，即在损伤部位的两侧切开磷酸二酯键，除去损伤的寡核苷酸。留下的缺口由 DNA 聚合酶 Ⅰ 或 DNA 聚合酶 δ 或 ε 进行修补合成，最后由 DNA 连接酶连接。

3. 错配修复

错配修复(mismatch repair)是一种特殊的核苷酸切除修复，用来切除复制中新合成 DNA 链上的错配碱基。复制产物中的错配碱基存在于新合成的子代链中，错配修复是按模板的遗传信息来修复错配碱基的。因此，该修复系统必须有一种能在复制叉通过之后识别模板链与新合成 DNA 链的机制，以保证只从新合成的 DNA 链中去除错配碱基。

细菌主要通过对模板链的甲基化来区分新合成的 DNA 链，大肠杆菌通常利用腺嘌呤甲基化酶(Dam 甲基化酶)将双链 DNA 的 5′-GATC 序列中的腺嘌呤的 N_6 甲基化。当复制完成后，在短暂的时间内(几秒或几分钟)，只有模板链是甲基化的，而新合成的链是非甲基化的。一旦发现错配碱基，便将未甲基化新链的一段核苷酸切除。细菌参与错配修复的蛋白质至少有 12 种，其功能是区分两条链或进行修复合成。Mut S 二聚体识别并结合到 DNA 的错配碱基部位，Mut L 二聚体与之结合。DNA 由此形成突环，直至遇到 GATC 序列。随后 Mut H 结合到 Mut SL 上，并在未甲基化新链 GATC 位点的 5′端切开，由核酸外切酶切除一段核苷酸(图 14-18)。几分钟后新合成链也将在 Dam 甲基化酶作用下被甲基化，从而成为全甲基化 DNA。一旦两条链都被甲基化，这种错配修复过程几乎不再发生。由于甲基化 DNA 成为识别模板链和新合成链的基础，且错配修复发生在 GATC 的邻近处，故这种修复也称为甲基指导的错配修复(methyl-directed mismatch repair)。

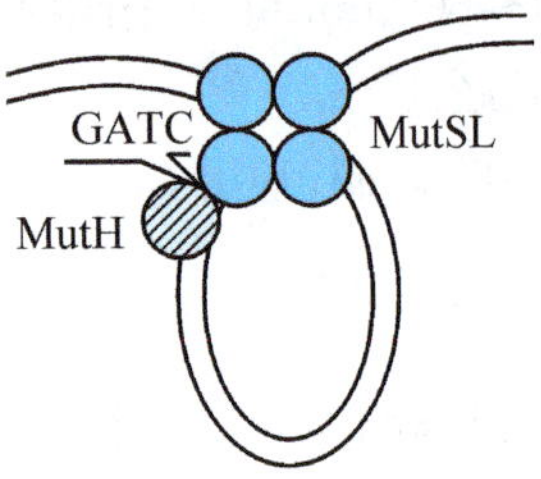

图 14-18 DNA 的错配修复

真核生物的错配修复机制与细菌基本相似，也存在于 Mut S 和 Mut L 同源的蛋白质中，分别称为 MSH 和 MLH。但是真核生物没有 Mut H 的同源物，并且不靠半甲基化的 GATC 区别“旧”链和“新”链。真核生物是在 DNA 复制的过程中进行错配修复，一旦发现错配即从新合成的链上加以切除。

错配修复是一个非常耗能的修复过程，错配的碱基离 5′-GATC 等序列越远，被切除的核苷酸就越多，重新合成新链消耗的 dNTP 就越多。碱基错配修复对 DNA 复制忠实性的贡献力极大，通过对错配碱基的修复将使复制的精确性提高 10^2～10^3 倍，DNA 子链中的错配几乎完全被修正。

4. 重组修复

光复活修复和切除修复是先修复，后复制，又称为复制前修复，而重组修复(recombination repairing)是复制后修复，是用 DNA 重组的方法修复 DNA 损伤。分三个步骤：① 复制，损伤的 DNA 仍可复制，但复制到损伤部位时，子链就出现了缺口；② 重组，从另一条完整的母链上将相应的片段移到缺口，而母链上形成缺口；③ 填补和连接，母链上的缺口由 DNA 聚合酶进行填补合成，最后由 DNA 连接酶连接(图 14-19)。

重组修复是 DNA 的复制过程中所采用的一种有差错的修复方式，修复过程中，DNA 损伤并未除去。但是，随着复制的不断进行，若干代后，损伤部分逐渐被稀释，实际上消除了损伤的影响。重组修复机制缺陷有可能导致癌症的发生。

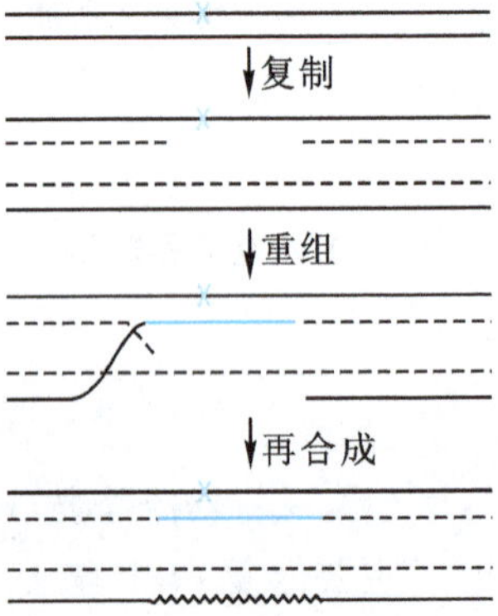

图 14-19 DNA 损伤的重组修复过程

5. 应急反应(SOS)和易错修复

许多 DNA 损伤或抑制复制的因素均能应急产生一系列诱导效应，称为应急反应(SOS response)。SOS 反应包括诱导出现的 DNA 损伤修复、诱变效应、细胞分裂的抑制以及溶源性细菌释放噬菌体等。SOS 反应诱导的修复系统包括免错修复(error-free repair)和易错修复(error-prone repair)。

错配修复、直接修复、切除修复和重组修复能够识别 DNA 的损伤而加以消除，因此属于免错修复。

易错修复是一种在 DNA 分子受到较大范围损伤并且使复制受到抑制时出

现的修复机制，以SOS借喻细胞处于危急状态。DNA分子受到长片段高密度损伤，使DNA复制过程在损伤部位受到抑制。损伤诱导一种特异性较低的新DNA聚合酶和重组酶等一整套与SOS修复相关的酶，由这些特异性较低的酶继续催化损伤部位DNA的复制，复制完成后，虽然可维持基因组的完整性，提高细胞的生存概率，但仍保留许多错误的碱基，从而造成突变。

SOS反应主要受*recA*、*lexA*两个基因的控制，当DNA受损伤时生成足够量的RecA蛋白，然后RecA蛋白促进LexA蛋白自水解而使许多与修复有关的基因激活。诱导产生SOS反应的作用剂对高等动物都是致癌的，癌变可能是通过SOS反应诱变所造成的。大肠杆菌的SOS反应可以使处于溶源状态的噬菌体激活，从而裂解宿主细胞产生噬菌斑。

所有细胞都有许多修复DNA损伤的途径，采用哪种途径取决于在什么情况下和产生的损伤的类型。如尿嘧啶-*N*-糖苷酶系统和错配修复系统能纠正复制的错误，光复活修复系统、切除修复系统、重组修复系统和SOS修复系统等能修复环境因素和体内化学物质造成的DNA分子损伤。DNA分子的双螺旋结构是其损伤修复的重要基础，因为DNA的互补双链可保证其一股链上的损伤被切除后，能从另一股链上获得修复所需要的信息。

三、DNA的突变

DNA突变是指DNA的碱基序列发生突然而永久性的变化，从而影响DNA的复制，并使RNA转录和蛋白质翻译也跟着改变，表现出异常的遗传特征。突变是生物进化、分化的分子基础，突变也是某些疾病的发病基础，死亡是致死突变的结果。

1. 突变的类型

(1) 碱基对的置换(substitution)

又称为点突变(point mutation)，包括转换(transition)(嘧啶之间或嘌呤之间的互换)和颠换(transversion)(嘧啶与嘌呤之间的互换)。点突变可依发生位置对基因功能的影响而分为：因密码子发生改变而导致蛋白质中原有氨基酸被另一氨基酸取代的错义突变(missense mutation)；因氨基酸密码子变成终止密码子而导致翻译提前结束且常使产物失活的无义突变(nonsense mutation)；密码子虽然发生改变，但对应的氨基酸不变的为沉默突变(silent mutation)。

(2) 移码突变(frameshift mutation)

由于插入或缺失一个或几个碱基对，造成该位点后的密码阅读框架改变。

(3) 大片段的缺失和重复

基因重复(gene duplication)是指含有基因的DNA片段发生重复，可能因同源重组作用出错而发生，或是因为反转座与整个染色体发生重复所导致。这些基因的复制品通常可幸免于选择压力，也就是说，这类突变在生物体中一般无负面的影响，也因此突变的速度高于有功能的单一版本基因。基因重复在演化过程中扮演重要角色，植物体内常见基因组的完整重复现象，小麦的6倍体就是6个基因组的复制品。

置换和插入的变化是可逆的，缺失则是不可逆的。最常见的突变形式是碱基对的置换。

2. 自发突变和诱发突变

在自然条件下发生的突变称为自发突变(spontaneous mutation)。自发突变的几率很低，大肠杆菌和果蝇的基因突变率在10^{-10}左右。各种RNA肿瘤病毒具有很高的自发突变频率。能够提高突变率的物理或化学因子称为诱变剂(mutagen)，诱变剂引起的突变即为诱发突变。常见的诱变剂有以下几种。

(1) 碱基类似物

这是与DNA正常碱基结构类似的化合物，也能在DNA复制时取代正常碱基掺入并引起与互补链的碱基配对。但这些类似物易发生互变异构，在复制时改变配对性质，引起碱基对置换。

(2) 碱基的修饰剂

某些化学诱变剂通过对DNA分子上碱基修饰，改变碱基配对性质。如羟胺与DNA分子上与胞嘧啶作用，生成4-羟胺胞嘧啶，能与腺嘌呤配对，最终导致DNA分子上的CG对转换为TA对。烷化剂是一类极强的化学诱变剂，较常见的有氮芥、硫芥、甲基甲烷磺酸、乙基乙烷磺酸和亚硝基。亚硝酸为强脱氨剂，可使腺嘌呤转变为次黄嘌呤，鸟嘌呤转变为黄嘌呤，胞嘧啶转变为尿嘧啶，而导致碱基配对错误。

(3) 嵌入染料

一些扁平的稠环分子可插入到DNA分子碱基对之间,故称嵌入染料。嵌入染料插入碱基重复位点处时,可造成两条链错位,复制时新合成的链或增加了核苷酸的插入,或使核苷酸缺失,结果造成移码突变。

(4) 紫外线和电离辐射

离子辐射和紫外线通过损伤DNA(如形成嘧啶二聚体),诱发易错的跨损伤合成而导致突变。

研究表明,人类癌症的发生是由于控制细胞分裂的基因发生突变,或是致瘤病毒核酸入侵,使原癌基因激活成为癌基因,或是抑癌基因失活失去抑制细胞恶性生长的能力所致。因此细胞癌变与修复机制的受损以及突变率的提高有关。Ames试验是一种简易检测诱变剂的方法,该方法采用鼠伤寒沙门氏杆菌的营养缺陷型菌株,其组氨酸生物合成途径一个酶的基因发生突变而使该酶失活,将该菌与待测物置于无组氨酸的培养基中培养,如果待测物具有诱变作用,就可使营养缺陷型细菌因恢复突变而产生菌落,根据菌落的多少可判断诱变力的强弱。由Ames试验和动物试验结果发现,致癌物质90%都有诱变作用,而诱变剂90%有致癌作用。

框14-1 理论联系实际——突变与癌变

某些基因的突变可使一个人更容易患上某些种类的癌症,如抑癌基因(tumor suppressor genes)就是因此而得名。BRCA1和BRCA2就属于两种抑癌基因,它们的突变体经常在乳腺癌细胞和卵巢癌细胞中发现,已成为"知名"的乳腺癌易感基因。如果一个BRCA基因影响其三个重要功能的突变体的形式存在的话,一个女性在70岁之前得乳腺癌的概率为80%。

BRCA蛋白的第一个重要功能是直接参与双链DNA断裂修复,还有一个功能是促进其他一些参与DNA损伤修复的酶的基因表达,任何影响到BRCA这两项功能的突变就削弱了细胞修复DNA损伤的能力,从而使得细胞更容易积累损伤导致的突变,为细胞癌变创造机会。BRCA蛋白的第三个重要功能是参与细胞周期的调控。其中BRCA1为G/M期检查点的调控因子,是激活Chkl激酶所必需的,而后者对DNA损伤时诱导G→M期的阻滞起重要作用。同时,BRCA1还调控了Cdc25C和Cdc2/周期蛋白B1激酶蛋白的表达、磷酸化以及参与胞内定位的调节,这两种蛋白对细胞周期从G→M期的过渡也有重要作用。如果BRCA的这项功能因突变而丧失,就使得细胞更容易进入分裂期,如果是在细胞内的DNA损伤还没有修复好,这会使得细胞更容易发生癌变。

男性若是发生了BRCA突变,同样得乳腺癌的概率也会急剧上升,但由于男性总体乳腺癌的发生率就很低,因此男性在BRCA发生突变以后,得乳腺癌的概率相当于或者低于BRCA没有突变的女性。据估计,BRCA1发生突变的男性在70岁之前得乳腺癌的概率为1%~2%。

从分子水平上来看,BRCA1基因和BRCA2基因包含着高比例的重复DNA,高度重复的DNA可导致基因组的不稳定和重排,因此比较容易突变。

第四节 DNA的逆转录

逆转录(reverse transcription)是以RNA为模板合成DNA的过程,与转录过程中遗传信息从DNA到RNA的方向相反,是DNA生物合成的一种特殊方式。催化这一过程的逆转录酶最初是在致瘤RNA病毒中发现的,含有逆转录酶的病毒称为逆转录病毒(retrovirus)。

一、逆转录和逆转录酶的发现

1964年,Temin发现禽类肉瘤病毒(ASV)等RNA肿瘤病毒所造成的感染可被DNA合成抑制剂遏制,表明在RNA肿瘤病毒的RNA复制过程中需要合成DNA。Temin又发现ASV子代病毒颗粒的产生被放线菌素D所抑制,放线菌素D专门抑制以DNA为模板的反应,它能抑制RNA肿瘤病毒的复制,但不能抑制一般RNA病毒的复制,说明转录对于RNA肿瘤病毒增殖也是必需的。

1964 年，Temin 提出“前病毒假说”，认为 RNA 肿瘤病毒的复制需要经过一个 DNA 中间体（即 DNA 前病毒或原病毒），它可以部分或全部整合到宿主细胞 DNA 中，随宿主细胞 DNA 的复制而复制，并传给子代细胞，被感染细胞的恶性转化就是由前病毒引起的。这一过程大致为：RNA 肿瘤病毒→前病毒 DNA→RNA 肿瘤病毒。

1970 年，Temin 和 Baltimore 分别在肉瘤病毒（RSV）和鼠白血病病毒（MLV）等 RNA 肿瘤病毒中发现逆转录酶。这一发现具有重要的理论意义和实践意义，它证明了“前病毒假说”，表明遗传信息也可以从 RNA 传递到 DNA，从而冲破了传统的“中心法则”概念的束缚，促进了分子生物学、生物化学和病毒学的研究和应用。Temin 和 Baltimore 因此获 1975 年诺贝尔生理学与医学奖。

二、逆转录病毒

逆转录病毒是一类含逆转录酶的 RNA 病毒，因致瘤又称 RNA 肿瘤病毒。例如，人类免疫缺陷病毒（HIV）可引起 AIDS。RNA 肿瘤病毒都是逆转录病毒，但是并不是所有的逆转录病毒都致瘤。逆转录病毒颗粒可分蛋白外壳及核心两部分，核心中含有基因组 RNA 及逆转录酶，基因组通常是由两条相同的正链所组成，在 RNA 分子 5′-端附近区域以氢键结合在一起，是二倍体病毒。基因组 RNA 的两端具有同样的序列，与一般真核生物 mRNA 相似，其非编码序列包括 5′-端的帽子结构、5′-端的末端直接重复序列（repeat，R）、5′-端特有的序列（U5）、引物结合位点（primer-binding site，PBS）、剪接信号、引发第二条链合成的多聚嘌呤区域（polypurine tract，PPT）、3′-端的 poly A、3′-端特有的序列（U3）和 3′-端的末端直接重复序列（repeat，R）。

病毒感染宿主细胞时，外膜和宿主细胞膜融合而打开，基因 RNA 及逆转录酶进入宿主细胞质基质。在逆转录酶的作用下，RNA 逆转录生成由病毒 RNA 编码的互补的负链 DNA，再用此负链 DNA 为模板合成正链 DNA，进而形成双链 DNA，双链 DNA 在细胞核内与宿主细胞的基因组 DNA 整合。病毒 cDNA 可保持在整合状态，并可传给宿主细胞的后代，也可再转录为病毒 RNA，并翻译成病毒蛋白质，形成新的病毒颗粒。逆转录病毒引起的感染，可表现为人和许多动物的恶性肿瘤和免疫缺陷病。

三、逆转录酶

逆转录过程由逆转录酶（reverse transcriptase，RT）催化，该酶也称依赖 RNA 的 DNA 聚合酶，即以 RNA 为模板催化 DNA 链的合成。合成的 DNA 链称为与 RNA 互补 DNA（complementary DNA，cDNA）。

大多数逆转录酶都具有多种酶活性：① RNA 指导的 DNA 聚合酶活性（即逆转录活性），以 RNA 为模板，催化 dNTP 聚合成互补的 DNA 链，并与模板 RNA 形成 RNA-DNA 杂化分子，此酶需要 RNA 为引物，多为色氨酸的 tRNA，在引物 tRNA 3′端以 5′→3′方向合成负链 DNA；② RNase H 活性，可以从 5′→3′和 3′→5′ 两个方向水解 RNA-DNA 杂化分子中的 RNA 链；③ DNA 指导的 DNA 聚合酶活性，以逆转录合成的第一条负链 DNA 为模板，dNTP 为底物，再合成第二条 DNA 正链，形成双链 cDNA 分子。

逆转录酶催化的 DNA 合成反应以 4 种 dNTP 为底物，要求有模板和引物，还需适当浓度的二价阳离子（Mg^{2+}、Mn^{2+}），DNA 链的延长方向为 5′→3′，这些性质都与 DNA 聚合酶相类似。逆转录酶不具有 3′→5′ 外切酶活性，因此没有校正功能，所以由逆转录酶催化合成的 cDNA 出错率比较高。

四、逆转录过程

逆转录的过程包括 10 步反应，其中两次转换模板：① 以 tRNA 为引物，合成 RNA5′-端 U5 和 R 区的互补序列（负链）；② RNase H 水解模板 RNA 的 U5 和 R 区；③ 负链转向与 RNA3′-端的 R 区配对，酶第一次转换模板；④ 以 RNA3′-端序列为模板，延伸负链；⑤ RNase H 水解模板 RNA，仅保留 3′-端附近的多聚嘌呤片段（PPT）作为合成正链的引物；⑥ 以负链为模板合成正链；⑦ 引物 tRNA 被 RNase H 降解；⑧ 正链与负链在 PBS 位点处配对，酶第二次转换模板；⑨ 继续合成双链 DNA；⑩ 除去正链上的 RNA，两末端序列重复合成形成长末端重复序列。至此，完成由 RNA 指导的 DNA 合成过程（图 14-20）。

五、逆转录的意义

逆转录的意义包括：

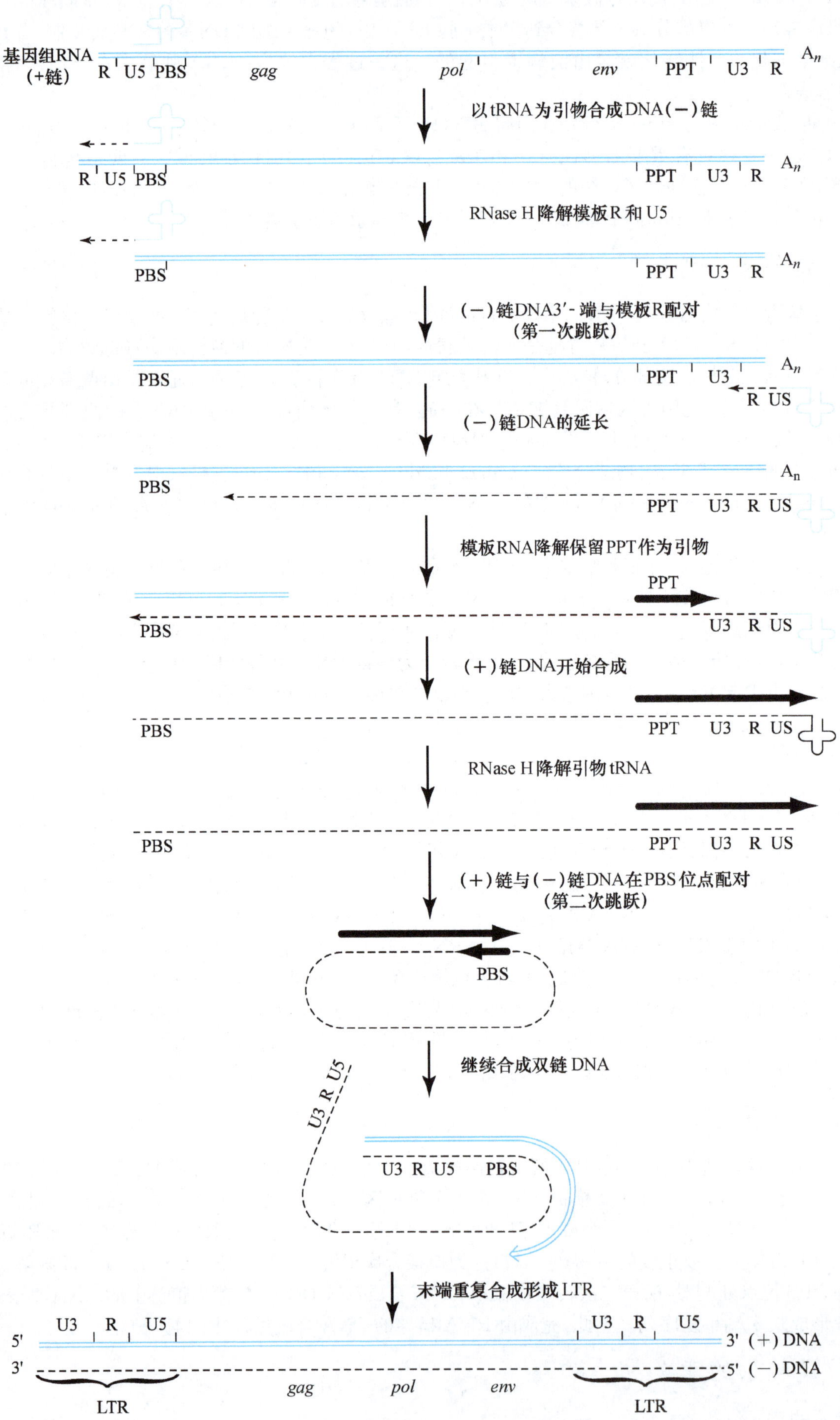

图14-20 逆转录过程中DNA的合成

(1) 修正和补充了分子生物学的中心法则

修正后的中心法则表示为：是指遗传信息从 DNA 传递给 RNA，再从 RNA 传递给蛋白质，即完成遗传信息的转录和翻译的过程；也可以从 DNA 传递给 DNA，即完成 DNA 的复制过程。这是所有有细胞结构的生物所遵循的法则。某些病毒中的 RNA 自我复制(如烟草花叶病毒等)和在某些病毒中能以 RNA 为模板逆转录生成 DNA 的过程(某些致瘤病毒)。

(2) 加深了对 RNA 病毒致癌、致病的认识

在致瘤病毒的研究中发现了病毒癌基因，在人类一些癌细胞如膀胱癌、小细胞肺癌等细胞中，也分离出了与病毒癌基因相同的碱基序列，称为细胞癌基因或原癌基因。癌基因的发现为肿瘤发病机理的研究提供了很有前途的线索。

(3) 逆转录酶是分子生物学重要工具酶

由于目的基因的转录产物易于制备，利用逆转录酶，可将 mRNA 逆转录形成 cDNA，由此可构建出 cDNA 文库(cDNA library)，从中筛选特异的目的基因，这是在基因工程技术中最常用的获得目的基因的方法。

推荐网址

1. http://themedicalbiochemistrypage.org/dna.php
2. http://en.wikipedia.org/wiki/DNA_replication
3. http://www.wiley.com/college/pratt/0471393878/student/animations/dna_replication/index.html
4. http://bioweb.wku.edu/courses/biol22000/16Recombination/default.html
5. http://users.rcn.com/jkimball.ma.ultranet/BiologyPages/D/DNAReplication.html

参考文献

1. Ulrich H, Giovanni M, Silvio S. Eukaryotic DNA polymerases. *Annu. Rev. Biochem.*, 71, 133-163, 2002.
2. Zakian V A. Telomeres: beginning to understand the end. *Science*, 270, 1601-1607, 1995.
3. Temin H M. The DNA provirus hypothesis: the establishment and implications of RNA-directed DNA synthesis. *Science*, 192, 1075-1080, 1976.
4. Dianov G, Price A, Lindahl T. Generation of single-nucleotide repair patches following excision of uracil residues from DNA. *Mol. Cell Biol.*, 12, 1605-1612, 1992.
5. Fortini P, et al. Different DNA polymerases are involved in the short and long-patch base excision repair in mammalian cells. *Biochemistry*, 37, 3575-3580, 1998.
6. Li X, et al. Lagging strand DNA synthesis at the eukaryotic replication fork involves binding and stimulation of FEN-1 by proliferating cell nuclear antigen. *J. Biol. Chem.*, 270, 22109-22112, 1995.

思考题

1. 如何证明 DNA 复制延伸的方向是从 5′→3′?
2. 为什么到现在为止还没有得到在所有温度下都缺乏 5′→3′外切酶活性的 DNA 聚合酶Ⅰ的突变株?
3. 请设计一个实验证明野生型的大肠杆菌 DNA 聚合酶Ⅰ在催化 DNA 复制的过程中具有自我校对的能力。
4. 在大肠杆菌 DNA 分子进行同源重组的时候，形成的异源双螺旋允许含有某些错配的碱基对。为什么这些错配的碱基对不会被细胞内的错配修复系统排除?
5. 细胞内存在尿嘧啶-DNA 糖苷酶能切除 DNA 链上由 C 经脱氨基转变而来的 U，但细胞内并不存在用来切除由 5-甲基 C 脱氨基产生的 T 的胸腺嘧啶-DNA 糖苷酶，为什么?
6. 皮肤癌比脑癌要常见得多。有一种假说认为是因为皮肤细胞分裂的频率远远高于脑细胞，你如何来验证这种学说?
7. 试比较切除修复和光复活机制是如何清除由紫外线诱导形成的嘧啶二聚体的? 可使用什么方法区分这两种机制?
8. 在大肠杆菌中，存在 IMP，因为它是嘌呤核苷酸生物合成的中间产物。Kornberg 的实验表明，如果提供 dITP，在原为 dGMP 的地方，DNA 聚合酶也会装配上 dIMP，然而在天然的 DNA 复制中，并没有上述现象发生。试解释其中的原因。

科学故事——线粒体 DNA 与人类进化

线粒体是一个半自主的细胞器，有自己的遗传信息，并能够合成一些自己的蛋白质，它的很多性质与细菌非常相似，于是人们很早就提出了线粒体起源的“内共生学说”，认为线粒体实际上是在数百万年前被真核细胞内吞进来的需氧细菌的后代。尽管我们每个人都从母亲和父亲各继承了一半的遗传信息，但每个人的线粒体似乎都是母亲给的，其中的原因是，当精子与卵细胞受精的时候，只有精子核进入卵细胞。如果线粒体 DNA(mtDNA)的确只来自母亲的话，那么由 mtDNA 突变引起的疾病应该表现为母系遗传。线粒体的主要功能是参与细胞的有氧代谢，其中涉及能量代谢的一些遗传性疾病就是母系遗传。例如，莱伯遗传性视神经萎缩(Leber's hereditary optic neuropathy, LHON)就是一例，这种疾病可导致患者失明和心脏问题。LHON 的病因是编码呼吸链复合体Ⅰ的主要成分——NADH 脱氢酶的基因有缺陷，导致其呼吸链上的电子传递和与其偶联的氧化磷酸化受到影响，于是患者体内的 ATP 的供应严重不足，那些对 ATP 需求高的组织影响最大，如视神经会因为缺乏 ATP 而死亡，心脏也会因为缺乏 ATP 影响到它的功能。

基于 mtDNA 所具有的独特的传递性质，研究人类进化的科学家想到，如果能够从 mtDNA 进化这一条线出发，似乎就能够找到有关人类起源的重要信息。于是在 1987 年前后，Allan C. Wilson 等研究了世界各地数以千计的妇女的 mtDNA，通过比较了样本间的 mtDNA 序列的相似之处和差异，在 *Nature* 上发表了一篇题为“Mitochondrial DNA and Human Evolution”的论文，文中得出一个结论，认为在人类进化史上，有一个“线粒体夏娃”(Mitochondrial Eve)，她是全人类的母亲，来源于东非，我们所有人的 mtDNA 都来自她。

对于线粒体夏娃这个问题一直存在争议。一方面 Allan C. Wilson 设计的实验本身就有一些缺陷；另一方面，现在已有很多证据表明，mtDNA 不一定全部来自母亲，父亲也可能提供少量的 mtDNA。例如，2002 年有人报道，通过 PCR 证明，在好几代种类回交的小鼠身上发现有少量来自父本的 mtDNA。此外，同年还有人报道，有一个 28 岁患线粒体肌病的男性，其 mtDNA 在一个关键的基因上缺失 2 bp，通过实验发现，这 2 bp 的缺失来自他父亲的 mtDNA，事实上，这种有缺陷的 mtDNA 占其肌肉总 mtDNA 的 90%。

第 15 章

RNA 的生物合成

DNA 是生物体最重要的遗传物质，其贮存的信息必须通过某种方式被表达成 RNA 和蛋白质以后才有意义。根据 Crick 提出的“中心法则”(central dogma)，要将 DNA 分子上的遗传信息转化成蛋白质分子上的功能信息，首先需要按照碱基互补配对的原则，以 DNA 为模板，合成 RNA，然后再以 RNA 为模板，合成蛋白质。这种以 DNA 为模板合成 RNA 的过程称为转录，以 RNA 为模板合成蛋白质的过程称为翻译。转录和翻译统称为基因表达(gene expression)。RNA 除了可以通过由 DNA 转录生成以外，某些 RNA 病毒还可以 RNA 作为模板通过 RNA 转录或复制产生。

不管是哪一种方式产生的 RNA，最初得到的通常是没有功能的前体，它们在细胞内必须经历各种特异性的后加工(processing)才会转变成成熟、有活性的 RNA 分子。

本章将重点介绍 RNA 生物合成及其后加工的一般原理和基本过程。

第一节　DNA 转 录

DNA 转录的过程十分复杂，不同的生物体和不同的基因在转录的具体细节上存在许多差异，但仍然有许多通用的规则适合于所有的转录系统。

一、转录的基本特征

转录的基本特征包括：

1) 转录发生在 DNA 分子上某些特定的区域　与 DNA 复制不同的是，转录只发生在 DNA 分子上具有转录活性的区域。对于一个 DNA 分子来说，并不是所有的区域都能被转录，即使能被转录的区域也不是每时每刻都在转录。此外，DNA 两条链也并不是都会被转录。某些基因以 DNA 的这一条链作为模板，而某些基因以另一条链作为模板。对某一特定的基因来说，DNA 分子上作为模板的那一条链被称为模板链(template strand)，与模板链互补的那一条链被称为编码链(coding strand)。模板链也称作无意义链(nonsense strand)或 Watson 链，编码链也称作有意义链(sense strand)或 Crick 链(图 15-1)。

2) 以四种核糖核苷三磷酸即 ATP、GTP、CTP 和 UTP 作为底物，并需要 Mg^{2+}。

3) 需要模板和 DNA 的解链，但不需要引物。

4) 第一个被转录的核苷酸通常是嘌呤核苷酸(占 90%左右)。

5) 与 DNA 复制一样，转录的方向总是从 5′→3′。

6) 转录具有高度的忠实性。转录的忠实性是指一个特定的基因转录具有固定的起点和固定的终点，且转录过程遵守碱基互补配对规则。然而，转录的忠实性要低于 DNA 复制，究其原因，主要是催化转录反应的主要酶——RNA 聚合酶一般缺乏 3′→5′外切酶活性。与 DNA 复制相比，机体在一定程度上能够容忍转录的低忠实性，一方面是因为遗传密码的简并性导致 RNA 序列的变化并不意味着它所编码的氨基酸序列就一定发生变化，另一方面是因为转录出的 RNA 分子是多拷贝的，转录错误的毕竟占少数，而且细胞内有专门的质量控制系统，会将其水解掉。

7) 转录是受到严格调控的，调控的位点主要发生在转录的起始阶段。

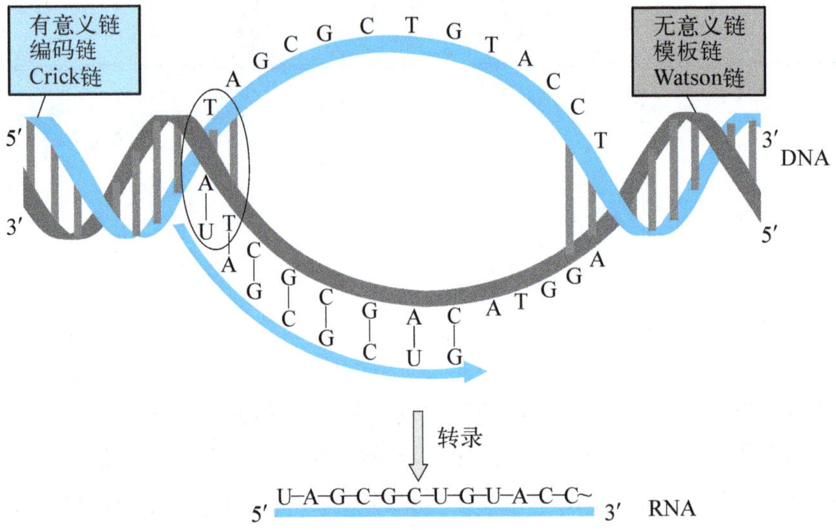

图 15-1 DNA 转录的简单图解

二、转录的酶学

转录是一种很复杂的酶促反应，主要由 RNA 聚合酶催化。RNA 聚合酶全名是依赖于 DNA 的 RNA 聚合酶(DNA-dependent RNA polymerase)。

RNA 聚合酶催化的反应通式为：

$$n(\text{ATP}+\text{GTP}+\text{CTP}+\text{UTP}) \xrightleftharpoons{\text{DNA/Mg}^{2+}} (\text{NMP})_n + n\text{PP}_i$$

反应产物是与 DNA 模板链互补的 RNA 以及 PP_i。此反应在过量 PP_i的存在下是可逆的，但由于 PP_i可被细胞内的焦磷酸酶迅速水解，所以反应实际上是不可逆的。

RNA 聚合酶是高度保守的，特别是在三维结构上。细菌、古菌和真核生物细胞核和叶绿体的 RNA 聚合酶都是由多个亚基组成，因此属于多亚基 RNA 聚合酶家族；而噬菌体和线粒体基因组编码的 RNA 聚合酶一般只由单个亚基组成，因而属于单亚基 RNA 聚合酶家族。

所有的多亚基 RNA 聚合酶都具有 5 个核心亚基，细菌还含有一个专门识别启动子的 σ 因子，真核细胞的三种细胞核 RNA 聚合酶除了具有 5 个核心亚基之外，还有其他几个亚基。

1. 细菌的 RNA 聚合酶

以大肠杆菌为例，其 RNA 聚合酶分为核心酶(core enzyme)和全酶(holoenzyme)两种形式。核心酶由 2 个 α 亚基、1 个 β 亚基、1 个 β′亚基和 1 个 ω 亚基组成($\alpha_2\beta\beta'\omega$)，全酶由核心酶和 σ 因子组装而成($\alpha_2\beta\beta'\omega\sigma$)。各个亚基在结构和功能上是不一样的(表 15-1)。σ 因子有不同的形式，*E. coli* 至少有 7 种，但最重要的是 σ^{70}，它参与 *E. coli* 绝大多数基因的转录。

表 15-1 大肠杆菌 RNA 聚合酶全酶的组成及其功能分工

亚 基	基 因	大小(kD)	每一个酶分子中的数目	功 能
α	*RopA*	36	2	N-端结构域参与聚合酶的组装；C-端结构域参与和调节蛋白相互作用以及和增强元件结合
β	*RopB*	151	1	与 β′亚基一起构成催化中心
β′	*RopC*	155	1	带正电荷，与 DNA 静电结合；与 β 亚基一起构成催化中心
ω	*RopZ*	11	1	稳定 β′的结合；在体外为变性的 RNA pol 成功复性所必需
σ^{70}	*RopD*	70	1	启动子的识别

细菌的 RNA 聚合酶都受到利福霉素(rifamycin)和利链霉素(streptolydigin)的特异性抑制，这两种抑

制剂作用的对象都是β亚基，但前者抑制转录的起始，后者则抑制延伸。它们并不抑制真核细胞细胞核的 RNA 聚合酶，但对线粒体或叶绿体内的 RNA 聚合酶有明显的抑制作用。

2. 古菌的 RNA 聚合酶

在结构和组成上，古菌的 RNA 聚合酶更像真核生物的细胞核 RNA 聚合酶，而不是细菌的 RNA 聚合酶。产甲烷细菌和嗜盐菌的 RNA 聚合酶都由 8 个亚基组成。迄今为止，还没有发现哪一种古菌的 RNA 聚合酶受到利福霉素或利链霉素的抑制。

3. 真核细胞的 RNA 聚合酶

真核细胞内的 RNA 聚合酶不止一种，在功能上有了分工，不同种类的 RNA 由不同的 RNA 聚合酶合成催化，其中细胞核具有三种 RNA 聚合酶，即 RNA 聚合酶Ⅰ、Ⅱ和Ⅲ。RNA 聚合酶Ⅰ负责催化细胞核内的 rRNA(5S rRNA 除外)合成，RNA 聚合酶Ⅱ负责催化 mRNA、大多数 microRNA 和某些 snRNA 的合成，RNA 聚合酶Ⅲ负责催化稳定的小 RNA(包括 tRNA 和 5S rRNA)的合成。线粒体和叶绿体也有 RNA 聚合酶，它们负责这两种细胞器内所有的 RNA 分子的合成。

真核细胞的核 RNA 聚合酶的组成十分复杂，每一种都是庞大的多亚基蛋白(2 个大亚基再加 12～15 个小亚基)，大小在 500～700 kD 之间，其中 2 个大亚基的一级结构与细菌 RNA 聚合酶的β、β′亚基相似，这意味着 RNA 聚合酶活性中心的结构可能是保守的。此外，它们都还含有细菌 RNA 聚合酶α亚基的同源物，但没有任何亚基与σ因子相似。

需要特别注意的是，所有真核生物的 RNA 聚合酶Ⅱ最大亚基的 C-端都含有一段 7 肽重复序列，其一致序列为 YSPTSPT。羧基端的这些重复序列被称为羧基端结构域(carboxyl-terminal domain, CTD)，该重复序列是 RNA 聚合酶的活性所必需的。在快速生长的细胞内，CTD 上的 Ser 和一些 Tyr 残基经历了磷酸化修饰。体外实验表明，CTD 没被磷酸化的 RNA 聚合酶Ⅱ参与转录的起始，CTD 被磷酸化以后，转录才从起始阶段进入延伸阶段。

细菌 RNA 聚合酶的抑制剂——利福霉素和利链霉素并不能抑制真核细胞核三种 RNA 聚合酶的活性，但是，三种 RNA 聚合酶对来源于某些毒蘑菇(*Amantia phalloides*)体内的一种环状八肽毒素——α鹅膏蕈碱(α-amanitin)(图 15-2)表现不同程度的敏感性：其中以 RNA 聚合酶Ⅱ最为敏感，10^{-8}～10^{-9} mol/L 的α鹅膏蕈碱就能完全抑制 RNA 聚合酶Ⅱ的活性；其次是 RNA 聚合酶Ⅲ，而 RNA 聚合酶Ⅰ对该毒素则不敏感。利用α鹅膏蕈碱对三种 RNA 聚合酶的选择性抑制，可以判断细胞内的某一种 RNA 究竟由谁来负责催化转录。

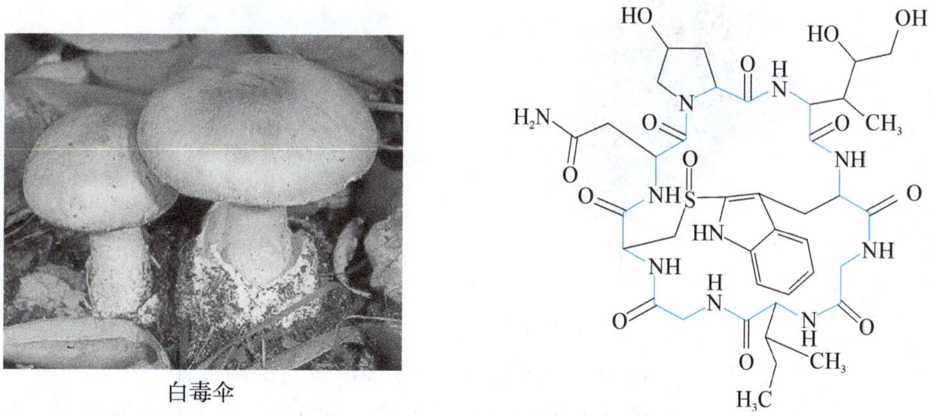

图 15-2 α鹅膏蕈碱的化学结构

放线菌素 D(Actinomycin D)能够插入到 DNA 上的 GC 碱基对之间，导致 DNA 双螺旋小沟变宽和扭曲，从而阻止转录的延伸。但由于真核细胞核三种 RNA 聚合酶催化转录的基因 GC 含量不同，以 rDNA 上的 GC 含量最高，因此，RNA 聚合酶Ⅰ对放线菌素 D 的作用最为敏感。

真核细胞与原核细胞的 RNA 聚合酶在三维结构上十分相似，不仅是分子的整个形状相似，而且各同源的亚基在空间上总的排布也惊人地相似(图 15-3)。

对水生嗜热菌(*Thermus aquaticus*, *Taq*)的 RNA 聚合酶晶体结构进行的 X-射线衍射研究表明(图

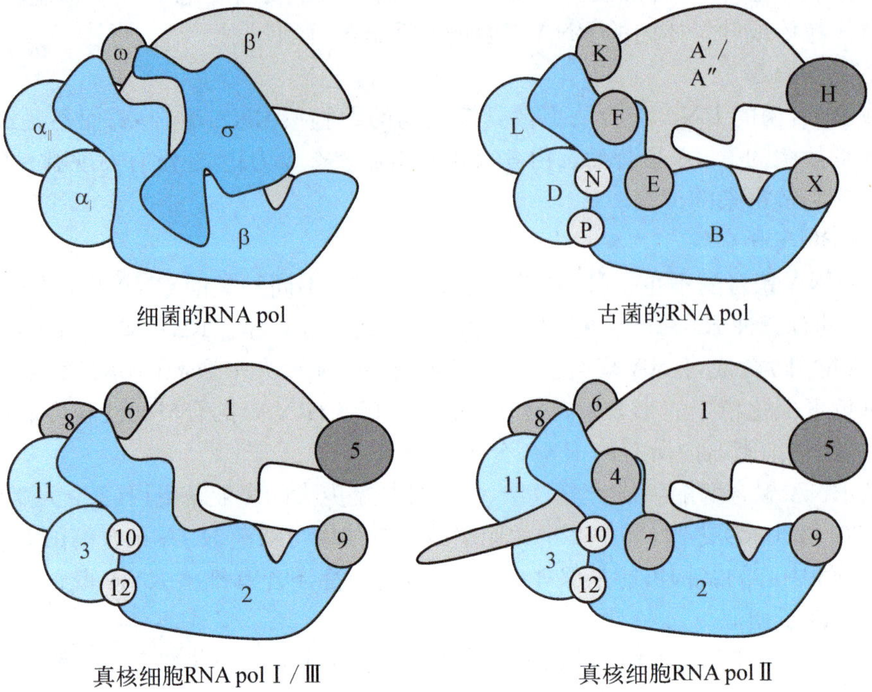

图 15-3　细菌、古菌和真核生物 RNA pol 三维结构的比较

15-4)，它具有一个长达 15 nm 的钳状结构(clamp)，钳子之间是很大的裂缝，这是聚合酶的主要通道(primary channel)，此通道能够容纳一个双螺旋 DNA，还含有 Mg^{2+}。裂缝的直径约为 2.7 nm，由 β′亚基构成钳子的一个臂和一部分裂缝的底座，β 亚基构成钳子的另一个臂和一部分裂缝的底座。钳状结构使聚合酶能锚定在 DNA 模板上。

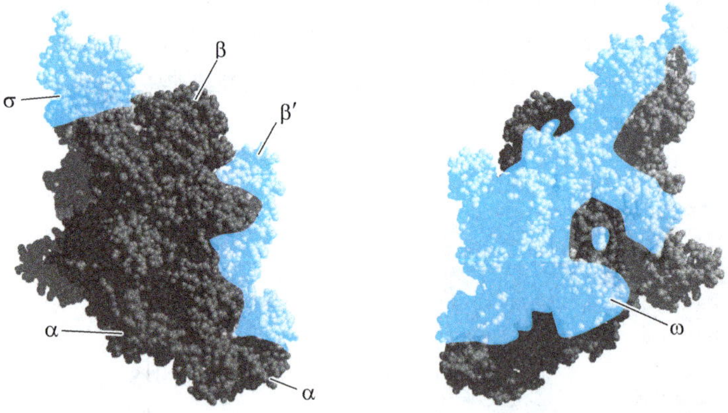

图 15-4　*Taq* RNA 聚合酶的三维结构

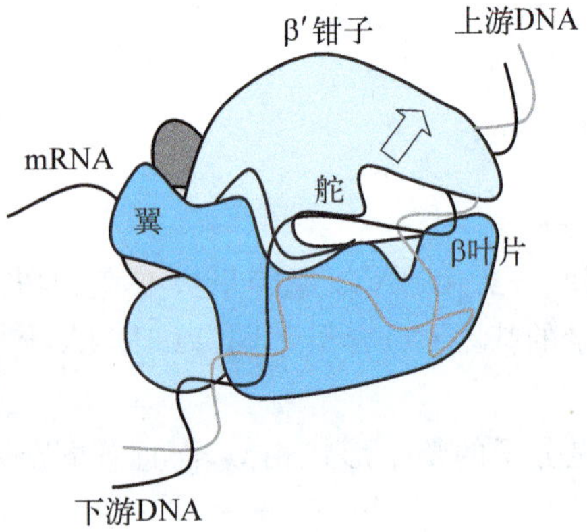

图 15-5　RNA 聚合酶详细的三维结构

除了钳状结构以外，RNA pol 还具有翼状结构(flap)、舵状结构(rudder)、拉链状结构(zipper)、次级通道(secondary channel)和 RNA 离开通道(RNA-exit channel)(图 15-5)。翼的功能是防止在转录延伸阶段转录物掉下来，舵状结构是防止 DNA/RNA 杂交双链持续存在，拉链状结构靠近舵，它的功能是有助于解链的区域重新形成 DNA 双链。DNA 通过主要通道从侧面进入酶的活性中心，在 DNA 离开酶的地方有一个陡的弯曲，NTP 通过 β 叶片上的次级通道进入酶的活性中心，正在延伸的转录物通过位于聚合酶的背部的离开通道出来。

三、细菌的转录

整个转录过程划分为起始、延伸和终止三个阶段。

1. 转录的起始

(1) 启动子

启动子(promoter)是基因转录精确和特异性启动所必需的 DNA 序列，它在转录的起始阶段充当一种标记，RNA 聚合酶能够直接或间接地识别这种标记，从而开始从特定的位点启动基因的转录。在细菌转录系统中，RNA 聚合酶全酶能够直接识别启动子并与之结合。但就真核转录系统而言，RNA 聚合酶不能直接识别启动子，识别启动子的是特殊的转录因子。

启动子与转录起始点的距离和方向都有严格的要求，一般位于一个基因转录起始点的上游，但也有一些基因的启动子位于基因的内部。

细菌的启动子序列位于转录起始点 5′-端，覆盖约 40 bp 长的区域，它包含两段高度保守的序列，分别称为－35 区和－10 区，其中－35 区的一致序列为 TTGACA，－10 区也被称为 Pribnow 盒(Pribnow box)，其一致序列是 TATAAT(图 15－6)。需要注意的是，在描述启动子的位置时，按照惯例，以编码链为准，碱基的位置以转录的起始点(start point)为参照，转录起点本身的位置定为＋1，位于它上游的序列为负数，位于它下游的碱基为正数，没有 0。

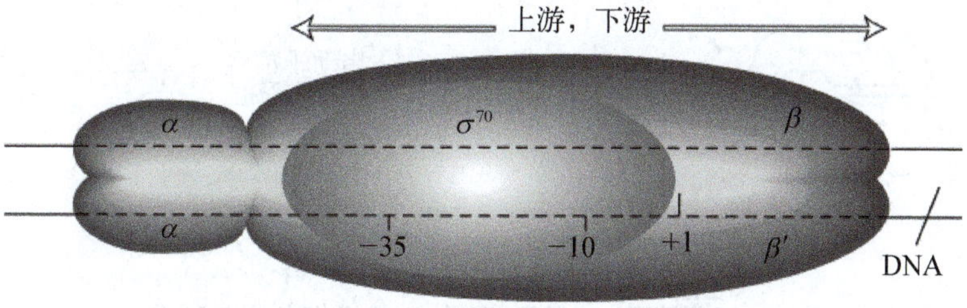

基因	－35区 … －10区 … 转录起始点(+1)
lac	ACCCCAGGCTTTACACTTTATGCTTCCGGCTCGTATGTTGTGTGGAATTGTGAGCGG
lacI	CCATCGAATGGCGCAAAACCTTTCGCGGTATGGCATGATAGCGCCCGGAAGAGAGTC
galP2	ATTTATTCCATGTCACACTTTTCGCATCTTTGTTATGCTATGGTTATTTCATACCAT
araBAD	GGATCCTACCTGACGCTTTTTATCGCAACTCTCTACTGTTTCTCCATACCCGTTTTT
araC	GCCGTGATTATAGACACTTTTGTTACGCGTTTTTGTCATGGCTTTGGTCCCGCTTTG
trp	AAATGAGCTGTTGACAATTAATCATCGAACTAGTTAACTAGTACGCAAGTTCACGTA
bioA	TTCCAAAACGTGTTTTTTGTTGTTAATTCGGTGTAGACTTGTAAACCTAAATCTTTT
bioB	CATAATCGACTTGTAAACCAAATTGAAAAGATTTAGGTTTACAAGTCTACACCGAAT
*t*RNA^{Tyr}	CAACGTAACACTTTACAGCGGCGCGTCATTTGATATGATGCGCCCCGCTTCCCGATA
rrnD1	CAAAAAAATACTTGTGCAAAAAATTGGGATCCCTATAATGCGCCTCCGTTGAGACGA
rrnE1	CAATTTTTCTATTGCGGCCTGCGGAGAACTCCCTATAATGCGCCTCCATCGACACGG
rrnA1	AAAATAAATGCTTGACTCTGTAGCGGGAAGGCGTATTATGCACACCCCGCGCCGCTG

	－35区		－10区		转录起始点
一致序列	T T G A C A	…16－19 bp…	T A T A A T	…5－8 bp…	A 51, C 55, T 48, G 42
	69 79 61 56 54 54		77 76 60 61 56 82		

图 15－6 细菌几种基因的启动子序列

－35 区和－10 区这两段保守序列之间的距离同样重要，一般为 17(±1)bp。此外，某些转录活性超强的基因(rRNA 基因)除了－35 区域和－10 区域的启动子序列以外，在－40 和－60 之间的区域还有一种富含 AT(5′－AAAATTATTTT－3′)的名为增效元件(up element)的启动子序列，该序列可将转录活性提高 30 倍。实验证明，RNA pol 通过其 α 亚基上的 C－端结构域(α－C－terminal domain, α－CTD)与此元件的相互识别而促进聚合酶与启动子的结合。

必须指出，启动子的一致序列是综合统计了多种基因的启动子序列以后得出的结果。事实上，很少有基因的启动子序列与一致序列完全一致。显然，一个基因的启动子序列与一致序列越相近，则该启动子的启动效率就越高，为强启动子；相反，一个基因的启动子序列与上面的一致序列相差越大，则该启动子的启动效率就越低，为弱启动子。不同基因在启动子序列上的差异实际上也构成了调节基因表达的一种天然手段。

(2) 转录起始复合物的形成

起始复合物的形成是DNA转录的限速步骤，起始频率主要由启动子强度决定：强启动子平均每秒钟启动一次，弱启动子每启动一次大概需要1 min或更长的时间。但一旦启动，RNA链延伸的速度与启动子强弱无关。

活性转录起始复合物的形成可分为以下几步(图15-7)：

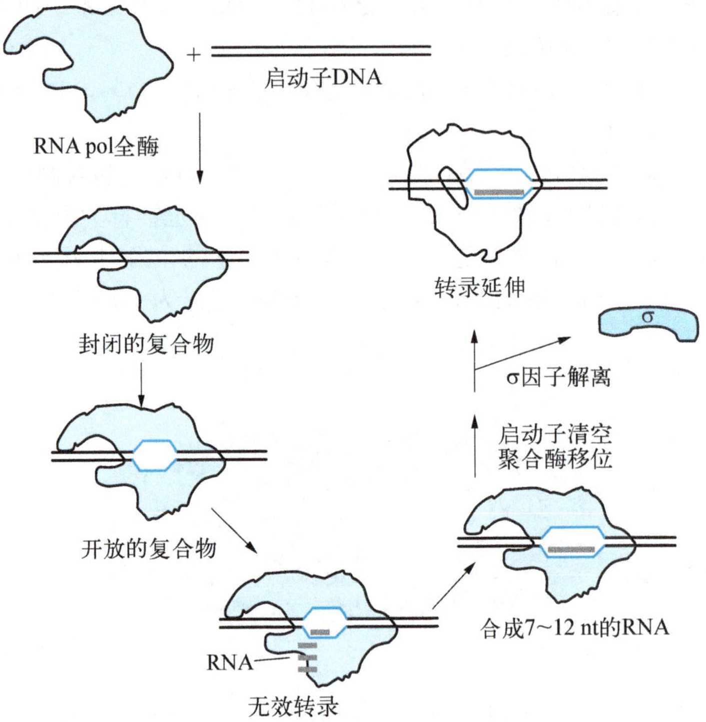

图15-7 细菌基因转录从起始阶段向延伸阶段的转变

1) RNA聚合酶全酶与双链DNA非特异性结合 核心酶与σ因子组装成的全酶与非特异性DNA序列具有一定的亲和性，但亲和性较低，因此，只能和DNA随机地结合。然而，一旦全酶与DNA结合，就可以沿着DNA向一个方向滑动、扫描，直到发现启动子序列。RNA聚合酶与启动子的结合则是特异性的，具有较高的亲和性。

2) RNA聚合酶与启动子形成封闭复合物 在扫描中，RNA聚合酶首先遇到−35区，形成封闭复合物(closed complex)。在此阶段，DNA并没有解链，这时聚合酶主要以静电引力与DNA结合，覆盖−55到+5区域。这种复合物并不十分稳定，半衰期为15~20 min。

3) 封闭复合物异构化成开放复合物 σ因子使DNA部分解链。一旦DNA解链，DNA产生一个小的发夹环，从而导致DNA模板链进入酶的活性中心，封闭复合物即转变成开放复合物(open complex)，开放的复合物也就是起始转录泡(transcription bubble)，大小为12~17 bp。

4) 第一个磷酸二酯键形成 当前两个与模板链互补的NTP从聚合酶的次级通道进入活性中心以后，活性中心催化第一个NTP的3′-OH亲核进攻第二个NTP的5′-α-Ⓟ而形成第一个磷酸二酯键。一旦有了第一个磷酸二酯键，RNA-DNA-RNA聚合酶的三元复合物(ternary complex)便形成了。

按照上述方式，RNA聚合酶全酶可催化形成更多的磷酸二酯键。但一般在形成6~10个磷酸二酯键以后，与核心酶结合的σ因子即释放出来，从此转录进入延伸阶段。

5) 起始阶段的无效转录 开放复合物内的RNA聚合酶往往会重复催化短RNA分子的合成并释放它们，这样的合成称为“无效”合成(abortive synthesis)。“无效”转录物的长度一般在6 nt左右。在真正意义上的转录延伸发生之前，这种“无效”合成可能会重复发生几百次。

(3) 启动子清空

启动子清空(promoter clearance)是指RNA聚合酶离开启动子以实现转录从起始进入延伸的过程。此过程需要解决的最大问题是聚合酶全酶如何离开具有高亲和性的启动子，转而与低亲和性的非特异性 DNA 结合。

解决此问题的方法是让在 σ 因子与核心酶解离，因为正是 σ 因子赋予了聚合酶对启动子的特异性。一旦 σ 因子解离，聚合酶钳子和翼锁住核酸，使之处于合适的位置。核心酶就与非特异性 DNA 以一般的亲和性结合，这非常适合转录延伸阶段的反应。为了防止 σ 因子与延伸复合物中的核心酶重新结合，一种新的蛋白质——NusA 作为延伸因子被认为代替 σ 因子与核心酶结合。

2. RNA 聚合酶的移位和转录的延伸

当 RNA 聚合酶全酶合成了大约 10 nt 的时候，延伸便开始了。这时转录物的长度足以让 RNA 取代 σ 因子，并在翼状结构之后弯曲。然后，RNA 聚合酶核心酶与 σ 因子解离，钳子关闭，夹住 DNA，维持延伸反应的高度进行性。翼也随后关闭，夹住 RNA。一段临时的 RNA/DNA 杂交双链形成，由于舵的作用，杂交双螺旋不能维持很久，它会撑开新生的杂交双链，使单链 DNA 重新与互补链配对(图 15－8)。释放出来的 σ 因子可以重新与核心酶结合，再次启动新一轮 DNA 的转录。

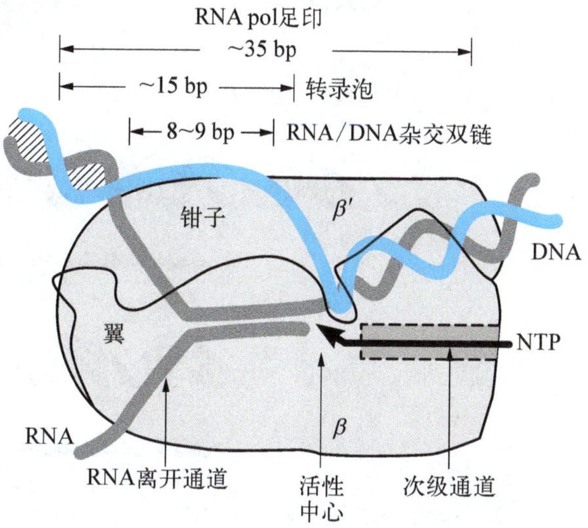

图 15－8　转录的延伸和转录泡的结构

与起始阶段相比，延伸阶段的反应要简单得多：当 σ 因子释放以后，延伸因子 NusA 蛋白可以加入进来。失去 σ 因子的核心酶通过封闭的钳子构象握住 DNA，以更快的速度沿着 DNA 模板链向前移动。随着核心酶的移动，转录泡与聚合酶一起沿着 DNA 向前移动。转录泡的大小维持在 17 bp 左右。转录泡的维持需要聚合酶在转录泡前面解链以暴露新的模板链序列，同时在转录泡后面让 DNA 重新形成双链。拓扑异构酶在前面解除因解链形成的超螺旋。由于 RNA 链延伸的方向始终是从 5′→3′，所以新参入的核苷酸被添加在 RNA 链的 3′- OH 端。

3. 转录的终止

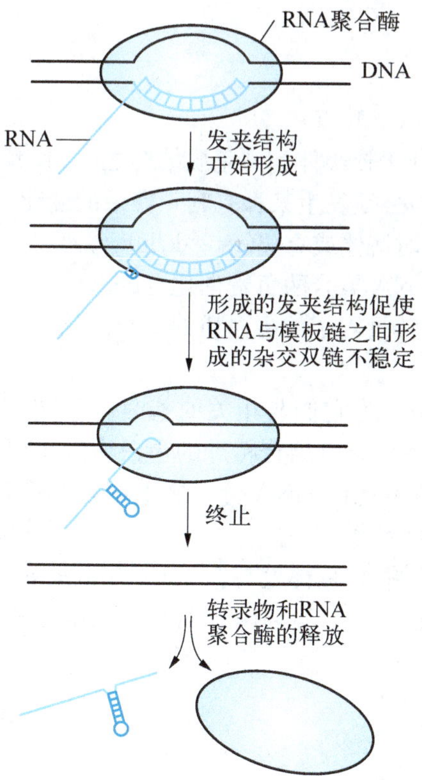

图 15－9　不需要 ρ 因子的终止机制

细菌转录的终止有两种方式：一种依赖于被称为 ρ 因子(rho factor)的蛋白质；另一种方式则不需要 ρ 因子，而需要 RNA 转录物 3′-端一段被称为终止子(terminator)的序列。

(1) 不需要 ρ 因子的终止机制

这是细菌转录终止的主要方式。该机制具有两个特征：一是依赖于位于 RNA 转录物 3′-端的一串连续的 U 序列，另一是需要位于紧靠 U 序列上游的一个富含 GC 碱基对的发夹结构。

如图 15－9 所示，当转录物的 3′-端自发地形成富含 GC 碱基对的发夹结构后，就导致 RNA pol 在终止子位置停顿几秒钟，并诱导聚合酶的构象发生变化。RNA 聚合酶构象的变化使得被转录基因的编码链能够取代与模板链通过熔点较低的 AU 碱基对结合的 RNA 分子 3′-端的寡聚尿苷酸，最终导致转录物的释放和转录的完全终止。

(2) 依赖 ρ 因子的转录终止

ρ 因子是一个同源六聚体蛋白，具有 ATP 酶和解链酶的活性。所具有的解链酶活性使得它能够催化 RNA/DNA 的解链。有证据表明，ρ 因子的作用需要识别和结合 RNA 转录物 5′-端一段特殊的碱基序列，但 ρ 因子喜欢结合不形成二级结构、富含 CA 的区域，需要在转录延伸复合物上游至少 50～70 nt 才能起作用。

ρ 因子优先结合的位点现在被称为 Rho 因子利用位点(Rho-utilization site，*rut* 位点)。一般而言，ρ 因子与新生转录物的结合需要

一个 *rut* 位点和 30～40 nt 自由的 RNA；如果无 *rut* 位点，ρ 因子结合需要约 100 nt 自由的 RNA。鉴于此，有人提出了 ρ 因子作用模型(图 15-10)：ρ 因子识别转录物 5′-端的 *rut* 位点并与之结合。在水解 ATP 的情况下，它沿着 5′→3′方向朝转录物的 3′-端前进，直至遇到暂停在终止点位置的 RNA 聚合酶(暂停的原因也是因为转录物的 3′-端形成发夹结构)。随后，ρ 因子通过其解链酶的活性解开转录泡上的 RNA/DNA 杂交双螺旋，使 RNA 转录物从离开通道解离，从而导致转录终止。

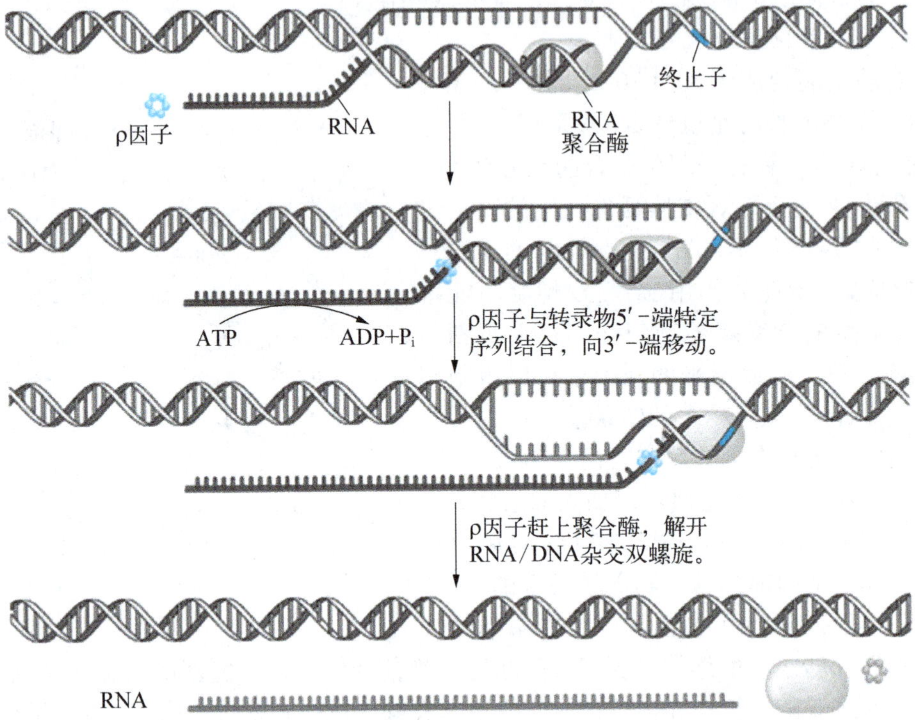

图 15-10 依赖 ρ 因子的转录终止

四、真核生物的 DNA 转录

1. 真核生物 DNA 转录与细菌转录的主要差别

真核生物的细胞核基因转录与细菌基因转录的主要差别概括起来有以下几点：

1) 染色质和核小体结构对转录有深刻的影响　真核生物的核基因是处于核小体和染色质结构之中的，因此可以预见真核细胞 DNA 在转录之前或转录之中，染色质和核小体的结构必须发生某种有利于转录的变化，进入能转录状态，例如染色质构象从紧密状态变为松散状态，核小体结构临时解体或重塑(remodelling)。

2) 真核生物的 RNA 聚合酶高度分工，不同种类的 RNA 由不同的 RNA 聚合酶负责催化合成。

3) 转录的正常进行，除了需要 RNA 聚合酶以外，还需要许多被称为转录因子的蛋白质的参与。

4) 启动子以外的序列参与调节基因的转录。

这些特殊的序列一般被称为顺式作用元件(cis-acting element)，这是因为它们与相关的基因位于同一条染色体 DNA 上，呈顺式关系。然而，顺式作用元件并不能单独发挥作用，只有结合特殊的蛋白质因子以后才会起作用。由于这些特殊的蛋白质因子本身的基因通常位于其他的染色体 DNA 分子之上，与被调节的基因呈反式关系，因此被称为反式作用因子(trans-acting factor)。

5) 转录与翻译不存在偶联关系　原核细胞的蛋白质基因一旦转录开始，核糖体就与新生 RNA 链的 5′-端结合，并启动翻译，即转录与翻译在时空上存在偶联关系。而真核细胞的转录和翻译分别发生在细胞核和细胞质，两者不存在任何偶联。

6) 转录的产物多为单顺反子，而原核基因的转录产物大多数为多顺反子。

2. 真核细胞核 DNA 转录的起始、延伸和终止

(1) RNA 聚合酶Ⅰ所催化的基因转录

RNA 聚合酶Ⅰ负责催化 28S rRNA、18S rRNA 和 5.8S rRNA 的转录，转录的场所为核仁。这三种

rRNA 共享一个启动子，含有多个拷贝，首尾相连。45S rRNA 是它们的共同前体，通过转录后加工反应可分别得到各自的终产物。

1) RNA 聚合酶Ⅰ所催化转录的基因的启动子　这类启动子由两个部分组成：一个是核心启动子（core promoter），位于－31 到＋6 之间，是转录所必需的，它与基因的基础转录有关；另一个是上游控制元件（upstream control element，UCE），位于－187 到－107 之间，为基因的有效转录所必需。这类启动子具有种属特异性（species specific），即某一物种的启动子只对本物种的基因转录有效，对其他物种无效。

2) RNA 聚合酶Ⅰ所需要的转录因子　RNA 聚合酶Ⅰ需要 2 种转录因子：一种是 UCE 结合因子（UCE binding factor，UBF），负责识别、结合 UCE 和核心启动子上富含 GC 的序列；另一种是选择因子 1（selectivity factor，SL1），含有 TATA 盒结合蛋白（TATA box binding protein，TBP）和 TBP 相关因子（TBP associated factor，TAF）两种成分，其中 TBP 是三种 RNA 聚合酶催化的基因转录所必需的蛋白质。

3) 转录的起始和延伸　在转录起始阶段（图 15－11），UBF 作为组装因子（assembly factor），与核心启动子和 UCE 结合启动了转录起始复合物的装配，SL1 随后被招募上去与启动子结合。SL1 的结合一方面稳定了 UBF 和启动子的结合，另一方面作为定位因子（positional factor）引导 RNA 聚合酶Ⅰ正确地定位到启动子上，为转录从正确的位置开始创造了条件。尽管没有 UBF，rRNA 也能被转录，但转录的效率大大降低。

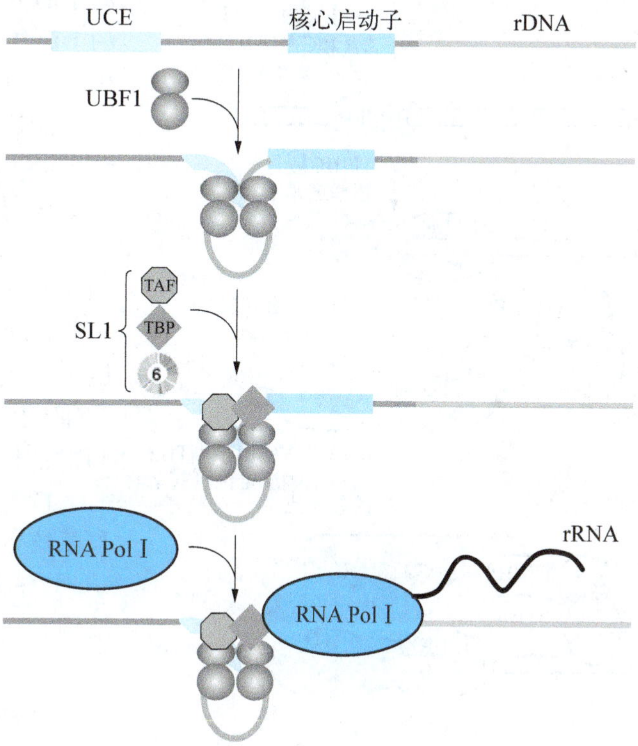

图 15－11　RNA 聚合酶Ⅰ所催化的基因的转录

4) 转录的终止　RNA 聚合酶Ⅰ所催化的基因转录终止于一个分散的由 18 个 nt 组成的终止子区域，该终止子序列位于编码区末端序列下游约 1 000 nt 处，需要一种转录终止因子，机制尚不十分清楚。

(2) RNA 聚合酶Ⅲ所催化的基因转录

RNA 聚合酶Ⅲ催化转录结构上比较稳定的小 RNA 的合成，如 tRNA、5S rRNA、7S RNA 和无帽子结构的 snRNA 或 snoRNA 以及某些病毒的 mRNA 等。

1) RNA 聚合酶Ⅲ催化转录的基因的启动子的特征　此类启动子分为两种类型（图 15－12）：一类与 RNA 聚合酶Ⅱ相似，也位于基因的上游，属于外部启动子，含有 TATA 盒、近端序列元件（proximal seqeunce element，PSE）和远端序列元件（distal seqeunce element，DSE），如 7SK RNA、7SL RNA 和 U6 snRNA 等；

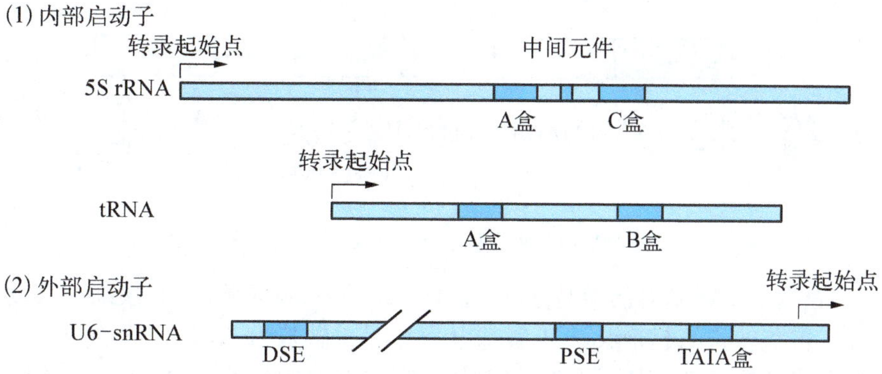

图 15－12　RNA 聚合酶Ⅲ催化转录的基因的启动子结构

另一类位于基因内部，因此被称为内部启动子(internal promoter)，如 tRNA 和 5S rRNA。就 5S rRNA 而言，它的内部启动子由 A 盒(A Box)、C 盒(C box)和中间元件(intermediate element)三个部分组成。而 tRNA 的启动子分为 A 盒和 B 盒(B box)，分别对应于 tRNA 的 D 环和 TψC 环。由于它们是基因内启动子，因此本身也被转录。

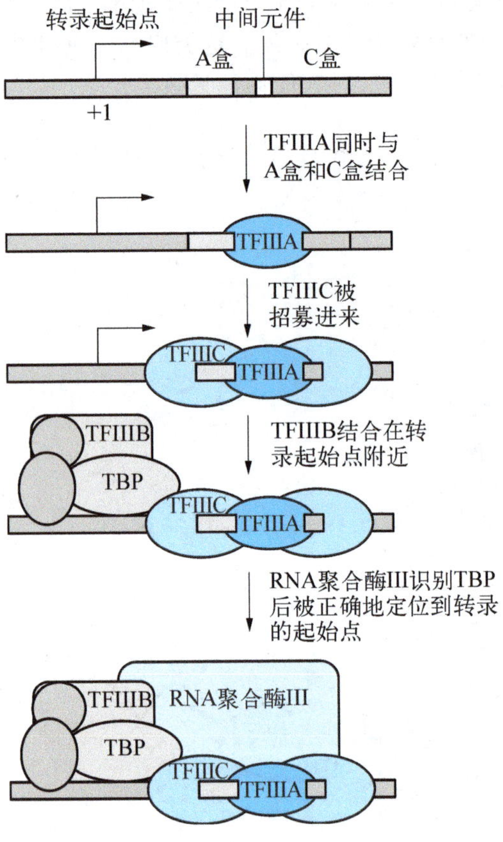

图 15-13　5S rRNA 基因转录的起始和延伸

2) RNA 聚合酶Ⅲ所需要的转录因子 TFⅢ　TFⅢ有三种，即 TFⅢA、B 和 C。其中 TFⅢC 为组装因子，负责与 tRNA 启动子的 A 盒和 B 盒结合。TFⅢB 是一种定位因子，结合于 A 盒的上游约 50 bp 的位置，但与它结合的序列无特异性。结构分析表明，TFⅢB 由三个亚基组成，分别是 TBP、TFⅢB 相关因子(TFⅢB - related factor，BRF)和 TFⅢB″。TFⅢA 仅为 5S rRNA基因的转录所必需。

3) 转录的起始和延伸　以 5S rRNA 基因的转录为例(图 15-13)，转录因子和聚合酶与启动子的结合顺序是 TFⅢA→TFⅢC→TFⅢB→RNA Pol Ⅲ，具体反应是：首先 TFⅢA 与内部的启动子结合；然后，TFⅢC 被 TFⅢA 招募上来，形成一种稳定的复合物，TFⅢC 几乎覆盖整个基因；随后，TFⅢB 被 TFⅢC招募到转录起始点附近；最后，RNA 聚合酶Ⅲ通过与 TBP 的作用而被招募到转录的起始复合物中，开始转录。

4) 转录的终止　RNA 聚合酶Ⅲ催化的基因转录的终止与原核生物不需要 ρ 因子的终止机制有点相似，需要一段富含 GC 的序列和一小串 U，但富含 GC 区域不需要形成茎-环结构。

(3) RNA 聚合酶Ⅱ所催化的基因转录

该酶负责催化 mRNA、大多数 miRNA、具有帽子结构的 snRNA 和某些病毒 RNA 的转录。

1) 调控 RNA 聚合酶Ⅱ所催化的基因转录的顺式元件　蛋白质基因的转录受到各种顺式作用元件的调控，包括核心启动子、调控元件(regulatory elements)、增强子和沉默子。

① 核心启动子

核心启动子也称为基础启动子(basal promoter)，其功能相当于原核生物的启动子，它们参与招募和定位聚合酶Ⅱ到转录起始点，从而正确地启动基因的转录，也可能通过促进参与转录复合物装配或稳定转录因子的结合而提升转录的效率。

属于核心启动子的元件有(图 15-14)：TATA 盒、起始子(initiator，*Inr*)、TFⅡB 识别元件(TFⅡB recognition element，BRE)、下游启动子元件(downstream promoter element，DPE)和 GC 盒。

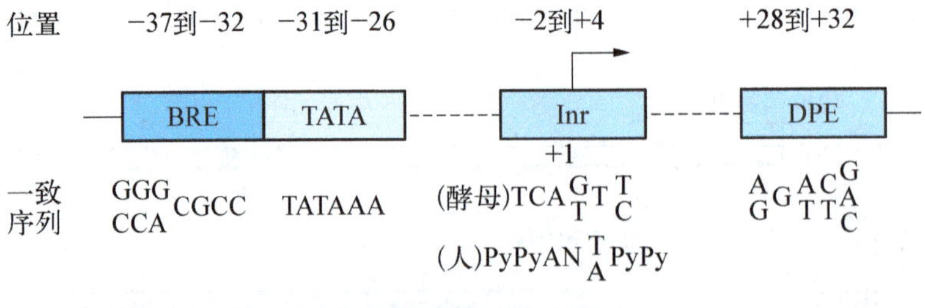

图 15-14　RNA 聚合酶Ⅱ负责转录的基因的启动子结构特征

TATA 盒为一段富含 AT 碱基对的碱基序列，位于−25 到−30 区域，与原核细胞启动子的 Pribnow 盒相似，但位置不同，*Inr* 覆盖转录的起始点，−1 碱基多为 C，+1 碱基为 A，TATA 盒和 *Inr* 属于招募和定位元件，由两者共同决定转录的起点；BRE 可视为 TATA 盒向上游的延伸，它位于−37 到−32 区域，为转录因子 TFⅡB 的识别序列；DPE 位于 *Inr* 下游，它总是在+28 到+32 区域，其作用需要 *Inr* 的存在；GC 盒富含 GC 碱基对，通常存在于大多数管家基因的上游，而且往往不止一个拷贝。

上述几种核心启动子元件并不是所有的蛋白质基因都有，一个特定的基因可能含有其中的某些元件，也可能含有所有元件，也可能都缺乏。属于既无 TATA 盒、又无 Inr 的启动子的基因数目非常少，这一类基因的转录效率较低，而且转录的起始点位置也不固定。

② 调控元件

调控元件包括上游临近元件（upstream proximal elements, UPE）和上游诱导元件（upstream inducible elements, UIE），它们的作用需要与特殊的反式作用因子结合。

UPE 为一些短的寡核苷酸序列，长度为 6～20 nt，位于核心启动子上游近侧，其功能是调节转录起始的效率，但不影响转录起始点的特异性。属于 UPE 的有：CCAAT 盒、Sp1 盒、AP2 盒和 OCT 等；UIE 存在于那些受到细胞内外环境中各种特殊的信号诱导才表达的基因核心启动子的上游，典型的有激素应答元件（hormone-response element, HRE）、热休克应答元件（heat-shock response element, HSE）、cAMP 应答元件（cAMP-response element, CRE）、金属应答元件（metal-response element, MRE）和血清应答元件（serum-response element, SRE）等。

③ 增强子和沉默子

增强子（enhancer）是一种能够大幅度增强基因转录效率的顺式作用元件，而沉默子（silencer）则是一种抑制基因表达的顺式作用元件。

2）转录因子　参与蛋白质基因转录的转录因子有两类，一类为基础转录因子或通用转录因子（basal or general transcription factors, GTFs），另一类属于特异性转录因子（specific transcription factors）。前者为所有的蛋白质基因表达所必需，后者为特定的基因表达所必需。

基础转录因子的功能包括：识别和结合核心启动子，招募 RNA 聚合酶Ⅱ正确地与启动子结合；与其他上游元件或反式作用因子结合或相互作用；参与蛋白质与蛋白质的相互作用，有助于转录起始复合物的装配和稳定。

RNA 聚合酶Ⅱ所需要的基础转录因子有 TFⅡA、B、D、E、F、H 和 J 等（表 15－2）。

表 15－2　RNA 聚合酶Ⅱ的基础转录因子

转录因子	亚基数目	功能
TFⅡD	1TBP 12TAFs	与 TATA 盒结合 调节功能，有 1 个与 *Inr* 结合
TFⅡA	3	稳定 TBP 与启动子的结合
TFⅡB	1	招募 RNA 聚合酶Ⅱ，确定转录起始点
TFⅡF	2	与 RNA 聚合酶Ⅱ结合，去稳定聚合酶与 DNA 的非特异性结合，确定转录起始过程中模板的位置
TFⅡE	2	协助招募 TFIIH，激活 TFIIH，促进启动子的解链
TFⅡH	9	具有 ATP 酶、解链酶、CTD 激酶活性，促进启动子解链和清空
TFⅡS	1	刺激 RNA 聚合酶Ⅱ的剪切活性（切掉错误参入的核苷酸），提高转录的忠实性

3）介导蛋白　介导蛋白（mediator）是在纯化聚合酶Ⅱ时得到的与 CTD 结合的约有 20 种蛋白质组成的复合物，是转录预起始复合物的成分。它们在体外能够促进基础转录效率提高 5～10 倍，刺激 CTD 依赖于 TFⅡH 的磷酸化反应达 30～50 倍。

介导蛋白的组分有两类：一类为 SRB 蛋白，它们直接与 CTD 结合；另一类为 SWI/SNF 蛋白，其功能是破坏核小体的结构，促进染色质的重塑。

4）转录的起始、延伸和终止　转录的起始是各转录因子和 RNA 聚合酶Ⅱ按照一定的次序，通过招募的方式形成预转录起始复合物（pre-initiation complex, PIC）的过程。转录因子和 RNA 聚合酶Ⅱ与启动子结合的次序可能是：TFⅡD→TFⅡA→TFⅡB→（TFⅡF＋RNA 聚合酶Ⅱ）→TFⅡE→TFⅡH（图 15－15）。

一轮转录循环包括以下几步反应：

① PIC 的形成。以含有 TATA 盒和 *Inr* 的启动子为例，先是 TFⅡD 识别 TATA 盒并与它结合，随后是 TFⅡA 和 TFⅡB 结合上来，然后是 TFⅡF/RNA 聚合酶Ⅱ与介导蛋白结合，最后是 TFⅡE 和 TFⅡH

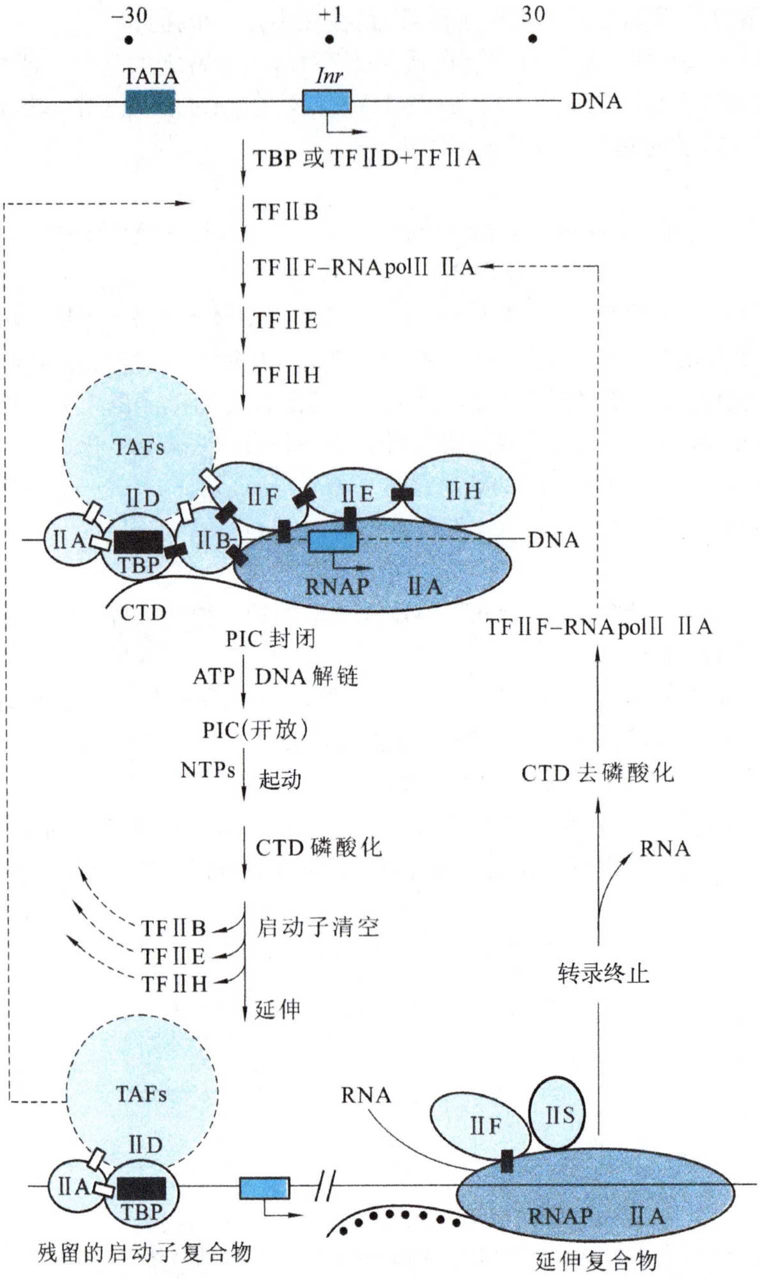

图 15-15 RNA 聚合酶Ⅱ催化的基因转录的全过程

结合，形成完整的 PIC。

② PIC 形成以后，很快从封闭状态转变成开放状态。开放状态下，DNA 已被解链，RNA 开始合成。不久，TFⅡH 催化 CTD 的磷酸化，导致转录从起始走向延伸。转录因子 TFⅡS 可能参与延伸。

③ 在 CTD 高度磷酸化以后，介导蛋白与 CTD 解离。同时高度磷酸化的 CTD 与 TBP"脱钩"。

④ RNA 聚合酶Ⅱ离开启动子，启动子被清空。但这时 TFⅡE、TFⅡH、TFⅡA、TFⅡD 和介导蛋白仍然在启动子上。

⑤ 在 TFⅡF 的刺激下，一种磷酸酶水解 CTD 上的磷酸基团。

⑥ 聚合酶Ⅱ/TFⅡF 复合物离开模板，与介导蛋白再形成复合物，重新启动下一轮的转录。

RNA 聚合酶Ⅱ催化的转录终止于一段终止子区域，但终止子的性质以及它如何影响终止的尚不知晓。解决这个问题的主要困难在于这一类基因转录产物的 3′-端经历了剪切和加尾反应，其真正的 3′-端性质难以确定。

已有研究表明，与聚合酶Ⅱ最大亚基 CTD 结合的参与加尾反应的 CPSF 和 CStF 可能在调节转录终止的反应中起作用。

框 15－1 生化聚焦——当转录泡遇到复制叉

若是将 DNA 比作双向铁轨，上面在运行两种不同类型的列车——一种是时速近 400 公里的高铁，另一种是时速仅为 160 km 的普快，那高铁就相当于是正在 DNA 复制的复制叉，而普快就是正在 RNA 转录的转录泡。

就像两辆真正的列车相撞会导致人员伤亡或财产损失一样，如果在 DNA 这个分子铁轨上，两个由蛋白质构成的分子列车发生相撞的话，肯定会引起 DNA 的损伤。但两车相撞有两种方式，一种是迎头相撞，另一种就是追尾。显然，迎头相撞对 DNA 造成的损伤更大。为了避免迎头相撞，多数基因由前导链编码，即让 DNA 复制和转录的方向一致。

以前人们曾一度认为，复制叉与转录泡若是同一个方向，高速行驶的复制叉会降速，跟在转录泡的后面，直至转录结束。现在却发现，追尾不但会发生，而且同样可导致 DNA 发生严重的损伤。那么细胞是如何设法将相撞对 DNA 可能造成的损伤降低到最小限度的呢？

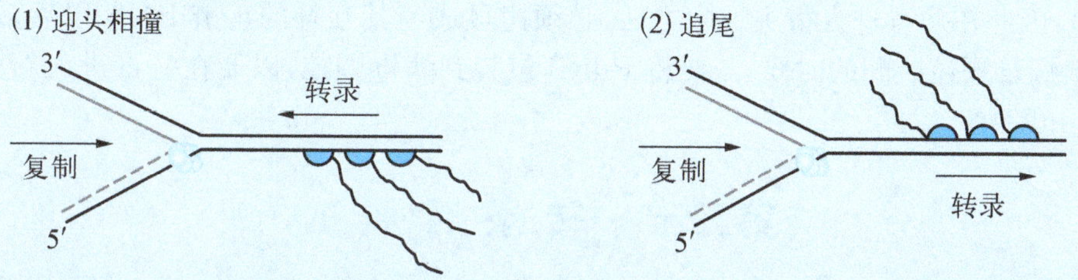

一种有效的方法是许多生物在转录活性较高区域的附近，如 rDNA 区，设立一种临时的路障，阻止复制叉与转录泡的相撞。充当路障的可能是一些特殊的蛋白质(如酵母细胞中的 Fob1 蛋白和哺乳动物细胞中的 TTF1 蛋白)，由它们结合在转录泡和复制叉之间的特殊序列上，也可能是 DNA 在某一个地方形成的特殊结构；在复制叉到来之前，将前面的路障清除掉。

然而无论如何，碰撞是在所难免的。根据发表在 2011 年 2 月 24 日 *Nature* 上的一篇题为"Co-directional replication — transcription conflicts lead to replication restart"的论文。在复制叉与转录泡相撞的时候，会发生重大脱轨事故——DNA 复制体脱离 DNA 轨道，但细胞内有所谓的重启 DNA 复制蛋白，可让复制体重新回到轨道上，继续 DNA 复制。重启的风险是可能会增加复制的错误，尤其是当重启蛋白功能异常时，而复制错误可导致细胞的癌变。

第二节 RNA 复制

RNA 复制是以 RNA 为模板合成 RNA 的过程，它发生在许多 RNA 病毒的生活史之中，由依赖于 RNA 的 RNA 聚合酶(RNAdependent RNA polymerase, RdRP)催化。RdRP 又名为 RNA 复制酶(replicase)，一般由病毒基因组编码，但有可能还需要宿主细胞编码的辅助蛋白。

RNA 复制具有以下特征：

- 复制的方向始终为 5′→3′。
- 绝大多数在模板的一端从头启动合成，少数需要引物。引物为共价结合的蛋白质或 5′-帽子。
- 属于易错、高突变的 RNA 合成。这是因为 RdRP 缺乏核酸酶提供的校对能力，其错误率比 DNA 聚合酶高约 10^4 倍。
- 对放线菌素 D 作用一般不敏感，但对核糖核酸酶敏感。
- 复制绝大多数发生在宿主细胞的细胞质，少数在细胞核。

由于基因组 RNA 有单链和双链之分，而单链 RNA 又有正链和负链两种，所以具体的 RNA 病毒在各自基因组 RNA 复制的细节上会有所不同(图15－16)。

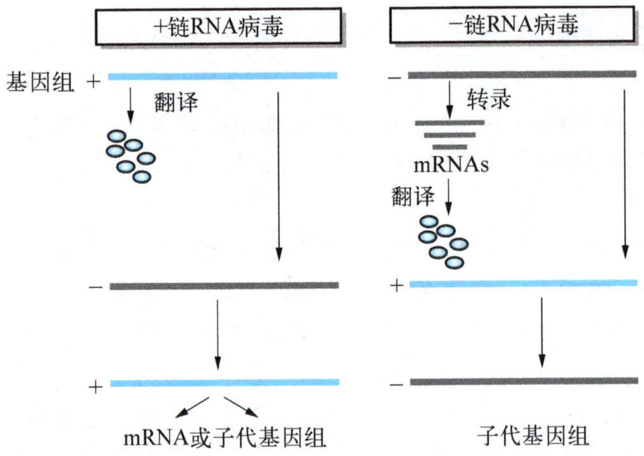

图 15-16 正链 RNA 和负链 RNA 基因组的复制

双链 RNA 病毒在感染宿主细胞之后，其基因组 RNA 不能用作 mRNA，因此在先前病毒包装的时候就将 RdRP 包装到病毒颗粒之中，当病毒进入宿主细胞以后，一方面能够催化病毒基因组 RNA 的复制，另一方面可以催化 mRNA 的转录。

单链正链 RNA 病毒的基因组 RNA 与 mRNA 同义（如脊髓灰质炎病毒），因此可直接用作 mRNA。一旦病毒进入宿主细胞，基因组 RNA 被作为模板，进行翻译。而基因组 RNA 的复制由 RdRP 催化，经过互补的反基因组（antigenomic）负链 RNA 中间物，再合成出新的基因组 RNA。

单链负链 RNA 病毒的基因组 RNA 与 mRNA 正好反义，如麻疹病毒（measles virus）和流感病毒（influenza virus），因此在病毒进入宿主细胞之后，必须拷贝成与其互补的正链 RNA 以后，才能制造出病毒蛋白。于是，在新病毒颗粒装配的时候，需要将 RdRP 包装到病毒颗粒，以便在病毒进入新的宿主细胞之后能够迅速转录出 mRNA。

第三节 转录后加工

三种主要的 RNA 即 mRNA、rRNA 和 tRNA 在原核细胞和真核细胞中所经历的转录后加工反应并不完全相同，而且同一种 RNA 前体（一般是 mRNA 前体）也可能有不同的加工路线，后一种情形可导致一个基因产生几种终产物，这种选择性的后加工已成为基因表达调控的一种很重要的手段。

一、细菌 RNA 前体的后加工

1. mRNA 前体的后加工

原核细胞的 mRNA 很少经历后加工。实际上，绝大多数 mRNA 一旦转录就被用作模板，进行翻译。即使是某些噬菌体 mRNA，也仅仅是经历最简单的剪切反应，将一个多顺反子 mRNA 切割成单顺反子。但近来发现某些细菌和噬菌体的 mRNA 也含有内含子，需要经过剪接反应才能成熟（如 T4 噬菌体编码的胸苷酸合酶）。

2. rRNA 前体的后加工

细菌的三种 rRNA 和两个 tRNA 是作为一个共转录物被转录的，像这样的转录单位在大肠杆菌基因组中有 7 个拷贝。要分别得到三种 rRNA，首先需要剪切（cleavage），以便将它们从共转录物中释放出来；然后，还要进行修剪（trimming），以切除多余的核苷酸序列（图 15-17）。除此以外，三种 rRNA 还需要进行某些特定的修饰反应。所以，细菌 rRNA 前体的后加工反应主要包括剪切、修剪和核苷酸的修饰（modification）。

（1）剪切和修剪

由特定的核糖核酸酶催化，它们主要包括核糖核酸酶Ⅲ、D、P、F、E、M16、M23 和 M5 等。其中内切酶行使“粗加工”，从内部催化剪切反应，负责从共转录物的内部将各 rRNA 两侧的多数不需要的核苷酸切除；外切酶进行“细加工”，从 3′-端或 5′-端催化修剪反应，负责从 RNA 两端水解去除剩余的无用核苷酸序列。

（2）核苷酸的修饰

修饰的主要形式为核糖 2′-OH 的甲基化，一般发生在剪切和修剪反应之前。甲基供体是 S-腺苷甲硫氨酸。修饰的功能可能在于保护 rRNA，使其抵抗某些核酸酶的消化。

3. tRNA 前体的后加工

一个典型的 tRNA 大概含有 80 nt，其中的多数核苷酸受到修饰。此外，所有的 tRNA 的 3′-端都含有 CCA 序列。大肠杆菌基因组约有 60 个 tRNA 的基因，其中某些与 rRNA 基因共享启动子，但多数分散排列在整个基因组 DNA 上。无论是哪一种情形，初级转录物的两侧都含有多余的核苷酸序列，因此 tRNA 前体的后加工方式也包括剪切、修剪和核苷酸的修饰。

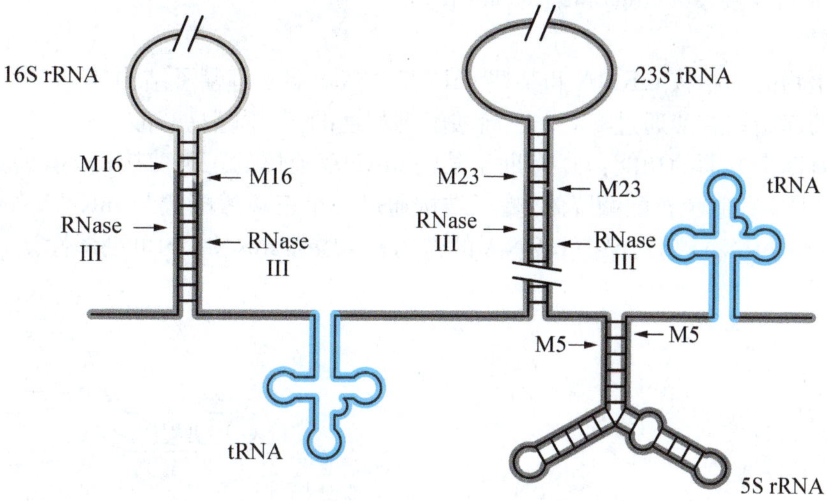

图 15-17 细菌 rRNA 前体的后加工

(1) 剪切和修剪

参与大肠杆菌 tRNA 前体剪切和修剪的酶有核糖核酸酶 P、F 和 D(图 15-18)。

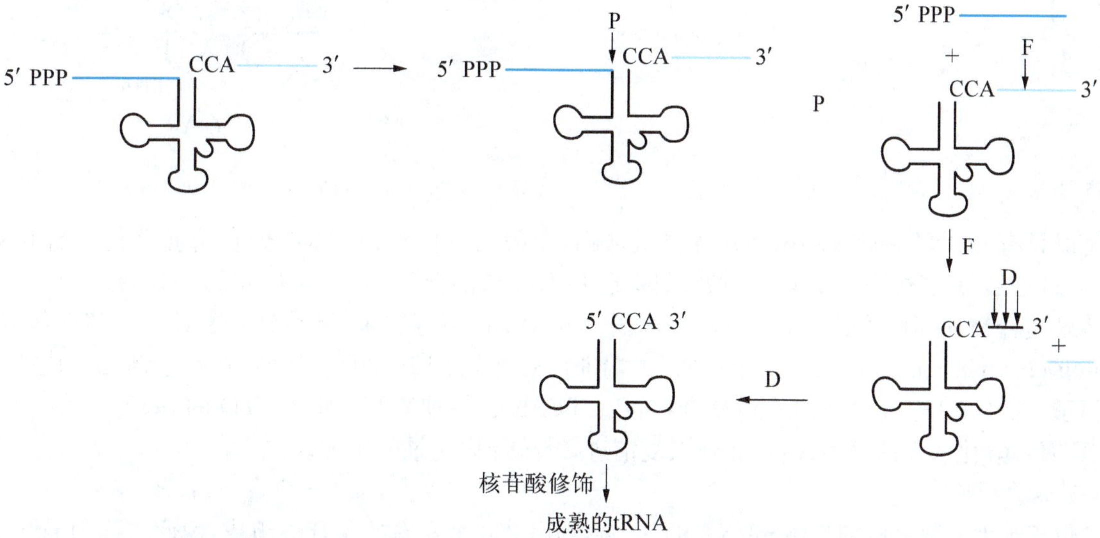

图 15-18 大肠杆菌 tRNA 前体的后加工

核糖核酸酶 P 是一种内切酶,负责 5′-端剪切,产生成熟的 5′-端。它在化学组成上是一种异源二聚体,含有一个分子的 RNA(M1 RNA)和一个分子的蛋白质。Sidney Altman 的研究表明,其中的 RNA 在高盐浓度下能独立地完成催化反应,但蛋白质不行。因此有理由认为,细菌的核糖核酸酶 P 是一种核酶。

核糖核酸酶 F 也是一种内切酶,它的切点在 tRNA 的 3′-端,作用后在 tRNA 的 3′-端还留下 3 个多余的核苷酸。这三个多余的核苷酸随后被核糖核酸酶 D 从 3′→5′方向切除,产生成熟的 3′-端。

(2) 核苷酸的修饰

与 rRNA 不同的是,tRNA 上的核苷酸修饰主要集中在碱基上,如碱基的甲基化、脱氨和还原等。已发现 tRNA 上的碱基修饰有近百种方式,因而需要许多不同的修饰酶。

二、真核细胞 RNA 前体的后加工

真核细胞 RNA 前体的后加工反应远比细菌复杂,特别是 mRNA 前体更是如此。

1. mRNA 前体的后加工

与原核系统不同的是,真核细胞的细胞核 mRNA 必须经历多种形式的后加工以后才会成为成熟的、有功能的分子。所经历的后加工反应主要包括 5′-端"加帽"(capping)、3′-端"加尾"(tailing)、内部甲基化

(internal methylation)、剪接(splicing)和编辑(editing)。

(1) 5′-端“加帽”

绝大多数真核生物的细胞核 mRNA 和某些 snRNA 的 5′-端含有帽子结构(图 15-19)：其本质上是与第一个被转录生成的起始核苷酸通过 5′,5′-三磷酸酯键相连的 7-甲基鸟苷酸。

帽子结构至少有四个方面的功能：① 有助于某些 mRNA 前体的正确剪接；② 有助于成熟 mRNA 转运出细胞核；③ 保护 mRNA，避免核酸酶降解，帽子结构通过一个三磷酸酯键与 mRNA 相连，避免 5′-核酸外切酶从 5′-端开始降解 mRNA，起到保护 mRNA 的作用；④ 增强 mRNA 的可翻译性。

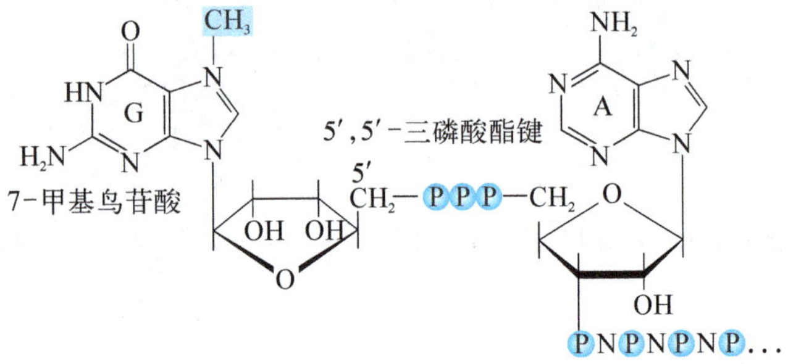

图 15-19 真核细胞 mRNA 的帽子结构

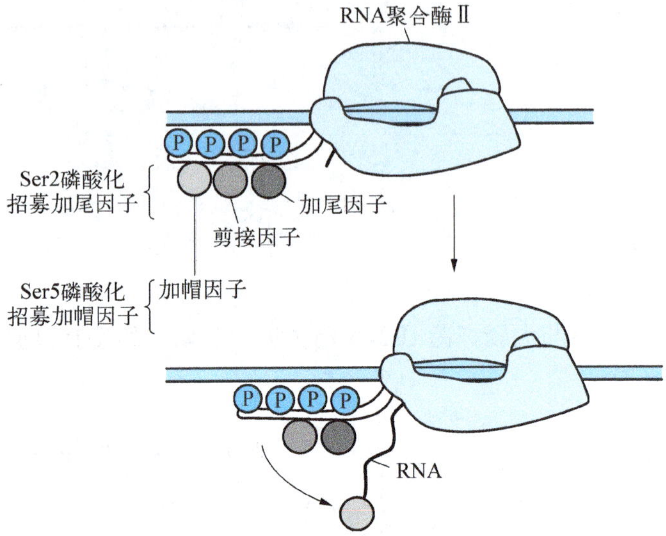

图 15-20 RNA pol Ⅱ CTD 的磷酸化与加尾和加帽反应的关系

之所以只有 mRNA 和某些 snRNA 才能被加帽，是因为它们都由 RNA 聚合酶Ⅱ催化。当 RNA 聚合酶Ⅱ的 CTD 七肽重复序列中的 Ser5 被转录因子 TFIIH 磷酸化以后，即可以将另一种转录因子——DSIF 招募到转录复合物，DSIF 随后又将一种转录因子——NELF 招募进来，导致转录暂停。上述暂停允许加帽酶(capping enzymes)加入，从而对转录物的 5′-端进行修饰(图 15-20)。然而，在帽子结构形成不久，又一种转录因子——P-TEFb 也被招募到复合物，P-TEFb 是一种激酶，催化 CTD 的 Ser2 和 NELF 的磷酸化，NELF 因磷酸化而失活，RNA pol Ⅱ则恢复前进，继续催化转录的延伸。

(2) 3′-端“加尾”

尾巴位于绝大多数真核细胞核 mRNA 的 3′-端，约由 250 个左右的腺苷酸组成，因此又称为 poly A 尾巴。但含有 poly A 尾巴的 mRNA 的编码链上并无相应的 poly A 序列，显然，poly A 尾巴是在转录后添加上去的。

加尾反应十分精确，这与两种因素有关：一种为顺式元件，是位于 mRNA 前体内部的特殊核苷酸序列，充当加尾信号；另一种是反式因子，是与顺式元件相互作用的蛋白质或催化加尾反应的酶。

与加尾有关的最重要的顺式元件为一段保守的六聚核苷酸序列，其一致序列为 AAUAAA。除此以外，在不同的生物体，还可能有其他与加尾反应有关的顺式元件。例如，动物细胞有一段富含 U/GU 序列，还可能有一段富含 U 序列，前者位于加尾点的下游，后者位于 AAUAAA 的上游。

参与加尾反应的反式因子包括：① 剪切/多聚腺苷酸化特异性因子(cleavage and poly adenylation specificity factor, CPSF)，是加尾反应所必需的成分，负责识别和结合 AAUAAA 序列，并参与和 poly A 聚合酶以及剪切刺激因子的相互作用；② 剪切刺激因子(cleavage stimulation factor, CstF)为剪切反应所必需，它的功能是识别 GU/U 序列并与 CPSF 结合；③ 剪切因子Ⅰ和Ⅱ(cleavage factor Ⅰ/Ⅱ, CF Ⅰ/Ⅱ)，为核酸内切酶，负责剪切反应；④ Poly A 聚合酶(the poly A polymerase, PAP)，不需要模板，而且只对 ATP 有亲和性，此酶负责催化在切开的 mRNA 的 3′-羟基端连续添加腺苷酸；⑤ Poly A 结合蛋白(poly A binding protein, PABP)，与新生的 poly A 结合一方面能够提高 PAP 的进行性，另一方面对尾巴具有保护作用，还能控制尾巴的长度，此外，在翻译起始阶段，它还和起始因子 eIF-4G 相互作用，促进 mRNA 的环化，有利于多聚核糖体的形成。

加尾反应的具体过程包括：首先是 CPSF 识别和结合 AAUAAA 序列；随后是 CFⅠ、CFⅡ、CStF 和

PAP依次被招募进来。在CFⅠ和CFⅡ的催化下，mRNA前体在AAUAAA序列的下游某一特定的位置被切开，PAP则在新暴露的3′-羟基端催化多聚腺苷酸化反应，直至poly A尾巴延长到合适的长度(图15-21)。

Poly A尾巴至少具有5个功能：① 提高mRNA的稳定性，这是因为poly A尾巴在与PAB结合以后可保护mRNA免受3′-核酸外切酶的消化；② PABP能够与帽子相互作用增强mRNA的可翻译性，提高mRNA翻译的效率；③ 影响最后一个内含子的切除；④ 某些先天缺乏终止密码子的mRNA通过加尾反应创造终止密码子UGA(如在UG序列后加尾产生UGA)；⑤ 通过选择性加尾(alternative tailing)调节基因的表达，许多mRNA前体的3′-端含有几个拷贝的AAUAAA序列，细胞可利用不同的加尾信号进行加尾反应，从而形成不同长度的mRNA，最终导致一个基因编码出不同的蛋白质。

由于只有mRNA才有尾巴，因此可使用含有寡聚胸苷酸或寡聚尿苷酸的亲和柱，将带有poly A尾巴的mRNA与其他类型的RNA分离开来。此外，还可以使用人工合成的oligo dT作为引物，将含有poly A的mRNA逆转录成cDNA。

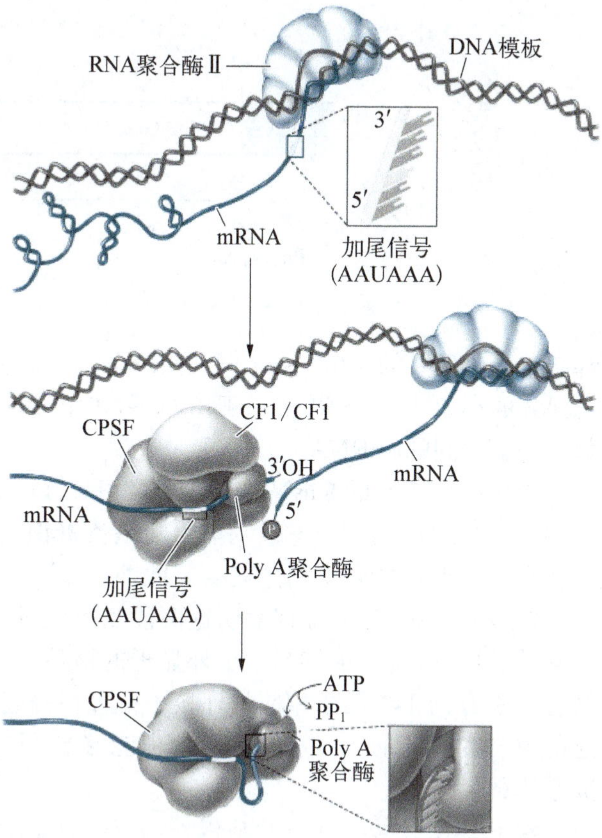

图15-21 真核细胞mRNA前体加尾反应模式图

然而，poly A尾巴并不是mRNA翻译必不可少的，因为某些mRNA虽然没有尾巴，但仍然能够被有效地翻译，比如组蛋白的mRNA。

只有mRNA才会加尾的原因除了与加尾反应的顺式元件和反式因子有关以外，还与RNA聚合酶Ⅱ最大亚基上的CTD的七肽重复序列Ser2的磷酸化有关(图15-20)。Ser2的磷酸化有助于将各种与加尾有关的反式因子招募到mRNA前体上。

(3) 内部甲基化

mRNA的内部甲基化主要是指mRNA分子上的某些腺嘌呤(通常在GAC序列之中)N6经历甲基化修饰，形成N6-甲基腺嘌呤(N6-methyladenosine，m^{6}A)的过程。外显子和内含子都可能发生这样的修饰。这种修饰的功能尚不特别清楚。

(4) 剪接

剪接这种后加工方式是在发现基因断裂现象后确定的。研究表明，基因断裂在真核生物及病毒的基因组中是很普遍的现象，在高等生物的基因组中，绝大多数的蛋白质基因是断裂的，只有少数是连续的，如组蛋白和干扰素(interferon)；而在低等真核生物的基因断裂现象要少得多。

基因断裂并不是蛋白质或者多肽基因特有的，许多rRNA和tRNA的基因也是断裂的，只不过是剪接的机制有所差别。

mRNA前体的剪接是高度精确的。其精确性同样取决于顺式元件和反式因子：最重要的顺式元件位于外显子和内含子交界处；而反式因子主要是5种核小核糖核酸蛋白颗粒(small nuclear ribonucleoprotein particles，snRNP)以及一些游离的蛋白质因子。

控制剪接反应的顺式元件主要有三种(图15-22)：一是存在于外显子和内含子交界处的一段高度保守的序列，其一致序列是位于5′-剪接点(5′-splicing site，5′-SS)、属于内含子的前两个GU和位于3′-剪接点(3′-SS)最后两个AG，这样的序列有时被称为GU-AG规则(GU-AG rule)；二是在3′-SS不远处存在一段主要由11个嘧啶碱基组成的序列；三是存在于内含子内部的一段被称为分支点(branch point)的保守序列。除了以上三种剪接信号以外，在很多外显子内还发现了能增强剪接效率的外显子剪接增强子(exonic splicing enhancer，ESE)。

在剪接反应中，顺式元件的识别和相邻的外显子相互靠近是最为重要的环节。snRNP是在这两个环节

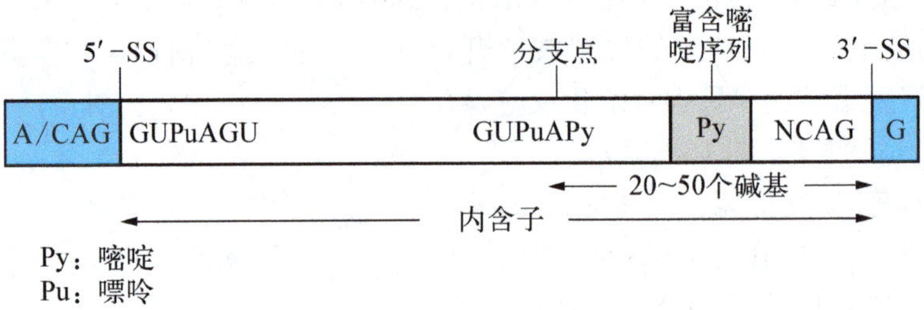

图 15-22　参与真核细胞核 mRNA 前体剪接反应的顺式元件

都起着十分重要的作用。snRNP 是由 snRNA 和蛋白质组成的复合物，而 snRNA 是细胞核内一些序列高度保守的小 RNA。snRNA 一般由 60～300 nt 组成，在细胞中含量极为丰富，由于富含 U，所以用 U 加上整数来表示不同的 snRNA。

参与剪接反应的 snRNP 有 U1、U2、U4、U5 和 U6 - snRNP。其中 U1 - snRNA 含有与 mRNA 前体 5′-SS 互补的序列，因此它的功能可能是负责识别 5′- SS 的信号；U2 - snRNA 含有与分支点互补的序列，因此它的主要功能是识别分支点。此外，U2 与 U6 之间也存在互补的碱基对，这两种 snRNA 通过配对形成两段双螺旋，已有证据表明这两段双螺旋对于剪接反应非常重要；U5 - snRNP 并没有任何与剪接信号互补的序列，但它能够与一个外显子的最后一个核苷酸以及下一个外显子的第一个核苷酸结合，这种结合似乎有助于将两个相邻的外显子并置在一起；U6 - snRNP 除了能够与 U2 配对，共同参与催化以外，还能够与内含子的 5′-端互补配对，也能够与 U4 - snRNP 之间配对。U4 和 U6 之间的配对导致两者形成紧密的复合物。

除了 snRNP 参与剪接反应以外，含有一些游离的蛋白质因子起作用，这一类非 snRNP 组分的蛋白质中最重要的一类是富含丝氨酸和精氨酸的蛋白(serine/arginine-rich protein, SR 蛋白)，所起的作用主要是与 ESE 结合，招募剪接因子(splicing factors, SF)，调节选择性剪接。

剪接反应发生在剪接体(spliceosome)，而剪接体主要是由 mRNA 前体、mRNA 前体结合蛋白质(如 SR、SC35 和 SF2/ASF 等蛋白)和 5 种 snRNP 在细胞核内按照一定的次序组装起来的超分子复合物，沉降系数在 50～60 S 之间，大小上略低于核糖体。就剪接反应本身来说并不复杂，仅仅是 2 次连续的转酯反应(transesterification)(图 15-23)：第一次转酯反应发生在 5′- SS，首先由分支点内的一个腺苷酸残基上的 2′-羟基对 5′- SS 处的磷酸二酯键作亲核进攻，而导致该位点的 3′- 5′磷酸二酯键的断裂，同时，分支点腺苷酸 2′-羟基与内含子 5′-Ⓟ之间形成 2′,5′-磷酸二酯键；第二次转酯反应发生在 3′- SS，由刚刚从 5′- SS 游离出来的外显子 3′-羟基对 3′- SS 上的磷酸二酯键作亲核进攻，从而使得内含子以套索(lariat)结构的形式被

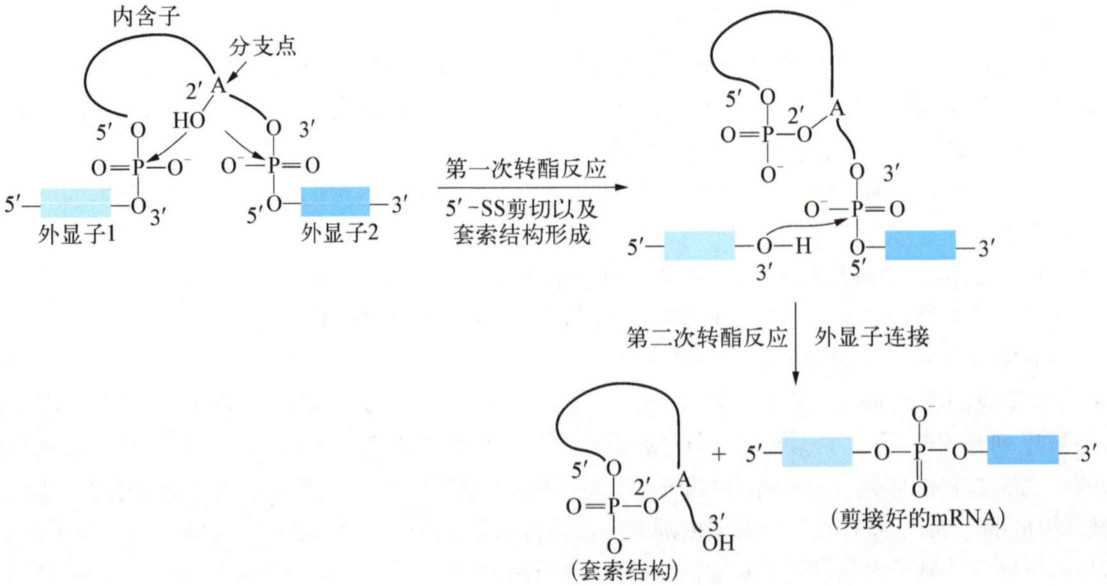

图 15-23　mRNA 前体剪接的两次转酯反应

释放，同时，两个相邻的外显子通过新的磷酸二酯键连接起来。

已经发现许多真核细胞 mRNA 前体在不同的细胞或组织中或者在不同的生理条件下可以不同的方式进行剪接。同一种 mRNA 前体的不同剪接方式被称为选择性剪接(alternative splicing)或可变剪接。

mRNA 前体的选择性剪接可导致少量的基因编码出更多的蛋白质。人类基因组计划的结果表明，人类只有 20 500 个左右的蛋白质基因，但是却能制造出几十万种蛋白质，这主要归功于选择性剪接。据估计，人类超过 50%的基因产生的 mRNA 前体会发生选择性剪接。

mRNA 前体之所以能够发生选择性剪接一方面是因为它含有多重剪接信号，另一方面是因为细胞中存在一些调节剪接反应的蛋白质。

(5) 编辑

RNA 编辑现象最早在锥形虫中发现。1986 年，Rob Benne 等发现锥形虫的细胞色素氧化酶亚基 2(COⅡ)mRNA 的序列与 COⅡ基因序列不吻合，mRNA 中含有 4 个在基因中缺失的核苷酸(图 15-24)。基因中缺失这 4 个核苷酸会产生移码突变，导致基因失活，但是 mRNA 通过某种方式补上了这 4 个核苷酸，纠正了移码突变。这种方式称为 RNA 编辑(RNA editing)。

COXⅡ DNA:... GTATAAAAG TAGAGAACCTGG...
COXⅡ RNA:... GUAUAAAAGUAGAuuGuAuACCTGG...

图 15-24 锥体虫 COXⅡ-mRNA 编辑(小写的 u 表示插入的尿苷酸)

迄今为止，已有更多的编辑现象被发现，但主要被发现在某些生物的细胞器基因组(原生动物的线粒体和植物的叶绿体)编码的 mRNA，发生在细胞核基因组编码的 mRNA 比较少见。

目前对编辑的定义一般是指在 mRNA 的编码区内引入或丢失任何与其基因编码链序列不同信息的过程。它主要有两种方式：一种是在编码区内增减一定数目的核苷酸(主要是 U)；另外一种是编码区的碱基在 RNA 水平上发生转换或颠换如 C→U，A→I。

编辑的机理因编辑方式的不同而不同，核苷酸的插入或缺失一般需要一种特殊的 RNA 即指导 RNA (guide RNA，gRNA)的介入，而碱基的转换或颠换则需要特殊的核苷酸脱氨酶的催化。无论是哪一种编辑，都需要一系列蛋白质的参与，形成编辑体(editosome)，以识别、结合和加工编辑点，保证编辑的忠实性。

编辑的意义有以下几种可能性：① 就像选择性剪接和选择性加尾一样，编辑可以在不增加基因组基因数目的前提下提高不同种类蛋白质的数目，像人和果蝇都能借助于编辑创造在性质上有细微差别的一些电位门控的离子通道(voltage-gated ion channel)和位于脑不同部位的神经递质受体；② 可能有助于保护基因组免受一些病毒和反转座子的危害；③ 纠正编码 RNA 的 DNA 所发生的突变。

2. rRNA 前体的后加工

典型的真核生物的基因组中含有上百个 rRNA 的基因拷贝，它们成簇排列。其中最小的 5S rRNA 单独作为一个转录单位由 RNA 聚合酶Ⅲ催化转录，其转录产物以 UUUUU 结尾，仅仅由 3′-外切核酸酶进行简单的后加工就可以了，而 18S、5.8S 和 28S rRNA 则作为一个多顺反子由 RNA 聚合酶Ⅰ催化转录，需要经历相对复杂的剪切和修剪，以释放出各个 rRNA。此外，成熟的 rRNA 含有大量的甲基化核苷酸和假尿苷 Ψ，因此，真核生物 rRNA 的后加工方式还包括核苷酸的修饰(图 15-25)。而某些生物，如四膜虫的 rRNA 前体还有内含子，因而，这些 rRNA 前体的后加工方式还有剪接。

(1) 剪切、修剪和修饰

与细菌不同的是，真核生物 rRNA 前体的后加工需要一大群核仁小 RNA(snoRNA)。某些 snoRNA 在将 rRNA 初级转录物剪切成个别 rRNA 中起作用，但绝大多数 snoRNA 所起的作用是通过与 rRNA 前体特定序列的互补配对来确定修饰位点。与 snRNA 一样，snoRNA 需要和特定的蛋白质组装成 snoRNP 才能起作用。

在核苷酸被修饰的同时或修饰结束以后，rRNA 前体在特定的核酸酶的催化下进行剪切和修剪(图 15-26)。其中有一种被称为核糖核酸酶 MRP 的酶也是一种核糖核酸蛋白颗粒，它具有两个功能，一个是参与 5.8S rRNA 5′-端的加工，另外一个参与线粒体 DNA 复制中引物的加工。在剪切和修剪反应中，机体使用甲基化作为 rRNA 前体后加工过程中核苷酸序列取舍的标记。

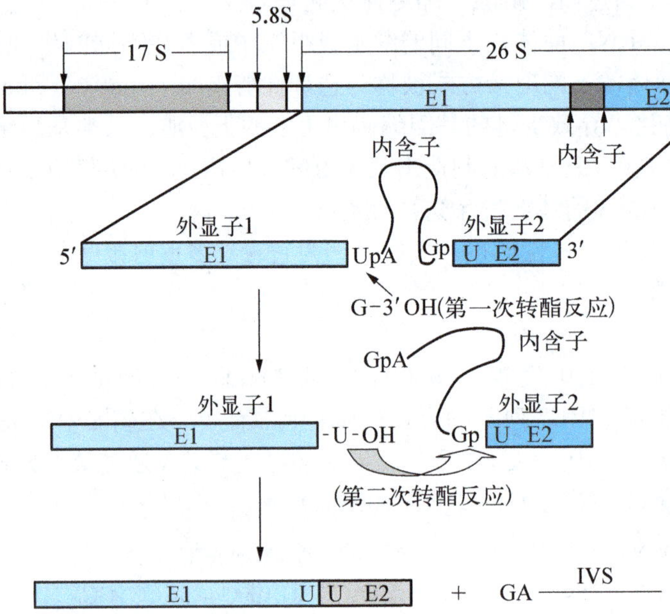

图 15-25 真核细胞核 rRNA 前体的后加工

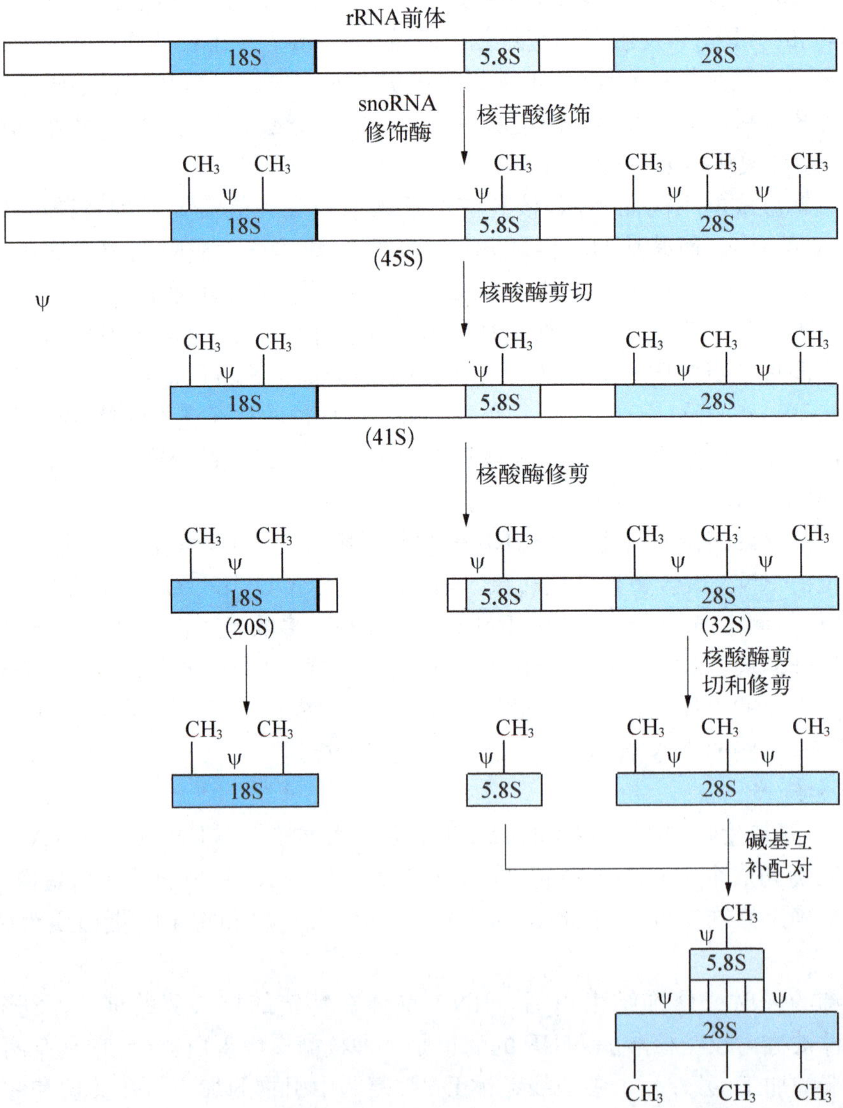

图 15-26 四膜虫 rRNA 前体(第二类内含子)的自我剪接

(2) 四膜虫 26S rRNA 前体的自我剪接

四膜虫是一种单细胞的原生动物，其 26S rRNA 的前体含有内含子或间插序列(intervening sequence，IVS)。20 世纪 70 年代末，由 Thomas Cech 领导的研究小组发现，其 IVS 的切除不需要剪接体和任何其他的蛋白质的参与，也不需要 ATP，完全是一种自我催化的过程。整个剪接过程包括(图 15-26)：首先是充当辅助因子的鸟苷或鸟苷酸上的 3′-OH 亲核进攻 5′-SS 上的磷酸二酯键，导致外显子(E_1)和 IVS 之间的磷酸二酯键发生断裂，同时，鸟苷或鸟苷酸即与 IVS 5′-端形成新的磷酸二酯键；随后，刚刚暴露出来的 E_1 的 3′-OH 开始进攻 3′-SS 上的磷酸二酯键造成这里的磷酸二酯键的断裂，这时 IVS 随之被切除，而两个外显子(E_1 和 E_2)则通过新的磷酸二酯键而连接起来。由于这里所发生的剪接反应不需要任何蛋白质的帮助，也不需要提供能量，完全是 rRNA 前体自我催化的结果，因此属于核酶催化的反应。

3. tRNA 前体的后加工

tRNA 前体除了在 5′-端和 3′-端含有多余的核苷酸序列以外，某些还具有小的内含子。内含子的位置一般是固定的，都位于反密码子的 3′-端。此外，真核生物成熟的 tRNA 与细菌成熟的 tRNA 一样也是被高度修饰的，但是，它们 3′-端的 CCA 序列本来并不存在。因此，真核生物 tRNA 前体的后加工方式应包括剪切、修剪、碱基修饰、添加 CCA 和剪接。其中剪切、修剪和碱基修饰与细菌相似。而添加 CCA 和 tRNA 剪接则是真核系统所特有的两种后加工方式。

在真核细胞，也发现了核糖核酸酶 P。例如，酵母和人的核糖核酸酶 P 由 1 分子 RNA 和 9 个蛋白质组成，而且，核糖核酸酶 P 的酶活性仍然在其 RNA 上。

添加 CCA 是在 3′-端多余的核苷酸被切除后进行的，催化反应的酶是 tRNA 核苷酸转移酶(tRNA nucleotidyltransferase)。

tRNA 中的内含子都很短，通常为 10～20 个核苷酸，无一致序列。对于细菌，其 tRNA 内含子的剪接属于自我催化。但真核生物 tRNA 内含子的剪接由一系列专门的蛋白质组成的酶按照一定的次序进行催化(图 15-27)。

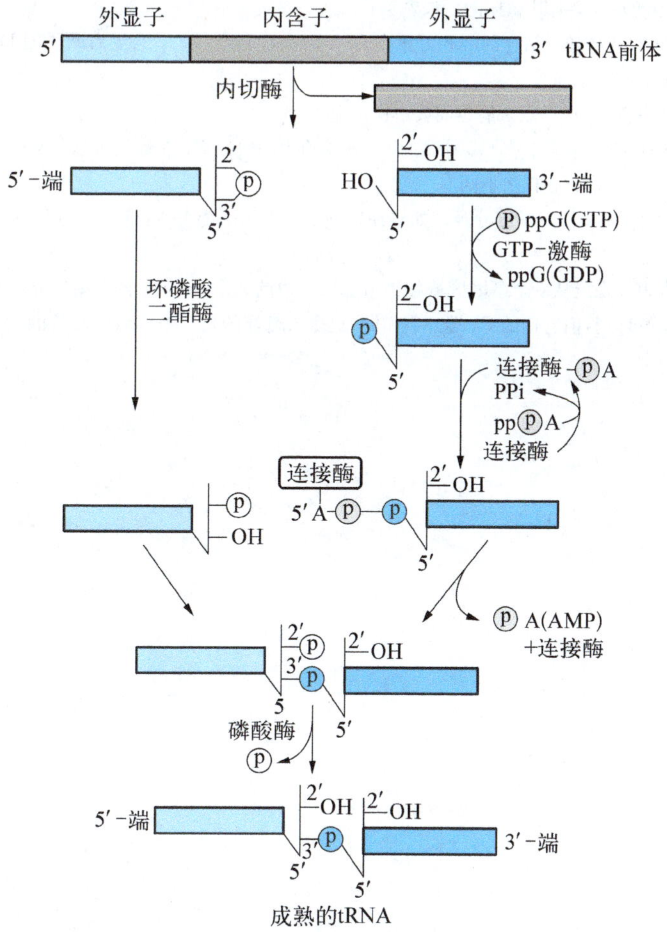

图 15-27　酵母 tRNA 前体的剪接

推荐网址

1. http：//en. wikipedia. org/wiki/Transcription_(genetics)
2. http：//www. nature. com/scitable/topicpage/dna-transcription-426
3. http：//web. virginia. edu/Heidi/chapter31/chp31frameset. htm
4. http：//en. wikipedia. org/wiki/RNA_splicing
5. http：//bioweb. wku. edu/courses/biol22000/22mRNAprocessing/default. html
6. http：//themedicalbiochemistrypage. org/rna. html#processing

参考文献

1. Vladimir S，Evgeny N. Clamping the clamp of RNA polymerase. *The EMBO Journal*，30：1190－1191，2011.
2. Woychik NA，Hampsey M. The RNA polymerase Ⅱ machinery：structure illuminates function. *Cell*，108：453－463，2002.
3. Gross CA，et al. Views of transcription initiation. *Cell*，109：417－420，2002.
4. Conaway RC，et al. Control of elongation by RNA polymerase Ⅱ. *Trends Biochem. Sci.*，25：375－380，2000.
5. Saba V，et al. Protein-free small nuclear RNAs catalyze a two-step splicing reaction. *Proc. Natl. Acad. Sci.*，106(29)：11901－11906，2009.
6. Maniatis T，Tasic B. Alternative pre-mRNA splicing and proteome expansion in metazoans. *Nature*，418：236－243，2002.
7. Frank DN，Pace NR. Ribonuclease P：unity and diversity in a tRNA-processing ribozyme. *Annu. Rev. Biochem*，67：153－180，1998.
8. Panos S，et al. Co-directional replication-transcription conflicts lead to replication restart. *Nature*，470：554－557，2011.

思考题

1. 怎样证明基因转录的方向是从 5′-端→3′-端?
2. 如果将 tRNA 或 rRNA 的基因置于 RNA 聚合酶Ⅱ所负责识别的启动子之后，那么在细胞内合成的 tRNA 和 rRNA 会不会具有帽子和尾巴结构？为什么？
3. 如果使用基因工程的手段将 RNA 聚合酶的 σ 因子与核心酶的某一个亚基融合在一起，形成融合多肽(假定融合对各个亚基原来的结构没有影响)，预测这样的全酶对基因的转录会有什么样的后果？为什么？
4. 大肠杆菌 RNA 聚合酶全酶在 37 ℃与启动子结合的亲和力比在 25 ℃时高，而它在 37 ℃与无启动子的 DNA 的结合的亲和力比在 25 ℃时弱。对此现象，试给予合理的解释。
5. 为什么 RNA 聚合酶在延伸过程中不像 DNA 聚合酶也需要解链酶和 SSB?
6. 在任何给定的时间内，细菌合成的 RNA 中有 40%～50%是 mRNA，但细胞中的 mRNA 却只占总 RNA 的 3%左右，为什么？试预测真核生物 mRNA 占总 RNA 的比例与原核生物会有什么不同?
7. 细菌启动子的－10 区和－35 区大概由 2 圈双螺旋分开。如果在启动子区引入一个突变，将－35 区移到－29 的位置，那么这样的突变对转录将会有何影响？为什么？
8. 一种特殊的真核细胞 RNA 病毒被发现能从一个基因区域编码出一长一短的 2 个 mRNA 转录物。分析它们的翻译产物，发现 2 条多肽链在它们的 N-端具有相同的氨基酸序列，但它们的 C-端并不相同，更令人奇怪的是 2 条多肽中较长的一条是由短的 mRNA 所编码。试对这些现象给予合理的解释。

第 16 章

蛋白质的生物合成

蛋白质的生物合成又被称为翻译，是基因表达的最后一步。与复制、转录相比，翻译过程更加复杂，整个过程牵涉几百种不同的生物大分子，这些分子共同组成了一个高效而精确的翻译机器。不论是原核生物，还是真核生物，在细胞中直接翻译出来的产物通常是没有功能的，必须经历适当的后加工反应以后，才能最终成为有特定三维结构的功能分子。此外，不同的蛋白质在细胞中最后的定位也并非相同，需要通过共翻译或翻译后定向与分拣才能各得其所并行使正确功能。

本章将主要介绍翻译的分子基础、翻译的基本过程和翻译后加工。

第一节　翻译的分子基础

参与蛋白质生物合成的主要成分有核糖体、mRNA、各种氨酰-tRNA(aminoacylated tRNA)、氨酰-tRNA合成酶和若干蛋白质辅助因子(ancillary protein factors)。

一、核糖体

核糖体作为翻译的分子机器，在翻译过程中与mRNA可逆地结合，并按照mRNA上可读框(open reading frame, ORF)的指令，合成具有特定一级结构的多肽链。

对于原核生物而言，只有一种核糖体，而对真核生物来说，不仅在细胞质中有核糖体，在线粒体和叶绿体中也有核糖体。无论是何种核糖体，都是由几种rRNA和几十种蛋白质组成，含有大、小两个亚基(图16-1)。

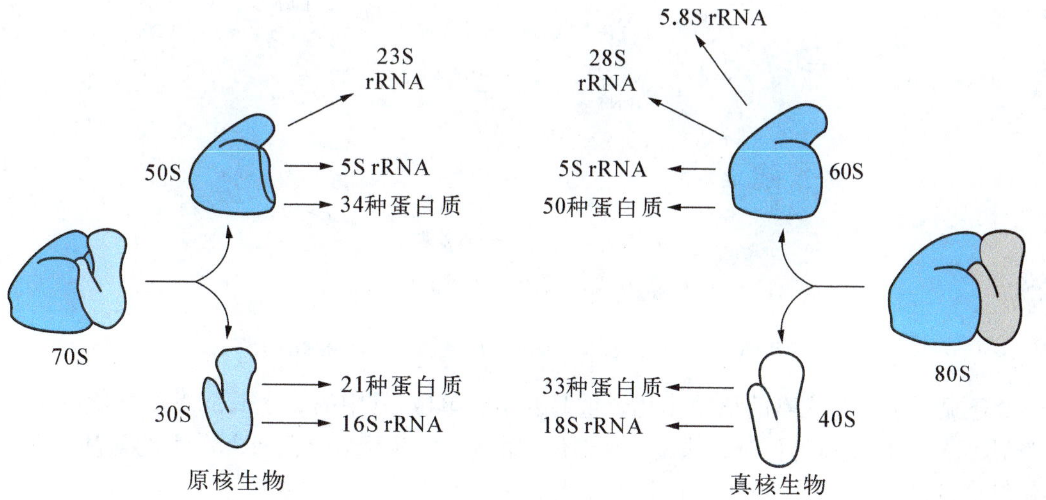

图16-1　核糖体的结构和化学组成

1. 小亚基

细菌和真核生物细胞质核糖体小亚基的沉降系数分别是30S和40S，都只含有一种rRNA，前者为16S rRNA，后者为18S rRNA。蛋白质却不止一种(以S表示)，前者有21种，后者约有33种。

细菌16S rRNA的一级结构是高度保守的，在它的3′-端含有的反SD序列能够与mRNA 5′-端的SD

序列互补配对，这对于识别 mRNA 上的起始密码子十分重要；真核生物细胞质核糖体小亚基上的 18S rRNA 也是高度保守的，但在它的 3′-端无反 SD 序列，这是因为真核生物细胞质翻译系统识别起始密码子的机制与细菌完全不同。

2. 大亚基

细菌大亚基沉降系数为 50S，共有 34 种蛋白质（以 L 表示），2 种 rRNA——5S rRNA、23S rRNA，其中 23S rRNA 为催化肽键形成的核酶。

真核细胞细胞质核糖体大亚基的沉降系数为 60S，含有 50 种左右的蛋白质，3 种 rRNA——28S rRNA、5.8S rRNA和 5S rRNA。28S 和 5.8S rRNA 与细菌的 23S rRNA 关系密切，其中 5.8S rRNA 与23S rRNA 的 5′-端序列相似，这说明真核生物的这两种 rRNA 可能起源于一个共同的远古基因，后经断裂而来。

古菌的核糖体大-小亚基在大小上与细菌一样，但在结构和功能上与真核生物更加相似。

3. 核糖体的三维结构及其功能定位

通过对不同来源的核糖体的结构进行的比较研究表明，核糖体的结构（尤其是三维结构）在进化上是高度保守的。其上含有多个功能部位，主要包括：① 受体部位（acceptor site，A 部位），即氨酰 tRNA 结合部位；② 肽酰 tRNA 结合部位（peptidal site，P 部位），也称为供体部位（donor site）；③ 出口部位（exit site，E 部位），即空载 tRNA 在离开核糖体之前与核糖体临时结合的部位；④ 肽酰转移酶（peptidyl transferase）活性部位——负责催化肽键的形成；⑤ mRNA 结合部位；⑥ 多肽链离开通道（exit channel）；⑦ 一些可溶性蛋白质因子（起始因子、延伸因子和终止因子）的结合部位。

图 16-2 显示了细菌 70S 核糖体大致的三维结构：其小亚基在外形上略为细长，与细线般的 mRNA 结合，大亚基更像球形，覆盖在小亚基之上。1 个 tRNA 分子因反密码子和密码子的配对而与 30S 亚基结合在一起，同时通过它被运载的氨基酸又与 50S 亚基相作用，新生的肽链必须通过离开通道离开核糖体，这与转录过程中新生的 RNA 链从离开通道离开 RNA 聚合酶的情形相似。在其肽酰转移酶的入口周边为 RNA 双螺旋，而多肽链离开通道始于活性中心裂缝的底部，从 23S rRNA 的手掌部延伸到它的背部，长达 10 nm，直径为 2 nm。

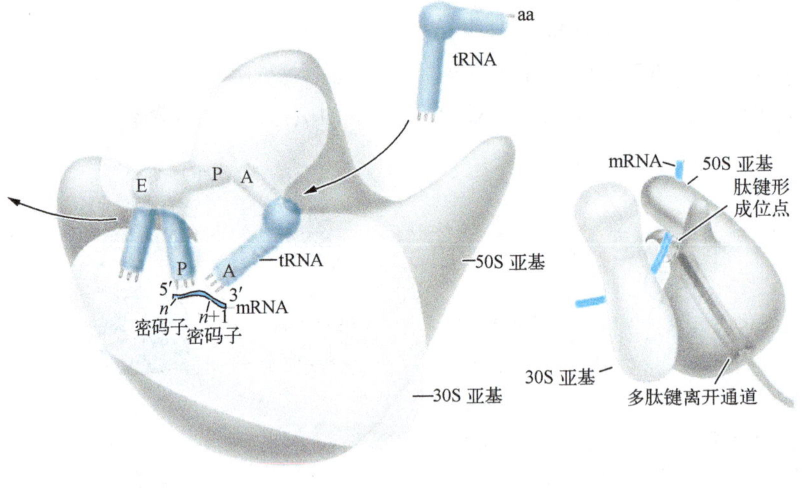

图 16-2 核糖体的三维结构模型和主要的功能部位

图 16-2 还显示了一个完整的核糖体几个重要的功能单位，其中的 3 个 tRNA 结合位点显而易见，很容易想象 1 个 tRNA 分子从 A 部位→P 部位→E 部位向前移动，以及结合在 tRNA 上的氨基酸在 A 部位上紧靠与 P 部位结合的肽酰 tRNA 的肽链，非常适合新肽键的形成。

二、mRNA

mRNA 是翻译的模板，其内部至少含有一个由起始密码子开始以终止密码子结束的一段连续的核苷酸序列构成的 ORF。ORF 内的核苷酸序列直接决定其翻译出来的多肽链的氨基酸序列。

mRNA 的两端通常含有一段并不决定氨基酸序列的非编码序列（non-coding sequence，NCS）或非翻译区(untranslated region, UTR)。细菌的 mRNA 一般是含有多个 ORF 的多顺反子 mRNA,每一个 ORF 的上游一般都含有 SD 序列(Shine-Dalgarno sequence),每一个 ORF 编码一种多肽或蛋白质。而真核生物 mRNA 通常是只有一个 ORF 的单顺反子(mono-cistron),因此一般只编码一种蛋白质(图 16-3)。

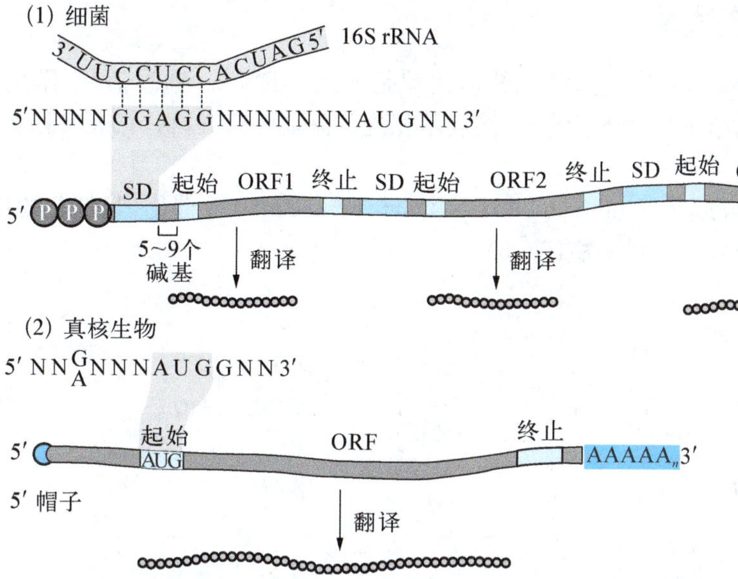

图 16-3　细菌 mRNA 和真核生物 mRNA 结构的比较

三、tRNA

tRNA 在翻译中的功能有两项:一是将氨基酸运载到核糖体,二是通过其反密码子与 mRNA 上密码子之间的相互作用对遗传密码进行解码,从而将其最终转化成多肽链上的氨基酸序列。一个细胞中通常具有 40 多种 tRNA,负责运载 20 余种氨基酸,这就意味着多数氨基酸不止一种 tRNA。携带同一种氨基酸的几种不同 tRNA 分子被称为同工受体 tRNA(isoaccepting tRNA)。

tRNA 所具有的上述功能是与其特殊的呈倒 L 型的三维结构密切相关的。在这种结构中,两段 RNA 双螺旋相互垂直,其中的一段双螺旋由 TΨC 茎和氨基酸接受茎并列而成,另外一段双螺旋由 D 茎和反密码子茎并列而成。如此结构排布导致 tRNA 两个功能端在空间上分开,即接受氨基酸的位点尽可能与反密码子隔离(图 16-4)。

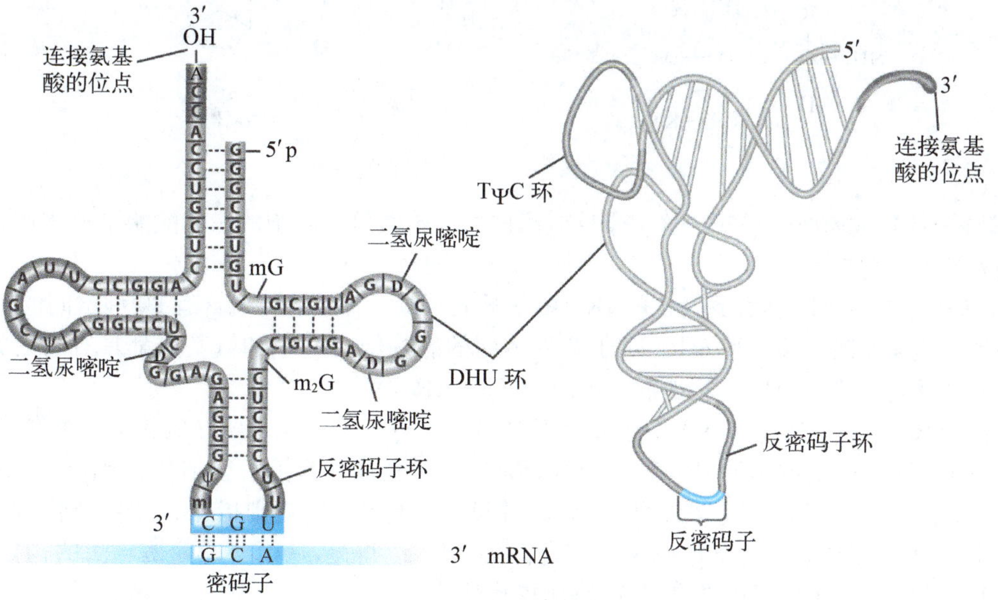

图 16-4　$tRNA^{Ala}$ 的一级结构、二级结构和三级结构

在每一种翻译系统中，都有一种特别的 tRNA，即起始 tRNA(initiator tRNA)。起始 tRNA 的功能是在翻译的起始阶段识别起始密码子，在细菌和多数线粒体内携带甲酰甲硫氨酸(formylmethonine)，因此被简写成 $tRNA_f^{Met}$，而在古菌、真核细胞和哺乳动物线粒体内则携带 Met，通常简写为 $tRNA_i^{Met}$。

四、氨酰-tRNA 合成酶

氨基酸在参入多肽链之前必须被活化，活化的形式就是氨酰-tRNA。通过活化，游离氨基酸分子上的α-羧基通过高能酯键与同源的 tRNA 分子的 3′-端羟基相连。高能酯键在翻译的延伸阶段被用来驱动肽键的形成。

活化反应由氨酰 tRNA 合成酶(aminoacyl-tRNA synthetase，aaRS)催化，其催化的反应分为两步，每活化 1 分子氨基酸，需要消耗 2 个 ATP(图 16-5)：

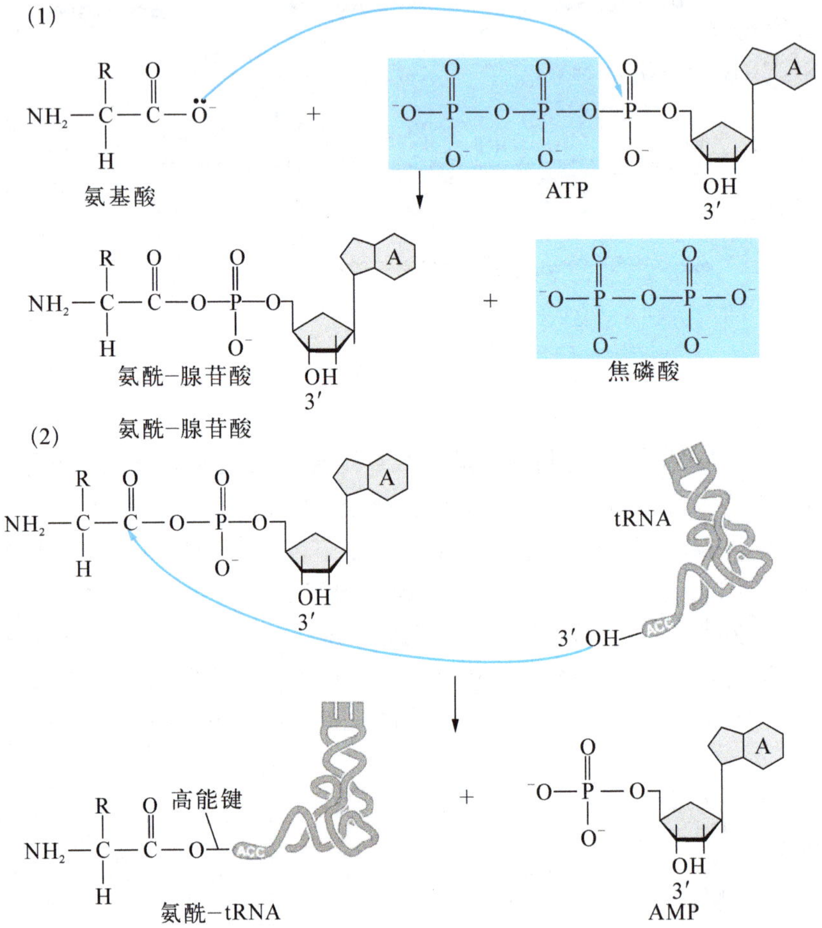

图 16-5 氨酰-tRNA 合成酶的催化机理

1) 氨基酸被活化成氨酰-AMP 这一步反应形成的焦磷酸可被细胞的焦磷酸酶迅速水解，致使氨基酸的活化在热力学上极为有利。

2) 氨酰基从氨酰-AMP 转移到特定的 tRNA 分子上 每一种生物大概含有 20 种不同的 aaRS，每一种对应于一种蛋白质氨基酸。每一种 aaRS 对于两种不同的底物即 tRNA 和氨基酸都具有高度的特异性，以确保正确的氨基酸与正确的 tRNA 相连形成正确的氨酰-tRNA。

决定一种 aaRS 识别正确的 tRNA 的主要因素是 tRNA 分子上由几个核苷酸甚至一个核苷酸组成的元件(element)，这些元件通常被称为 tRNA 的个性(identity)，也被称为第二套遗传密码(the second genetic code)。这些元件分布在 tRNA 分子内的很多区域，并没有一套通用的规则指导 aaRS 识别同源的 tRNA。

实验证明，一种 aaRS 遇到正确的 tRNA，结合得快，但解离得慢，从而有时间诱导酶的构象发生合适的变化；如果酶遇到错误的 tRNA，则结合得快，解离得也快。

然而，酶又如何选择正确的氨基酸呢？有两种手段：

● 通过酶活性中心优先结合正确的同源氨基酸，体积比同源氨基酸大的被完全排除在活性中心之外；

● 通过酶的校对中心(editing site)选择性编辑错误的非同源氨基酸，能进入活性中心小的氨基酸在形成误载的氨酰-AMP或氨酰-tRNA以后，被送入校对中心进行水解切割。

五、辅助蛋白因子

翻译的每一步都需要一些特殊的可溶性蛋白质因子的参与，这些辅助因子只是在翻译的某一个阶段与核糖体临时结合，它们包括分别参与肽链合成起始、延伸和终止的起始因子(iniation factor，IF)、延伸因子(elongation factor，EF)和释放因子(release factor，RF)。其中的某些蛋白质因子属于能够与鸟苷酸结合的小G蛋白。

第二节　翻译的基本过程

自然界存在四类体内翻译系统——原核生物翻译系统、真核生物细胞质翻译系统、叶绿体翻译系统和线粒体翻译系统，这四类翻译系统具有一些共同的性质。

一、翻译的一般性质

(1) 均分为氨基酸的活化、起始、延伸和终止四个阶段

(2) 翻译具有极性(polarity)

这里的极性有两层意思：一是指阅读mRNA模板都是从5′-端→3′-端，二是指多肽链延伸的方向总是从N-端→C-端。

(3) 遗传密码是三联体密码(triplet codon)，即3个核苷酸决定1种氨基酸(表16-1)

表16-1　标准遗传密码表

第一个碱基	第二个碱基				第三个碱基
	U	C	A	G	
U	Phe	Ser	Tyr	Cys	U
	Phe	Ser	Tyr	Cys	C
	Leu	Ser	终止密码子	终止密码子，还能编码Sec	A
	Leu	Ser	终止密码子，还能编码Pyl	Trp	G
C	Leu	Pro	His	Arg	U
	Leu	Pro	His	Arg	C
	Leu	Pro	Gln	Arg	A
	Leu	Pro	Gln	Arg	G
A	Ile	Thr	Asn	Ser	U
	Ile	Thr	Asn	Ser	C
	Ile	Thr	Lys	Arg	A
	Met	Thr	Lys	Arg	G
G	Val	Ala	Asp	Gly	U
	Val	Ala	Asp	Gly	C
	Val	Ala	Glu	Gly	A
	Val	Ala	Glu	Gly	G

三联体遗传密码具有以下几个重要性质：

1) 简并与兼职　在总共64个密码子中，除了UGA、UAA和UAG为无义密码子即终止密码子(UGA和UAG还分别兼作Sec和Pyl的密码子)以外，余下的61个为有义密码子，编码20种蛋白质氨基酸，其中

起始密码子一般是AUG。但是常见的蛋白质氨基酸只有20种，这就意味着许多氨基酸的密码子不止一个。遗传密码的这种特性被称为简并性(degeneracy)，而编码同一种氨基酸的不同密码子被称为同义密码子。

2）明确而不含糊　61个有义密码子每一个只编码一种氨基酸，没有“一码两用”或“一码多用”的情况。

3）密码子的选定不是随机的，编码相同或化学性质相似的氨基酸的密码子在序列上倾向于相似　例如，大多数氨基酸同义密码子的差别在第三位核苷酸，第二位为嘌呤核苷酸的密码子大多数编码极性氨基酸。显然密码子进化成这种样式可降低突变造成的危害。

4）通用和例外　密码子的另一个重要性质是通用性，无论是古菌、细菌，还是真核生物，使用的基本上是同一套密码子表。基于这种性质，人们才可以使用原核生物表达真核生物的基因，或低等生物表达高等生物的基因。然而，密码子的通用性不是绝对的，已在人、牛和酵母线粒体及某些生物的基因序列和基因组结构中发现了例外(表16－2)。

表16－2　线粒体内遗传密码的例外

生物来源	密码子				
	UGA	AUA	AGA，AGG	CUN	CCG
标准遗传密码	终止	Ile	Arg	Leu	Arg
脊椎动物	Trp	Met	终止	Leu	Arg
果蝇	Trp	Met	Ser	Leu	Arg
啤酒酵母	Trp	Met	Arg	Thr	Arg
圆酵母	Trp	Met	Arg	Thr	无
裂殖酵母	Trp	Ile	Arg	Leu	Arg
线状真菌	Trp	Ile	Arg	Leu	Arg
锥体虫	Trp	Ile	Arg	Leu	Arg
高等植物	终止	Ile	Arg	Leu	Trp

5）不重叠　密码子不重叠是指在阅读同一个ORF时，前后两个密码子没有重叠的核苷酸。但极少数mRNA在翻译时可发生核糖体移框，而导致一个或几个核苷酸被重复使用。

6）无标点　无标点是指在阅读密码子的时候从ORF的5′-端向3′-端逐个阅读，中间无停顿，直至终止密码子为止。但有的mRNA被翻译的时候，遇到第一个终止密码子时，会发生通读(readthrough)，即将其读作某一种氨基酸；还有某些mRNA在翻译到某一密码子的时候，核糖体会跳跃一段核苷酸序列，然后再以后面的核苷酸作为模板继续翻译。例如，T4噬菌体基因60在翻译的时候会自动跳跃50个核苷酸序列。

7）同一种氨基酸的同义密码子使用的频率不尽相同　使用频率还可能因物种的不同而不同，频率出现比较低的密码子通常被称为稀有密码子。例如，嗜热微生物喜欢使用含有G和C的密码子，以维持较高的GC含量。一种密码子的使用频率与其相对应的同工受体tRNA在细胞内的丰度有关。一般说来，使用频率越低的密码子，其对应的同工受体tRNA的含量就越低。

8）三个终止密码子使用的频率也不相同，而且对紧靠终止密码子之后的第一个核苷酸的选择也不是随机的。以*E. coli*为例，UAA被使用的频率最高，其次是UGA，而UAG的使用频率最低。位于终止密码子后的第一个核苷酸使用的频率也是不一样的：原核生物更喜欢使用U，而真核生物更偏爱用G。

(4) 反密码子决定特异性

肽链延伸过程中正确的氨基酸的参入取决于密码子与反密码子之间的相互作用，与tRNA所携带的氨基酸无关。

(5) 密码子和反密码子之间的相互作用遵守“摆动规则”(wobble rule)

按照“摆动规则”，密码子在与反密码子在相互识别的时候，前两对碱基严格遵守标准的碱基配对规则，即A与U配对，G与C配对，最后一对碱基具有一定的自由度。但并非任何碱基之间都能配对，如果反密码子第一位碱基是A或C，则只能识别一种密码子；如果第一位碱基是G或U，则能识别两种密码子；如果第一位碱基是I，则能识别三种密码子(表16－3)。

表 16-3 摆动规则

反密码子第一个碱基	密码子第三个碱基
A	U
C	G
G	C、U
U	A、G
I	A、C、U

二、翻译的详细机制

翻译的基本步骤包括氨基酸的活化、起始、延伸、终止和释放及折叠与后加工。在翻译的机制上，古菌与真核生物更加接近。

1. 细菌的翻译

细菌的翻译比真核生物要简单，以大肠杆菌为例，各个阶段的反应如下：

(1) 氨基酸的活化

以起始氨酰-tRNA 即 N-甲酰甲硫氨酰-$tRNA_f^{Met}$的形成为例，首先是在甲硫氨酰-tRNA 合成酶的催化下，Met 与起始 tRNA 形成甲硫氨酰-起始 tRNA(Met-$tRNA_f^{Met}$)。该酶也能催化 Met-$tRNA_m^{Met}$的形成，Met-$tRNA_m^{Met}$参与肽链延伸阶段的参入甲硫氨酸的反应。随后在甲硫氨酰 tRNA 转甲酰酶(methionyl tRNA transformylase，MTF)的催化下，形成 N-甲酰甲硫氨酰-$tRNA_f^{Met}$。这一步反应是起始氨酰-tRNA 合成特有的，甲酰基供体是 N^{10}-甲酰四氢叶酸。

(2) 翻译的起始

这个阶段发生的反应主要是识别起始密码子 AUG 和形成起始复合物。参与起始阶段的有核糖体、fMet-$tRNA_f^{Met}$、mRNA 和三种起始因子(表 16-4)。细菌也使用 GUG 或 UUG 为起始密码子，有时甚至使用 AUU 或 CUG。但不管使用哪一个为起始密码子，第一个被参入的氨基酸总是甲酰甲硫氨酸。

表 16-4 细菌参与翻译的起始因子、延伸因子和终止因子的结构与功能

因 子	功 能
IF1	协助 IF3 的作用
IF2(GTP)	促进起始甲酰甲硫氨酸-tRNA 的结合和 GTP 的水解
IF3	促进核糖体的解离和与 mRNA 的结合
EF-Tu(GTP)	促进氨酰-tRNA 的进位，具 GTP 酶活性
EF-Ts	与 EF-Tu 结合，催化 GTP 取代与 EF-Tu 结合的 GDP
EF-G(GTP)	促进核糖体移位，具 GTP 酶活性
RF1	识别终止密码子 UAA 或 UAG
RF2	识别终止密码子 UAA 或 UGA
RF3(GTP)	促进 RF1 和 RF2 的作用，结合 GTP，具有 GTP 酶活性
RRF	促进 mRNA、空载的 tRNA 与核糖体的解离

起始因子的作用只限于翻译的起始阶段，它们并不是核糖体的永久成分，在进入延伸阶段之前离开核糖体。

1) 起始密码子的识别　细菌起始密码子的识别主要是依赖于 mRNA 5′-端的 SD 序列与 16S rRNA 3′-端的反 SD 序列之间的互补配对。SD 序列是一段由 4～5 个碱基组成的富含嘌呤的序列，一般位于起始密码子上游约 7 个碱基的位置，其一致序列是 UAAGGAGG。而核糖体小亚基 16S rRNA 3′-端存在一段富含嘧啶的高度保守序列，由于可以和 SD 序列互补配对，因而被称为反 SD 序列。实验证明，正是 SD 序列与反 SD 序列的互补配对，才使得 mRNA 上位于 SD 序列下游的第一个 AUG(有时是 GUG 或 UUG)可被识别，用作起始密码子(图 16-6)。

2) 起始复合物的形成　起始复合物的形成与起始密码子的识别紧密偶联在一起，起始阶段的总反应式是：

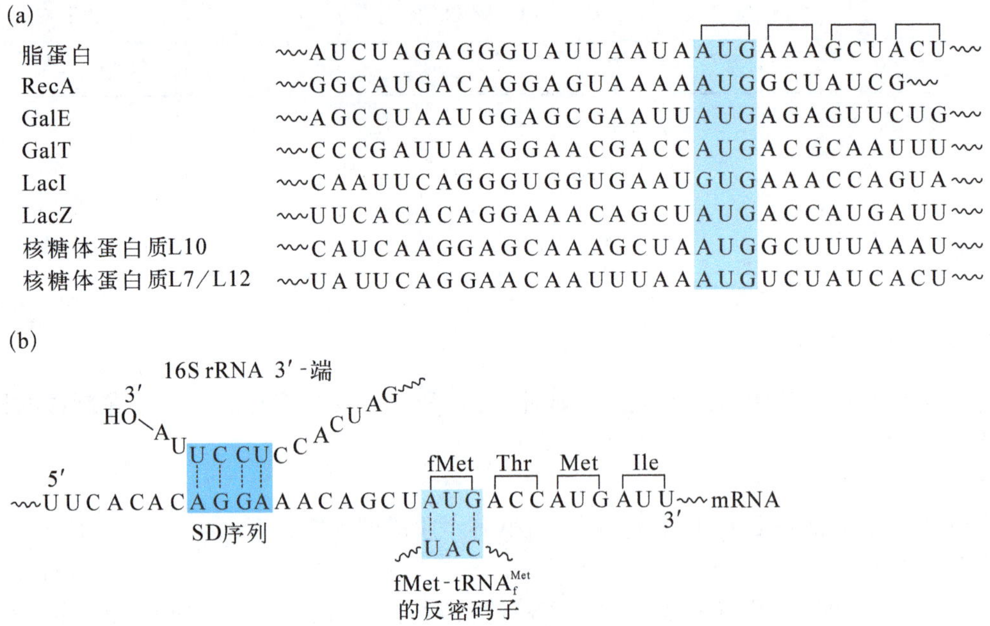

图 16-6　SD序列和反SD序列

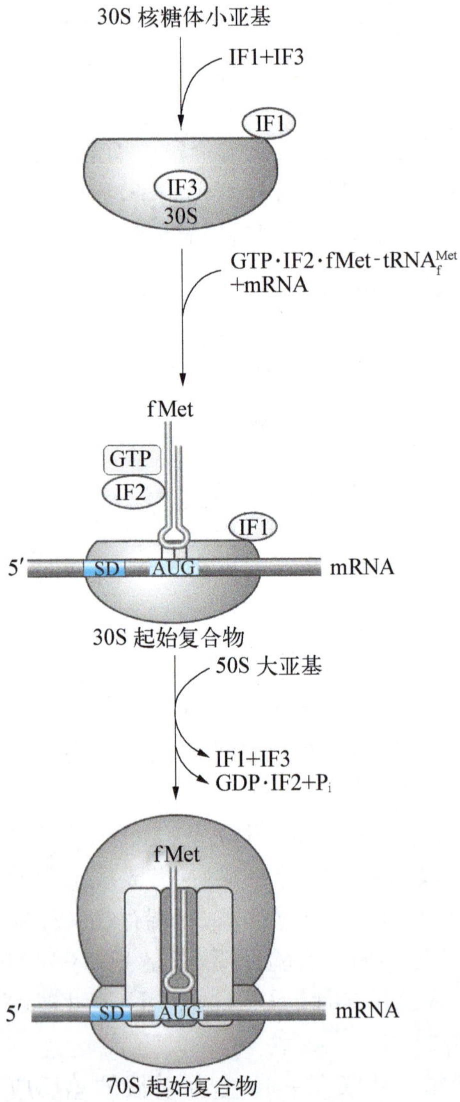

16-7　细菌蛋白质合成的起始

$$30S + 50S + mRNA + fMet\text{-}tRNA_f^{Met} + IF1 + IF2 + IF3 + GTP \rightarrow [70S \cdot mRNA \cdot fMet\text{-}tRNA_f^{Met}] + GDP + P_i + IF1 + IF2 + IF3$$

三元起始复合物形成的具体过程包括(图 16-7)：① 在 IF1 的刺激下，IF3 与 30S 亚基结合，致使其与 50S 大亚基解离，于是，IF1、IF3 与 30S 小亚基结合在一起，由于 IF1 特异性地与 30S 核糖体亚基 A 部位的底部结合，从而迫使后面的起始 tRNA 只能与 P 部位结合；② 一旦 50S 大亚基解离，IF2・GTP、mRNA 和 fMet-tRNA$_f^{Met}$就与 30S 小亚基结合；③ mRNA 通过其 SD 序列与 16S rRNA 反 SD 序列的相互作用，而使起始密码子正好位于核糖体的 P 部位；④ 起始 tRNA 经历不依赖于密码子的结合、依赖于密码子的结合和 fMet-tRNA$_f^{Met}$的调整这三步而定位到 30S 亚基的 P 部位，所有这三步可能都受到 IF2・GTP 的促进，IF2 是一种小 G 蛋白，其活性形式为 IF2・GTP，IF3 在这一步也起作用，它不仅能稳定 fMet-tRNA$_f^{Met}$与 P 位点的结合，还通过破坏错配的密码子-反密码子的相互作用而行使校对的功能。⑤ 3 个起始因子、mRNA 和 fMet-tRNA$_f^{Met}$结合到 30S 小亚基以后，先形成 30S 预起始复合物(30S preinitiation complex)，经过一定的构象变化以后转变成较稳定的 30S 起始复合物；⑥ 在 IF2 的刺激下，50S 大亚基与 30S 起始复合物结合，与此同时，IF1 和 IF3 被释放。fMet-tRNA$_f^{Met}$被调整到 P 部位正确的位置，随后 50S 大亚基作为 GTP 酶活化蛋白(GTPase activating protein，GAP)激活 IF2 的 GTP 酶活性。一旦 IF2 的 GTP 酶被激活，与它结合的 GTP 立刻被水解成 GDP 和 P$_i$，由此引发 IF2 的释放，最终导致有活性的 70S 三元起始复合物的形成。

在最后形成的 70S 起始复合物中，起始密码子正好处于 P 部位，而 fMet-tRNA$_f^{Met}$依靠密码子与反密码子的互补配对定位在 P 部位上，成为肽酰转移酶活性中心有效的底物。A 部位是空着的。mRNA 像一根细线一样，与核糖体结合。

(3) 翻译的延伸

当起始复合物形成以后，翻译即进入延伸阶段。与起始阶段不同的是，翻译的延伸机制在各翻译系统中是高度保守的，其间会多次发生由进位(entry)、转肽(transpeptidation)和移位反应(translocation)构成的循环(图 16-8)，大概平均每秒钟参入 12 个氨基酸，直至终止密码子进入 A 部位。

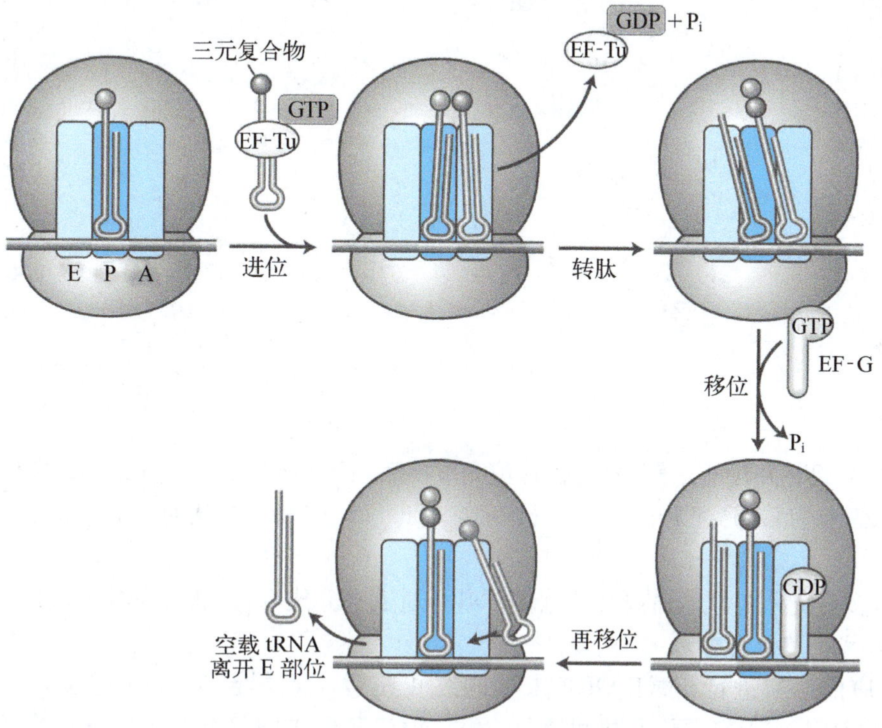

图 16-8　多肽链延伸过程中的进位转肽和移位反应

1) 进位　进位是指正确的氨酰-tRNA 在 EF-Tu·GTP 的催化下进入 A 部位。具体步骤是：首先是非起始氨酰-tRNA 与 EF-Tu·GTP 形成三元复合物后进入 A 部位；随后，tRNA 上的反密码子与 mRNA 上的密码子在 A 部位发生相互作用，以识别进入的氨酰-tRNA 是否正确；最后，正确的氨酰-tRNA 被保留并进入转肽反应，错误的氨酰-tRNA 离开核糖体。

与 IF2 一样，EF-Tu 也是一种小 G 蛋白。当 EF-Tu·GTP·氨酰-tRNA 进入 A 部位以后，核糖体大亚基上的一个特殊结构域充当 EF-Tu 的 GAP。如果正确的氨酰-tRNA 进入 A 部位，EF-Tu 所具有的 GTP 酶活性很快被激活，从而导致与它结合的 GTP 被水解成 GDP 和 P_i。EF-Tu 的构象因为 GTP 的水解而发生较大的变化，进而导致了 EF-Tu 与核糖体的解离。而 EF-Tu 的解离又引起氨酰-tRNA 在核糖体上的重新排布，有利于后面的转肽反应。

释放出来的 EF-Tu 与 GDP 结合在一起，没有活性，需要在 EF-Ts 的催化下，重新转变成为有活性 EF-Tu·GTP。因此，EF-Ts 的功能是作为鸟苷酸交换因子，催化 EF-Tu 上的 GDP 与细胞质中的 GTP 进行交换。

2) 转肽　转肽反应发生在 EF-Tu·GDP 离开核糖体之后，由属于核酶的转肽酶催化 A 部位上的氨基 N 亲核进攻在 P 部位上的氨酰基或肽酰基而形成肽键(图 16-9)。显然，第一次转肽反应发生在 fMet-$tRNA_f^{Met}$ 与第二个氨酰-tRNA 之间，以后的转肽反应发生在肽酰-tRNA 和氨酰-tRNA 之间。而且，肽键的形成与 A 部位上 tRNA 受体茎的旋转是偶联的，这使得新生肽链能通过 P 部位进入 50 亚基上的离开通道。

3) 移位　转肽反应完成以后，A 部位上是肽酰-tRNA，P 部位上是空载的 tRNA，空载的 tRNA 随后进入 E 部位。与此同时，移位反应在 EF-G 的催化下发生了，A 部位上的肽酰-tRNA 同与其结合的 mRNA 一起移动 1 个密码子的距离，为下一轮进位、转肽和移位循环做好了准备。在移位反应中，反密码子与密码子的相互作用对于防止 ORF 发生偏移是至关重要的。

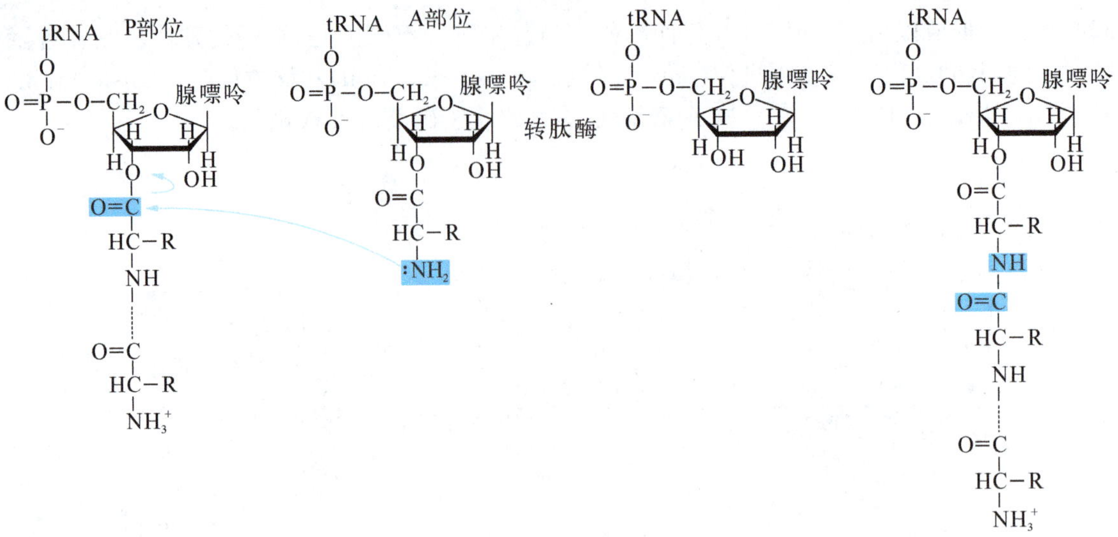

图 16-9 蛋白质合成过程中的转肽反应

在移位过程中，GTP 并没有水解，只是在移位完成以后，核糖体再次充当 EF-G 的 GAP，导致与 EF-G 结合的 GTP 水解成为 GDP 和 P_i。一旦 GTP 水解，EF-G 立刻释放，从而为下一轮延伸反应的展开创造了条件。

在延伸阶段，多肽链从离开通道离开核糖体。离开通道十分狭窄，多肽链在其中很难发生折叠。

(4) 多肽链合成的终止与释放

随着延伸反应的不断进行，位于 ORF 末端的终止密码子迟早会进入 A 部位，由于缺乏相应的氨酰-tRNA 的结合，RF1 或 RF2 便"有机可乘"，RF3 与 GTP 形成的复合物 RF3 · GTP 促进 RF1 和 RF2 的作用。RF 将自己"扮成"氨酰-tRNA，并可能将 H_2O 带入转肽酶的活性中心，在核糖体的协助下，促进 H_2O 进攻酯键，导致肽链的释放。多肽链释放以后，mRNA 和空载 tRNA 还短暂地结合在 70S 核糖体上，在 RRF 和 EF-G · GTP 的作用下它们最终与核糖体解离(图 16-10)。RRF 是细菌翻译必需的蛋白质因子，其作用方式与 EF-Tu 和 EF-G 一样，通过模拟 tRNA 形状与核糖体上的 tRNA 结合位点结合。

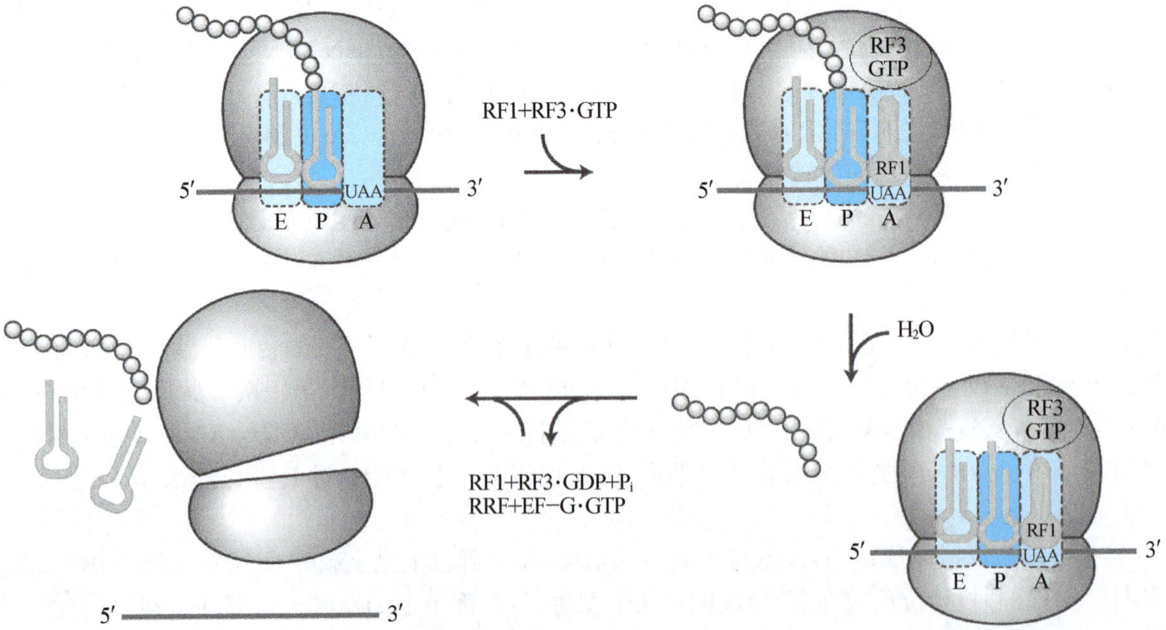

图 16-10 原核细胞多肽链合成的终止与释放

(5) 损伤 mRNA 的抢救合成(rescuing synthesis)

细菌的 mRNA 因为没有帽子和尾巴结构的保护一般很容易水解，其半衰期特别短，因此，mRNA 分子很有可能在翻译时因为降解而丢失了靠近 3′-端的终止密码子。此外，基因突变或转录错误也可以导致 mRNA 丧失终止密码子。不难设想，如果 1 个 mRNA 分子没有了终止密码子，那么翻译到最后将没有终止信号以促进核糖体的解离。

面对上述情形，细菌已发展了一套专门的机制处理这些无终止密码子的有缺陷的 mRNA，这种机制称为反式翻译(trans-translation)。反式翻译不同于一般的顺式翻译，它将两个 mRNA 翻译成一条融合的肽链，其中有一个 mRNA 分子无终止密码子，另一个 mRNA 分子是 tmRNA。

1) tmRNA 的结构与功能　tmRNA 是一种天然的嵌合体分子，含有 349～411 个核苷酸，兼有 tRNA 和 mRNA 的功能。在结构上 tmRNA 可分成两个部分，第一部分包括 5′-端(约 50 个核苷酸)和 3′-端(约 70 个核苷酸)的核苷酸，两者之间形成一段长的配对区域；第二部分由内部的核苷酸组成，包括 2 个发夹结构和 4 个假结结构。在各种 tmRNA 分子之中，第二部分的结构差别很大，但都有一个潜在的 ORF，编码约 25 个氨基酸残基。第一部分的结构非常相似，都折叠成类似 tRNA 的结构(图 16－11)，其中受体茎上的第 3 个碱基对是 GU 碱基对，这正是细菌 $tRNA^{Ala}$ 的个性。在体外，tmRNA 可以被来源于大肠杆菌或枯草杆菌的丙氨酰-tRNA 合成酶催化，形成丙氨酰-tmRNA。

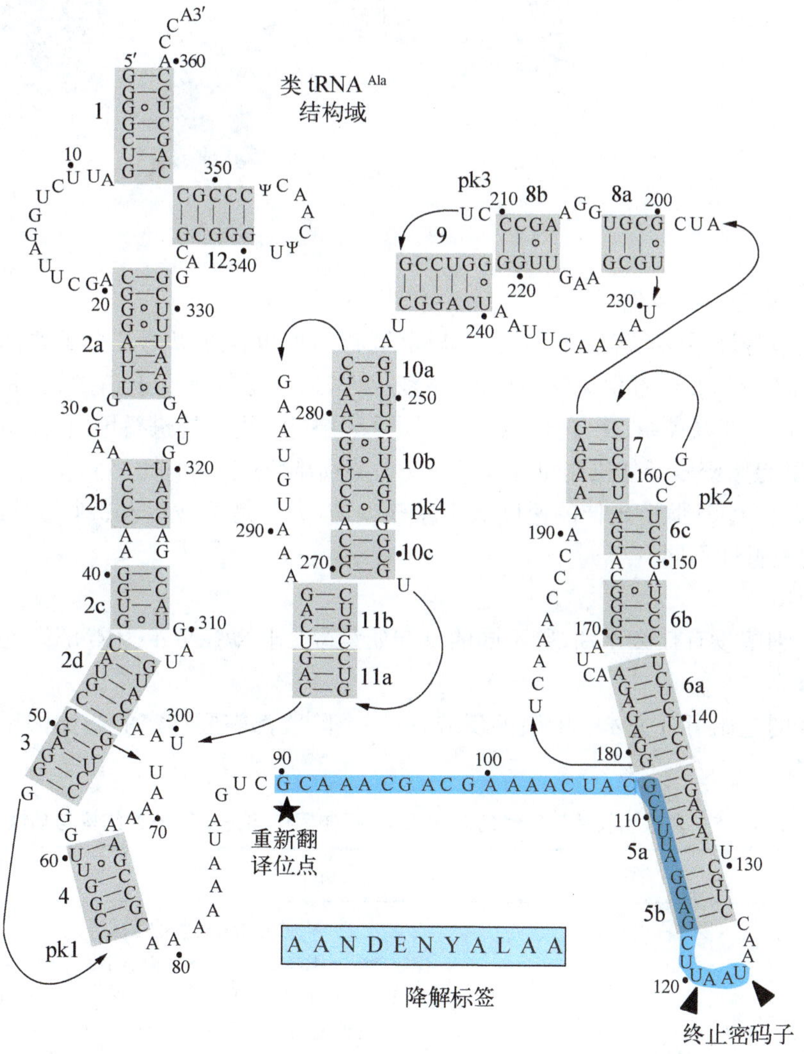

图 16－11　tmRNA 的结构

2) 反式翻译的模型　如图 16－12 所示，失去终止密码子的 mRNA 仍然有起始密码子和 SD 序列，因而核糖体照样能够结合上去，启动翻译。但由于无终止密码子，翻译会一直持续到 mRNA 3′-端最后一个密码子。由于 RF 不能进入 A 部位，肽酰-tRNA 得不到释放，继续占据 P 部位。随后，在 SsrB 蛋白的帮助下,丙氨酰-tmRNA进入A部位。在转肽酶的催化下,肽酰-tRNA与丙氨酰-tmRNA之间发生转肽反应,于是核糖体在tmRNA上新的ORF继续翻译,共翻译10个密码子后遇到了终止密码子而得以正常终止。最后释放出来的是一种融合蛋白,在C-端含有一段11肽序列——AANDENYALAA。此11肽序列实际上是一种降解标签,在被胞内的一些特殊的蛋白酶识别后发生水解,而不至于在胞内堆积,危害细胞。

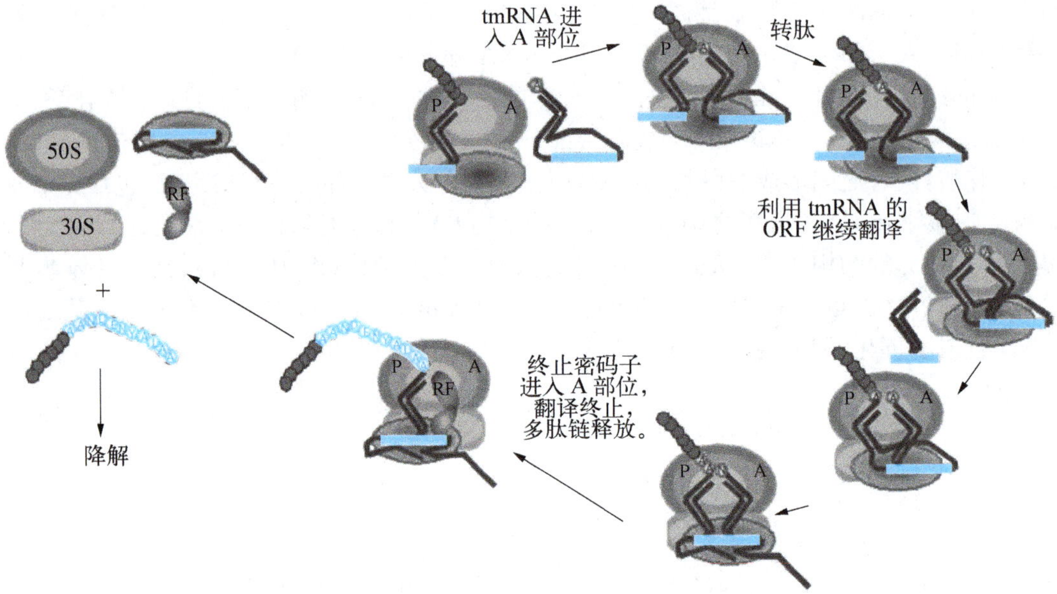

16-12 使用tmRNA的反式翻译

2. 真核生物的细胞质翻译系统

真核生物的细胞质翻译系统与细菌具有许多共同的特征,但也存在以下几个重要的差别:① 核糖体的沉降系数为80S,比细菌大;② mRNA模板的结构差别很大,通常是单顺反子,有帽子和尾巴,但没有SD序列;③ 转录和翻译不存在偶联关系;④ 起始tRNA不进行甲酰化,也不能进行甲酰化;⑤ 只能使用AUG为起始密码子,而且识别起始密码子的机制也完全不同;⑥ 起始阶段不仅消耗GTP,还消耗ATP;⑦ 起始因子的种类和结构更为复杂;⑧ 肽链延伸的速度低于原核生物,大概是每秒参入2个氨基酸;⑨ 只有2种释放因子;⑩ 对抑制剂的敏感性不同。

(1) 氨基酸的活化

此阶段的反应与细菌没有什么差别,所不同的是起始氨酰-tRNA(Met-$tRNA_i^{Met}$)并不进行甲酰化。

(2) 翻译的起始

真核生物的翻译的起始可分为4个阶段的反应,每一个阶段都需要特定的起始因子(表16-5),现分别讨论如下:

表16-5 真核生物参与翻译的起始因子、延伸因子和终止因子的结构与功能

辅助因子	功能
eIF1	促进起始复合物的形成
eIF1A	稳定Met-$tRNA_i^{Met}$与40S核糖体小亚基的结合
eIF2	依赖于GTP的Met-$tRNA_i^{Met}$与40S小亚基的结合
eIF2B	促进eIF2分子上鸟苷酸的交换
eIF2C	稳定eIF2·GTP·Met-$tRNA_i^{Met}$三元复合物
eIF3	促进核糖体的解离,促进Met-$tRNA_i^{Met}$和mRNA与40S小亚基的结合
eIF3A	促进80S核糖体的解离,结合60S大亚基
eIF4A	结合RNA,ATP酶,RNA解链酶,促进mRNA结合40S小亚基
eIF4B	结合mRNA,促进RNA解链酶活性和mRNA与40S小亚基的结合

续　表

辅 助 因 子	功　　　　能
eIF4E	结合 mRNA 的帽子结构
eIF4G	结合 eIF4A、eIF4E 和 eIF3
eIF4F(eIF4E+eIF4A+eIF4G)	结合 mRNA 帽子结构，RNA 解链酶，促进 mRNA 结合 40S 小亚基
eIF5	促进 eIF2 的 GTP 酶活性
eEF1	结合氨酰-tRNA，促进氨酰 tRNA 的进位
eEF2	促进移位
eEF3	只存在于真菌，能结合并水解 GTP 和 ATP，提高翻译的忠实性
eRF1	识别三个终止密码子
eRF2	具有 GTP 酶活性
PABP	结合 polyA 尾巴，与 eIF4G 相互作用

1) mRNA 的准备和检查　由于真核系统的 mRNA 要经历复杂的后加工，所以翻译系统首先需要对 mRNA 进行检查，以确保只有加工完好的 mRNA 才能被用作模板。参与这一步反应的起始因子为 eIF4 系列，其中 eIF4E 为帽结合蛋白，专门与 mRNA 的 5′-端的帽子结合，eIF4G 是一种双功能接头分子，既能与 eIF4E 结合，又能与结合在 3′-端尾巴上的 PABP 结合，还能结合 eIF3，使 mRNA 的 5′和 3′-端在空间上相互靠近成环(图 16－13)。

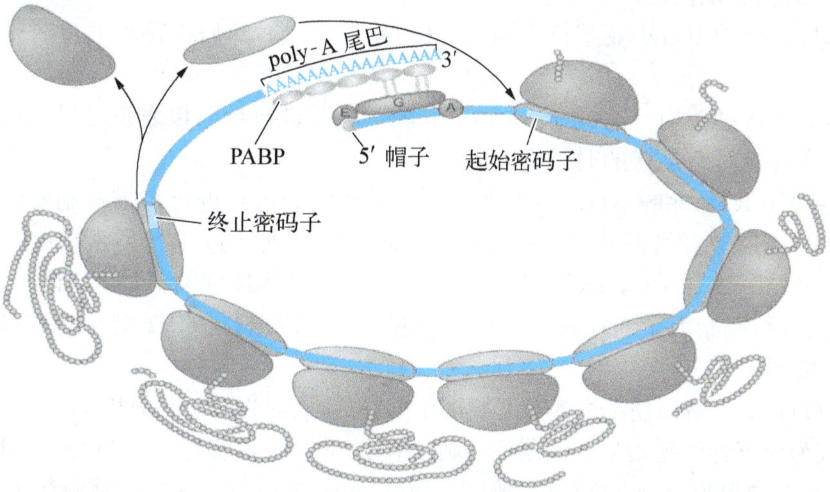

图 16－13　真核生物 mRNA 成环模型

mRNA 的环化能很好地解释 poly A 尾巴为什么能提高翻译的效率：一旦核糖体完成翻译通过 polyA 成环的 mRNA，新释放的核糖体亚基所处的位置恰到好处，非常适合在同一个 mRNA 分子上重新启动翻译。在哺乳动物中，PABP 结合到一种可以与 eIF4A 结合的 mRNA 结合蛋白——PAIP－1 上，加强 mRNA 的 5′-端和 3′-端相互作用，有助于核糖体识别并结合到 mRNA 的 5′-端。

eIF4G 与 PABP 的结合不仅保证了只有成熟的完整的 mRNA 才能被翻译，而且还将其他起始因子招募进来。例如，eIF4A 和 eIF4B。eIF4A 是一种依赖于 ATP 的 RNA 解链酶，负责破坏 mRNA 5′-端的二级结构，暴露起始密码子，为核糖体的扫描清除障碍，而 eIF4B 是一种 RNA 结合蛋白，其功能是刺激 eIF4A 的解链酶活性。

2) Met－$tRNA_i^{Met}$与核糖体 40S 小亚基的结合　参与这一步反应的起始因子有 eIF1、eIF2、eIF3、eIF1A 和 eIF5。其中，eIF1 相当于细菌的 IF1；eIF2 相当于细菌的 IF2，负责识别和结合 Met－$tRNA_i^{Met}$；eIF3 的功能是阻止 40S 小亚基与 60S 大亚基的结合；eIF5 激活 eIF2 的 GTP 酶活性。eIF1A 与 40S 小亚基结合，封闭 A 部位，防止起始 tRNA 与核糖体不正确的结合，迫使 eIF2・GTP 招募 Met－$tRNA_i^{Met}$以后只与 P 部位结合。eIF2・GTP 与 Met－$tRNA_i^{Met}$结合以后，再与 eIF1・eIF3・eIF5 结合，最后一起与 40S 小亚基结合，形成 43S 预起始复合物(图 16－14)。

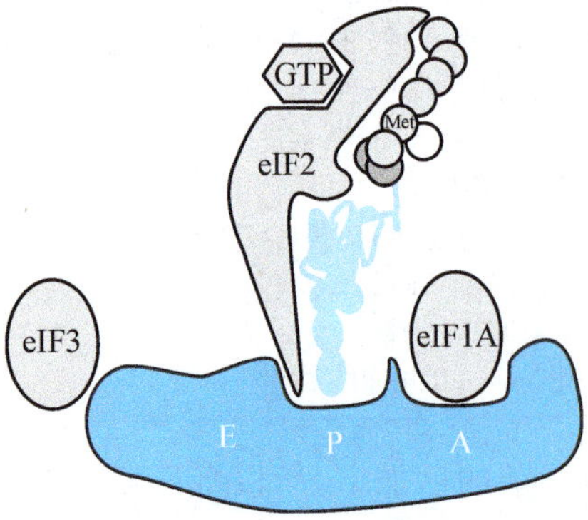

图 16-14 Met-tRNA$_i^{Met}$与核糖体 40S 小亚基的结合

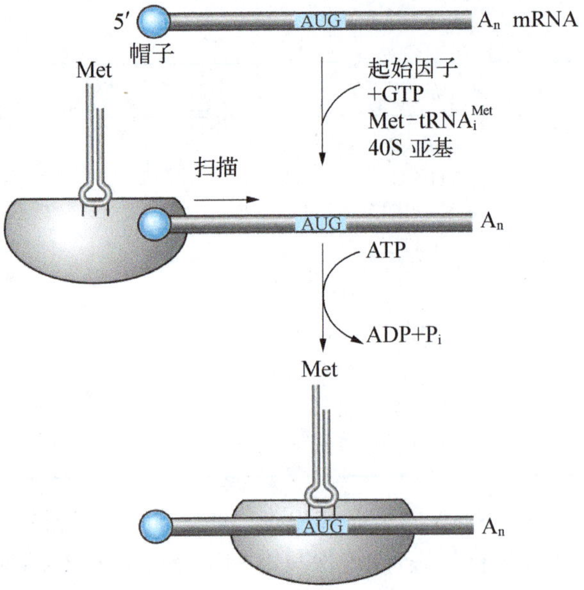

图 16-15 真核翻译系统发现起始密码子的扫描机制

3) 43S 预起始复合物与 mRNA 复合物结合通过扫描发现起始密码子　真核生物蛋白质合成起始过程与细菌一个十分重要的差别是核糖体小亚基识别翻译起始位点的方式不同，细菌的 30S 小亚基直接与翻译起始位点结合，而真核生物的 40S 小亚基首先识别 mRNA 的 5′-端，然后再移动通过"扫描"机制发现翻译起始位点(图 16-15)。

在扫描中，起始 tRNA 通过对反密码子/密码子的碱基配对进行校对以发现 AUG，eIF2 的 GTP 酶活性被认为充当计时器，允许校对有足够的时间。

几乎所有的细胞质 mRNA 和病毒 mRNA 都有 5′-帽子结构，这是进行扫描机制发现起始密码子的必需条件。但是少数病毒 mRNA(如脊髓灰质炎病毒)没有帽子结构，而通过 40S 小亚基直接与内在的核糖体进入位点(internal ribosome entry site, IRES)结合，完全避开 5′-UTR 内的 AUG 密码子。

4) 60S 亚基的结合与起始因子的释放　一旦起始密码子被识别，与 eIF2 结合的 GTP 被水解成 GDP 和 P_i。eIF2 水解 GTP 需要 eIF5。

与 eIF2 结合的 GTP 的水解促使绝大多数起始因子的释放，同时促成 eIF5B 的 GTP 酶的组装。于是 GTP 受到 eIF5B 的水解成为检查翻译起始复合物是否正确装配的最后一道程序。一旦与 eIF5B 结合的 GTP 被水解，还留在 40S 小亚基上的起始因子立刻释放，随后，60S 大亚基加入，形成完整的翻译起始复合物。

释放出来的 eIF2 · GDP 必须再生成 eIF2 · GTP 以后，才能进入下一轮翻译的起始。eIF2B 充当 eIF2 的 GEF，促进细胞质中的 GTP 取代和 eIF2 结合的 GDP。

(3) 肽链的延伸

真核翻译系统在第三个阶段的反应也是不断地经历进位、转肽和移位的循环，只是由 eEF1 代替了细菌中的 EF-Tu 和 EF-Ts，eEF2 代替了 EF-G。真菌还需要第三种延伸因子——eEF3，该延伸因子的作用是能促进空载的 tRNA 从 E 部位释放，从而刺激氨酰-tRNA 进入 A 部位。

(4) 多肽链的释放和翻译的终止

真核翻译系统第四个阶段的反应与原核系统也很相似，但只有 2 个释放因子参与，此外还未发现有 RRF。

eRF1 能识别 3 种终止密码子，其作用机制也是使用分子模拟与核糖体结合。eRF1 单独不能作用，需要和 eRF3 形成异源二聚体。eRF3 也是一种小 G 蛋白，其功能相当于细菌中的 RF3。

(5) mRNA 的质量控制

细胞内的 mRNA 并不总是正常的，基因突变、转录错误或后加工异常等因素会导致一个 mRNA 分子在原来的 ORF 内提前出现终止密码子(premature stop codon, PTC)或者没有终止密码子(nonstop)，这些异常的 mRNA 翻译出来的蛋白质可能无功能，甚至也可能对细胞有害。为了及时清除异常 mRNA 可能产生的危害，真核细胞已经进化和发展出两套高度保守的 mRNA 质量控制(quality control)或 mRNA 监视(mRNA surveillance)机制，来处理这些异常的 mRNA：① 无义介导的 mRNA 降解机制——专门处理含有

PTC 的 mRNA；② 无终止 mRNA 降解——专门处理无终止密码子的 mRNA。

三、翻译的抑制剂

翻译是维持细胞的正常功能所必需的，如果受到抑制必然会影响到细胞的生存。自然界有各种各样的蛋白质合成抑制剂，绝大多数作用位点是核糖体，也有作用于起始因子或延伸因子。根据抑制的对象，抑制剂通常可以分为以下三类。

1. 细菌翻译系统的抑制剂

这一类抑制剂大多数是抗菌素类药物，如链霉素（streptomycin）、氯霉素、林可霉素（lincomycin）、稀疏霉素（sparsomycin）、黄色霉素（kirromycin）、红霉素（erythromycin）和四环素（tetracycline）等，作用对象是细菌翻译系统，真核生物和古菌则一般不敏感。但是，如果用量过大，细胞器翻译系统也会受到抑制，在这种情况下，真核细胞的功能同样受到影响，这是许多抗菌素产生副作用的主要原因。

链霉素是一种氨基糖苷类（aminoglycosides）抗菌素，在低浓度下，能导致核糖体误读 mRNA，这时它只会抑制敏感菌的生长，但不会杀死敏感菌；在高浓度下，链霉素则完全抑制了翻译起始，敏感菌会被杀死。氯霉素是一种广谱抗生素，它与林可霉素和稀疏霉素一样与核糖体 50S 大亚基结合，抑制原大亚基的肽酰转移酶活性。四环素也是一种广谱抗菌素，它与小亚基结合而抑制氨酰- tRNA 结合，它也能抑制 ppGpp 的合成而解除严谨反应（参看原核生物基因表达的调控）。红霉素作用位点是 50S 大亚基上的多肽离开通道，阻断正在生长的肽链的离开，从而阻滞翻译。

2. 真核翻译系统的抑制剂

这类抑制剂能抑制真核翻译系统，有的还能抑制古菌翻译系统，但不抑制细菌翻译系统。例如：白喉毒素（diphtheria toxin，DT）、蓖麻毒素（ricin）、放线菌酮（cycloheximide）、茴香霉素（anisomycin）和 α -帚曲霉素（α - sarcin）。

DT 是由一种感染白喉杆菌的溶源性噬菌体产生的外毒素，在进入真核细胞后催化 NAD^+ 上的 ADP -核糖基转移到 eEF2 的一个被特殊修饰的 His 残基上而使其失活，从而导致移位反应不能发生，它也能抑制古菌翻译系统核糖体的移位。细菌相当于 eEF - 2 的 EF - G，不存在这种特殊修饰的 His 残基，因而不会被 ADP -核糖基化，也就不会受到它的抑制。

蓖麻毒素是存在于蓖麻籽之中的一种毒蛋白，它在真核细胞内作为一种特异性的 N -糖苷酶切下 28S rRNA上的一个腺嘌呤，导致核糖体失活；α -帚曲霉素是由一种真菌产生的毒素，在真核细胞内作为一种特异性的核酸酶切断 28S rRNA，从而导致氨酰- tRNA 与核糖体的结合受到抑制；茴香霉素和放线菌酮的抑制原理相似，都是与真核生物核糖体大亚基结合，抑制其转肽酶活性。

3. 既抑制原核翻译系统又抑制真核翻译系统的抑制剂

少数抑制剂既能抑制原核生物又能抑制真核生物的蛋白质合成，如嘌呤霉素，它的分子结构与氨酰- tRNA 非常相似（图 16 - 16），因此在翻译的时候能够进入 A 部位，在肽酰转移酶催化下，形成肽酰嘌呤霉素，然而形成的肽酰嘌呤霉素并不能进行移位反应，而是不久与核糖体解离，一旦解离下来，肽链的合成便提前结束。

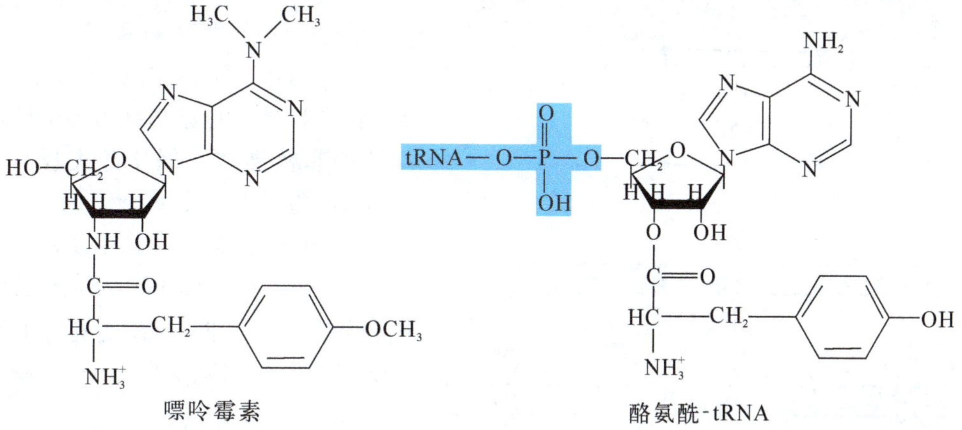

图 16 - 16　嘌呤霉素的化学结构

第三节 多肽链折叠与翻译后加工

不论是原核生物还是真核生物，在细胞中直接翻译出来的产物通常是没有功能的，必须经历适当的后加工反应，才能最终成为有特定三维结构的功能分子。此外，不同的蛋白质在细胞中最后的定位也并不相同，需要通过共翻译或翻译后定向(targeting)与分拣(sorting)才能各就各位、各尽其职。

一、翻译后加工

翻译后加工并不是一定要等到翻译结束以后才可以进行。事实上，很多后加工反应在多肽链还没有从核糖体上释放出来的时候就已经开始。在翻译期间，位于多肽离开通道的多肽片段由于受到核糖体的保护，一般不会被后加工。一旦它们从离开通道"探出头来"，就可能经历各种形式的翻译后加工。

翻译后加工的主要方式有：多肽链的剪切、N-端添加氨基酸、氨基酸残基的修饰、二硫键的形成、添加辅助因子、多肽链的折叠和四级结构的形成。

1. 多肽链的剪切

绝大多数蛋白质必须经过特定的修剪或/和剪切反应，去除一些氨基酸序列以后才能成为有功能的分子。对多肽链的切割是在特定的蛋白酶催化下进行的，例如：存在于分泌蛋白N-端信号序列的切除由专门的信号肽酶催化，N-端氨基酸的切除由专门的甲硫氨酸-氨肽酶(Met - aminopeptidase)催化。

以胰岛素(insulin)为例，其最初的前体是单一肽链——前胰岛素原(preproinsulin)，需要前后经历两次剪切反应，分别去除N-端信号序列和内部的连接肽(connecting peptide，C肽)序列之后，才能最终成为由A链和B链组成的有活性产物(图16-17)。

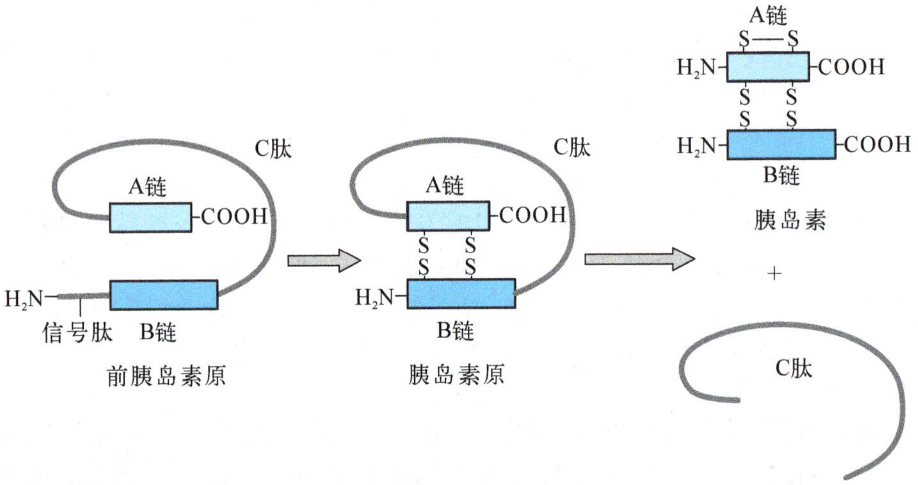

图16-17 前胰岛素原的后加工

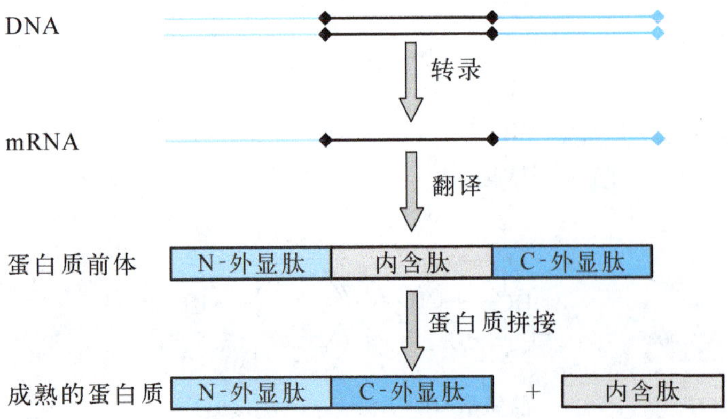

图16-18 蛋白质剪接图解

2. N-端添加氨基酸

某些翻译好的蛋白质在特定的条件下，可在N-端添上额外的氨基酸残基，但添加氨基酸的场所并非核糖体。催化此类反应的酶是氨酰-tRNA：蛋白质转移酶(aminoacyl - tRNA protein transferases)，其中氨酰-tRNA是氨基酸残基的供体。例如有一种精氨酰-tRNA：蛋白质转移酶，可催化精氨酰-tRNA分子中的Arg残基转移到靶蛋白分子的N-端。

3. 蛋白质剪接

蛋白质剪接是指将一条多肽链内部的一段

氨基酸序列切除,同时将两端的序列连接在一起的后加工方式(图16-18)。被切除的肽段称为内含肽(intein),被保留并连接在一起的肽段称为外显肽(extein)。

已在几十种不同类型的蛋白质中发现了150多个内含肽。这些内含肽长度不等,仅存在于单细胞生物。有的蛋白质的内含肽还不止一个。

关于蛋白质剪接的分子机制,一般认为属于自催化反应,自我剪接必需的顺式元件位于内含肽的两端。

4. 个别氨基酸残基的修饰

氨基酸残基的修饰主要发生在各种氨基酸残基侧链上,有时也发生在N-端的氨基或C-端的羧基上。对氨基酸残基的修饰不仅可以改变蛋白质的理化性质,更重要的是可调节酶或蛋白质的活性。

常见的共价修饰的方式有:磷酸化、乙酰化、甲基化、羧基化、羟基化、糖基化、核苷酸化、脂酰基化、酰胺化、泛酰化、碘基化等。

5. 形成二硫键

许多胞外蛋白质含有二硫键,这种连接只有在蛋白质正确折叠以后才被最终建立起来。正确的二硫键的形成需要蛋白质二硫键异构酶(protein disulfide isomerase, PDI)的帮助。

6. 添加辅助因子

许多蛋白质或酶在合成以后必须与相应的辅助因子结合才有生物活性,例如,绝大多数羧化酶需要与生物素结合,血红蛋白需要与血红素辅基结合,金属蛋白需要与特殊的金属离子结合,黄素蛋白要与FAD或FMN结合。

7. 多肽链的折叠

任何蛋白质的功能与其正确的三维构象是分不开的。1953年,Anfinsen所做的核糖核酸酶体外变性和复性实验已表明,蛋白质的一级结构决定其高级结构,即一种多肽链正确折叠的信息包含在其一级结构之中。然而,细胞内的蛋白质浓度、温度和离子强度的条件与体外的人工条件差别很大,例如,线粒体基质内的蛋白质浓度非常高,其自由水的含量低到一个蛋白质晶体内的水的含量。体内这样的条件显然不适于蛋白质折叠反应,倒更适合于蛋白质的聚合。正因为如此,细胞内绝大多数蛋白质的折叠需要一些特殊的蛋白质"帮手"(helper protein)的帮助,这些特殊的蛋白质帮手统称为分子伴侣(molecular chaperon)。

分子伴侣是体内许多蛋白质的成功折叠、组装、运输和降解所必需的。其主要功能包括两方面:一方面是防止新生肽链错误的折叠和聚合。分子伴侣能够与不完全折叠或组装的蛋白质结合,通过与多肽链上被暴露的疏水区域结合,防止不完全折叠蛋白质之间非特异性的聚合;另一方面则是帮助或促进这些肽链快速地折叠成正确的三维构象,并成为具有完整结构和功能的多肽或蛋白质,有时则是暂时阻止多肽链的折叠,以维持多肽链一种伸展的构象,这种伸展的构象对于蛋白质的跨膜转移十分重要。然而,分子伴侣并不是"终身伴侣",当它们帮助其他蛋白质形成正确的构象以后,自身并不作为最终结构的一部分。

根据折叠是否需要分子伴侣以及需要何种分子伴侣,细胞内的蛋白质折叠一般可分为三条途径:① 不依赖于分子伴侣的折叠;② 受热激蛋白70(hot shock protein 70, Hsp70)帮助的折叠;③ 受Hsp70和伴侣蛋白(chaperonin)复合物帮助的折叠(图16-19)。

细胞内的分子伴侣主要包括Hsp70家族和伴侣蛋白家族。Hsp70为单体蛋白,在由Hsp70帮助的折叠途径中,Hsp70与还在核糖体上的新生肽链结合,识别肽链上暴露在外的富含疏水氨基酸残基的区域,并与其结合阻止疏水区域的非法聚合,维持多肽链的去折叠或部分折叠的状态直到正确的相互作用能够发生。折叠的完成需要蛋白质从Hsp70释放出来,而释放需要能量,这由ATP的水解来驱动。

伴侣蛋白为大的多亚基蛋白,包括Hsp10和Hsp60两类。与Hsp70不同的是,伴侣蛋白形成笼状的结构,将部分折叠的蛋白质彼此隔离开来,提供了一种理想的折叠环境,使它们各自进行折叠,而不会"非法"聚合在一起。

除了分子伴侣之外,体内还有很多蛋白质的折叠还需要PPI或PDI的帮助。PPI的作用是催化多肽链中X-Pro之间形成的肽键进行顺式与反式的转换,以推动肽链快速地折叠(图16-20)。PDI的功能是催化含有二硫键的蛋白质快速、正确地形成二硫键。

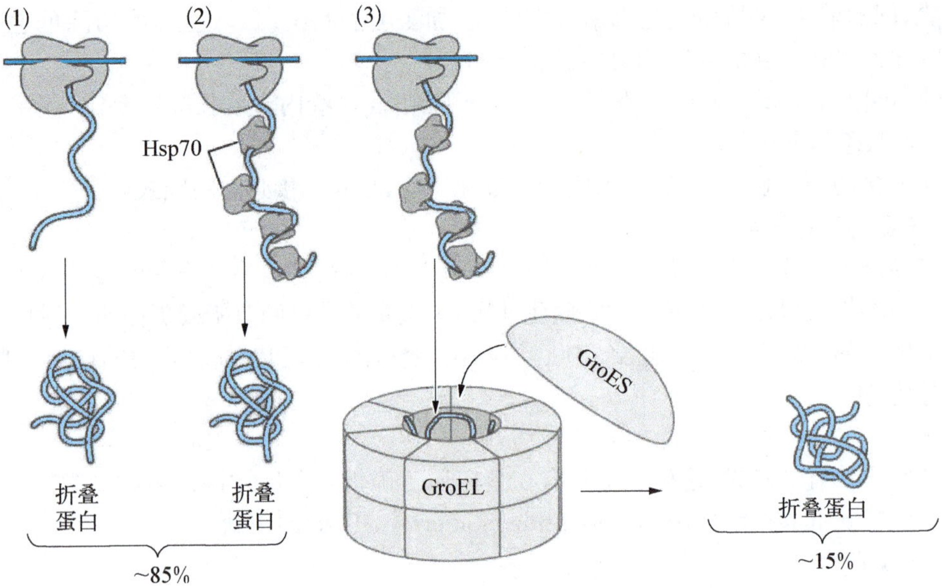

图 16-19 蛋白质折叠的三条途径

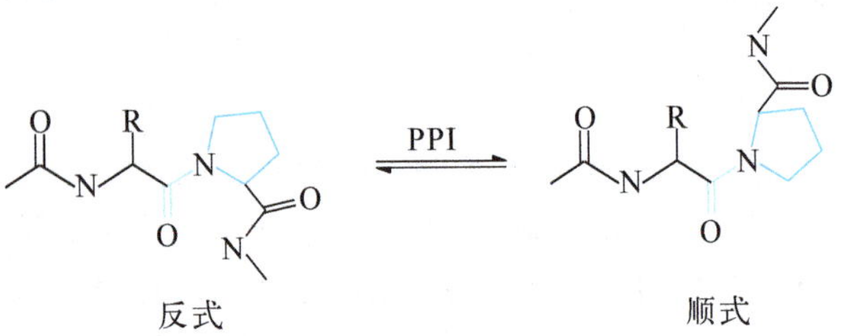

图 16-20 PPI 催化的反应

8. 四级结构的形成

四级结构的形成是一种自组装过程，通常需要分子伴侣的帮助。分子伴侣所起的作用是暂时与亚基结合，保护亚基的疏水表面，防止它们“非法”聚集，直至各亚基有机会接触，因为亚基可能由不同的基因编码，而且表达的速度也可能有差别。

框 16-1 生化研究动态——窥探伴侣蛋白的内部

我们都听过丑小鸭变成黑天鹅的故事。如果把丑小鸭的变化比作是蛋白质折叠的话，显然变成黑天鹅是错误折叠，而错误折叠形成的黑天鹅是飞不起来的。

在我们的细胞里，每时每刻都有新合成的蛋白质在进行折叠。但它们只有正确地折叠，才能行使其正确的功能。若是错误折叠，可导致疾病的发生。一些神经退化性疾病，如老年型痴呆和克雅氏病就是蛋白质错误折叠惹的祸。对于蛋白质错误折叠引发的疾病，目前还没有什么好的治疗方法。但如果我们能搞清楚一种蛋白质折叠的分子机制，也许就能设计出治疗这些疾病的方法，甚至可以提前阻止它们的发生。

然而要搞清楚一种蛋白质的折叠机制并非易事，原因是细胞内许多重要蛋白质的折叠躲在暗处，在一个细小的分子小室内进行。帮助蛋白质折叠的分子小室由伴侣蛋白组成，这种蛋白质存在于所有的生物体内，呈桶状，由两个环状的小室垛叠而成，每一个环状小室带有一个可以开关的盖子。当一个蛋白质被伴侣蛋白抓住，盖子会打开让它进去。随后，盖子合上，蛋白质便在里面“尽情地”折叠。而一旦折叠好，盖子会再次打开，蛋白质随之而去(图 16-21)。但是，蛋白质究竟在里面怎样折叠的呢？理论上，可能有两种折叠的方式：一种是机械的手段，即小室握住蛋白质，用力将其推向正确的构象；另一种是一旦盖子合上，小室就松开蛋白质，但小室内特殊的化学环境可促使其折叠。那么，究竟哪一种机制正确呢？

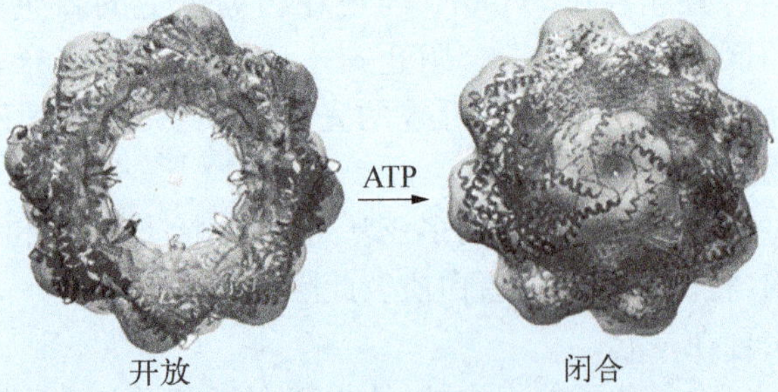

图 16-21 TRic 的两种状态

要判断蛋白质究竟是通过哪一种方式进行折叠的，

必须想方设法刺探到小室的内部，去直接观察折叠的过程。但简单地揭开其顶盖显然不行，原因是整个折叠小室的构象会随着盖子的移动而变化。当盖子像照相机的光圈一样以螺旋式的方式打开的时候，就会带动小室的壁螺旋状开放，这时蛋白质会从壁上的缝隙中"溜走"。

2008年，斯坦福大学的Frydman等在研究真核细胞的伴侣蛋白TRiC的时候，发明了一种方法，可让其盖子打开的时候，不会"惊动"小室的壁。TRiC是真核细胞内一种非常重要的伴侣蛋白，大概有10%的蛋白质需要通过它进行折叠，如肌动蛋白和微管蛋白。当TRiC无盖的小室闭合的时候，TRiC只是将进来需要折叠的蛋白质释放，就像一个长长的气球，在被折叠成长颈鹿之前从小孩的手中松开，并随风飘走一样。当一个蛋白质分子被TRiC抓住以后，小室壁上有8个结合位点与它结合，每一个结合位点之间是一个小环。那蛋白质是如何得以释放的呢？Frydman认为，在小室闭合的时候，环发生了移动，而使得结合的蛋白质释放出来。为了证实他的观点，他将小环进行了突变，结果发现TRiC照样可以闭合，但蛋白质却释放不出来，也就折叠不了。由此可见，TRiC伴侣蛋白似乎提供了一种独特的化学环境，使里面的蛋白质能正确地折叠，这不同于伴侣蛋白的第一种折叠机制。

二、蛋白质翻译后的定向与分拣

一个活细胞每时每刻都在同时合成多种不同的蛋白质，合成它们的主要场所是细胞质，然而不同的蛋白质在合成好以后最后在细胞中的定位不一定相同，例如，组蛋白进入细胞核，细胞色素c进入线粒体，而蛋白类激素则被分泌到细胞外，蛋白质合成以后所经历的这种转移和定位的过程被称为定向与分拣(图16-22)。任何蛋白质的定向与分拣都应该是精确无误的，否则会影响到细胞的正常功能，严重的可导致细胞的死亡。

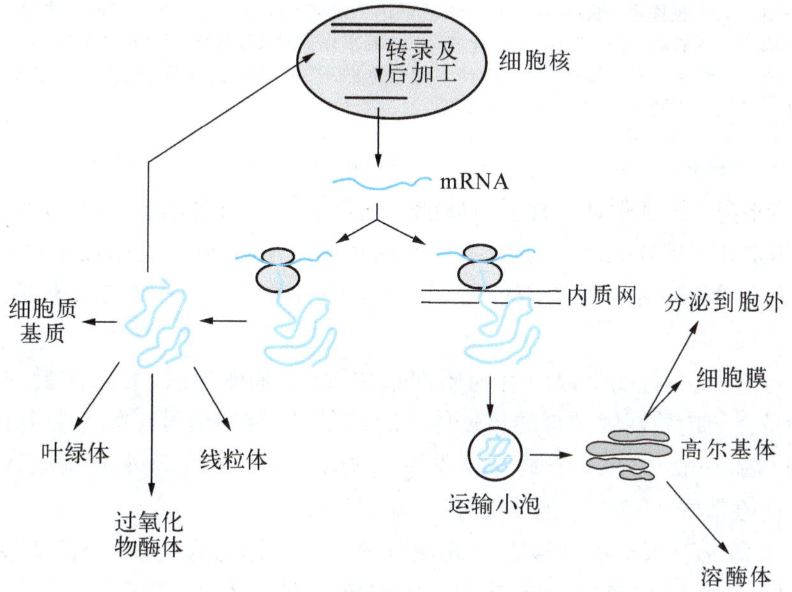

图16-22 蛋白质的不同分拣路径

一般用由Blobel和Dobberstein于1975年提出的信号学说(signal hypothesis)解释蛋白质的定向和分拣。其主要内容是：各种蛋白质在细胞中的最终定位由多肽链本身所具有的特定氨基酸序列决定，这些特殊的氨基酸序列起着一种信号向导的作用，因此被称为信号序列。在某种意义上，一个蛋白质分子上的信号序列相当于它特有的"分子邮政编码"。如果一个蛋白质缺乏任何一种信号序列，则会留在其"默认"的位置——细胞质基质，如参与糖酵解和磷酸戊糖途径的酶以及细胞骨架蛋白等。

目前至少已发现两类指导蛋白质分拣的信号(图16-23)：① 信号肽(signal peptide)。为一段在一级结构上连续的氨基酸序列，通常有15～60个氨基酸残基，它们有的在N-端，有的在C-端，有的在多肽链的内部，还有的蛋白质不止一种信号序列(表16-6)，这类信号肽序列通常在蛋白质分拣完成以后被信号肽酶(signal peptidase)切除，引导蛋白质从细胞质基质进入内质网、高尔基体、胞外、细胞核、线粒体、叶绿体和过氧化物酶体的分拣信号属于信号肽序列；② 信号斑(signal patch)，存在于已折叠的蛋白质中，是蛋白质在完成折叠以后，在其表面形成的由来自不同区域的氨基酸序列组合在一起的三维分拣信号，例如，引导蛋白质定向运输到溶酶体的就是信号斑。

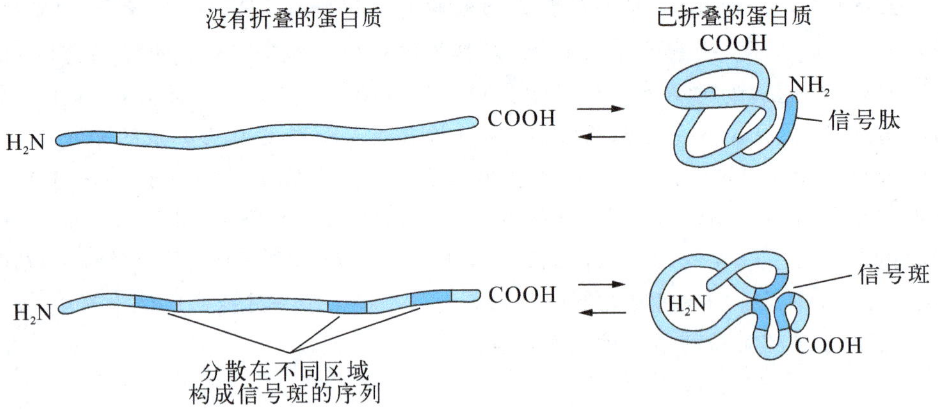

图 16-23 信号肽和信号斑

表 16-6 常见的定位信号

细胞器	信号位置	信 号 特 征
经过内质网	N-端	富含疏水氨基酸，在靠 N-端一侧含有一个或几个碱性氨基酸，在靠信号肽切点含有小的中性氨基酸(如 Gly 或 Ala)
滞留内质网	C-端	KDEL 或 HDEL(酵母)
线粒体	N-端	被称为导肽；含有 3～5 个非连续的 Arg 或 Lys；经常含有 Ser/Thr；从来没有酸性氨基酸
叶绿体	N-端	被称为输送肽；一般富含 Ser/Thr 和小分子疏水氨基酸；无酸性氨基酸
细胞核	内部	一簇碱性氨基酸，如 SV40 T 抗原的 KKKRK 序列，或者两小簇由 10 个氨基酸相隔的碱性氨基酸序列
溶酶体	内部	共价相连的甘露糖-6-磷酸
过氧化物酶体	C-端	SKF 或 SKL

光凭上述分拣信号本身并不能保证一种蛋白质能到达最后的目的地，细胞内必须存在一种识别和利用分拣信号的机制。根据识别和利用分拣信号的机制，细胞内蛋白质定向、分拣的途径分为两条，一条为共翻译途径——在翻译延伸还没有结束的时候就被启动，另一条为翻译后途径——需要在翻译结束以后才被启动。

1. 共翻译途径

通过此条途径进行定向、分拣的蛋白质有内质网蛋白、高尔基体蛋白、溶酶体蛋白、细胞膜蛋白和分泌蛋白。这些蛋白质都是在与内质网膜结合的核糖体上合成的，含有的信号序列主要是内质网信号序列。此类信号序列存在于 N-端，一般含有 20 个氨基酸残基，中部由 12～14 个疏水氨基酸残基组成的疏水片段，前端为带正电荷的碱性氨基酸残基，末端则是富含 Ala 的片段。

由于内质网信号序列位于 N-端，所以总是先被翻译。当翻译达到约 80 个氨基酸残基的时候，信号序列便从离开通道里伸出，突出在核糖体的表面，被细胞中的一种特殊成分——信号识别颗粒(signal recognition particle, SRP)识别和结合，由此启动共翻译分拣途径。

SRP 是一种特殊的核糖核酸蛋白颗粒，在叶绿体和细菌中也有发现。哺乳动物的 SRP 含有 1 分子的 7SL RNA 和 6 种大小不同的多肽。

在共翻译分拣途径中，SRP 作为一种双功能接头分子，一方面通过 SRP54 上的一个大的疏水口袋与信号序列结合，另一方面能够与内质网膜上的 SRP 受体(SRP receptor, SR)结合。SR 属于膜内在蛋白，由两个亚基组成，这两个亚基都具有潜在的 GTP 酶活性。

由 SRP 介导的共翻译分拣途径的主要过程是(图 16-24)：① 一旦信号序列从核糖体暴露出来，SRP 即与其结合，形成核糖体-新生肽链-SRP 复合物(ribosome-nascent chain-SRP complex, RNC-SRP)；② SRP上的 Alu 结构域促使肽链延伸暂停；③ 暂停使得核糖体在翻译继续之前有足够的时间与内质网膜结合，很快 RNC-SRP 复合物扩散到内质网膜而停靠到 SRP 受体上；④ 以 GTP 结合的 SR-β 作用 RNC-

SRP 复合物，诱导信号肽转移到移位子(translocon)；⑤ SRP 和 SR-α 相互激活对方的 GTP 酶活性。一旦 GTP 水解，SRP 与 SR 解离，翻译延伸得以继续。信号序列通过膜上的移位子开始内质网腔内转移。当信号序列穿过膜后，不久就被位于内质网膜内侧的信号肽酶切下，而新生肽链继续延伸，进入内质网的部分会进行糖基化修饰，同时在 Hsp70 和 PDI 帮助下，折叠成正确的构象(图 16-24)。

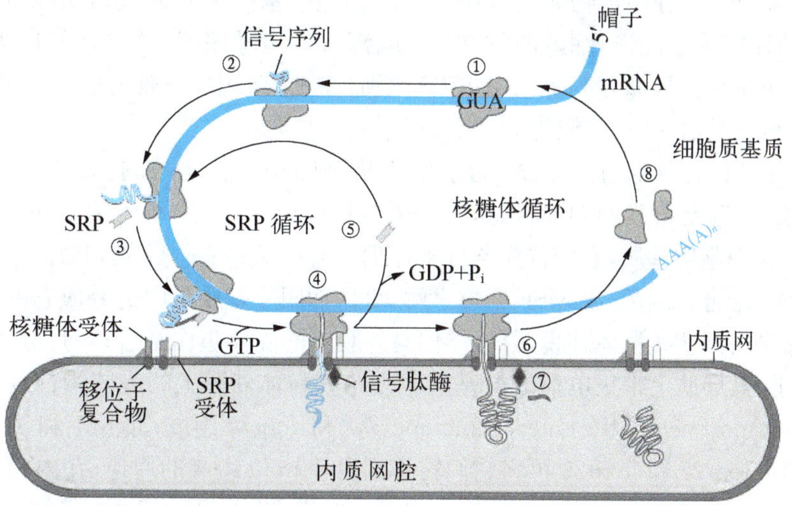

图 16-24 SRP 介导的蛋白质定向、分拣过程

调节蛋白质穿过内质网膜运输的移位子为 Sec61 复合物。Sel61 复合物由 4 个蛋白质复合物组成，含有水溶性的孔道，形如面包圈，而每 1 个蛋白复合物又由 4 个蛋白质组成。

在 Sec61 复合物与核糖体结合以后，其中央孔道与大亚基上肽链离开通道实行对接，而信号序列触发了移位子中央孔道的开启，于是从核糖体上伸出来的肽链进入移位子的中央孔道进行转移。蛋白质像线一样以环的形式连续地通过膜，到一定阶段，信号序列被信号肽酶切除。如果没有其他信号序列，C-端通过移位子，蛋白质即被释放到内质网腔。

膜蛋白的移位过程与可溶性蛋白有所差别，因为膜蛋白还可能含有另外一种信号序列——停止转移序列(stop-transfer sequence)，该序列由 20 个左右的疏水氨基酸组成，其作用是阻止肽链的 C-端通过移位子，使肽链最后能够锚定在膜上。

对于绝大多数通过共翻译途径转移的蛋白质而言，内质网并非是它们的终点站，它们在进入内质网以后，还要向下游(如高尔基体、溶酶体、细胞膜和细胞外等)继续转移，相邻站点之间的转移通过小泡运输的方式进行。

实际上，蛋白质每进入一个站点，都会面临两种选择：是继续向下一站转移、还是以此为终点站？实验证明，在 C-端含有 KDEL 序列的可溶性蛋白质以内质网腔为终点，在 C-端含有 KKXX(X 为任何氨基酸残基)序列的跨膜蛋白以内质网膜为终点，没有 KDEL 序列或 KKXX 序列的蛋白质将从内质网通过小泡运输转移到高尔基体。然而，不论是 KDEL 序列，还是 KKXX 序列，均不能保证含有该序列的蛋白质不会被运输到高尔基体。问题是，如果它们误入了高尔基体，细胞还有没有什么补救的措施？事实上，在它们误入到高尔基体以后，含有 KDEL 序列或 KKXX 序列的蛋白质在其中与特定的受体蛋白结合，被选择性打包到特定运输小泡，然后再返回到内质网。

以溶酶体为终点站的各种水解酶在进入高尔基体以后，依赖于其上的信号斑而在其共价相连的 N 寡糖链上加上一个或多个甘露糖-6-磷酸(mannose 6-phosphate, M6P)。M6P 是进入溶酶体的信号，位于高尔基体反面(trans side，远离细胞核一侧)膜上的 M6P 受体蛋白能够识别并结合这种信号。在网格蛋白(clathrin)的帮助下，该区域的高尔基体膜以出芽的形式被打包成分拣小泡(sorting vesicle)。分拣小泡与次级内体(late endosome)融合，并最终转变为溶酶体。内体内更低的 pH 引起受体与水解酶解离，同时位于 M6P 上的磷酸根被水解下来。与水解酶解离的受体重新回到高尔基体循环使用。

分泌蛋白和细胞膜蛋白由于无 M6P，就集中在高尔基体其他的区域，同样以出芽的方式形成与细胞膜融合的分泌小泡。分泌小泡在与质膜融合以后，分泌蛋白被释放到胞外，而整合在小泡膜上的蛋白变成了细胞膜蛋白。

2. 翻译后途径

通过此条途径进行定向、分拣的蛋白质由细胞核基因编码，定位于线粒体、质体和细胞核等细胞器。

(1) 进入线粒体蛋白质的定向与分拣

线粒体蛋白有两类，一类由线粒体基因组编码，一类由细胞核基因编码。由线粒体基因组编码的蛋白质在线粒体基质中转录、翻译，翻译产物无信号序列。由细胞核基因编码的蛋白质在细胞核转录、转录后加工，再在细胞质游离的核糖体中翻译，翻译产物在 N-端都含有信号序列，这种信号序列一般被称为导肽序列(leader peptide sequence)。导肽序列不会被 SRP 识别，在水溶液中，一般不形成二级结构，但是一旦插到线粒体膜则会形成有利于蛋白质跨膜转运的两亲 α-螺旋。

由于蛋白质进入线粒体必须通过膜系统，为了便于将来的跨膜转运，细胞质有专门的分子伴侣与其结合，使其处于一种细长的、容易跨膜的伸展状态，当进入线粒体以后，线粒体又有专门分子伴侣与其结合。

以基质蛋白为例，在细胞质基质，它们首先与分子伴侣 Hsp70 或线粒体输入刺激因子(mitochondrial-import stimulating factor, MSF)结合，Hsp70 或 MSF 通过水解 ATP 而阻止基质蛋白折叠成它的活性构象；随后，在分子伴侣的引导下，基质蛋白到达线粒体外膜，分子伴侣与外膜上的受体蛋白结合；一旦分子伴侣与受体接触，基质蛋白就被锚定到膜上，其导肽上带正电荷的氨基酸序列与线粒体外膜上的受体蛋白复合物结合。与导肽结合的部分由 Tom37(transport across the outer membrane 37) 和 Tom70 组成；Tom37 和 Tom70 将基质蛋白转移到 Tom22 和 Tom20，而 Tom22 和 Tom20 再将它们转移到由 Tom40 组成的通道；在内膜上还存在由另一种蛋白质复合物——Tim44(transport across the inner membrane)、Tim23 和 Tim17，由 Tim23 和 Tim17 组成穿过内膜的通道。蛋白质进入基质只发生在内外膜的接触点，因为在这种情况下，Tom 和 Tim 通过静电作用结合在一起，内外膜上的通道连成一体。移位消耗的能量一方面来自 Hsp70 水解 ATP，另一方面来自由呼吸链产生的跨线粒体内膜的质子梯度(图 16-25)。

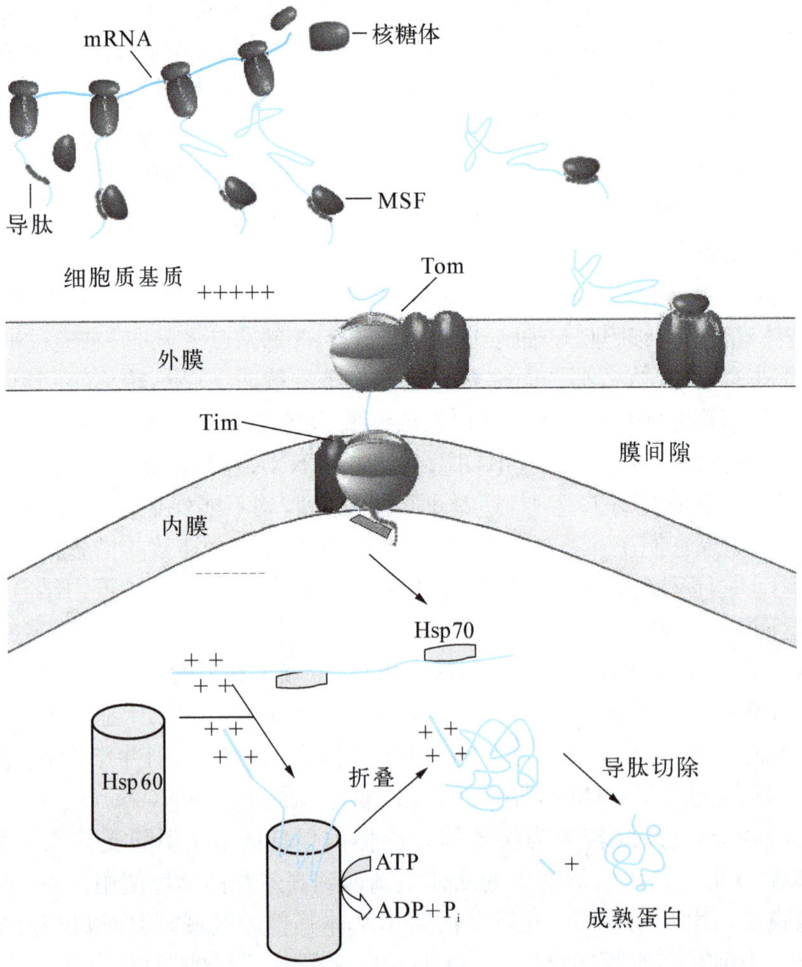

图 16-25 细胞核编码的线粒体基质蛋白的定向转移

基质蛋白在移位时，与其结合的 Hsp70 被取代，而在线粒体基质一侧，线粒体内的分子伴侣 mHsp70 与进入线粒体基质的肽段结合，同样通过水解 ATP 阻止其折叠，并帮助将蛋白质拉向线粒体基质，在完全进入线粒体基质以后，被转移到笼状的 Hsp60 复合物内进行折叠，导肽被线粒体基质内特定的内切酶切除。

(2) 进入叶绿体蛋白质的定向与分拣

进入叶绿体的蛋白质在 N-端有一段通常被称为输送肽(transit peptide)的信号序列(表 16-6)。含有输送肽序列的蛋白质通过受体介导的转运方式，进入叶绿体的基质。同样在细胞质基质，Hsp70 与前体蛋白结合维持其处于伸展状态，在叶绿体基质内的有 Hsp60 促进其折叠。在跨膜转移中，需要消耗 ATP 和 GTP。运输受体和移位子复合物在内外膜接触点组装，位于外膜的复合物名为 Toc(transport across the outer chloroplast membrane)，由 Toc159、Toc75 和 Toc34 组成，其中 Toc159 和 Toc34 结合 GTP，位于内膜的移位复合物名为 Tic(transport across the inner chloroplast membrane)。Toc 和 Tic 之间还有 Hsp70 运输中间物关联蛋白(import intermediate associated protein, IAP)。输送肽序列在进入基质以后，被一种依赖于 ATP 的蛋白酶切掉，余下的次级信号序列可继续指导蛋白质进入类囊体膜或腔(图 16-26)。

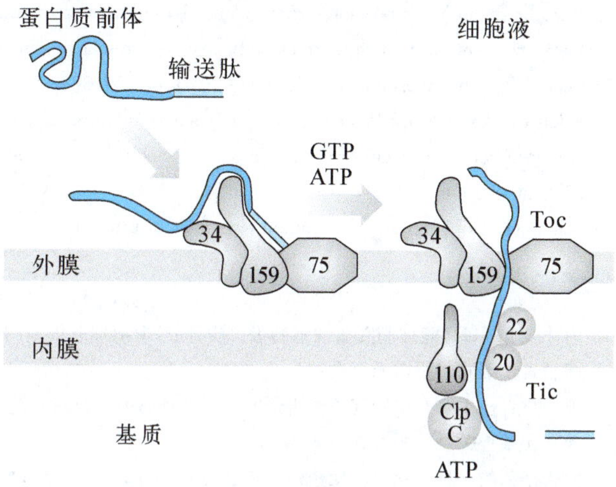

图 16-26　细胞核编码的叶绿体蛋白的定向转移

(3) 进入细胞核蛋白质的定向与分拣

指导进入细胞核的信号序列被称为细胞核定位序列(nuclear localization sequence, NLS)。NLS 的序列特征参考表 16-6。与其他细胞器蛋白质不同的是，核蛋白不是直接通过膜而是通过核孔复合物(nuclear pore complex, NPC)转运的。

核蛋白是以完全折叠的状态通过 NPC，一旦它们翻译好，即发生折叠。核蛋白通过 NPC 需要 Ran 蛋白。Ran 属于 G 蛋白，其功能是调节被运输的核蛋白受体复合体的组装和解体。

NLS 经常以环的形式暴露在表面，以方便与细胞核输入受体结合。核蛋白进入细胞核的详细步骤是(图 16-27)：① 核蛋白与由输入蛋白(importin)α 与和 β 组成的细胞核输入受体结合；② 核蛋白与受体的复合物与 NPC 胞质环上的纤维结合；③ 纤维向核内弯曲，移位子构象发生改变，形成亲水通道，货物通过；④ 核蛋白·受体复合体与核质内的 Ran-GTP 结合，随后，复合体解体，核蛋白释放到细胞核；⑤ 与 Ran-GTP 结合的输入蛋白 β 进入细胞质，Ran-GTP 在 GTP 酶激活蛋白(GAP)的作用下，其潜在的 GTP 酶活性被激活，将与它结合的 GTP 水解成 GDP 后，Ran-GDP 返回细胞核在核苷酸交换因子 RCC1 的催化下，重新转换为 Ran-GTP；⑥ 在核内输出蛋白(exportin)的帮助下，输入蛋白 α 返回细胞质与输入蛋白 β 重新组装成细胞核输入受体，参与下一轮的转运。由于 RCC1 在细胞核，Ran 和 GAP 在细胞质的不对称分布，核蛋白质进入细胞核的过程可持续不断地进行。

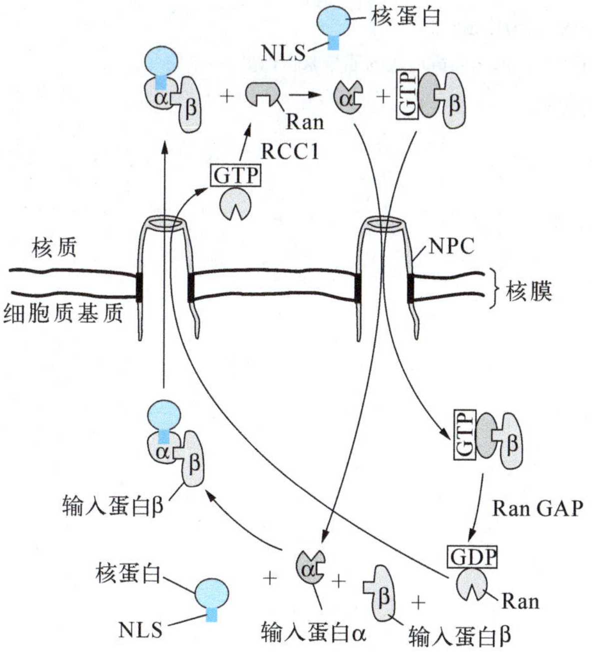

图 16-27　由 NLS 介导的细胞核蛋白的定向转移

某些调节基因表达的转录因子在需要它们之前被隔离在细胞核之外。隔离它们的手段是控制它们的 NLS：有的是对 NLS 进行磷酸化修饰，使其丧失活性；有的是与特殊的抑制蛋白结合，将 NLS 隐藏起来。一旦受到刺激，这些转录因子经历去磷酸化反应，或者抑制蛋白释放，于是，转录因子可以进入细胞核，调节特定基因的表达。

推荐网址

1. http：//en. wikipedia. org/wiki/Translation_(biology)
2. http：//www. rpi. edu/dept/bcbp/molbiochem/MBWeb/mb2/part1/translate. htm
3. http：//web. virginia. edu/Heidi/chapter32/chp32frameset. htm
4. http：//themedicalbiochemistrypage. org/protein-modifications. html
5. http：//en. wikipedia. org/wiki/Signal_peptide
6. http：//bioweb. wku. edu/courses/biol22000/24OrganelleTransport/default. html

参考文献

1. Jonathan D D. The Eukaryotic Ribosome：Current Status and Challenges. *J. Biol. Chem.*，284(18)：11761－11765，2009.
2. Thomas A，Steitz A. structural understanding of the dynamic ribosome machine. *Nat. Rev. Mol. Cell. Biol.*，9：243－253，2008.
3. Ramakrishnan V. Ribosome structure and the mechanism of translation. *Cell*，108：557－572，2002.
4. Florentz C，et al. Universal rules and idiosyncratic features in tRNA identity. *Nucleic Acid Res.*，26：5017－5035，1998.
5. Cech TR. The ribosome is a ribozyme. *Science*，289：878－879，2000.
6. Saleh L，Perler F. B. Protein splicing in cis and in trans. *Chem. Rec.*，6(4)：183－193，2006.
7. Kutay U，et al. Protein transport across the eukaryotic endoplasmic reticulum and bacterial inner membranes. *Annu. Rev. Biochem.*，65：271－303，1996.
8. Schatz G，Dobberstein B. Common principles of protein translocation across membranes. *Science*，271：1519－1525，1996.

思考题

1. 为什么 m^7GTP 能抑制真核细胞的蛋白质合成，但不抑制细菌的蛋白质合成，相反，人工合成的 SD 序列能够抑制细菌的蛋白质合成，但不抑制真核细胞的蛋白质合成？
2. 细菌与真核生物在识别起始密码子的机制上有何不同？这种差别与细菌 mRNA 多数是多顺反子及真核生物的 mRNA 绝大多数是单顺反子有无某种关系？为什么？
3. 大肠杆菌的一种致死型突变株被发现它的 EF－Tu 丧失了 GTP 酶的活性。如果将这种突变型的 EF－Tu 在正常的大肠杆菌细胞内过分表达，也会导致细胞死亡。对此试给予合理的解释。
4. 嘌呤霉素和红霉素都能够抑制原核细胞的蛋白质合成，从而抑制细菌的生长，但嘌呤霉素抑制的效果明显低于同剂量的红霉素，试解释这种现象。
5. 如何证明蛋白质剪接是一种自催化反应？
6. 细菌 mRNA 翻译的效率受到核糖体结合位点(RBS)与起始密码子之间距离的影响。最佳的距离是 6 个碱基。以下序列来自一种 mRNA，两段画下横线的序列分别代表它的 RBS 序列和起始密码子。

   … $\underline{\text{UAAGG}}$AGAGGGGCUUCGGCCCCUCUAAAU$\underline{\text{AUG}}$…

   显然，它们之间的序列远远大于最佳距离，但这种 mRNA 翻译的效率却非常高，为什么？
7. 在蛋白质合成过程中，GTP 水解参与进位和移位反应，但是在转肽反应中却没有。那么肽键形成的能量来自何处？
8. 为什么细胞核输入信号在蛋白质进入细胞核以后不被切除？

科学故事——RNA 领带俱乐部与遗传密码的破译

1953 年 2 月的最后一天，Francis Crick 面对剑桥老鹰酒吧的顾客向世人宣布："我们发现了生命的秘密。"历史证明，他们发现的 DNA 双螺旋结构的的确确几乎蕴藏着生命的全部秘密，但将其一一揭示出来并非易事。

1953 年，还没有一个人读过任何一种 DNA 分子的碱基序列，即便是其中的一个基因。而人们对蛋白质的认识要好一些。当时，Frederick Sanger 快要完成胰岛素的全氨基酸序列的测定，其他一些蛋白质片段的氨基酸序列也有发表。但是，关于每一个蛋白质都有精确的特定序列的观点还没有完全被世人接受，即使构成蛋白质的氨基酸种类也存在争议。mRNA 和 tRNA 还没有被发现，核糖体虽然在电镜下被看到过，但它的功能也是一无所知。看来，细胞中将 DNA 上面的遗传信息转化成蛋白质的所有生化机制都等待着人类去认识、阐明。

关于 DNA 的复制的秘密，人们似乎更容易找到答案，事实上，Watson 和 Crick 在他们提出的 DNA 双螺旋结构中已有预测，其中的原因是探测复制机器并不需要先搞清楚碱基序列的含义，就好像操作复印机的人并不需要明白复印文本的内容。

与此相比，揭示翻译的秘密要困难得多。其中牵涉到很多问题，例如，DNA 直接充当蛋白质合成的模板吗？DNA 双螺旋的两条链都贮存遗传信息吗？如果是一条链，那么如何确定是哪一条链呢？

第一个提出 DNA 编码机制的科学家是 George Gamow，他既不是生物学家，也不是化学家，而是一位赞同"宇宙大爆炸"理论的物理学家。在他最初称为"钻石密码"的(The Diamond Code)的想法中，认为双链 DNA 直接充当将氨基酸装配成蛋白质的模板。沿着 DNA 双螺旋上沟中的不同碱基组合能形成不同形状的空洞，它们以碱基为界，就像钻石的四个面，以容纳侧链不同的氨基酸。每一个空洞吸引一个特定的氨基酸，当所有的氨基酸沿着沟按照正确的次序排列好以后，一种酶从头至尾将它们聚合在一起。

几年后，Crick 写道："Gamow 工作的重要性在于它是一个很抽象的编码理论，没有塞进许多不必要的化学细节。"然而，Gamow 的"钻石编码论"很快就被证明是错误的，取而代之的是新发现的 mRNA 充当翻译的模板，但弄清楚 mRNA 上的核苷酸序列如何编码蛋白质分子上的氨基酸序列在当时的条件下是十分困难的。

在当时，许多研究者像"独行侠"一样在进行研究，而 Gamow 认为，取得进展的最好途径是集体的力量和智慧，这样来自不同领域的科学家可以一起分享他们的想法和成果。于是，在 1954 年，他提议建立了"RNA 领带俱乐部"(RNA Tie Club)。其宗旨是解决 RNA 结构之谜，揭示其如何建造蛋白质的。他们的口号是"要么实干，要么死亡，要么放弃"(Do or die, or don't try)。

俱乐部有 20 个常委，每一个代表一个氨基酸，4 个名誉委员，每一个代表一种核苷酸。所有的成员都带有羊毛领带，其上绣有绿黄螺旋代表 RNA 的化学结构，而特制的领带夹上刻有一种氨基酸的三字母缩写。例如，Gamow 代表的是 ALA，Watson 是 PRO，Crick 是 TYR，Sydney Brenner 是 VAL。在成员中，不乏许多有名的科学家，其中有 8 个已经是或者后来成为诺贝尔奖得主，如 Brenner 获得 2002 年的诺贝尔医学、生理学奖，因为他发现了器官发育和细胞凋亡的基因调控机制。

俱乐部的成员每年碰头两次，平时经常通信保持联系，以及时分享那些还没有成熟到在专业杂志上发表的一些奇想。1955 年，Crick 在成员内部提出了它的"适应体假说"(Adapter Hypothesis)，该假说从来没有在合适的刊物上正式发表。该学说的主要内容是：细胞内有一种未知的结构携带着氨基酸将它们按照核酸链上的对应的核苷酸序列排列，每一种氨基酸需要一种适应体分子，以及一种特定的酶。于是共有二十种酶，分别催化每一种氨基酸与其相应的适应体分子的结合。而每一个适应体分子通过必需的氢键结合在核酸模板特定的位置，在需要的时候，提供结合的氨基酸。后来，Crick 出版了一个很短的评论，概述了它的

图 16-28 1955 年，RNA 俱乐部的四巨头一次在英国剑桥会议的合影
Crick(后左)，Leslie Orgel(后右)，Alexander Rich(前左)和 Watson(前右)。

适应体假说，并猜想适应体可能是一种很小的核酸。

与此同时，Gamow 使用数学的方法推理几个核苷酸决定一个氨基酸，他提出三个核苷酸决定一个氨基酸，就能够让 4 种核苷酸决定 20 种不同的氨基酸。

然而破译遗传密码的主要功臣 Marshall Nirenberg 并不是领带俱乐部的成员。他于 1961 年在莫斯科的一次生化会议上介绍了他破译的第一个遗传密码 UUU。

在 RNA 领带俱乐部尝试破译遗传密码的时候，在 NIH 工作的 Nirenberg 与他的同事 Johann H. Matthaei 也在做同样的事情。他们建立了无细胞翻译系统，在试管里研究由多聚核苷酸磷酸化酶催化合成的简单 RNA 模板如何决定合成出来的多肽的氨基酸序列。第一个被破译的密码是 UUU，它决定 Phe，因为在他们建立的体外翻译系统中，多聚 U 指导了多聚 Phe 的合成。就在 Nirenberg 还在莫斯科出席会议的时候，他接到了 Matthaei 的电话，被告知 CCC 可能是 Pro 的密码。

后来 Wisconsin 大学的 Gobind Khorana 建立了有机合成核酸的方法，再加上不久建立的核糖体结合技术，所有的遗传密码得以破译。而 Cornell 大学的化学家在 Caltech 学习蛋白质合成研究的时候发现了 tRNA。在 1965 年，Holley 得到了这种 tRNA 精确的结构，他发现的 tRNA 就是十年前 Crick 提出的适应体分子。

1968 年，Nirenberg、Khorana 和 Holley 一起分享了当年的诺贝尔生理学或医学奖。

第 17 章

基因表达调控

基因表达(gene expression)是指生物基因组中结构基因所携带的遗传信息经过转录、转录后加工、翻译和翻译后加工等反应,得到特定的蛋白质,并发挥其特定的生物学功能和生物学效应的过程。对这个过程的调节就是基因表达调控。所有生物体在生长发育过程中的基因表达都表现为严格的时间特异性和空间特异性,而且随着内、外环境条件的变化而加以调整,这就是时序调节(temporal regulation)和适应调节(adaptive regulation)。基因根据表达的状态分为两类,一类是管家基因(housekeeping genes)或组成型基因(constitutive gene),这些基因产物对生命全过程都是必需的,是维持细胞基本活动必不可少的,在生物个体的各生长阶段和几乎所有细胞中持续表达;另一类是奢侈基因(luxury gene)或诱导型基因,它们只在特定的细胞内、特定的阶段或在特殊的条件下才会表达。所有基因的表达都要受到调控,物种越高级,基因表达规律越复杂与精细。真核生物与原核生物在基因表达的调控方面上的差别主要表现在以下三个方面:① 调控的目的,原核生物基因表达调控的目的是为了更有效和更经济地对环境的变化做出反应,而真核生物基因表达调控的目的主要是在不同的生长时期和不同的发育阶段表达不同的基因;② 调控的层次,原核生物主要集中在转录水平上,而真核生物基因表达的调控是多层次的;③ 调控的手段,原核生物大多数基因组织成操纵子,而真核生物一般无操纵子结构。真核生物基因表达调控机制归为两类:一是短期调控,基因可根据环境的变化和细胞的需要迅速地开放或关闭;二是长期调控,应用于生物发育和细胞分化。

本章将从 DNA 水平、转录及转录后加工水平和翻译及翻译后水平分别介绍原核及真核生物的基因表达调控机制。

第一节　DNA 水平的调控

原核生物 DNA 水平上的调控主要是通过启动子序列和 DNA 重排来进行的。真核生物 DNA 水平上的调控主要包括染色质重塑、DNA 扩增、DNA 重排、DNA 甲基化、DNA 印迹和启动子的选择使用等。

一、原核生物 DNA 水平的调控

1. 启动子序列

管家基因的表达只受启动子的控制。不同的管家基因在启动子序列上各不相同,有强启动子也有弱启动子,导致不同管家基因表达的频率也有所不同。

2. DNA 重排

DNA 重排属于 DNA 重组的一种形式,通过重排,可以改变一个基因与其控制元件之间的关系,也可以缩短基因之间或基因片段之间的距离,从而实现对某些基因表达的调控。

二、真核生物 DNA 水平的调控

1. 染色质结构的变化

真核生物的 DNA 通常都与组蛋白构成核小体,以染色质的形式存在于细胞核中,因此,其 DNA 转录的“默认状态”是关闭的,其调控机制主要是通过激活蛋白的正调控。染色质可分为真染色质和异染色质,真染色质在结构上较为松散,对 DNA 酶的消化比较敏感,具有转录活性;异染色质在结构上比较紧密,能够抵

挡 DNA 酶的消化，为非活性转录区。

基因在转录前后，其所在位置的染色质结构会发生重塑(remodeling)。染色质重塑是指在依赖于 ATP 的核小体-重塑复合物的调节下，组蛋白在 ATP 水解提供的能量驱动下，沿着 DNA 发生移位而导致核小体之间的间距发生改变，甚至产生无核小体染色质或浓缩染色质的过程。通过重塑，染色质结构可以发生有利于基因转录的变化，也可以相反。这些转变都需要染色质重塑因子(chromatin remodeling factor)的参与。例如，组蛋白乙酰转移酶复合物参与有利于基因转录的重塑过程，而组蛋白去乙酰化酶复合物参与阻遏基因转录的染色体重塑(图 17－1)。

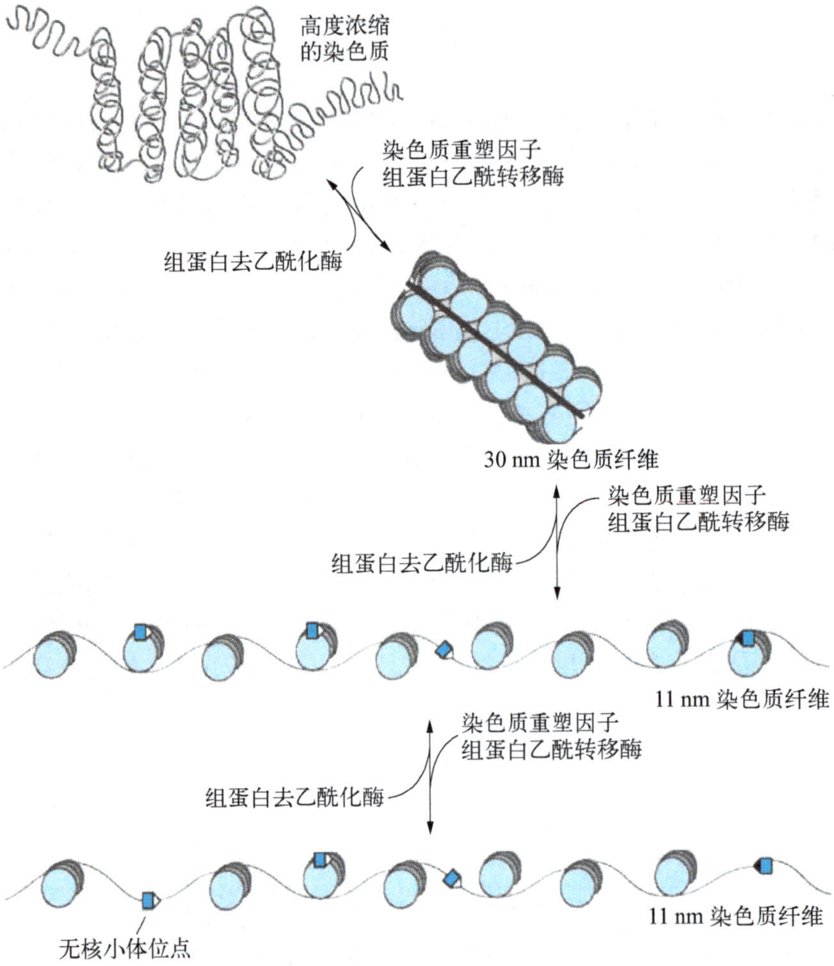

图 17－1 组蛋白的修饰与染色质构象变化的关系

组蛋白除了通过乙酰化修饰来改变染色质的结构以外，还可以通过甲基化、磷酸化、泛酰化和 ADP－核糖基化等共价修饰与去修饰的方式来影响染色质结构。

在一个细胞内，会同时存在几个不同的染色质重塑复合物，有的用来解浓缩染色质，使异染色质变成真染色质，从而启动一个基因的表达；有的用来浓缩染色质，使真染色质变成异染色质，从而关闭一个基因的表达。

2. DNA 扩增

细胞在较短时间内或在特定的发育阶段需要某些基因大量表达时，常通过增加基因拷贝数的方式来进行基因表达的调控。例如，两栖动物的成熟卵细胞在受精后，其 rRNA 基因(rDNA，5S rRNA 基因除外)使用滚环方式进行复制，拷贝数可扩增 2 000 倍，为受精卵在随后分裂和分化过程中需要大量核糖体来合成大量蛋白而做准备。昆虫在需要大量合成和分泌卵壳蛋白时，其基因也先行大量地扩增。此外，某些基因的不适当扩增可导致癌变，在癌细胞中常可检查出有癌基因的扩增。

3. DNA 重排

DNA 重排可以使表达的基因发生切换，由表达一种基因转为表达另一种基因，从而调节基因的表达如锥形虫(*Trypanosome*)表面抗原的改变、酿酒酵母配对型(mating type)的转换等。此外，DNA 重排还可以产生新的基因，以适应特殊的需要，例如，数量巨大的抗体基因的产生及表达是免疫球蛋白基因在淋巴细胞发育过程中发生两次特异位点重排的结果。第一次是重链基因发生 V－D－J 重排，然后轻链(κ 或 λ)基因发生 V－J 重排，在此过程中可随机插入和删除若干核苷酸以增加抗体基因多样性。第二次重排发生在成熟 B 细胞经抗原刺激后，由重链基因改变恒定片段，使抗体类型转换，但特异性不变。T 淋巴细胞表达的 T 细胞受体(T－cell receptor，TCR)具有与 B 淋巴细胞表达的抗体相似的多样性，而多样性产生的机制类似于抗体重链基因的重排。

4. 基因丢失

某些生物在细胞分化时，可以通过基因丢失选择性地将不表达的基因抛弃，而留下表达的基因，这个现象称为基因丢失(gene loss)。例如，马蛔虫的一个变种，当个体发育到一定阶段，在那些将要分化为体细胞的细胞中，染色体破裂为碎片，其中含有着丝粒的部分在细胞分裂中保留，不具有着丝粒的部分连同里面的其他基因会在分裂中丢失，而那些将形成生殖细胞的细胞不发生染色体的断裂和丢失现象。这个过程中所删除的 DNA 仅对生殖细胞是必需的。原生动物四膜虫(*Tetrahymena*)含有一个大核和一个小核，大核为营养核，可进行转录；小核为生殖核，无转录活性。在核发育过程中有约 10%的基因组 DNA 被删除。这些被删除的序列可能抑制了基因的正常表达，删除部分 DNA 后，基因由原来的无转录活性，转变为具有转录活性。此外，哺乳类生物红细胞在成熟过程中整个核都丢失了，也是基因丢失的一个例证。

5. DNA 甲基化

DNA 甲基化是一种复制后的加工过程。真核生物 DNA 的甲基化位点主要是 CpG 二核苷酸(少数是 CpNpG 三核苷酸)序列中的 C，甲基供体为 SAM，在 DNA 甲基化酶的催化下，C 被甲基化后成为 5－甲基胞嘧啶。CpG 序列在基因组中通常成簇存在，形成所谓的 CpG 岛(CpG island)。每一个 CpG 岛长度在 1～2 kb，通常位于基因的启动子附近或内部，并有可能延伸到基因的第一个外显子。活性基因的 CpG 岛处于去甲基化状态，非活性基因的 CpG 岛处于甲基化状态。管家基因的 CpG 岛在所有的细胞中都呈去甲基化状态，而组织特异性基因的 CpG 岛只是在需要它表达的细胞中才处于去甲基化状态。

DNA 甲基化的变化已作为癌症发生的一种早期信号，CpG 岛甲基化与癌症的发生有密切的相关性。某些重要基因(如抑癌基因和 DNA 修复基因)因甲基化而失活将诱发癌症的发生。例如，死亡相关蛋白(death associated protein，DAP)激酶基因的甲基化与非小细胞肺癌(non-small-cell lung carcinoma)的发生有紧密的关系。相反，有些癌基因由于 CpG 岛甲基化程度下降而提高表达水平，从而导致癌症的发生。

6. DNA 印记

DNA 印记(DNA imprinting)又称为基因印记，是指来自父本和母本的等位基因在通过精子和卵子传递给子代时发生了修饰，使带有亲代印记的等位基因具有不同的表达特性，这种修饰常为 DNA 甲基化修饰，也包括组蛋白乙酰化、甲基化等修饰。在受精前来自父本和母本的等位基因具有不同的甲基化模式，性别特异性的甲基化导致胚胎内来自不同亲本的等位基因的区别表达。目前发现的印记基因大约 80%成簇，这些成簇的基因被位于同一条链上的顺式作用位点所调控，该位点被称为印记中心(imprinting center，IC)。印记基因的存在反映了性别的竞争，亲代通过印记基因来影响其子代，以保证本方基因在遗传中的优势。研究发现许多印记基因对胚胎和胎儿出生后的生长发育有重要的调节作用，对行为和大脑的功能也有很大的影响，印记基因的异常可诱发癌症。

7. 启动子的选择使用

某些真核生物的基因有多个启动子，通过使用不同的启动子可转录出不同长度的 mRNA，它们经过翻译可产生不同结构和功能的蛋白质产物。例如，人的谷胱甘肽还原酶基因具有两个启动子，位于上游的启动子指导定位于线粒体的谷胱甘肽还原酶的合成，而位于下游的启动子指导细胞质谷胱甘肽还原酶的合成。上游启动子转录出来的 mRNA 比下游启动子转录出来的 mRNA 多翻译的一段序列是谷胱甘肽还原酶进入线粒体的信号肽序列。

第二节 转录及转录后加工水平的调控

一、原核生物转录及转录后加工水平的调控

原核生物的基因组和染色体结构都比真核生物简单，转录和翻译可在同一时间和位置上发生，其

mRNA 的半衰期很短，基因表达调控主要发生在转录水平上。转录水平上的调控又分为转录起始水平的调控和转录终止水平的调控。

1. 转录起始水平上的调控

原核生物的几个功能相关的结构基因往往排列在一起，转录生成一段 mRNA，然后分别翻译成几种不同的蛋白质。这些蛋白可能是催化某一共同代谢途径的酶，或共同完成某种功能。这些结构基因与其上游的启动子、操纵基因共同构成转录单位，称为操纵子(operon)。法国学者 Francois Jacob 和 Jacques Monod 在对大肠杆菌乳糖发酵的研究中发现并提出了原核基因表达调控的操纵子模型，并因此获得 1965 年的诺贝尔生理学或医学奖。操纵子模型是原核生物基因表达调控的普遍模式。

(1) 操纵子模型

一些功能相关的结构基因成簇存在，构成所谓的多顺反子(polycistron)，它们的表达作为一个整体受到控制元件(control element)的调节。控制元件由启动子(promoter, P)、操纵基因(operator)和调节基因组成。调节基因编码调节蛋白，与操纵基因结合而调节结构基因的表达。如果调节基因编码的蛋白质与操作基因的结合是阻遏基因的表达，这样的调控就称为负调控(negative control)，相应的调节蛋白被称为阻遏蛋白(repressor)；如果调节基因编码的蛋白质与操纵基因的结合是激活基因的表达，这样的调控被称为正调控(positive control)，相应的调节蛋白被称为激活蛋白(activator)。

(2) 大肠杆菌乳糖操纵子模型

1) 乳糖操纵子的负调控　大肠杆菌乳糖操纵子包括调节基因、启动子、操纵基因和三个结构基因(图 17-2)。结构基因 *lac*Z 编码分解乳糖的 β-半乳糖苷酶(β-glactosidase)，*lac*Y 编码协助乳糖跨膜转运的乳糖透性酶(lactose permease)，*lac*A 编码乙酰基转移酶(transacetylace)。操纵基因 *lac*O 不编码任何蛋白质，它是另一位点上调节基因 *lac*I 所编码的阻遏蛋白的结合部位。启动子上游还有一个降解物激活蛋白(catabolite activator protein, CAP，也称为 cAMP 受体蛋白或 CRP)结合位点。由启动子、操纵序列和 CAP 结合位点共同构成乳糖操纵子的调控区。

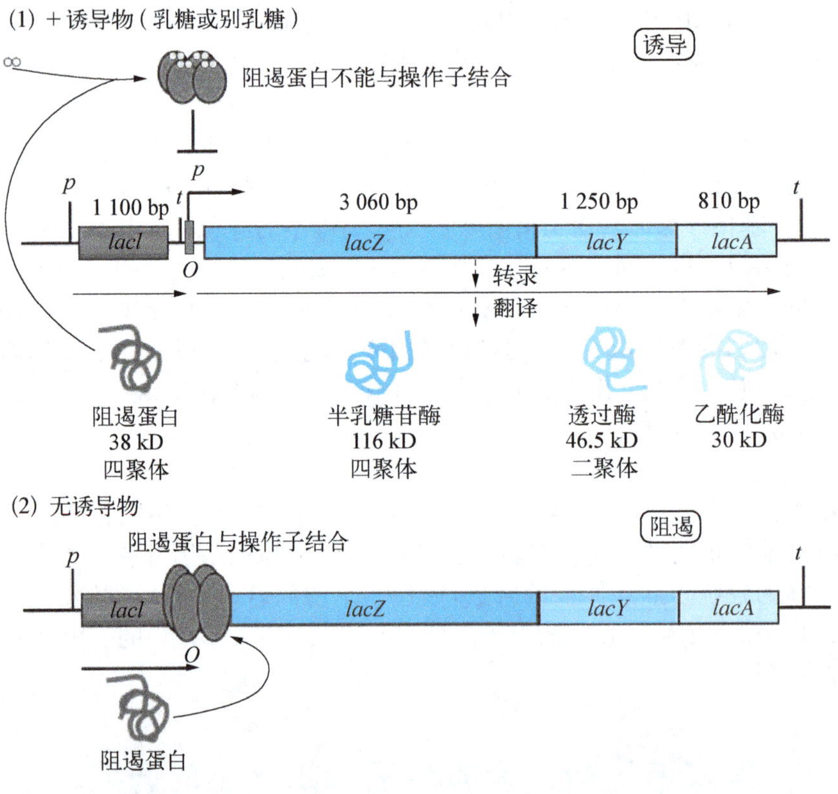

图 17-2　大肠杆菌半乳糖操纵子模型

在没有乳糖存在时，乳糖操纵子处于阻遏状态。此时，阻遏蛋白结合在 *lac*O 上，阻碍 RNA 聚合酶与启动子结合，抑制转录启动。但这种抑制并不完全，所以细胞在没有诱导物存在的情况下也会有少量的 β-半乳糖苷酶、透性酶和乙酰基转移酶的生成，这种表达被称为本底水平的组成型合成（background level constitutive synthesis）。

当细胞中有乳糖时，在细胞内残留的β-半乳糖苷酶催化下，部分乳糖被异构化，变成别乳糖。而别乳糖作为别构效应物与阻遏蛋白结合，改变阻遏蛋白的构象，使其不能再与操纵基因结合，于是操纵子被打开，RNA 聚合酶与启动子序列结合，引起结构基因的转录。

异丙基硫代-β-*D*-半乳糖苷（isopropyl-*D*-thiogalacto-pyranoside，IPTG）是一种人工合成的乳糖类似物，能够迅速和持续地刺激乳糖操纵子结构基因的表达，是一种极强的诱导剂，而其本身并不能被降解，因此，被称为安慰诱导物（gratuitous inducer）。在基因工程中，β-半乳糖苷酶的一种人工显色底物 5-溴-4-氯-3-吲哚-β-*D*-半乳糖苷（X-gal）与 IPTG 的配合使用常用来筛选重组体，在实验室中被广泛应用。

2）乳糖操纵子的正调控　正调控是在对大肠杆菌中出现的葡萄糖效应（glucose effect）的研究中发现的。当环境中没有葡萄糖时，细胞内的 cAMP 浓度增高，cAMP 与 CAP 结合，使 CAP 构象发生改变，由无活性的状态转变为有活性的状态，有活性的 CAP 结合在乳糖操纵子的启动子序列附件的 CAP 位点，增强 RNA 聚合酶转录活性，最终促进了下游基因的转录。当环境中有葡萄糖存在时，cAMP 浓度降低，cAMP 与 CAP 结合受阻，CAP 就不能与 DNA 结合发挥正性调节作用，因此乳糖操纵子表达水平下降。

3）正、负调控的协调　野生型乳糖操纵子的启动子是一个弱启动子，其转录起始是受 CAP 的正性调节和阻遏蛋白的负性调节两种机制双重调控的。两种机制的协调作用可因葡萄糖和乳糖的存在与否分为四种情况：① 有葡萄糖没有乳糖时，阻遏蛋白封闭 *lac*O，并且没有 CAP 的正调控作用，基因处于关闭状态；② 葡萄糖和乳糖都有时，葡萄糖降低 cAMP 浓度，阻碍 cAMP 与 CAP 结合，使 CAP 不能发挥正调控作用，抑制乳糖操纵子的转录，使细胞能够优先利用葡萄糖，这对细胞来说是有益的，因为参与葡萄糖分解的基因均是管家基因，这样葡萄糖可以迅速被分解，为细胞提供能量，这种葡萄糖对乳糖操纵子的阻遏作用称为分解代谢阻遏（catabolic repression）；③ 葡萄糖和乳糖都没有时，阻遏蛋白封闭 *lac*O 序列，CAP 的正调控无效，基因仍然处于关闭状态；④ 没有葡萄糖而有乳糖时，阻遏蛋白与 *lac*O 解聚，同时受 CAP 的正调控作用，乳糖操纵子被打开，转录活性增强。

（3）大肠杆菌色氨酸操纵子

色氨酸操纵子是一种阻遏型的操纵子（repressible operon），其结构基因包括 *trp*E、*trp*D、*trp*C、*trp*B 和 *trp*A。这些结构基因编码的酶参与色氨酸的生物合成。在结构基因的上游是由启动子（P）、操纵序列（O）和前导序列（*trp*L）构成的调控区。调控区上游还有调节基因（*trp*R），编码阻遏蛋白（图 17-3）。

当色氨酸丰富时，色氨酸与阻遏蛋白结合，引起阻遏蛋白构象变化，并使之与操纵序列结合而抑制转录。当色氨酸缺乏时，阻遏蛋白不能与操纵序列结合，对转录无抑制作用。

参与色氨酸合成的 5 个基因除了受到操纵子调控外，还受到一种更为精细的调节方式即弱化子的调控，详见下文弱化子部分。

（4）可变 σ 因子的切换使用

原核细胞负责识别启动子序列的是 RNA 聚合酶全酶中的 σ 因子，但细胞中 σ 因子并非只有一种，某些原核生物除了具有一种主要的 σ 因子负责识别绝大多数基因的启动子以外，还具有一些特别的 σ 因子，它们负责识别一些在特殊生长条件下（如热休克、极端热休克、氮饥饿、孢子形成和细菌生长稳定期适应等）才需要表达的基因。许多噬菌体合成自己的 σ 因子，以改变宿主细胞 RNA 聚合酶对启动子的特异性，从而选择性表达自己的基因。如，枯草杆菌的 SPO1 噬菌体通过 σ 因子的级联表达调控其不同感染阶段的基因表达。

（5）调节子

调节子（regulon）是指不同的操纵子受同一种调节蛋白调节的网络结构，通过调节子可以协调一系列在空间上分离但功能上相关的操纵子的转录活动。大肠杆菌有 3 个重要的调节子最具代表性，一个是 SOS 调节子，它负责协调参与 SOS 修复有关的多个操纵子基因的表达，起协调作用的调节蛋白是 LexA 蛋白；第二个调节子与热激反应有关；第三个调节子则负责协调各种与核苷酸代谢相关操纵子基因的表达。

（6）RNA 开关

RNA 开关（RNA switch）或核开关（riboswitch）是指一类特殊的 mRNA，它们能对细胞内各种不同的

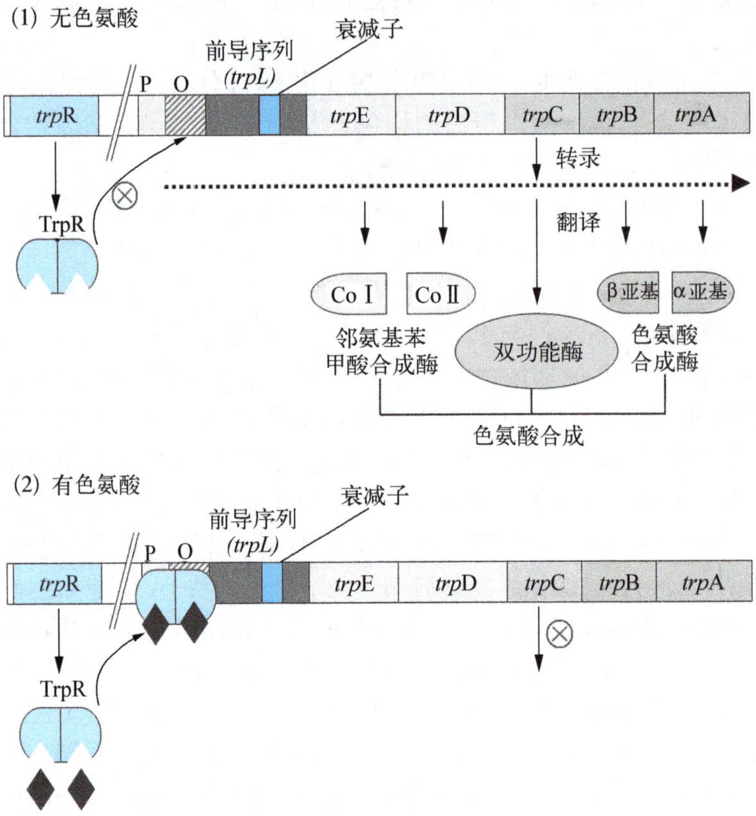

17－3 色氨酸操纵子模型

代谢物或营养物的缺乏或过多频繁做出反应，并根据细胞的生理需要打开或关闭相关基因的表达。例如，如果大肠杆菌中有足够的维生素 B_{12} 时，它就结合到一种专门负责将维生素从培养基中运输到细胞内的一种转运蛋白质的 mRNA 上，诱导其 mRNA 的构象改变，从而阻止它与核糖体结合，导致翻译受阻，促使细胞不再浪费能量去合成暂时不需要的蛋白质。迄今为止发现的所有核开关都使用高度特异性的适体结构作为相应的目标分子的感应器。一旦与目标分子结合，mRNA5′- UTR 的二级、三级结构就会发生变化，从而通过影响转录终止、翻译起始或 mRNA 后加工来改变基因的表达。细胞核开关的存在表明 RNA 分子也能形成可以和蛋白质相媲美的复杂结构。而且，核开关不使用调节蛋白来调节基因的表达，更为经济。

2. 转录终止水平上的调控

原核生物存在两种转录终止的调节方式：一种称为弱化作用(attenuation)，使操纵子的转录过早终止；另一种称为抗终止，即阻止转录终止，通过修饰 RNA 聚合酶使之忽略终止子结构而导致转录发生“通读”(read-through)。

(1) 弱化

以大肠杆菌色氨酸操纵子内的弱化子为例，其弱化作用与前导基因 *trpL* 有关。*trpL* 位于结构基因 *trpE* 与操纵序列之间。其内部含有一段可读框，编码一个由 14 个氨基酸残基组成的前导肽。其内部含有 2 个连续的色氨酸密码子，作为细胞检测内部色氨酸水平高低的标志。前导基因 *trpL* 的 mRNA 内含有 4 段相互之间能配对的核苷酸序列，即序列 1 与 2、2 与 3、3 与 4 均可配对形成茎-环结构，其中，只有序列 3 与 4 形成的茎-环结构才能终止转录，它是典型的不依赖ρ因子的强终止子，即为弱化子的核心部分。前导肽的编码基因位于序列 1 中。

由于原核生物的转录和翻译是偶联的，因此一旦 *trpL* 开始转录，就有核糖体结合在 mRNA 上，并翻译其中的阅读框架，如果细胞内有充足的色氨酸，翻译就会一直持续下去，直到遇到终止密码子。前导序列的顺利翻译致使 2 和 3 之间不能配对，但 3 和 4 之间可以配对而形成终止子结构(小的茎-环结构)，终止子结构一旦出现，使前方的 RNA 聚合酶脱落，转录提前终止。当细胞内色氨酸缺乏时，序列 1 翻译受阻，序列 2 和 3 形成发夹结构，阻止了弱化子的形成，使转录继续进行(图 17－4)。

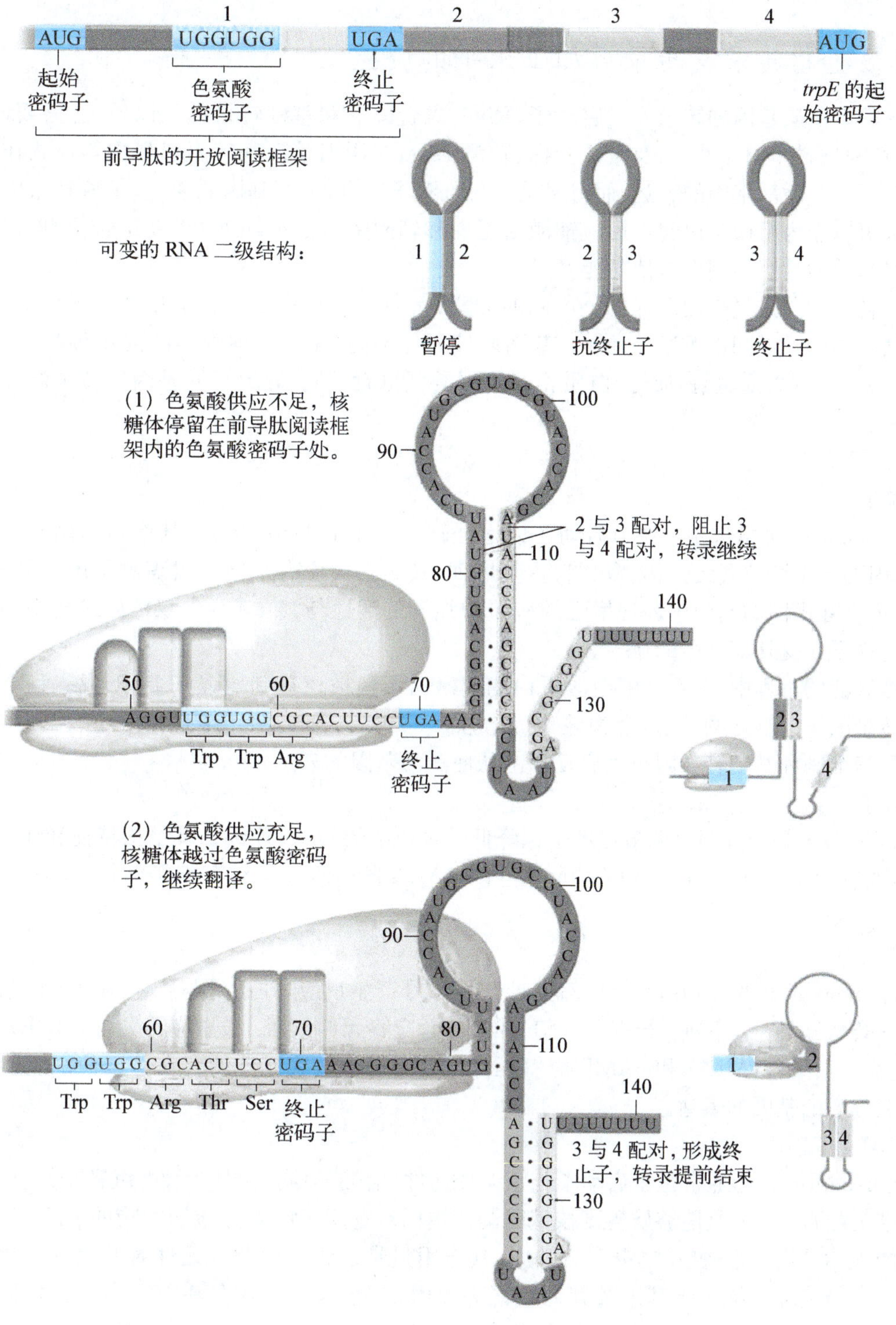

图 17－4　大肠杆菌的色氨酸弱化子模型

弱化子的存在使得“逃过”阻遏这一关的不正常转录得到及时“刹车”，这对操纵子阻遏效应是一个很好的补充，而对那些无阻遏蛋白的操纵子来说，弱化子成为控制结构基因表达的唯一手段。与色氨酸操纵子一样，其他氨基酸操纵子也有类似的前导序列。

(2) 抗终止

一些特殊的蛋白质具有抗终止作用，下面以大肠杆菌 BglG 蛋白的抗终止作用为例说明这一调控方式。*bgl* 操纵子编码的蛋白质都与 β－葡萄糖苷的吸收和代谢有关，该操纵子受到 β－葡萄糖苷的诱导，并受到 BglG 蛋白的正调控。在有 β－葡萄糖苷的情况下，BglF 通过特殊的通路激活 BglG，使 BglG 磷酸化，形成二聚体，并与 *bgl* 操纵子上 RNA 转录物的一段特殊序列结合，阻止终止子结构的形成，从而使转录得以继续进行。

二、真核生物转录及转录后加工水平的调控

真核生物的蛋白质基因的转录除了启动子、RNA 聚合酶Ⅱ和基础转录因子以外，还需要增强子、沉默子、绝缘子等各种顺式作用元件，以及激活蛋白、辅激活蛋白、阻遏蛋白和辅阻遏蛋白等反式作用因子。激活蛋白与增强子结合激活基因的表达，而阻遏蛋白与沉默子结合，抑制基因的表达，某些转录因子既可以作为激活蛋白也可以作为阻遏蛋白起作用。辅激活蛋白和辅阻遏蛋白都缺乏 DNA 结合位点，但它们能够通过蛋白质与蛋白质的相互作用而行使功能。

真核基因转录调节是复杂而多样的。不同的 DNA 元件组合可产生多种类型的转录调节方式；多种转录因子又可结合相同或不同的 DNA 元件。基因调控元件不同，存在于细胞内的因子种类、性质及浓度不同，所发生的 DNA -蛋白质、蛋白质-蛋白质相互作用类型也就不同，导致不同基因的转录调控方式就各不相同，纷繁复杂。

1. 顺式作用元件

(1) 增强子

增强子(enhancer)是指远距离调节启动子以增强转录速率的 DNA 序列，其增强作用与序列的方向无关，与其在基因的上下游位置无关，大多数为重复序列，其增强效应有严格的组织和细胞特异性，但却没有基因专一性，可以在不同的基因中表现增强效应。增强子的活性与其在 DNA 双螺旋结构中的空间方向性有关。许多增强子还受外部信号的调控。

在基因被激活的过程中，一系列的激活蛋白和辅激活蛋白被招募到增强子上，形成一种高度有序的三维增强子与转录因子的复合物，此复合物被称为增强体(enhanceosome)。增强体的组装具有协同性，它通过招募染色质修饰酶和基础转录因子到启动子上从而激活基因的表达。

(2) 沉默子

沉默子(silencer)是指远距离调节启动子以降低转录速率的 DNA 序列。其结构特征和作用特点与增强子相似，只是效应相反。有时，同一 DNA 元件可以既有增强子活性又有沉默子活性，这取决于被调节的基因。

(3) 应答元件

应答元件(response elements)是基因对某种调控信号产生反应，并通过与相应调节蛋白结合调控特定基因表达的一类特异 DNA 序列。根据调控信号的不同，应答元件包括：激素应答元件(HRE)、热激应答元件(HSE)、金属应答元件(MRE)和 cAMP 应答元件(CRE)等。应答元件的存在可以使细胞能够协同调节一些在空间上分离的基因的表达。

(4) 绝缘子

绝缘子(insulator)是指通常位于启动子与正调控元件(增强子)或负调控元件(沉默子)之间的一种调控序列。其长度为数百个 bp，是能够妨碍真核基因调节蛋白对远距离的基因施加影响的 DNA 序列。绝缘子本身对基因的表达既没有正效应，也没有负效应，其作用只是不让其他调控元件对基因的活化效应或失活效应发生作用。当绝缘子位于靶基因及其调控区旁侧时，该基因不论其在基因组中位置如何都能正常表达；当绝缘子位于靶基因的增强子(或沉默子)与启动子之间时，可以阻断增强子(或沉默子)的作用。绝缘子能够作为染色质上转录活性基因和非活性基因的界限，在与特殊转录因子结合以后可防止激活或阻遏扩展到相邻的基因。

绝缘子并不是永久性和不可改变的调控元件，其“绝缘”的效率常常受到增强子、沉默子、启动子和基因组上下游序列的影响。此外，绝缘子本身的功能也受到调控，而且还可能具有组织特异性。

2. 反式作用因子

反式作用因子又称为转录调节因子或转录因子(transcription factor, TF)，是泛指除 RNA 聚合酶以外的一系列参与 DNA 转录和转录调节的蛋白质因子。按功能特点可以分为两类：一类是基础转录因子(basal transcription factor)，又称为一般转录因子或普遍转录因子(general transcription factor)，专指从核心启动子开始进行精确转录所必需的一组最低数量的蛋白质的总称；另一类是调节转录因子(regulatory transcription factor)，又称为特异转录因子(special transcription factor)，为个别基因转录所必需，决定该基因表达的时间和空间特异性。此类调节转录因子又分为转录激活因子和转录抑制因子。转录激活因子通常是一些增强子结合蛋白。多数转录抑制因子是沉默子结合蛋白，但也有抑制因子不依赖 DNA 起作用，而是通过蛋白质-蛋白质相互作用进行调控。

转录因子至少具有以下三种不同结构域中的两种：① DNA 结合结构域(DNA - binding domain, DBD)；② 效应器结构域(effector domain)，这是转录因子调节转录效率的结构域；③ 多聚化结构域(multimerization domain)，此结构域介导蛋白质-蛋白质相互作用，使转录因子之间能够组装成二聚体或多聚体(同源或异源)。

(1) DNA 结合结构域

常见的 DNA 结合结构域有以下几种(图 17-5)。

1) α 螺旋-转角-α 螺旋(helix-turn-helix, HTH)　HTH 由约 20 个氨基酸残基组成，这些氨基酸残基形成两个短的 α 螺旋，中间由短侧链氨基酸残基形成转角(非 β 转角)，其中一个被称为 DNA 识别螺旋(DNA recognition helix)的 α 螺旋直接与 DNA 双螺旋的大沟接触，以识别和结合特异性的顺式作用元件，另外一个 α 螺旋有助于识别螺旋在空间上采取合适的取向，并可能与转录因子及 DNA 结合总的亲和性和稳定性有关。

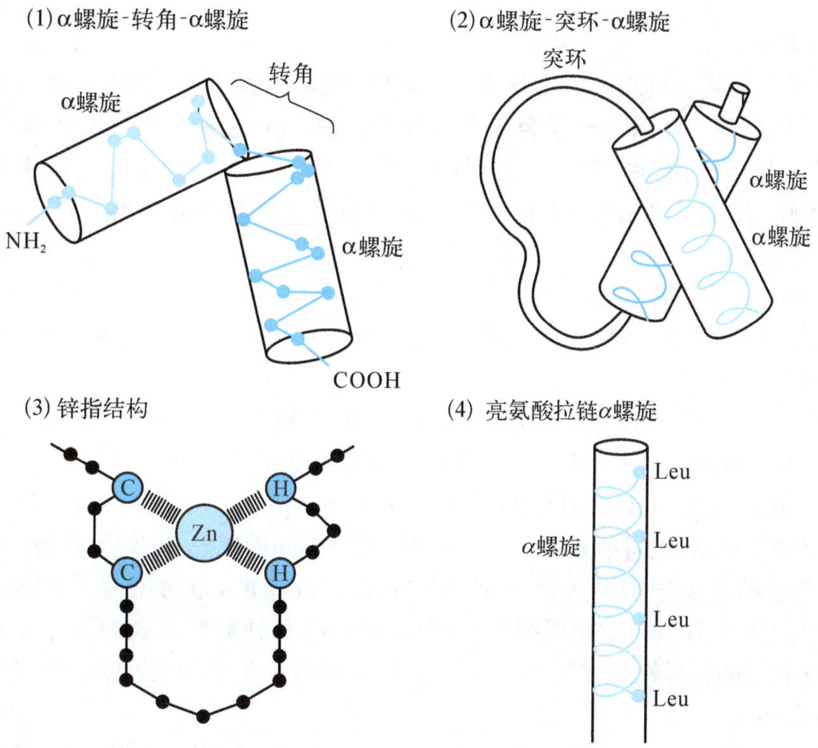

图 17-5　转录因子四种 DNA 结合结构域

2) 锌指结构(zinc finger)　锌指结构是许多转录因子所共有的 DNA 结合结构域，具有很强的保守性。它由 4 个含有孤对电子的氨基酸残基的侧链(4 个 Cys 残基，或 2 个 Cys 与 2 个 His 残基)和锌离子有规律地配位结合，致使多肽链上一段相对短的序列以锌为中心折叠成一种致密的指状二级结构。锌离子并不与 DNA 结合，而是指状结构中的 α 螺旋伸入到 DNA 双螺旋的大沟内，以识别和结合特异性的顺式作用元件。锌指结构最早发现于转录因子 TFIIIA，广泛存在于各种结合 DNA 的蛋白质，含有一个至多个重复单位。需要特别指出的是，并不是含有锌指结构的蛋白质就一定能够与 DNA 结合，某些含有锌指结构的蛋白质也能够与 RNA 结合。

3) 碱性亮氨酸拉链(basic leucine zipper, bZip)　Zip 由一段碱性的 DNA 结合片段和相邻的亮氨酸拉链结构组成，是两个平行走向、以固定间隔重复出现亮氨酸残基的两亲 α-螺旋通过疏水一侧的亮氨酸的相互作用形成的对称二聚体，仿佛一条拉链被拉合，所以被称为碱性亮氨酸拉链(bZip)。α 螺旋的上游富含碱性氨基酸残基，为 DNA 结合区。bZip 广泛存在于同源二聚体或异源二聚体的反式激活因子(transactivator)中。例如，高等真核生物的 cAMP 应答元件结合蛋白(cAMP response element binding protein，CREB)通过亮氨酸拉链而二聚体化，并以碱性氨基酸与 DNA 结合。

4) α 螺旋-环-α 螺旋(helix-loop-helix，HLH)　HLH 由 2 段两性 α 螺旋和之间的突环构成，突环长度不等(12～28 个残基)。两条多肽链可通过两亲 α 螺旋疏水面之间的相互作用组装成同源二聚体或异源二聚体蛋白，大多数 HLH 蛋白在靠近 HLH 的位置有碱性的区域负责与 DNA 结合，其结构特点与 bZip 相似。

(2) 激活蛋白的效应器结构域

激活蛋白的效应器结构域即是激活基因转录的激活结构域(activation domain，AD)，又称为转录激活域，转录因子通过其激活结构域与转录机器上特定的组分或者其他调节蛋白结合来影响转录的效率。一般由 30～100 个氨基酸残基组成。根据氨基酸组成特点，激活结构域分四种类型：① 富含酸性氨基酸残基(Asp 和 Glu)的酸性结构域；② 富含谷氨酰胺的结构域；③ 富含脯氨酸的结构域；④ 含两亲 α 螺旋和酸性氨基酸的结构域。

已发现许多酵母转录因子的激活结构域在哺乳动物细胞内也能激活转录，但是，一些哺乳动物的激活结构域在酵母细胞内并不起作用。这说明某些激活的机制是真核细胞所共有的，某些激活机制是随着生物的进化而发展起来的。

(3) 转录终止的调节

真核细胞 DNA 转录的终止机制尚不十分清楚，但已发现某些基因的转录会发生提前终止(如 *c-myc* 基因)或抗终止现象。例如，HIV 基因的有效表达需要病毒蛋白 Tat，它是一种抗终止蛋白，可使 RNA pol Ⅱ 通过转录终止点。Tat 与 HIV 转录产物 5′-端特异 RNA 序列结合，并与宿主蛋白质、RNA pol Ⅱ 相互作用，使延长中的 RNA 形成一定的二级结构，阻止 HIV 基因组转录过程的提早终止。相反，在没有 Tat 存在时，HIV 基因的转录将提前终止。

(4) 转录后加工水平上的调控

转录后加工水平上的基因表达调控对于真核生物具有非同寻常的意义，它是一个基因产生多种多肽或蛋白质产物的主要机制。

1) 5′-端加帽和 3′-端 poly A 的调控作用　mRNA5′-帽子和 3′-端 poly A 具有保护 mRNA，防止降解，增强 mRNA 的翻译效率，促进 mRNA 从细胞核转运到细胞质基质等作用。

2) 选择性剪接　选择性剪接也称为可变剪接(alternative splicing)，是指一种 mRNA 前体在剪接反应中某些区段的序列可能被保留，也可能被删除，从而得到几种不同的成熟 mRNA 产物的过程，它是高等真核生物蛋白质多样性产生的重要来源。选择性剪接可能是组成型的，也可能是受到调控的。前者是一种 mRNA 的不同剪接方式发生在所有的组织细胞内，而后者是指某种剪接方式的发生是具有组织特异性、发育阶段特异性或生理状态的特异性。受到调控的选择性剪接可产生组织特异性或发育阶段特异性的不同蛋白质的异形体(isoform)。

选择性剪接主要有 4 种方式：① 外显子跳过(exon skipping)，剪接反应中跳过一个或几个外显子，从而导致成熟的 mRNA 上缺失相应的外显子；② 内含子保留(intron retention)，一个或几个内含子被保留下来而出现在成熟的 mRNA 之中；③ 可变的 3′端剪接位点的使用，3′端剪接位点不止一个，使用不同的剪接位点产生不同的剪接产物；④ 可变的 5′端剪接位点的使用，5′端剪接位点不止一个，使用不同的剪接位点产生不同的剪接产物。

选择性剪接导致一个基因编码出不同的 mRNA，具体表现在以下 5 个方面：① 产生细胞定位不同的蛋白质，如抗体的分泌型和膜结合型，纤连蛋白(fibronectin)的胞内型和血浆型都与选择性剪接有关；② 改变可读框，导致蛋白质活性的丧失，如果蝇性别决定有关的 Sxl(sex-lethal)蛋白的有活性型和无活性型的产生与此有关；③ 改变蛋白质的活性，如原肌球蛋白或蛋白质激酶和具有不同电生理活性的离子通道通过这种方式细调蛋白质的活性；④ 产生具有全新活性的蛋白质，如降钙素和降钙素基因相关肽的形成；⑤ 影响 mRNA 的稳定性和翻译的效率，如集落刺激因子-1(CSF-1)mRNA 的 3′-UTR 去稳定元件是否保留与选择性剪接有关。

3）选择性加尾 很多真核生物基因的3′端含有2个或2个以上的加尾信号，使用不同的加尾信号将导致产生不同长度或不同性质的mRNA。同一种mRNA前体在加尾反应中，对不同加尾信号的选择而导致产生不一样的成熟mRNA的现象被称为选择性加尾或选择性多聚腺苷酸化。

选择性加尾可能会改变编码区的长度，也可能会保留或删除位于3′-UTR内影响mRNA稳定性的特定信号。这是一个基因编码不同多肽产物的一种途径，有时它与选择性剪接组合使用可进一步扩大编码蛋白质的多样性。

4）在mRNA运输水平上的调控 mRNA从细胞核运输到细胞质的过程受到严格的调控，但机制尚不清楚。有实验证实，成熟mRNA大约只有20%进入细胞质基质，留在核内的mRNA约在1 h内降解成小片段。并且，只有剪接好的mRNA分子才能被运输出细胞核，这种调控可防止异常的或具有潜在毒性的蛋白质被合成。

第三节 翻译及翻译后加工水平的调控

一、原核生物翻译及翻译后水平的调控

原核生物翻译水平的调控手段有反义RNA、翻译控制、自体调控、mRNA的和稳定性、应急反应以及环境信号诱发的基因表达调控与群体感应等。

1. 反义RNA

反义RNA(antisense RNA)是指一种与mRNA互补的RNA分子，它是反义基因或基因的反义链转录产物，与mRNA结合后，可阻断mRNA的翻译，这主要是在翻译水平调控基因表达的一种方式，少数在转录水平上(如CAP-mRNA的反义RNA——tic RNA)。原核生物中普遍存在反义RNA的调节系统。反义RNA可以起负调控，也可以起正调控的作用。

(1) 反义RNA的负调控作用

Mizuno等在研究渗透压变化对大肠杆菌外膜蛋白质基因表达的调节时发现有两种外膜蛋白，OmpC和OmpF的合成受渗透压调节。这两种蛋白在外膜上形成的小孔构成了溶质进入细胞的通道，其中OmpF形成的孔道要大于由OmpC形成的孔道，能够让细胞在低渗的环境中加强吸收。在高渗条件下，OmpC的合成增加，而OmpF的合成受抑制；反之，低渗使OmpC合成抑制，而OmpF合成增加。两种蛋白质随渗透压的变化而改变，但两种蛋白质的总量保持不变。当*ompC*基因进行转录时，在*ompC*基因的启动子前有一段区域(称为CX28区域)以相反方向转录出一种6S RNA(174个核苷酸)，称为micF。在这个小RNA中有很大一部分序列与OmpF的mRNA 5′-端互补，二者可结合而使mRNA失去翻译活性。所以，随着OmpC蛋白合成的增加，OmpF蛋白的合成受到抑制。

(2) 反义RNA的正调控作用

金黄葡萄球菌(*Staphylococcus aureus*)基因组上的*agr*位点(毒性控制)编码一种小反义RNA——RNAⅢ，能够与胞内编码α-毒素的*hla* mRNA配对，而导致后者核糖体结合位点(ribosome-binding site，RBS)暴露，从而激活α-毒素的翻译。

2. 自体调控

自体调控(autogenous control)是指一个基因产物对自己的基因表达产生激活或抑制的现象。例如，p32是由T4噬菌体基因组编码的一种蛋白质，参与DNA重组、修复和复制，它与单链DNA结合的亲和力特别高，这种性质与其功能相关，如果细胞内没有单链DNA结合位点，它便与自己的mRNA上位于起始密码子周围富含AT的序列结合，阻止自身的翻译。

组成核糖体的蛋白质共有50多种，它们的合成能力总是和rRNA的水平保持一致。当有过量核糖体游离蛋白质存在时即引起其自身以及相关蛋白质合成的阻遏。对核糖体蛋白质起翻译阻遏作用的调节蛋白质能够与自己的mRNA 5′-端结合，从而抑制自身的翻译。这种翻译水平上的阻遏作用称为翻译阻遏(translational repression)。

3. mRNA 的稳定性与基因表达的调控

通过提高 mRNA 的稳定性也可以在翻译的水平上调节基因表达。例如，RyhB RNA 是大肠杆菌的一种小分子 RNA，只在铁饥饿的情况下表达。在铁供应不足时，RyhB RNA 与细胞内铁贮存相关蛋白的 mRNA 配对结合，形成双链区域，致使被结合的 mRNA 更容易被 RNA 酶 E 水解；而在高铁的环境下，RyhB RNA 的表达受阻，于是参与铁贮存相关的 mRNA 稳定性提高，翻译频率提高。

4. 应急反应

应急反应(stringent response)是指细菌细胞在氨基酸饥饿的时候，胞内所发生的各种变化。应急反应是通过节省能量来帮助细胞渡过难关。在应急反应中，基因表达受到抑制的有 tRNA、rRNA、RNA 聚合酶的亚基，延伸因子，核苷酸运输和合成，磷脂合成以及 DNA 复制蛋白等；表达受到激活的基因包括核酸修复、氨基酸合成、糖代谢、糖原合成和磷脂周转等。细胞主要的变化表现为：rRNA 和 tRNA 合成量的急剧下降(10～20 倍)；mRNA 合成下降(约 3 倍)；蛋白质降解加强；核苷酸、糖类和脂类的合成下降。当氨基酸供应恢复正常后，应急反应便迅速消退。

5. 环境信号诱发的基因表达调控与群体感应

除了上述的基因表达调控方式以外，在原核生物、单细胞真核生物、真菌和高等植物中还广泛存在一种双组分基因表达调控系统。该系统由两个主要成分构成，一个成分负责感应环境中的信号，另一个成分负责调节细胞做出相应的反应。通过这种方式，生物体会对环境中的各种信号刺激做出反应。另外，有的菌体能够感应到周围环境中同种细菌的其他成员的存在，并做出反应，被称为群体感应(quorum sensing)。具有群体效应的菌体会持续地释放出自诱导物，随着群体扩展，更多自诱导物被增殖的细胞释放到菌体周围，其浓度随之上升，一旦自诱导物浓度达到一个临界值，细菌便可感应到群体数目的变化，一些细胞行为也会随之相应地发生改变。

二、真核生物翻译及翻译后水平的调控

1. 自体调控

自体调控通常被用来控制大分子聚合体的合成，它是一种调节大分子复合体内某一成分的合成以实现各成分能够协调合成的常见手段。以构成微管的前体——微管蛋白(tubulin)为例，自由的微管蛋白能够抑制自身 mRNA 的翻译。当微管装配受阻的时候，游离的微管蛋白亚基积累，并可能与自身的 mRNA 结合或与新生的肽段结合，从而导致位于多聚核糖体上的微管 mRNA 的降解，以抑制多余的微管蛋白不必要的合成。

2. mRNA 区域化

mRNA 的区域化是指细胞内 mRNA 被导入或被限定在特定的区域。例如，正在迁移的成纤维细胞内的肌动蛋白 mRNA 被限定在细胞的前端。mRNA 的区域化是建立在细胞结构不对称的基础上的。而存在于 mRNA 上决定区域化效果的信号序列主要位于终止密码子和 PolyA 尾巴之间的 3′- UTR 内。这些被称为“分子邮政编码”(molecular zipcodes)信号序列形成标志性的茎环结构，充当特定的 RNA 结合蛋白的靶点。当将两种分布不同的 mRNA 上的区域化信号序列进行交换的时候，将导致相应蛋白质在细胞中发生置换。

3. mRNA 的翻译控制

某些基因的表达可通过其 mRNA 作为翻译模板是被掩盖还是开放来进行调控。例如，未受精的卵细胞中贮存的 mRNA(无新的 mRNA 合成)与特殊的蛋白质结合在一起而被掩盖，无法作为模板被翻译。贮存的 mRNA 通常具有较短的 polyA 尾巴(15～90 个 A)，因而也不利于翻译。这些 mRNA 尾巴缩短是在被贮存之前被选择性脱腺苷酸化，脱腺苷酸化的信号是位于 3′- UTR 内的富含 AU 序列。一旦受精，贮存的 mRNA 与结合的蛋白质解离，同时，一种酶识别富含 AU 的序列，添加近 150 个腺苷酸，以恢复全长的 polyA 尾巴。以上两种因素导致 mRNA 的激活，翻译迅速在受精卵内展开，以提供受精卵发育所必需的一些蛋白质。

4. RNA 干扰

RNA 干扰(RNA interference, RNAi)是指通过双链 RNA 使目的 mRNA 降解，从而特异性地抑制目

的蛋白表达的现象。

(1) RNAi 的发现及意义

20 世纪 90 年代初，Rich Jorgensen 设想，将更多的色素基因注入植物体，能使花朵的色彩更艳丽，而结果出乎其预料，转基因的植株不仅没有新基因表达，反而使原有的色素基因也受到了抑制，当时称共抑制(co-suppression)。1995 年，Guo 和 Kemphues 在秀丽线虫中用反义 RNA 阻止一些基因的表达，给对照组用的正义 RNA 不但不增加该基因的表达，反而产生与反义 RNA 同样的结果——特异性阻断该基因的表达，从而表明 RNA 干扰现象的存在。Fire 等发现将双链 RNA(dsRNA)注入秀丽线虫可显著抑制特定基因的表达，并证明了 Guo 和 Kemphues 所发现的正义 RNA 的基因压制作用其实是转录时污染微量 dsRNA 所造成的。

将制备的 RNA 高度纯化后发现，正义 RNA 无基因抑制作用，反义 RNA 的基因抑制作用也很微弱，而用纯化后的 dsRNA 注入线虫，却能高效、特异地阻断相应基因的表达。实验证明，双链 RNA 抑制基因表达的效率比纯化后的反义 RNA 至少高几个数量级，他们称此现象为 dsRNA 介导的 RNA 干扰(RNAi)。随后多个研究小组陆续发现 RNAi 也存在于水稻、烟草、果蝇、小鼠及人等几乎所有的真核生物中。

RNAi 的发现给研究者带来了一个强有力的实验工具并且成为一种被看好的潜在的治疗手段，发现者 Andrew Z. Fire 和 Craig C. Mello 由此获得了 2006 年度诺贝尔生理学或医学奖。

这项技术对于控制试验系统研究单一基因和蛋白功能以及与其他基因和蛋白的关系是非常有用的。RNAi 技术已被广泛地应用于基因分析，细胞信号转导通路分析，各种疾病治疗以及药物设计和开发等领域。

关于 RNAi 的生物学意义，目前普遍认为，它在植物和昆虫体内相当于一种免疫系统，起着保卫基因组的作用，能够防止外来的有害基因或病毒基因整合到植物基因组中，此外，还参与基因表达的调控。

(2) RNAi 的作用机制

现已初步阐明 dsRNA 介导的同源性靶 mRNA 降解过程主要分为两步：第一步(起始阶段)是较长 dsRNA 在 ATP 参与下被细胞质 RNaseⅢ样核酸酶(果蝇中的 RNaseⅢ样核酸酶称为 Dicer)切割加工成 21～23 nt 的由正义和反义链组成的小干扰 RNA(small interfering RNA，siRNA)。siRNA 的两条单链末端为 5′-磷酸和 3′-羟基，且 3′-端均有 2～3 个突出的核苷酸。Dicer 的类似物相继在拟南芥、秀丽线虫及哺乳动物等机体中被发现。如果以微 RNA(microRNA，miRNA)前体为起始物质，则被细胞核 RNaseⅢ样核酸酶切割加工成 miRNA。第二步(效应阶段)是 miRNA 或 siRNA 在 ATP 参与下被 RNA 解旋酶解旋成单链，并由其中反义链指导形成 RNA 诱导的沉默复合体(RNA - induced silencing complex，RISC)。RISC 由 miRNA 或 siRNA、解旋酶、ATP、核酸内切酶、核酸外切酶等多种成分组成。活化的 RISC 在单链 miRNA 或 siRNA 引导下识别互补的 mRNA，阻断目标 mRNA 的翻译，或在 RISC 中的核酸内切酶作用下从 siRNA 引导链中心所对应的靶基因位置切割靶 mRNA，从而干扰基因表达(图 17 - 6)。RNAi 途径主要存在于细胞质基质中，但是 siRNA 产生及靶 mRNA 降解的亚细胞定位尚未明确。

siRNA 不仅可引导 RISC 切割靶 RNA，而且可作为引物在 RNA 依赖的 RNA 聚合酶(RdRP)作用下以靶 mRNA 为模板合成新的 dsRNA。新合成的长链 dsRNA 同样可被 RNaseⅢ类核酸酶切割、降解而生成大量的次级 siRNA。次级 siRNA 又可进入合成-切割的循环过程，进一步放大 RNAi 作用。这种合成-切割的循环过程称为随机降解性 PCR(random degradative PCR)。

RNAi 的作用特点主要包括以下三个方面：① 较高特异性，能够非常特异地降解与之序列相应的单个内源基因的 mRNA；② 高效性，相对少量的 dsRNA 或 miRNA 就可以使相应的基因表达受抑制；③ 可遗传性及远距离效应，RNAi 基因表达的效应可以突破细胞的界限，可传递给子代。

5. mRNA 的降解和稳定性与基因表达调控

各种类型的 RNA 分子中，mRNA 的寿命最短。mRNA 稳定性是翻译水平调控的一个重要因素。真核细胞 mRNA 的稳定性常常受特异的去稳定元件的影响。例如，某些细胞因子和癌基因蛋白的 3′- UTR 之中的富含 AU 序列的元件(AU-rich element，ARE)就是一种去稳定元件。ARE 的作用一方面可提高 mRNA 上 polyA 尾巴的脱腺苷酸作用而降低 mRNA 的稳定性，另一方面则能够直接参与翻译阻遏。

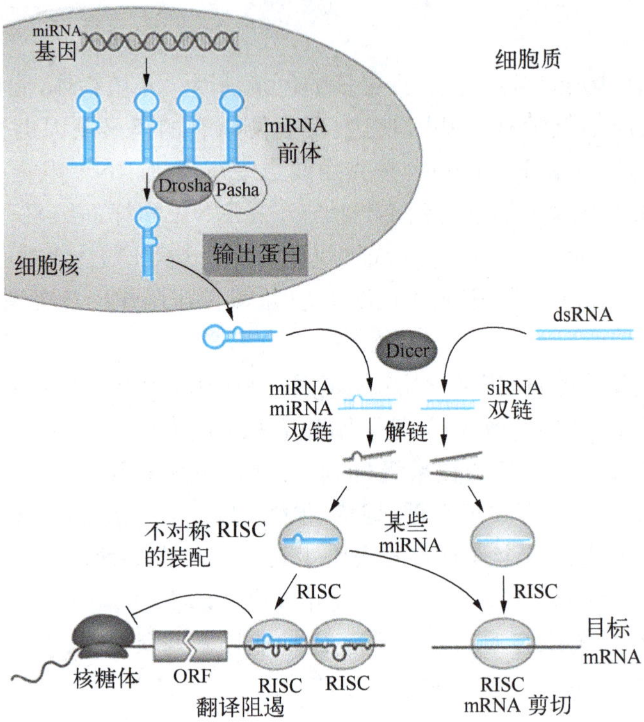

图 17-6 miRNA 和 siRNA 的产生和作用机制

框 17-1 生化研究动态——内置的定时自毁装置决定了某些 mRNA 最终的降解命运

根据2011年12月23日这一期的*Cell*杂志报道，来自美国Yeshiva大学Albert Einstein医学院的研究者，在酵母中发现了第一个已知的细胞控制mRNA半衰期的一种定时自毁装置。这种装置存在于两种参与调控细胞分裂的蛋白质的mRNA分子上。

参与研究的Robert Singer将这两种mRNA分子形容为希腊悲剧中的人物，原因是它们的半衰期在"一出生"的时候就决定了。他使用的手段是由他自己开发的一种先进的显微成像技术，该技术可用于实时研究细胞内一个单分子的代谢状况。这两种蛋白质分别是Swi5p和Clb2p，其中Swi5p参与调节有丝分裂后期的基因表达，Clb2p是G2期的周期蛋白，参与驱动细胞周期从G2期进入分裂期。由于它们的功能是参与调控细胞周期，它们的量必须受到严格的调控。根据测定，Swi5p-mRNA的半衰期是8 min，Clb2p-mRNA的半衰期是4.5 min。

在这两种蛋白质基因转录的时候，一种磷酸化的Dbf2p蛋白被特殊的转录因子招募到这2个基因的启动子附近，然后跳到正在被转录的这两种蛋白质的mRNA上，开始控制被结合的mRNA的命运。Dbf2p会随着成熟的Swi5p-mRNA和Clb2p-mRNA进入细胞质。

在这两种mRNA从细胞核进入细胞质以后，另外一种叫Dbf20p的蛋白质"加盟"进来。一旦Swi5p-mRNA和Clb2p-mRNA翻译出来的蛋白质完成任务，Dbf2p就发生脱磷酸化，这是一个非常重要的信号，会立刻被发送给细胞内的mRNA衰变系统，通知相关的酶对与脱磷酸化的Dbf2p结合的mRNA进行降解。由此可见，这两种mRNA的"短命悲剧"完全是由Dbf2p控制的。

虽然Singer研究的对象是酵母细胞，但他认为这种mRNA的自毁装置也应该存在于人细胞。如果真是如此，将为人类治疗癌症找到新的靶点。

6. 对翻译过程本身的调节

对翻译起始阶段的调节主要是通过对两种起始因子eIF4E和eIF2的磷酸化修饰而实现的。eIF4E和eIF2的磷酸化对翻译的影响正好相反，前者的磷酸化是刺激翻译，后者则是抑制翻译。细胞内某些信号(生长因子、热休克、病毒感染、有丝分裂和血红素浓度变化等)能够诱发这两种因子的磷酸化或去磷酸化，从而改变翻译的效率。此外，细胞内的某些抑制因子能够与特定的起始因子结合，从而抑制翻译的起始。

7. 翻译后水平的调节

基因表达在翻译后水平的调节实际上是各自形式的翻译后加工。

推荐网址

1. http://en.wikipedia.org/wiki/Regulation_of_gene_expression
2. http://themedicalbiochemistrypage.org/gene-regulation.html
3. http://www.dartmouth.edu/~cbbc/courses/bio4/bio4-lectures/ProkGeneControl.html
4. http://www.emc.maricopa.edu/faculty/farabee/biobk/biobookgenctrl.html
5. http://www.uic.edu/classes/bios/bios100/lecturesf04am/lect15.htm
6. http://en.wikipedia.org/wiki/RNA_interference

参考文献

1. Mandal M, Breaker RR. Gene regulation by riboswitches. *Nat Rev Mol Cell Biol.*, 5:451-63, 2004.
2. Adhya S, et al. Transcriptional regulation by cAMP and its receptor protein. *Annu. Rev. Biochem.*, 62:749-795, 1993.
3. Jacob F, Monod J. Genetic regulatory mechanisms in the synthesis of proteins. *J. Mol. Biol.*, 3:318-356, 1961.
4. Brian T. W. Complex controls: the role of alternative promoters in mammalian genomes. Trends in Genetics, 19 (11):640-648, 2003.
5. Martens JA, Winston F. Recent advances in understanding chromatin remodeling by Swi/Snf complexes. *Curr. Opin. Genet. Dev.*, 13: 136-142, 2003.
6. Fire A, et al. Potent and specific genetic interference by double-stranded RNA in Caenorhabditis elegans. *Nature*, 391:806-811, 1998.

思考题

1. 从高等生物基因组中克隆的完整基因为什么常常在大肠杆菌中不能得到正确的表达？
2. 为什么真核生物多为正调控，而原核生物多为负调控？
3. 酵母细胞内有两种蛋白质——蛋白A和蛋白B，它们都由两种管家基因编码，然而，蛋白A的量始终高于蛋白B，对此试提出两种可能的机制并给予合理的解释。
4. 一种大肠杆菌的突变株的乳糖操纵子的−10区序列从TATGTT突变成TATAAT。这种突变株的乳糖操纵子的转录被发现不再依赖于CAP-cAMP复合物的激活，对此现象试提出一种合理的解释。
5. 一种蛋白质含有能够与双链DNA特殊序列中的5-甲基胞嘧啶结合的结构域。你认为这种蛋白质在基因表达调控中可能具有何种功能？双链DNA上的哪一种序列可能含有这种蛋白质的结合位点？
6. 试写出一个基因可产生不同的表达产物的所有可能机制。
7. 如果将细菌启动子的−35区移到−29的位置，预计这样的突变对基因的转录有何影响？为什么？
8. 真核生物编码应急蛋白，例如热激蛋白和一些编码参与细胞对某些化学试剂解毒的蛋白质，与组蛋白一样，没有内含子。对此请作出简单的解释。

科学故事——斑胸草雀学唱歌中的基因调控

斑胸草雀(*Taeniopygia guttata*)英文名 Zebra Finches，是主要分布于澳大利亚和印度尼西亚东部岛屿的一种群居型鸟类。斑胸草雀的鸣声可划分为 2 种：鸣叫(call)和唱歌(song)。雌、雄斑胸草雀都能够鸣叫，但只有雄鸟才会唱歌。这两种发声在形成时间、语言结构和包含的信息等方面都存在差异。鸣叫形成的时间较早，过程也比较简单，形成原因倾向于先天作用，而唱歌能力则关系到雄鸟成熟后的性选择以及是否能繁殖成功，传播自己的基因。

幼年斑胸草雀学习唱歌的方式同人类婴儿学习说话的方式一样，都是通过模仿其长辈的说话方式来学习，雄鸟通过聆听父亲的歌声来学会如何唱一首特别的歌谣。学习如何唱歌对草雀来说是至关重要的，如果不会唱歌，它们将不能吸引配偶并繁殖后代。

和其他所有会唱歌的小鸟一样，斑胸草雀的前脑中某些区域被称为它们的“歌曲控制中心”。当一只年轻的草雀学习如何唱歌的时候，它几乎是叫个不停，就好像那些哭个不停的人类新生儿一样。在这个过程中，“歌曲控制中心”的核心部分从面积到组织形式都会发生变化。当它们成年时，这样一种由于唱歌而发生的转变改变了它们基因的表型。

科学家对斑胸草雀的基因组进行了解码，识别出了控制草雀歌唱的相关基因的位置，并发现雏雀(正在学习唱歌)和成年草雀(已经可以唱歌)的 cDNA 有很大的差异，草雀唱歌的行为改变了“歌曲控制中心”超过 800 个基因的表达水平。斑胸草雀在学习歌唱过程中激活的基因的工作方式同表达蛋白质的基因不同，相反，它们属于基因组的非编码部分，也就是所谓的“垃圾 DNA”。在人类基因组中，已探明表达蛋白质的基因只占 3%，其余多数未知功能的基因被误认为是“垃圾 DNA”。对斑胸草雀基因组的分析也进一步表明，非编码的 DNA 基因广泛地参与了复杂的鸣禽学习交流的过程。所谓的“垃圾 DNA”并非垃圾，它们实际上具有非常重要的生物学功能。

当鸟儿听歌的时候，也同样激活了许多围绕在听觉中心的基因。他们的听觉中心位于前脑处。研究人员发现当鸣禽听到一首新的歌曲后，其大脑中的一些 miRNA 的水平相应发生了变化，miRNAs 与一系列蛋白形成 miRNA 诱导的沉默复合物(RISC)，阻止所结合的 mRNA 的翻译或直接降解靶 mRNA，从而来调节蛋白质的表达。这些 miRNA 作为一种新的基因表达调控因子，能够微调大脑对外部信息的反应。

人类的语言学习与鸟类的唱歌学习具有许多相似之处，因此，鸣禽斑胸草雀是作为研究脑-行为关系和学习-记忆的生物学机制的理想模型。这种小巧的鸣禽向我们展示了一个事实：一个好的习惯，比如说学习唱歌，是可以改变基因的表型的。通过研究这种改变的机制，能够为揭示婴儿通过倾听父母说话来学习语言的奥秘，以及治疗语言学习障碍等方面提供帮助。

第 18 章

分子生物学技术

自从 Watson 和 Crick 提出 DNA 分子的双螺旋结构模型以来，分子生物学的研究便进入了一个黄金时代，在此期间，各种用于分子生物学研究的新技术、新方法不断涌现，特别是诞生于 20 世纪 70 年代初的重组 DNA 技术。可以说，没有分子生物学技术的不断创新和发展，就不会有现代分子生物学研究欣欣向荣的局面。如今，重组 DNA 技术和由它派生出来的其他技术已成为生命科学研究不可缺少的利器，每一个从事生命科学研究的人都应该对它有所了解。

本章将集中介绍以重组 DNA 为核心的生物技术的原理和应用。

第一节　重组 DNA 技术简介

重组 DNA 也就是基因克隆(genetic cloning)或分子克隆(molecular cloning)，就是通过某种手段，将不同来源的 DNA 片段连接起来，并进行扩增和纯化以供进一步研究的技术(图 18-1)。

有效的基因克隆至少需要满足 5 个条件：① 具有容纳外源基因或序列的载体(vectors)；② 具有将外源基因或序列导入到载体的工具；③ 具有合适的宿主细胞；④ 具有将重组 DNA 引入到宿主细胞的有效途径；⑤ 具有选择和筛选重组体的方法。

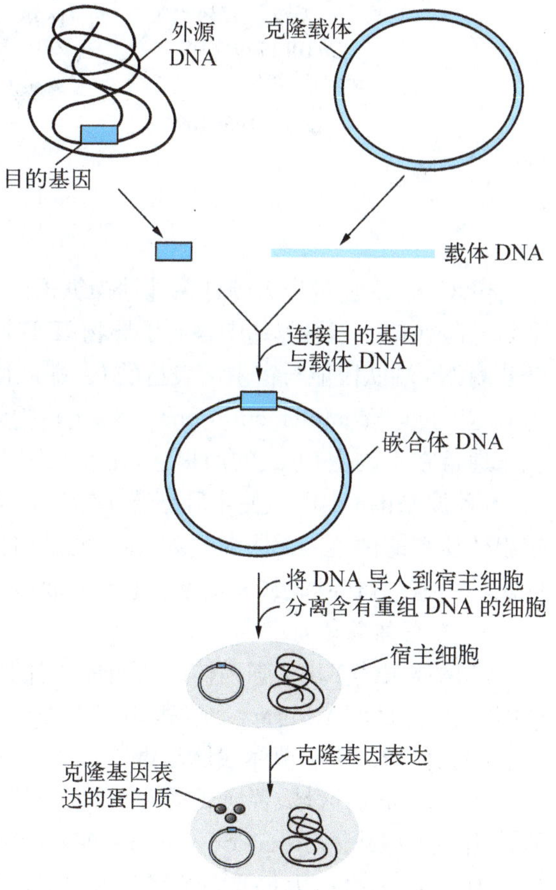

图 18-1　重组 DNA 技术的基本步骤

一、基因克隆的载体

载体的作用是容纳被克隆的目的基因，以便将目的基因带入到特定的宿主细胞进行扩增或表达。一种理想的载体一般需要满足以下几个条件：① 含有原核生物 DNA 复制起始区，以便于在原核系统中的扩增；② 含有真核生物 DNA 复制起始区，以方便在真核细胞内的自主复制；③ 含有集中了多种常用的限制性内切酶切点的多克隆位点(multiple cloning sites, MCS)，以方便各种克隆片段的插入；④ 带有抗生素抗性基因或其他选择性标记，以方便克隆的筛选和鉴别；⑤ 含有可诱导的或组织特异性的启动子或增强子序列，有利于控制被插入的基因在宿主细胞内的表达；⑥ 现代的载体一般含有多功能的结构元件，同时兼顾到克隆、DNA 测序、体外突变、转录和自主复制。

目前使用的载体多衍生于质粒、噬菌体和病毒。市场上提供了各式各样的商业化载体，而载体的选择取决于实验系统的设计、克隆基因的筛选和利用。

1. 质粒载体

质粒通常指细菌中独立于染色体外，能自主复制的遗传因子，它能够稳定地遗传某些性状。天然的质粒基本上都是共价闭环双链 DNA，大小 5～400 kb。质粒虽然独立于染色体外，能够自主复制和遗传，但其复制依赖于宿主细菌编码的酶和蛋白质。质粒按照其稳定拷贝数的多少可分为严谨型和松弛型，严谨型质粒在每个细菌细胞中有 1～5 个拷贝，松弛型质粒在每个细菌细胞中可达 10～200 个拷贝，甚至更多。

基因克隆中使用的质粒载体基本上都是经改造过的松弛型质粒，其内部一些无用的序列已被去除，同时引进了一些有用的序列。最常用的大肠杆菌克隆质粒为 pUC18/19(图 18－2)，它是由天然的 pBR322 质粒改造而来。此质粒的复制起始区能高频启动自身的复制，使一个细菌细胞的质粒拷贝数高达 500 个以上。pUC18 和 pUC19 的差别仅仅在于 MCS 的方向正好相反；此外，该质粒还携带一个抗氨苄青霉素基因(amp^R或 Ap^R)，由它编码的一种内酰胺酶(β－lactamase，bla)，能使氨苄青霉素失效。因此，当细菌用 pUC18/19 转化后，放入含氨苄青霉素的培养基中，凡不含 pUC18/19 者都不能生长，而长出的细菌一定带有 pUC18/19。

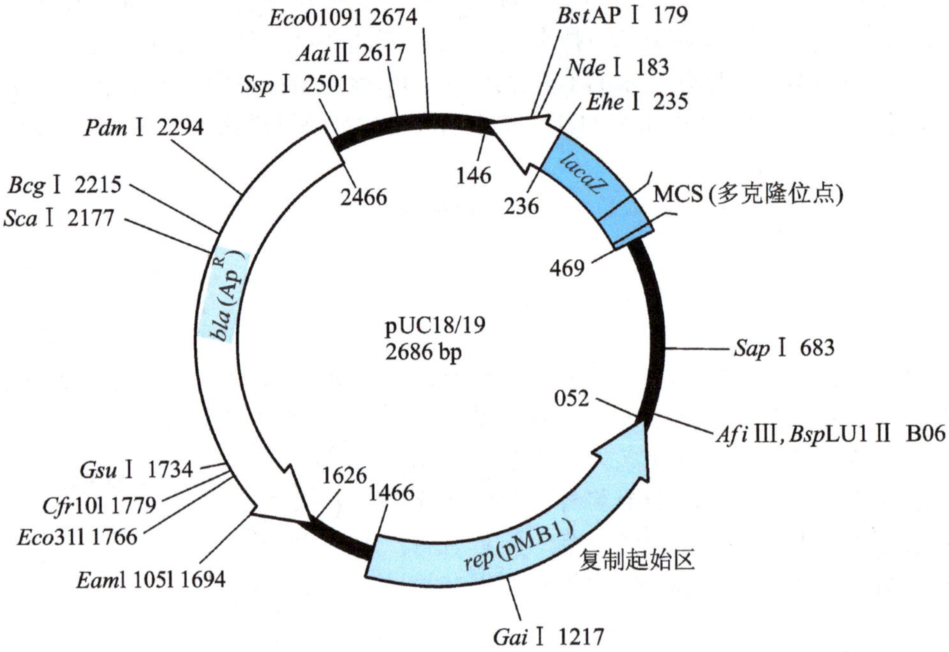

图 18－2 pUC18/19 质粒的基本结构

pUC18/19 还携带大肠杆菌乳糖操纵子的 *lacI* 和 *lacZ′*，但 *lacZ′*仅仅编码 β－半乳糖苷酶 N－端的 146 个氨基酸残基。当培养基中含有诱导物 IPTG 和显色底物 X－gal 时，*lacZ′*被诱导表达，表达出来的 β－半乳糖苷酶 N－端肽段能与宿主菌表达的 C－端肽段互补，而共同组装成具有活性的 β－半乳糖苷酶，此现象被称为 α－互补(α－complementation)。X－gal 受到半乳糖苷酶水解后产生有颜色的产物，从而使菌落呈现蓝色。通常在不改变 ORF 的前提下，在 *lacZ′*中间插入 MCS，以便外来序列的插入。当外来序列插入后，可打破 *lacZ′*原来的 ORF，致使半乳糖苷酶活性丧失，这种现象被称为插入失活(insertional inactivation)。含有重组体质粒的菌落因无法水解 X－gal 就呈白色，这种颜色的变化经常用来筛选含有重组质粒的转化菌落，此法称为蓝白斑筛选法(blue/white screening)。

2. 噬菌体载体

噬菌体载体多由 λ 噬菌体改造而成，它们常用来克隆较大的 DNA 片段，特别适合用来构建真核生物的 cDNA 文库(cDNA library)或基因组文库(genomic library)。

现在使用的 λ 噬菌体载体已做了以下几个方面的改造：① 去除了 λ－DNA 上的一些限制性酶切点；② 在中部非必需区域，替换或插入 MCS 和某些标记基因，如可供蓝白斑筛选的 *lac*I－*lacZ′*等基因。由此可构建出插入型载体(insertion vector)和替换型载体(substitution vector)。插入或置换中段的外源 DNA 长度是有一定限制的，太长或太短都会影响到包装后的重组噬菌体的生存活力(图 18－3)。

使用噬菌体载体至少有两个好处：一是能够容纳较长的外源 DNA，二是其感染宿主菌要比质粒转化细菌的效率高得多。其缺点则在于克隆操作要比质粒载体繁琐。

3. 黏粒和噬菌粒

黏粒(cosmid)是一种兼有部分λ-DNA和部分质粒序列的杂合载体。其中,来自λ-DNA的成分是噬菌体体外包装所必需的 *cos* 序列,来自质粒的成分包括复制起始区、特定的抗生素抗性基因和MCS。在使用黏粒的时候,重组体DNA在体外与野生型λ噬菌体的外壳蛋白和尾部蛋白包装成感染性的颗粒,以便能高效进入宿主细胞。在宿主细胞内,它们又像质粒一样进行复制,但由于缺乏外壳蛋白的基因,因此并不能在宿主细胞内形成新的噬菌体颗粒。黏粒可插入长30～45 kb的外源DNA,对DNA大小有选择作用,主要用于DNA文库的构建。

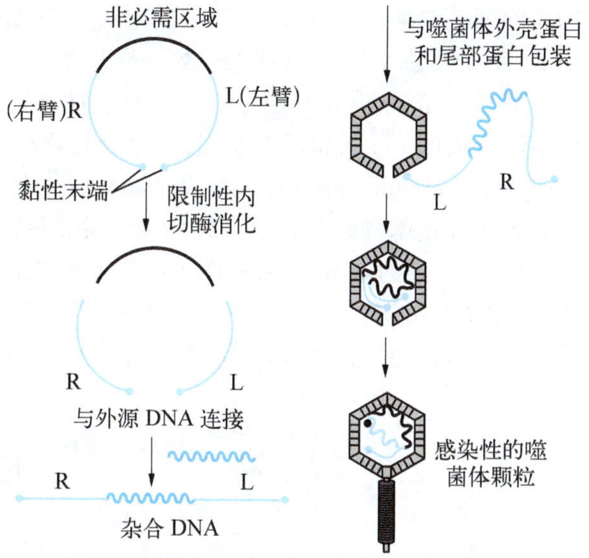

图18-3 λ噬菌体载体的构建、重组和包装

噬菌粒(phagemid)是在具有复制起点及抗生素选择性标记的质粒上,加入丝状噬菌体(M13或f1)的复制起点和噬菌体颗粒形态发生所必需的碱基序列。外源基因克隆到这些载体中时,可以如同质粒一样用常规方法进行扩增和转化。当带有这种质粒的细菌被辅助丝状噬菌体感染后,在辅助病毒编码的蛋白的作用下,质粒启动滚环复制,重复产生单链的质粒DNA拷贝,这些单链拷贝经切割环化,最后包装到子代噬菌体颗粒中,并被挤压出宿主细胞,从而从培养物中可以获得单链DNA以供测序、进行寡核苷酸定点诱变及合成单链特异性DNA探针。噬菌粒的主要优点是其复制型双链DNA可以和质粒一样操作,双链DNA既稳定又高产,而且载体足够小,可以克隆长达10 kb外源DNA,被辅助噬菌体感染后,很容易从培养物中大量制备单链DNA。

4. BAC

BAC是指细菌人工染色体(bacterial artificial chromosome),是一种非常稳定的质粒载体,能容纳的外源DNA在100～250 kb,最长的可达1 Mb。BAC含有严紧型质粒F因子的复制起始区(oriF),因此其拷贝数受到严格的控制(1～2个拷贝/细胞)。此外,它还含有MCS和选择性标记基因 cam^R 或 *sacB* Ⅱ,以及能驱动基因转录的启动子。cam^R 为氯霉素抗性基因。*sacB* Ⅱ编码的是果聚糖蔗糖酶(levansucrase),该酶能将蔗糖转化成果聚糖。果聚糖对细菌是有毒的,因此,如果 *sacB* Ⅱ有活性,细菌就无法生存。当外源DNA插入到 *sacB* Ⅱ的上游以后,*sacB* Ⅱ就无法正常转录。利用此性质,可进行正选择重组体(图18-4)。

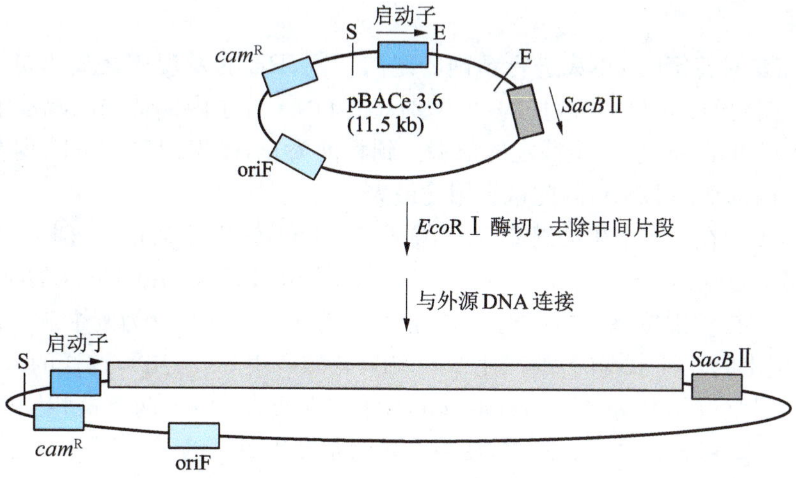

图18-4 细菌人工染色体的结构和外源DNA的插入

5. YAC

YAC是指酵母人工染色体(yeast artificial chromosome),是由酵母、原生动物和细菌质粒DNA组建成的杂合载体,能够容纳大于1 Mb的外源DNA。其中的自主复制序列、选择性标记基因和着丝点来自酵母,

端粒序列一般来自四膜虫，MCS和原核复制起始区来自质粒。在酵母细胞内，YAC像酵母染色体一样行使功能，而在大肠杆菌内，又能像质粒一样复制。

YAC上的标记基因有：① 青霉素抗性基因(*bla*)——用于转化大肠杆菌时的选择；② *TRP*1——参与色氨酸合成的一个关键酶的基因，为色氨酸营养缺陷型酵母细胞提供选择性标记；③ *SUP*4——赭石型校正tRNA(ochre suppressor tRNA)基因，赋予酵母细胞的无义突变株具有野生表型。但是，如果外源DNA插入到*SUP*4内部导致其失活，那宿主酵母就能够维持突变表型。此性质可用来筛选重组体。

YAC克隆的基本策略是(图18-5)：首先使用限制性内切酶*Bam*HⅠ(图中的B为它的切点)消化载体，以便游离出端粒，产生线形染色体结构；然后，使用*Sma*Ⅰ(图中的S为它的切点)分别消化外源DNA和载体；最后，使用连接酶将目标DNA插入到*SUP*4内部，再转化宿主细胞，并进行筛选。

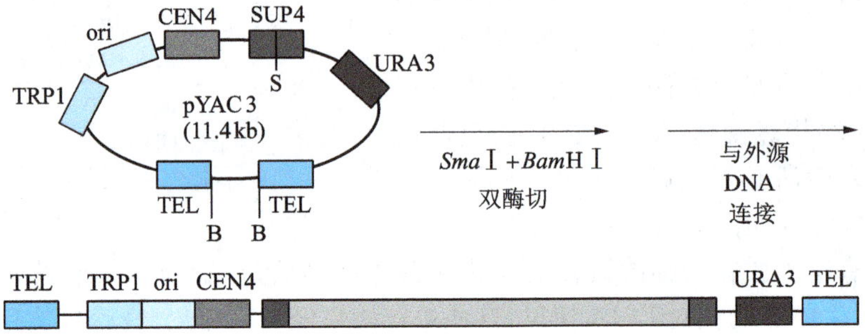

图18-5 酵母人工染色体的结构和外源DNA的插入

6. 真核细胞病毒载体

这是一类由动、植物病毒改造而成的载体。由于动物细胞的培养和操作较复杂、花费也较大，在动物病毒载体构建时，一般都把质粒的复制起始区放置其中，形成穿梭载体(shuttle vector)，以便能在细菌中大量扩增，再引入到真核细胞。使用动物病毒载体的目的多为将目的基因或序列引入动物细胞中表达，或者测试其功能，或作基因治疗的载体。

二、将外源基因或序列导入载体的工具

将外源基因或序列导入到载体需要特殊的工具酶，其中以限制性内切酶(restriction endonuclease，RE)和连接酶最为重要，此外，有时还需要DNA聚合酶、逆转录酶、多聚核苷酸激酶、碱性磷酸酶和S1核酸酶等，这里主要介绍限制性内切酶。

1. 限制性内切酶

重组DNA首先需要对特定的DNA进行精确的定向切割，RE的发现使之成为可能。RE实际上是一类特殊的具有高度位点特异性的DNA内切酶，可识别双链DNA分子内部特殊的碱基序列(通常为4～6 bp的回文序列)，切开DNA的两条链，产生特定的末端。到目前为止，已发现4类RE，但Ⅱ类切割DNA特异性最强，且在识别位点内部切断DNA，因此这类用途最大。

所有RE切割DNA后在切点产生的总是5′-磷酸和3′-OH，这对于后面的连接反应十分重要，原因是DNA连接酶要求连接点必须是5′-磷酸和3′-OH。然而，不同的RE在切割DNA的时候，切割的方式不一定相同(图18-6)。根据在识别位点上的切割方式，Ⅱ类限制性内切酶又分为两个亚类：第一亚类交错切开DNA的两条链，产生突出的互补末端(有的产生5′-突出，有的产生3′-突出)，这样的末端在特定的条件下，能够重新缔合在一起，因此被称为黏端(cohesive ends)；第二亚类在DNA两条链相同的位置切开DNA，产生无突出的平端(blunt ends)。在基因克隆中，使用最多的是产生黏端的RE，因为不同的DNA分子经过同一种RE处理后，产生相同的黏端，经退火后很容易“粘”在一起，从而大大方便了后面的连接反应(图18-7)。

不同的RE识别的DNA序列长度可能并不相同，识别序列有4、6或8 bp，其中以识别6 bp的最为常见。有些限制性内切酶来源和性质不同，但可识别同样的序列，只是切割位置不一定相同，它们被称为同裂酶(isoschizomers)。也有一些限制性内切酶来源不同，识别序列也不同，但切割后产生相同的游离单链黏性

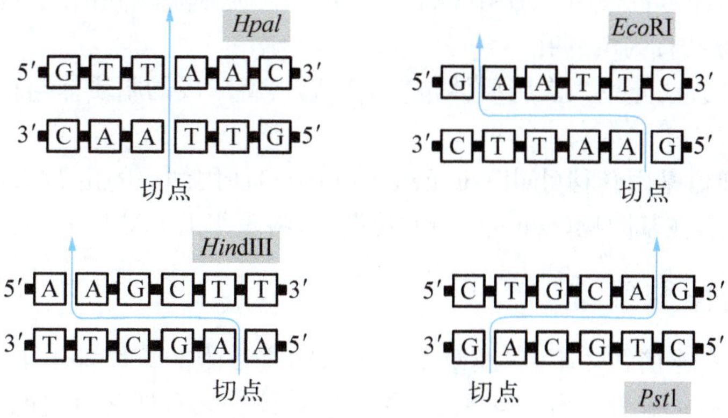

图 18-6　不同类型Ⅱ类限制性内切酶的切割方式

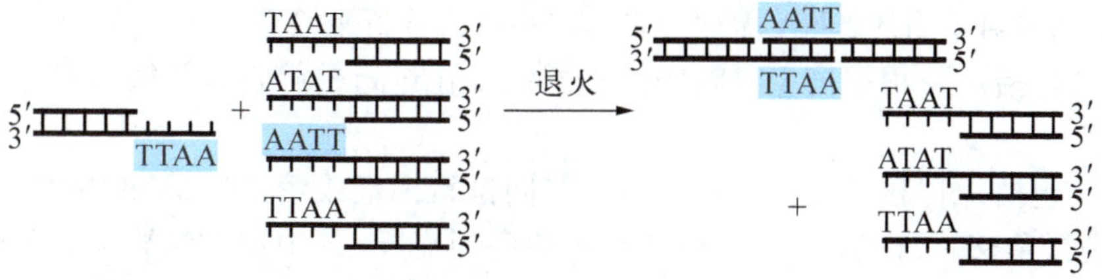

图 18-7　黏端之间的退火

末端，这样一组限制性内切酶称为同尾酶(isocandamer)。

2. DNA 连接酶

连接酶在基因克隆中的作用是将外源 DNA 连接到载体上，使用最多的是 T4 噬菌体编码的 DNA 连接酶，它以 ATP 为能源，不仅能连接黏端 DNA，还能连接平端 DNA。

3. DNA 聚合酶

在基因克隆中使用的 DNA 聚合酶有 Klenow 酶、T4 DNA 聚合酶和以 *Taq* DNA 聚合酶为代表的耐热性 DNA 聚合酶。

DNA 聚合酶主要用于：① 对 3′-端隐缩的 DNA 进行填补或末端标记；② 合成 cDNA 的第二条链；③ 利用缺口平移，制备 DNA 探针；④ 末端终止法测定 DNA 序列；⑤ PCR。

4. 逆转录酶

逆转录酶主要用于以 mRNA 为模板，合成 cDNA 的过程。基因克隆中常用的逆转录酶来自两种逆转录病毒——禽类成髓细胞瘤病毒(AMV)和莫洛尼鼠白血病病毒(MMLV)。

三、宿主细胞

宿主细胞是接受、扩增和表达重组 DNA 的场所。理论上，任何活细胞都可以作为宿主细胞，但最为常用的有大肠杆菌、酵母和哺乳动物的培养细胞等。

四、将重组 DNA 引入到宿主细胞的途径

目的基因序列与载体连接后，要导入细胞中才能复制、扩增，再经过筛选，才能获得重组 DNA 分子克隆。将重组体引入到宿主细胞的主要方法包括：转化、转染(transfection)及电穿孔(electroporation)、脂质体介导和弹道基因转移。

- 转化：基因克隆中的转化是指质粒进入宿主细胞的过程。为了提高转化效率，需要采取一些特殊方法处理细胞，经处理后的细胞更容易接受外源 DNA，因此被称为感受态细胞(competent cell)。例如，大肠杆菌经冰冷的 $CaCl_2$ 处理，其表面通透性增加，就成为感受态细菌。
- 转染：重组的噬菌体 DNA 进入感受态细菌的过程称为转染。有时，重组 DNA 进入哺乳动物细胞也称为转染。

● 电穿孔：用高压脉冲短暂作用于细菌或哺乳类细胞，可使细胞瞬间出现可逆性穿孔，从而使 DNA 更容易被导入到胞内，这种方法称为电穿孔。

● 脂质体介导：这种方法先用人工脂质体包装 DNA，再将形成的脂质体与宿主细胞的细胞膜融合，从而将 DNA 导入到细胞内。

● 弹道基因转移：弹道基因转移（ballistic gene transfer）使用细小的由 DNA 包被的特制子弹（DNA-coated projectile）作为载体，在基因枪（gene gun）的帮助下，将重组 DNA“射入”到受体细胞。

五、重组体的选择和筛选

外源 DNA 与载体正确连接的效率，以及重组体导入宿主细胞的效率都不可能是百分之百的，因此，最后培养出来的细胞群中只有小部分是含有外源 DNA 的重组体。只有把含有目的重组体的宿主细胞从各种无关的细胞中筛选出来，才等于获得了目的 DNA 的克隆。因此，筛选是基因克隆不可缺少的一步。

筛选方法可分为直接筛选和间接筛选，前者是根据宿主细胞接受外源基因以后直接引起的表型变化来进行筛选，而后者是通过对重组体 DNA 序列和表达产物进行分析来筛选。

直接筛选的方法包括：① 根据抗生素敏感性和抗性变化进行的筛选；② 根据营养缺陷型的恢复的筛选；③ 蓝白斑选择。

间接筛选的方法包括：① 核酸杂交法，利用标记（同位素标记或荧光标记）的核酸做探针，与转化细胞的 DNA 或 RNA 进行杂交，可以直接筛选和鉴定目的序列克隆，其中以 DNA 为杂交对象的杂交法称为 Southern 杂交或 Southern 印迹，以 RNA 为杂交对象的方法称为 Northern 杂交或 Northern 印迹；② PCR 法，PCR 技术的出现给克隆的筛选增加了一个新手段，如果已知目的序列的长度和两端的序列，就可以设计合成一对引物，以转化细胞所得的 DNA 为模板进行扩增，若能得到预期长度的 PCR 产物，则该转化细胞就可能含有目的序列；③ 免疫化学法，利用特定抗体与目的基因表达产物特异性结合的性质进行筛选；④ 受体/配体的结合性质，此方法也不是直接筛选目的基因，而是利用标记的配体或受体，与目的基因表达出来的蛋白质之间的相互作用来进行筛选；⑤ Southwestern/Northwestern 印迹法，此方法以标记的具有特定序列的双链寡聚核苷酸作为“诱饵”，筛选含有能够与此序列结合的蛋白质基因的克隆，其中以得到 DNA 结合蛋白基因为目的的筛选方法称为 Southwestern 印迹，而以得到 RNA 结合蛋白基因为目的的筛选的方法称为 Northwestern 印迹；⑥ DNA 限制性内切酶图谱分析法，外源 DNA 插入载体会使载体 DNA 限制性酶酶切图谱发生变化，如果出现新的 RE 切点，就将转化细胞内的载体 DNA 抽取后酶切，进行电泳，然后观察其酶切图谱并与预期的酶切图谱相比较，从而判断转化细胞是否含有目的基因；⑦ DNA 序列分析法，通过上述方法筛选得到的阳性克隆，都需要使用碱基序列测定来作最后的鉴定，已知序列的基因克隆要经序列分析确认所获得的克隆准确无误，未知序列的克隆只有在测定序列后才能了解其结构、推测其功能，以做进一步的研究。

第二节　基因克隆的详细步骤

一般基因克隆的基本步骤包括：获得外源 DNA 序列或目的基因；将目的基因与载体相连；将重组体导入特定的宿主细胞；筛选与鉴定含有目的基因序列的克隆。

一、外源 DNA 序列和目的基因的获得

无论是哪一种形式的基因克隆，第一步都是想方设法获取所需要的外源 DNA 序列或特定的目的基因。克隆目的不同，获取外源 DNA 或目的基因的手段也不同。如果克隆的目的是建立某种基因文库，就需先从目标生物细胞中抽取基因组 DNA，再使用一定的方法将得到的 DNA 随机地切割成小的片段以后，即可进入下一步；如果是建立 cDNA 文库，就要从想建立文库的细胞中抽取总 mRNA，然后通过逆转录合成 cDNAs 后进入下一步；如果是要表达一个已知的基因，首先就需要分离纯化得到该基因。

获取目的基因的手段概括起来有以下几种：① 人工合成，如果一种基因较小而且碱基序列已知，就可直接使用 DNA 合成仪进行人工合成，如果基因较长，就需要分成几段合成，然后再连接起来，对于一级结构

已知的蛋白质，可通过遗传密码表，反推出其基因的核苷酸序列，然后再进行人工合成；② 使用酶切将目的基因直接从另一种克隆载体中释放出来；③ 反转录，先获得某种多肽或蛋白质的 mRNA，然后，通过逆转录得到以 cDNA 形式存在的基因；④ PCR。

二、目的基因与载体的连接

将外源序列或目的基因插入载体，主要是靠 DNA 连接酶和其他工具酶的配合使用。根据末端的性质，它们的连接方式主要有三种：①载体和目的基因具有相同的黏端；②载体和目的基因均为平端；③载体和目的基因各有一个黏端和一个平端。选择哪一种连接方式主要取决于载体的性质和目的基因的来源。

1. 黏端连接

黏端连接是最有效的连接方式。如果载体上的 MCS 含有与目的基因两端相同的 RE 切点，就可使用同一种 RE 分别消化载体和目的基因，从而在载体和目的基因上产生相同的黏端；经分离纯化后，将它们按一定的比例进行混合；低温退火后，载体和目的基因被黏端"粘"在一起；最后，在 DNA 连接酶催化下，目的基因就与载体最终以共价键相连。

如果找不到合适的 RE，就可用一些特殊的方法引入黏端。例如，可在目的基因两端添加含有特定 RE 切点的人工接头分子，也可以使用 PCR，借助事先设计好的引物，通过扩增，在目的基因两端引入含有特定 RE 的序列，然后再使用相应的 RE 消化产生黏端。

2. 平端连接

T4 DNA 连接酶可直接将含有平端的载体和含有平端的目的基因连接在一起，但连接效率要比黏端连接低得多，因此，一般很少使用这种连接方法。

三、重组体导入宿主细胞

四、含有目的基因序列的克隆的筛选与鉴定

第三节　基因克隆的应用

目前，基因克隆主要应用在文库建立、序列分析、表达外源蛋白、制备转基因动物和植物、基因治疗、基因敲除与基因敲减、蛋白质工程和寻找未知基因。

一、文库的建立

基因克隆中的文库是指克隆到某种载体上能够代表所有可能的序列，并且可以稳定维持和使用的 DNA 片段的集合。根据序列的来源，文库可分为基因组文库和 cDNA 文库，两类文库的比较参看表 18－1。

建立文库的主要目的在于使用合适的方法，从文库中鉴定出特定的目的序列，并进行扩增分离，此过程称为文库筛选；也可以在鸟枪序列分析(shotgun sequencing)中，随机选择一个克隆对其进行鉴定。

表 18－1　基因组文库和 cDNA 文库的比较

文库类型	基因组文库	cDNA 文库
来源	基因组 DNA	mRNA
变化	物种	物种，组织，不同的发育阶段
插入大小	12～20 kb	0.2～6 kb
代表性	均等	与表达水平有关
类型	只有一种	两种(表达型和非表达型)
探针	DNA	DNA、蛋白质或抗体
用途	基因结构，推断蛋白质性质	表达的蛋白质，推断蛋白质性质

一个好的文库应该具备以下特定：① 完整性，不遗漏任何序列；② 准确性；③ 稳定性；④ 满足筛选一个重组体所需要的最低克隆数目；⑤ 容易筛选、贮存和扩增；⑥ 如果是基因组文库，就需要克隆重叠，以便通

过“步移”对序列进行拼装，防止非临近序列片段连接在一起形成嵌合体克隆。

二、DNA序列分析

基因克隆的另一个主要目的是DNA序列分析。分析的对象可以是一个基因片段、一个基因、基因表达的调控序列乃至一个基因组。通过序列分析可以反推出一个蛋白质基因所编码的氨基酸序列，这有助于对一个蛋白质的性质、结构和功能进行预测；序列分析还有助于对基因和基因组的组织以及它们进化过程的理解；此外，通过序列分析，可以确定控制一个基因表达的各种顺式作用元件以及导致疾病发生的基因突变。

三、表达外源蛋白

使克隆的基因在特定的宿主细胞中表达，对于研究一个基因的功能及其表达调控的机理十分重要，其表达出的蛋白质可用作结构与功能的研究。许多具有特定生物活性的蛋白质或酶在特定宿主细胞中大量表达，可满足医学或工业等领域的应用需要。

要使克隆基因在宿主细胞中表达，首先需要将目的基因亚克隆到带有基因表达所必需的各种顺式作用元件的载体中，这些载体通称为表达载体(expression vector)。目的基因可以在不同的宿主细胞中表达。针对不同的表达系统，需要构建不同的表达载体。

表达载体可分为融合载体(fusion vectors)和非融合载体两类，前者在插入位点上“预装”了另外一个蛋白质或多肽的基因，因此，插入的外源基因将会与它发生融合，表达出来的是一种融合蛋白。例如，融合有GFP的pGFP系列、融合有多聚组氨酸标签(His-tag)的pGEM2T系列等。使用融合载体的主要好处是方便了目的蛋白的鉴定和纯化。

理想的表达系统应该满足以下条件：① 表达载体具有合适的MCS，以便使外源基因能插入到正确的表达位置，或者至少是含有3个ORF以上系列；② 能够形成正确的翻译后修饰和三维结构；③ 为可诱导的表达系统，允许细胞生长和诱导表达，防止毒性蛋白质的积累；④ 易于分离和纯化；⑤ 最好能分泌到胞外。

四、制备转基因动物和植物

克隆的基因不仅可以导入细菌或培养的细胞，还能转入动、植物体内，并整合到基因组中，使机体所有的细胞都带有特定的外源基因，从而在根本上改变一种生物的遗传特性。转基因动物或植物就是指在其基因组内稳定地整合有外源基因，并能遗传给后代的动物或植物。

五、基因治疗

人类疾病的基因治疗(gene therapy)是指将人的正常基因或有治疗作用的基因通过一定方式导入到人体靶细胞，表达有功能的蛋白质，以纠正目的基因的缺陷或者发挥治疗作用，从而达到治病目的的一种治疗方法。

根据治疗途径，基因治疗可分为体内(*in vivo*)基因治疗和回体(*ex vivo*)基因治疗。前一种途径是直接往人体组织细胞中转移基因，后一种途径需要先从患者体内获得某种细胞进行体外培养，在体外完成基因转移后，将鉴定转移成功的细胞扩增培养，然后重新输入患者体内。无论是体内还是体外基因转移，都需要一种安全、高效和无毒的载体将外源基因带入病变细胞，从而进入细胞核与染色体DNA整合，并获得表达。目前使用的载体有两类：一类由腺病毒改造而成，主要用于体内基因治疗；另一类由逆转录病毒改造而成，主要用于回体基因治疗。

六、基因敲除与基因敲减

基因敲除(gene knockout)是指在分子水平上，使用特定的手段，将一个结构已知但功能不详的基因去除，或用其他序列相近的基因取代，使原基因功能丧失，然后从整体观察实验动物的表型变化，进而推断相应基因的功能。

目前，基因敲除的应用领域主要有：① 建立人类疾病的转基因动物模型，为医学研究提供材料；② 改造动物基因型，鉴定新基因和(或)其新功能。

基因敲减(gene knockdown)也称为基因抑制，是一项降低或者抑制一种生物的某个或者某些基因表达的技术，以区别传统的"基因敲除"。敲减的手段可以在DNA水平上，通过对DNA的修饰来抑制基因的转录，也可以使用人工设计的核酶(主要是锤头核酶)，定向切割特定的目标基因转录出来的mRNA；或者在翻译水平上，通过RNAi技术或者依赖于核糖核酸酶H的反义核酸技术，来抑制特定mRNA的翻译。如果是在DNA水平上进行基因敲减，就可以将其与转基因技术结合起来，得到转基因敲减生物。

传统的基因敲除的方法是让一个DNA片段从染色体完全剔除，或者让一个基因在某个生物体内完全灭活，这等于是让这个生物完全丧失了原来的基因。而与基因敲除不同的是，基因敲减保留了原来的基因，只是抑制了原来基因的表达。但无论是基因敲除，还是基因敲减，都会影响到基因的表达，并最终导致被敲除的或者敲减的生物在表型上发生改变，借此可以用来研究一个基因的功能。

七、蛋白质工程(protein engineering)

蛋白质工程又称为第二代基因工程，是使用遗传学和化学手段，从改变或合成基因入手，改善一种蛋白质的结构与功能，从而产生具有特殊功能、符合人们意愿性质的新产物的一项技术。

蛋白质工程一般有四个目的：① 改变或改良催化性质；② 改变结构性质；③ 创造新系统，包括合成融合蛋白或多功能蛋白、添加有利于纯化的标签或增强药用蛋白的药效等；④ 蛋白质的定向进化(directed evolution)，在不需要事先了解蛋白质的三维结构和作用机制的情况下，直接在体外模拟自然进化的过程，使基因发生大量变异，并定向选择出所需结构或功能的蛋白质，在较短时间内完成漫长的自然进化过程。

改造蛋白质的主要手段是体外突变(*in vitro* mutagenesis)。突变又分为非特异性的随机突变和特异性的定点突变，只有特异性的定点突变才是按照人们事先的设计进行的，具有明确的目的，因此成为蛋白质工程的主要手段。

八、寻找未知基因

基因克隆不仅可以使人类对已知的基因进行各式各样的研究，还为我们寻找和鉴定新基因提供了一种十分有效的途径。寻找新基因的途径可以从基因的终产物着手，也可以直接在核酸水平上进行。

第四节 聚合酶链式反应

聚合酶链式反应(PCR)是一种在体外特异性扩增特定DNA序列或片段的方法，由美国科学家Kary Mullis于1984年发明。

PCR的原理并不复杂：理论上，DNA分子数目经复制呈指数增长，如果提供足够的引物和dNTPs，1分子DNA复制n次后，就可产生2^n个DNA分子。但与体内DNA复制不一样的是：PCR的解链反应使用的是热变性，而不是解链酶；PCR使用的引物是人工合成寡聚DNA，而不是体内由引发酶合成的RNA；为了增加DNA聚合酶的稳定性，PCR使用的是耐热的DNA聚合酶。

整个PCR反应由多个循环组成(循环次数为30～40次)，每循环一次，DNA复制一次。每一个循环由三步反应组成(图18-8)：① DNA变性——采取热变性，使模板DNA在95 ℃左右的高温下解链；② 退火——降低温度(通常在50～65 ℃)，以使引物与模板DNA配对；③ 延伸反应——在DNA聚合酶催化下的，在引物的3′-端合成DNA，温度通常在72 ℃左右。在循环结束以后，一般还有一步专门的延伸反应，持续10～30 min。最后得到的PCR产物可以通过常规的琼脂糖凝胶电泳进行鉴定分析。

一个标准的PCR系统包括：DNA模板、耐热的DNA聚合酶、一对脱氧寡核苷酸引物、4种dNTP、合适的Mg^{2+}和一定体积的缓冲液等。人工合成引物的序列设计是PCR成功的关键，现有专门的软件(如Primer Premier 5.0)可以辅助设计合适的引物。

PCR自诞生以后，就引起了人们的高度关注。如今，该技术几乎已渗透到生命科学的每一个领域，并进行了各种形式的扩展、改进和优化，用途也越来越广。综合起来，PCR主要应用在以下几个方面：① 基因或基因片段的克隆和鉴定；② 基因诊断；③ 亲子鉴定(paternity testing)；④ 定点突变；⑤ 基因表达差异定量；⑥ 确定未知基因表达变化；⑦ 犯罪现场的法医鉴定；⑧ 古代DNA的分析；⑨ 循环测序(cycle sequencing)。

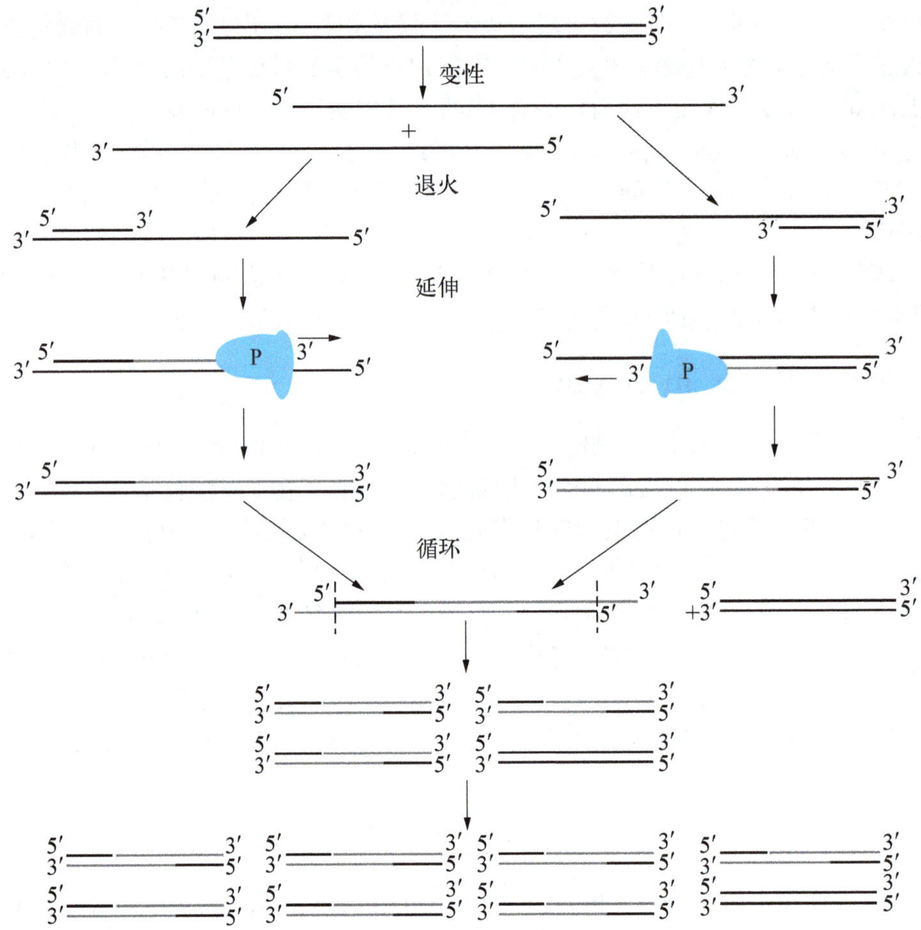

图 18-8 聚合酶链式反应的基本过程

框 18-1 DNA 技术能否复活恐龙?

电影《侏罗纪公园》中的恐龙是这样再生的：从一只被困在琥珀中的史前蚊子体内获得恐龙血液并提取出其中的DNA，通过克隆技术复活出小恐龙。当然，我们知道，这样做的实际结果可能只得到无数的蚊子。想要得到恐龙的DNA，必须从恐龙的化石上提取。但是，究竟能不能得到完好的恐龙DNA呢？最新的研究彻底粉碎了"DNA再造恐龙"的美梦。

化石在长期的埋藏和暴露过程中，受外界物理因素、化学因素、酶解和微生物侵染等作用，DNA会发生一定程度的降解。而水解反应、氧化反应及酶与微生物分解反应是造成DNA降解的主要原因。

水解反应主要发生在碱基与糖环相连的N-糖苷键上，在酸性条件下，此反应更容易进行。同时，酸碱催化作用可导致碱基本身水解脱去氨基，如腺嘌呤脱去氨基形成次黄嘌呤、胞嘧啶形成尿嘧啶等。氧化反应主要作用于DNA碱基上。在O_2、超氧化物、羟基自由基等活性氧的作用下，DNA碱基残基发生修饰，导致碱基的缺失或更迭，使DNA螺旋结构发生变形，影响DNA稳定性。如一种鸟嘌呤的主要氧化产物优先与腺嘌呤结合而不是与胞嘧啶配对，从而破坏了氢键。核酸酶及土壤微生物对DNA的降解作用是相当重要的一个因素。在细胞死亡后，酶开始分解作为DNA支柱的核苷酸之间的化学键，并且微生物也在加速细胞的腐烂。

目前，一个古遗传学研究小组在通过对3种已灭绝的恐鸟腿骨化石研究，推算出DNA的半衰期为521年。这就意味着，在521年后，一个样本中的核苷酸骨架之间的化学键有一半会被分解掉，而在下一个521年后，剩下的一半化学键也将消失殆尽。

这个结论说明：从恐龙和被封存在琥珀中的古昆虫中提取DNA是不现实的。那么，是否还能通过其他的方法复活恐龙呢？科学家们目前试图通过“倒转进化”的方法，即将鸟类“退化”成恐龙。恐龙复活，恐怕还要大量的研究才能实现。

（本小框内容作者为南京大学生命科学学院2011级闵梦月同学）

第五节　研究生物大分子之间相互作用的常用方法

分子生物学的核心内容之一是研究三种生物大分子之间(DNA、RNA和蛋白质)的相互作用。搞清楚它们之间的相互作用机制，对于揭示DNA复制、转录、翻译以及基因表达的调控尤为重要。

一、研究核酸与蛋白质之间相互作用的常用方法

研究核酸与蛋白质之间相互作用的常用方法有：电泳泳动变化分析、DNA酶Ⅰ-足印分析和染色质免疫沉淀技术(chromatin Immunoprecipitation，ChIP)。

1. 电泳泳动变化分析

此方法的原理是(图18－9)：DNA与蛋白质结合后，DNA－蛋白质复合体的分子量显然会较原来的DNA片段有所增加，因此在凝胶中的迁移速度会降低。利用这样一个简单的原理，将目的DNA片段用同位素标记后与蛋白质样品混合，混合后的样品电泳后可以直接通过放射自显影判断出DNA是否与蛋白质结合。

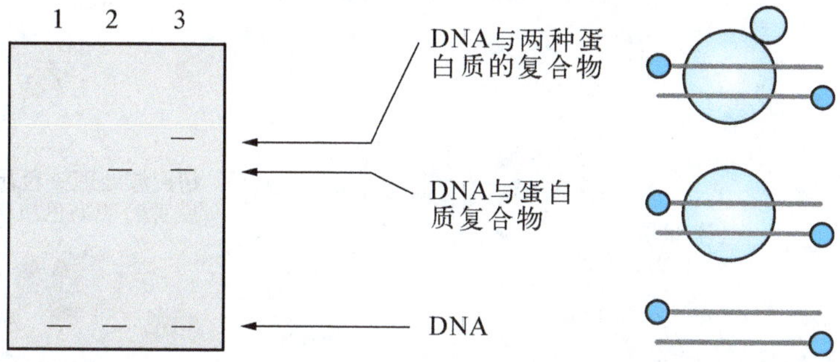

图18－9　电泳泳动变化分析的原理

2. DNA酶Ⅰ-足印分析

此方法的原理在于，蛋白质与DNA结合后，结合位点及其附近的DNA序列会由于蛋白质的保护作用而免受核酸酶或化学试剂的攻击，因此在用核酸酶或化学试剂处理DNA时，这些位点的DNA链不会发生断裂。通常的实验操作如图18－10所示：将DNA片段中的一条链的末端用同位标记后，与蛋白质混合，然后用适当浓度的DNA酶Ⅰ处理DNA－蛋白质复合体，DNA酶Ⅰ的浓度应控制在使每条DNA链上大约产生一个DNA酶Ⅰ的切口，然后将蛋白质与DNA彻底解离。与蛋白质分离后的DNA再经过变性聚丙烯酰胺凝胶电泳分离和放射自显影。

3. ChIP

ChIP是研究体内蛋白质与染色质DNA相互作用的有力工具，利用该技术不仅可以检测细胞内各种反式作用因子与染色质DNA分子上各种顺式作用元件之间的动态作用，还可以用来研究组蛋白的各种共价修饰以及转录因子与基因表达的关系。

ChIP需要在活细胞状态下使用甲醛固定蛋白质- DNA复合物，并通过超声或酶处理，将染色质随机切成一定长度范围内的小片段。然后通过抗原抗体的特异性识别和结合反应沉淀此复合体，特异性地富集与靶蛋白结合的染色质DNA片段。最后通过对目的片段的纯化与检测，获得蛋白质与染色质DNA相互作用的信息。

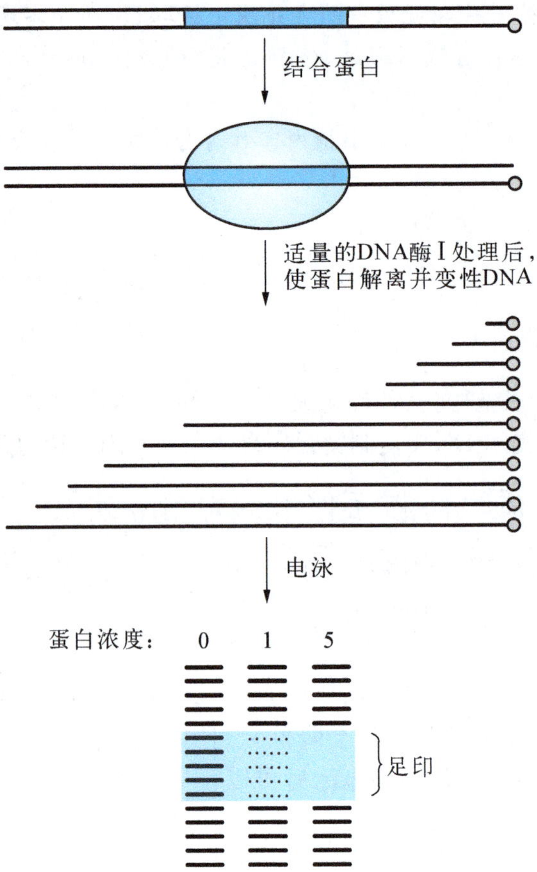

图 18-10 DNA 酶Ⅰ-足印法的原理

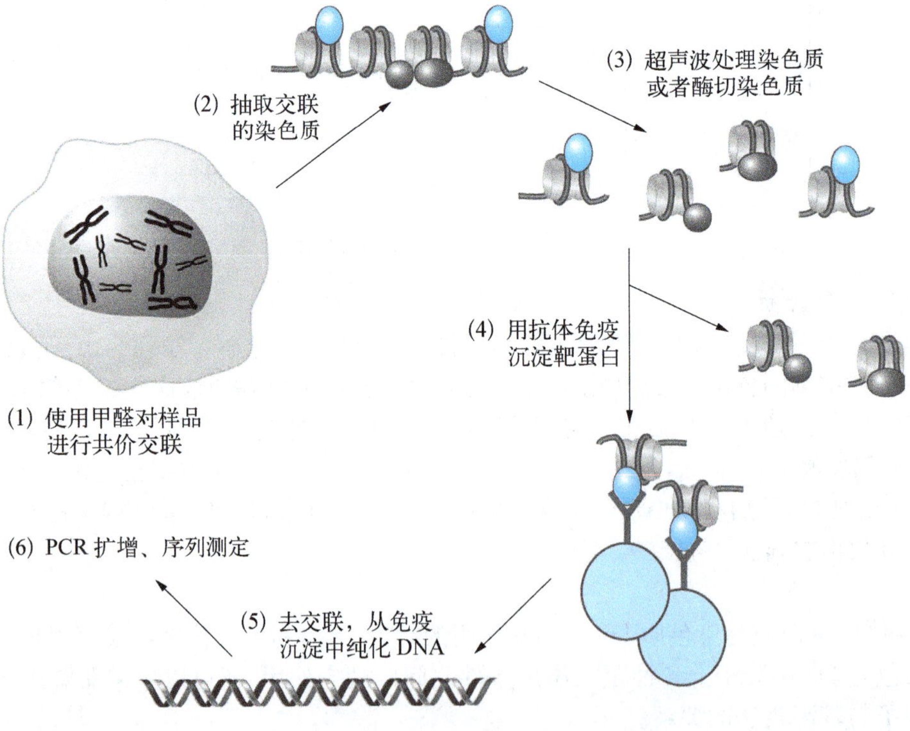

图 18-11 染色质免疫沉淀流程示意图

ChIP 操作的基本步骤是(图 18-11)：① 用甲醛在体内将 DNA 结合蛋白与 DNA 交联；② 分离染色质，使用超声法或者酶法将染色质剪切成小的片段；③ 先用特异性抗体与 DNA 结合蛋白结合，再用沉淀法分离形成的复合体；④ 解交联，纯化富集释放出来的 DNA 片段；⑤ 用 PCR 扩增释放出来的 DNA 片段并进行序列分析。

二、研究蛋白质之间相互作用的常用方法

1. 免疫共沉淀

原理：如果蛋白 X 与蛋白 Y 之间存在相互作用，那当将蛋白质 X 的抗体加到细胞裂解物之后，X-抗体复合物就会让 Y 一起发生免疫沉淀。

2. 亲和层析

原理：如果蛋白 X 与蛋白 Y 之间有相互作用，那在将细胞裂解液流过固定有 X 的树脂以后，Y 就通过与 X 之间的特异性相互作用而被亲和吸附在树脂上，其他无关的蛋白质会直接流出树脂。

3. 共价交联

原理：如果蛋白 X 与蛋白 Y 之间有相互作用，那么在细胞或细胞裂解液中加入交联试剂以后，它们之间就会形成稳定的共价复合物。然后，再使用免疫沉淀的方法将它们共同沉淀下来。最后，将交联打开，Y 得以释放。

4. 荧光共振能量转移(fluorescence resonance energy transfer, FRET)

原理：如果两种蛋白之间有相互作用，那么在将它们各自引入激发的荧光供体基团和荧光受体基团以后，两个荧光基团之间就会发生能量转移。FRET 在两个荧光基因之间的距离<10 nm 时就可以发生，这可以通过荧光受体发出的荧光波长的变化来测定。

5. 生物发光共振能量转移(bioluminescence resonance energy transfer, BRET)

原理：类似于 FRET，不同的是要借助重组 DNA 技术将两种蛋白质分别与不同的荧光蛋白融合在一起，然后再测定它们之间的能量转移。

6. 酵母双杂交

酵母双杂交首先由 Fields S 和 Song O K 于 1989 年提出。这项技术在验证已知蛋白质之间的相互作用或筛选与特定靶蛋白呈特异性作用的候选蛋白的研究中，已经得到了广泛的应用。其可行性和有效性已被证实，并被推广到了诸如信号转导、细胞周期调控、肿瘤基因表达等多个研究领域。

(1) 酵母双杂交系统的原理

激活基因表达的激活蛋白具有两种功能不同的结构域：一种是与 DNA 结合的结合结构域(BD)，另一种是激活 DNA 转录的激活结构域(AD)。这两种结构域并不一定需要在同一个蛋白质分子上才起作用。事实上，一个含有 BD 的蛋白质如果能够与另一个含有 AD 的蛋白质结合在一起，就可以激活转录(图18-12)。

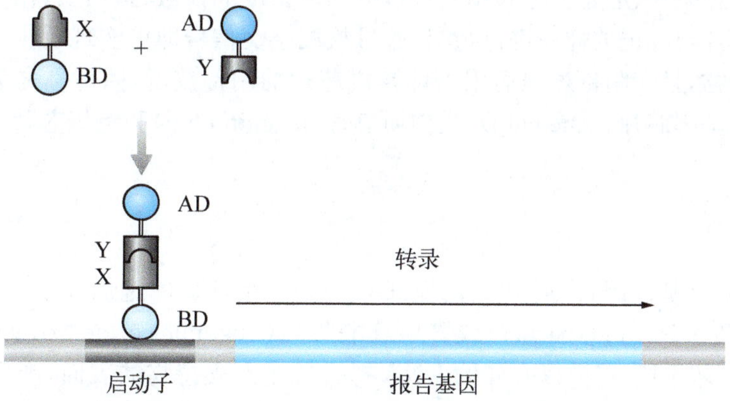

图 18-12　酵母双杂交系统的原理图解

在双杂交系统中，需要表达两种融合蛋白：一种是蛋白质 X，用它作为“诱饵”，去捕获与它相作用的目标蛋白，因此经常称为诱饵蛋白(bait protein)；X 在 N-端与 BD 融合在一起；另一种是潜在的能够与 X 结合的候选目标蛋白 Y，Y 与 AD 融合在一起。如果 X 与 Y 相互作用，形成的 XY 复合物在功能上就相当于一个完整的单一激活蛋白，能够驱动一个容易检测的报告基因(如 GFP 和 β-半乳糖苷酶的基因)的表达。于是，报告基因的表达量可以用来作为测定 X 与 Y 相互作用的尺度。

(2) 酵母双杂交系统的建立

双杂交系统建立的基本步骤与普通的克隆实验差不多，可分为以下几步：

1) 选择载体 进行双杂交筛选，首先需要选择合适的载体，目前已有各种商业化的含有BD或AD的载体可供使用。而使用最多的载体上的BD或AD来自酵母的GAL4蛋白，也有一些载体上的BD来自大肠杆菌的LexA蛋白，AD来自单纯疱疹病毒的激活蛋白VP16。无论是BD载体，还是AD载体，它们都含有合成特定营养成分(通常是氨基酸)所需要的某一种酶的基因，以提供选择性标记(图18-13)。

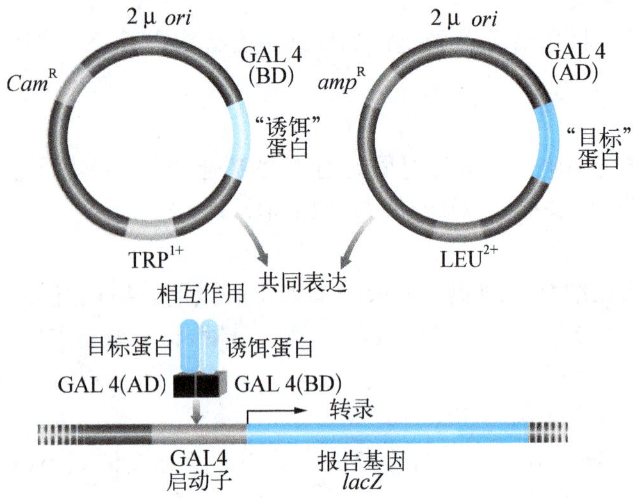

图18-13 基于GAL4的BD和AD构建的双杂交系统

2) 将“诱饵”蛋白X的基因和目标蛋白Y的基因分别插入到BD载体和AD载体之中，以形成BD-X和AD-Y融合基因。

3) 转染 使用特定的手段将重组后的BD-X载体和AD-Y载体转染到特定的营养缺陷型酵母宿主细胞。

4) 筛选 利用双营养缺陷型的恢复筛选出同时含有BD载体和AD载体的细胞。

5) 活性检测 一旦BD-X载体和AD-Y载体进入宿主细胞，如果X蛋白和Y蛋白发生相互作用，宿主细胞内的报告基因就可能被驱动表达。使用GAL4系统的报告基因通常是*lacZ*，一旦它被驱动表达，则细胞在含有X-gal的培养基上显色为蓝色。

三、研究核酸之间相互作用的常用方法

核酸之间的相互作用一般是通过碱基互补配对实现的，因此研究的常用方法都是基于序列之间的互补配对建立起来的一些技术，如Southern印迹、Northern印迹、荧光原位杂交(fluorescence in situ hybridization, FISH)和基因芯片。

第六节 生物芯片技术

生物芯片是指包被在硅片、尼龙膜等固相支持物上的高密度的核酸、蛋白质、糖类、细胞、组织或其他生物组分的微阵列。将芯片与标记的样品进行杂交，通过检测杂交信号即可实现对生物样品的分析。由于常用硅芯片作为固相支持物，且在制备过程运用了计算机芯片的制备技术，因此称之为生物芯片技术。目前常见的生物芯片主要有基因芯片(gene chip)、蛋白质芯片(protein chip)和组织芯片。其中基因芯片和蛋白质芯片最为常用。

一、基因芯片

基因芯片是随着“人类基因组计划”和其他模式生物基因组计划的进展而发展起来的一项技术，也叫DNA芯片、DNA微阵列(DNA microarray)或寡核苷酸阵列(oligonucleotide array)。它采用原位合成(in situ synthesis)或显微打印手段，将数以万计的DNA探针固定在支持物的表面，产生二维DNA探针阵列。然后，将其与标记的样品分子进行杂交，通过检测杂交信号的强弱，对样品进行快速、并行和高效地检测或医学诊断。基因芯片以其无可比拟的信息量、高通量，快速和准确地分析基因的本领，在基因组功能研究、临床诊断及新药开发等方面显示出巨大的威力，已成为人类研究生命和维护生命的一大利器。

一般说来应用基因芯片分5步进行：① 生物学问题的提出和芯片设计与制备；② 样品制备；③ 核酸杂交反应；④ 结果探测；⑤ 数据处理和建模。

1. 基因芯片的种类和制备

目前市场上基因芯片制备的方法有两大类：一类是原位合成的基因芯片，另一类为直接点样而制成的

基因芯片。前者适用于寡核苷酸，后者多用于大片段 DNA，有时也用于寡核苷酸，甚至 mRNA。

2. 基因芯片样品的制备

在待分析基因与基因芯片结合杂交之前，需要对样品进行分离、扩增和标记。采用的基因分离、扩增及标记方法因样品来源、基因含量及检测方法和分析目的不同而不同。虽然常规的基因分离、扩增及标记技术仍可以使用，但现已逐步被专门的高度集成的微型样品处理系统取代。而为了获得基因的杂交信号，必须对目的基因进行标记。目前广泛使用的标记方法是荧光标记，但采用的荧光染料种类很多，以满足对不同来源的样品进行平行分析的需要。使用计算机控制的高分辨荧光扫描仪可获得结合于基因芯片上的目的基因的荧光信号，通过计算机处理即可给出目的基因的结构或表达信息。

3. 基因芯片杂交

在样品制备好以后，就可以进行下一步杂交反应了。杂交条件的选择与研究目的有关：如果芯片用于多态性分析或者基因测序，就需要将每个核苷酸或突变位点都检测出来。这时通常设计出一套四种寡聚核苷酸，在目标序列上跨越每个位点，只是在中央位点碱基有所不同，根据每套探针在某一特定位点的杂交严紧程度，即可测定出该碱基的种类。由于突变检测要鉴别出单碱基错配，因此需要更高的杂交严紧性和更短的时间；如果芯片仅用于检测基因表达，就只需设计出针对基因中的特定区域的几套寡聚核苷酸即可。

4. 基因芯片检测原理

杂交信号的检测是基因芯片技术中的重要组成部分。由于基因芯片本身的结构和性质的特殊性，需要确定杂交信号在芯片上的位置，尤其是大规模基因芯片由于其面积小，密度大，点样量又很少，因此杂交信号较弱，需要使用光电倍增管或冷却的电荷偶联装置(CCD)照相机或摄像机等弱光信号探测装置。此外，大多数 DNA 芯片杂交信号谱型除了分布位点以外还需要确定每一点上的信号强度，以确定是完全杂交还是部分杂交，因而探测方法的灵敏度及线性响应也是非常重要的。

5. 基因芯片的应用

(1) 基因表达分析

基因芯片具有高度的敏感性和特异性，它可以监测细胞中几个至几千个 mRNA 拷贝的转录情况，可自动、快速地检测出成千上万个基因的表达情况。它不仅可以检测和分析基因表达时空特征、基因差异表达，还可以用来发现新基因。

进行基因表达分析的基本步骤包括(图 18－14)：① RNA 的抽取和分离，先得到总 mRNA，然后，使用寡聚 T 作为引物，在逆转录酶催化下得到 cDNAs；② 扩增，使用 T7 RNA 聚合酶和生物素标记的 UTP 和 CTP，体外转录 cDNAs，得到大量的生物素标记的互补的 RNA(cRNA)；③ "碎片化"，将 cRNA 保温在

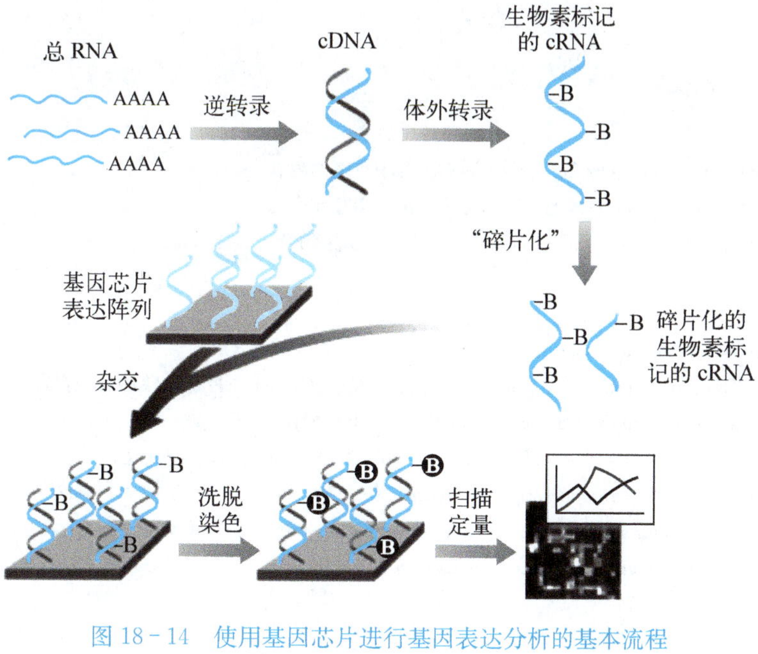

图 18－14 使用基因芯片进行基因表达分析的基本流程

94 ℃的缓冲溶液中，产生 35～200 nt 长的 cRNA 片段；④ 杂交，将芯片与 cRNA 杂交，随后洗去非杂交的原料；⑤ 染色和洗脱，使用链霉亲和素-藻红蛋白对生物素标记的 cRNA 进行标记，然后，洗去非特异性结合的染料；⑥ 使用共聚焦激光扫描装置扫描杂交芯片；⑦ 信号放大，使用山羊抗体和生物素标记的抗体与芯片保温，再进行染色和洗脱；⑧ 再次扫描芯片，并对表达状况进行定量分析。

(2) 基因型、基因突变和多态性分析

在同一物种不同种群和个体之间，有多种不同的基因型，而这种不同往往与个体的不同性状和多种遗传疾病有着密切的关系。通过对大量具有不同性状的个体的基因型进行比较，就可以得出基因与性状的关系。但是，由于大多数性状和遗传性疾病由多个基因同时决定，因此分析起来就很困难，然而基因芯片技术却能很好地解决这一问题。

(3) 基因诊断

基因芯片可以对遗传信息进行快速准确的分析，因此它在疾病的分子诊断中的优势是不言而喻的。从正常人的基因组中分离出 DNA 与 DNA 芯片杂交就可以得出标准图谱。从患者的基因组中分离出 DNA 与 DNA 芯片杂交就可以得出病变图谱。通过比较、分析这两种图谱，就可以得出病变的 DNA 信息。

(4) 药物筛选

基因芯片技术可用于大规模药物筛选，其通用性强，并能够从基因水平解释药物的作用机理，即可以利用基因芯片分析用药前后机体的不同组织、器官基因表达的差异。

(5) 大规模 DNA 测序

基因芯片利用固定探针与样品进行分子杂交产生的杂交图谱而排列出待测样品的序列，这种测定方法快速，具有十分诱人的前景。

二、蛋白质芯片

蛋白质芯片又称蛋白质微阵列，是指固定于支持介质上的蛋白质构成的微阵列，它是在生物功能基因组学研究中作为基因芯片功能的补充发展起来的。与基因芯片相似，蛋白质芯片也是在一个基因芯片大小的载体上，按使用目的的不同，点布相同或不同种类的蛋白质，然后再让其与荧光标记的蛋白质特异性结合，通过扫描仪读出荧光强弱，计算机分析出样本结果。理论上，蛋白质芯片可以对各种蛋白质、抗体以及配体进行检测，可弥补基因芯片检测的不足，它不仅适合于抗原、抗体的筛选，也可用于受体-配体相互作用的研究。

推荐网址

1. http://en.wikipedia.org/wiki/Molecular_cloning（维基百科有关分子克隆的内容）
2. http://www.cellbio.com/protocols.html（在线的细胞和分子生物学实验技术）
3. http://www.protocol-online.org/prot/Molecular_Biology/（在线的分子生物学实验技术）

参考文献

1. Brenner S. Genes to genomics. *Annu. Rev. Genet.*, 38, 2004.
2. Pfeifer A, Verma IM. Gene therapy: promises and problems. *Annu. Rev. Genomics Hum. Genet.*, 2:177－211, 2001.
3. Yeates TO, et al. Protein function in the post-genomic era. *Nature*, 405,823－826, 2000.
4. Brown PO, Botstein D. Exploring the new world of the genome with DNA microarrays. *Nat. Genet.*, 21:33－37, 1999.
5. Arnheim N, Erlich H. Polymerase chain reaction strategy. *Annu. Rev. Biochem.*, 61:131－156, 1992.
6. Berg P, et al. Biochemical method for inserting new genetic information into DNA of simian virus 40: circular SV40 DNA molecules containing lambda phage genes and the galactose operon of *Escherichia coli*. *Proc. Natl. Acad. Sci.*, 69: 2904－2909, 1972.

思考题

1. 如果你分离到一种癌基因的全基因组 DNA 克隆（包括上游序列、所有的内含子和外显子以及下游序列），现在想研究一些潜在的抗癌药物对此癌基因表达抑制的情况，那么，你如何使用GFP作为报告基因测定某一种组织在不同的药物作用以后这种癌基因表达水平的变化？

2. 假如你刚得到一种新的细菌，发现它的DNA的GC含量为80%。你现在需要通过PFGE(脉冲场凝胶电泳)的方法确定这种细菌基因组的大小。如果你手头只有一种限制性内切酶，此酶识别的碱基序列是ATATAT，你认为这种酶能派上用场吗？如果使用此酶消化，你得到的DNA片段大概的长度是多少？
3. 如果你得到一种新的细菌，那么你如何利用分子克隆技术获得这种细菌染色体DNA的复制起始区？你又如何从这种细菌体内得到专门识别它的复制起始区、启动DNA复制的起始蛋白？
4. 假定小鼠有A和B两种细胞，其中A细胞仅仅比B细胞多表达一种蛋白质X，那么，你如何快速地得到这种蛋白质的cDNA？
5. 如果有人想在酵母细胞中高表达限制性内切酶 *EcoR* Ⅰ或者其他任何一种限制性内切酶，你认为他能够成功吗？为什么？
6. 如果需要你在烟草的叶子上大量表达人凝血因子Ⅷ以治疗血友病，你如何才能实现这样的目标？
7. 酵母双杂交系统早已经成为确定蛋白质-蛋白质相互作用的有力工具。假定你有一个小鼠的蛋白质X，它没有转录活性。你如何设计一个双杂交系统来筛选与蛋白质X相互作用的小鼠蛋白？
8. 有人使用PCR扩增一个2 kb长的基因，他在准备扩增反应的时候，犯了一些错误。根据你学过的分子生物学知识，你认为这些错误对PCR的结果有何影响？他需要不需要重新准备反应系统？

(1) 在反应系统中，除了加了dNTPs，还加入了ddNTPs。

(2) DNA模板的量比原计划多加多了两倍。

(3) 使用了大肠杆菌的DNA聚合酶代替 *Taq* DNA聚合酶。

(4) 设置的扩增循环是：1 min@37 ℃，1 min@50 ℃，1 min@72 ℃。

(5) 使用的引物序列与基因的编码链两侧的序列完全相同。

(6) 用了 Mn^{2+} 代替了 Mg^{2+}。

(7) 加入的一种dNTP的浓度较低。

(8) 加入的DNA模板是单链DNA。

科学故事——GFP 的发现、发展及其应用

2008 年的诺贝尔化学奖被授予了在绿色荧光蛋白(GFP)的发现、研究和应用中有突出贡献的三位科学家——Osamu Shimomura、Martin Chalfie 和 Roger Y. Tsien(钱永健)。

Osamu Shimomura

Martin Chalfie

Roger Y. Tsien

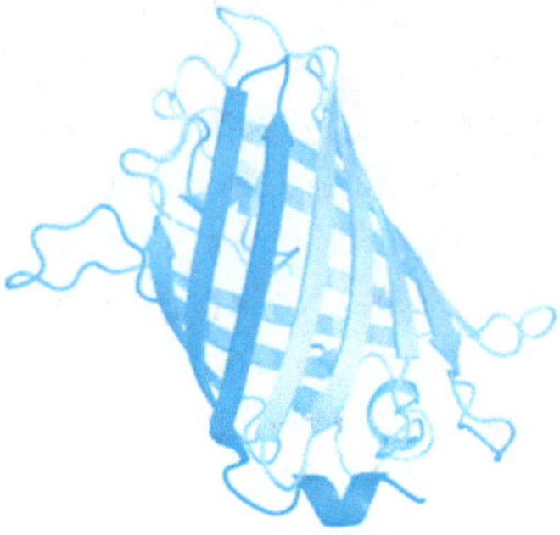
GFP

1962 年,Shimomura 等在纯化维多利亚水母生物发光蛋白——水母素(aequorin)的时候,偶然间发现了 GFP。1974 年,H. Morise 和他的同事们对 GFP 进行了纯化和结晶,在研究 GFP 发光机制的过程中,发现 GFP 是在接受来自水母素的能量转移后才发射绿光。

在此之后的许多年中,GFP 在外源系统中发光是否需要水母素或水母中的其他因子一直存有疑问。1992 年,Douglas Prasher 等克隆了 GFP 的基因,这就为在技术上用它作为蛋白质的体内标记铺平了道路。两年后,Chalfie 等证实当 GFP 在细菌和线虫细胞中表达时,也能够发出荧光。此后不久,Roger Tsien 等对天然 GFP 进行了改造,使之变得更加明亮和耐光,以及能在一个与常规显微镜过滤器装置相匹配的波长下激发,因而增加了它的实用价值。GFP 技术的又一个突破便是开发出能发出其他颜色荧光的 GFP 变体。使用各种变体可对细胞中的几种蛋白质同时进行标记。

在一级结构上,GFP 含有 238 个氨基酸残基,在紫外或蓝色波长范围的光子激发下,会发出绿色荧光,这主要与三个相邻的氨基酸残基——Ser65、Tyr66 和 Gly67 有关。而增强型 GFP(enhanced GFP, EGFP),发生了双氨基酸取代,Leu 取代 GFP 的 Phe64,Thr 取代了 GFP 的 Ser65。与 GFP 相比,EGFP 具有更强更稳定的绿色荧光。黄色荧光蛋白(YFP)的序列与 GFP 基本相同,不同之处就是 Thr203 被 Tyr 取代,这样的 GFP 改发黄色荧光。由此可见,GFP 标签与其他突变体(XFP,如 YFP、EYFP 和 CFP)的序列非常相似,只有 1～2 个氨基酸残基被实施了定向突变。在二级结构上,GFP 主要是由 β 折叠(48%)组成,此外还有 α 螺旋(5%)、β 转角和 β 突起。在三级结构上,含有由 β 折叠形成的 β 桶模体,发光基团坐落在桶中央。

如今,科学家利用由各种 XFP 构成的五彩缤纷的调色板,可进行各种各样的研究,特别是在细胞生物学研究中,将 XFP 与其他蛋白质进行融合,从而对目标蛋白进行标记和追踪,以观测它们在活细胞内的各种动态变化过程;也可以将它们作为一类报告蛋白,用于化学检测,如对井水含砷量的探测,让带有 XFP 的细菌在遇到砷时显示特殊的颜色;甚至还可以通过转基因的手段,将其转移到宠物(如金鱼)的表皮细胞中,让宠物在黑暗中发光。

推荐网站

1. http：//js. nclass. org/vc/802276/南京大学生物化学国家双语示范课程网站，内有各种生物化学辅助教学和学习资料。
2. http：//www. wiley. com/legacy/college/boyer/0470003790/animations/animations. htm 一个十分有用的生物化学学习动画互动网站。
3. http：//www. freebooks4doctors. com/内有各种免费的生命科学和医学电子书籍衔接。
4. http：//www. avaxhome. ws/ebooks/内有各种免费的生命科学和医学电子书籍衔接。
5. http：//www. bioon. com/生物谷——一个十分有用的生物医学门户网站。
6. http：//www. dxy. cn/bbs/丁香园——医学、药学、生命科学专业知识检索与交流论坛。
7. http：//www. researchchannel. org/prog/内有多种学科(包括生命科学和医学)讲座视频，可在线免费观看。
8. http：//www. sciencedaily. com/每日提供最新的科技新闻，许多是关于生命科学的。
9. http：//bcs. whfreeman. com/lehninger/default. asp Lehninger 生物化学原理配套学习网站。
10. http：//www. pearsonhighered. com/mathews/Mathews 编著的生物化学配套网站。
11. http：//www. web-books. com/MoBio/一部在线的免费分子生物学教材。
12. http：//www. ncbi. nlm. nih. gov/books/NBK21154/在线的 Stryer 生物化学第五版。
13. http：//themedicalbiochemistrypage. org/一个在线的免费医学生物学教材。
14. http：//www. 51qe. cn/book/book18. php/一个在线的免费中文分子生物学教材。
15. http：//www. ncbi. nih. gov/美国生物技术信息中心(NCBI)。
16. http：//www. protocol-online. org/一个在线提供各种生命科学实验方法的网站。
17. http：//cmbi. bjmu. edu. cn/中国医学生物信息网。
18. http：//en. wikipedia. org/维基百科。
19. http：//au. expasy. org/在线的蛋白质序列数据库。
20. http：//genomesonline. org/各种生物的基因组数据。

主要参考书目

1. 罗纪盛等. 生物化学简明教程. 第三版. 北京：高等教育出版社，2006.
2. 王德宝，祁国荣. 核酸结构、功能与合成. 北京：科学出版社，1987.
3. 王金发. 细胞生物学. 北京：科学出版社，2003.
4. 王镜岩，朱圣庚，徐长法. 生物化学. 第三版. 北京：高等教育出版社，2002.
5. 杨荣武. 生物化学原理. 第二版. 北京：高等教育出版社，2012.
6. 杨荣武等. 分子生物学. 第一版. 南京：南京大学出版社，2007.
7. 朱玉贤. 现代分子生物学. 第三版. 北京：高等教育出版社，2007.
8. Bastien D G, IJsbrand M K, Peter E R. Tatham. Signal Transduction. 2nd ed. Elsevier Inc., 2009.
9. Bruce A, Alexander J, Julian L, Martin R. Molecular Biology of the Cell. 5th ed. Garland Science, 2007.
10. David L N, Michael M C. Lehninger principles of biochemistry. 5th ed. WH Freeman and Company, 2008.
11. David W. Proteins structure and function. John Wiley & Sons, Inc., 2005.
12. Donald V, Judith G V, Charlotte W P. Fundamentals of Biochemistry. 2nd ed. John Wiley & Sons, Inc., 2006.
13. James D W, Tania A B, Stephen P B, et al. Molecular Biology of the Gene. 6th ed. Benjamin Cummings, 2007.
14. Jeremy M B, John L T, Lubert S. Biochemistry. 6th ed. W. H. Freeman and Company, 2006.
15. Jocelyn E K, Elliott S G, Stephen T K. Lewin's Genes X. Pearson Education, Inc., 2009.
16. Laurence A M, Robert A H, Gray S, Marc P. Principles of Biochemistry. 5th ed. Pearson Education, Inc., 2011.
17. Mary K C, Shawn O F. Biochemistry. 7th ed. Brooks Cole, 2011.
18. Reginald H G, Charles M G. Biochemistry. 4th ed. Brooks Cole, 2010.
19. Robert F W. Molecular Biology. 5th ed. McGraw-Hill Companies, 2011.
20. Sambrook J, Russell D W. Molecular Cloning: A laboratory Manual. 3rd ed. Cold Spring Harbor Laboratory Press, 2001.